林崇德文集

愛新覺羅啓驤題籤

林崇德文集

第二卷◎

林崇德心理学文选（下）

北京师范大学出版集团
BEIJING NORMAL UNIVERSITY PUBLISHING GROUP
北京师范大学出版社

林崇德

1941年2月生，浙江宁波象山人，北京师范大学资深教授。中国心理学会前理事长，在教育部等单位学术兼职26种，并在多所高校任兼职或客座教授。获省部级以上学术奖励28项，并先后获中青年有突出贡献专家（1994）、全国劳动模范（2000）、全国“十佳师德标兵”（2001）、全国优秀教师（2006）、全国优秀科技工作者（2012）、国家杰出科技人才（2014）、北京市人民教师（2017）和当代教育名家（2017）等荣誉称号。

总 序

1960年，我毕业于上海市上海中学，因为受上海市劳动模范、我的班主任孙钟道老师的影响，我也想当一名像孙老师那样的好老师，成为一名教育家。于是，我在填报高考志愿时，把23个志愿全部填成了师范院校，并以优异的成绩考入第一志愿北京师范大学，成为教育系首届心理专业的学生。我为什么要选学心理学？其实我当时对心理学一窍不通，只是朴素地想到，当老师必须从学生心灵入手。在我朦胧的认识中，心理学似乎就是一门研究心灵的学问。今天，“林崇德文集”(以下简称“文集”)就体现了“教育”和“心灵”这四个字。

1965年，是中国心理学从初步繁荣走向全面停顿的转折之年，也是我大学毕业之年。学习了5年的心理学已无用武之地，我被分配到北京从事基础教育，先后在2所基础薄弱校任教，一干就是13年。可能受当年的“志愿”影响，我对当中小学教师无怨无悔，全身心投入：当好班主任；教好课；做好校办厂厂长；主持好学校的教育教学工作。在这13年的基础教育工作中，我最大的感受是：教书育人是有规律的，其核心问题是如何架起师生之间的心灵桥梁。应该说，我这13年干得不错，“文化大革命”结束后的第二年，即1977年，在教育走上正轨的时刻，我被评为北京市朝阳区优秀教师。1978年，北京师范大学心理专业恢复招生，但心理学教师极端缺乏。母校想起了当年的“好学生”，要调我回母校重操旧业。为振兴中国心理科学，时代呼唤我归队，我只能含泪离开已让我深爱的基础教育界。在回母校时，我带回了5篇在中小学工作之余收集数据并撰写完成的研究报告，涉及聚焦先天与后天关系的心理发展规律的双生子智能与性格研究、儿童青少年数学能力发展及其思维结构的研究、品德不良中学生心理追踪研究等。经我恩师朱智贤教授（以下简称“朱老”）的推荐，我竟然成为1979年中国心理学会恢复活动后首次学术大会上的报告人之一，我报告的主题是智能发展及其结构问题。我对品德研究的论文则由中国心理学会秘书长、中国科学院心理研究所所长徐联仓先生向全国人大常委会彭真同志（后来任全国人大常委会委员长）推荐，彭真同志责成教育部等单位为我召开了一次研讨会，该文成了我的成名作。虽然这些作品在今天的“文集”中已显示不出水平，但毕竟是我对教育与心理学研究的开始。在这初入杏坛心灵的交响乐中，我深深地体会到三点：儿童青少年身心发展是有规律的，它是基础教育工作的出发点；中小学是一块心理学研究难得的实验宝地；儿童青少年心理发展将成为我终身研究的重点。

对一个高校教师来说，他的成长离不开师长的培养；而他自己能否培养出国家所需要的人才又是衡量其素质的根本标准。我的“文集”体现了上靠恩师、下靠学生的一种传承。我的心理学功底是北京师范大学心理专业的老师们给的。当年的北京师范大学心理专业名家多，按照专业课程的开设次序，彭飞、张厚粲、朱老和章志光等教授先后给我们上课，可以说我今天的讲课风格是他们讲课特点的综合体现。当然，对我系统培养、扶植的是我的恩师朱老。朱老是一位学术大师、是中国发展心理学的奠基者，他对我人品上的最大影响有两点：一是对国家的忠诚和对党的热爱；二是他的创新精神。如原杭州大学老校长陈立教授给朱老一封信中所言，“新中国成立后，心理学界能就一方面问题成一家之言者，实为少见。老兄苦心深思，用力之勤，卓有硕果，可谓独树一帜”。“文集”不仅反映了我对朱老事业的继承，也展现了我的具体研究。从思维认知到品德社会性，从非智力因素到心理健康，从教师心理到学生发展核心素养，等等，我的研究内容来自自己的课题，我主持过国家自然科学基金、国家社会科学基金、教育部和科技部等20多个大大小小的项目。谁来操作完成呢？是我的弟子们。在科研中，他们展示了品格、智慧和才干，使我萌生了培养出超越自己、值得自己崇拜的学生之信念。我的学生俞国良教授鼓励我创建一个学派，我说已经形成了。从朱老到我，从我到董奇教授，我们已经有了一个较庞大的团队，我们围绕着教育与心理发展的主题，做了许多颇有影响的心理学科建设工作，是否已成为与众不同的学派，我不想妄加评判。我的“文集”只不过是这个团队的一部分成果。

有人问我，“文集”有什么特点？我不想对它做过多的自我评价，只是想表达我在追求“六个坚持”。

一是坚持走心理学研究中国化的道路。心理学是科学，科学无国界。但心理学研究人的心理，人的心理往往又打着文化的烙印。中国人的心理既具有全人类性，又体现中华文化的特点。因此中国心理学必须立足中国、借鉴国外、挖掘历史、把握当代、面向未来，着力走心理学研究中国化的路子，在指导思想、学术体系、研究方法、话语体系等方面充分体现中国特色、中国风格和中国气派。这当然是我的理想，尽管现实离理想还有很大的距离，但我坚信，通过几代中国心理学家的不断努力，是能够实现这个目标的。而“文集”正体现了我在心理学研究中国化上的一些努力：努力研究中国的现实问题；努力借鉴国外理论方法的同时，积极地挖掘本土的智慧与方法论；努力建立我们自己的知识体系。我深深地体会到，越是民族的东西，越能在国际刊物上发表，即越能走向国际，实现国际化。

二是坚持科学的精神。什么叫科学？它是指运用范畴、定理、定律等思维形式反映现实世界各种现象的本质和规律的知识体系(《辞海》定义)。从我1960年考入北京师范大学学习心理科学那天算起，正好是一个甲子，我和心理学打了60年的交道，我热爱几乎用毕生来研究的心理学。我懂得在心理学研究中科学精神的重要性。而“文集”则体现了我在心理学研究中重视的几个原则：重视实事求是、注重客观标准、相信事实、强调实践，主张在中国实践中研究心理学；重视以定性分析和定量分析作为研究心理学的方法，不仅要运用心理统计学，还要涉及模糊数学和数理逻辑，这应该引起我们心理学界的注意，至少它是一个方向，因为心理现象具有模糊性，讲究范畴，惯用推理；重视国际化，强调开放体系，尽管我走的是心理学研究中国化的道路，但我从来不否认同国外交流，也从不承认终极真理；重视科学的自由探索，我们这代心理学学者，曾经历过对某种心理现象研究的禁区，我提倡中国心理学百家争鸣、百花齐放，有一定权威的心理学家更要谦虚谨慎，聆听各家的意见，切忌盛气凌人、以势压人、一人说了算。

三是坚持正确的指导思想。我出身贫寒，从高中到大学，都是靠人民助学金维持生活、完成学业的。我的座右铭是“忠诚于党的教育事业”。我的最大信仰是毛泽东同志指出的“领导我们事业的核心力量是中国共产党，指导我们思想的理论基础是马克思主义”。这应该是我们的根本意识形态，是核心价值观的精髓。因此，我把辩证唯物主义作为自己对心理学研究的指导思想。对这个观念，我是不会动摇的。而“文集”也体现了这种观点，尽管我做得还不够好。我赞同唯物辩证的心理发展观：和任何事物一样，心理处于发展变化之中；引起这种心理发展变化的有外因也有内因，外因必须通过内因而起作用；心理的发展变化，既有量变又有质变，量的积累是质的发展变化之基础。与此同时，我也赞同辩证唯物的心理反映论，即我协助恩师朱老提出的实践反映论，它强调实践反映人的认识，具有决定性、社会性、主体性、发展性、能动性和系统性等特点。

四是坚持系统的原则。受唯物辩证法的方法论以及现代系统论的影响，我比较喜欢整体性或系统性的原则或原理。事物是以系统形式存在的有机整体，是由要素以一定结构组成的，是具有不同于要素功能的系统，是由不同层次的等级组成的开放系统，它处于永不停息的自组织运动之中，有其产生、发展和消亡的过程。这个原则给我两点启发：人及其心理发展是一个系统或一个有机的整体；任何一项心理学具体研究都是一个整体或由各种环节构成的一个系统。这个原则促使我追求系统整合的心理学观。“文集”正体现了这个原则。系统观使我懂得教育与心理发展是一个系统工程，是一个多历程、多形态、多成效、多争议的自然和社会现象；系统观促进我构建了诸如思维结构、品德结构和学科能力结构等心理学知识体系；系统观成全我完成 20 多项重要的心理学和教育学的研究项目。

五是坚持理论联系实际。理论联系实际既是我们党和国家倡导的三大工作作风之一，又是科学技术和学术研究必须遵循的一种良好风范。在我从事的心理学与教育学界，理论联系实际不仅是朱老一贯的主张，也是国际心理学和教育学研究发展的一种新趋势。例如，“生态化运动”“教育行动研究”等，是发展心理学和教育心理学研究领域出现的一种强调在活生生的自然与社会的生态环境中，研究被试心理特点的普遍倾向。因此，坚持理论联系实际是我在研究中的一个重要原则，它使我懂得：没有心理学理论的指导，就不可能深入研究一系列相关的现实问题，即使研究了也水平有限；如果没有扎实的实践基础，研究了半天也是空泛无味，没有应用价值，也不可能有进一步的创新价值，更重要的是广大老师、百姓不买账，所以我在理论联系实际上不偷懒、不懈怠。而"文集"则体现出我在这方面的收获。如果说今天我在心理学界与教育界有一定的知名度和影响力，是因为我在大大小小的项目研究中坚持了理论联系实际的研究作风。我还要指出的是，我的不少课题成果汇聚到"文集"中，靠的是众弟子的力量、团队的力量、各相关课题组的力量！应该特别提到的是董奇和申继亮等教授的辛勤投入，没有他们，哪能有在全国 26 个省、自治区和直辖市坚持 20 多年(1978—2002 年)的学习与发展、教育与发展的实验研究。从这些研究中获益的中小学教师超万人，学生超过 30 万。

六是坚持作品的独立性。"文集"由 2 本论文选和 11 本著作(合并为 10 卷)组成，构成 12 卷，除了学术论文和研究报告有合作的成果之外，其他著作都是"独作"，因为我不想收集合著、主编作品和译作。只有"独作"才能更好地代表我的观点。

"文集"终将出版，让我衷心地感谢最关心我的母校——北京师范大学，感谢我的好友、著名书法家启骧先生为"文集"题写书名，感谢协助我搞科研、出成果、辛苦付出的每一位团队成员和课题组成员，感谢北京师范大学出版社及相关的编辑们(我在各卷中将向具体人员致谢)！

著　者

2020 年 4 月 20 日于北京师范大学

目录 | CONTENTS

第一编

PART 1

心理发展的基本规律研究

我师承心理学泰斗、著名教育家朱智贤教授，朱老提出的心理发展的“先天与后天”“外因与内因”“教育与发展”“年龄特征与个体差异”四条规律成为发展心理学的奠基石。“文化大革命”以后，我从基础教育第一线重新回到朱老的身边，围绕这四条规律，做了不少研究，后来我也带领自己的学生从事这四条规律的实验研究。这里展示的是我们围绕朱老提出的心理发展的四个基本理论问题而开展研究的几篇报告。

遗传与环境在儿童智力发展上的作用

——双生子的心理学研究*

一、问题提出

遗传与环境(包括教育)在儿童心理发展上的作用，是儿童心理发展的基本规律之一。这历来是心理学、遗传学和教育工作者所关心的问题。但遗传与环境如何影响儿童的心理发展，特别是儿童的智力发展，值得进一步探讨。我们于 1978 年 10 月开始，着手双生子的心理学研究，希冀借此探索遗传与环境影响儿童智力发展的具体表现以及如何作用于儿童的智力发展，在遗传与环境的作用中儿童表现出哪些年龄特征，并以遗传与环境在儿童智力发展中的作用分析心理学在生物科学和社会科学系列中的位置，以此方法来讨论智力测验的问题。

二、研究方法

(一)被试

被试为 80 对双生子。其中同卵双生子 37 对(1～7 岁 12 对，8～13 岁 11 对，14～20 岁 14 对)；异卵双生子 43 对(1～7 岁 14 对，8～13 岁 13 对，14～20 岁 16 对)。

被试的确定。①从被试的出生医院出发——北京协和医院和北京市东城区第一妇幼保健院提供双生子案例 129 份，经逐步追踪，找到健在的双生子且能成为研究对象的 67 对。②从被试本身出发——在有关学校(特别是自己曾经工作的学校)和

---

* 本文原载《北京师范大学学报(社会科学版)》1981 年第 1 期。

幼儿园追踪合适的双生子24对，追溯其母分娩时的病案，经查阅能确定同卵或异卵性质的案例有13对。这些医院确定同卵双生子的方法基本上一致，即按目前国际遗传学界公认的指标：以一个绒毛膜为准。

(二)方法

本研究采用的方法为系统性的个案分析。我们对被试逐对建立个案材料，将典型个案的分析和个案系统的综合整理结合起来。具体方法如下。①一般调查。被试的基本情况，近两年来各科学习成绩；运算中智力品质——速度、灵活性、抽象性和独创性的差异；气质特点及其在情绪和性格上的表现及生活环境和教育条件的变迁。②遗传素质的检验。被试的身高、体重；长相的异同点；指纹；血型和血清蛋白。③谈话法。与被试(主要是幼儿)交谈。④数学运算测验。主要检查思维力，同时也涉及记忆力与观察力。项目的考查范围包括数的概括能力、命题能力、推理能力和空间想象能力。为了研究双生子的智力品质的异同点，我们统计被试运算的时间(未答完卷子者按题的比例计算速度)以考查其敏捷性；统计演算灵活多解习题的成绩以考查其灵活性；统计完成难题或自编习题的成绩以考查其抽象性与独创性。我们求多次测验成绩的相关系数 r，从中分析遗传与环境在儿童心理发展中的作用。⑤整理个案，系统分析。分析典型个案与一般个案，统一整理结果，做系统性个案汇总。

三、结果与分析

通过对双生子个案的系统研究，初步看到下述情况。

(一)遗传对儿童智力发展的作用是明显的

从研究中可以发现，遗传在儿童心理发展上的作用主要表现在两个方面：一是通过素质影响儿童智力的发展；二是通过气质类型影响儿童的情绪和性格。本文只展示前者的结果，对于后者准备另文分析。

同卵双生与异卵双生的儿童在智力发展上有何差异呢？我们对类似或相同环境中长大的24对同卵双生子(幼儿、小学生和中学生各8对)和24对异卵双生子(幼儿、小学生和中学生各8对，其中同性异卵和异性异卵各占一半)进行多方面的对照，分析其结果。

1. 不同双生子的运算测验的对照

对上述被试进行运算能力的多次测验，将所获成绩的相关系数制成表1。

表1　不同双生子的不同运算能力的相关趋势

	幼儿	小学生	中学生
同卵双生	0.96**	0.90**	0.81**
同性异卵双生	0.91**	0.71**	0.50**
异性异卵双生	0.86**	0.54**	0.42**

注：* 代表 $p<0.5$，** 代表 $p<0.01$，*** 代表 $p<0.001$，以下同。

从表1可以看出以下几点。

(1)遗传是儿童心理发展的生理前提和物质基础。遗传的作用对运算能力发展的影响是显著的($p<0.01$)。在相同或相似的环境下，同卵双生子的相关系数分别为0.96、0.90、0.81，显示高相关；而异卵双生子没有这么高的相关，其中同性异卵双生子的相关系数分别为0.91、0.71、0.50，而异性异卵双生子的相关系数分别为0.86、0.54、0.42。即 $r_{同卵双生}>r_{同性异卵双生}>r_{异性异卵双生}$。遗传因素差异越小，相关系数越大。可见，良好的遗传素质无疑是智力活动正常发展的重要条件。

(2)遗传是有一定的作用的。人与人之间的遗传和生理是有明显差异的，但就大多数人来说，这种差异不是太大，因为异卵双生子的相关系数 r 由0.42到0.91，显示出显著的相关。因此遗传素质是智力发展的一个必要条件或重要条件，但不是决定条件或充分条件。

(3)遗传对儿童心理发展，特别是对智力发展，是存在年龄特征的。总的趋势是，遗传因素对智力的影响随着年龄增大而减弱。随着年龄增长，遗传因素的作用不如环境与教育的作用那么明显和直接。

2. 不同双生子的学习成绩的对照

我们对上述被试中的中小学生的各科成绩做了调查，并将不同双生子的学习成绩的相关系数列于表2。

表2　不同双生子的学习成绩的相关趋势

	小学生	中学生
同卵双生	0.85**	0.77**
同性异卵双生	0.65**	0.67**
异性异卵双生	0.56**	0.45**

将表1和表2的结果做统一处理，获得这两个表的相关系数 $r=0.70$。

从这些结果可以看出以下几点。

(1)与表1的结果分析中的三个结论一致，即遗传是智力发展的一个重要条件，人与人之间的遗传和生理是有明显的差异的，但就一般人来说，这种差异又不是无限扩大的；同时，遗传的作用受环境与教育的影响，且表现出一定的年龄特征。

(2)表1与表2的相关系数 r 为0.70，说明数学运算测验结果与平时学生的学习成绩，尤其是与数理化的成绩是一致的，可见智力测验可以通过运算测验来进行。

(3)学生的学习成绩是一个复杂的心理活动产物。儿童的知识是其智力活动的外部表现。因此，他们的学习成绩不能反映智力活动的全部。而学习成绩既有智力的因素，又有人格因素和考试时的心理状态等的作用。相同的学习成绩不能反映出相同的智力水平，尤其不能显示出智力品质。这就要求我们在学生完成不同性质类型的习题中分析出灵活性和抽象性等思维品质；要求我们计算时间考查学生的智力敏捷性；要求我们从学生作业、考试的错误中分析这些错误是属于观察不到位、记忆力差还是思维过程的混乱。

3. 不同双生子表现出不同的智力品质

我们对16对不同双生子的小学生交卷的时间、演算灵活习题和难题的成绩做了统计，求出相关系数，列于表3。

表 3　不同双生子的智力品质的相关系数

	敏捷性	灵活性	深刻性(抽象性)
同卵双生	0.74**	0.81*	0.62*
异卵双生	0.56*	0.72*	0.48*

从表 3 可以看出，不同双生子在运算测验中所表现出的速度、完成灵活习题与难题的程度与成绩是不相同的。因此，遗传对思维品质的影响是存在的。

我们还调查了 16 对在相同环境长大的不同双生的幼儿(同卵和异卵各 8 对)对周围事物，特别是计数(数数、给物说数和按数取物)的反应时间，发现同卵双生子差异尽管存在，但并不明显；而异卵双生子普遍有反应时间的显著差异。这种差异一般在开始出现计数能力和语言表达力的 2 岁前后就能观察到。

例如，同卵双生子常大与常二(1974 年 4 月出生)同异卵双生子刘大与刘二(1974 年 6 月出生)年龄相仿，并在同一环境中长大。两对双生子都是出生 56 天后被送到同一幼儿园(托儿所)的。五年中，经教师观察：常大与常二在游戏中，在玩弄玩具时，在学习计数和自理能力(如穿衣服鞋袜)方面几乎没有区别。教师课堂提问，两人几乎同时举手，不分先后。刘大与刘二在玩弄玩具时，妹妹灵活，姐姐有点呆板。反应速度有显著区别，从 2 岁起，一见保育员来打针，妹妹立刻叫喊并护着姐姐，可是姐姐却没有什么反应；课堂提问，刘二总是立刻举手，而刘大往往要晚 0.5～2 分钟。

4. 不同双生子的语言发展的对照

从研究中可以看到，在相同环境长大的婴幼儿，在语言出现早晚时间，语声高低粗细(尖)，说话多少(好说或不爱说)，掌握各类语言形式(口头语言、书面语言等)情况及掌握词汇量的多少等方面，同卵双生子差异不大，而异卵双生子存在较明显的区别。这方面我们未能做数据统计。只举一个案例，或许能够说明问题的一个侧面：我们调查了一个一胎三婴，老大和老二为同卵，老三为异卵，出生后在同一个环境抚养，可是语言发展就有区别。同卵之间一个样，异卵之间又是另一个样。老三 6 个多月就开始发“爸”“妈”的声，7 个月以后就能较清楚地叫“爸爸”“妈妈”，语声发粗；可是另一对同卵双生子却晚 2 个月才能叫“爸爸”“妈妈”，而这两个婴儿发音时间接近，语声相似。这个一胎三婴被试，有待继续追踪研究。

5. 不同双生子中出现的低能儿与呆傻儿的对照

在北京协和医院与北京市东城区第一妇幼保健院提供的129对双生子个案中，发现同卵双生子有一对低能，两对呆傻；异卵双生子有两对呆傻。

可以看出：智力低常和先天痴呆症与遗传直接有关。因为个案太少，论据还不够充足，但也说明了一些问题。这个问题已被国际遗传学界证明(斯特恩，1979)。我国医务工作者已能从孕妇羊水里测定先天呆傻和畸形胎儿的遗传素质(李汝祺，1979)，因此，朱智贤教授提出的“在我国计划生育中……要积极改进我们人口的品质，如何减少不良品质(包括智力落后)的遗传，促进优良品质的遗传”(朱智贤，1979)的希望，完全有可能实现。

(二)环境和教育在一定条件下对儿童智力的发展起决定作用

儿童心理学认为，物质和文化环境以及良好的教育可以说是智力发展的决定条件。环境和教育又从哪些方面来决定儿童的智力发展呢？我们通过双生子的心理学研究看到，这个作用从六个方面决定智力发展，即决定着儿童智力的方向、水平、速度、内容(或范围)、智力品质以及改造影响智力发展的遗传素质。儿童的智力发展，按国内外(J. Piaget，1956)的资料和我们研究的结论，是一个内化的过程，尽管步骤有繁有简，但内化的方向是客观的；儿童智力整个内化的过程就是一个发展过程、成熟过程，这个过程是分阶段的，这就显示出不同的智力水平；达到某级水平有早有晚、有快有慢，这就是智力发展的速度；不同主体，在不同领域表现出不同的技能，在不同范围形成不同的能力，组成其不同的智力内容。智力品质，如前所述是不同的智力特征，是区分正常、超常或低常智力的具体表现。从这次研究中可以看到，上述方面是由环境和教育决定的。

1. 不同环境下同卵双生子的智力表现

在被试中，有7对同卵双生子是在不同环境下生活的。经运算测验，它们的相关系数$r=0.67$；调查其中5对双生子的学习成绩，它们的相关系数$r=0.58$。对照表1与表2，可以列出表4。

表 4　同卵双生子异同环境的相关系数对照

	运算能力	学习成绩
相同环境	0.89*	0.81*
不同环境	0.67*	0.58*

从表 4 只能看出环境的影响，但看不出环境的决定作用，更看不出决定作用的具体表现。为了说清问题，我们从这 7 对在不同环境下生活的同卵双生子中选择两对案例做典型分析。

个案分析例一：张某和上官某，系同卵双生女，16 岁，长相、健康状况相同。出生第一年，抚养环境相同，心理发展没有发现差异，观察力和语言发展等智力表现几乎相同。一岁后，环境发生了根本的变化：张某随农民(姑姑)生活，她的早期教育无人抓，上学后学习自流，没有养成良好的学习习惯；上官某随医生(另一姑姑)生活，早期教育抓得紧，教育上得法，提前两年上了小学，有良好的学习环境，养成了良好的学习习惯。结果智力上造成明显的差异：她俩学习成绩有显著的区别；学习兴趣截然不同；智力品质各不相同。

从例一可以看出：①环境对儿童的心理发展，特别是智力的发展起着决定的作用；②早期教育得法，对儿童智力发展有重要的意义；③创造良好的学习环境，培养良好的学习习惯，能积极地发展儿童的智力；④同样的遗传素质，在不同的环境下得到不同的发展结果，可见环境对遗传因素的改造作用。

个案分析例二：李一与李二，系同卵双生子，16 岁，兄弟俩在小学阶段智力发展与学习成绩不相上下，各门功课学习平衡，没有突出的爱好。小学毕业后，分别在两个中学学习。老大受同班同学影响，对数学有兴趣；老二受语文老师的感染，喜欢写作。于是在智力上出现差异：老大偏理科，向抽象思维型发展，老二偏文学创作，向形象思维型发展。可见：①在智力发展成熟之前，环境的差异和变化随时可决定儿童智力发展的方向和内容；②环境对儿童智力的决定作用是通过儿童的活动进行的；③心理发展的动力系统——需要、兴趣等在智力发展中起重要的作用；④教师、同学影响儿童智力的发展，不仅说明关系密切的人(可接近性)对儿童心理发展的作用与地位，而且也反映出情绪、模仿在智力发展中的位置。

2. 相同环境下异卵双生子的智力表现

在被试中，43 对异卵双生子中有 35 对是在相同或类似的环境下生活的。相同环境下异卵双生子的智力有什么表现呢？在回答这个问题之前我们先求出另外 8 对不同环境生活的双生子的运算能力的相关系数 $r=0.45$；调查了其中 5 对的学习成绩，它们的相关系数 $r=0.39$。可见环境对儿童智力发展的影响是显著的。从我们的研究中看出环境的决定作用有如下几个方面。

第一，相同环境下生活的异卵双生子在运算能力上所表现出的年龄特征基本相同。我们在对思维的研究中已经看到，儿童的运算能力经过直观行动→具体形象→形象抽象→逻辑抽象四个阶段，每一阶段还可细分为一定的等级。从这次研究中看出，12 对相同环境下生活的异性异卵双生子(遗传因素相关最小)，尽管他们在运算测验上的成绩有差异($r=0.61$，见表 1)，但他们中间有 11 对达到相同的等级水平，占 91.7%。由此可见，环境是形成儿童的心理年龄特征，特别是智力年龄特征的决定因素。

第二，一对具有特殊才能的异卵双生子(中学生)分析。徐 A 和徐 B 尽管有差异，但有三个特殊的相同点：一是兄弟俩外语学习能力突出，能用英语做一般性会话；二是勤学好问，学习拔尖，并都以“在校生”的身份考入高等学校；三是兄弟俩都能打一手好乒乓球，在全区比赛中为学校夺得名次。通过多年追踪获悉，兄弟俩从小在一起，“形影不离”，家长、学校为他们创造的相同的环境是其形成特殊才能的决定因素。

我们还对 4 对有一定才能的(爱好音乐的、画画的和游泳突出者)异卵双生子做调查也获得了类似结果。由此可见，环境是儿童形成特殊智能的决定因素。

第三，智力品质的改造。相同环境下长大且在一个班里上学的异卵双生子王甲和王乙，初三之前，他俩在数学运算速度和灵活程度上有较大区别。初三时数学教师抓综合性的练习，突出正确迅速的运算能力的培养。初三毕业时，王甲和王乙随全班数学成绩的提高而提高，两人在运算中的速度和灵活程度差异显著减小。由此可见，环境是培养儿童智力品质和改造影响智力发展的遗传素质的决定因素。

3. 胎儿的环境对儿童智力发展的影响

从研究中可以看到，胎儿的环境对儿童智力的发展的影响也是很大的。有两对同卵双生子，他们中每一对的长相彼此之间都不相似，出生后的特点也很不像。例如，王家兄弟才10个月，早期气质和智力表现(语言发展，观察、注意的范围和稳定性)都有差异。又如，某芸与某英，5岁，是相同环境下长大的同卵双生女，早期智力水平与智力品质差异都很大。通过查阅病案发现一个共同症状：胎儿期胎位异常，一度有一胎儿压着另一个胎儿的头部。这种情况必然产生两个后果：一是供血系统受阻碍，会影响一个胎儿的血液流动，使营养、氧气跟不上；二是直接影响头部的发育。两个方面都关系到这个胎儿的大脑和神经系统的正常发育。北京市东城区第一妇幼保健院还提供了两对同卵双生子，都是由于胎儿环境不利，造成一对半死胎。由此可见，关注孕妇的健康，注意营养，防止工伤、辐射，及时检查胎位，对儿童出生后的智力发展有着重要的意义。

研究中我们还探索了“胎教”问题。我们调查了教师的四对幼儿(同卵、异卵各两对)，没有发现母亲在怀孕期读书、写字、弹琴和听音乐等文化生活对子女智力发展有任何的影响。不过我们在研究中发现，怀孕期妇女的情绪剧烈的变化会影响后代的情绪特征和气质类型。这方面问题不属于此次研究的范畴，只供有关研究者讨论。总之，儿童智力的发展要受出生之前环境的影响。当然，“胎教”一词是个借喻，说明孕妇的身心健康是十分重要的。

四、讨论

根据上述结果与分析，我们来讨论三个问题。

(一)遗传和环境在儿童智力发展上的辩证关系

结果一告诉我们，否定遗传的作用是错误的，但“遗传决定论”也是有害的。结果二告诉我们，环境在儿童智力发展上起决定作用，但环境又不是机械地决定儿童智力的发展。当然，我们也不同意“二因素论”机械地把儿童智力发展看作由儿童内部性质和外部环境作用的产物。

遗传和环境在儿童智力发展上的关系是十分复杂的。智力既不是遗传因子的扩大，也不是对环境的机械翻版。一位遗传学家设想，两种遗传因子 A 和 B 在 x 与 y 两种环境中就能有六种发展的可能。三种遗传因子 A、B、C 在 x、y、z 三种环境中就会有 40320 种排列(斯特恩，1979)。我们同意这种假设。它反映了遗传和环境在儿童心理发展上作用的复杂性。儿童遗传的多样性、环境的多变性组合成千变万化的智力发展的可能性。

遗传是儿童智力发展的生物前提。脑的三个系统，即保持清醒状态的系统，受纳、加工活动的系统和额叶运动的系统正是智力活动的生理基础，这种机能的强度、灵活度和平衡度形成智力品质的机制。儿童的智力就是在这个遗传生理的基础上开始发展的。环境是客观的存在，从胎儿期就开始作用于主体。环境(包括教育)决定着儿童智力的发展。如上所述，A、B 因子在 x、y 环境中，假如 A 在 x 条件下产生最优的智力，那么 B 在 x 条件下，A 在 y 条件下，B 在 y 条件下就会产生不同的水平。x 对 A 可能是最优越的条件，而对 B 未必是好条件，也可能是最坏的条件。为什么？这是因为儿童一开始就是一个积极能动的主体。环境作为外因必须通过主体的内因起作用。

主体的能动作用如何发挥呢？从研究中我们看到，儿童主体的能动作用就是儿童在活动中，对环境和教育作用所引起的新的需要和儿童在遗传基础上逐步发展起来的原有智力水平发生矛盾，构成了儿童智力发展的内因，成为儿童智力发展的动力。这种动力反映了儿童智力的新陈代谢的过程、同化和异化的过程和发展的过程。

根据上述分析，我们在这里做一个冒昧的比喻：假使一个人获得十成成就，其中两成归于遗传(天资)，四成归于环境或机遇，四成归于主体的能动作用或努力。当然，这不是机械的数字公式，而是一个形象的假设。

(二)关于心理学在生物科学和社会科学中的地位

这是心理学界争论的一个问题。我们认为，心理学的归属主要取决于其研究对象——心理现象的性质。从我们对遗传与环境在智力发展上的作用的研究中，可以看出智力活动的实质。智力活动是一种复杂的心理现象，就其心理素质，即生物前提上的特征和其他生物上的特征，是建立在遗传因素、遗传密码的基础上的；其内容和儿童智力发展的方向、速度、水平，是在社会环境过程中形成的，由社会环境决定。这就说明智力活动是人脑对客观现实即社会环境的反映。

从研究中可以看到，儿童智力活动的水平及其表现，如学习成绩、语言特征、智力品质以及智力缺陷都受遗传的影响，这个事实反映由人脑来实现的智力，要依靠高级神经系统活动的规律，制约于生理机制。然而，人的智力是在人同社会环境的复杂的相互关系中产生的，是依靠知识、经验的内化和类化而获得的，是教育、学习的结果，是在社会条件中形成的；遗传因素本身也能在环境中得到改造，即社会环境能促使新的机能系统的产生，脑也按照新的机能系统进行活动。因此，从脱离社会环境的遗传素质自身中寻找儿童的智力活动的规律是绝对不可能成功的。

从研究中可以同时看到，社会环境对儿童的智力的发展起着决定的作用，因为大多数遗传素质差不多的儿童，其智力发展有差别是环境和教育的结果，智力一开始就是社会的产物。然而，儿童的智力依赖其逐渐成熟的遗传生理的因素，即高级神经过程，是那些最复杂的自然系统——脑来实现的。因此，研究智力的活动如果脱离脑活动规律也是会失败的。

由上述分析可以看到，心理现象是遗传与环境的统一、起源与发展的统一、形式与内容的统一、自然性质与社会性质的统一。它统一在自然性与社会性的中间。作为研究心理现象的心理科学，它必然地既非纯自然科学，也非纯社会科学，把心理学归属于自然科学与社会科学的哪一门都是不妥当的。心理学只能在自然科学和社会科学的边缘上产生和发展，它是一门边缘科学。由于心理现象的复杂性，必然有某些心理现象偏向于自然属性而社会属性少一些，另外一些心理现象则偏向于社会属性而自然属性少一些。正因为如此，也就允许心理学的各分支研究范围的多样性，或侧重于自然领域或侧重于社会领域，共同揭露心理实质，发展心理科学。

(三)对智力研究方法的探讨

对智力的研究方法，我们有如下的想法。

1. 要研究智力，首先要探索智力的理论问题

智力就是人的个性特点，是偏于认识方面的特点，是人的智慧能力的总和。这种智力的实质是什么，它的表现、结构怎样，它与知识、与能力的关系如何，是要搞清楚的。只有这样，才能在智力的研究方法上有的放矢，坚持自觉性，避免盲目性。

2. 智力活动是复杂的，智力的测定必须从多方面入手

从智力表现来看，智力表现在感知记忆能力、抽象概括能力和独创地解决问题的能力等方面。企图用一个测验题目来包罗全部智力的内容是无法获得可靠结果的。因此，我们的意见是"分散性"的，即把对观察力、记忆力、思维力和想象力等诸方面的研究分别进行，每次测定只能说明智力某方面表现的成绩。从智力品质来看，智力有敏捷性、灵活性、深刻性、批判性和独创性等品质，需要分别进行测定。每次测定也只能说明智力某个品质的程度。我们对中小学和幼儿园儿童的思维能力的测定都是通过多次完成的。

3. 智力研究的指标必须要客观

我们认为智力是通过知识学习或活动表现出来的，任何智力测验都离不开某种经验或知识，因此智力测定中题目的选编，必须要全面，能反映绝大多数被试的知识经验的范围。我们还认为一个合格智力测验题目的选定是在多次的、大量被试测试过的并经过充分统计考验的基础上来完成的。因为智力测验是一门科学，它的指标不能是人为地一两次制定完成的，而有反复实践的客观指标。

4. 数学运算测验是智力研究的一个重要方法

我们多次对思维能力的研究采用的是数学运算测验。它的好处是：①能较真实地、直接地反映人的思维水平及其结构；②较客观化；③易与数学教学结合，可以采用"自然实验"加以研究，并有助于数学的教学改革；④可以从智力各成分全面测定儿童的智力活动。因此数学运算测验是一种切实可行的智力研究的途径。当然，数学运算测验也有不足之处，它只局限于一门数学知识，对语言的发展研究较难。

5. 研究智力的方法之一是个案分析法，它有不少优越性

纵向追踪研究能够分析个体智力发展的总趋势和具体细节。但个案智力分析，

仍需要运用客观指标，需要对全部智力结构做多次的系统而“分散性”的测验。否则，光凭观察做叙述性的记录，不做统计考验，这并非科学的方法。因此我们认为把智力测验与个案分析结合起来，做综合性的分析，这样对儿童的智力研究就显得全面和可靠了。

五、小结

我们这次研究所获得的结论如下。

第一，良好的遗传与生理因素无疑是智力发展的一个重要条件，物质和文化环境，尤其是良好的教育是智力发展的决定性条件。

第二，儿童在实践活动中，对环境和教育作用所引起的需要和在遗传基础上逐步发展起来的原有智力水平发生矛盾，构成了儿童智力发展的动力。

第三，从遗传与环境对儿童智力发展的作用来分析，心理学是在自然科学和社会科学边缘上产生和发展的。心理学是一门边缘科学。

第四，智力测验是有一定价值的，智力测验的方法、途径很多，但不能依据一次智力测验就给儿童的智力做鉴定。智力测验应对组成智力诸因素做分散测定；智力测验应与个案分析相结合来判断儿童的智力状况，数学运算测验是智力测验中行之有效的方法。

参考文献

[1][美]G. 斯特恩．人类遗传学原理[M]. 吴旻，译．北京：科学出版社，1979.

[2]朱智贤．儿童心理学研究中的若干基本问题[J]. 北京师范大学学报(社会科学版)，1979(1)：48-53.

[3]Piaget J. Logic and psychology[M]. Manchester：University of Manchester Press，1956.

[4]Russell H. Children's thinking[M]. New York：John Wiley，1956.

遗传与环境在儿童性格发展上的作用

——双生子的心理学研究(续)*

一、研究目的与方法

遗传与环境(包括教育)在儿童心理发展上的作用，是儿童心理发展的基本规律之一。我们讨论过这两者在儿童智力发展上的作用，但遗传与环境是如何影响儿童的个性的发展，特别是儿童性格的发展的，这在心理学、遗传学和教育界还是有争论的问题。性格在人的个性中起核心作用，它是一个人对待现实的稳固的态度以及与之相适应的行为方式的独特结合。性格是一个十分复杂的心理结构，正像智力结构是由许多认识过程的能力特征组成的一样，性格包括多种多样的特征，其中有性格的气质特征、性格的意志特征、性格的情感特征、性格的理智特征。自 1978 年 10 月，我们开始双生子的心理学研究，除了探索遗传和环境影响儿童智力发展的具体表现，以及它们如何作用于儿童智力的发展之外，还考察了遗传信息相同的同卵双生子与遗传信息不同的异卵双生子在异同环境中性格上的具体表现的对比，目的在于探讨遗传与环境影响儿童性格的各种特点及途径，并围绕这一工作来讨论有关的问题。

这一工作主要采用调查法。调查的对象，即被试是 80 对双生子。其中同卵双生子 37 对(1～7 岁 12 对，8～13 岁 11 对，14～20 岁 14 对)；异卵双生子 43 对(1～7 岁 14 对，8～13 岁 13 对，14～20 岁 16 对)。确定被试中同卵双生子的方法，按目前国际遗传学界公认的指标：以一个绒毛膜为准。调查的方法是系统性的个案分析。对被试逐对建立个案，把典型个案的分析和个案系统的综合整理结合起来。具

* 本文原载《北京师范大学学报（社会科学版）》1982 年第 1 期。

体做法如下。①一般调查与遗传素质(身高、体重、长相、指纹、血型等)的检验。②智力测定。③气质与性格的调查，内容包括气质表现、对现实的态度、情感特征、意志特征、理智特征、品德表现6项；每项确定指标规定，拟定8～12对问题(我们所编拟的问题都是成对的，便于调查对象的选择和填写，也便于我们做统计)，让被试的家长和教师分别填写；为了确定指标的客观性，除了让填写人对每个问题举例说明以便按事例来分析所确定项目是否符合指标要求外，还对各种类型的典型双生子深入访问，进一步调查。④整理个案，统计人次，系统分析；分析典型个案与一般个案，统一整理结果，做系统性个案汇总。

二、对双生子性格研究的结果及其分析

通过对双生子性格个案的系统研究，结果分析如下。

(一)双生子气质类型的表现

气质是高级神经活动类型在人的行为和活动中的表现。从气质的自然性来说，它是性格的基础。目前国际上还缺乏一种对人的气质研究的客观指标。我们在研究中，仅仅调查了不同类型双生子在某些气质类型上的一致性的大小。我们对双生子的行动特征(是否敏捷、灵活、积极或紧张、易疲倦)，言语特征(爱不爱说话、声音高低、说话速度或频率、有否言语缺陷)，情绪体验特征(是否暴躁、稳定、爱哭或脆弱、多虑)等方面的一致性编拟了12对问题，用来调查各类双生子的气质表现。

1. 不同双生子在类似环境中长大的气质表现

同卵双生子与异卵双生子在气质发展上有何差异？我们对类似或相同环境中长大的24对同卵双生子(幼儿、小学生和中学生各8对)和24对异卵双生子(幼儿、小学生和中学生各8对，其中同性异卵和异性异卵双生子各占一半)，考察涉及其气质的12对问题，做全面的对照，分析结果列于表1。

表 1　关于不同双生子的各类气质问题调查的相关趋势

	幼儿	小学生	中学生
同卵双生	0.84**	0.79**	0.71**
同性异卵双生	0.81**	0.69**	0.48**
异性异卵双生	0.67**	0.50**	0.39**

从表 1 可以看出以下几点。

(1)遗传是儿童心理发展的生理前提和物质基础。气质是神经类型的特征，主要来自遗传素质的影响，表现得很明显，同卵双生子与异卵双生子在气质表现中差异检验 $p<0.01$ 说明了这一点。从结果中还可以看出，遗传因素差异越小，相关关系越大，即 $r_{同卵双生}>r_{同性异卵双生}>r_{异性异卵双生}$。例如，六岁同卵双生子常大与常二、同性异卵双生子王大与王二、异性异卵双生子女陈大与陈二三对不同的典型，他们中每一对都生活在一起。几年来，据教师和家长观察：常大和常二在游戏、学习和生活中，都是行为敏捷，动作迅速而灵活，对事物容易产生情感的反应，彼此难以区别。王大与王二都好学习、好动脑子、反应快；但王大沉静、不易发脾气、不爱多说话；王二从小性急、暴躁，整天不停地唠叨。陈大与陈二几乎没有相像之处，陈大(男)成天手不停、脚不停、嘴不停，表情十分丰富；陈二(女)十分文静，情感很少外露，爱生闷气。这里除了表现出遗传是气质的基础外，还可以看到，婴幼儿的个性差异，主要是气质差异，从这个意义上说，气质是性格发展的前提，遗传则通过气质类型的因素来影响儿童的情绪体验和性格。

(2)遗传对气质的影响很大，但气质并不完全等同于遗传本身。异卵双生子在相同环境或相似环境中生活，无论是同性还是异性，他们的相关系数大多超过 0.50(属于显著相关)，这一事实说明异卵双生子在相同环境中是彼此影响、相互作用的。可见，气质虽然是神经类型的特征，但它是可以改变的。它是长期生活、教育影响的结果。由于环境的陶冶，尽管也有纯属一种气质的人，但多数人是近于某一类型而兼有其他类型的特点。

(3)遗传对儿童心理的发展，当然包括对个性的发展的影响，存在一个趋势，有着年龄发展的阶段性。总的趋势是，遗传对气质的影响随着年龄的增大而减弱。

随着年龄的增长，遗传因素的作用就不如环境与教育的影响那么明显和直接了。因为儿童的生活环境十分复杂，乍看起来类似的环境下成长的一对双生子，实际上他们接受的影响、社交和反应是不同的。例如，中学生异卵双生子马大和马二，幼儿期在气质上有不少相似之处，但马大发育良好，个子超过同年龄儿童；马二从小瘦弱。家庭和学校自然用“哥哥”与“弟弟”的不同态度对待他俩，因而造成马大近乎黏液质，马二近乎胆汁质，尽管一起长大，但两人在气质上越来越无相似之处。

2. 同卵双生子在不同环境中长大的气质表现

在被试中，有七对同卵双生子是在不同环境条件下生活的。根据对他们各类气质问题的调查，相关系数 $r=0.62$。如果与上述的同环境中长大的异卵双生子对比，可见遗传因素对气质的影响实际上是存在的。如果与上述的同环境中长大的同卵双生子对比(幼儿、小学生、中学生的相关系数分别是 0.84、0.79、0.71)，可见环境对气质的变化起着决定的作用；同样的遗传素质，在不同的环境下得到不同的发展结果，可见环境对遗传因素的改造作用。

(二)双生子对现实的态度

性格是一个人对待现实的稳固的态度以及与之相适应的行为方式的独特结合。性格是一个十分复杂的心理结构，它首先表现在对现实的态度上，即表现在处理各种社会关系方面的性格特征上。人对现实态度的性格特征主要表现在：对社会、集体、他人的态度，对学习、劳动、工作的态度，对自己的态度三个方面。

1. 对社会、集体、他人的态度

我们将被试是否爱交际、是否热情、有无同情心、是否诚实、是否对人尊重等作为指标，编拟 10 对问题(问卷)，考察被试对社会、集体和他人的态度，其结果列于表 2 和表 3。

表 2　相同环境中长大的不同双生子对社会、集体、他人态度的对照

	幼儿	小学生	中学生
同卵双生(24 对)	0.73*	0.65*	0.44*
异卵双生(24 对)	0.64*	0.58*	0.40*

表 3　不同环境中长大的同卵双生子对社会、集体、他人态度的对照

	相同环境（24 对）	不同环境（7 对）
相关系数	0.61	0.38

2. 对学习、劳动、工作的态度

我们将被试是否用功、是否认真、对作业是否细心、爱不爱劳动作为指标，编拟 8 对问题，考察被试对学习、劳动、工作的态度，其结果列于表 4 和表 5。

表 4　相同环境中长大的不同双生子对学习、劳动、工作态度的对照

	幼儿	小学生	中学生
同卵双生（24 对）	0.68	0.70	0.59
异卵双生（24 对）	0.61	0.65	0.56

表 5　不同环境中长大的同卵双生子对学习、劳动、工作态度的对照

	相同环境（24 对）	不同环境（7 对）
相关系数	0.66	0.44

3. 对自己的态度

我们将是否谦虚，有无自信心、自尊心，有无独立性，是否自私作为指标，编拟 10 对问题，考察被试对自己的态度，其结果列于表 6。

表 6　相同环境中长大的不同双生子对自己态度的对照

	幼儿	小学生	中学生
同卵双生（24 对）	0.82*	0.72*	0.59*
异卵双生（24 对）	0.74*	0.56*	0.51*

从表 2 至表 6 并结合表 1 可以看出以下几点。

（1）同卵双生子与异卵双生子在对待现实态度上的差异是存在的（三个差异的检验数，两个 p 值小于 0.05），然而比起他们之间在气质表现上的差异（$p<0.01$）来，还是要小得多。这说明，遗传通过气质类型的因素影响儿童对现实的态度的性格特征。对社会、集体、他人的态度这些考察指标所表现的品质，都是与一定的情绪体

验联系在一起的，都可以反映出情绪表现的气质特点。从这个意义上说，遗传对儿童性格的影响是存在的，它是性格发展的自然前提，为性格发展提供了可能性。

(2)对现实的态度的性格特征，能否将这种可能性变成现实性，关键在于环境与教育。表2至表6所反映的双生子对现实态度的相关系数的变化，说明遗传因素的影响随着年龄的增大而减弱，其作用不如环境与教育的影响那么明显和直接。7对不同环境中长大的同卵双生子，由于环境的差异，尽管彼此遗传素质相同，气质也较接近，但他们对待现实态度的相关系数分别为0.38、0.44、0.52，不仅远远地低于相同或相似环境中长大的同卵双生子，也普遍低于相同或相似环境中长大的异卵双生子。例如，同卵双生子徐某与于某，15岁，长相相同，气质相似，都行动迟缓，不易受刺激，不爱发脾气，表情不太外露，但徐某在自己家里长大，在多子女中排行第三，上有哥姐，下有弟妹，他富有同情心，勤劳、谦虚、稳重；于某从小被送给他人，成为抚养人家的独生子，由于抚养者娇惯，使他对人冷淡、懒惰、骄傲，缺乏独立性。可见，对现实的态度的性格特征，是人在生活实践中，不同环境的相互作用中形成的。对性格形成起着重要作用的因素最初是家庭，主要是通过儿童在家庭所处的地位和家庭成员首先是父母对儿童的影响和教育来实现的。

(三)双生子性格的情感、意志和理智特征

1. 情感特征表现

我们将被试是否易激动(或冲动)、情绪情感是否稳定、是否任性、爱好是否一样作为指标，编拟出8对问题来考察被试的情感特征表现。结果是，在相同或相似环境中长大的24对同卵双生子的一致性，相关系数为0.72，24对异卵双生子则为0.57($p<0.01$)；而对照在不同环境中长大的7对同卵双生子的一致性，相关系数为0.55($p<0.01$)。由此可以看出以下两点。①不同双生子在性格的情感特征上的表现是不同的。性格的情感特征与气质比较接近，遗传对性格的情感特征的影响是比较明显的。②环境对儿童性格的情感特征的发展起决定作用。相同遗传素质的同卵双生子在不同环境下其性格的情感特征存在显著的差异。

2. 意志特征表现

我们将被试能否自觉遵守纪律、有无自制力、坚持性与胆量大小等意志行为作为指标，编拟出8对问题来考察被试的意志特征的表现，结果是，在相同或相似环境中长大的24对同卵双生子的一致性，相关系数为0.67，24对异卵双生子则为0.61($p<0.1$)；而对照在不同环境下长大的7对同卵双生子的一致性，相关系数为0.48($p<0.01$)。由此可以看出以下两点。①不同双生子在性格的意志特征的表现尽管有所差异，但这种差异并不显著($p>0.1$)，遗传对性格的意志特征的影响并不明显。②相同遗传素质的同卵双生子在不同环境中其性格的意志特征存在显著的差异，可见环境对儿童性格的意志特征的发展起着决定作用。例如，张某和上官某系同卵双生女，16岁，长相、健康状况相同。出生第一年，抚养环境相同，气质表现没有发现差异。一年后，环境发生根本变化：张某随农民生活，她的早期教育无人抓，生活十分自由自在，从小参加力所能及的劳动(捡粪、拾柴等)；上官某随医生生活，早期教育抓得紧，加上在家里作为独生女，一些事情都由成人照顾，并提前两年入小学。从六七岁开始，姐俩在性格的意志行为上表现得截然不同，张某(姐)粗犷、泼辣、大胆；上官某(妹)娇弱、文静、害羞。有一次七岁的姐姐从一米高的戏台上往下翻跟头，吓得妹妹遮住眼睛不敢看。到少年期，姐姐成为一个似乎天不怕、地不怕的人，而妹妹却是文质彬彬。这可以看出环境对性格发展的重要作用，看到早期教育和特殊环境对于形成特定性格的重要意义。

3. 理智特征表现

上文所展示的遗传与环境在儿童智力上的作用，特别是对智力品质敏捷性、灵活性、深刻(抽象)性、独创性的影响，也就说明了遗传与环境对儿童性格的理智特征的作用，不再赘述。

(四)双生子的品德表现

儿童性格的内容与倾向由什么决定？这涉及儿童品德是由遗传决定还是由环境和教育决定的问题。我们对儿童的道德认识、道德情感和道德意志行为进行了调查，结果表明，无论是同卵双生子还是异卵双生子，品德的发展都有一个共同趋势，即在相同或相似的环境和教育下，每一对双生子的品德面貌大致相似；在不同的环境和教育下每一对双生子的品德面貌的差异性要超过相同或相似环境中长大的双生子。

我们调查了双生子之间三好生的一致性，发现成双的三好生有14对，属于相同或相似环境中长大的同卵双生子和异卵双生子各占7对，可见，三好生的获得主要与环境和教育有关。例如，上文所述的一对特殊才能的异卵双生子徐A和徐B，尽管他俩气质有差异，但德、智、体表现基本一致，一起评上三好生，同时当学生干部，一同入团，成为优秀团员。他俩如此相近，从小在一起，“形影不离”，家庭和学校为他们创造的相同环境是其决定因素。

我们没有发现品德不良与遗传因素有关。我们调查了他们中间的品德不良学生，发现有两对品德不良的双生子，每一对各自所犯的错误一样，作案手段也一样。深入的调查表明，这两对品德不良双生子的失足原因主要在于家庭，他们生活在一个共同的环境中，所受教唆式的家庭影响是一致的，于是逐步陷入相同的歧途。

双生子的品德特点，特别是正反两个方面所表现出来的品德特点，说明了儿童的道德面貌，儿童性格的内容与倾向，不是由遗传因素决定的，而是由环境和教育决定的。

三、讨论

根据上述结果我们将讨论两个问题。

(一)遗传和环境在儿童性格发展上的辩证关系

从上述结果可以看到，遗传通过气质类型的因素影响儿童的性格，为性格发展提供了生物前提和可能性，而环境则把这种可能性变成现实性，在性格发展上起了决定作用。

第一，否定遗传对性格发展的作用是不对的，但夸大其作用也是错误的。气质是通过生活实践、在遗传素质的基础上建立起来的高级神经活动类型，主要表现在情绪体验与动作发生的速度、强度、灵活性和隐显性上，它赋予性格的态度特征和相应的行为方式一定的色彩，影响着性格。气质本身是先天与后天的“合金”。从这个意义上说，气质类型是性格的机制或基础，反映了遗传因素在儿童性格发展上的作用。然而，气质本身不等于遗传素质，表1的数据充分说明了这一点，反映了气质在后天条件下得到改造，受到人的整个个性心理特征与个体意识倾向性的控制。气质尽管提供了性格的自然前提，但它本身不等于性格表现。性格结构的复杂性，使我们看到不同双生子在各种性格成分或特征上表现出的数据差异较大。可见，遗传仅通过气质为性格发展提供了可能性，并不能决定性格在实质性上的发展和变化。

第二，气质总是在儿童的社会活动中表现出来从而获得一定的社会意义，成为儿童的性格特征。同一种性格可能以不同气质为基础。例如，勤劳、勇敢、朴素等优秀性格品质可能是以任何一种气质为基础的。同时，同一种气质也可以表现为不同性格。气质本身并无积极与消极意义之分，性格却不然，性格有好坏之分。这是由社会活动、环境教育造成的。例如，胆汁质儿童性急，在实践中可以表现为勇敢，也可以表现为冒失，从社会意义上说，前者是好的性格特征，后者是不好的性格特征。同样，多血质的儿童灵活，在实践中可以表现为活泼机智，也可以表现为动摇、有冷热病。黏液质的儿童迟缓，在实践中可以表现为镇定、刚毅，也可以表现为顽固、呆板。抑郁质的儿童多虑，在实践中可以表现为爱好思索，也可以表现为疑心重重。所以，气质要发展成为什么样的性格，它的方向是由环境和教育决定的。

第三，上述调查结果表明，性格的各种表现，无论是对现实的态度、相应的行为方式，诸如情感特征、意志特征和理智特征，还是性格的内容、倾向，都是由环境和教育决定的。具体地说，儿童的家庭、学校、交往、活动、经历等生活环境和具体实践是性格形成的决定条件。

第四，从全部结果来看，没有一个相关系数 $r=1.0$，即我们没有看到反映一对同卵或异卵双生子调查的结果是完全一样的，这说明儿童的性格无论多么相似，差异还是存在的。既然性格发展由环境和教育决定，为什么在相同环境中长大的双生子，即使是同卵双生子也会有差别呢？这说明环境和教育是形成性格的决定条件，但只是外部条件，它不能机械地决定儿童性格的发展。因为儿童一开始就是一个积极能动的主体。环境作为外因必须通过主体的内因起作用。环境和教育不断向儿童提出发展积极性格的要求，这就产生儿童发展性格的全部结构、特征及内容的新需要。这个需要和儿童原有的心理水平，特别是与原有完整的个性发生矛盾。原有水平是过去反映的结果，它最初是在遗传生理基础上逐步改造和发展起来的，昨天反映的可能是今天的心理水平；今天反映的往往是明天的心理水平。这对矛盾构成了儿童性格发展的内因，成为儿童性格发展的动力。这一动力反映了儿童性格的新陈代谢过程、同化和异化过程以及发展的过程。

(二)研究个性心理学的方法

我们这一工作涉及个性心理学的研究方法。个性心理学并不考察教育的全部问题，而只是从心理学角度去揭示在教育条件下的个性形成和发展过程及其规律，阐明某些具体的教育途径和措施的心理前提。因此，在研究方法上，需要有心理学的独特方法，如实验、自然实验、观察，特别是调查研究方法。对于调查方法，如何入手，是采用以个体为主，还是采用集体性的材料研究，在国际心理学界是有争议的。美国心理学家沃尔曼曾引用下面的论述：如果我找来一千个婴儿平均是在四十六个星期加两天会站立的，那么，我所了解到的就作为人类发展的一个阶段的站立来说是重要的东西，将不如我在仔细观察一个婴儿的全过程之后所了解到的那么多。持这个观点者强调仔细的个体观察、个案分析的重要性。然而，用许多被试来做研究有一个好处，就是能够运用推理统计。这说明个案分析和集体材料各有利弊。

我们在研究遗传与环境对儿童智力和性格等个性心理特征的作用时，使用个案法，同时它又是带有集体性的，把这种研究方法叫作集体性的、系统性的个案分析法，认为这是研究品德、个性的重要方法。为什么？其一，集体性、系统性的个案分析是“仔细的”系统的个体分析和集体材料相结合，既有深纵研究又有可靠的概括。其二，品德和性格等个性心理是一个复杂的问题，非一两个因变量就能引起一个自变量的反应。集体性、系统性的个案研究时间较长，五年甚至十年的调查、追踪，才可反映出品德和个性的形成和发展的过程及其规律性变化，才可看出教育措施的实际效果。其三，集体性、系统性的个案分析法采用的是心理学综合研究法，它综合地使用观察、调查、谈话、作品分析和教育性自然实验，是一个比较全面且行之有效的方法。

教育与儿童心理发展

——小学生运算思维品质培养的实验总结*

教育与心理发展的辩证关系是儿童心理学的重要理论问题。国内外不少心理学家和教育家都很强调教育对心理发展的主导作用。

为了进一步探讨教育与心理发展的内在联系，我们对小学生在算术运算过程中的思维品质发展的实际水平和潜在能力的变化，进行了实验研究，以揭示如何根据有效的教学途径来培养儿童的思维品质，并由此出发，提出一些小学数学教学的改革建议。

思维品质，又叫作思维的智力品质，它是个体的思维活动中智力特征的表现。从过去自己粗浅的研究中可以初步看到，小学儿童在运算过程中的思维品质是相当重要的，特别是敏捷性、灵活性、深刻性和独创性四种品质。思维的敏捷性就是思维过程中的速度，表现在运算过程中就是正确迅速的运算能力。思维的灵活性是指思维活动中智力的灵活程度，表现在运算中就是：一是起点灵活，即从不同角度、方面，能用多种方法来解题；二是概括、迁移能力强，运用法则的自觉性高；三是善于组合分析，伸缩性大。思维的深刻性也可以叫逻辑性，这是思维活动中抽象水平的体现，表现在运算中就是善于抓住事物的本质和规律，开展系统的理性活动。思维的独创性是指独立思考创造出有一定新颖性成分的智力品质，表现在运算过程中就是敢于除旧布新，创造性地解题的能力。这四种品质是区分儿童智力、才能的重要指标之一，也是提高儿童数学学习成绩的关键。我们的研究是密切结合学校第一线教学工作进行的，紧紧围绕小学生运算过程中思维的敏捷性、灵活性、深刻性和独创性四种品质的发展与培养，展开全面的研究，从中来分析教育与心理发展的辩证关系。

---

* 本文原载《北京师范大学学报（社会科学版）》1984 年第 1 期。

一、研究的方法

我们的研究工作是从 1978 年开始的，截至目前已进行了五年半的时间。

(一)对象

以北京市朝阳区幸福村学区的学生为被试。根据新生智力检查或学习成绩的考核，我们将被试分成两大组，即实验组和控制组。

我们的实验组是从一个教学班开始的(并从一年级开始追踪)，继而扩大到 4 个班，自 1982 年起，发展到 20 个班(一至五年级各 4 个班)。控制班与实验班一一对应。为了便于统计，我们随机取样，将每班人数规定为 35 名，实验组和控制组各为 700 名，共计 1400 名被试。

实验组与控制组所不同的是教学方法和练习要求。这里一个重要的问题是实验班的教师配备。我们在实验前与学区共同挑选实验班的教师，条件是：①年轻，不需要什么教学经验；②有事业心，肯做实验，不怕失败；③能积极配合，学习儿童心理学，按照实验措施进行教学。我们对实验组教师加强专业指导和业务训练，组织他们听心理学讲座、集体备课、上观摩交流课，且深入课堂以把握实况。

(二)措施

实验班教师对被试采取如下措施。①培养思维的敏捷性。主要是培养正确迅速的运算能力。教师狠抓学生运算的正确率，采用“认真审题、坚持验算、及时强化(及时修正)”的措施。与此同时，教师自始至终把速度要求作为重要的教学任务。具体地抓：一是坚持“速算”练习，在正确运算基础上练习迅速性；二是教给儿童多种速算方法，鼓励他们自己去创造速算的方法，给他们推广中间合理的速算方法，使他们逐步地形成速算的习惯，以提高他们迅速正确的运算能力。②培养思维的灵活性。从迁移入手，使“新课不新”，沟通新旧知识的联系；引导儿童进行“一题多解”“一题多变”的练习，从各种解法中启发儿童发散思维，比较异同点，从而能“举一反三”。③培养思维的深刻性。着重培养儿童数的概括能力、运用算术法则能力，积极完成从直接推理向间接推理过渡，从而提高儿童的抽象逻辑思维水平。在应用题教学中，逐步扩大“步数”，增多数量关系，以提高对事物内在关系认识的能力。④培养思维的独创性。加强培养儿童从小独立思考的自觉性；引导儿童自编习题，特别是自编应用题，以此突破难点，使儿童进一步理解数量间的相依关系；提倡“新颖性”，在运算中让儿童去挖掘解题的各种新方法(林崇德，1983)。

(三)测定

实验采用考试、竞赛和测验的方式，分别对实验组和控制组被试的4种思维品质进行多次的测定。通过一系列的“筛选”，统计试题的信度和效度，确定测定4种运算思维的智力品质的原则与指标。我们用速算试题测定被试思维的敏捷性；用“一题多解”“一题多变”试题测定被试思维的灵活性；用对数的概括、确定数的命题、空间想象、完成数学运算的推理步骤及以法则判断问题等习题测定被试思维的深刻性，用自编各类应用题(以直观→形象→数字抽象编题；模仿→半独立→独立编题)的成绩来确定被试思维的独创性。所有测定的结果，全部加以统计处理。此外，我们还统计和对比实验组和控制组被试的学习成绩，一并加以分析。

二、结果与分析

我们对小学生运算思维品质的培养实验研究正在深入进行。自1982年6月扩大实验以来，我们已经看到，总的来说，20个实验班与20个控制班对照比较，无论是思维的四种智力品质，还是数学学习成绩，差异越来越显著；同时，小学生运算思维的智力品质的发展是有其年龄特征的，但这个年龄特征既有稳定性，又有可变性，教育的影响是加速这个年龄特征及其可变性发展的重要原因。

(一)实验组儿童运算思维的敏捷性

自实验以来，我们看到实验组儿童在正确迅速能力方面，比控制组儿童提高得快，同时，我们看到实验组儿童的运算思维敏捷性的发展也存在一定的年龄特征。

我们借第二学期末考试的机会，对被试的速算能力进行测定。测定分两步进行，第一步是使用各个年级被试本学期所学知识范围内的习题，在一定时间(5分钟)内进行速算测定；第二步是使用二至五年级儿童都学过的计算题(即统一计算题)，测定速算的时间。两次测定的统计，对实验组与控制组的成绩做了比较；第二次还对各年级被试间的差异做了探讨。

测定的结果见表1和表2。

表1　两种不同被试完成本年级速算题的成绩对比

年级	不同被试的完成率		差异($x-y$)	差异的检验
	实验组(x)	控制组(y)		
一	98.6%	97.2%	1.4%	$p>0.1$
二	98.7%	90.6%	8.1%	$p<0.05$
三	98.3%	91.1%	7.2%	$p<0.05$
四	98.1%	94.2%	3.9%	$p>0.05$
五	97.4%	88.0%	9.4%	$p<0.05$

表2　两种不同被试完成同一速算题的时间对比

年级	不同被试的速度对比		差异($T'-T$)	差异的检验
	实验组(T)	控制组(T')		
二	8′45″	10′7″	1′22″	$p<0.05$
三	6′43″	8′14″	1′31″	$p<0.05$
四	5′14″	5′54″	40″	$p>0.05$
五	4′6″	5′21″	1′15″	$p<0.05$

备注：除了四、五年级控制班之间差异不显著之外，余者相邻两年级的差异均显著($p<0.05$)；实验班与控制班的高一年级成绩接近($p>0.1$)。

从表1和表2可以看出以下三点。①运算思维活动的敏捷性是可以培养的。通过训练，实验组的运算速度普遍地超过控制班，其中二、三、五年级的实验班运算思维的敏捷性与控制班之间存在的差异是比较显著的。可见，合理的教学要求及措施，对于思维活动的速度培养是可能的和必要的。②根据实验组儿童运算敏捷性的培养措施，即速算练习和掌握一定速算方法来分析，并对照表 1 和表 2 的差异，说明运算思维的敏捷性，不仅取决于儿童的知识结构，也取决于运算技能技巧的水平，行为习惯的水平和速算方法的原理的概括、迁移能力的水平。③不管是实验组还是控制组，年级之间的差异说明小学生的运算思维敏捷性的发展，是存在年龄特征或年龄阶段性的。相邻两个年级之间差异相仿(p 值均小于 0.05)，说明不同年级的儿童，在完成一个相同的课题时，是随着年级(或年龄)的递增而稳步发展着其思维的敏捷性的。实验班与控制班的高一年级成绩接近的事实，说明教育能加快敏捷性发展的进程，但这个“加速”是有一定限度的，我们的实验研究是“加速”了一年的进程。

(二)实验组儿童运算思维的灵活性

自实验以来，我们看到实验组儿童在运算思维灵活性方面，也普遍地超过了控制组；同时，我们也看到实验组儿童的运算思维灵活性的发展的年龄特征。

我们着重测定了实验组与控制组的“一题多解”能力和组合分析的水平。

数学的“一题多解”，反映出从给定的信息所产生的多种的新信息量。如果儿童思路比较狭窄，不能做到广泛的分析综合，他的思维起点往往缺乏灵活性，对问题必然不会“多解”，如果智力活动水平提高，分析综合的思路逐步开阔了，就能产生较多的思维起点，促使儿童在运算中的解题数量越来越多。一题多解不仅有量的问题，而且也有质的问题。例如，对一道多解题，只是在某一种类型(加、减、乘、除或四则混合运算等)上重复，数量是多的，但质上分析仅只一种。在测定中，我们以被试对每道题的解数和解题的类型数分别计分，且求出每个被试的平均成绩(见表 3)。

表 3　两种不同被试平均每人完成每题的成绩对比

年级	精细程度	实验组	控制组	差异
一	多解数量	2.78	2.34	0.44
	做出类型	2.02	1.90	0.12
二	多解数量	3.54	2.89	0.65*
	做出类型	2.49	2.17	0.32
三	多解数量	4.25	3.21	1.04**
	做出类型	3.37	2.52	0.85*
四	多解数量	5.31	4.60	0.71*
	做出类型	4.08	3.68	0.40
五	多解数量	6.18	5.34	0.84*
	做出类型	5.01	4.19	0.82*

小学生通过分析、综合、比较、抽象和概括，逐步掌握复杂的数概念系统和运算系统；数学的系统性，逐步地被他们所反映，形成他们思维的系统性。小学生的思维系统结构的完善，重要的表现是他们掌握了组合分析的结构。例如，应用题的演算，要求出“另解”“三解”或“多解”。这就使思维中有着不同的层次和交结点，他们将原有条件重新组合分析，以获新解。因此组合分析是思维灵活性的重要特征。我们专门对三年级和五年级的实验班与控制班的被试进行了测试，获得了表 4 的结果。

表 4　两种不同被试组合分析水平的发展对比

被试	三年级对比项目(正确率)			五年级对比项目(正确率)		
	求出“另”解题	“多解”题		求出“另”解题	“多解”题	
		“三解”	“四解”或“四解”以上		“三解”	“四解”或“四解”以上
实验组	100%	75%	38.3%	100%	86%	64.5%
控制组	94%	63.5%	25.4%	100%	75%	56.7%
差异(百分点)	6	11.5*	12.9**	0	11*	7.8*

从表 3、表 4 中我们看到以下两点。①无论是一题多解的数量、做出的类型，还是组合分析的发展水平，实验组与控制组的成绩普遍地存在差异，且二至五年级

的差异都较显著，这说明合理、切实可行的教育措施，能够提高儿童思维灵活性的水平。②小学阶段，学生在运算中灵活性的发展是存在年龄特征的。从表 3 可以看出这种发展比较平稳，没有在某个年级突变的现象；然而，合适的教育措施，能够迅速地提高小学生运算思维的灵活程度，在适当时，可以提高一个年级的水平。

(三)实验组儿童运算思维的深刻性

对于儿童运算思维的深刻性发展的研究，即年龄特征的研究，我们过去做了一些工作。在这次研究中，我们着重分析实验组与控制组的差异。

我们在实验阶段第二个学期末，按照测定深刻性的指标，分年级命题，对各个年级被试在本学期学过知识的范围内的数概括能力、推理能力、运用法则能力和大胆提出“假设”能力进行了两次综合性的测试，测得实验组与控制组各年级的平均成绩，并将这些成绩列于表 5 中。

表 5　两种不同被试运算思维深刻性测定的成绩对照

年级	测定平均成绩		差异($\bar{x}-\bar{y}$)	差异的检验
	实验组($\bar{x}$)	控制组($\bar{y}$)		
一	83.90	77.60	6.30	$p<0.05$
二	82.61	69.50	13.11	$p<0.01$
三	77.37	69.41	7.96	$p<0.05$
四	87.13	73.97	13.16	$p>0.01$
五	79.70	71.00	8.70	$p<0.05$

从表 5 可以看出，实验组与控制组在完成运算思维深刻性的综合习题时，其平均成绩存在显著的差异。这说明思维的深刻性是可以培养的。合理的教育措施，能够提高儿童在数学学习中的概括能力、推理能力、运用法则能力，促进他们提出“假设”，寻找事物之间的内在关系和解决问题的关系所在，也就是说，发展儿童的逻辑抽象思维。

(四)实验组儿童运算思维的独创性

自实验以来，我们看到实验组儿童自编应用题的能力，与控制组儿童也存在差异。儿童自编应用题，体现了独立性、发散性和新颖性等思维的特征，它是思维独创性或创造思维的一种表现。实验中，实验组与控制组在自编应用题方面的差异，主要表现在两个方面：一是表现在应用题的内容上，即材料上；二是表现在自编应用题的独立性上。

小学生自编应用题，可以根据直观实物编题，也可以根据图画、图形编题，即根据具体形象加以编题，还可以根据实际数字、文字等抽象材料编题。我们在测定时，将各类编题所涉及的数据、知识范围加以限制，于是所编拟应用题的数量就能反映各类题目内容(材料)的指标。我们将测得各个年级的实验班与控制班被试在自编应用题方面的成绩列于表6。

表6　两种不同被试自编各类应用题平均数的差异

被试	形象编题			数字编题		
	实验班	控制班	差异	实验班	控制班	差异
一年级	2.4	2.1	0.3	2.1	1.7	0.4
二年级	3.5	2.6	0.9*	3.0	1.9	1.1*
三年级	5.8	4.4	1.4*	4.7	3.1	1.6**
四年级	6.5	5.9	0.6	5.2	4.4	0.8*
五年级	7.4	6.1	1.3*	6.2	4.7	1.5

小学生自编应用题，可以仿照课本的应用题编题，即模仿编题；也可以补充条件或问题，进行半独立编题；最后发展为对各类应用题进行独立编题。我们在测定时，也将各类编题所涉及的数据、知识范围加以限制，要求被试对上述三类应用题各编拟10道，于是每个被试所完成上述三类问题的正确率就能作为三种编题水平的依据。我们专门测得三年级和五年级实验班和控制班在完成上述三类问题的平均正确率，列于表7中。

表 7 两种不同被试编拟应用题时独立程度的差异

类型	三年级(完成率与差异数)			五年级(完成率与差异数)		
	实验班	控制班	差异(百分点)	实验班	控制班	差异(百分点)
模仿编题	71%	64%	7	79%	74%	5
半独立编题	64%	52%	12*	78%	67%	11*
独立编题	51%	40%	11	68%	55%	13*

从表 6 和表 7 可以看出以下两点。①无论是在自编应用题的内容(材料)方面，还是在编拟应用题时独立程度方面，实验组与控制组的成绩之间均存在明显的差异。第一，在内容上，根据数字编题的差异比根据形象编题的差异要更大些。可见，一定的教育措施，不仅能够提高小学生自编应用题的数量，而且能够提高他们对抽象信息的加工能力。第二，在独立性上，实验组与控制组的显著差异，恰恰表现在半独立性编题和独立性编题上，模仿编题却无显著差异。可见，一定的教育措施，不仅能够提高小学生自编应用题的数量，而且能够提高他们在困难与新异刺激物面前采取对策的独立性。②小学生运算中思维独创性的发展是存在年龄特征的，三、四年级是个体发展的加速期。和上述的敏捷性、灵活性发展一样，思维独创性的发展也取决于教育，良好而合理的教育措施，能使实验组的独创性这种思维品质提高一个年级的水平。

(五)实验组数学教学质量的提高

自实验以来，我们看到实验组儿童数学学习成绩在不断地提高。现将 20 个实验班与 20 个控制班在实验第二学期期末考试的平均成绩，以年级为单位，列于表 8。

表 8 两种不同被试数学考试的成绩对照

年级	考试成绩		差异($\bar{x}-\bar{y}$)	差异的检验
	实验组($\bar{x}$)	控制组($\bar{y}$)		
一	98.30	97.70	0.60	$p>0.1$

续表

年级	考试成绩		差异($\bar{x}-\bar{y}$)	差异的检验
	实验组($\bar{x}$)	控制组($\bar{y}$)		
二	96.95	95.60	1.35	$p>0.05$
三	96.23	90.22	6.01	$p<0.05$
四	94.35	85.97	8.38	$p<0.01$
五	92.90	88.60	4.30	$p<0.05$

这里必须申明，我们实验组的20个教学班的教师将“提高教学质量、减轻学生负担”作为一个出发点，他们不仅不搞加班加点，不给学生加额外作业，而且除了个别成绩极差的学生外，基本上可以在学校完成数学作业。从表8与上述的情况看，良好而合理的教育措施，在培养小学生的思维品质的同时，也促进了他们的数学学习成绩的提高，使他们学得快、学得灵活、学得好，换句话说，就是促进小学数学教学质量的提高。

三、问题的讨论

根据我们的研究，提出两个方面的问题加以讨论。

(一)关于教育在儿童心理发展上主导作用的问题

我们在探讨思维品质发展的时候，必然会产生一个问题：思维品质的形成与发展是否有遗传素质的作用，或是否有生物前提的作用？对此我们的回答是肯定的。以前我们也做过有关的研究，但我们更强调后天的培养和积极的教育措施。我们同意苏联心理学家维果茨基所提倡的，教育必须走在儿童心理发展的前面。为什么呢？

首先，教育是儿童获得知识经验的关键。从教育措施到儿童心理得到明显而稳定的发展，并不是立刻实现的，而是以儿童对教育内容的领会或掌握为其中间环节的，是要经过一定的量变、质变过程的。思维品质也是如此。我们在研究中看到，思维品质的任何一个因素的发展，都要以知识经验的获得为中间环节。在一定程度上,思维是以知识经验为中介的间接反映。第一,思维凭借着知识经验,能对没有直接作用于感官的事物及其属性或联系加以反映;第二,思维凭借着知识经验,能对根本不能直接感知的事物以及属性或联系进行反映;第三,思维凭借着知识经验,能在现实事物的基础上进行蔓延式的无止境的扩展。思维品质接受了教育和训练,运用了知识经验逐步成为概括化、习惯化的动型,并可以成为思维能力的表现形式。知识经验如何获得呢?其关键在于教育。教育引起儿童对于知识、技能、经验的领会、掌握和学习,然后才有可能促进儿童心理的发展。

其次,教育加速或延缓儿童心理发展的进程。心理发展中由于外因的作用、影响不同,进程的速度就不同。我们的实验研究结果充分表明,运算思维的智力品质是可以通过教育来培养的。通过训练,20个实验班在运算思维的智力品质上和数学教学质量上,与同年级控制班被试形成显著的差异,有的班级或年级被试已经接近高一年级被试的思维水平。从中我们可以看到,教育是儿童心理发展不可缺少的条件,合理而良好的教育条件能够加速心理发展的进程。

最后,合理而良好的教育是适合儿童心理内因变化的条件。我们强调教育的作用,应该指符合儿童心理发展内因并采取合理措施促进儿童心理发展的教育的作用。合理的教育措施,在儿童原有心理水平和思维结构上提出了新的要求,传授了新知识,促进儿童领会这些知识,就增长了思维品质发展的新因素。这些因素从量的积累,就必然发展到质的变化,形成儿童思维品质,即稳固的偏于认识方面的个性心理特征。我们的实验研究取得初步的成绩,说明实验措施是合理的,能够符合儿童思维发展的内因。从中反映了教育是个积极而主动的条件,不断调节教育与儿童心理发展内因之间的关系,同时反映出教育的主导作用。

如何培养小学生在数学学习中的思维的智力品质?我们认为在本实验研究中对实验组施加的措施,就是我们对培养小学生运算思维品质的教学建议。同时研究表明,发展智力是提高教育质量的前提,因此,我们认为本实验研究中对实验班施加的措施,也就是对提高小学数学教学质量的教学建议。我们之所以从事这项研究,一个重要的出发点,就是为了减轻学生负担,提高教学质量,发展儿童的思维和智力。

(二)要用“教育与心理相促进”的方法来研究儿童心理发展的年龄特征

儿童心理发展的年龄特征是指儿童在社会与教育条件下各个年龄阶段所表现出的质的特征。我们认为，在研究儿童心理发展的年龄特征时，应注意到它的五个特点。其一，儿童的心理发展是有一定程序的，既有连续性又有阶段性，儿童心理发展的年龄特征是指阶段特征。其二，儿童心理发展是由量变到质变的，儿童心理发展的年龄特征是指一般的、本质的、典型的特征。对于上述两点，儿童心理学已经做了精辟的解释。其三，儿童心理发展的速度是波浪式的。心理的发展，不是直线上升的，而是呈波浪式的，是非匀速的。以这次研究中思维的独创性发展为例，三、四年级就是一个加速期或突变期，是一个质变的时期。独创性发展有加速期，深刻性——在以前的研究中表明——也有加速期，但这次研究中，看到的敏捷性和灵活性却在逐年稳步发展，尚未发现加速期，这也是呈波浪式发展的另一个表现，即发展不平衡性。其四，儿童心理的整体的发展既是不平衡的，又是统一协调的。思维品质的敏捷性、灵活性、深刻性和独创性，是完整的思维品质的组成因素，它们有其各自发展的特点，但它们之间又是相互联系、密不可分的。思维的深刻性是一切思维品质的基础，思维的灵活性和独创性是在深刻性基础上引申出来的两种品质，灵活性和独创性是交叉的关系，两者互为条件，不过前者更具有广度和富有顺应性，后者则更具有深度和新颖的生产性，从而获得创造力，前者是后者的基础，后者是前者的发展。思维的敏捷性是以思维的三种其他智力品质为必要前提的，它是其他三种品质的表现。其五，与第四个特点密切相连，儿童心理发展的年龄特征既具有稳定性，又具有可变性。

儿童心理发展的年龄特征及其表现，同教育是辩证的统一。任何脱离教育条件谈思维的智力品质的发展或心理发展，是揭露不了其实质的。首先，教育是促使心理发展的可能性变成现实性的必要条件。因此，每个年龄阶段儿童心理发展的“质”的特点，取决于教育的影响。在研究中我们发现小学生思维品质发展的潜力是很大的，它在一定社会和教育条件下会表现出一定的年龄特征来。但如果不因势利导，这种潜力就发挥不出来。我们发现跟踪的控制班中，有的儿童入学时思维较敏捷，但由于缺乏速度的要求和练习，养成做什么事都带有“惰性”的习惯，思维过程显得“迟钝”，这部分儿童的敏捷性远远落后于同年龄(年级)的儿童。其次，儿童心理发展的速度取决于教育。如前所述，教育加速或延缓心理发展的进程。在运算思维独创性的发展中，加速期(过去我们又称它为关键期)在三、四年级，实验班在三年级，而控制班却在四年级，可见，加速期或关键期到底在哪个年龄(年级)实现，这要取决于教育条件。最后，儿童心理发展的不平稳性和心理发展年龄特征的可变性，也是由教育决定的。实验组和控制组在思维品质上的差异越来越明显，这不仅仅是一般学习成绩的问题，也是儿童心理发展条件特征的可变性问题，它反映了教育条件促使了心理较稳定的因素在发生变化。因此，教育在儿童心理发展的年龄特征的形成、稳定和变化过程中起的作用是十分明显的。

在儿童心理的研究中，有不少心理学家是强调发展的，强调儿童心理发展的年龄特征的(如皮亚杰等人)，但也往往对教育的作用有所忽视；美国心理学家布鲁纳等人，苏联的心理学家特别是维果茨基、列昂节夫、鲁利亚学派及我国的一些心理学家强调在儿童心理发展研究中，在年龄特征的研究中，必须要考虑到教育的作用。

如何正确地、科学地、可靠地反映儿童心理发展的年龄特征呢？我们认为，靠静止的、一两次或数次的问卷、测验和谈话是不可信的。那种搞个设计，下去收集一下资料，做个统计马上出来的研究报告不一定是科学的，也是难以使实际教育工作者信服的。我们认为，必须把横断研究和纵向研究结合起来，使整个研究处于“动态”之中，即考虑到教育与发展的辩证关系，特别是教育对儿童心理发展的主导作用和决定性影响来研究儿童心理发展，研究他们心理发展的年龄特征；既分析儿童心理发展的一般趋势，又分析他们的潜力与可能性，这样才能揭示儿童心理发展真正实际的年龄特征，获得实事求是和可靠的结果。

培养思维品质是发展智能的突破口*

思维是智力与能力的核心，作为个性心理特征的智力与能力是分层的。智力与能力的超常、正常和低常的层次，主要体现在思维水平上。如何确定一个人的智能是正常还是超常或是低常的呢？这主要由智力品质来确定。智力品质是智力活动中，特别是思维活动中智力与能力在个体身上的表现，因此它又叫思维的智力品质或思维品质，其实质是人的思维的个性特征。

在学校教学中怎样发展智力和培养能力？心理学界和教育界的看法和做法并不相同。从1978年开始至今，我们坚持在基础教育第一线研究儿童青少年的智能发展与促进，一个重要手段是结合学生学科能力的提高，着重培养他们的思维品质。我们的实验点遍布全国26个省(自治区、直辖市)，上万名中小学教师投入实验研究，受益的学生超过30万人。在实验研究中所获得的结论是：培养学生的思维品质是发展其智能的突破口。

一、心理学界关于智能促进或培养的研究

智力与能力是可以促进或培养的，这种促进或培养的研究，在心理学界叫作干预研究。在国际心理学界，对智能的促进与培养研究的理论和实践大致可归纳为三个方面。

(一)研究智能的促进与培养是以智能差异为前提的

智能的差异，既表现为群体的差异，又表现为个体的差异。

---

* 本文原载《国家教育行政学院学报》2009年第9期。

智能的群体差异有三类，即不同性别的群体差异、不同民族的群体差异和不同地区(文化背景)的群体差异。我的博士生胡卫平教授当年的博士论文《青少年科学创造力的发展研究》就涉及这方面的研究。他为探讨国家(中、英)、年龄及性别对青少年科学创造力影响的主效应及其交互作用，对12～15岁的4个年龄组被试的“青少年科学创造力测验”各项目分数及总量表分数在国家、年龄及性别(2×4×2)3个因素上的差异进行了复方差分析。结果表明，对国家来讲，$\lambda=0.366$，$p<0.001$；对年龄来讲，$\lambda=0.184$，$p<0.001$；对性别来讲，$\lambda=0.035$，$p<0.001$；对国家×年龄来讲，$\lambda=0.132$，$p<0.001$；对国家×性别来讲，$\lambda=0.014$，$p<0.01$；对年龄×性别来讲，$\lambda=0.015$，$p>0.05$；对国家×年龄×性别来讲，$\lambda=0.016$，$p>0.05$。国家、年龄及性别对青少年科学创造力的影响如表1所示。

表1 国家、年龄及性别对青少年科学创造力的影响(*F*值)

	国家 (d*f*=1)	年龄 (d*f*=3)	性别 (d*f*=1)	国家×年龄 (d*f*=3)	国家×性别 (d*f*=1)	年龄×性别 (d*f*=1)	国家×年龄×性别 (d*f*=3)
物体应用	39.230***	34.479***	1.652	20.503***	0.016	2.035	2.259
问题提出	78.918***	15.840***	0.715	3.203*	5.757*	0.568	0.363
产品改进	233.160***	5.797***	0.630	0.752	1.262	0.204	0.059
创造想象	300.994***	25.072***	8.845**	0.239	5.300*	0.786	0.852
问题解决	119.041***	41.931***	8.929**	26.819***	0.268	0.408	0.649
实验设计	237.688***	19.033***	22.588***	11.269***	12.075***	0.231	0.920
创造活动	48.083***	7.699***	0.225	4.890**	10.544***	1.331	1.557
总量表	228.792***	44.639***	0.792	4.103**	11.570***	0.522	1.207

由复方差分析结果可知：第一，国家因素对青少年在“青少年科学创造力测验”各个项目及总量表上的得分都有显著的主效应；第二，年龄因素对青少年在“青少

年科学创造力测验"各个项目及总量表上的得分都有显著的主效应;第三,性别因素对青少年在创造想象、问题解决、实验设计上的得分有显著的主效应;第四,除产品改进和创造想象外,青少年的国家与年龄之间,在其他项目及总量表上的得分有显著的交互作用;第五,青少年的国家与性别之间在问题提出、创造想象、实验设计、创造活动及总量表上的得分有显著的交互作用;第六,年龄与性别之间,国家、年龄与性别之间不存在显著的交互作用。

智能的个体差异可分为四种。一是智能发展水平的差异,表现为两头小、中间大的趋势,即正常智能者为大多数,超常的和低常的智能者为少数。测查智能发展水平的最常用方法是"智商"。二是认知风格的差异,即个体在对信息和经验进行加工的过程中表现出来的个体差异,它是一个人在感知、记忆和思维过程中经常采用的、受到偏爱的和习惯化的态度和风格。在众多的认知风格中,由美国心理学家威特金(H. A. Witkin)提出的场独立性和场依存性,是近年来研究较多的一个。所谓"场",是威特金采用的物理学概念,说的是个性。场独立性和场依存性是两个极端,分别表现出个体在其认知和行为中,注重主体性的倾向还是依赖外在的参照标志。我的博士生白学军教授,早在其 15 年前的硕士论文中就揭示了认知风格在思维品质诸方面的表现,并获得"在一定意义上说,思维品质不仅是一种思维品质的特征,而且也是一种认知风格"的结论。三是学科能力构成上的差异,涉及学科能力本身组成的特殊因素、个体内在生理(神经)类型与学科能力的交叉、个体的学科兴趣。我的不少学生的博士或硕士论文研究了科学学科能力及其发展,他们把思维品质作为这种学科能力的主要维度之一。四是表现领域的差异,也就是说,智能的差异表现在学习与非学习领域,即学习上的差异;表现在表演与非表演领域,即在音、体、美等表演领域的差异;表现在学术与非学术领域,即在做学问和管理、行政、服务、军事、宣传、商业等非学问表现出的差异。

(二)从智能本身入手促进与培养智能

从智能本身入手促进与培养人的智能,是心理学界与教育界"干预实验"中最普遍的研究。换句话说,国内外智能促进与培养研究,大多数是从智能本身入手的。

且不说传统的研究，近 20 年影响较大的“多元智能”和“成功智能”的培养就是典型。

加德纳(H. I. Gardner)在其《智力结构》一书中提出了多元智能的概念，他最初列出了七种智能成分，分别为：①语言智力，即有效地运用语词的能力；②逻辑－数学智力，即有效地运用数字和合理地推理的能力；③知人的智力，即快速地领会并评价他人的心境、意图、动机和情感的能力；④自知的智力，即了解自己从而做出适应性行动的能力；⑤音乐智力，即音乐知觉、辨别和判断音乐、转换音乐形式以及音乐表达的能力；⑥身体－运动智力，即运用全身表达思想和感情的能力，其中包括运用手敏捷地创造或者转换事物的能力；⑦空间智力，即准确地知觉视觉空间世界的能力。加德纳认为人与人在智力方面有明显的差异，于是他提出创办以个人为中心的学校，每个人从多元智能中发展某一方面的智力。加德纳的多元智能观提出了因材施教的教育目的，并进行有关的教与学的实验尝试，在促进不同学生掌握不同智力上取得了成效。

斯腾伯格(R. J. Sternberg)长期从事智能的理论与实践研究，提出了成功智能的理论，让人认识到，人生的成功，主要不是靠智商，而是取决于成功智力。所谓成功智力，就是为了完成个人的以及自己群体或者文化的目标，从而去适应环境、改变环境和选择环境的能力。分析思维能力、创造思维能力和实践思维能力是成功智力的三种成分。根据成功智能理论，学生的多种能力在教育机构中没有得到充分的利用和发挥，因为教学一向重视分析(和记忆)能力，而忽视创造能力和实践能力。斯腾伯格等人发现，教学处理与自身能力相匹配学生的成绩显著优于不匹配学生的成绩。他们还发现，同时考虑分析思维能力、创造思维能力和实践思维能力三个因素时，能够改变对课程成绩的预测。斯腾伯格还进行了思维教学的实验，在思维教学中，强调分析思维能力、创造思维能力和实践思维能力，通过教学实践培养这三种思维能力，以促进智力的发展。

(三)从非智力因素入手促进与培养智能

随着教育改革的深入发展，非智力因素问题在实际教学中日益突出。如何根据理论研究成果来指导教学，把研究结果应用于教学实际，这是各国心理学家所面临的新问题。在这种社会需要下，已有不少的尝试，诸如情感教学、审美教学等。美国心理学家德维克(C. S. Dweck)的动机过程对学习影响的研究有较大的价值。

第一，她提出了适应性和不适应性动机。前者应当能使个体挑战性和个体价值成就目标的建立、维持和实现得以增进；后者则是与不能建立合理且有价值的目标、不能维持为达到目标所做出的努力或者根本不能达到其本来可以达到的有价值目标等相联系的。

第二，德维克比较了学习目标与作业目标。她根据上述两点，列出表2，以示作业目标使学生看重能力评价、学习目标使学生看重能力发展。

表2　成就目标和成就行为

对智力的看法	目标定向	对目前能力的信心	行为模式
实在观点→	作业目标	如果高→	掌握定向
(智力是固定的)	(目标是获得对智力的积极评价避免消极评价)→	如果低	无能
			回避挑战
			低坚持
增加观点→	学习目标→	高或低→	掌握定向
(智力是可以发展的)	(目标是增强能力)		寻求挑战
			高度保持

第三，德维克提出了能力与动机相关的问题。她通过研究表明，对于不同学科能力倾向和成绩相同但动机模式不同的学生来说，能够准确预示其在学科和成绩方面将发生什么样的情况。

第四，德维克由适应性模式得出了结论，动机参与主要用来指导不太成功的学生,但也适合指导一部分优秀的学生。对此，她进行了大量实验研究，提高了广大实验班的成绩。由此德维克认为，动机(非智力因素)表现出的影响是：影响学生发挥现有的知识技能；影响他们获得新知识的技能；影响他们知识技能的迁移。因此，德维克的理论及实验操作获得了较广泛的推广。

二、思维品质的成分及其相互关系

纵观国际上对智能促进与培养研究的理论与实践，不难看出提高能力水平的复杂性和艰巨性。到底如何发展人的智能，在国际上并没有统一的模式和途径，这为我们对此问题的研究提供了空间。

(一)从思维品质入手培养智能

我们的教学实验自始至终将思维的训练放在首位。在对思维训练的做法上，我们主要抓住三个可操作点：其一，从思维的特点来说，概括是思维的基础，概括能力的训练，应被看作思维训练的基础；其二，从思维的层次来说，培养思维品质或智力品质是发展智力的突破口，结合各科教学抓思维品质深刻性、灵活性、创造性、批判性和敏捷性的训练，正是我们教学实验的特色；其三，从思维的发展来说，最终要发展学生的逻辑思维能力。

如前所述，思维品质或思维的智力品质是智力活动中，特别是思维活动中智力特点在个体身上的表现。其实质是人的思维的个性特征。它体现了每个个体思维水平、智力与能力的差异。它是区分一个人思维乃至智力层次、水平高低的指标。事实上，我们的教育、教学目的是提高每个个体的学习质量，因此，在智力与能力的培养上，往往要抓学生的思维品质这个突破口，做到因材施教。在美国圣约翰大学工作的周正博士，使用其智力(认知)发展量表，在我们坚持训练学生思维品质实验的实验点——天津静海县一所偏僻农村小学测了学生的智力发展水平；然后与北京市一所学校的学生相比较，发现农村被试的成绩略高于城市的被试，但无显著差异。最后又测得美国城市被试的成绩，发现不仅高于美国被试，而且有显著差异。周正的结论是，思维品质训练的确是发展学生智力的突破口，且训练时间越长，效果越明显。

(二)思维品质的构成

思维品质的成分及其表现形式很多，我们认为，主要包括深刻性、灵活性、独创性、批判性和敏捷性五个方面。

人类的思维是语言思维，是抽象理性的认知。深刻性是指思维活动的广度、深度和难度。它表现为智力活动中深入思考问题，善于概括归类，逻辑抽象性强，善于透过现象抓住事物的本质和规律，开展系统的理解活动，善于预见事物的发展进程。超常智力的人抽象概括能力高，低常智力的人往往只是停留在直观水平上。因此，研究深刻性的指标集中在概括能力和逻辑推理能力两个方面。

灵活性是指思维活动的灵活程度。它有五个特点：思维起点灵活，思维过程灵活，概括、迁移能力强，善于组合分析，思维结果往往是合理而灵活的结论。它集中表现在一题多解的变通性和新颖不俗的独特性，这是灵活性的两个方面。灵活性强的人，不仅智力方向灵活，善于“举一反三”“运用自如”，而且从分析到综合，从综合到分析，灵活地做“综合性的分析”，较全面地分析、思考问题，解决问题。

思维活动的独创性、创造性、创造性思维或创造力可以看成是同义语，只不过从不同角度分析罢了。从思维品质角度上看，独创性是指个体思维活动的创新精神特征。在实践中，除善于发现问题、思考问题外，更重要的是要创造性地解决问题。独创性的实质在于主体对知识经验或思维材料高度概括后集中而系统的迁移，进行新颖的组合分析，找出新异的层次和交结点。人类的发展，科学的发展，并要有所发明，有所发现，有所创新，都离不开思维的智力品质的独创性。

批判性是思维活动中独立分析和批判的程度，是思维活动中善于严格估计思维材料和精细地检查思维过程的智力品质。它的实质是思维过程中自我意识作用的结果。心理学中的“反思”“自我监控”“元认知”和思维的批判性是交融互补、交叉重叠的关系。有了批判性，人类能够对思维本身加以认识，也就是人们不仅能够认识客体、设计未来，而且也能够认识主体、监控自我，并在改造客观世界的过程中改造主观世界。

敏捷性是指思维活动的速度呈现为一种正确而迅速的特征，它反映了智力的敏锐程度。智力超常的人，在思考问题时敏捷，反应速度快；智力低常的人，往往迟钝，反应缓慢；智力正常的人则处于一般的速度。

思维品质的五个方面判断了智力与能力的层次。从一定意义上说，思维品质是智力与能力的表现形式，智力与能力的层次，离不开思维品质，集中地表现在上述的深刻性、灵活性、独创性、批判性和敏捷性。确定一个人智力与能力是正常、超常或低常的主要指标正是表现在思维品质的这些方面。

(三)思维品质的内在关系

思维品质的深刻性、灵活性、独创性、批判性和敏捷性，是完整的思维品质的组成因素，它们之间是相互联系、密不可分的。

智力的深刻性是一切思维品质的基础。思维的灵活性和独创性是在深刻性基础上引申出来的两种品质；灵活性和独创性是交叉的关系，两者互为条件，不过前者更具有广度和富有顺应性，后者则更具有深度和新颖的生产性，从而获得了创造力；前者是后者的基础，后者是前者的发展。思维的批判性是在深刻性的基础上发展起来的品质，只有深刻认识、周密思考，才能全面而准确地做出判断；同时，只有不断地自我批判、调节思维，才能使主体更深刻地揭示事物的本质和规律。思维的敏捷性是以思维的其他四种智力品质为必要前提的，同时它又是其他四种品质的具体表现。

我的博士生李春密教授的博士论文，涉及思维品质的变化和完善过程。

由表3可见，学生的深刻性品质得分最高，反映了深刻性是诸思维品质的基础，这是逻辑抽象思维发展的必然趋势；学生的独创性得分最低，这说明独创性的思维品质的发展，较其他品质要晚、要慢，难度最大。

表 3　高中生物理实验操作能力各品质所占比重

深刻性	灵活性	批判性	敏捷性	独创性
23.4%	19.3%	19.4%	21%	16.9%

为了清楚地看出各品质之间的相关性，李春密把各品质之间的相关系数表示成如下的相关矩阵，见表 4。

表 4　各品质之间的相关系数

	深刻性	灵活性	批判性	敏捷性	独创性
深刻性	1				
灵活性	0.508	1			
批判性	0.447	0.716	1		
敏捷性	0.514	0.646	0.640	1	
独创性	0.371	0.660	0.654	0.640	1

由表 4 的相关矩阵可见，敏捷性品质与其他品质的相关系数最高。说明敏捷性主要是由各品质派生或决定的；灵活性、批判性与独创性的相关系数最高，证明发散思维是独创思维的前提或表现，独创性与批判性具有高相关；深刻性与独创性的相关系数低，说明抽象逻辑思维未必都能产生独创思维，同样说明独创思维也未必都来自抽象逻辑思维，因为独创思维也来自形象逻辑思维。

三、学科能力结构离不开思维品质的因素

在学校里，如何发展学生的智力，培养他们的能力，主要是通过各学科教学来进行的。教学的主要目的在于传播知识的同时，灵活地促进与培养学生智能的发展；各科教学是否有成效，关键在于能否形成学生的各种学科能力。

(一)学科能力的含义

所谓学科能力，通常有三个含义：一是学生掌握某学科的特殊能力；二是学生

学习某学科的智力活动及其有关智力与能力的成分；三是学生学习某学科的学习能力、学习策略与学习方法。

考虑一种学科能力的构成，应该从三个方面来分析。一是某学科的特殊能力是这种学科能力的最直接体现。例如，与语言有关的语文、外语两种学科能力，听、说、读、写四种能力是其特殊的表现；又如，与数学学科有关的能力，应首先是运算(数)的能力和空间(形)的想象能力，同时，数学是人类的思维体操，数学的逻辑思维能力也明显地表现为数学学科的能力。二是一切学科能力都要以概括能力为基础。例如，掌握好诸如“合并同类项”的概括是对数学能力最形象的说明。三是某学科能力的结构，应有思维品质参与。

(二)思维品质是构建学科能力的重要因素

任何一种学科的能力，都要在学生的思维活动中获得发展，离开思维，无所谓学科能力。因此，一个学生某学科能力的结构，当然包含体现个体思维的个性特征，即思维品质。如上所述，从一定意义上说，思维品质是智力与能力的表现形式，智力与能力的层次离不开思维品质，集中地表现在深刻性、灵活性、独创性、批判性、敏捷性五种思维品质上。根据思维品质这些表现确定每个个体某学科能力的等级和差异。所以在研究某学科能力的结构时，应考虑到思维的深刻性、灵活性、独创性、批判性、敏捷性这五种品质。为此，我们以中小学语文与数学两科能力为研究重点，制作了分别用语文与数学语言来建构并表达这两个学科能力中思维品质表现的四个“结构图”，即小学数学三种特殊能力——运算能力、空间想象能力、逻辑思维能力中思维的深刻性、灵活性、独创性、敏捷性四种品质的具体表现；小学语文听、说、读、写四种特殊能力中思维的深刻性、灵活性、独创性、敏捷性四种思维品质的具体表现；中学数学三种特殊能力——运算能力、空间想象能力、逻辑思维能力中思维的深刻性、灵活性、独创性、批判性、敏捷性五种思维品质的具体表现；中学语文听、说、读、写四种特殊能力中思维的深刻性、灵活性、独创性、批判性、敏捷性五种思维品质的具体表现。这些“具体表现”少则40多种因素，多则六七十种因素，构建了中小学语文、数学能力丰富的成分，不仅为培养学生的语文和数学能力提供了科学依据，而且为制定两学科能力评价工具或量表奠定了扎实的基础。

根据上述的考虑，我们才把语文能力看作以语文概括为基础，将听、说、读、写四种语文能力与五种(小学为四种，没有批判性)思维品质组成了20个(小学为16个)交结点的开放性的动态系统；把数学能力看作以数学概括能力为基础，将三种数学能力与五种(小学为四种)思维组成15个(小学为12个)交结点的开放性的动态系统。

四、培养思维品质是发展智能、提高教育质量的好途径

我们以促进学生智能的发展为目的，通过中小学语文、数学两科学科能力的要求，围绕中小学语文、数学两科学习过程中思维的深刻性、灵活性、独创性、批判性(小学阶段一般不要求)、敏捷性的发展与培养两个方面，长期展开了全面实验并推广研究。我们的研究范围逐渐地超越语文、数学两个学科，几乎覆盖了中小学教学的所有课程。在每项实验中，我们都加强培养学生思维品质的措施。

20多年来，我们课题组及其所述的实验学校，发表了近400篇研究报告，其中10％以上的文章发表在中文核心杂志上。所有研究报告几乎都突出一条：参与实验学校的学生思维品质提高了，学习成绩超过了相邻学校或班级的非实验点的学生。我们把这些作为自己承担的从“七五”到“十五”全国教育科学规划的国家重点或教育部重点项目的研究成果，出版了《学习与发展》《教育与发展》《教育的智慧》和《智力的培养》等多部著作，学术界和教育界称其为“思维品质的实验”。

在我们整个教学实验过程中，我们结合中小学各学科的特点，制定出一整套的培养思维品质的具体措施。由于我们在教学实验中抓住了思维品质的培养，因此，广大的实验班学生的智力、能力和创造精神获得了迅速发展，各项测定指标大大地超过平行的控制班，而且，实验时间越长，这种差异越明显。限于文章的篇幅，我们不能在这里更多地用数据来展示培养思维品质后学生智能和学习成绩的发展变化，这里仅引用拙著《学习与发展》一书中所出现的一个例子，以飨读者。1990年暑

假，我们对一部分小学的实验班和控制班的数学综合能力考试成绩做了测定，试加统计，所呈现趋势列于表 5。

表 5 不同年级、不同被试数学综合能力考试成绩对照

年级	不同被试	平均数	标准差	人数	差异显著性检验
一年级	实验班	89.4	8.8	300	$p<0.05$
	控制班	85.7	10.2	—	
二年级	实验班	81.6	6.7	300	$p<0.05$
	控制班	77.2	10.6	300	
三年级	实验班	81.1	10.0	325	$p<0.01$
	控制班	74.0	15.6	300	
四年级	实验班	87.1	8.6	345	$p<0.01$
	控制班	74.1	21.0	310	
五年级	实验班	84.1	9.1	320	$p<0.05$
	控制班	67.3	24.5	310	

这里必须申明，参与我们的实验教学班的教师将“提高教学质量、减轻学生过重的负担”作为一个出发点，他们不仅不搞加班加点，不给学生加额外作业，而且除了个别成绩极差的学生外，各科作业基本上可以在学校完成。从表 5 与上述情况看，良好而合理的教育措施，在培养学生的思维品质的同时，也促进了他们学习成绩的提高，使他们学得快、学得灵活、学得好，换句话说，就是促进了教学质量的提高。

当然，上面的数据仅仅是思维品质培养的一个例子，但思维品质绝不是在数学运算中才能培养的特殊能力，思维品质的培养具有一般性。参与我们实验的学校在语文、物理、化学、生物、外语等多门学科中都坚持思维品质的培养，并用大量研究数据证实了这一点。我们坚信培养思维品质是发展智能的突破点，是提高教学质量、减轻学生负担的最佳途径。

参考文献

[1]林崇德. 学习与发展——中小学生心理能力发展与培养[M]. 北京：北京师范大学出版社，1999.

[2]林崇德. 教育与发展——创新人才的心理学整合研究[M]. 北京：北京师范大学出版社，2004.

[3]Lin Chongde & Li Tsingan. Multiple intelligences and the structure of thinking[J]. Theory & Psychology，2003，13(6)：829-845.

[4]Sternberg R J. Beyond IQ[M]. Cambridge：Cambridge University Press，1986.

离异家庭子女心理的特点*

1988 年春，我们承担了中华全国妇女联合会的一项重点科学研究课题，名称为"离异家庭子女心理的特点及其对策的研究"。当年 6 月，我们组织了全国 27 个省（自治区、直辖市）的百余位心理学工作者，共同制定了研究方案，历时两年，初步完成了调查任务，发表了 10 余篇研究报告。国内外近 30 家新闻单位对此做了报道，引起了各方重视。

一、离异家庭子女心理的研究动态

对离异或离婚家庭子女的心理研究，在我国尚属新的课题，可是在国外，特别是美国等西方国家，学校心理学(School Psychology)早已开始研究。学校心理学主要对象是身心有缺陷的和学习有困难的儿童与青少年。离异家庭子女由于问题多而被列为其研究的对象，在美国，离异率达 40%以上。离婚父母抚养的子女，有一半是贫穷的，他们没有健康保险，1/3 有辍学的危险，更多有心理上的创伤。因此，在近 20 年来，他们一直受到学校心理学家的高度重视。

美国学校心理学会(NASP)前主席约翰·哥德堡(John Guidubaldi)领导美国学校心理学会 144 名会员，对离婚家庭子女心理特点进行了长时期的深入研究。他们在 38 个城市选择了 699 名小学一、三、五年级学生，其中 341 个属于离婚家庭组，358 个属于完好家庭组。有关数据表明，NASP 研究所取样本基本代表了全国（美国）总体情况。两年后又进行追踪研究。为了使研究客观、可靠，被试的年级、年

* 本文原载《北京师范大学学报（社会科学版）》1992 年第 1 期。

龄、性别、种族，家长的职业等级、教育水平、家庭收入，离婚家庭组和完好家庭组无显著差异。对两组被试进行智力、成绩、行为等方面的测定，结果表明他们与全国常模有较高的一致性，排除了离婚家庭组子女有可能是选择低能被试的偏见。研究运用了心理学家评定、教师评定、与父母及子女谈话材料分析、学校档案调查，以及标准化测验等手段，检验了各种直接和间接的影响因素。

这个研究表明，离婚导致了子女和父母双方的压抑和不安。离婚和完好家庭的子女在社会性—情绪、在学业—智力指标上存在较明显的差异。父母婚姻状况对男孩的影响比女孩更大，特别是在较大年龄水平上；父母离婚的不利影响首先被男孩所体验到，甚至在单亲家庭生活平均 6.39 年后，离婚家庭中的男孩仍在一系列指标上表现出比完好家庭男孩较差的适应性。离婚所造成的子女适应危机不是一种暂时的现象，他们不可能在父母离婚后的一两年内就逐渐适应；离婚不仅导致双亲经济和社会资助来源的变化，而且还引起子女与双亲、同胞、亲友、同伴关系的变化，这种变化随年龄不同而不同，随着时间的流逝，并随着生活特别是父母与子女往后生活关系的变化，他们才逐步开始适应现时的环境。

美国学校心理学会的研究成果，引起了美国政府、司法部门，甚至总统的关注。法院对父母离婚后子女归属问题、监护抚养问题、原先父母与子女关系问题等方面做出了相应条文规定。

类似的情况在西方其他国家和苏联心理学研究成果上也能见到一些，但没有美国典型。可见，离婚这一现象已成为现代社会普遍存在的生活事实，因而由于婚变而造成单亲子女的抚育问题就必然成为心理学界研究的重要课题。

1986 年，我国离婚人数达 70 多万对，离婚率占 0.6%。从 1987 年起，还有上升的趋势。随着近年来离婚率的增长，在全国范围内，有越来越多的儿童与青少年生活在父母离异后的家庭中。对离婚这一社会现象我们在此不加涉及。我们所研究和关注的只是离异家庭的子女在父母离婚后心理和行为上所产生的一系列的反应和变化。从大量的观察、调查和个案分析中可以发现，绝大多数来自离婚家庭的儿童与青少年在情绪、学习和人际关系上往往出现这样或那样的问题，于是他们常常成为学校或班级的负担和包袱，遭到一些师生的厌弃。此种状况目前已经越来越受到社会各界的重视。如何提供一些有效的措施和方法，寻找出差异存在的原因，尽快地弥补和消除离婚家庭子女和完好家庭子女在心理和行为方面的差异，使他们能够健康地成长，这是社会对我们心理学工作者的希望和要求。为此，我们在中华全国妇女联合会的支持和帮助下，开展本项研究，旨在通过对两种家庭子女的比较，确认和找出其在心理和行为上的差异，以便在今后的教育和抚育中做到有的放矢。

我们在全国范围内进行抽样，以5岁幼儿、小学生、初一学生为对象，先后在一个班中随机选一名离婚家庭的子女，然后再在相同班级中随意选择一名同性别的完好家庭子女，抽样按1∶1的原则进行。最后获得有效的被试，离婚家庭子女为905～929名(在不同项目的有效性是不同的)；完好家庭子女为815～847名(同样完成了各项指标的有效人数)。调查测定材料是三套问卷：子女问卷、父母问卷和教师问卷。调查方法为问卷调查与个别调查相结合，在每个被试(以及父母和教师)身上花费时间为3.5小时。获得数据共计650多个，全都送电子计算机处理，据此写出了一系列的研究报告。

二、离异家庭子女的心理特点

我们的研究表明，离婚家庭子女和完好家庭子女在心理和行为上存在明显的差异。

父母离婚后，其子女心理上首先起变化的是情绪情感特点；其次是产生不适应的心理状态；继而影响学习；最后是在整个智力和社会性上起变化。这一系列的变化能持续相当长的时间。

(一)离婚家庭子女情绪情感的特点

运用情绪投射测验研究两种家庭的乐观、悲观情绪，主要包括对不利环境、缺少同伴、危险、困难等客观情况变化的预测和对自己行为结果、自我力量和能力等方面自我估计的积极或消极情绪。结果是：离婚家庭子女 $\bar{X}=6.70$，$SD=2.44$；完好家庭子女 $\bar{X}=6.15$，$SD=3.55$。经数据考验，$z=4.35$，$p<0.01$。结果表明，

完好家庭子女的情绪情感比较乐观；而离婚家庭子女却情绪低落、受压抑、烦躁冷漠、好孤独。两者各项指标差异均达到显著水平。我们以个案调查为例，某小学一年级的一名父母离异学生，听完数学教师布置“回家数数家里有几口人，明天来学校做编题的练习”的作业后，痛苦万分，回家后抱被子痛哭竟三天没有到校，怕做这类编应用题的练习。另一小学校长和教导主任，出于对数名离婚家庭子女的关心，在中秋节时为他们准备好月饼、水果、饮料。可半天没人吃，也没有人吭声。主任建议谁为大家唱首歌，一女生唱起了“世上只有妈妈好”，经这女生一起头，大家竟齐唱起来，边唱边哭。如此实例，不胜枚举。我们课题组通过了解和分析离婚家庭子女的情绪情感变化特点，发现他们既有愤怒、焦虑、失望，也有相对平稳的情绪，既有烦恼和尴尬，也有希望并对美好生活的期待。离婚家庭子女情绪情感的变化有着相似的趋势，经过六个阶段，这体现了他们在父母离婚打击下的恢复过程有着某些共同的情绪模式(张铁城等，1990)。

第一阶段：愤怒、痛苦。父母离婚初期，子女表现极为失望，心灵上受到极大伤害。于是他们产生恐惧、愤怒、羞愧、焦虑、攻击性行为、哭喊、做噩梦等情绪行为。这段时期一般为3～6个月，有的可能达一两年之久。

第二阶段：冷漠、无所谓。在强烈悲痛之余，约有40％的离婚家庭子女在悲愤期前，而大多数的离婚家庭子女则在悲愤期后进入了盲目乐观期。表现为对什么都无所谓，嘻嘻哈哈，近似反常，当别人开导他们时还觉得是多余的。这段时期一般不超过3个月。这是一种精神亢进状态。

第三阶段：流动、出走。此时行踪不定，夜间到处乱跑，一周要重复2～3次。他们喜欢置身于嘈杂动乱的环境中。有70％～75％的离婚家庭的小学生和初中生感到一人在家恐慌，要外出“流动”。从第三阶段起，持续时间因人而异。

第四阶段：终日忙碌、闭门不出。据统计有30％～40％的离婚家庭子女经历这一阶段。这个阶段在行为上是忙碌的(如有的勤奋用功，有的与命运抗争，等等)，但在内心感到有压力，是沉重的。所以他们往往表现出紧张、孤独，感到生活的残酷性，不愿意提起父母的事情。

第五阶段：渴望、思索。此时要设法摆脱僵局，使情感和周围环境获得平衡，并思考起下列的问题。什么是家庭(占被试的79.2%);父母为什么要离婚(占75%);在父母离婚后变得成熟了(41.5%)。

第六阶段:获得(初步)新生。即在情绪情感上初步地恢复正常,表示能理解、容忍痛苦和不幸。这在被试中占75%,对初中生和小学生来说,从父母离婚到获得“新生”,需要2～3年或3～5年,一般女生比男生时间要短些。

(二)离婚家庭子女适应性的特点

心理学里的“适应”,用来表示有机体对环境变化做出的反应。皮亚杰认为,适应既可以是一种过程,也可以是一种状态。有机体是在不断运动变化中与环境取得平衡的,适应正是相对平衡的结果。

离婚家庭子女由于情绪情感上的剧变,往往将其作为动力因素,影响其对变化了的环境的适应性。我们课题组在这方面做了不少的研究,我们在这里仅阐述两点。

第一,我们来讨论父母离婚时子女年龄对适应的影响。如果我们对父母离婚为两年的离婚家庭子女和完好家庭子女在5岁组、6～7岁组、8～9岁组、10岁以上组等不同年龄段某些方面的差异加以考验,认知水平在不同年龄组的t值分别是1.805、1.45、1.845*、1.713*;问题行为的t值分别为-3.28^{**}、-4.31^{***}、-3.18^{**}、-4.33^{***};亲子关系的t值分别为3.97***、2.89**、4.58***、1.98**。由此可见,不管父母离婚时子女的年龄大小,子女心理发展的各方面都同样受到消极影响,并不随当时子女年龄的不同而有差别。尽管我们没有调查4岁前和初二以上子女的心理变化,但就我们目前研究的年龄范围内的而言,无论子女的年龄大小,父母离婚对其造成的心理伤害都是巨大的,都是他们在短时期内难以完全克服的。离婚对不同年龄子女心理发展的消极影响的方面和程度可以有不同的表现。例如,幼儿在心理行为上的退缩、小学生的情绪低落或产生问题行为、初中生的焦虑,等等,这些都应该被看作他们不适应父母婚变环境的具体例证。

第二,我们来阐述离婚家庭子女的性别与其适应情况。我们课题组的研究表明,从总体上看,离婚家庭的女孩对单亲生活的适应情况要优于男孩;在问题行为和亲子关系上，离婚对男孩的影响更大(性别的主效应，认知水平为1.27，问题行为为8.50**，亲子关系为23.54**)。为什么会产生这种情况，原因很复杂，主要的因素还是子女的归属问题。据我们调查，父母离婚，80%以上的子女归母亲抚养，这就会带来一系列的新情况和新问题。第一，在母亲抚养的家庭中，男孩失去了父亲角色的效仿榜样，也失去了“父”的特殊的爱以及权威者、决策者角色的熏陶，造成了男孩榜样的缺失和社会期望的矛盾，致使男孩产生比女孩更多的焦虑、依赖和反社会倾向。第二，离婚后的单亲家庭，母女在一起比母子在一起更能获得社会支持，母女的情感纽带比母子的情感纽带一般地要更紧，所以，离婚家庭的女孩在情感上比男孩恢复得快些。第三，男孩和女孩在生理上和心理上是有区别的，在家庭教育中，父母的作用也不完全相同，父母离婚后，男孩失去了必要的男性的教育内容，不利于他们的发育和发展。加上男孩的问题行为本来就比女孩多，男孩的亲子关系较女孩的亲子关系稍弱，所以就造成离婚家庭子女适应性的性别差异。

(三)离婚家庭子女学习的特点

因为我们调查研究的主要对象是学龄儿童与青少年，他们的主要活动在于学习，所以，父母离婚对子女学习是否有影响的问题自然也成为我们关注的内容。由于离婚家庭子女情绪情感的变化，适应性差，这是必然给其学习带来困难的内在因素，对小学和初一学生来说，他们的学习在一定程度上要依赖家长的督促和帮助，自觉性较差。父母离婚所带来的问题之一是子女多半无人管，于是就造成困难的外在因素。内外因素兼备，离婚家庭子女与完好家庭子女在学习成绩上存在明显的差异。语文成绩：离婚家庭子女 $\bar{X}=3.44$，$SD=1.28$，完好家庭子女 $\bar{X}=4.25$，$SD=1.02$，两组成绩的临界比率 $CR=13.50$，$p<0.01$；数学成绩：离婚家庭子女 $\bar{X}=3.33$，$SD=1.36$，完好家庭子女 $\bar{X}=4.21$，$SD=1.11$，$CR=14.71$，$p<0.01$。参加本研究的一些中小学教师普遍反映，绝大部分离婚家庭子女在父母离异前并非都如此，他们的成绩急剧下降的时间，基本上是在父母离婚前后。

在深入调查个案后我们看到，多数离婚家庭子女经常无故旷课，扰乱课堂秩序，作业马马虎虎，抄袭别人的作业，甚至不完成作业。所以，他们中间有不少人成了班集体中的“差生”或“个别生”。在本研究中，下边的一些数据也能反映一些问题：①经常旷课、迟到、早退的离婚家庭子女占83.68%，完好家庭子女占16.32%；②扰乱课堂秩序的离婚家庭子女占78.21%，完好家庭子女占21.79%；③不能按时保质保量完成作业的离婚家庭子女占81.79%，完好家庭子女占18.21%；④持有努力进取的学习态度的离婚家庭子女占19.21%，完好家庭子女占62.33%；⑤贪玩的离婚家庭子女占26.41%，完好家庭子女占6.85%；⑥放任学习或对学习无兴趣的离婚家庭子女占25.17%，完好家庭子女占2.68%。以上六对数据，前三对属于学习行为，后三对属于学习活动中的非智力因素。各对数据经χ^2检验，p值均小于0.001，差异非常显著。从中我们看出，离婚家庭子女之所以在学习成绩方面落后于完好家庭子女，这同上述的不良学习行为是分不开的，与学习中不成熟的或不正确的非智力因素是密切相关的。追溯根源，父母离异，家庭破碎，子女无人过问、管教，是造成上述行为及态度的根本原因。不良的学习态度和行为造成了他们学习的退步，而学习成绩的落后又使他们更怕上学。如此恶性循环，难以自拔。为此，教师上门家访，却找不到家长，即使找到了，其家庭教育的效果也不明显，有的家长则干脆放任自流。这种后果势必使两类不同家庭的子女在学习上的差距日益增大。

离婚家庭子女学习上的特点还表现在年龄差异和性别差异上。从离婚家庭和完好家庭的7～14岁子女的学习成绩差异来看，7岁组：离婚家庭子女$\bar{X}=7.90$，完好家庭子女$\bar{X}=9.02$，差异$=7.90-9.02=-1.12$，$t=4.13$，$p<0.001$；8岁组：$7.20-9.19=-1.99$，$t=4.134$，$p<0.001$；9岁组：$7.00-8.87=-1.87$，$t=7.75$，$p<0.001$；10岁组：$6.68-8.55=-1.87$，$t=7.20$，$p<0.001$；11岁组：$6.41-8.15=-1.74$，$t=6.95$，$p<0.001$；12岁组：$6.36-7.85=-1.49$，$t=6.42$，$p<0.001$；13岁组：$5.61-8.00=-2.39$，$t=4.62$，$p<0.05$；14岁组：$4.00-6.11=-2.11$，$t=2.10$，$p<0.05$。由此可见，在小学与初中阶段，父母离婚对子女学习的影响都是明显的，不存在年龄差异，即使有差异，只是在十三四岁以后，随着年龄的增长、自制能力的发展，影响比起低年龄段稍小一点，但是，

影响还是明显地存在。从离婚家庭子女学习成绩的性别差异来看，男的 $\bar{X}$ 为 6.56，女的 $\bar{X}$ 为 6.98，CR 为 1.98，$p<0.05$，说明存在显著差异，女生的学习成绩优于男生。

(四)离婚家庭子女认知与社会性的特点

既然父母的离婚影响到子女的学习，除了影响其成绩和知识获得外，还有什么深远的影响呢？也就是说，影响他们心理发展，仅仅在“量”上，即知识方面，还是在“质”上，即认知—智力和社会性—品德方面。这是我们所关切的问题。

我们在研究中，测定了离婚家庭子女和完好家庭子女的认知和推理等智力水平。对文字材料认知，离婚家庭子女 $\bar{X}=19.32$，完好家庭子女 $\bar{X}=21.09$，$CR=8.05$，$p<0.01$；对非文字材料的逻辑推理，离婚家庭子女 $\bar{X}=10.66$，完好家庭子女 $\bar{X}=12.01$，$CR=8.00$，$p<0.01$。可见离婚家庭子女的智力在一定程度上因其父母的离异而受损伤。但是，这种损伤比起学习成绩所受的影响要小得多。我们将7～13岁离婚家庭子女和完好家庭子女在推理、认知与学习成绩的临界比率做比较，7岁组分别是1.69、2.78、4.48；8岁组分别是2.27、3.06、7.96；9岁组分别是1.44、4.06、7.79；10岁组分别是1.55、2.02、6.93；11岁组分别是4.09、4.22、6.69；12岁组分别是1.61、2.58、5.32；13岁组分别是3.31、3.84、4.69。可见，在7～13岁的各年龄阶段，父母离婚对子女来说，学习成绩受到的影响最大，认知方面受到的影响明显地小于学习成绩受到的影响，而非文字材料的逻辑推理方面受到的影响最小。

我们也在研究中测定了离婚家庭子女和完好家庭子女的社会性与品德方面的水平。在两类被试的自我评定同伴关系的得分中，离婚家庭子女为20.97，完好家庭子女为21.80，$z=5.654$，$p<0.05$。这说明，由被试自我评定的同伴关系的得分，完好家庭子女略高于离婚家庭子女。可是，教师对他们的同伴关系评分的结果，却和被试的自我评定结果大相径庭。即离婚家庭子女的同伴关系远远地比完好家庭子女差。被同学(伴)接纳程度高的和较高的，完好家庭子女占64.6%，离婚家庭子女只占26.4%；同伴关系差的和较差的，完好家庭子女占3.3%，离婚家庭子女却占

有22.67%，$p<0.01$，差异十分显著。在教师对两类被试品德评定中，对于不尊重教师欺负同学、撒谎欺骗、做错事不感到羞愧、吹牛自夸四个方面，离婚家庭子女分别为24.6%、31.05%、28.18%、15.58%，完好家庭子女则分别为26.9%、5.28%、7.48%、6.38%。除了对师生同学的表现外(完好家庭子女多出2.3%，$z=0.255$，$p>0.05$，无显著差异)，其他三个方面，离婚家庭子女的百分比明显地高于完好家庭子女(S值分别为13.650、11.065、6.036，p值均小于0.01，差异显著)。由此可见，无论是根据被试的自我评定，还是根据教师的评定，离婚家庭子女的同伴关系都明显不如完好家庭子女；根据教师的评定，离婚家庭子女在品德方面表现出问题行为的人数比例，高出完好家庭子女好多。我们在研究中，没有发现离婚家庭子女在同伴关系和品德的好坏问题上存在性别差异和年龄特征。

(五)离婚对子女心理发展消极影响的长期性

父母离婚对其子女心理发展的消极影响，不仅是多方面的，而且是长期的。

我们课题组把被试划分为四个年龄段，在每个年龄段中，将不同单亲生活时间的离婚家庭子女与完好家庭子女的心理分别进行比较，且均用t值来进行检验。

6～7岁单亲生活时间为一年的离婚家庭子女的问题行为严重($t=4.225$，$p<0.001$)，亲子关系明显恶化($t=2.138$，$p<0.01$)，但在认知水平、同伴关系上没有表现出与完好家庭子女的显著差异。单亲生活时间为两、三、四年者，除同伴交往之外，其余三项指标均有明显的差异($p<0.01$)。单亲生活时间为四年以上者，在认知水平、亲子关系、问题行为上均明显差于完好家庭子女($p<0.001$)，但同伴关系无显著差异。

8～9岁单亲生活的离婚家庭子女，无论单亲生活时间多长，其亲子关系和问题行为都极为明显地差于完好家庭子女；单亲生活时间越长，其认知水平越低于完好家庭子女；同伴关系在第三年恢复正常。

10～11岁组单亲生活时间为一两年的离婚家庭子女认知水平显著地低于完好家庭子女，但单亲生活时间为三年以上的离婚家庭子女，则未表现出这种差异；在问题行为和亲子关系方面，和前两个年龄组有相似之处，只是单亲生活时间为三年的离婚家庭子女的亲子关系与完好家庭子女无明显差异($p>0.05$),离婚只在短期(一年)内对其子女的同伴关系有影响。

12岁以上组与10～11组在问题行为、亲子关系两项结果上相似;单亲生活时间为两年的离婚家庭子女在同伴关系上与完好家庭子女有极显著差异($p<0.001$),表现出同伴交往困难,在认知水平上,单亲时间一年以上的离婚家庭子女与完好家庭子女有显著差异。

由此可见,离婚对子女心理发展各方面消极影响的时间效应是不同的,即对他们的问题行为和亲子关系的影响是长期存在的;在认知发展上表现出“反应延搁效应”,对同伴关系的影响尽管存在,但不会长期存在下去。得不到家庭温暖的离婚家庭子女,只有发展同伴关系,才能获得应有的尊重与关怀。

三、离异家庭子女心理问题的应对

如何使父母离婚的子女尽快适应婚变后的环境,获得温暖,发展其正常的情绪情感,促使他们身心健康地成长,这是整个国民教育乃至全社会面临着的一个严肃的课题。

对此,国外心理学界和教育界强调“父母离婚后子女适应中的同时和继时调节因素”。这些因素包括八个方面。①对子女的抚养方式。专制的抚养方式与男孩较差的适应相关,与女孩的适应则无明显关系。因此,单亲家庭应禁止使用专制式抚养,特别是对男孩,绝对不准使用这种抚养方式。②监护抚养的满意程度。包括单亲抚养人的配偶或前配偶支付的抚养费、抚养人的抚养表现、抚养人与子女的关系的满意程度。③家庭成员间的关系。离婚家庭子女的适应性高低与两位家长的关怀的性质呈高相关,所以要求非监护抚养的一方应增加同子女见面的次数,男孩应和父亲一起过周末与节假日。④家庭日常事务。离婚经常改变着家庭事务的构成和效率,但抚养人不能因此而忽视对子女的教育和抚养任务。⑤家长的收入和教育水平。监护家长(大多数是母亲)的教育水平与男孩的良好发展有更高的相关,而与女孩的这种相关显著较低;同时,监护家长的教育水平比收入显得更为重要。⑥家庭和社会的资助。为了改善离婚对家庭压力和子女适应的影响，分析了各种资助体系的有效性对子女适应的关系。⑦学校环境因素。学校和班级的一系列基本特征显然与离婚家庭子女成功有关，安全有序的环境、高期望、学习机会和学生作业时间，以及强化练习等都与子女的适应有重要相关。⑧认知调节因素。近年来，心理学家对在认知条件下儿童与青少年行为的获得和调整的某些方面进行了探讨。要求利用某些观念构成物(如已知的自我效应、活动动机和能力等)描述一种过程，在此过程中他们利用那些认为是调整他们能力的自我参照，去表现要求产生预期效果的行为。此外，国外学校心理学家对单亲提供必要的咨询和教育服务，内容有：①家庭事务的组织和预先计划的必要性；②选择一种权威式的抚养方式；③与非抚养家长共同保持一种合作的抚养关系；④培养和利用孩子的资助系统。以上这些对策、教育因素、服务措施对我国教育界和心理学界的研究和实践是有参考价值的。

根据我们的研究结果，参考别国的经验，从我国实际出发，我们就离婚家庭的子女教育和抚养问题，提出了自己的一点想法。

(一)全社会都来关心离婚家庭子女的教育问题

如上所述，父母离婚给子女带来极大的不幸。他们原本可以享受童年或青少年的幸福并茁壮成长。然而经受了父母离异全过程的子女，心理在一定程度上发生变化，消极情绪如恐惧、愤怒、羞愧、做噩梦、烦躁表现相当强烈或较强烈者的百分比分别为25.75％、26.89％、17.15％、27.7％、27.77％；对成人敌意、对朋友攻击的行为表现相当强烈或较强烈者的百分比分别为21.53％、19.58％；一般问题行为出现者占38％以上。而没有问题行为的却是少数。他们不仅成为“被人遗忘的角落”，而且有可能滑坡，甚至出现破坏社会秩序的行为。

但是，他们毕竟是祖国的花朵和未来，有权利幸福地生存，有权利诉说自己的苦衷并发出强烈的呼吁。这里就提出了一个问题，离婚家庭子女向谁表达自己的心声，谁去倾听他们的要求。研究表明，当他们遇到不愉快的事情时，大多数人都不愿意对父母说。而以计划生育为国策的今天，兄弟姐妹这一条途径是不通了。

因此，全社会应该关心离婚家庭子女，重视他们的教育问题，并给予必要的精神上和物质上的帮助。大众媒介、文艺作品不仅要为他们呼吁，而且也要为他们提供必要的精神“食品”；开展离婚者及其子女的咨询活动对父母和子女都是有益的；司法部门应加强对离婚者的要求，特别是对子女抚养问题的监督和检查；如有可能，举办离婚家长讲习班是有必要的。

(二)学校要义不容辞地担当保护和教育离婚家庭子女的任务

我们在研究中看到，离婚家庭子女中的小学生和初中生在父母离异后逐步产生良好适应，是学校教师工作的结果。我们课题组天津分组在汇总研究材料时介绍了15个“个案”材料：“一个孩子不再萌发杀人之心；两个孩子不再离家出走；三个孩子不再闹学；四个孩子改善亲子关系；五个孩子在逆境中成长。”他们用生动的实例，阐述了学校教师在保护和教育离婚家庭子女中的重要作用。

因此，幼儿园和中小学及其教师应积极挑起保护和教育离婚家庭子女的重担。要在深入调查研究的基础上建立离婚家庭子女的档案，有的放矢地去保护和教育他们；要给他们更多的爱，使他们体会到学校、班级集体的温暖；补好他们的功课，提高他们的成绩，关心他们的同伴关系和品德的提高；要及时了解问题，通过组织系统加强保护他们的措施；做好家长工作，帮助改善亲子关系。

(三)监护、抚养和教育子女是离异夫妇共同的职责

离婚家庭子女的亲子关系是一个较现实的问题。他们中间恨父亲的占22.95%，恨母亲的占16.39%，不听父母管教的占34.43%。而离婚夫妇对子女放任的占25.17%，过于严厉甚至打骂的占34.97%，溺爱的占18.18%；讲究抚养方式的仅占21.68%。这种现实给离婚家庭的家庭教育和子女的抚养带来了种种困难。然而，由于血缘关系和养育监护教育的职责，父母在子女心目中仍占有极其重要的特殊位置。离异以后父母的思想品德、性格情操、生活方式、和子女接触的多少、抚养和教育方法，直接关系到子女能否产生良好适应及改变不适应的时间。

因此，我们希望离异的父母珍惜自己的这种特殊作用。双方应关心自己的孩子，非抚养一方应经常接触子女，抚养一方应允许对方看望孩子，早日缓解因婚变

而造成的亲子关系的紧张，共同关心孩子的成长，抚养人要讲究教育方法，经常和学校教师取得联系。

社会教育、学校教育和家庭教育三位一体，这对离婚家庭子女教育来说更显得重要。尽管做起来难度很大，但为了这批无辜的孩子，让我们大家都来献一份爱心，尽一份责任，做一番努力吧！

第二编

PART 2

国际金融危机应对研究

2009年初教育部针对国际金融危机的形势，设立了“国际金融危机应对研究”的应急课题，其中有5个重点项目，我申报了题为“金融危机背景下大学生经济信心的重建与就业能力的提升”的课题，中标成为这5个重点项目之一。获此重点课题后，刘力教授为我组织人力投入研究，我们先后上报咨询报告5份，发表研究报告5份。

大学生的经济信心与职业决策自我效能的关系

——归因和主动性人格的调节作用*

一、引言

由美国投资银行雷曼兄弟公司2008年9月15日宣布破产引发的金融危机，使全球经济经历了20世纪30年代以来最为严重的衰退，中国经济也不可避免地受到波及。中国大学毕业生因而面临更为严峻的就业形势。一方面，各种招聘企业或单位纷纷推迟、缩减招聘计划，甚至不再吸纳大学毕业生；另一方面，大学扩招使得大学毕业生的数量逐年增加，就业竞争更加激烈。在经济如此低迷的情况下，大学生就业压力不言而喻，他们的心理冲突，如焦虑、不安、缺乏信心等也随之增多。面临就业的大学生的职业决策，不可避免地受到他们对经济复苏的预期及其归因方式和人格特征的影响。本研究的目的是，在国际金融危机这一复杂的环境背景下，探讨大学生经济信心及其职业决策自我效能之间的关系，以及影响两者关系的两个重要因素：归因方式和主动性人格。

(一)经济信心与职业决策自我效能的关系

经济信心(economic confidence)是指民众对于经济前景的乐观程度。类似的概念，如消费者信心(consumer confidence)和投资者信心(investor confidence)，是预测经济走势的重要先行指标(Bram & Ludvigson，1997；Ludvigson，2004；Srivas-

---

* 本文原载《心理学报》2011年第9期。本文其他作者为邝磊、郑雯雯、杨萌、刘力。

tave，2006)。经济信心在其国家经济发展中扮演着重要角色。例如，约瑟夫(Joseph，2002)提出，投资者信心对于一个健康与活跃的资本市场来说是必不可少的，李(Lee，2000)也强调重建投资者信心对于东南亚国家繁荣的重要性。面临着全球性的经济衰退，信心被视为一种有助于经济复苏的宝贵资源。国务院总理温家宝(2009)在达沃斯论坛的演讲中就明确指出：国际金融危机是一场全球性的挑战，战胜这场危机要靠信心、合作和责任；坚定信心是战胜危机的力量源泉；信念的力量，远比想象的更为强大。目前关于经济信心的研究多集中在其对投资者、消费者的心理及其经济行为的影响上。与这些研究的视角不同，本研究拟探讨大学生的经济信心对其职业决策过程中自我效能的影响。

自我效能(self-efficacy)是个体对自己在特定情景中有能力从事某种行为并取得预期结果的信念(Bandura，1994)。在本质上，这种信念并不是能力，而是个体对自己运用能力解决问题的信心，它决定着人们在行动过程中的努力和坚持程度(Bandura，1986)。自我效能是一个领域特定(domain-specific)概念。在职业选择领域，贝茨和哈克特(Betz & Hackett，1981)率先开始了有关职业自我效能的研究。泰勒和贝茨(Taylor & Betz，1983)把自我效能理论和职业成熟理论(Crites，1978)结合起来，提出了职业决策自我效能的概念。职业决策自我效能是个体对自己有能力成功地完成择业相关任务的信念(Taylor & Betz，1983)，它体现为个体对自己从事制订职业规划、恰当评价自我、收集职业信息、掌握问题解决技能和筛选职业目标等一系列活动的信心(Taylor & Betz，1983；Nam，2011)。

在本研究中，经济信心与职业决策自我效能这两个核心概念的共同逻辑线索是信心。信心是个体对人或对事件的确定性的判断或预期，它既可以指向外界，也可以指向自我(Barbalet，1993)。具体地说，经济信心指向外部，是个体对经济运行前景的预期与信心；而职业决策自我效能则指向内部，是个体对自己能够成功地完成择业相关任务的信心。可见，两者同为信心，但又是截然不同的两个概念。然而，不少研究表明，对经济运行状况是否具有信心，将在很大程度上影响个体的情绪及其对工作、择业等方面的信念。例如，研究表明，金融危机是一个巨大的心理压力源，对失业的忧虑是其最突出的心理表征之一(Ünal-Karagüven，2009；Lucia， et al.，2001；Katona，1959)。也有研究表明，在金融危机背景下，个体对未来经济前景的担忧会导致对就业问题的关注与焦虑，进而极大地影响个体对自己成功择业的信心(Stein，et al.，2011)。还有研究发现，个体所持的消极预期及其引发的焦虑，将降低其职业决策自我效能水平(Holdsworth，1982；Hardin，et al.，2006；Gloria & Hird，1999)。可以推断，个体对经济状况的预期与信心将影响其职业决策自我效能。由此，我们提出本研究的第一个假设。

假设1：大学生的经济信心能预测其职业决策自我效能。对经济前景不乐观的被试，其职业决策自我效能较低；而随着被试经济信心的增强，其职业决策自我效能升高。

(二)归因方式的影响

归因方式是个体对事件发生的原因的习惯性解释倾向，可以分为内归因和外归因两种倾向(Heider，1958)。在此基础上，罗特(Rotter，1966)提出了心理控制点(locus of control)理论。该理论认为，内控型(internal control)的人相信自己是其行为结果的最终原因，无论成败与否，最终取决于个人原因，如能力、努力等；而外控型(external control)的人相信其行为结果是由自我以外的因素造成的，自身难以控制，如社会环境、机遇等。许多研究表明，自我效能与个体归因方式具有密切的关系(Dixon & Schertzer，2005；Bond，Biddle & Ntoumanis，2001；罗良、沃建中，陈尚宝、王福兴，2005；张学民、申继亮，2002)。本研究将引入心理控制点来进一步考察经济信心与职业决策自我效能的关系。

自我效能理论认为，人是一种信息加工的系统，自我效能的形成实际上是人们对效能信息进行加工的过程(Bandura，1986)。也就是说，个体的归因方式会影响人们对经济环境、职业决策信息的识别与选择，进而影响其职业决策自我效能。就本研究主题来说，由于内控者倾向于进行内归因，因此他们不认为经济环境不景气是影响自身就业的主要原因，决定性的因素应是个人的能力与努力；外控者则倾向于进行外归因，所以他们认为比起自身条件，经济环境好坏才是影响个人就业更重要的因素。鉴于此，我们提出本研究的第二个假设。

假设 2：内外控制点可以调节经济信心与职业决策自我效能之间的关系。内控型被试相信凡事操之于己，其职业决策自我效能受到经济信心的影响将较小；而外控型被试相信外因决定成败，其职业决策自我效能将受到经济信心的强烈影响。

(三)主动性人格的影响

如果说内外控制点从认知层面上影响经济信心与职业决策自我效能之间的关系，那么主动性人格则可能更多地从行为决策层面上产生影响。主动性人格(proactive personality)是指个体主动采取行动影响其周围环境的一种稳定的倾向(商佳音、甘怡群，2009)。这一概念最先由贝特曼和格兰特(Bateman & Crant，1993)在研究组织行为时提出，是近来人力资源研究领域的一个新方向。许多研究表明，主动性人格具有个体差异，并进一步导致这些个体在环境中的行为表现出现较大差异(Seibert，Crant & Kraimer，1999；Parker & Spring，1999)。主动性强的人，不受环境外力的约束，而是主动采取行动促进改变，能提前瞄准时机主动表现，坚持行为直到期望实现；而主动性弱的人则较为被动，很少主动表现，总是在外力的驱使下被动地适应或改变，有时甚至是消极地忍受所处的环境(商佳音、甘怡群，2009)。

克拉斯和德威特(Claes & de Witte，2002)发现，主动性人格可以预测大学生的求职行为。塞伯特等人(Seibert，et al.，2001)发现，主动性人格对职业成功有明显的预测作用。此外，商佳音和甘怡群(2009)的研究表明，主动性人格能够单独预测职业决策自我效能 15.3％的变异。无疑，主动性人格对于大学生能否成功就业具有一定的影响。但是，商佳音和甘怡群在研究中指出，主动性人格对大学生职业决策自我效能的影响，可能并不是简单的直线关系，而是与个体对环境的觉知有关。而在金融危机的背景下，经济信心作为大学生对经济大环境的一种感知，也极有可能对不同主动性个体的职业决策自我效能产生不同的影响。由此，我们提出本研究的第三个假设。

假设 3：主动性人格对大学生经济信心与职业决策自我效能之间的关系起调节作用。由于能主动适应环境、采取行动，因此无论处于什么经济环境下，主动性强的被试都对自己能成功就业具有自信；而由于被动消极适应环境，因此主动性弱的被试在职业决策中的效能会受到经济信心的极大影响。

(四)归因方式与主动性人格的共同作用

结合假设2和假设3，被试可以被分为四种典型类型：内控而主动性强、内控而主动性弱、外控而主动性强、外控而主动性弱。这四种被试由于具有不同特点，其经济信心对职业决策自我效能的预测程度也可能有所不同。内控而主动性强的被试，其特点是相信凡事操之于己，并且能够主动采取行动适应各种环境，所以他们的职业决策自我效能将最为稳定，受到经济信心的影响最小。外控而主动性弱的被试，其特点是认为环境决定一切，且只能被动适应或依赖环境，所以对经济环境是否好转的预期，将极大程度地影响其职业决策自我效能；另外两种类型的被试，他们的经济信心则可能在中等程度上预测其职业决策自我效能。由此可推论出第四个假设。

假设4：内外控制点和主动性人格共同调节大学生的经济信心与其职业决策自我效能之间的关系。

二、方法

(一)被试

被试为在读大学生共513人，样本分别来自北京和武汉的5所高校。由于本研究所涉及的职业决策自我效能是个体对自己实现与职业决策相关任务所需能力的信心或信念，而问卷施测时部分四年级大学生已经落实工作，一、二年级大学生大多尚未完成未来职业规划，因此本研究选取三年级大学生为被试。其中男生257人(50.1%)，女生254人(49.5%)，2人性别资料缺失(0.4%)。

(二)工具

1. 经济信心问卷

本研究参考密歇根大学消费者情绪指数(the University of Michigan Index of

Consumer Sentiment)(Bram & Ludvigson，1997)和 Ipsos MORI 公司的国际社会趋势检测(Ipsos MORI International Social Trends Monitor)(Duffy & Robey，2006)，编制了经济信心问卷，共有条目 12 个，条目内容包括对我国整体经济状况、国际整体经济状况、我国股市情况以及家庭经济状况四个方面的信心；每方面内容各包含三个条目，要求被试分别评价当前情况，以及预期一年、三年后的情况；问卷采用利克特 7 点评分，其中 1 代表“非常差”，7 代表“非常好”。最后得分为当前、一年后、三年后的得分均值，被试得分越高，表明其经济信心越高。此问卷在本研究中的内部一致性系数为 0.892。

2. 职业决策自我效能量表(Career Decision Making Self-efficacy，CDMSE)

泰勒和贝茨于 1983 年编制了最初版本，并在 1996 年和克莱茵修订出一个较简洁的版本(CDMSE-SF)(Taylor & Betz，1983；Betz，Klein & Taylor，1996)。本研究将 CDMSE-SF 翻译为中文进行施测。量表共有 25 个条目，包含 5 个维度，分别为自我评价、信息收集、目标筛选、制订计划和问题解决，每个维度均含 5 个条目。采用利克特 7 点评分，其中 1 代表“完全没有信心”，7 代表“完全有信心”。所有条目得分相加再取均值，为最后的自我效能得分。被试得分越高，表明其职业决策自我效能水平越高。在本研究中，各维度条目的内部一致性系数为 0.66～0.75，总量表的内部一致性系数为 0.919。

3. 罗特内—外心理控制源量表(Rotter's Internal-external Locus of Control Scale)

原量表由罗特(1966)编制，本研究采用王登峰(1991)对原量表进行修订后形成的中文版本。量表共有 23 个条目，其中实际计分条目为 19 个，其余 4 个是缓冲条目，不予计分。量表中的每一条目都包含 A、B 两个选项，其中一个选项陈述外控方向上的观点，另一个选项陈述内控方向上的观点，缓冲条目的两个选项则没有这样的倾向性。被试需要在两个选项中选择一个自己更为同意的观点。计分时，被试选择外控方向的选项计 1 分，否则为 0 分。所以被试在此量表上的得分为 0～23，分数越高表示外控的倾向性越强。在本研究中，此量表条目的内部一致性系数为 0.65。

4. 主动性人格量表(Proactive Personality Scale，PPS)

英文版由贝特曼和格兰特 (1993)编制，本研究参考商佳音和甘怡群(2009)的修订将原量表译成中文版本。量表共 17 个项目，要求被试评价条目陈述与个人实际情况的符合程度。采用利克特 7 点评分，其中 1 代表“完全不符合”，7 代表“完全符合”。分数越高代表主动性人格倾向越强。在本研究中，主动性人格量表的内部一致性为 0.87。为确保各量表的效度，我们在验证假设之前分别进行了探索性因素分析(EFA)和验证性因素分析(CFA)（侯杰泰、温忠麟、成子娟、张雷，2004；Taris，Schreurs & Schaaufeli，1999)。分析结果表明，测量工具的结构效度和区分效度均良好。此外，本研究各变量均采用量表测量，并且由同一被试提供信息。因此，我们对样本数据进行了共同方法偏差的检验(Podsakoff，et al.，2003)。检验采用加入一个非可测方法变异因子的方法，即将共同方法因子作为一个潜变量纳入结构方程模型，并比较纳入该潜变量前后的模型拟合度(周浩、龙立荣，2004)。检验结果表明，$\Delta\chi^2=644.35$，$\Delta df=73$，$\Delta\chi^2/\Delta df=8.83$，$\alpha>0.0001$，即控制共同方法因子后，模型拟合没有显著提升。因此测量中不存在显著的共同方法偏差问题(温忠麟、侯杰泰、马什赫伯特，2004)。

(三)施测过程

将经济信心问卷、职业决策自我效能量表、罗特内—外心理控制源量表和主动性人格量表装订成册，由研究人员以班级为单位进行集体匿名施测，所有被试均阅读了知情同意书。全部数据录入计算机，采用 SPSS 16.0 进行统计处理。

三、结果与分析

(一)变量的描述性统计结果

我们对本研究中的所有变量进行了描述性统计和相关分析，结果如表 1 所示。

表 1　描述性统计及相关矩阵

变量	N	M	SD	1	2	3	4
1 经济信心	513	4.37	0.75	—			
2 职业决策自我效能	513	4.58	0.77	0.29***	—		
3 内外控制点	503[a]	9.84	3.10	−0.22***	−0.27***	—	
4 主动性人格	512[b]	4.68	0.74	0.28***	0.64***	−0.31***	—

注：[a]内外控制点数据有 10 个缺失值；[b]主动性人格数据有 1 个缺失值。

由表 1 可知，本研究中的各个变量之间的相关都达到了极其显著的水平。因此，在下述结果分析中，需要对所有变量都加以考察。

(二)经济信心对职业决策自我效能的预测作用

我们采用简单回归分析，考察经济信心对职业决策自我效能的独立预测作用。结果如表 2 所示。

表 2 显示，在控制了学校、性别和家庭所在地后，经济信心对职业决策自我效能的预测仍能达到极其显著的水平($\beta=0.28$，$p<0.001$)。换句话说，在控制了以上因素后，随着经济信心的增强，被试的职业决策自我效能也显著升高。因此，本研究的主效应显著验证了假设 1。

表 2　经济信心与职业决策自我效能的回归分析

变量及步骤	职业决策自我效能	
	β	ΔR^2
第一步(Enter)		
学校	0.05	0.01
性别[a]	0.07	
家庭所在地[b]	0.07	
第二步(Enter)		
经济信心	0.28***	0.06
总计(R^2)		0.08***

注：[a] 1 男，2 女；[b] 1 农村，2 城市，以下同。

(三)内外控制点、主动性人格的调节效应

在主效应显著的基础上，运用层级回归的方法分别考察内外控制点和主动性人格的调节作用(见表3)。首先，将研究中各变量去中心化，以避免共线性的问题。其次，将人口统计学变量纳入分析。最后，在SPSS中通过三个步骤，将各变量依次纳入回归方程中：第一，将自变量经济信心纳入方程，对因变量职业决策自我效能进行回归，考察两者之间的主效应；第二，将调节变量内外控制点(或主动性人格)纳入回归方程，考察调节变量对因变量的主效应；第三，将自变量×调节变量，即经济信心×内外控制点(或经济信心×主动性人格)，纳入回归方程中，考察两者的交互作用，如果该效应显著则表明调节效应显著。

表3　内外控制点、主动性人格的调节效应检验

模型	增加的变量	第一步	第二步	第三步	第四步
1	学校	0.03	0.011	0.00	0.00
	性别	0.11	0.026	0.04	0.04
	家庭所在地	0.11	0.09	0.11	0.11
2	经济信心		0.30***	0.25***	0.24***
3	内外控制点			−0.06***	−0.05***
4	经济信心×内外控制点				0.04**
	R^2	0.02	0.10	0.14	0.15
	ΔR^2	0.01	0.08	0.05	0.01
	F 值	2.44	12.37***	15.98***	14.96***
	ΔF	2.44	41.52***	27.68***	8.55**
1	学校	0.02	0.01	0.00	0.00
	性别	0.11	0.03	0.09	0.08
	家庭所在地	0.12	0.10	0.03	0.02
2	经济信心		0.30***	0.12**	0.12**
3	主动性人格			0.63***	0.61***
4	经济信心×主动性人格				−0.13**
	R^2	0.02	0.09	0.43	0.44
	ΔR^2	0.02	0.08	0.34	0.01
	F 值	2.45	12.24***	72.76***	63.78***
	ΔF	2.45	41.02***	286.05**	11.20**

由表 3 可知，经济信心与内外控制点之间的交互作用以及经济信心与主动性人格之间的交互作用均显著，即内外控制点、主动性人格的调节效应都显著($F=14.96$，$p<0.001$；$F=63.78$，$p<0.001$)。为进一步深入分析两个调节变量的具体作用，我们以高/低出平均数一个标准差为标准，选择出外/内控个体和主动性高/低个体，分别进行简单斜率检验(Aiken & West，1991；West，Aiken & Krull，1996)；同时，绘制它们在经济信心与职业决策自我效能之间的回归线，分别如图 1 和图 2 所示。

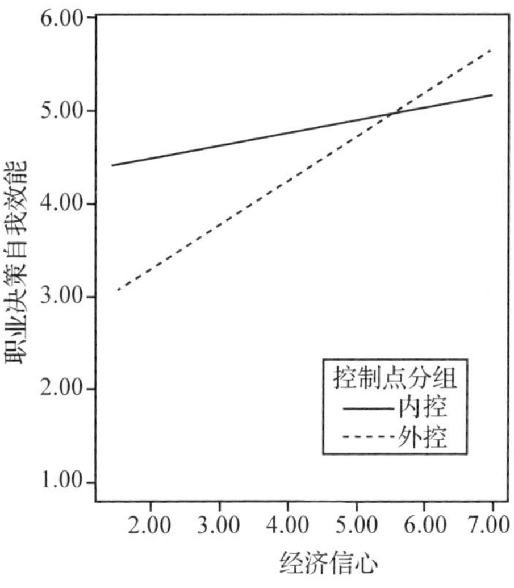

图 1　经济信心与内外控制点的交互作用

对内外控制点的调节作用进行的简单斜率检验表明：对于外控型被试，经济信心能显著预测职业决策自我效能，simple slope$=0.35$，$t=6.09$，$p<0.01$；对于内控型被试，经济信心也能显著正向预测职业决策自我效能，simple slope$=0.14$，$t=2.15$，$p<0.05$；并且前者更为显著。图 1 用回归线来表示内外控制点的调节作用的具体情况：当被试为外控型时，其职业决策自我效能随着经济信心的增强而大幅增强；当被试为内控型时，其职业决策自我效能也受经济信心的影响，但是其增强幅度远不如外控型个体显著。因此，假设 2 得到了验证。

对主动性人格的调节作用进行的简单斜率检验表明：在主动性强的个体中，经济信心并不能显著预测职业决策自我效能，simple slope = 0.03，t = 0.69，p>0.05；而在主动性弱的个体中，经济信心能显著正向预测职业决策自我效能，simple slope=0.20，t=4.66，p<0.01。图 2 用回归线来表示主动性人格的调节作用的具体情况：当被试主动性强时，无论经济信心如何，其职业决策自我效能都较高而平稳；当被试主动性弱时，其职业决策自我效能随着经济信心变化而显著变化。因此，假设 3 得到了验证。

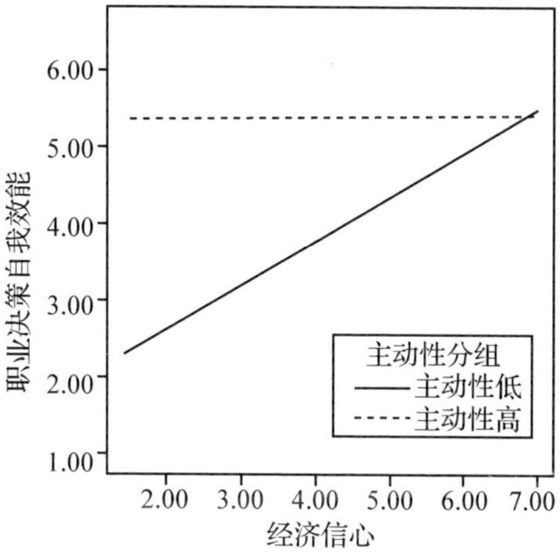

图 2　经济信心与主动性人格的交互作用

(四)内外控制点与主动性人格的共同作用

同样运用层级回归的方法来考察经济信心、内外控制点和主动性人格三者之间的交互作用。结果如表 4 所示。首先，人口统计学变量没有显著影响。接下来，同样分三步将相关变量纳入回归方程。第一步单独加入三个变量，这时三个变量的主效应都显著(F=0.12，p<0.01；F=−0.02，p<0.05；F=0.60，p<0.001)，模型总体也显著(F=60.61，p<0.001)；第二步再加入三个变量间的二重交互作用，虽然只有经济信心与主动性人格的交互作用显著(F=−0.13，p<0.01)，但模型改变仍是显著的(ΔF=0.01，p<0.05)；第三步再加入三重交互作用，模型改变并不显著(ΔF=0.00，p>0.05)，也就是没有三重交互作用。

表 4　两调节变量的共同作用检验

模型	增加的变量	第一步	第二步	第三步	第四步
1	学校	0.03	−0.00	−0.00	0.00
	性别	0.11	0.08	0.07	0.07
	家庭所在地	0.11	0.04	0.02	0.02
2	经济信心		0.12**	0.12**	0.12**
	内外控制点		−0.02*	−0.02	−0.02
	主动性人格		0.60***	0.59***	0.59***
3	经济信心×内外控制点			−0.00	−0.00
	经济信心×主动性人格			−0.13**	−0.14**
	内外控制点×主动性人格			−0.00	−0.00
4	经济信心×内外控制点×主动性人格				0.00
	R^2	0.02	0.44	0.45	0.45
	ΔR^2	0.02	0.42	0.02	0.00
	F 值	2.42	60.61***	42.32***	38.01***
	ΔF	2.42	117.03***	0.01*	0.00

总的来说，经济信心对职业决策自我效能的预测作用一直都是显著的；内外控制点的主效应在加入相关的交互作用后变得不显著；而主动性人格的主效应，以及它和经济信心的交互作用都显著。也就是说，虽然两个调节变量单独的调节作用都非常显著，但是当两个调节变量同时进入模型时，主动性人格的调节效应明显强于内外控制点，对比之下内外控制点的效应很小。三重交互作用不显著，假设 4 没有得到验证。

四、讨论

(一)结果总结

本研究的回归分析结果有力地验证了前三个假设。经济信心与职业决策自我效能之间的主效应显著，即随着经济信心的增强，其职业决策自我效能也在升高，表明大学生对经济环境所持有的态度会显著影响其在择业方面的自信。而归因方式和主动性人格在此关系中起到了调节的作用。比起内控型的被试，外控型被试的职业决策自我效能受到经济信心的影响更大，表明外控型的大学生认为自身能否成功就业的关键影响因素在于外部经济环境，而内控型的大学生则受经济环境影响较小。主动性低的被试因为被动适应环境，所以其职业决策自我效能极大地受到经济信心的影响，而主动性高的被试受到的影响则显著较小。

本研究的假设4没有得到验证。本研究提出三重交互作用这个假设的前提是，内外控制点和主动性人格两个变量所起的作用相当。只有两者影响强度相近，才能在与经济信心的交互中都发挥作用，产生三重交互。以上模型表明，主动性人格对模型的影响很大，但是内外控制点的作用则很弱。两者作用的差别太大，在主动性人格的影响下，内外控制点的调节作用被淹没，所以没有出现三重交互作用。也就是说，假设4没有得到验证的原因可能是大学生在进行职业决策的过程中，主动性倾向的影响力要明显大于归因倾向。即比起内外控制点，主动性人格对经济信心与职业决策自我效能的关系起到更重要的调节作用。此外，这一结果也可以从内外控制点这一归因风格变量来切入解释。有研究者提出，内外控制点也是一种人格变量(张宁、黄鹏、凌文铨，2008；王存文、殳尧，2006；车丽萍，2003)。即内外控制点与主动性人格同时进入模型中时，其实可能是两类人格因素的对抗；甚至在它们共同作用时，由于双方可能存在重叠部分，内外控制点对职业决策自我效能的影响也被包含于主动性人格之中，为主动性人格的影响所覆盖。

虽然在三重交互模型中，内外控制点的作用不显著，但这与假设2的结论并不矛盾。因为假设2的提出和检验是在不包含主动性人格的模型中进行的。结果也表明其调节作用显著。只是当主动性人格被纳入考虑时，内外控制点的效应显得较小。也就是说，两个因素的效应大小虽然相差较大，但并不能否定它们都能单独起作用。

(二)研究的理论价值

职业决策自我效能是社会认知的职业理论(Social Cognitive Career Theory，SC-

CT)中的核心概念(Lent, Brown & Hackett, 1994)。近30年来，国外关于职业决策自我效能的研究主要有两种取向。一种取向是将职业决策自我效能视为中介变量，考察前因变量是否通过职业决策自我效能来预测职业行为。例如，伦特等人(Lent, et al., 1994)指出，职业决策自我效能监控着职业认知与职业行为的发展历程，是实现职业目标的关键因素；瓜伊(Guay)等人发现，父母和同伴的态度会通过职业决策自我效能和择业自主性来影响个体的职业不确定性，其中职业决策自我效能的中介效应比择业自主性的更大(Guay, et al., 2003)；汤普森和苏比奇(Thompson & Subich, 2006)发现，社会地位对职业的不确定性有预测作用，职业决策自我效能在其中起完全的中介作用。另一种取向则直接将职业决策自我效能视为结果变量，考察不同的前因变量对职业决策自我效能的影响。这一取向研究涉及的前因变量有：性别(Arnold & Bye, 1989；Betz, et al., 1996；Chung, 2002；Guay, et al., 2003；Paulsen & Betz, 2004；Eaton, et al., 2004；Hardin, et al., 2006；Hampton, 2006)、年龄(Luzzo, 1993；Peterson, 1998；Hampton, 2006)、焦虑(Gloria & Hird, 1999；Hardin, et al., 2006)、社会支持(Quimby & O'Brien, 2004；Patel, Salahuddin & O'Brien, 2008)、社会地位(Nauta & Kahn, 2007；Patel, et al., 2008)、家庭环境(Whiston, 1996；Hargrove, Creagh & Burgess, 2002；Wolfe & Betz, 2004；Hargrove, Inman & Crane, 2005；Lease & Dahlbeck, 2009)以及文化与种族认同(Luzzo, 1993；Parham & Austin, 1994；Hackett & Byars, 1996；Gloria & Hird, 1999；Mau, 2000；Chung, 2002；Creed, Patton & Watson, 2002；Gushue, 2006；Patel, et al., 2008)。

在第二种取向中，尚未见到有关宏观经济环境及其觉知以及归因方式和人格特征等个体内部因素对职业决策自我效能影响的研究，更未见到考察因素之间孰重孰轻、如何交互产生影响的研究。具体地说，在择业环境发生较大转变时，个体是否会通过对环境转变的觉知而改变其职业决策自我效能？从环境觉知到职业决策自我效能的改变之间是否有人格、归因等其他个体内部因素在产生影响？如果有不止一种因素发生作用，各种因素之间的关系或相对重要性又如何？以上这些问题都是前人研究所未回答的。本研究就是从上述问题出发，试图丰富关于职业决策自我效能的研究理论。

本研究以当前金融危机为背景，探讨了大学生对外部经济环境改变的觉知程度(经济信心)对其职业决策自我效能的影响。并且，研究结果支持了个体对外部经济环境的觉知与职业决策自我效能之间的预测关系。同时，研究引入了内外控制点与主动性人格作为调节变量并证实经济信心与职业决策自我效能之间并非简单的线性关系，而是受到归因方式(内外控制点)与人格因素(主动性人格)的调节作用。本研究还发现归因方式与主动性人格这两个个体内部因素的调节作用力度并不一样：主动性人格对经济信心与职业决策自我效能之间关系的影响力要胜于归因方式。以上结论丰富了职业决策自我效能理论，并且拓展了职业决策自我效能的应用背景和范畴，可以为今后该理论在金融危机环境下进行其他研究提供借鉴。最后，在当前中介模型占主流的职业决策自我效能研究领域中，建立个体内部因素与环境觉知作用的调节模型，也是本研究对职业决策自我效能的重要贡献。

(三)研究的实践意义

职业选择是关乎人生的大事，也是大学生面临的一个艰难而重要的决策。正是因为这样，很多大学生在职业决策的过程中承受了不小的压力(Li & Lin，2003)。心理压力与焦虑又会极大地影响其自我效能(Hardin，et al.，2006；Gloria & Hird，1999)。特别在2008—2009年金融危机席卷全球的情况下，就业形势更是日趋严峻。面对复杂的环境，大学生极易对国家经济发展缺乏信心，从而影响了他们的自我效能和正常择业。本研究希望能在金融危机背景下，通过从不同角度探讨大学生职业决策自我效能的影响因素，为高校职业生涯辅导提供科学依据。

如何使大学生以平和的心态来面对金融危机带来的就业冲击，有效地平复大学生由于环境不景气引起的焦虑和低信心，并以此提高其职业决策自我效能，是金融危机给高校职业生涯辅导工作者带来的新挑战。本研究发现，大学生的职业决策自我效能与其经济信心密切相关；归因倾向不同的个体，其职业决策自我效能受到经济信心的影响也不同。结合有关通过归因训练(attribution training)改变个体的归因方式(Försterling，1985；王重鸣，1988；韩仁生，1998，2003)以及提升职业决策自我效能(Luzzo, Funk & Strang, 1996)的研究，我们建议高校职业生涯辅导工作者通过心理干预来改变归因倾向，从而使大学生建立更稳定的职业决策自我效能以抵抗金融危机带来的就业压力，并鼓励大学生针对可控的内部因素做出更多的努力。同时，本研究发现，主动性人格作为一种稳定的倾向，也能影响大学生的经济信心与职业决策自我效能的关系。因此，高校职业生涯辅导工作者应该设法使大学生以积极的态度采取主动措施去应对金融危机，及早进行职业生涯规划，并根据经济环境的变化及时做出调整，这样才能在各种经济环境中都保持稳定的心态和较高的自我效能，以帮助求职过程顺利进行，成功择业就业。

(四)关于层级回归的运用

过去很多关于调节效应的研究，是采用方差分析的方法来验证的。当实验中所处理的自变量和调节变量都为分类变量时，采用方差分析的技术来考察是没有问题的：当自变量和调节变量的交互作用显著时，可认为此调节效应显著；但是当所处理的变量中出现连续变量时，方差分析的方法就显现出其局限性了。这种情况下最常见的方法是，按照不同的标准(如高或低于平均数一个标准差、高低27%)选择连续变量两端的数据进行分析。这样则损失了大量处于中间位置的数据(温忠麟、侯杰泰、张雷，2005)。所以现在越来越多的研究，开始采用层级回归的方法来考察连续型数据的调节作用(林初锐、李永鑫、胡瑜，2004；吴明证，2005)。本研究的自变量经济信心、因变量职业决策自我效能和两个调节变量归因方式、主动性人格都是连续变量。而我们希望能避免损失数据，力求对所有数据都能进行有效的利用。所以在研究中参考了有关研究，按照标准的层级回归步骤来处理实验中的数据。

(五)问题与展望

任何研究都有其局限，本研究也不例外。作为一项针对当前国际金融危机背景下大学生经济信心对其职业决策影响的应急研究，本研究采用了问卷测量的方式来收集数据。由于相关研究本身的特点和要求，本研究选取了较大的样本，但研究设计本身还有可进一步完善之处。未来研究可以通过实验操纵的方式来进一步确定经济信心与职业决策自我效能之间的因果关系，从而提高研究结果的内部效度；同时，还可以采用情景模拟问卷，从而进一步提高研究的外部效度。本研究只探讨了归因方式和主动性人格两个个体内部因素的调节作用。但是，金融危机是一个复杂的环境背景，影响大学生职业决策自我效能的因素绝不仅只有这几个方面。例如，自尊和成就动机、大学生职业需求的差异性等内部因素以及其家庭经济情况、社会支持、职业的可获得性等外部因素，都可能构成其中的中介或调节变量。因此，经济信心与职业决策自我效能的复杂关系，以及其他多方面的影响因素，都值得今后进一步探讨。

参考文献

[1]罗良，沃建中，陈尚宝，王福兴．中学教师归因方式与自我效能感的关系研究[J]．中国临床心理学杂志，2005，13：427-428.

[2]温忠麟，侯杰泰，马什赫伯特．结构方程模型检验：拟合指数与卡方准则[J]．心理学报，2004，36：186-194.

[3]张学民，申继亮．中学生学习动机、成就归因、学习效能感与成就状况之间因果关系的研究．心理学探新，2002，22：33-37.

[4]Bateman T S & Crant J M. The proactive component of organizational behavior：a measure and correlates[J]. Journal of Organizational Behavior，1993，14：103-118.

[5]Rotter J B. Generalized expectancies for internal versus external control of reinforcement[J]. Psychological Monographs，1966，80：1-28.

[6]Taylor K M & Betz N E. Applications of self-efficacy theory to the understanding and treatment of career indecision[J]. Journal of Vocational Behavior，1983，22：63-81.

金融危机中大学生经济信心与就业信心的关系
——职业决策自我效能的中介作用*

一、引言

在金融危机的冲击下，我国大学生的就业形势变得非常严峻。大学生在面临就业时受到了外部经济环境和个体就业恐慌的“双重困扰”。如何引导大学生面对挑战，走出心理困境，树立信心，从而成功就业，是高校一项重要和紧迫的任务。本研究的目的就在于探讨在当前金融危机背景下，大学生经济信心对其就业信心的影响，以及职业决策自我效能感对两者关系的影响。

经济信心(economic confidence)是对于整体经济状况及其个人经济状况的乐观程度(Bram & Ludvigson，1998；Duffy & Robey，2006)。自金融危机爆发以来，民众对当前经济形势及未来经济发展趋势所持的态度一直是政府和媒体关注的焦点。就业信心(employment confidence)是根据当前就业形势所做出的对就业前景的一种综合判断，它包括对就业形势的现状和预期判断两个方面，反映了求职主体对未来就业形势发展的乐观程度(严春红，2005)。职业决策自我效能是人们对自己能实现职业决策相关行为目标所需能力的信念或判断(Tatlor & Betz，1983)。

大学生就业信心受到经济环境和个体自身因素两个方面的共同影响(石红梅、刘建华，2006)。作为反映宏观经济环境的大学生经济信心，会对其就业信心产生重要影响。经济环境越好，则经济信心越高，同时就业信心越高，反之亦然。由此，我们推测，经济信心可以预测就业信心。作为个体变量的职业决策自我效能，既受到经济信心的制约，又会影响就业信心。一方面，大学生经济信心反映了当前

* 本文原载《教育科学》2010 年第 4 期。本文其他作者为杨萌、刘力、张笑笑、赵显。

金融危机引发的就业市场紧缩，进而无疑会影响其职业决策自我效能；另一方面，职业决策自我效能又会影响大学生接受外界的挑战，主动进行职业选择的信念或判断，进而影响其就业信心(王金良、张大均、王云霞，2008)。由此，我们推测，职业决策自我效能在经济信心和就业信心之间起中介作用。

二、研究方法

(一)被试

调查样本为在读大学生共513人，均为来自北京和武汉五所高校的本科三年级学生。其中，男生257人(50.1%)，女生254人(49.5%)，2人性别资料缺失(0.4%)。

(二)研究工具

1. 经济信心问卷

参照密歇根大学消费者情绪指数(the University of Michigan Index of Consumer Sentiment)(Bram & Ludvigson，1997)和Ipsos MORI公司的国际社会趋势检测(Ipsos MORI International Social Trends Monitor)(Duffy & Robey，2006)，编制了经济信心问卷，共12个条目，涉及我国整体经济状况、国际整体经济状况、我国股市情况、家庭经济状况四个方面。每一方面又各包含三个条目，要求被试分别评价当前情况，以及预期一年后和三年后的情况。采用利克特7点评分，其中1代表“非常差”，7代表“非常好”。最后得分为所有条目评分的均值，被试评分越高，则表明其经济信心越高。此问卷在本研究中的内部一致性系数为0.892。

2. 就业信心问卷

参照西太平洋—麦克唐纳米勒就业信心指数(Westpac McDermott Miller Employment Confidence Index)(O' Donovan & Purdue，2010)，并结合我国大学生的实际情况，编制了就业信心问卷，共6个条目，包括大学毕业生的起薪水平和就业机会两个方面。每一方面又各包含3个条目，要求被试对当前状况进行评价并且分别预期一年后和三年后的情况。采用利克特 7 点评分，其中 1 代表“非常差”，7 代表“非常好”。最后得分为所有条目评分的均值，被试评分越高，则表明其就业信心越高，对就业形势持有更为积极的态度。此问卷在本研究中的内部一致性系数为 0.905。

3. 职业决策自我效能量表

该量表最初由泰勒和贝茨(1983)编制，本研究采用贝茨、克莱茵和泰勒(1996)修订的简版(CDMSE－SF)的中文翻译版。量表由 25 个条目组成，包含 5 个维度，分别为自我评价、信息收集、目标筛选、制订计划和问题解决，每个维度各 5 个条目。采用利克特 7 点评分，其中 1 代表“完全没有信心”，7 代表“完全有信心”。所有条目得分相加再取均值，为最后的自我效能得分。被试得分越高，则表明其职业决策自我效能水平越高。此量表在本研究中的内部一致性系数达到 0.919。

(三)数据收集和分析

采用纸笔方式以班级为单位进行集体匿名施测，所有被试均阅读了知情同意书。问卷当场收回，经施测者检查后进行编码。所有数据采用 SPSS 16.0 进行统计分析。

三、结果与分析

(一)经济信心对就业信心的作用

本研究中各主要变量的描述统计结果如表 1 所示。

表 1　各主要变量的描述统计值及相关矩阵

变量	*M*	*SD*	1	2
1 经济信心	4.37	0.749	—	
2 就业信心	3.22	0.995	0.348**	—
3 职业决策自我效能	4.57	0.767	0.288**	0.236**

由表 1 可见，经济信心与就业信心之间的相关显著，这表明，经济信心与就业信心之间存在一定程度的关联。对经济信心(M=4.37)和就业信心(M=3.22)进行差异检验，t (512)=24.378，p=0.000，这表明，大学生的经济信心显著高于其就业信心。换句话说，大学生的就业信心滞后于其经济信心。

以经济信心为自变量、就业信心为因变量，通过回归分析来考察经济信心对就业信心的预测作用。回归分析结果如表 2 所示。

表 2　经济信心对就业信心的预测作用回归分析

模型	自变量	因变量	β	F	R^2
1	经济信心	就业信心	0.348***	70.196***	0.121

由表 2 可见，经济信心对就业信心的预测效应显著；同时，标准回归系数显著且为正值，由此可知经济信心对就业信心存在正向的预测作用。

(二)职业决策效能的中介作用

由表 1 可知，职业决策自我效能与经济信心、就业信心的相关均达到显著水平，继续进行进一步的分析。以经济信心为自变量、就业信心为因变量，以职业决策效能为中介变量，使用回归分析来检验职业决策自我效能在经济信心与就业信心的关系中是否存在中介作用，分析结果如表 3 所示。

表 3　职业决策效能的中介作用回归分析

模型	自变量	因变量	β	F	R^2
2	经济信心	职业决策自我效能	0.288***	46.389***	0.083
3	经济信心	就业信心	0.305***		
	职业决策自我效能	就业信心	0.149***	41.856***	0.141

由表 3 可见，根据回归模型 2，经济信心对中介变量职业决策自我效能的预测效应显著。在回归模型 3 中，将自变量经济信心和中介变量职业决策自我效能同时纳入模型，回归模型依然显著。比较表 1 中的模型 1 和表 3 中的模型 3 发现，纳入职业决策自我效能这一变量之后，经济信心的标准回归系数降低；Sobel 检验结果

得，Sobel值为4.29，$p<0.001$，职业决策自我效能的部分中介效应显著。因此，回归分析结果表明职业决策自我效能在经济信心对就业信心的影响作用中起着部分中介作用；即经济信心除直接对就业信心产生影响外，还通过职业决策效能产生一定的间接作用，如图1所示。

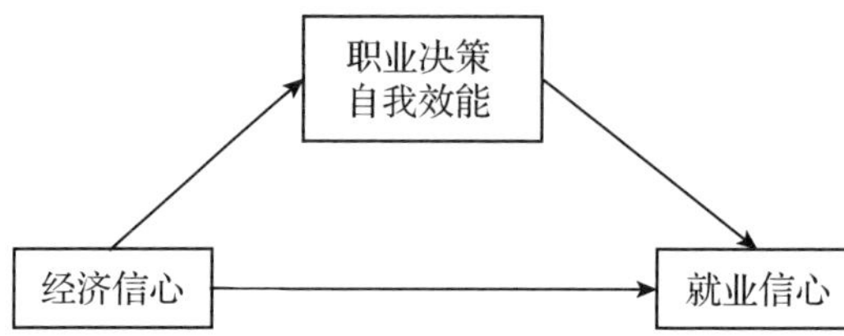

图1　职业决策自我效能对经济信心与就业信心关系的中介作用模型

四、讨论

由数据分析结果可知，经济信心与就业信心之间存在显著的正相关。对此我们做出如下解释：一方面，由于就业形势本身与经济环境之间存在密切的关联，而就业信心作为对就业形势的综合判断，其与个体对经济环境的感知即经济信心之间必然存在密切相关；另一方面，从实际的角度而言，当前的经济形势对就业市场的影响能够直接反馈给在校大学生，并导致相对应的经济信心与就业信心之间的强烈关联。

但研究同时发现，就业信心与经济信心又存在显著差异，这表明在校大学生的经济信心与就业信心并非处于同一水平，即两者属于不同的内容范畴。在当前经济形势下，尽管受到国际金融危机的影响，但在校大学生对整个社会的经济信心总体保持良好，认为我国有能力抵抗这场金融危机的侵袭。然而，在校大学生的就业信心却显著低于经济信心。这在某种程度上说明了除经济环境因素之外的存在于大学生群体身上的其他就业压力，即除经济信心之外，还有其他一些因素影响大学生的就业信心。本研究的结果便提供了这样一个影响大学生就业信心的因素——职业决策自我效能。

本研究结果表明，职业决策自我效能在经济信心对就业信心的预测作用中起到了中介作用。这表明，除了经济信心这一因素外，大学生对自身就业能力的感知也是影响其就业信心的一个重要方面。同时，职业决策自我效能与经济信心存在显著相关，并且，经济信心还通过职业决策自我效能对就业信心产生间接影响。根据班杜拉(Bandura，1994)的自我效能感理论，替代性经验是影响个体自我效能感的重要因素之一。金融危机出现后，媒体以及舆论导向对金融危机的相关报道大量出现在公众视野内，不仅存在对金融危机所带来的萧条的经济形势的报道，同时也不乏大量员工失业、难就业的报道。这些信息给大学生群体带来了众多的替代性经验，对其职业决策自我效能产生了影响。因此，在校大学生对经济形势低迷的感知，即较弱的经济信心也就导致了其职业决策自我效能的降低，两者表现出同向变化的趋势。

职业决策自我效能是对个体自身就业能力的评价，而就业信心则是个体对就业形势的整体判断；当个体对外界事物进行判断时，自身是最常用的参照系。因此，职业决策自我效能可被视为个体评价其就业信心的重要参照，两者亦为正相关。因此，职业决策自我效能是除经济信心外，影响个体就业信心的另一重要因素。

在当前经济危机阴霾未散和就业市场竞争日益激烈的环境下，本研究结果为提高大学生的就业信心，从而增强其就业竞争力提供了一定的依据和借鉴。班杜拉(1994)曾指出，自我效能主要受到四个方面因素的影响：自身的成败经验、替代性经验、他人的评价和自我知觉信心、个体当时的生理心理状态。这提示我们，一方面，高校的相关部门可以从大学生本身的职业素质、相关技能着手对其进行培养；另一方面，则应该从大学生的职业决策自我效能这一方面着手，提高他们的就业信心和就业竞争力。具体的可实施方案包括：①开展相关内容的讲座，让大学生客观、正确认识金融危机及其带来的影响；②帮助大学生正确认识自我、形成合理的就业定位，树立就业信心；③开展相关的经验交流会，使在校大学生能更多地接触到成功就业的实例与他人的经验，提升自身的职业决策自我效能。通过合理引导个体对外部经济环境和对个人内部因素两个方面的感知，来开展大学生就业指导工作，帮助大学生度过当前金融危机下的就业困难时期。

五、结论

第一，在当前金融危机的背景下，大学生的经济信心对就业信心有正向的预测作用，具体表现为：经济信心高，则就业信心也高；经济信心降低，则就业信心也降低。

第二，职业决策自我效能对经济信心与就业信心之间的关系起中介作用，即经济信心通过职业决策自我效能对就业信心产生一定的间接影响。

参考文献

[1]石红梅，刘建华．大学生就业信心及其影响因素[J]．市场与人口分析，2006，12(2)：52-57.

[2]王金良，张大均，王云霞．家庭环境与大学生职业决策自我效能的关系分析[J]．中国学校卫生，2008，29(3)：224-225.

[3]Betz N E，Klein K & Taylor K. Evaluation of a short form of the Career Decision-Making Self-Efficacy Scale[J]. Journal of Career Assessment，1996，4(1)：47-57.

[4]Bram J & Ludvigson S L. Does consumer confidence forecast household expenditure? a sentiment index horse race[J]. Economic Policy Review，1998，4(2)：59-78.

家庭社会阶层对大学生择业依赖倾向的影响：经济信心的中介作用*

一、前言

金融危机不仅引发了经济衰退，而且导致了就业市场萎缩。大学毕业生是受冲击最大的就业群体。在当前的经济环境和就业形势下，家庭在一定程度上成为中国大学生就业难的“缓冲垫”，它在很大程度上影响着大学生择业和就业的过程和结果。关于大学生就业和择业，当前大学校园里流传着“学得好不如有好父母”的观点。有“好父母”的大学生在很大程度上被看作“易就业”或“就好业”的群体。但事实上，大学生就业率与父母的社会阶层的关系并非正向关联。根据麦克思公司对中国来自不同家庭阶层的2008届本科生的就业率排行，农民工或农民家庭的大学生毕业半年后的就业率最高。家庭社会阶层中层或以上的大学生毕业不就业，反而成为“啃老族”(麦克思，2009)。这样看来，大学生就业与他们的家庭社会阶层有一定的关联，但并不是高社会阶层家庭的大学生就有高就业率，这可能与大学生就业和择业时是否想依赖家庭的倾向有关。本研究试图探讨不同的家庭社会阶层对大学生择业依赖倾向的影响，以及影响两者之间关系的重要因素：当前的经济信心。

(一)家庭社会阶层与择业依赖倾向的关系

中国文化并不鼓励子女事事靠自己，认为子女会凭借社会关系是一种个人能力。中国社会文化传统决定了社会关系的核心是家庭。不同社会阶层的家庭有着不

---

* 本文原载《心理科学》2011年第3期。本文其他作者为崔淼、徐伦、刘力、李艳玲。

同广度的社会关系(郑洁，2004)。大学生所拥有的社会关系主要也来自家庭，家庭的社会阶层决定着大学生就业和择业时所能够利用的社会关系。因此，大多数大学生在就业时考虑家庭的社会资源，有着“靠父母”的择业依赖倾向。

大学生择业依赖父母的倾向的程度在很大程度上取决于其家庭所在的社会阶层。家庭社会阶层较高的大学生可能更会依赖父母就业，因为父母在寻找工作方面有更多的社会关系可以凭借；而家庭社会阶层较低的大学生会更多依赖自己的能力，因为可凭借的父母的社会关系较少。也就是说，大学生的家庭社会阶层影响着他们择业依赖的倾向。因此，我们提出如下假设。

假设1：家庭社会阶层越高，大学生的择业依赖倾向越强。

(二)当前经济信心的作用

经济信心(economics confidence)是指民众对于整体经济状况及其个人经济情况感到的乐观程度。经济衰退会影响人们对当前经济现状及未来经济发展的信心，人们的消费信心(consumer confidence)(Sydney，2004)、投资信心(investor confidence)(Aman，2006)等都有可能会下降，进而影响着个体日常的决策和行为过程。金融危机造成的高失业率在很大程度上影响着人们的就业信心，每天各种媒体海量报道包括著名的公司倒闭、裁员的信息，有工作的人努力加班希望自己不要被裁员，没有工作的人也会降低自己择业的标准试图找到工作，“毕业就失业”的大学生到处可见。金融危机降低人们的当前经济信心和就业信心，大学生择业时可能会通过多方面途径寻找可凭借的资源，其中家庭资源将会是最为重要的凭借资源之一。

在中国文化下，家庭作为极其重要的社会单位对缓解金融危机知觉及保持当前经济信心起着关键性的作用。正如许烺光(2007)所言，家庭是制造个人适应环境所必需的心理能力的人类工厂，家庭作为最小的社会组织可以影响人们对外部环境的感知。即使在面临相同的外界压力时，家庭也可以缓解外部带来的压力。尤其在中国，家庭的缓解外部压力作用更甚。一般情况下，中国的父母尽其所能为子女读大学提供经济支持。社会阶层中等或中等以上的家庭会在子女就读大学之前就开始进行教育储蓄以备子女未来接受大学教育的费用。即使在今天的金融危机背景下，大多数收入稳定的父母仍然能够保障子女的经济来源。而社会阶层相对较低的家庭，父母从事的工作和大学生的兼职基本都是临时的、不稳定的，这些工作最易受金融危机的影响，使他们收入变少，甚至失业。来自这些家庭的大学生在金融危机背景下很可能没有稳定的经济来源，影响他们对当前经济的信心，从而影响他们的择业依赖倾向。因此，我们提出假设 2。

假设 2：经济信心对家庭社会阶层和择业依赖倾向关系有中介作用。具体而言，来自高社会阶层家庭的大学生相对于来自低社会阶层家庭的大学生会有较高的经济信心，进而也会有较高的择业依赖倾向。

二、研究方法

(一)被试

本研究以整群取样的方法抽取了北京和武汉两地 5 所高校的 459 名大学三年级学生。其中，男生 233 名(50.8%)，女生 226 名(49.2%)。

(二)工具

1. 家庭社会阶层量表

采用麦克阿瑟主观社会地位阶梯量表(Subjective Social Status Scale；MacArthur，et al.，2000，2008)，该量表是一张十个阶梯的图片，让被试选择其家庭所在的社会阶层落在哪个阶梯：1 为阶梯最高层，代表社会阶层最上层，10 为阶梯最低层，代表社会阶层最下层。

2. 择业依赖倾向问卷

该问卷是自编问卷，共有 6 个条目。主要考察大学生在择业过程中依赖父母的倾向。根据罗西兹(Rossides，1990，1997)的社会分层标准，该问卷的项目内容涉及对父母社会地位、社会关系、经济能力等方面的依赖。采用 7 点计分，从 1(完全不同意)到 7(完全同意)，总分越高越说明择业时对父母的依赖的倾向越高。此问卷在本研究中的内部一致性系数为 0.816，说明该问卷具有良好的信度。对该问卷量表采用因素分析，进行结构效度检验，只提取出一个因子，该因子的累积贡献率为55.77%，6个条目在这个因子上的负荷从0.401～0.910，说明该量表具有良好的结构效度。

3. 经济信心问卷

参照密歇根大学消费者情绪指数(the University of Michigan Index of Consumer Sentiment)(Bram & Ludvigson，1997)和Ipsos MORI公司的国际社会趋势检测(Ipsos MORI International Social Trends Monitor)(Duffy & Robey，2006)，编制了经济信心问卷，共12个条目，涉及当前我国整体经济状况、国际整体经济状况、我国股市情况、家庭经济状况四个方面。采用利克特7点计分，其中1代表“非常差”，7代表“非常好”。最后得分为所有条目评分的均值，被试评分越高，则表明其经济信心越高。此问卷在本研究中的内部一致性系数为0.636，说明该问卷具有良好的信度。对该问卷量表采用因素分析，进行结构效度检验，只提取出一个因子，其贡献率为48.03%，4个条目的负荷分别是0.740、0.651、0.728、0.648，说明该量表具有良好的结构效度。

(三)测量的实施

采用纸笔方式以班级为单位进行集体匿名施测，所有被试均阅读了知情同意书。问卷当场收回，经施测者检查后进行编码。所有数据采用SPSS 16.0进行统计分析。

三、结果

(一)描述性统计结果

本研究所有变量的描述性统计结果及相关分析结果见表1。

表 1　描述性统计及相关矩阵

变量	N	M	SD	1	2	3
1 家庭社会阶层	459	4.88	1.68	—		
2 择业依赖倾向	459	17.78	7.17	0.36**	—	
3 经济信心	459	15.94	2.93	0.12**	0.12*	—

由表 1 可知，本研究中各个变量之间的相关都达到了极其显著的水平。因此，在下述结果分析中，需要对所有变量都加以考察。

(二)家庭社会阶层对择业依赖倾向的预测作用

以家庭社会阶层为自变量、择业依赖倾向为因变量，通过回归分析来考察家庭社会阶层对择业依赖倾向的预测作用。回归分析结果如表 2 所示。

表 2　家庭社会阶层对职业决策自我效能预测作用的回归分析

模型	自变量	因变量	β	F	R^2
1	家庭社会阶层	择业依赖倾向	0.361***	68.608***	0.131

由表 2 可知，家庭社会阶层越高，被试的择业依赖倾向越高。因此，本研究的主效应显著，验证了假设 1。

(三)经济信心的中介作用

由表 1 可知，经济信心与家庭社会阶层、择业依赖倾向的相关均达到显著水平，继续进行进一步的分析。以家庭社会阶层为自变量、择业依赖倾向为因变量，以经济信心为中介变量，使用回归分析来检验经济信心在家庭社会阶层与择业依赖倾向的关系中是否存在中介作用，分析结果如表 3 所示。

表 3　经济信心中介作用的回归分析

模型	自变量	因变量	β	F	R^2
2	家庭社会阶层	经济信心	0.119***	6.616**	0.014
3	家庭社会阶层	择业依赖倾向	0.353***		
	经济信心	择业依赖倾向	0.073**	35.821***	0.136

由表3可见，根据回归模型2，家庭社会阶层对中介变量经济信心预测效应显著；在回归模型3中，将自变量家庭社会阶层和中介变量经济信心同时纳入模型，回归模型依然显著。比较表1中的模型1和表3中的模型3发现，纳入经济信心变量之后，家庭社会地位的标准回归系数有所降低；Sobel检验结果得Sobel值为1.61，$p<0.10$，经济信心仍起到部分的中介作用。因此，回归分析结果表明经济信心在家庭社会阶层和择业依赖倾向关系中起着中介作用。即家庭社会阶层对择业依赖倾向有直接影响外，还通过经济信心产生一定的间接作用，如图1所示。

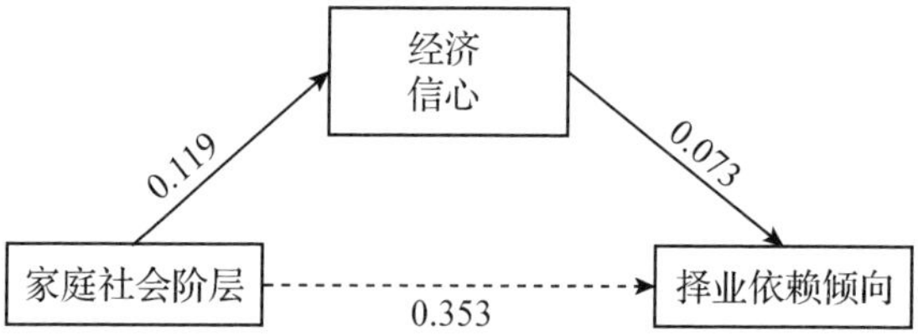

图1　经济信心在家庭社会阶层和择业依赖倾向关系中的中介作用

四、讨论

本研究发现，家庭社会阶层对择业依赖倾向有着极其显著的影响，经济信心也起到了部分中介的作用，这从实证研究角度为大学生择业过程的研究提供了一个新的视角，即经济环境和家庭环境对大学生择业依赖倾向的影响。尤其是在中国文化下，家庭在择业过程中的缓冲和支撑作用更为明显，它影响着个体对所处的外部大环境的诠释，进而影响个体的内部心理活动。

从家庭社会阶层来看，家庭社会阶层对择业依赖倾向有积极作用，说明越高社会阶层家庭的大学生，择业时越可能依靠父母，验证了假设1。有关研究表明，当家庭有鼓励子女积极探索的氛围时，就能给他们抓住机会的经验，可以为他们未来择业提供良好的基础(Ryan，Solberg & Brown，1996)。同时，家庭社会阶层在一定程度上可以用来预测家庭氛围的好坏。高社会阶层家庭的父母会与子女有更多的沟通，为子女提供更多的社会关系的支持、良好的教育资源等(Blustein，et al.，

2002)；低社会阶层家庭的父母可能由于不稳定的工作、持续的经济压力和低的社会声望，而增加他们采用惩罚和专横等教养行为，对子女的社会支持较少，负性评价及忽视较多(Lease & Dahlbeck，2009)。在美国文化下，强调个人中心，自我评价与其家人、亲属、朋友相关并没有那么高。就业成功与否是个人的事情，父母对子女的帮助，意味着子女不够独立，将会威胁到他们的职业发展能力(Sabrina，2000)。在这种强调个体独立性的文化下，子女择业时对父母的依赖很有可能说明他们缺乏个人能力。在中西不同文化差异下，择业时对父母依赖本身的意义可能是不同的。在中国，寻找工作依靠父母并不与子女缺乏个人能力直接挂钩。由于中国文化强调子女必须支持父母，而父母也同样有责任支持自己的子女。中国的父母认为长者更富有智慧，并且对此从来都是理直气壮的。他们对孩子们的忠告是"在外不要惹事，一旦有危险就往家跑"。这种模式构成了年长者与年轻人相互的心理安全基础，也是贯穿一生的契约(许烺光，2007)。因此，父母和子女都认为凭借家庭的社会关系寻找工作的依赖倾向是恰当、合理的，是大学生就业成功与否的一个关键因素。这种相互依赖的模式与美国人强调自我独立的精神形成鲜明的对比。这也说明，家庭社会阶层与择业依赖倾向的关系很有可能因文化差异或其他因素而发生变化。

从经济信心来看，家庭社会阶层会影响大学生对当前经济信心的感知，进而影响他们的择业依赖倾向。家庭社会阶层越高的大学生对当前经济越有信心，较好的家庭环境可以减缓大学生经济信心的下降趋势，这也说明家庭作为最小的社会组织会影响人们对大的社会背景的感知和对自我能力的感知的直接作用。高社会阶层家庭的大学生，对经济更有信心，择业依赖倾向越高；反之，低社会阶层家庭的大学生，对经济更没信心、择业依赖倾向越低，验证了假设 2。这也可能说明，家庭社会阶层越高的大学生在择业的过程中受到金融危机的负面影响越小，他们可能缺少危机意识，更加会去凭借父母的资源寻找工作；而家庭社会阶层越低的大学生，受到金融危机的负面影响越大，他们可能有更多的危机意识，更不会凭借父母的资源去找工作。这里，我们不能忽视的是来自较低家庭社会阶层大学生择业时虽然对家庭的依赖倾向低，但他们更可能凭借自己或家庭外的社会关系去就业；而来自较高家庭社会阶层的部分大学生就业时表现出对家庭更多的依赖倾向，如果自己和父母认为没有找到满意、合适的工作就不就业，多数大学生毕业后可能待业，成为“啃老族”。“啃老族”大学生对父母的依赖被看作大学生“不能自立”“不争气”的表现。但事实上，在金融危机后的就业低迷期，部分大学生不就业与能依靠父母生活有着很大的关系。

总之，家庭作为一个系统，随着家庭成员、生活环境等的发展而变化，家庭系统内各因素间存在相互作用，这些动态的相互作用的因素共同影响着个体的发展(Ross & Buriel，2006)。家庭社会经济地位反映了家庭成员之间的关系和他们所构造的家庭环境(师保国、申继亮，2007；徐夫真、张文新、张玲玲，2009)，影响着个体的发展历程。尤其是在中国文化下，家庭社会阶层对个体的发展的影响力可能更大，会影响到个体对外部环境(当前经济形势)的感知。

本研究的不足之处在于，对于择业依赖倾向应当做进一步的区分和完善，目前仅关注到大学生择业时对父母依赖的倾向，具有一定的片面性。在未来的研究中将会进一步完善和深入地进行探讨。

五、结论

本研究可以得到如下结论：①大学生的家庭社会阶层对其择业依赖倾向有显著的预测作用；②大学生的经济信心在家庭社会阶层与择业依赖倾向关系中起中介作用。

参考文献

[1]师保国，申继亮．家庭社会经济地位、智力和内部动机与创造性的关系[J]．心理发展与教育，2007，23：30-34.

[2]徐夫真，张文新，张玲玲．家庭功能对青少年疏离感的影响：有调节的中介效应[J]．心理学报，2009，41：1165-1174.

[3]Taylor K M & Betz N E. Applications of self-efficacy theory to the understanding and treatment of career indecision[J]. Journal of Vocational Behavior，1983，22：63-81.

大学生经济信心和心理健康的关系：生涯自我效能感的中介作用*

一、问题提出

2008年，发端于美国的次贷危机演变成了一场席卷全球的金融危机。这场危机发展速度之快、影响范围之广、恐慌程度之深出人意料。这一现状使得经济信心这一概念成为各相关领域的学者关注的焦点。经济信心（economic confidence）是指民众对于整体经济状况及其个人经济情况的乐观程度。在经济学领域，人们普遍认为维系金融体系发展的最重要的因素就是经济信心，它会通过影响投资者、消费者的心理及其经济行为推动或阻碍国家经济发展（Joseph，2002），是预测经济走势的重要先行指标（Bram & Ludvigson，1997；Srivastave，2006）。始于2008年，且影响延续至今的全球性金融危机，实际上就是一场经济信心危机，是人们对市场和经济发展前景的信心缺失。金融风暴在引发经济信心危机的同时，还引发了诸多心理健康问题。这可以从一些有关金融危机背景下民众的心理健康调查和大量见诸报端、网络和杂志的报道中反映出来。例如，有研究采用SCL-90症状自评量表，考察了金融危机背景下大学毕业生的心理健康状况，发现自金融危机发生后大学毕业生的心理健康水平显著低于全国大学生常模。在躯体化、偏执、强迫、抑郁、人际关系敏感、焦虑、敌对、恐怖和精神病这几个因子上与全国青年常模有显著的差异（阮碧辉，2010）。

---

* 本文原载《心理与行为研究》2011年第2期。本文其他作者为曾盼盼、刘力、李远红。

福特的动机系统理论(Motivational System Theory，MST)指出，个体的幸福感和成就受其对能力和环境的信念的影响(Ford & Smith，2007)。所以环境的变化以及对环境变化的预期，会引起人们一定的心理状态波动，消极的预期会导致消极的心理状态，诸如焦虑(Holdsworth，1982)。因而由经济危机导致的经济信心危机，作为人们对经济环境的知觉和信念，很有可能对民众的心理健康产生较大的影响。虽然经济信心与心理健康这两大主题在金融危机发生之后均受到重视，但两者之间是否存在联系以及存在怎样的联系，目前还尚未有实证研究直接予以探讨，所以本研究欲探讨两者的关系。另外，经济信心与心理健康的联系可能会因群体而异。本研究所关注的是大学生群体，之所以关注该群体，是因为大学生是一个正在为经济独立和步入社会做准备的群体，他们即将成为国家经济和文化建设的主要力量，大学生的经济信心以及可能由此引发的心理健康问题，不仅关乎他们个人的命运，也关乎整个社会的稳定与和谐。因此，本研究的第一个目的是直接探讨大学生经济信心与其心理健康的联系。

随着积极心理学的兴起，学者们通过调查研究和神经科学的研究发现，人类的积极和消极的情绪是相互独立的，它们各自与不同的因素相关联(任俊，2008)；消极情绪的减少并不意味着积极情绪的增加。因此，积极的心理状态，如主观幸福感(Subjective Well-being，SWB)也成为心理健康的核心指标之一。在本研究中，我们选择主观幸福感作为心理健康的积极层面指标，选择焦虑和抑郁这两种具有代表性的消极情绪作为心理健康的消极层面指标。

大学生的经济信心有可能直接影响心理健康，也有可能通过其他的心理变量间接影响心理健康。众所周知，金融危机所引发的经济萧条必然导致较长一段时间内就业市场的疲软和失业率的攀升。作为对这一客观现实的主观反映，经济信心和生涯心理之间可能有密切的联系。对于正在为获得人生第一份正式工作做准备的大学生而言，对宏观经济环境的信心下降或丧失，可能会使其感受到更为沉重的就业压力，进而导致各种心理健康问题。由此我们推测，经济信心很有可能会通过生涯心理来影响心理健康。事实上，对环境的信念通过生涯心理影响心理健康的路径近来已经得到一些研究的证实，只是这些研究所探讨的环境信念并未涵盖经济信心这一变量。例如，有的研究中的环境信念就只涉及对社会支持的知觉(Hirschi，2009)。因此，本研究的另一目的是探讨经济信心是否会通过生涯心理影响心理健康。

关于生涯心理的研究，目前占主导地位的是社会认知生涯理论(Social Cognitive Career Theory，SCCT)。该理论的核心概念是生涯自我效能感(Lent，Brown & Hackett，1994)。它体现了班杜拉社会学习理论中的“自我效能”概念在职业生涯心理研究中的应用(Betz & Hackett，1981)。生涯自我效能感有两种含义：一是与职业内容有关的自我效能，指个体对自身完成某一职业所规定的有关内容(如该职业所需教育、某种具体职业任务等)能力的信念；二是有关职业行为过程的自我效能，即个体对自身完成有关职业行为过程(如职业决策、职业找寻等)，实现行为目标能力的信念(狄敏、黄希庭、张志杰，2003；郭本禹、姜飞月，2003)。由于大学生群体尚未正式进入职场，还处于为职业找寻和决策做准备的阶段，因此本研究所探讨的生涯自我效能感取其第二种含义，更明确地说，指的是大学生对自己着手进行教育和职业信息收集以及目标—计划活动的胜任力或能力的信心(Peterson，1993)。研究表明，生涯自我效能感是人们在教育和职业追求活动中发挥主观能动性的主要机制，与人们追求成功并克服生涯阻碍的动机发生交互作用(Lent，1994；Peterson，1993)。生涯自我效能感已被证明与个体的心理健康有密切的联系。有研究表明，较高的生涯自我效能感使青少年有更高的幸福感和较少的心理障碍、问题行为(Hirschi，2009；Skorikov，2007)；生涯自我效能感的降低会使大学生体验到更多的压力感(Sandler，2000)。

综上，本研究将以大学生为被试，探讨经济信心与心理健康之间的关系，以及生涯自我效能感在经济信心和心理健康之间可能的中介作用。

二、研究方法

(一)研究对象

考虑到四年级大学生部分已经落实工作或决定攻读研究生，一、二年级大学生大多尚未开始职业规划，因此本研究选取三年级大学生为被试。在北京地区一所重点高校的三年级学生中随机选取237人。其中男生占46.8%，女生占53.2%；理科生占45.6%，文科生占54.4%。

(二)研究工具

1. 经济信心问卷

本研究参考密歇根大学消费者情绪指数(the University of Michigan Index of Consumer Sentiment)(Bram & Ludvigson，1997)和Ipsos MORI公司的国际社会趋势检测(Ipsos MORI International Social Trends Monitor)(Duffy & Robey，2006)，编制了经济信心问卷，共有条目12项。条目内容包括国际整体经济状况、我国整体经济状况、我国股市情况、家庭经济状况四个方面的情况；每方面内容各包含三个条目，要求被试分别评价当前情况，以及预期一年、三年后的情况；问卷采用利克特7点评分，其中1代表“非常差”，7代表“非常好”。最后得分为当前、一年后、三年后的得分均值，被试得分越高，表明其经济信心越高。在本研究中，此问卷的内部一致性系数为0.91。

2. 大学生生涯自我效能感量表

本研究采用李亚真编制的适用于大学生的生涯自我效能感量表(李亚真，2007，2008)。量表共有15个条目，包括难度知觉、信心程度、克服阻碍效能、结果预期4个维度，采用5点评分，从“完全不同意”到“完全同意”。所有条目得分相加为最后的自我效能感得分。被试得分越高，表明其生涯自我效能感水平越高。在本研究中，总量表的内部一致性系数为0.64。

3. 主观幸福感量表

本研究采用由迪娜(Diener)等人编制的国际大学调查问卷(International College Survey，ICS)中的总体主观幸福感量表，共有5道题目。包括中国在内的跨文化研究表明ICS具有较好的信度和效度。本研究中该量表全部项目的内部一致性系数为0.89。

4. 焦虑量表

本研究采用贝克焦虑量表(Beck Anxiety Inventory，BAI)(Beck，1990，1996)，

共 21 个项目，分别代表 21 种不同的焦虑症状。该量表为 4 级评分，填表者需根据每项症状对自己的影响进行选择，影响程度从 0 分(无影响)至 3 分(严重影响)。该量表能比较准确地反映主观感受到的焦虑程度，已在我国得到验证和广泛使用。本研究中全部项目的内部一致性系数为 0.95。

5. 抑郁问卷

本研究采用贝克抑郁量表第二版(Beck Depression Inventory，BDI-II)(Beck，1996)。文书锋(2009)首次翻译和引进了 BDI-II。相比以往的贝克抑郁量表，BDI-II 仍为 21 道题目，但题目做了个别调整与更换，使其更通用，信度更高(文书锋，2009)。在文书锋的研究中，该量表的内部一致性系数达到 0.91(文书锋，2009)。BDI-II 也采用四级评分，0 分表示抑郁症状最轻，3 分表示症状最重。本研究中贝克抑郁量表第二版(BDI-II)全部项目的内部一致性系数为 0.92。

(三)施测程序

由研究人员以班级为单位进行集体匿名施测，施测前所有被试均阅读了知情同意书并同意参加研究。

(四)数据处理及统计分析

数据收集，删除无效数据后，将全部有效数据录入计算机，采用 SPSS 11.5 对数据进行分析。

三、结果与分析

(一)大学生经济信心、生涯自我效能感与心理健康的关系

相关分析表明，大学生经济信心与生涯自我效能感和主观幸福感呈显著正相关，与抑郁呈显著负相关，与焦虑的相关很低，未达到显著水平；大学生生涯自我效能感和主观幸福感呈显著正相关，与焦虑和抑郁呈显著负相关(见表 1)。

表 1　经济信心、生涯自我效能感与心理健康的关系

变量	N	M	SD	1	2	3	4
1 经济信心	237	4.19	0.83	—			
2 生涯自我效能感	237	3.14	0.54	0.21***	—		
3 主观幸福感	237	5.76	1.38	0.20***	0.32***	—	
4 焦虑	237	1.56	0.54	−0.06	−0.22***	−0.34***	—
5 抑郁	237	1.75	0.52	−0.20***	−0.29***	−0.58***	0.55***

(二)经济信心对大学生心理健康的影响及生涯自我效能感的中介作用

为探讨经济信心对大学生心理健康的影响，以及生涯自我效能感在经济信心与心理健康之间的中介作用，先将经济信心、生涯自我效能感、主观幸福感、焦虑和抑郁这几个变量进行中心化处理，然后进行回归分析。检验分两步进行：第一步，以主观幸福感、焦虑和抑郁为因变量，以经济信心为预测变量进行回归分析，考察经济信心的影响作用；第二步，以主观幸福感、焦虑和抑郁为因变量，以经济信心和生涯自我效能感为预测变量进行回归分析。通过观察纳入生涯自我效能感后经济信心对心理健康各指标预测作用的变化情况，考察生涯自我效能感在经济信心与心理健康之间的中介作用。结果如表 2 所示。

表 2　生涯自我效能感在经济信心和心理健康之间的中介效应的检验

步骤	因变量	预测变量	B	SE	β	ΔR^2	F
回归方程 1	主观幸福感	经济信心	0.33	0.10	0.20***	0.04	11.27***
	焦虑	经济信心	−0.71	0.86	−0.05	0.00	0.70
	抑郁	经济信心	−1.95	0.76	0.16**	0.03	6.59*
回归方程 2	主观幸福感	经济信心	0.73	0.29	0.14**	0.13	19.58***
		生涯自我效能感	0.05	0.01	0.30***		
	焦虑	经济信心	−0.10	0.85	−0.01	0.05	6.05**
		生涯自我效能感	−0.29	0.09	−0.21***		
	抑郁	经济信心	−1.34	0.76	−0.11	0.09	12.20***
		生涯自我效能感	−0.32	0.08	−0.25***		

结果显示，经济信心对主观幸福感和抑郁的预测作用达到非常显著的水平($\beta=0.20$，$p<0.001$；$\beta=0.16$，$p<0.001$)。加入了生涯自我效能感这一中介变量后，经济信心对抑郁的预测作用变得不显著，说明生涯自我效能感在经济信心和抑郁的关系中起到完全中介作用，中介效应值为0.62；经济信心对主观幸福感的预测作用变小了，但依然显著。经索贝尔(Sobel)Z检验、古德曼(Goodman)Ⅰ检验和古德曼(Goodman)Ⅱ检验后可以确定，生涯自我效能感在经济信心和主观幸福感的关系中起到部分中介作用(三种检验的得分分别为2.77、2.73、2.81)，中介效应值为0.10，经济信心对主观幸福感的直接效应为0.73。

通常进行中介效应检验时，要先满足预测变量、中介变量、因变量之间彼此有显著的影响这个前提。但有些特殊的中介变量能在本来没有关系的两个变量之间建立间接的联系。在本研究中，经济信心与焦虑的相关系数接近0($r=-0.06$)，但是通过生涯自我效能感的中介作用后，产生了显著的间接影响(Sobel Z检验、古德曼Ⅰ检验和古德曼Ⅱ检验的得分分别为2.31、2.26、2.37)，中介效应值为0.56。

四、讨论

研究结果显示，大学生对我国经济复苏的信心，与其主观幸福感呈正相关，与其消极情绪呈负相关。该结果与金融危机爆发之后研究者和教育实践者对大学生心理状况的探讨相符(阮碧辉，2010；彭恩仁、胡世明，2009；余蓉蓉、姚义俊，2009)。这些探讨指出，金融危机之后持续的经济萧条使不少大学生的家庭经济状况陷入困境或受到负面影响；同时，网络、报纸和杂志上经常充斥着企业倒闭、员工失业、股市暴跌、就业机会锐减等负面消息。经济信心，作为对经济现状和经济复苏的可能性的知觉，自然会随之降低，进而有可能导致幸福感的降低和消极情绪的增加。本研究中大学生经济信心与其生涯自我效能感也有显著的正相关。这与以往研究中所发现的对环境的信念会影响生涯自我效能感的结论是一致的(Hirschi，2009)，与我们的现实经验也是吻合的。

基于这种现实，我们可以推论，大学生经济信心的变化，很有可能会影响他们的生涯自我效能感，也就是在不景气的经济环境和严峻的就业形势下能否进行合理的生涯探索和决策的信心。

大学生的经济信心对心理健康有显著影响，部分是由于生涯自我效能感所起到的中介作用。生涯自我效能感在经济信心与主观幸福感之间只起着部分中介作用，其中介效应值相比经济信心对主观幸福感的直接效应值而言较弱(0.10＜0.73)；但生涯自我效能感在经济信心与消极情绪之间起到的中介作用则较为明确，其在经济信心与抑郁之间起着完全中介作用，并传递了经济信心对焦虑的间接影响。由此可以看出，经济信心对主观幸福感主要是直接影响，对焦虑和抑郁的影响则主要通过生涯效能感的中介作用实现。这种影响路径的差异，可能是因为心理健康积极层面和消极层面的相互独立性。主观幸福感是积极心理状态的主要指标，焦虑和抑郁是心理困扰的主要指标。积极的心理状态与心理困扰各自所对应的潜变量具有理论上的差别，这一点已经得到证明(Compton，1996；Masse，Poulin，et al.，1998)。对情绪的神经科学研究也表明，积极情绪和消极情绪分属前额皮层的不同部位控制(Davidson，Jackson & Kalin，2000)。

本研究的局限体现在以下几个方面。首先，由于采用了在一个时间点进行问卷测量的方法，因此不能做出精确的因果推论。未来可以通过追踪研究来进一步确定经济信心、生涯自我效能感和心理健康之间的因果关系。其次，本研究只探讨了生涯自我效能感的中介效应，经济信心还有可能通过其他变量间接影响心理健康。最后，在生涯自我效能感和心理健康之间也有可能存在一些中介变量。

五、结论

在本研究条件下，得出以下结论：

经济信心与生涯自我效能感和主观幸福感呈显著正相关，与抑郁呈显著负相关。生涯自我效能感与主观幸福感呈显著正相关，与焦虑、抑郁呈显著负相关。

经济信心对大学生的主观幸福感具有重要的正向预测作用，对大学生的抑郁情绪则有显著的负向预测作用。

经济信心对大学生的主观幸福感既存在直接的影响作用，也部分通过生涯自我效能感发挥间接的作用。经济信心对大学生抑郁的影响主要通过生涯自我效能感发挥间接的作用。此外，经济信心也可以通过生涯自我效能感对大学生的焦虑情绪发挥显著的间接作用。

参考文献

[1]狄敏，黄希庭，张志杰．试论职业自我效能感[J]．西南师范大学学报(人文社会科学版)，2003，29：22-26.

[2]辛自强，池丽萍．家庭功能与儿童孤独感的关系：中介的作用[J]．心理学报，2003，35：216-221.

[3]Ford M E & Smith P R. Thriving with social purpose：an integrative approach to the development of optimal human functioning[J]. Educational Psychologist，2007，42：153-171.

[4]Lent R W，Brown S D & Hackett G. Toward a unifying social cognitive theory of career and academic interest，choice，and performance[J]. Journal of Vocational Behavior，1994，45：79-122.

[5]Peterson S L. Career decision-making self-efficacy and institutional integration of underprepared college students[J]. Research in Higher Education，1993，34(6)：659-685.

金融危机背景下家庭社会地位对大三学生择业动机的影响：社会支配倾向的中介作用*

一、前言

近年来，高校毕业生的就业形势一直是社会关注的热点话题。自1999年扩招以来，我国高校毕业生的人数连创新高，而金融危机的到来更是使本来就严峻的就业形势雪上加霜。然而，有学者指出，现阶段我国大学生就业难的问题，并非单纯缘于无业可就，由于大学生希望寻求更加理想的岗位所形成的"有业不就"的现象也非常普遍(龙艳、唐良辉、王春亮，2007)。探讨在"就业难"形势下大学生"有业不就"背后的择业动机，以及对择业动机可能的影响因素，具有越来越重要的理论意义和现实意义。

(一)择业动机

择业动机是个体在自身职业需要的基础上，确定职业目标、支配职业行为，并为实现职业目标维持职业行为的内部动力(李球，1999)。在动机研究领域中，内部动机与外部动机是受到广泛关注的经典性话题(张剑、郭德俊，2003)。外部动机是指由外部因素引起的、追求活动之外某种目标的活动动机；而内部动机是指活动动机出自活动者本人，并且活动本身就能使活动者的需要得到满足(黄希庭，1991)。根据个体的动机取向可以预测个体的职业选择。阿马比尔等人(Amabile，et al.，1994)的研究发现，与普通人相比，艺术家、诗人、科学家的内部动机更强，而外部动机较弱。

---

* 本文原载《心理科学》2012年第2期。本文其他作者为徐伦、刘力、杨萌。

(二)家庭社会地位与择业动机的关系

在大学生择业过程中，家庭背景是一个重要的影响因素。家庭所处的社会地位不仅影响大学生的就业机会(麦可思研究院，2010)，还影响大学生的职业价值观(解鹏、李健宁，2009)和择业动机(魏世平、卓光俊、周莹莹，2009)。以往研究在评定家庭社会地位时，多采用客观的家庭社会经济地位(主要包括父母的受教育水平、父母的职业和家庭收入)作为衡量指标。然而，近年来有研究者指出，个体对自身所处社会地位的主观认识与客观实在之间存在不一致(王春光、李炜，2002)，感知到的社会地位对于社会态度的解释力比客观阶层地位更为显著(王甫勤，2008)。因此，在本研究中，我们把家庭社会地位界定为个体对其家庭社会地位的主观评价。我们假设，家庭社会地位对大学生的外部择业动机和内部择业动机具有显著的预测作用。

(三)社会支配倾向的中介作用

社会支配倾向(social dominance orientation，SDO)，是个体对不同社会群体之间不平等的接纳程度，尤其是对强势群体(superior group)支配弱势群体(inferior group)的接纳程度(张智勇、袁慧娟，2006；Pratto，et al.，1994)。社会支配倾向越高的个体越相信群体间应该存在一定的等级结构，热衷于提高自身所在群体的支配地位，而个体的社会支配倾向越低越偏好群体间的平等性(Sidanius，et al.，2004)。有研究表明，社会支配倾向可以影响个体对社会角色或职业的不同选择(Sidanius，et al.，2003)。例如，社会支配倾向高的个体倾向于选择增强等级差异的职业，而社会支配倾向低的个体则更愿意从事减弱等级差异的职业(Pratto，et al.，1997；Sidanius，et al.，1996)。关于社会支配倾向形成的原因，大多数研究者认为，群体的社会地位是重要的影响因素之一(李琼、郭永玉，2008)。高社会经济地位的个体通常具有较高水平的社会支配倾向；群体间的地位差异越大，社会支配倾向的差异也就越大(Levin，2004)。综上所述，我们假设，大学生的社会支配倾向受到其家庭社会地位的影响，家庭社会地位越高，社会支配倾向越高；同时，社会支配倾向又影响着大学生的择业动机。换句话说，社会支配倾向在家庭社会地位和择业动机之间起着中介作用。

二、方法

(一)被试

研究对象为北京师范大学、北京邮电大学、华中师范大学、武汉科技大学、武汉理工大学三年级的大学本科生。发放问卷513份，最终获得有效问卷504份，有效回收率98.2%。其中男生251人(49.8%)，女生253人(50.2%)；来自农村的大学生246人(48.8%)，来自城市的大学生239人(47.4%)，19人家庭来源资料缺失(3.8%)。

(二)工具

1. 家庭社会地位问卷

在单项的主观社会地位梯阶量表(Adler, et al., 2000)基础上，编制了本问卷。问卷为7点计分，包括两个条目：题目1，“你认为自己家庭所处的社会地位”，1代表“最下层”，7代表“最上层”；题目2，“与某所大学(被试所在学校)的其他学生相比，你认为你的家庭所处社会地位”，1代表“远低于平均水平”，7代表“远高于平均水平”。问卷分数为两项评分的均值，经检验，此问卷的内部一致性系数为0.893。

2. 择业动机量表

参照阿马比尔等人(1994)编制的工作偏好问卷(Work Preference Inventory, WPI)，结合我国大学生择业过程中考虑的主要因素，列出10个条目，并将这些条目初步分成两个子量表：内部择业动机子量表和外部择业动机子量表。内部择业动机子量表题目包括使用技能、运用个人观点、工作性质(感兴趣并喜欢的工作)、成就感、技能发展。外部择业动机子量表题目包括员工福利、工作收入、工作环境、工作稳定性、地位。要求被试在7点量表上，从“不重要”到“非常重要”分别评定这些因素在他们选择职业时的重要性。经检验，内部择业动机题目的内部一致性系数为0.741，外部择业动机题目的内部一致性系数为0.718。我们还对择业动机量表进行了结构效度检验。因素分析(主成分法)结果如表1所示。

表1　择业动机量表的因素分析统计量

因素	旋转前			旋转后		
	特征值	解释方差/%	累计方差/%	特征值	解释方差/%	累计方差/%
F1	3.572	35.720	35.720	2.560	25.598	25.598
F2	1.441	14.407	50.127	2.453	24.529	50.127

根据特征值、方差解释率，确定两个因素模型的合理性。两个因素共解释50.13%的总方差。各项目在各因素上的载荷如表2所示。

表2　择业动机量表的各因素载荷

项目	1	2	3	4	5	6	7	8	9	10
因素1	0.739	0.704	0.542	0.613	0.782					
因素2						0.658	0.770	0.665	0.664	0.610

3. 社会支配倾向量表

张智勇和袁慧娟(2006)曾对16项目社会支配倾向量表(Sidanius, Pratto & Bobo, 1994)进行了修订，修订后的社会支配倾向量表包括14个项目，去除了在因素分析中难以归并的项目2和12。在本研究中，根据研究目的，研究者认为无须剔除这两个项目，因此，依然采用原始的16项目社会支配倾向量表。首先，将原始量表译成中文，经过熟练掌握中英双语的心理学家对翻译准确性和意义可理解性的确认，然后回译成英文，逐句比较其与英文原始量表的符合程度。量表为7点量表，从“完全不同意”到“完全同意”分别予以回答。量表前8项正向计分，后8项反向计分，最后得分为所有条目评分的均值，被试得分越高，表示社会支配倾向越高。此量表在本研究中的内部一致性系数为0.827。分别计算16个项目得分与总分的相关,结果表明相关都达到了极显著的水平($p<0.001$),其中,项目16与总分相关最小,但也达到了0.426。采用因素分析主成分法,根据特征值、方差解释率、碎石图分析,确定了量表的四因素模型,这四个因素共解释了总方差的60.18%。以往研究发现(Sidanius,Pratto & Bobo,1994),优势群体成员的社会支配倾向较高。本研究比较了农村生源和城市生源的得分差异,t检验数据表明,城市学生的得分($M=3.56$)显著高于农村学生的得分($M=3.39$),$t(483)=-2.292$,$p=0.022$。说明本研究修订后的量表不仅具有较好的结构效度,同时具有良好的区分效度。

(三)施测

将家庭社会地位问卷、择业动机量表、社会支配倾向量表装订成册,由研究人员以班级为单位进行集体匿名施测,同时收集性别、生源地等个人信息。所有被试均阅读了知情同意书。全部数据录入计算机,采用SPSS 16.0进行统计处理。

三、结果

(一)变量的平均数、标准差与相关

大学生家庭社会地位、择业动机、社会支配倾向的平均数、标准差及相关分析结果见表3。

表3 研究变量的平均数、标准差及相关矩阵

变量	N	M	SD	1	2	3
1 家庭社会地位	504	3.51	1.12	—		
2 外部择业动机	504	5.44	0.82	0.085	—	
3 内部择业动机	504	5.55	0.80	0.097^{*}	0.436^{***}	—
4 社会支配倾向	504	3.48	0.83	0.119^{**}	0.019	-0.130^{**}

如表 3 所示，大学生的内部择业动机与家庭社会地位存在显著正相关，与社会支配倾向存在显著负相关。外部择业动机与家庭社会地位存在相关的趋势($p=0.057$)；外部择业动机与社会支配倾向之间相关不显著($p=0.678$)。

(二)家庭社会地位对内部择业动机的影响

以家庭社会地位为自变量、内部择业动机为因变量，通过回归分析考察家庭社会地位对内部择业动机的预测作用。回归分析结果如表 4 所示。

表 4　家庭社会地位对内部择业动机的预测作用回归分析

模型	自变量	因变量	β	F	R^2
1	家庭社会地位	内部择业动机	0.097*	4.818*	0.010

由表 4 可知，家庭社会地位对内部择业动机具有显著的预测作用，即家庭社会地位越高，个体的内部择业动机越强。

(三)社会支配倾向的中介作用

为了检验内部择业动机和家庭社会地位之间的关系是否以社会支配倾向为中介，使用温忠麟、张雷、侯杰泰和刘红云(2004)提出的程序检验中介效应。分析结果如表 5 所示。

表 5　社会支配倾向的中介作用分析

模型	自变量	因变量	β	F	R^2
2	家庭社会地位	社会支配倾向	0.119**	7.198**	0.014
3	家庭社会地位	内部择业动机	0.115**	7.679***	0.030
	社会支配倾向	内部择业动机	−0.143***		

首先，由表 4 可知，家庭社会地位对内部择业动机的总体效应是显著的，即路径 c 的标准回归系数是显著的。其次，由表 5 可知，根据回归模型 2，家庭社会地位对中介变量社会支配倾向的预测效应显著，即路径 a 显著。在回归模型 3 中，将自变量家庭社会地位和中介变量社会支配倾向同时纳入模型，得到社会支配倾向对

内部择业动机作用的路径 b 显著，同时得到家庭社会地位对内部择业动机的标准回归系数 c′显著。进而进行索贝尔(Sobel)检验，结果显示，Z 值为－2.05，$p=0.040$。由于 c、a、b、c′均显著，因此，社会支配倾向在家庭社会地位对内部择业动机的影响作用中起着部分中介作用，中介效应量为－0.017，中介效应占总效应的比例为 17.5%。综合以上分析得到如图 1 所示的模型。

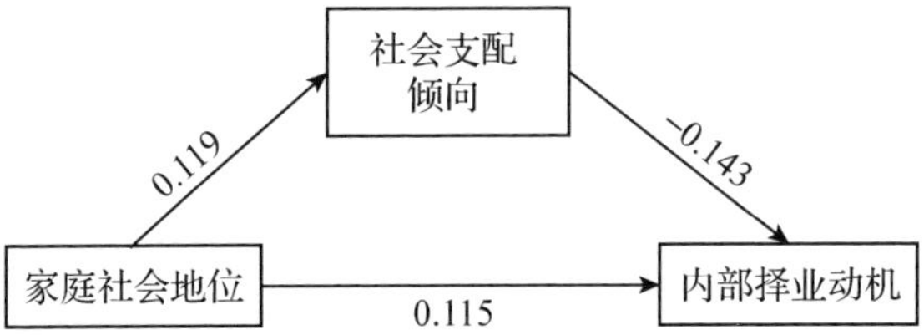

图 1　社会支配倾向对家庭社会地位与内部择业动机关系的中介作用模型

四、讨论

本研究通过考察家庭社会地位、社会支配倾向与择业动机三者的关系，探讨了外在社会环境通过内在心理机制影响个体决策选择的规律。研究发现，家庭社会地位对大学生内部择业动机具有显著的预测作用，家庭社会地位越高，大学生的内部择业动机越强；社会支配倾向在家庭社会地位对内部择业动机的影响作用中起部分中介作用，家庭社会地位通过社会支配倾向对内部择业动机产生一定的负向间接影响。

对于家庭社会地位对内部择业动机的直接预测作用，我们认为，家庭的社会地位越高，大学生对自身就业前景的信心就越强(郑洁，2004)，择业标准也就越倾向于指向工作本身。例如，对工作本身的兴趣和在工作中的技能发挥等方面。因此，家庭社会地位较高的大学生表现出更强的内部择业动机。

对于社会支配倾向在家庭社会地位和内部择业动机之间的中介作用，本研究有一个有趣的发现，在未加入社会支配倾向这一中介变量的模型 1（见表 4）中，家庭社会地位对内部择业动机的预测作用为 0.097；在加入社会支配倾向这一中介变量的模型3(见表5)中,前者对后者的预测作用提高到了0.115。如何理解这一有趣的发现呢?首先,从统计分析角度看,由于中介变量的纳入,自变量对因变量预测作用的增大可能与效应的掩盖(suppression)问题有关(温忠麟等,2004;McFatter,1979)。掩盖问题是回归方程中存在两个或两个以上预测变量时可能出现的一种间接效应,自变量在对因变量产生直接的正向影响的同时,还可能通过中介变量补偿性地对因变量产生负向影响。其次,从心理机制角度看,家庭社会地位不仅对内部择业动机有直接的预测作用,同时,又通过社会支配倾向补偿性地对内部择业动机产生间接的负向影响。已有研究表明,群体的社会地位可以正向预测个体的社会支配倾向(李琼、郭永玉,2008;Levin,2004),个体所处群体的社会地位越高,其社会支配倾向也就越高;也有研究表明,社会支配倾向越高,个体就越追求支配和优越、忽视平等和利他(Duckitt, et al.,2002),同时经济系统公正(economic system justification)信念更坚定,相信社会等级差异、贫富差异是正常的、公正的(Jost & Thompson,2000)。据此,我们可以认为,家庭社会地位越高的大学生社会支配倾向也越高,受社会支配倾向的影响,他们可能更关注与他人的比较,更认同穷人和富人之间是有本质差异的、社会就应该存在等级差异和贫富差异,因此,对"个人兴趣""个人成就感""发挥所长"等内在需要的意义有所怀疑。总而言之,家庭社会地位越高的大学生内部择业动机就越高,但由于家庭社会地位同时也影响了社会支配倾向,从而又制衡了一部分家庭社会地位对内部择业动机的正向影响。

本研究通过因素分析确定了择业动机量表的两因素模型(见表2)。作为两个相对独立的因变量之一,大学生外部择业动机与家庭社会地位、社会支配倾向之间的相关均未达到显著。我们可以从两个方面对此结果进行解释。一方面,魏世平等人(2009)曾在研究中发现,在家庭月收入和父母文化程度方面均存在大学生外部择业动机心理的分水岭,只有超过此分水岭,大学生的外部择业动机才会出现显著不同。受该研究启发,我们可以认为,在感知到的家庭社会地位上也存在一个点,这个点是大学生外部择业动机心理的分水岭。在我们抽取的样本中,大学生对家庭社会地位的评价普遍较低(均值为3.51,高于中数4分的仅占22.6%)。感知到的家庭社会地位低于分水岭的样本所占比重过大,可能是本研究中家庭社会地位与外部择业动机相关边缘显著的原因。另一方面，本研究中被试的社会支配倾向普遍较低(M=3.48，SD=0.83)，也就是说，本研究更多地反映了低社会支配倾向群体的情况。因此，未出现研究者所预期的社会支配倾向与外部择业动机之间的显著相关。

在本研究中，大学生对内部择业动机和外部择业动机各因素的重要性评价都非常高(内部择业动机：M=5.55，SD=0.80；外部择业动机：M=5.44，SD=0.82)。由此可见，尽管身处金融危机阴霾未散和就业市场竞争日益激烈的环境下，大学生对自身就业前景的期望值仍普遍偏高，希望外部条件和内部需求可以同时得到满足。就业期望值偏高、自身定位不准，造成大学生走出校门面对社会现实时不免产生挫折感和迷茫感。因此，越来越多的大学生选择考研，以寻求更加理想、合适的岗位，从而造成了较为普遍的“有业不就”现象。

五、结论

第一，家庭社会地位对大学生内部择业动机具有显著的预测作用，家庭社会地位越高，大学生的内部择业动机越强。

第二，社会支配倾向对家庭社会地位与内部择业动机之间的关系起中介作用，家庭社会地位通过社会支配倾向对内部择业动机产生一定的间接影响。

第三，未发现家庭社会地位、社会支配倾向与大学生外部择业动机之间的显著相关。

参考文献

[1]温忠麟，张雷，侯杰泰，刘红云．中介效应检验程序及其应用[J]. 心理学报，2004，36(5)：614-620.

[2]郑洁．家庭社会经济地位与大学生就业——一个社会资本的视角[J]. 北京师范大学学报(社会科学版)，2004，40(3)：111-118.

[3] Duckitt J，et al. The psychological bases of ideology and prejudice：testing a dual process model[J]. Journal of Personality and Social Psychology，2002，83：75-93.

[4]Pratto F，et al. The gender gap in occupational role attainment：a social dominance approach[J]. Journal of Personality and Social Psychology，1997，72：37-53.

[5]Sidanius J，et al. Social dominance theory：its agenda and method[J]. Political Psychology，2004，25：845-880.

第三编

PART 3

认知神经科学的研究（上）

传统的思维和智力理论主要来自行为的研究，认知科学的发展趋势和智力理论本身存在的问题对思维和智力的研究提出了新的要求。也就是需要从多角度、多层次对思维和智力进行研究和理解。在这种情况下，如上所述，认知科学需要在工具上创新。例如，脑电、核磁共振、正电子发射断层扫描和事件相关电位等脑成像的技术对认知过程的研究。由于我的学生们的努力，我的团队与我国的认知神经科学研究同步投入了这个崭新领域的研究。我们团队在国内外杂志上发表研究报告数十篇，我从中挑选了10篇以自己为通讯作者或第一作者的研究报告。由于研究报告数量多，分为上下两部分。

错误信念推理的时间过程与源定位*

"心理理论"(theory-of-mind, TOM)是指理解自己和他人的愿望、信念、意图等心理状态并据此推测他人的行为。它最早源于普雷麦克和伍德鲁尔对黑猩猩是否具有一种"心理理论"的研究(Premack & Woodruff, 1978)。理解他人心理并进行人际互动是人类交往的认知基础，人所持有的信念直接影响着个体的心理活动。心理理论研究从探讨行为机制(Wang & Lin, 2003, 2004; Wang & Zhang, 2002; Zhang, Zhao & Wang, 2004)逐步向探讨其认知神经基础过渡(Liu, Zhang & Chen, 2007; Wang, Chen & Liu, 2007; Wang, Liu & Lu, 2006; Wang, Zhang & Lu, 2005)。fMRI的研究发现，在完成心理理论相关任务时，内侧前额叶(包括眶额叶和扣带回皮层)(Amodio & Frith, 2006; Frith, 1999, 2003; Gallagher & Frith, 2003; Gallagher, Happe & Brunswick, 2000)、颞顶连接处(Saxe & Kanwisher, 2003; Saxe & Wexler, 2005)、颞上沟(包括杏仁核)(Frith, 1999, 2003; Gallagher & Frith, 2003; Pelphrey, Morris & McCarthy, 2004)等区域有明显的激活。

萨巴格和泰勒使用文字叙述了信念故事和照片故事，分别考察信念推理和真实表征过程中大脑的活动模式(Sabbagh & Taylor, 2000)。分析事件相关电位(ERP)结果发现，信念(belief)和真实(reality)表征在时间和空间上的分离都很明显。ERP波形在问题消失后(呈现注视点时)300～400 ms和600～840 ms差异显著，在左额区错误信念诱发的正成分显著大于真实问题；在左顶部，错误信念诱发的正成分波幅显著小于真实问题，而600～840 ms错误信念诱发的负成分也显著小于真实

* 本文原载《中国科学：生命科学》2008年第1期。本文其他作者为王益文、刘岩、高艳霞、陈晶、张文新。

问题。这种差异可能反映了信念表征和真实表征的不同。此项研究虽然在左额部发现了ERP成分的差异，但不能排除这种空间分布与语言文字的加工无关。刘(Liu)和萨巴格(Sabbagh)等人(2004)用图画来呈现错误信念任务，发现图片呈现后约800 ms在左额区错误信念的ERP正成分波幅显著小于真实问题，这种分离在左额区最大，在大脑后部和右半球差异不明显。对700～900 ms的差异波进行偶极子源分析发现，该ERP晚成分定位于左侧眶额皮层(orbitofrontal cortex)。采用图画作为刺激材料，也在左额区观察到ERP成分的差异，研究者认为，出现在该区域的ERP晚成分可能与信念和真实的区分有关。与真实表征相比，错误信念推理表现出ERP波幅的减弱。上述两个研究都试图考察信念与真实动态加工过程的差异，但结论不一致，研究者认为这可能是材料不同所致(Liu & Sabbagh, 2004)。萨巴格和莫尔森(Moulson)等人(2004)采用128导ERP记录了被试依据眼神所传达的信息对他人心理状态进行解码时的脑电数据，试图探讨先于心理推理过程之前出现的心理状态解码的神经基础。结果发现，解码心理状态诱发出遍及右侧额叶下部和颞叶前部的N270-400，该成分的溯源分析定位于右侧眶额皮层和内侧颞叶。

错误信念(false belief)任务在心理理论的研究中被广泛使用。发展心理学家普遍认为儿童能够理解错误信念标志着心理理论能力的获得。因为信念错误时，根据错误信念预期的行为与根据真实事件状态预期的行为是不同的。完成错误信念任务就意味着个体理解了他人对世界的表征和解释(信念)会决定其行为。然而，需要注意的是，成人和儿童对他人心理的日常推理主要依赖正确信念。加拉格尔(Gallagher)等人(2000)和弗莱彻(Fletcher)等人(1995)分别对心理理论故事和两个控制条件进行比较，两个控制条件分别是非心理理论故事和无关句子组。其中的非心理理论故事实质上是让被试基于正确信念对故事中主人公的行为进行解释。研究者发现，与无关句子组相比，心理理论和非心理理论故事都在颞顶连接处引起强烈激活。这说明无论是错误信念还是正确信念的推理均可能激活相同的脑区。但这是否说明两种信念的神经加工过程是完全相同的呢？在刘和萨巴格所进行的两项ERP研究中

(Sabbagh & Taylor，2000；Liu & Sabbagh，2004)，均将错误信念的推理过程与对真实问题的加工做比较，其研究结论不能回答上述问题。

莱斯利(Leslie)等人在“趋近型”(approach)错误信念和“回避型”(avoidance)错误信念任务中，分别设计了主人公未看见和看见物体转移这两种情境，以此来产生错误信念和正确信念，并将两者作为对等条件进行比较。通过分析儿童在这两种问题情境下的表现，莱斯利提出错误信念任务中抑制加工的存在(Leslie & Polizzi，1998)。基于莱斯利的行为实验来看，个体对正确信念与错误信念的加工是两个不完全相同的心理过程，正确信念与客观事实相吻合，加工过程中不存在信息冲突，不需要抑制优势反应，因此加工速度要快些。萨巴格等人(2000)和刘等人(2004)的ERP研究与上述实验任务均为“意外转移”(unexpected-transfer)范式。本研究采用“欺骗外表”(deceptive-appearance)任务，比较错误信念与正确信念推理所诱发ERP成分的差异，以正确信念为对照条件探查错误信念推理的认知神经机制，为心理理论脑机制研究积累神经电生理学证据。

一、方法

(一)被试

被试为14名大学生或研究生，男女各半，年龄在19至24岁。平均年龄为21岁8个月。被试均为右利手，身体健康，无精神系统疾病，没有脑部损伤史，视力正常或矫正后正常。实验后付给一定报酬。

(二)刺激材料

采用数码相机拍摄的关于产品包装盒及其所盛物品的彩色照片共180张，其中未打开的产品包装盒照片60张，包装盒打开后盛有线索提示物品和意外物品的照片各60张。另外有9张照片用于正式实验之前的练习实验。用Photoshop 7.0对照片的像素、尺寸、背景、亮度、对比度和色彩饱和度做了统一处理，以确保刺激材料的一致性。照片像素为568×426，大小为11.0 cm×14.6 cm。照片拍摄时均采用银灰色电脑桌面为背景。实验过程中，照片和问题交替呈现在黑色屏幕的正中央，问题采用32号白色标准宋体的文本形式呈现。被试与显示器的水平视角为10°。

(三)实验程序

采用“欺骗外表”任务，首先呈现一个未打开的包装盒，被试要根据盒子上提供的线索预测包装盒内所盛的物品，并回答外表问题。然后呈现打开后的包装盒，有两种情况，一种与线索提示符合，则该刺激序列就是一致序列；另一种与线索提示不符合，包装盒内所盛的物品不是包装盒外部线索所提示的，而是一个意外物品，则该刺激序列为不一致序列。随后的三个问题依次是信念问题、真实问题和表征变化问题。其中，信念问题是：“别人从没看到打开的盒子，他会认为盛的是××吗?”在一致序列中没有出现意外物品，故此时的信念问题为正确信念。不一致序列中因为有意外物品出现，所以信念问题为错误信念。每一个问题下面都给被试列出“是”或“否”的答案供其按键选择，被试通过鼠标按键来完成反应。按键标准是：若选择的答案在屏幕的左侧，就按鼠标左键，若在右侧就按鼠标右键。为防止顺序效应，避免被试掌握规律，“是”或“否”在屏幕上的出现位置进行了问题间平衡，左右手指按键进行被试间平衡。

刺激序列的呈现时间如图1所示：“+”呈现200 ms，照片呈现1000 ms，每一个问题都呈现2000 ms，刺激结束到下一个刺激开始的间隔(ISI)为200 ms。被试只有在问题出现的时候才做按键反应。整个实验共有120个序列，一致和不一致序列各半，序列间设置200～400 ms内随机间隔。所有序列整体随机后，平均分为4段(每段约6分钟)执行。正式实验开始前，被试先进行与正式实验程序相同的6个刺激序列的练习，以便学会实验操作。为了避免出现再认效应，练习的实验材料与正式实验不同。

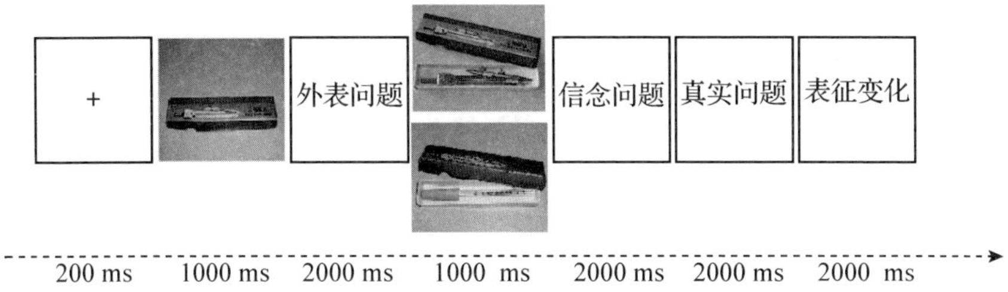

图 1　实验刺激序列的呈现时间与方式

(四)脑电记录

采用神经扫描(NeuroScan) ERP 记录与分析系统，按国际 10-20 系统扩展的 32 导电极帽记录 EEG。以双侧乳突连线为参考点，前额接地，双眼外侧安置电极记录水平眼电(HEOG)，左眼上下安置电极记录垂直眼电(VEOG)。滤波带通为 0.05～100 Hz，采样频率为 1000 Hz/导，头皮阻抗小于 5 KΩ。

(五) ERP 数据处理与统计分析

完成连续记录 EEG 后离线(off-line)处理数据，用 Scan 软件校正 VEOG 和 HEOG，并充分排除其他伪迹。本研究对信念问题呈现时的脑电进行分析，仅对反应正确的 EEG 进行叠加。波幅大于±100 μV 者视为伪迹自动剔除。分析时程(epoch)以刺激后 1500 ms，刺激前 200 ms 为基线，对整段 ERP 进行了线性校正(linear detrend)及基线校正以消除漂移伪迹。据已有研究和本研究的目的，选取头皮前部的 F3/F4、F7/F8、FC3/FC4 和 C3/C4，以及 FZ、FCZ 和 CZ 共 11 个电极，主要分析 400～800 ms 的晚期负成分(late negative component，LNC)。进行任务(错误信念 vs. 正确信念)×电极的两因素重复测量方差分析，p 值采用格林豪斯-盖泽(Greenhouse-Geisser)法校正。

(六)偶极子源分析

采用脑电源分析程序 BESA 5.0 进行偶极子源定位。以错误信念与正确信念的

LNC相减得到的差异波为分析数据，与一个标准磁共振成像(MRI)脑结构融合在一起,采用 Genetic 算法和四壳头模型(four-shell ellipsoidal head model)。偶极子源定位没有唯一解，对 400～800 ms 间的差异波进行主成分分析(principal component analysis，PCA)确定偶极子数。

二、结果

(一)行为数据

欺骗外表任务中各问题的正确率和反应时见表 1。错误信念的反应时(1008±182.6 ms)显著长于正确信念反应时(965±202.6 ms)，$t(13)=2.68$，$p<0.05$。外表问题、真实问题和表征变化的反应时和正确率在一致序列与不一致序列之间均不存在显著差异。

表 1　欺骗外表任务的正确率和反应时($n=14$)

	正确率($M±SD$)(%)		反应时($M±SD$)(ms)	
	不一致序列	一致序列	不一致序列	一致序列
外表问题	99.2±1.4	99.0±2.4	961±128.9	979±128.8
信念问题	98.1±2.4	99.4±0.8	1008±182.6	965±202.6
真实问题	96.2±3.8	96.9±2.8	932±137.3	945±130.8
表征变化	96.7±2.6	97.4±3.4	1066±189.7	1075±205.3

(二) ERP 分析

欺骗外表任务中错误信念和正确信念推理的 ERP 总平均波形见图 2。错误信念和正确信念推理的波形相似并且走向一致。两种条件均在头皮中前部诱发有差异的 N100、P200 和 LNC，LNC 从刺激后 400 ms 左右开始，一直持续到 1200 ms 结束。正确信念和错误信念推理所诱发的 N100[$F(1, 13)=0.84$，$p>0.05$]和 P200[$F(1, 13)=1.56$，$p>0.05$]波幅差异均不显著。图 2 显示，在 400～800 ms，错误信念和正确信念推理所诱发的 LNC 表现为持续的负走向，但是错误信念推理的波形均在正确信念推理的波形之下。两种推理过程中大脑活动的不同不仅表现为 ERP 波形的差异，而且 400～800 ms 的脑电地形图分析发现信念推理的 ERP 分布于头皮偏左的中前额区，错误信念明显弱于正确信念推理，两者所诱发 ERP 的激活程度和头皮分布模式均存在差别，见图 3。

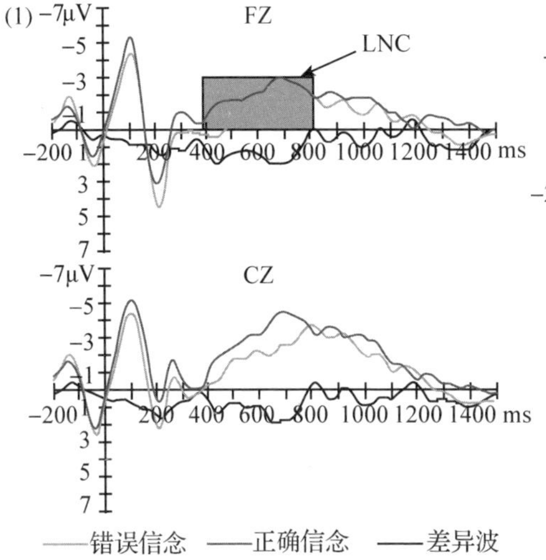

图 2 错误信念与正确信念的 ERP 总平均波形及差异波($n=14$)

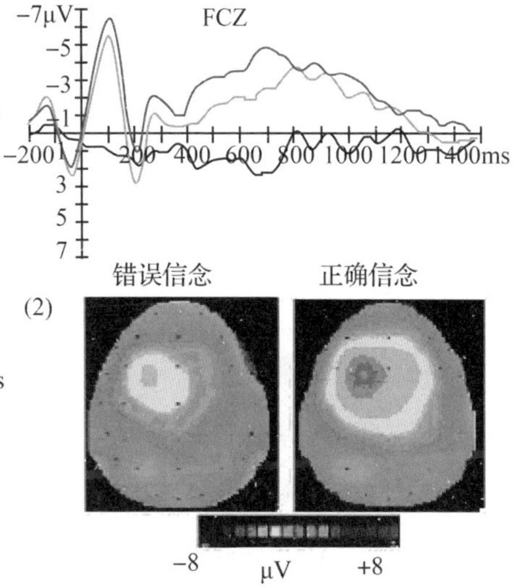

图 3 LNC 的脑电地形图(400～800 ms)

本研究主要对错误和正确信念条件下的 LNC 进行统计分析。LNC 持续时间较长且无明显波峰，进一步统计分析时测量其平均波幅。从 400 ms 起至 800 ms 止，每间隔 100 ms 测一次波幅，分别进行任务(正确信念推理 vs. 错误信念推理)×电极点的两因素重复测量方差分析。结果发现，400～800 ms 内，任务主效应显著，$F_s(1, 13)=7.25/5.17/9.29/6.97$，$p_s<0.05$，错误信念推理所诱发的 LNC 平均波幅显著小于正确信念。两种条件下 LNC 波幅的最大差异出现在 600～700 ms，$F(1, 13)=9.29$，$p<0.05$，此时错误信念推理的 LNC 平均波幅为 -0.61 ± 0.81 μV，而正确信念推理为 -2.19 ± 0.75 μV。400～800 ms 内，错误信念和正确信念推理所诱发的 LNC 的平均波幅比较见图 4。另外，电极点主效应在 400～800 ms 也一直显著，

$F_s(10, 130)=8.96/12.28/12.14/15.12$，$p_s<0.05$。400～500 ms 内，LNC 的最大波幅出现在 F7/F8 点，幅值为 2.24±0.66 μV。500～800 ms 内波幅的最大值均出现在 FCZ 点，F7/F8 的波幅均为最小。电极电位变化主要分布于前额中央区，F7/F8 点的幅值仅在 400～500 ms 内出现最大，在 500～800 ms 内均为最小值点。

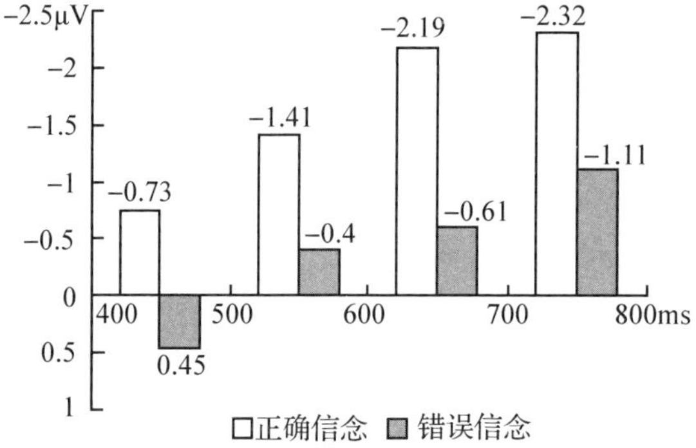

图 4 错误信念和正确信念推理诱发的 LNC 的平均波幅比较

(三) LNC 差异波源分析

错误信念与正确信念推理在 400～800 ms 诱发了存在显著差异的 LNC，对错误信念减正确信念的差异波进行偶极子源定位。不限定偶极子位置和方向，采用起源算法拟合。对 400～800 ms 的差异波 ERP 进行主成分分析(PCA)得到 1 个偶极子(见图 5)，偶极子最强的时间点位于 650 ms，其对数据的解释率为 91.3%。泰尔拉克(Talairach)坐标为($x=-9.5$，$y=3.5$，$z=51.0$)，定位于扣带回皮层(cingulated cortex)中部附近。该脑模型的残差(residual variance，RV)为 20.35%。

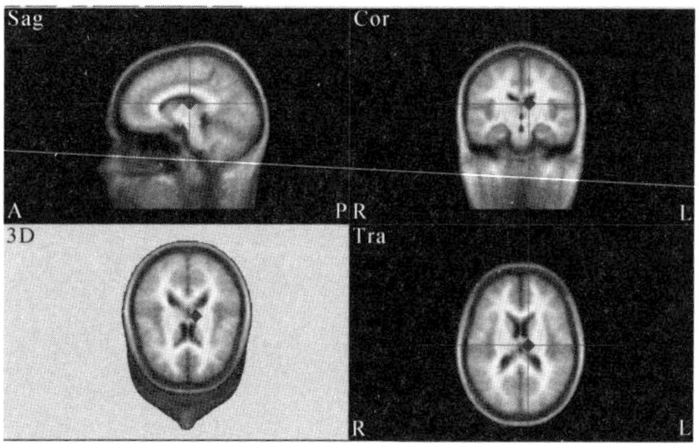

图 5 错误信念减正确信念所得 LNC 差异波的偶极子源定位(650 ms)

三、讨论

(一)错误信念推理时激活脑区的减弱

通过比较欺骗外表任务中错误信念与正确信念推理时所诱发的ERP成分，初步探查个体推测他人信念时大脑动态加工的时间过程与源定位，结果发现，错误信念和正确信念推理均在头皮中前部，特别是前额叶和中央区，诱发出N100、P200和LNC。错误信念和正确信念推理的N100和P200不存在显著差异，这表明在信念问题呈现后200 ms时个体还不能区分错误信念和正确信念。与正确信念相比，错误信念推理所诱发的LNC波幅减弱，从400 ms开始到800 ms，错误信念推理所诱发的LNC平均波幅一直持续显著小于正确信念。大脑对错误信念和正确信念的推理加工可能是从400 ms起开始出现分离的。从脑电地形图看，信念推理所诱发的ERP分布于中前额区，错误信念和正确信念的激活模式存在差异。

本研究中LNC波幅和脑电地形图均发现，错误信念推理时相应脑区激活程度减弱，萨巴格和泰勒(2000)使用文字材料发现左额区错误信念的ERP波幅显著正向大于真实问题。随后的ERP研究(Liu，Sabbagh & Gehring，2004)使用了图画材料，发现图片呈现后大约800 ms，在左额区信念问题诱发的ERP波幅小于真实问题。萨巴格等人通过分析观察眼睛图片时的脑电来研究解码心理状态，他们发现解码他人心理状态所诱发的N270-400波幅比性别判断诱发的波幅更大。上述两个研究的刺激材料是英文或图画，已有ERP研究比较错误信念和真实表征只能区分心理理论和非心理理论加工，但两者所包含的心理成分复杂。本研究则以汉字材料呈现信念问题，比较分析了正确信念与错误信念的推理，进一步分析了心理理论加工中错误信念加工的时间过程。从400 ms开始所诱发的LNC可能包含了汉字词语加工的类N400成分，反映了汉字材料呈现的信念推理加工的时间过程，而不仅仅是问题理解上的语义通达。

(二)信念推理中可能包含的抑制加工

在本研究中，错误信念推理的反应时显著长于正确信念，这说明比起推理正确信念，错误信念的推理可能要更复杂一些，所以加工时间会更长。错误信念和正确信念问题的呈现形式完全相同，所不同的仅仅是，正确信念推理是在自我与他人认知一致的序列中，推理错误信念时自我与他人的认知不一致，被试则要整合他人基于外部线索预期的物品与实际物品之间的冲突，把自己知道的事实抑制掉，才能做出正确反应。行为反应时的差异初步反映出错误信念推理过程中所包含的抑制加工，错误信念推理可能包括抑制加工成分。这与莱斯利的研究结论一致。莱斯利等人通过比较儿童和成人被试完成错误信念和正确信念推理时的表现，提出错误信念任务中抑制加工的存在(Leslie，Friedman & German，2004；Leslie & Polizzi，1998)。错误信念和正确信念推理所诱发的 LNC 在信念问题呈现后 400～800 ms 出现了差异，这种分离反映了错误信念和正确信念推理中大脑加工过程的不同。

已有 ERP 研究都是以真实问题作为错误信念推理的对照条件(Liu，Sabbagh & Gehring，2004；Sabbagh & Taylor，2000)。对于真实问题的推理，被试只需要根据现实来回答即可，其本质是询问被试自己对现实世界的表征。对错误信念的推理要复杂一些，被试不能再单纯地依赖自己所看到的情况进行判断，而必须站在他人的立场上去思考他人所持有的信念。这种嵌套思维实质上是对他人信念的推理。错误信念推理时个体必须首先抑制自己对真实问题已知的优势反应，然后才能基于他人的信念做出正确判断。错误信念与真实问题差异很大，两者所包含的认知成分存在很多不确定的相异因素。正确信念与错误信念的推理过程相比不存在信息的冲突，也就没有抑制加工的出现。相对于错误信念而言，正确信念推理要更快更容易，行为数据的分析也证明了这一点。

本研究对 LNC 差异波进行源定位分析，发现一个偶极子位于扣带回皮层中部。对于信念推理的脑区定位，fMRI 的研究已积累了一些证据。加拉格尔等人用文本和卡通图这两种形式给被试呈现蕴含错误信念的故事和非心理故事(Gallagher，Happe & Brunswick，2000)。fMRI 扫描发现，无论刺激材料的性质如何，错误信念故事都在旁扣带回皮层引起激活。沃格利等人设计了描述他人心理和自己心理的两种故事情境，通过 fMRI 成像来考察这两种不同心理过程的大脑定位(Vogeley，Bussfeld & Newen ，2001)，发现对他人心理的加工引起了前扣带回和左颞极皮层的激活增强。人际互动中竞争与合作包含对他人心理和信念的加工，德赛泰等人记录被试完成在线计算机游戏时的脑数据，发现完成竞争游戏时，内侧前额叶和旁扣带回皮层的激活显著增强(Decety，Jackson & Sommerville，2004)。麦克卡贝等人采用 fMRI 检测了被试与人或计算机搭档进行“信赖互惠”(trust and reciprocity)游戏时的脑激活，发现与人合作时前旁扣带回皮层显著激活(McCabe，Houser & Ryan，2001)。加拉格尔等人采用 PET 对被试跟计算机完成“剪刀—石头—布”游戏时的脑成像数据进行记录，与对照条件相比，当被试认为对手是人类个体时，双侧前旁扣带回皮层激活明显增强(Gallagher，Jack & Roepstorff，2002)。脑成像研究表明，冲突的抑制加工是扣带回皮层参与(Botvinick，Cohen & Carter，2004；Weissman，Giesbrecht & Song，2003)。本研究发现的 LNC 差异波可能反映了推测他人心理时，为了解决自己与他人信念认知不一致而产生的冲突所进行的某种抑制加工。已有“心理理论”的 fMRI 研究验证并补充了本研究中偶极子逆向溯源推导所得出的空间定位。本研究发现错误信念减正确信念所得差异波的激活源位于扣带回皮层中部，可能反映了错误信念推理中对自我与他人心理状态认知不一致时解决冲突或抑制加工。

发展心理学研究普遍认为，4～5 岁是儿童获得“心理理论”的关键年龄，4 岁儿童能够理解错误信念，但 3 岁之前的儿童尚不能(Wang & Zhang，2002)。关于错误信念推理过程中可能需要抑制加工的推论可能会引发这样的问题：如果错误信念推理过程中需要抑制加工，那么儿童通过错误信念任务究竟反映的是抑制性控制能力的提高还是信念概念表征的出现？进一步的研究可以分析儿童进行错误信念推理的脑活动，为解决上述问题提供证据。

参考文献

[1]Liu D，et al. Decoupling beliefs from reality in the brain：an ERP study of theory

of mind[J]. NeuroReport, 2004, 15(6): 991-995.

[2] Premack D & Woodruff G. Does the chimpanzee have a 'theory of mind' [J]. Behavioral and Brain Sciences. 1978, 4: 515-526.

[3] Sabbagh M A & Taylor M. Neural correlates of theory-of-mind reasoning: an event-related potential study[J]. Psychological Science, 2000, 11(1): 46-50.

[4] Wang Y W, Lin C D & Lu Z H. Research progress in developmental cognitive neuroscience[J]. Progress in Natural Science, 2006, 16(12): 1530-1535.

[5] Wang Y W & Zhang W X. Development of theory-of-mind of 3-6 years old children [J]. Psychological Development and Education, 2002, 18(1): 11-16.

人际关系影响竞争情境下结果评价的ERP证据*

在日常生活中，竞争无处不在，人们通过竞争获得好的或坏的结果。在竞争对手中，既可能有朋友，也可能有陌生人。对于朋友和陌生人，可能会采取不同的心理加工。例如，人们对朋友会比对陌生人给予更多的同情、关注和帮助(Schlenker & Britt，2001)，并会表现出更多的合作行为(Majolo，Ames & Brumpton，2006；Wong & Hong，2005)。而在竞争中，与朋友竞争和与陌生人竞争会引发不同的情绪和生理唤醒程度(Ravaja，Saari & Turpeinen，2006)。已有研究发现，个体与朋友互动和与陌生人互动引发的大脑的神经机制是不同的(Guroglu，Haselager & van Lieshout，2008)。那么在决策任务中，与朋友竞争和与陌生人竞争所引起的心理活动差异，如何影响个体的结果评价过程？

结果评价是决策过程中重要的一步，合理的决策需要对先前的结果(好的或者坏的)进行编码，进而做出抉择(Platt，2002)。近年来，结果评价的神经机制越来越受到认知神经科学的关注(Cohen，Elger & Ranganath，2007)。已有研究表明，结果评价涉及对结果的效价(如输赢)、金额大小以及与结果反馈有关的信息加工过程(Leng & Zhou，2010；Yeung，Holroyd & Cohen，2005；Yeung & Sanfey，2004)。采用事件相关电位技术(event-related potentials，ERPs)，发现了一个特定的与结果评价有关的ERP成分，被称为反馈相关负波(feedback-related negativity，FRN)或者内侧额叶负波(medial frontal negativity，MFN)。该成分在反馈呈现后250～300 ms内达到峰值，其源定位在前扣带回(anterior cingulate cortex，ACC)附近，输钱反馈会比赢钱反馈引发更大的FRN波幅(Gehring & Willoughby，2002；Hajcak，Holroyd & Moser，2005；Miltner，Braun & Coles，1997；Yeung & San-

---

* 本文原载《中国科学：生命科学》2011年第11期。本文其他作者为王益文、袁博、郑玉玮、张振、杜翠利。

fey，2004)。有研究认为，FRN反映的是对反馈刺激情绪动机意义的评价过程(Gehring & Willoughby，2002；Masaki，Takeuchi & Gehring，2006；Yu，Luo & Ye，2007)。也有研究提出，FRN可能反映了大脑的冲突监控功能，他们认为FRN定位于ACC，冲突越大时，ACC激活越强烈，引发的FRN波幅越大(Gehring & Fencsik，2001；Jia，Li & Luo，2007；Carter，Braver & Barch，1998；Veen & Carter，2002)。与结果评价有关的另一个脑电成分是P300，其波峰出现在反馈后200～600 ms。有研究认为，P300主要是对结果金额大小的加工(Sato，Yasuda & Ohira，2005；Yeung & Sanfey，2004)。但近期的研究发现，P300对结果的输赢也敏感(Hajcak，Holroyd & Moser，2005；Wu & Zhou，2009；Yeung，Holroyd & Cohen，2005；Zhou，Yu & Zhou，2010)。杨和桑菲(Yeung & Sanfey，2004)认为，P300可能代表的是一种高水平的动机/情感评价，而不是结果效价的直接评价。也有研究认为，P300可能反映了结果评价中注意资源的分配以及有关社会性信息的加工过程(Leng & Zhou，2010；Ma，Shen & Xu，2011；Nieuwenhuis，Aston-Jones & Cohen，2005)。综上所述，FRN和P300分别反映结果评价过程中，早期和晚期两个阶段对反馈结果不同内容的评价。

最初研究者大多采用单人的赌博游戏来研究结果评价，但最近的研究开始关注不同社会情境以及人际关系对结果评价的影响。竞争和合作是两种不同的社会情境，它们在社会互动中都有着重要的作用。近期的一些研究通过让被试观察和他有竞争或者合作关系的人进行赌博任务，来探究不同社会情境下的结果评价。伊塔加基和凯塔亚马(Itagaki & Katayama，2008)采用金钱赌博任务，让被试在两种条件下观察对方进行赌博任务，一种是合作条件——对方的输赢也是自己的输赢，另一种是竞争条件——对方赢钱则自己输钱，对方输钱则自己赢钱。结果发现在合作情境中，对方的输赢引发的FRN与自己完成任务时的输赢引发的FRN一样；而在竞争情境中，对方的赢钱，相对被试就是输钱，也引发了被试更大的FRN。这些结果表明，个体对输赢的结果评价是依据自己的利益为标准的。人际关系也是影响结果评价的一个重要因素，在人际互动中理解他人心理是进行良好的社会互动的认知基础(Wang，Liu & Gao，2008；Wang，Lin & Yuan，2010)。研究者采用ERP技术记录被试观察陌生人以及朋友完成颜色命名斯特鲁普(Stroop)任务时的脑电活动。结果表明与观察陌生人相比，观察朋友 ACC 激活的强度更强，观察朋友进行任务时所引发的 FRN 比观察陌生人时更大(Kang，Hirsh & Chasteen，2010)。梁和周(Leng & Zhou，2010)采用 ERP 技术记录被试自己进行赌博游戏，以及观察朋友和观察陌生人进行赌博游戏时的脑电反应。结果发现，FRN 的波幅和潜伏期在观察朋友和陌生人之间没有差异，但人际关系会影响 P300 的波幅。他们认为这表明，大脑对结果评价的反应可能分为两个阶段：早期的半自动化加工和晚期注意加工。人际关系可能对晚期注意敏感阶段起重要调节作用。上述几项研究表明，社会情境和人际关系都对结果评价有一定的调节作用，但这种调节发生在结果评价的哪个阶段，目前并没有得到一致的结果，这可能和不同研究者在研究中采用的任务不同有一定关系。

在以往探究人际关系影响结果评价的研究中(Kang，Hirsh & Chasteen，2010；Leng & Zhou，2010；Ma，Shen & Xu，2011)，都是让被试被动地观察朋友或者陌生人进行输赢结果与被试自己利益无关的赌博任务，或者只是探讨竞争情境下观察陌生人进行赌博的结果(Itagaki & Katayama，2008)。而在现实生活中，通常会与和自己有不同人际关系的人进行直接竞争，如朋友或者陌生人。但目前，还没有研究将人际关系与竞争情境两者结合起来，探讨在直接竞争情境中，人际关系如何影响个体的结果评价过程。综合这些方面的考虑，本研究为进一步增加实验任务的真实性和生态学效度，让被试在直接竞争情境下和朋友以及陌生人互动进行一个赌博游戏，并记录他们的脑电活动。根据以往的研究(Gehring & Willoughby，2002；Hajcak，Holroyd & Moser，2005；Holroyd，Hajcak & Larsen，2006)，FRN 反映了对结果效价的快速评价。本研究假设一：输钱比赢钱引发更大的 FRN 波幅。根据 FRN 的冲突监控理论(Gehring & Fencsik，2001；Veen & Carter，2002)，FRN 反映了对冲突大小的监控；由于和朋友竞争引起的认知冲突更大(Ravaja，Saari & Turpeinen，2006)，本研究假设二：和朋友竞争会比和陌生人竞争引起更大的 FRN 波幅。根据以往的研究(Hajcak，Holroyd & Moser，2005；Leng & Zhou，2010；Wu & Zhou，2009；Yeung，Holroyd & Cohen，2005；Zhou，Yu & Zhou，2010)，本研究假设三：赢钱可能会引起更大的 P300 波幅。另外，由于和陌生人竞争会引起更强的赢钱动机，而 P300 作为一种反映注意分配或者高水平动机、情感以及社会性信息评价的成分(Leng & Zhou，2010；Ma，Shen & Xu，2011；Nieuwenhuis，Aston-Jones & Cohen，2005)，本研究假设四：与陌生人竞争可能会引起更大的 P300 波幅。

一、方法

(一)被试

被试为 16 名本科生或研究生(8 男，8 女，年龄为 19～26 岁，平均年龄 22.3 岁)，参加实验前，要求被试带一位同性别的好朋友一起参加实验。2 名实验助手充当参加游戏被试的陌生人，男女各 1 名，年龄分别为 24 和 26 岁。实验中，将陌生人和被试之间进行性别匹配。被试均为右利手，身体健康，无精神系统疾病，没有脑部损伤史，视力正常或矫正后正常。实验前签署知情同意书，实验后给予被试一定报酬。

(二)实验程序

采用扑克牌作为刺激材料，选取红桃 A 到红桃 K 共 13 张牌，分别对应着 1～13 的点数。用 Photoshop 统一处理照片的像素、大小、背景、亮度、对比度和色彩饱和度，以确保刺激材料的一致性。

被试带一名同性别朋友来到实验室，采集他们的照片，作为实验情境的提示线索。告诉被试他将和朋友以及另一个人(实验助手)通过局域网玩一个扑克牌游戏，并且依据他们在游戏中的表现得到奖励。被记录 EEG 的被试坐在脑电实验室的房间，他的朋友或者陌生人在邻近的另一房间。为了增加游戏的真实性，在实验开始前会带被试去另一个房间观看，并且让被试看到他朋友或者陌生人就坐在这个房间的电脑前。这样设计了被试和朋友或者陌生人一起游戏的情境，但实际上游戏的输赢是提前设定好的。实验开始时告知被试会有一定数目的本钱，并且这笔钱将会根据他们在随后的赌博任务的结果增加或减少，他们每一局游戏的结果都和他们最终的报酬有关，不管采用什么策略，他们都要尽可能地赢钱。

被试坐在电屏蔽室的椅子上，距离电脑屏幕约1米远。首先，让被试跟朋友或者陌生人进行15个练习序列，练习的输赢结果不计入最后的报酬中。随后，让被试进行两种情境下的赌博游戏：一种是与朋友竞争，另一种是与陌生人竞争。实验流程见图1。第一步呈现被试和朋友的照片或者被试和陌生人的照片500 ms，来提示这两种游戏情境。第二步呈现扣着的扇形摆放的13张扑克牌2000 ms，在每种情境下，被试点击鼠标左键选择其中一张，并告诉他的朋友或陌生人随后也会通过隔壁联机的电脑从中选择一张，实际上是按预先确定的伪随机顺序进行发牌。第三步在屏幕的左右两侧会呈现被试和对手的牌800 ms，左边翻开的牌是被试选择的，而右边扣着的牌是朋友或者陌生人选择的，被试只看到自己牌的大小，看不到对方牌的大小。输赢规则为如果被试摸到的牌的点数大于朋友或者陌生人摸到的牌的点数，那么被试就赢10块钱，他的朋友或者陌生人就输10块钱，反之亦然。第四步呈现金钱得失的结果反馈1000 ms，红框内“＋10”表示赢钱，绿框内“－10”表示输钱。屏幕左边呈现的是被试的输赢结果，右边呈现的是朋友或者陌生人的输赢结果(水平视角：5.7°，垂直视角：1.8°)。刺激间的间隔ISI以及序列之间时间间隔(ITI)均为600～800 ms随机。

实验共有2个区块，一个是与朋友竞争的区块，另一个是与陌生人竞争的区块。需要指出的是，本研究为了控制输赢预期这一变量，对每种实验条件下的扑克点数大小都进行了严格的平衡匹配。在每个区块中2到Q这11张牌每张都出现12次，输赢各6次。无论点数大小，被试摸到每张牌均会得到输赢各半的反馈结果。另外，2个区块除指导语、提示照片和伪随机顺序外其他完全相同，并且其施测顺序在被试间ABBA平衡。因此，在2(人际关系：朋友、陌生人)×2(效价：输、赢)的实验设计中，点数大小的输赢预期这一变量得到了完全匹配平衡。由于摸到A一定输钱，摸到K一定赢钱，设置A和K各出现6次，并且不对其进行分析。实验共288个序列，输赢各144个序列，分析的只有264个序列。正式实验前被试进行15次练习，整个实验持续约30 min。

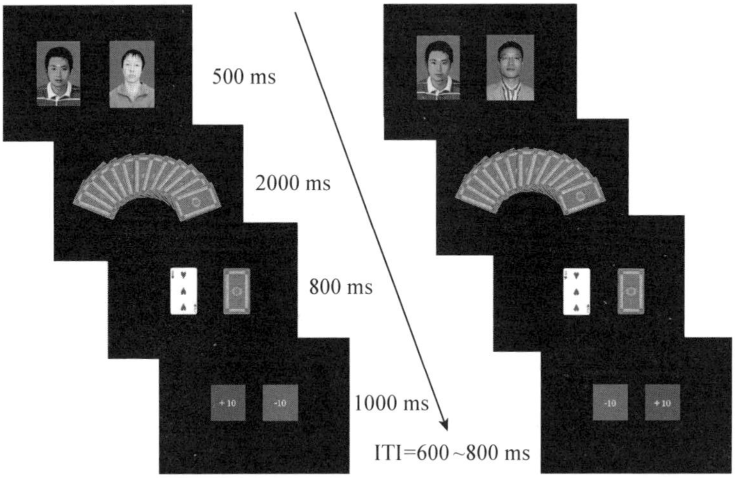

图 1 实验流程图

注：左边为被试和朋友照片，右边为被试和陌生人照片，ERP 分析为出现输赢反馈阶段。

(三)脑电记录和分析

采用神经扫描 ERP 记录与分析系统，按国际 10-20 系统扩展的 64 导电极帽记录 EEG。以双侧乳突平均值为参考，具体做法是，在记录中所有电极参考置于左乳突的一个参考电极，离线分析时再次以置于右乳突的有效电极进行参考，即从各导联信号中减去 1/2 该参考电极所记录的信号。双眼外侧安置电极记录水平眼电(HEOG)，左眼上下安置电极记录垂直眼电(VEOG)。每个电极处的头皮电阻保持在 5 kΩ以下。滤波带通为 0.05～100 Hz，采样频率为每导 1000 Hz。完成连续记录 EEG 后离线处理数据，用 Scan 软件校正 HEOG 和 VEOG，并充分排除其他伪迹，波幅大于±75 μV(微伏)者被视为伪迹自动剔除。

本研究分析输赢结果时段的脑电，刺激前 200 ms(作为基线)开始到刺激呈现后 800 ms，分析的 ERP 成分有 FRN 和 P300。根据已有的研究，FRN 出现在刺激后 250 ms 左右(Gehring & Willoughby，2002；Marco-Pallares，Cucurell & Cunillera，2008；Yeung & Sanfey，2004)，将 200～300 ms 的平均波幅作为 FRN 进行重复测量方差分析。P300 是测量 300～600 ms 时间内的平均波幅(Polezzi，

Sartori & Rumiati，2010)。选择 9 个电极点进入统计分析：F3/Fz/F4，C3/Cz/C4，P3/Pz/P4。对 FRN 和 P300 进行 2(人际关系：朋友、陌生人)×2(效价：输、赢)×3(电极前后位置：前、中、后)×3(电极左右位置：左、中、右)四因素重复测量方差分析，所有 p 值采用格林豪斯—盖泽法校正，多重比较采用博恩费朗尼(Bonferroni)校正。

二、结果

(一)行为结果

在扑克游戏中，被试和朋友竞争情境和与陌生人竞争情境下选牌的反应时(RT)分别为(681±196) ms 和(668±172) ms，配对样本 t 检验发现，两种情境下被试选牌的反应时没有显著差异，$t(15)=0.54$，$p>0.05$。

(二)ERP 结果

排除伪迹后在进行 ERP 数据分析时，各种实验条件下叠加平均的有效序列数分别为：与朋友竞争赢钱 57 段，与朋友竞争输钱 56 段，与陌生人竞争赢钱 55 段，与陌生人竞争输钱 58 段。图 2 表示 16 个被试在与朋友竞争和与陌生人竞争情境下，Fz、Cz 和 Pz 点的总平均波形图和脑地形图。由图 2 可见，在 200～300 ms，两种情境下，输钱都比赢钱诱发了更负的波幅，并且与朋友竞争比与陌生人竞争诱发的波幅更负。在 300～600 ms，赢钱比输钱诱发更正的波幅，并且与陌生人竞争比与朋友竞争诱发的波幅更正。

1. FRN

对 FRN 进行 2(人际关系)×2(效价)×3(电极前后位置)×3(电极左右位置)四因素重复测量方差分析，结果发现效价的主效应显著，$F(1, 15)=11.31$，$p=0.004$，$MSE=15.60$，输钱引发的 FRN 波幅($M=2.82$，$SE=0.76$)比赢钱引发的 FRN 波幅($M=3.93$，$SE=0.87$)更大。人际关系的主效应显著 $F(1, 15)=4.93$，$p=0.042$，$MSE=37.26$，与朋友竞争情境下 FRN 波幅($M=2.81$，$SE=0.88$)比

与陌生人竞争条件下波幅($M=3.94$，$SE=0.79$)更大(见图 2)。电极点前后分布主效应显著，$F(2, 30)=17.73$，$p=0.001$，$MSE=89.30$，前部电极点 FRN 波幅最大($M=1.64$，$SE=0.94$)。

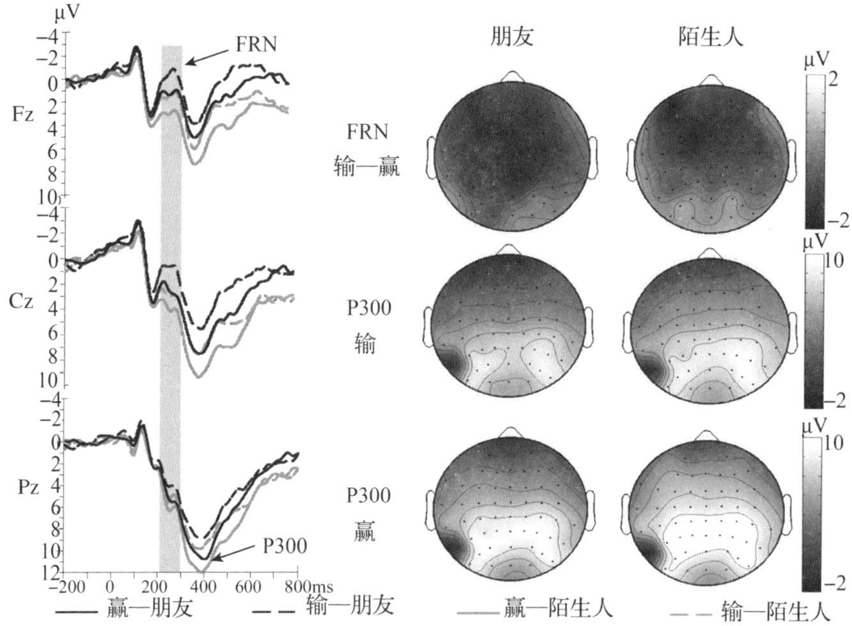

图 2　4 种反馈刺激呈现条件下的 Fz、Cz 和 Pz 点 ERP 波形图和脑地形图

注：图 2 左边为 Fz、Cz 和 Pz 点 FRN 和 P300 的波形图，右边为两种情境下输—赢 FRN 差异波以及两种情境下赢钱和输钱的 P300 脑地形图。

2. P300

对 P300 进行 2(人际关系)×2(效价)×3(电极前后位置)×3(电极左右位置)四因素重复测量方差分析。结果发现，效价的主效应显著 $F(1, 15)=8.05$，$p=0.012$，$MSE=30.91$，赢钱引发的 P300 波幅($M=6.10$，$SE=1.06$)比输钱引发的 P300 波幅($M=4.76$，$SE=0.99$)更大。人际关系的主效应显著，$F(1, 15)=4.99$，$p=0.041$，$MSE=55.00$，与陌生人竞争情境下 P300 波幅($M=6.13$，$SE=1.01$)比和朋友竞争情境下 P300 波幅($M=4.75$，$SE=1.07$)更大(见图 2)。电极点前后分布的主效应显著，$F(2, 30)=23.58$，$p=0.000$，$MSE=75.10$，后部电极点的

P300 波幅最大(M=7.69，SE=1.14)。图 3 为 4 种条件下，Cz 点上 FRN 和 P300 波幅的柱状图。输钱反馈引发的 FRN 比赢钱反馈引发的 FRN 更大，与朋友竞争引发的 FRN 比与陌生人竞争引发的 FRN 更大。赢钱比输钱诱发更大的 P300，与陌生人竞争比与朋友竞争诱发更大的 P300。

三、讨论

本研究在以往研究的基础上试图探讨在直接竞争情境下人际关系如何影响结果评价过程。探讨不同人际竞争下的结果评价，一方面，有利于揭示更真实情境下的结果评价过程；另一方面，也有利于认识不同人际竞争所引起的心理活动的差异。本研究采用结果评价相关脑电成分 FRN 和 P300 作为指标。ERP 的结果表明，人际关系对和结果评价有关的 FRN 和 P300 都有影响。下面从 FRN 和 P300 两个脑电指标讨论人际关系对竞争情境下结果评价的影响(见图 3)。

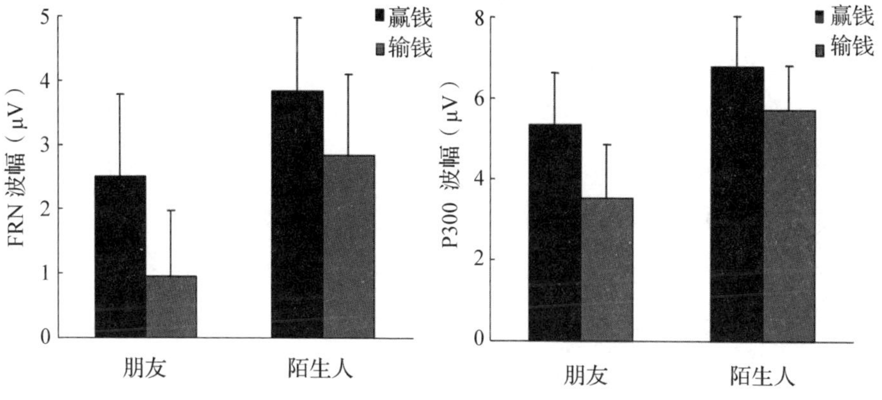

图 3　4 种条件下 Cz 点 FRN 和 P300 的波幅

(一)人际关系影响竞争情境下的 FRN

本研究的 FRN 结果表明，输钱引发的 FRN 比赢钱引发的 FRN 更大，这与以往的研究结果一致(Gehring & Willoughby，2002；Holroyd，Hajcak & Larsen，

2006；Hajcak，Moser & Holroyd，2006)，这表明FRN是结果效价的一个重要指标(Fukushima & Hiraki，2006)。更重要的是，本研究发现人际关系对竞争情境下FRN产生影响，与朋友竞争下的FRN波幅显著大于和陌生人竞争下的FRN波幅。类似的研究发现，观察朋友进行颜色命名Stroop任务时所引发的FRN比观察陌生人时更大，ACC激活的强度更强(Kang，Hirsh & Chasteen，2010)。研究认为，与陌生人相比，朋友更容易被归入自我概念中，对朋友的行为进行观察时个体更在意结果的正误反馈，因此，观察朋友犯错可能更有利于调整自己随后的行为。但梁和周(Leng & Zhou，2010)采用赌博任务发现，在观察情境下，并且他人的输赢与自己没有利益关系时，人际关系只影响P300的波幅，而对早期的FRN没有显著影响。马等人(Ma，et al.，2011)认为，梁和周的研究没有控制被试的自我参与程度，他们认为上述研究之所以没有发现人际关系对FRN有影响，是因为被试本身也参与了赌博任务。因此，他们采用两个赌博任务的实验来探究人际关系的熟悉度和自我参与度如何调节观察朋友或者陌生人输赢时的神经反应。实验的一个任务中只让被试观察朋友和陌生人进行游戏，自己不进行游戏；另一个任务中被试除了观察朋友和陌生人进行游戏，自己也进行游戏。ERP结果表明，在两个任务中被试观察朋友表现时比观察陌生人表现时都引发了更大的P300波幅。但是，观察朋友输赢和观察陌生人输赢所引起的FRN差异，只有在被试自己不参与赌博任务而只观察朋友或者陌生人游戏时才会出现。研究者认为被试观察朋友比观察陌生人，给予了更多的共情和关注，但是被试的这种共情反应只有在被试不参与任务时才是明显的。上述的两个研究都是让被试观察朋友或者陌生人的输赢，对方输赢和被试自己没有利益关系。在本研究中，被试和朋友或者陌生人是一种直接竞争的关系。在这种竞争情境下，发现和朋友竞争引发的FRN比和陌生人竞争引发的FRN波幅更大，这表明当个体参与赌博任务并且和朋友或者陌生人有利益冲突时，人际关系也能影响FRN的波幅，并且和朋友竞争时引发更大的FRN波幅。因此，推测竞争情境下的FRN除了反映对结果效价的快速评价，可能还反映了由竞争所引起的个体的认知冲突，和与朋友竞争引发的更大的认知冲突。在社会情境下，追求利益是人类个体的一种本能。与朋友竞争时，一方面要追求自己的利益，尽可能地多赢钱和少输钱，但另一方面竞争对手是自己亲密的朋友，在这种情境下，竞争下的输钱反馈和赢钱反馈引起个体的认知冲突更大，所引发的 FRN 波幅也更大。根据以往研究，FRN 源定位在 ACC，而 ACC 一般被认为与冲突监控有关，冲突越强烈，ACC 激活的程度越强（Botvinick，2007；Carter & van，2007；Sohn，Albert & Jung，2007；Walsh，Buonocore & Carter，2011）。目前，直接报告 FRN 反映认知冲突监控的文献还很少见，但最近有研究发现 FRN 反映了对知觉冲突的检测(Jia，Li & Luo，2007)，并且有研究表明和 FRN 相似的另一脑电成分 ERN(error-related negativity)反映了冲突监控的过程(Gehring & Fencsik，2000)。另外，从发生的时间和源定位，FRN 是 N2 家族的一种成分，而根据以往的研究 N2 是反映冲突监控的脑电成分，冲突越大所引起的 N2 波幅越大(Clayson，Clawson & Larson，2011；Yang，Li & Zhang，2007；Mennes，Wouters & van Den，2008)。综合已有研究和本研究结果，推测在竞争的社会情境下，FRN 不仅反映了对反馈结果效价的快速评价，也可能和认知冲突监控有关，冲突越强烈，所引发的 FRN 波幅越大。

(二)人际关系影响竞争情境下的 P300

本研究还发现，结果效价和人际关系影响竞争情境下的 P300 波幅，赢钱引发的 P300 比输钱引发的 P300 更大，这重复了先前的一些研究结果(Hajcak，Holroyd & Moser，2005；Leng & Zhou，2010；Yeung，Holroyd & Cohen，2005；Wu & Zhou，2009)。一般认为，P300 和决策或结果评价中的注意资源分配(Gray，Ambady & Lowenthal，2004；Linden，2005)以及高水平的动机/情感评价(Leng & Zhou，2010；Nieuwenhuis，Aston-Jones & Cohen，2005；Yeung & Sanfey，2004)有关。相对于输钱引起负性情绪上的体验，赢钱可能会引起更多注意。另外，本研究同时发现，与陌生人竞争所引发的 P300 比与朋友竞争所引发的 P300 更大。这和以往的研究结果有所不同，梁和周(2010)以及马等人(2011)的研究都发现，观察朋友比观察陌生人引发了更大的 P300 波幅，研究者认为，由于个体对朋友投入更多的共情和关心，观察朋友游戏会比观察陌生人游戏引起个体更多的注意。而本研究发现，与陌生人竞争比与朋友竞争引发更大的 P300 波幅，推测这也是由于两种情境下引起个体的注意分配或者动机不同导致。相对于与朋友竞争，被试和陌生人竞争时赢钱的动机更强烈，投入的注意资源也更多，因此，结果反馈所引起的P300波幅会更大。哈里斯和米勒(Harris & Miller，2000)调查发现，相对于亲密朋友，人们对陌生人感到更多的危险和敌意。进化心理学的研究也表明，人类从婴儿时期就对陌生人面孔有恐惧感，并且对陌生人表现出更多的攻击行为。布朗斯坦(Bronstein)等人(1997)采用团体斗鸡博弈(chicken game)任务研究个体对组外成员的冲突，发现和组外成员进行博弈时，个体表现出更强的竞争性，个体的赢钱动机更强烈。研究表明，个体更容易将朋友归入自我概念中(Kang，Hirsh & Chasteen，2010)。一般而言，人们容易把朋友作为组内的成员，而将陌生人视为组外的个体。因此，当与陌生人竞争时，个体可能更具有竞争性，赢钱动机更强烈。与陌生人竞争时会对输赢反馈投入更多的注意资源，输赢反馈引起的动机/情感评价也更强烈。另一方面，有研究表明，复杂的社会情境会减弱个体对结果输赢的注意程度(Rigoni，Polezzi & Rumiati，2010)，因此推测，与朋友竞争所引起的认知冲突，以及对复杂的人际竞争的心理加工也可能削弱了个体对输赢结果所带来的自我利益的关注程度，所以与朋友竞争的P300波幅比与陌生人竞争的P300波幅小。本研究结果进一步验证了先前研究的结论：P300反映了一种晚期自上而下的结果评价过程，可能和社会性注意资源分配以及高水平的动机/情感评价的加工过程有关(Leng & Zhou，2010；Ma，Shen & Xu，2011)，在人际竞争中，与陌生人竞争可能会引起个体对结果反馈更多的注意和更强烈的动机/情感评价。

本研究发现，人际关系对竞争情境下结果评价的两个阶段都产生影响。在人际竞争的结果评价早期阶段，个体首先会对结果效价进行快速评价，并且对结果反馈引起的认知冲突进行监控，这一阶段主要反映在早期的FRN波幅。在结果评价的晚期阶段，个体对结果反馈进行社会性注意资源的分配以及高水平的动机/情感评价加工，这一阶段主要反映在P300波幅。本研究表明，不只是在被动观察情境下，即使在有利益冲突的情况下，不同的人际关系依然能影响个体的结果评价过程。

参考文献

[1]Cohen M X, Elger C E & Ranganath C. Reward expectation modulates feedback-related negativity and EEG spectra[J]. NeuroImage, 2007, 35: 968-978.

[2]Guroglu B, et al. Why are friends special? Implementing a social interaction simulation task to probe the neural correlates of friendship[J]. NeuroImage, 2008, 39: 903-910.

[3]Itagaki S & Katayama J. Self-relevant criteria determine the evaluation of outcomes induced by others[J]. NeuroReport, 2008, 19: 383-387.

[4]Leng Y & Zhou X L. Modulation of the brain activity in outcome evaluation by interpersonal relationship: an ERP study [J] . Neuropsychologia, 2010, 48: 448-455.

[5]Ma Q G, et al. Empathic responses to others' gains and losses: an electrophysiological investigation[J]. NeuroImage, 2011, 54: 2472-2480.

[5]Platt M L. Neural correlates of decisions[J]. Current Opinion in Neurobiological, 2002, 12: 141-148.

不确定监控的 ERP 研究*

早期的心理物理学研究常常会允许被试在感觉自己不能将当前刺激划分到两个类别中时做出“不确定”反应(Angell，1907)。一些研究者希望将这种不确定反应的程度作为感觉敏感性的指标(Urban，1910)，因为感觉越敏锐的被试会越少使用这种反应。但是，这种方法受到了质疑。一些研究者指出，在做出“不确定”反应时，需要某种特殊的心理活动(Fernberger，1914)。研究表明，相对于知觉判断反应来说，不确定反应的潜伏期更长(Angell，1907)。因此，可以看出，相对于知觉判断反应，不确定反应具有其自身的特点。知觉判断反应的对象是知觉刺激的性质，而不确定反应的对象则是被试自身的感受。因此，这两种判断的加工过程截然不同，不确定反应可能有更多元层面监控的参与，做出这种反应所需要的时间更长则支持了这一点。

近年来，有关不确定监控的研究，更多地集中在探讨动物是否具有不确定监控的比较心理学研究中。史密斯(Smith)等人(1997)在一项人类和恒河猴视觉密度辨别的研究中，要求被试判断屏幕上图画中的圆点是密是疏，并据此做出两种主要反应。同时，还允许被试做出第三种反应，即不确定反应。不确定反应使得被试可以跳过当前的题目，进入下一个相对容易、可以保证成功的新题。研究的结果表明，人类与恒河猴所做出的反应相当一致，都是在疏与密的判断标准附近选择了不确定反应。之后，一系列比较心理学研究的结果得出了与此相同或相近的结论(Shields，Smith & Washburn，1997)。这些研究的主要目的是研究动物的不确定监控及元认知能力，进而从种系发展的角度探讨监控及元认知的发生与发展。但是，在这些研

* 本文原载《自然科学进展》2008 年第 1 期。本文其他作者为罗良、胡清芬、陈桄、黄四林。

究中，人类被试的表现同样具有很强的启示意义。

在这些研究中，人类被试主要在知觉阈限附近做出不确定反应。也就是说，他们主要是在自己不能确定究竟该做出哪一种主反应时(是疏还是密?)，使用不确定反应来跳过当前的题目。这是不是意味着，人类被试结合题目特征和自己的分辨能力做出了判断，知道这时如果做出主要分辨反应要冒较大的风险，容易出现错误，因此选择性地跳过了这些题目呢？在实验后，人类被试的口头报告部分地回答了这个问题。他们认为，在做出疏密反应时，主要依据的是客观的刺激条件，是针对刺激特征做出的判断，而在做出不确定反应时，主要是根据不确定、不知道正确答案的自身感觉。这一回答对于我们更深入地认识不确定监控具有一定的启示作用。它说明，在人类做出不确定监控时，可能不仅需要对题目难度等材料特征做出判断，还要将自己作为监控对象来进行反省(Smith，Shields & Schull，1997)，即不确定监控中所反映的是对材料和自身能力的联合判断。

但同时，也有研究者指出，在这样的研究范式中，人类被试在做出不确定反应时也许并不需要元认知层面的加工，他们只是在无法做出反应时选择了逃避。而事后的口头报告，只能说明他们在事后的反思中进行了元认知层面的加工，并不能说明做出不确定反应时的心理状态。也就是说，在这种范式中，被试的不确定反应究竟是真的反映了被试确实体验到了不确定，还是仅仅反映了被试在当前题目中不能确定？针对这个问题，弗拉维尔(Flavell，2003)提出，在做出这种不确定反应时，被试的心理状态至少存在三种可能。第一，被试不能确定如何反应，但不存在任何对于这种不确定的意识和感觉。第二，被试已经有了不确定的意识和感觉，但并不能确认这种感觉就是不确定。第三，被试体验到了不确定的感觉，同时也知道这是一种不确定的感觉。他认为，动物和人类婴儿的不确定反应可能只反映前两种状态，第三种则可能只出现在成人身上。

显然，当我们将不确定监控作为研究和讨论的对象时，针对的是第三种心理状态。而在目前的比较心理学研究中，由于动物实验的局限性，所采用的范式并不能保证被试是在确认了不确定感觉后做出反应。因此，我们在研究不确定监控时，采用了与之不同的实验任务范式，在指导语中明确要求被试判断自己做出准确判断的确定性，并将这类反应与知觉判断相对照。在此实验中，为了防止被试判断自己做出准确判断的确定性与知觉判断相互影响，我们采用了被试间实验设计，即两组被试所接受的刺激完全相同，而指导语却要求他们根据不同的判断标准做出反应，知觉组被试是判断两种色块的面积是否相等，是针对刺激特性做出的判断；而监控组被试则是判断自己做出准确分辨的确定性，是针对自身能力做出的判断。同时，与过去的范式不同，此研究中的不确定反应不再具有额外价值，不再与逃避当前的题目难度相联系，只是作为一种与确定反应，也与知觉判断平等的反应项目，排除了情绪等的干扰作用。我们认为，相对于过去的实验范式来说，这一任务直接针对监控过程，明确要求被试在监控的基础上做出判断，能够相对单纯地考察监控过程的特性，因此可以利用ERP的时间和空间特性，对监控的大脑机制进行揭示。

一、方法

(一)被试

某大学30名本科大学生和研究生参加了ERP正式实验，其中男15名，女15名，年龄为20～24岁，平均年龄21.55岁。这些被试全部为右利手，身体健康，无脑部损伤和神经系统疾病历史，视力或者矫正视力正常。将这些被试随机分成两组：监控组和知觉组，两组在性别上进行了平衡。实验进行前让被试填写基本信息和阅读实验知情同意书，并签字，实验完成后给予被试有限的报酬。实验结果分析时，有2名被试(1名知觉组被试，1名监控组被试)由于两类反应(知觉组的相等还是不相等、监控组的确定还是不确定)按键比例差异太大被去掉，另外，还有1名被试(监控组被试)没在规定时间(反应时间不短于190 ms，不长于3000 ms)做出反应的比例太高，也被去掉。因此，进入数据分析的有14名知觉组被试，13名监控组被试。

(二)实验材料

根据前人关于不确定监控行为实验所采用的任务，设计了黑白方块任务。在一个视角为7.74°×7.74°的矩阵里，矩阵由黑色方块(RGB为0、0、0)和白色方块(RGB为255、255、255)构成的图案填充，方块的视角为0.79°×0.79°，黑色方块与白色方块的排列方式完全随机，所有128幅黑白方块图没有重复。其中50%的黑白方块面积相等，有25%的黑方块面积大于白方块，有25%的白方块面积大于黑方块。黑色方块与白色方块的构成比例在45%～55%之间变化。在所有128幅黑白方块图中，黑色方块与白色方块之间的平均构成面积比例为50%。实验材料如图1所示。

图1 黑白方块实验任务举例

(三)实验程序

在进行正式ERP实验之前，首先选取了20名大学生(每组各10名)进行了预备行为实验，黑白方块在屏幕上呈现时间为3000 ms，主要目的是确定：①知觉组在判断黑白面积是否相等时，相等与不相等的相对比例；②监控组在判断自己做出准确分辨的确定性时，确定与不确定的相对比例。预备实验发现：在128个实验系列中，知觉组被试平均有44.6%的次数认为相等，有52.5%的次数认为不相等，有2.9%的次数没有在规定时间做出反应；监控组被试平均有57.1%的次数反应确定，有42.0%的次数反应不确定，有0.9%的次数没有在规定时间做出反应。从上面的预备实验结果可以看出，相等与不相等、确定与不确定的比例都在50%左右，并且没有在规定时间做出反应的比例在3%以内，因此实验材料符合ERP实验要求。

正式ERP实验程序为：屏幕上首先出现“+”，呈现时间为400 ms，“+”消失400 ms后，黑白方块开始出现，呈现时间为3000 ms，系列与系列之间间隔为500 ms。知觉组的指导语为：“判断黑白方块面积是否相等，如果相等，按1键(3键)，如果不相等，按3键(1键)”，监控组的指导语为：“判断黑白方块面积是否相等，如果认为自己能够准确判断按 1 键(3 键)；如果认为自己不能准确判断按 3 键(1 键)”。被试的按键方式在被试间进行了平衡，左右手对应键也在被试间进行了平衡。实验共 136 个系列，其中前 8 个系列为练习任务，后 128 个系列为正式实验任务。

(四) ERP 记录

实验设备为美国神经扫描(NeuroScan)公司生产的 64 导 ERP 记录与采集系统和银/氯化银电极帽，电极点分布依照国际 10-20 标准记录系统，以左侧乳突为参考电极，额外加一导(第 65 导)用于记录右侧乳突的电位(数据处理时，其他作用电极的电位均减掉该导记录电位的 1/2)，前额接地，同时记录水平眼电和垂直眼电。滤波带通为 0.05～100 Hz，连续采样，采样频率为 500 Hz/导，头皮电阻均降至 5 kΩ 以下。分析时程(epoch)为 900 ms，其中刺激前 100 ms 作为基线，自动矫正眨眼伪迹，波幅大于 ±100 μV 者在叠加中被自动剔除。离线(off-line)处理数据。整个实验在天津师范大学心理与行为研究中心认知神经实验室完成。

(五)ERP 数据分析

ERP 时间锁定从黑白方块出现开始，在所有记录点上被计算。知觉组被试和监控组被试分别叠加平均。平均从黑白方块任务呈现前的 100～900 ms，黑白方块任务呈现前的 100 ms 的平均波幅作为所有波幅测量的基线。只有在规定时间内(反应时间不短于 190 ms，不长于 3000 ms)进行按键反应的系列才能进行叠加平均。

根据 ERP 平均波形图(见图 2)，对在头皮后部诱发的有明显峰值的 ERP 成分：P1(50～110 ms)，N1(110～170 ms)，P2(170～230 ms)，N2(230～290 ms)，实验选取 P3/Pz/P4，PO5/ POz/ PO6，O1/ Oz /O2 九个电极点，以 ERP 成分在这些电极点上的波幅(峰—峰值)和潜伏期为因变量，进行 2(被试类型：知觉组、监控组)×3(左右维度：左、中、右)×3(前后维度：前、中、后)三因素(其中被试类型为被试间变量)重复测量方差分析。对在头皮前部诱发的有明显峰值的 ERP 成分：P1(100～160 ms)，N2(160～220 ms)，P2(220～270 ms)，N3(270～340 ms)，实验选取 FC3/FCz/FC4，F3/ Fz /F4，AF3/ FPz/ AF4 九个电极点，进行 2(被试类型：

知觉组、监控组)×3(左右维度:左、中、右)×3(前后维度:前、中、后)三因素(其中被试类型为被试间变量)重复测量方差分析。

对在头皮后部诱发的没有明显峰值的ERP成分,采用时间窗口法,并把相近的电极点位置合并成有生理解剖意义的头皮兴趣区(topographical region of interest)(Bosch, Mecklinger & Friederici, 2001)。对于头皮后部,选取11个电极点合并为3个头皮兴趣区:左部脑区(O1, PO5, PO3, P3),中部脑区(Oz, POz, Pz),右部脑区(O2, PO6, PO4, P4),以合并后的头皮兴趣区的平均波幅作为因变量,进行2(被试类型:知觉组、监控组)×3(左右维度:左、中、右)的重复测量方差分析。对于头皮前部,也选取了11个电极点合并为3个头皮兴趣区:左部脑区(FC3, F3, F5, AF3),中部脑区(Fz, FCz),右部脑区(FC4, F4, F6, AF4),进行2(被试类型:知觉组、监控组)×3(左右维度:左、中、右)的重复测量方差分析。

数据分析使用SPSS 10.0软件包,方差分析的p值采用格林豪斯—盖泽法矫正。

二、结果分析

(一)行为数据分析

由于刺激任务本身具有不确定性的特点,因此并不考察被试反应的正确率,只对被试按键的反应时间进行考察。对知觉组被试与监控组被试的反应时进行独立样本t检验(independent-samples T test)发现,监控组被试的反应时间(1210 ms)显著长于知觉组被试(928 ms),$t(25)=2.486$,$p<0.05$。

(二)ERP数据分析

两组被试在完成黑白方块任务时所诱发的ERP总平均波形见图2。通过图2可以看出,两组被试在头皮后部都诱发出P1, N1, P2, N2, P3等ERP成分;在头皮前部出现N1, P1, N2, P2和N3等ERP成分,并且在N3之后,出现晚正波(late positive complex, LPC)。

对头皮后部诱发的P1，N1，P2，N2成分的波幅(峰一峰值)和潜伏期分别进行2(被试类型：知觉组、监控组)×3(左右维度：左、中、右)×3(前后维度：前、中、后)三因素(其中被试类型为被试间变量)重复测量方差分析。统计分析发现P2成分的波幅存在显著的被试类型主效应，$F(1, 25)=5.129$，$p<0.05$，但交互作用没有显著差异。其他成分的波幅和潜伏期均没有发现显著的主效应和交互作用。对于在头皮后部诱发出的P3成分，由于没有明显的峰值，因此选取了时间窗口(300～400 ms)内的平均波幅作为因变量，进行2(被试类型：知觉组、监控组)×3(左右维度：右、中、右)的重复测量方差分析，但没有发现明显的主效应和交互作用。

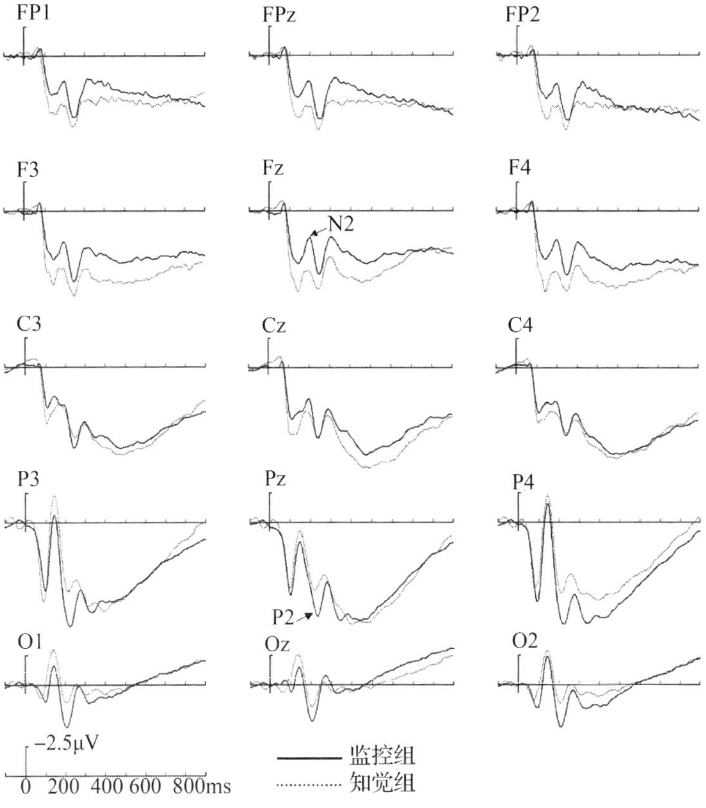

图2　监控组与知觉组ERP总平均波形图

采用与头皮后部相同的统计方法，对头皮前部诱发的P1，N2，P2和N3等ERP成分的波幅(峰一峰值)和潜伏期进行重复测量方差分析。分析结果揭示：两组被试在N2成分的波幅上存在显著差异，$F(1, 25)=4.636$，$p<0.05$，没有发现显著的交互作用。在其他成分的波幅和潜伏期上没有发现显著的主效应和交互作用。对于N3成分之后出现的LPC，采用时间窗口法，根据总波形图，选取了340～440 ms和440～540 ms两个时间窗口，分别进行2(被试类型：知觉组、监控组)×3(左右维度：左、中、右)的重复测量方差分析，两个时间窗口都发现了显著的被试类型主效应，$F_{340\sim440ms}(1, 25)=7.310$，$p<0.05$；$F_{440\sim540ms}(1, 25)=5.641$，$p<0.05$，没有发现明显的交互作用。

三、讨论

本实验采用与以前不同的实验任务范式对不确定监控的认知神经加工过程进行了探索。行为数据分析发现监控组被试的反应时间显著长于知觉组被试，上面已经交代，两组被试面对的实验刺激是相同的，只不过要求知觉组判断两种色块的面积是否相等，而要求监控组判断自己做出准确分辨的确定性如何。根据减法反应时实验逻辑，当两种反应时任务其他方面均相同，而在反应时上存在显著差异时，说明一种反应时任务可能包括了另外一种反应时任务所没有的一个心理加工过程。纳尔逊和纳伦斯认为人类的认知过程存在两个层面的思维活动(Nelson & Narens，1990)，一个是较低级的客体层面(object level)，另一个则是元层面。元层面的活动控制并调节着客体层面的活动，使客体层面的加工发生一定的改变或变化，这种改变是以元层面对客体层面的加工活动所做出的判断和评价为依据的，这种判断和评价就是监控。而林崇德提出的思维的三棱结构模型(Lin & Li，2003)，也提出监控是思维结构中的顶点或最高形式，对认知加工的结果进行评价是其功能之一。这说明确定性判断可能包含了色块是否相等判断所没有的一个心理加工过程，这个心理加工过程可能就是监控，它是元层面对客体层面的加工活动所进行的判断和评价。

这种监控过程的认知神经机制是怎样的呢？为了回答这个问题，对两组被试在完成黑白方块任务时所诱发的ERP成分进行了分析。两组被试在头皮后部诱发的P1(50～110 ms)和N1(110～170 ms)成分的波幅和潜伏期都没有显著的差异，P1和N1成分主要反映大脑后部皮层对视觉刺激物理特性的早期加工，这说明两组被试对任务物理特性的早期加工并没有明显的不同。监控组被试在头皮前部诱发出的N2(160～220 ms)成分的波幅，显著大于知觉组被试，反应/不反应(Go/Nogo)任务、靶目标搜索任务以及其他冲突任务研究都在头皮前部诱发出N2成分(林崇德，2006；Natal & Marzi，2006)。范维恩(van Veen)等人(2002)总结了这些研究，认为N2成分反映了一种监控机制，它的产生源是前扣带回(ACC)。在我们这个研究中，要求监控组被试判断自己做出准确分辨的确定性，这既需要对两种色块大小进行判断，又需要对这种判断的准确性进行元层面的加工，而知觉组被试只需判断两种色块的面积是否相等就可以，因此监控组被试可能需要更多的监控加工，这支持了范维恩等人的结论。我们对与N2成分出现时间相近，在大脑后部出现的P2(170～230 ms)成分的波幅进行分析，发现监控组显著大于知觉组，科特索尼(Kotsoni)认为P2成分是早期视觉皮层再次激活的一个指标，可能反映了从高级大脑皮层到低级视觉皮层的信息逆向反馈(Kopp & Mattler，1996)。我们认为本研究发现的N2与P2成分可能反映了两个相关联的加工，通过图3的N2与P2成分的脑地形图可以更形象地揭示，监控组大脑前部出现N2成分时，大脑后部诱发的ERP成分比知觉组明显地更为正走向。这可能反映了如下的认知神经加工过程：大脑前部额叶首先进行监控加工，根据监控加工的结果对后部低级视觉皮层进行信息的逆向反馈，琼克曼(Jonkman，2006)认为N2成分的波幅反映了对一些加工投入注意资源的程度，这说明前部额叶对监控加工投入的注意资源越多，可能从前部额叶逆向反馈给后部低级视觉皮层的信息量就越大，因此诱发出波幅较大的P2成分。进一步推论，在完成一项需要自我监控参与的任务时，不同脑区的活动可能也存在层级的差异，即进行监控加工所激活的脑区可能对负责完成具体认知加工任务的脑区存在某种“调节”机制，不同脑区之间的“调节”机制可能正是监控对认知加工过程的调节作用在大脑活动中的反映。但是这种“调节”机制是否普遍存在？另外，本研究让被试完成的任务比较简单，在完成比较复杂的认知加工任务时，监控如何发挥作用，它们的认知神经加工机制是怎样的，还需要进一步的研究来进行探索和揭示。

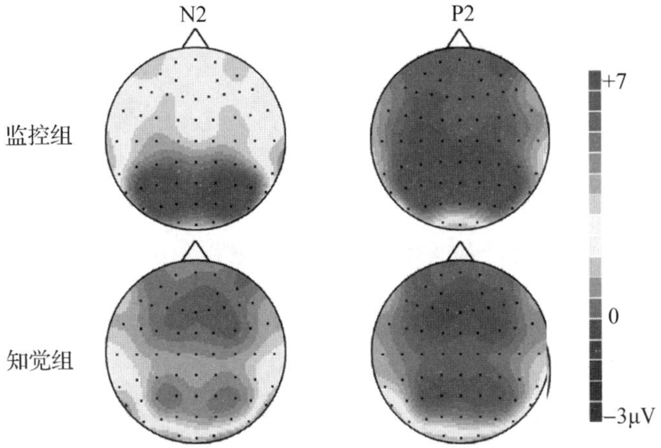

图 3　监控组与知觉组 N2 和 P2 成分的脑地形图

此外，我们还对大脑头皮前部的晚期成分进行了分析，发现监控组被试与知觉组被试在 P340—440 和 P440—540 两个时间窗口诱发出的 ERP 平均波幅存在显著差异，监控组被试诱发的 ERP 成分与知觉组相比更为负走向，在 540 ms 后，这种差异消失。这个结果说明前额叶在监控加工后期起到非常重要的作用，与知觉视觉刺激相比，监控需要前额叶投入更多的资源，且这种资源的投入在刺激出现后的 540 ms 左右完成。

参考文献

[1]Fernberger S W. The effect of the attitude of the subject upon the measure of sensitivity[J]. The American Journal of Psychology，1914，25(4)：538-543.

[2] Flavell J H. 2003. Varieties of uncertainty monitoring[J]. Behavior and Brain Sciences，26(3)：344.

[3] Lin Chongde & Li Tsingan. Multiple intelligence and the structure of thinking[J]. Theory & Psychology，2003，13(6)：829-845.

[4]Nelson T O & Narens L. Metamemory：a theoretical framework and new finding[J]. The Psychology of Learning and Motivation，1990，26：125-173.

[5]Smith J D，et al. The uncertain response in humans and animals[J]. Cognition，1997，62：75-97.

延迟干扰对空间工作记忆信息再认的影响*

空间工作记忆主要负责对物体的空间位置进行加工和存储(Baddeley, 1992, 2003)。研究者经常采用在延迟期间呈现次级干扰任务的方法来考察空间工作记忆的认知神经加工机制。行为实验(Awh, et al., 1998; Smyth & Scholey, 1994; van der Stigchel, Meeter & Theeuwes, 2007)发现，在空间工作记忆的延迟阶段呈现一些需要注意转移的次级任务时，被试的成绩出现显著下降。叶哈(Jha, 2002)在一项ERP研究中发现，空间工作记忆信息的延迟阶段，出现一个探测刺激(呈现时间为31 ms)，当探测刺激出现在记忆位置上时，在枕颞部位诱发的P1和N1成分的波幅显著大于非记忆位置，并且P1和N1成分的波幅在空间信息复述的早期阶段和晚期阶段没有显著差异。爱瓦等人发现空间工作记忆与空间选择性注意诱发出的P1和N1成分的波幅和峰潜时非常相似，两种条件下得到的脑地形图也非常接近(Awh, Vento & Hillyard, 2000)。fMRI(Awh, Jonides & Smith, 1999)以及事件相关电位的fMRI(Postle, Awh & Jonides, 2004)也证明，当被试执行空间工作记忆任务时，大脑激活模式与完成空间选择性注意任务时非常相似。这些研究的实验任务都采用了延迟匹配的范式，这种范式可以分为相对独立的三个阶段：记忆任务呈现阶段(编码阶段)、延迟阶段(保持阶段)和反应阶段(再认或回忆阶段)(Leung, et al., 2005)。以往研究对记忆任务的编码和保持两个加工阶段关注较多，而对再认或回忆阶段的研究较少。

脑机制研究表明，再认或回忆阶段的大脑活动与编码和保持阶段具有不同的特点。兰加纳思(Ranganath)发现，面孔再认时，前额皮质前端(anterior portion of the prefrontal cortex)的激活水平显著高于对面孔进行编码和保持时的激活水平(Ranga-

* 本文原载《自然科学进展》2009年第5期。本文其他作者为罗良、刘兆敏、申继亮、黄四林、陈桄。

nath & Johnson，2003）。有研究进一步发现，前额皮质前端还受到探测类型的影响，与正探测(positive probes)相比，负探测(negative probes)引起前额皮质前端更大的活动。张(Zhang)及其同事(2003)也观察到正确的负探测比正确的正探测在前扣带回(anterior cingulate)，额中回(middle frontal gyrus，包括双侧 BA9，右侧 BA10 和右侧 BA46)和左侧额下回(left inferior frontal gyrus，包括 BA44 和 BA45)等前部脑区引发的信号更强(Zhang，Leung & Johnson，2003)。此外，刘(Liu)等人利用 ERP 就延迟干扰任务对言语工作记忆回忆加工的影响进行了研究，发现延迟阶段选择性注意任务的刺激类型对言语信息提取的 ERPs 没有显著影响。延迟阶段出现的干扰任务对空间信息再认阶段的大脑皮层活动产不产生影响？如果产生影响，在 ERPs 成分上有何表现？这些问题目前还没有答案，以往研究只发现了延迟干扰引起空间工作记忆再认(回忆)行为成绩的下降。

本研究在空间工作记忆的延迟阶段出现需要被试按键反应的形状判断任务，形状判断任务出现的位置与记忆位置之间的关系构成一个自变量——位置类型，分为两个水平：位置相同和位置不同。另外，空间信息的再认阶段的探测类型也作为一个自变量，包括两个水平：正探测和负探测，我们主要利用 64 导 ERP 技术，对位置相同—正探测、位置相同—负探测、位置不同—正探测、位置不同—负探测四种条件下的行为数据和 ERP 成分进行比较分析，考察形状判断任务出现位置的不同(位置相同和位置不同)对空间位置信息的再认产生什么样的影响，这种影响在不同探测类型间(正探测和负探测)有何差异。

一、研究方法

(一)被试

某大学 15 名本科生和研究生，其中男 9 名，女 6 名，年龄为 20～24 岁，平均年龄 21.6 岁。这些被试全部为右利手，身体健康，无脑部损伤和神经系统疾病历史，视力或者矫正视力正常。实验进行前，让被试填写基本信息和阅读实验知情同意书并签字，实验完成后给予被试有限的报酬。

(二)实验材料与实验程序

空间工作记忆任务采用延迟匹配的实验范式，在空间工作记忆任务的延迟阶段出现无关干扰任务——形状判断任务。首先给被试呈现一个空间工作记忆目标，要求被试记住一个客体的位置；接下来进入空间工作记忆延迟阶段，延迟阶段将出现一个形状判断任务，让被试判断出现图形的形状；延迟阶段结束后，出现空间工作记忆探测刺激，让被试按键反应。为了在探测阶段能够做出正确的反应，被试需要在整个延迟阶段，把对空间工作记忆目标阶段出现的客体的位置的记忆保持住。实验刺激具体呈现顺序和时间进程如下(见图1)。

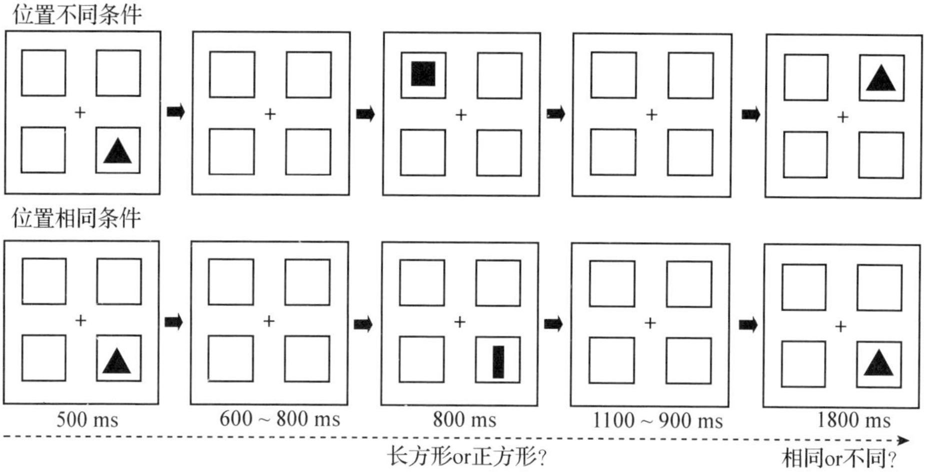

图1　实验任务举例

(1)目标阶段：在屏幕中央呈现一个10°×10°二维矩阵，二维矩阵中间存在一个“+”，视角为0.96°×0.96°，要求被试在这一个序列中，都要把注视点集中在这个“+”上。“+”的左上、右上、左下、右下各有一个2.77°×2.77°的方框，四个方框与“+”之间的距离相等。在每一次的记忆任务中，有一个视角为1.9°×1.7°的实心等边三角形随机出现在四个方框中的一个，要求被试记住实心等边三角形出现的位置。空间工作记忆目标阶段持续时间为500 ms。

(2)延迟阶段：空间工作记忆目标阶段持续500 ms后，实心等边三角形消失，开始进入延迟阶段，整个延迟阶段持续时间为2500 ms。延迟阶段开始后的600～800 ms，会有一个实心正方形(视角为1.52°×1.52°)或者实心长方形(视角为0.77°×2.01°)随机出现在四个方框中的一个，要求被试判断图形的形状，用左、右手按相应的键。正方形与长方形出现的比例各为50%，并进行随机排列，图形在屏幕上停留800 ms。实心正方形或长方形消失后的延迟时间等于2500 ms减去形状判断任务呈现时间800 ms，再减去形状判断任务前的延迟时间(600～800 ms)，因此形状判断任务后的延迟时间在900～1100 ms随机。

(3)探测阶段：延迟阶段结束后，与目标阶段相同的一个实心等边三角形随机出现在四个方框中的一个，让被试判断实心等边三角形出现的位置与目标阶段是否相同，相同按一个键，不同按另外一个键。任务中正负探测的比例各为50%，并进行随机排列。探测阶段持续时间为1800 ms。

被试以左、右手大拇指按反应盒上的两个键，在形状分辨任务中，用于判断出现图形是正方形还是长方形；在空间工作记忆任务中，用于判断探测阶段三角形位置是否与目标阶段刺激相同。左、右手所对应的反应键在被试之间进行平衡。此外，在每个目标阶段之前加了一个提示线索，提示线索呈现时间为400 ms，与目标阶段的掩蔽间隔为400 ms。系列与系列之间的间隔时间为500 ms。刺激呈现程序采用神经扫描公司的斯蒂姆2(Stim 2)软件编制。

(三)实验设计

实验构成两因素被试内实验设计，第一个自变量，空间工作记忆目标阶段三角形出现位置与延迟干扰任务中图形出现的位置之间的关系(简称位置关系)，分为两个水平：位置相同，位置不同；第二个自变量，空间工作记忆再认阶段的探测类型：正探测(探测阶段实心等边三角形出现位置与目标阶段时相同)，负探测(探测阶段实心等边三角形出现位置与目标阶段时不同)。两个变量组合为四个实验条件：位置相同—正探测、位置相同—负探测、位置不同—正探测、位置不同—负探测。

(四)ERP 记录

实验设备为美国神经扫描公司生产的 64 导 ERP 记录与采集系统和银/氯化银电极帽，电极点分布依照国际 10-20 标准记录系统，以左侧乳突为参考电极，额外加一导(第 65 导)用于记录右侧乳突的电位(数据处理时，其他作用电极的电位均减掉该导记录电位的 1/2)，前额接地，同时记录水平眼电和垂直眼电。滤波带通为 0.05～100 Hz，连续采样，采样频率为 500 Hz/导，头皮电阻均降至 5 kΩ 以下。自动矫正眨眼伪迹，波幅大于±100 μV 者在叠加中被自动剔除。整个实验在天津师范大学心理与行为研究院认知神经科学实验室完成。

(五)ERP 数据分析

1. 行为数据

反应时定义为需要按键的刺激出现到被试按键之间的时间。只对正确反应的反应时进行平均。

2. ERP 数据

对记录获得的连续 EEG 数据进行离线(off-line)分析，分析时程(epoch)为 900 ms，其中刺激前 100 ms 作为基线。对延迟干扰任务和空间工作记忆任务都正确的系列进行叠加，得到空间工作记忆再认阶段的 ERPs，包括：位置相同—正探测条件下的 ERPs，位置相同—负探测条件下的 ERPs，位置不同—正探测条件下的 ERPs，位置不同—负探测条件下的 ERPs。根据 ERP 平均波形图，对有明显峰值的 ERP 成分，以 ERP 成分在代表性电极点上的波幅和潜伏期为因变量。对没有明显峰值的 ERP 成分，采用时间窗口法，以时间窗口内的平均波幅为因变量。由于在不同处理条件中需要分析的 ERPs 成分在不同脑区有不同的表现，因此针对不同的 ERPs 成分会选择不同的脑区和电极进行分析。数据分析使用 SPSS 10.0 软件包，采用重复测量的方差分析，方差分析的 p 值采用格林豪斯－盖泽法矫正。

二、结果分析

(一)行为数据

以空间工作记忆任务的反应时为因变量，进行2(位置条件：位置相同、位置不同)×2(探测类型：正探测、负探测)的重复测量方差，分析发现：存在显著的探测类型主效应，$F(1, 14)=28.332$，$p<0.001$；没有发现显著的位置条件主效应($p>0.05$)；位置条件与探测类型之间的交互作用显著(见图2)，$F(1, 14)=14.286$，$p<0.01$。进一步简单效应分析发现，在正探测条件下，位置不同条件的反应时显著短于位置相同条件，$F(1, 14)=7.65$，$p<0.05$；在负探测条件下，位置不同条件的反应时显著长于位置相同条件，$F(1, 14)=6.33$，$p<0.05$。以正确率为因变量进行重复测量方差分析，没有发现显著的反应类型($p>0.05$)和位置条件($p>0.05$)主效应，也没有发现二者显著的交互作用($p>0.05$)(见表1)。

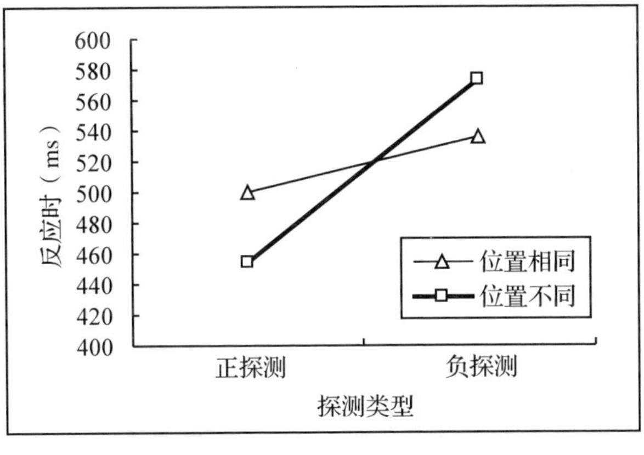

图2 位置条件与探测类型之间的交互作用图

表1 延迟干扰任务和空间工作记忆任务的反应时和正确率

	形状辨认任务		空间工作记忆任务			
	一致	不一致	一致		不一致	
			正确	错误	正确	错误
反应时/ms(*SE*)	463 (69.9)	497 (64.9)	500 (118.7)	536 (148.0)	455 (100.8)	573 (146.0)
正确率/%(*SE*)	95.43 (4.08)	93.56 (3.40)	95.60 (1.00)	94.8 (1.1)	93.90 (1.60)	93.5 (1.1)

(二)ERP 数据

在不同条件下，空间工作记忆再认阶段诱发的 ERPs 见图 3。通过图 3 可以看出，四种条件都在顶区(Pz，P1，P2)部位的电极点诱发出明显的 P1(80～120 ms)，N1(120～170 ms)；正探测的两种条件(位置相同—正探测条件和位置不同—正探测条件)在枕区(Oz，O1，O2)诱发出明显的 P1 成分，但是负探测的两种条件(位置相同—负探测条件和位置不同—负探测条件)诱发的 P1 成分不明显；除了位置相同—负探测条件外，其他三种条件都在枕区(Oz，O1，O2)部位的电极点上诱发出明显的 N1 成分；四种条件都在额区、中央区和顶区诱发出明显的 P300 成分(270～400 ms)。

由于负探测下的两种位置条件在枕区诱发的 P1 成分波峰不明显，因此选取 80～120 ms 时间窗口，头皮后部的枕区(Oz，O1，O2)和顶区(Pz，P1，P2)电极点上的平均波幅作为因变量，进行 2(位置条件：位置相同、位置不同)×2(探测类型：正探测、负探测)×3(左右维度：左、中、右)×2(脑区：顶区、枕区)四因素重复测量方差分析，统计分析发现，探测类型上存在显著的主效应，$F(1, 14)=10.391$，$p<0.01$，正探测(0.831 μV)显著正于负探测(0.103 μV)。

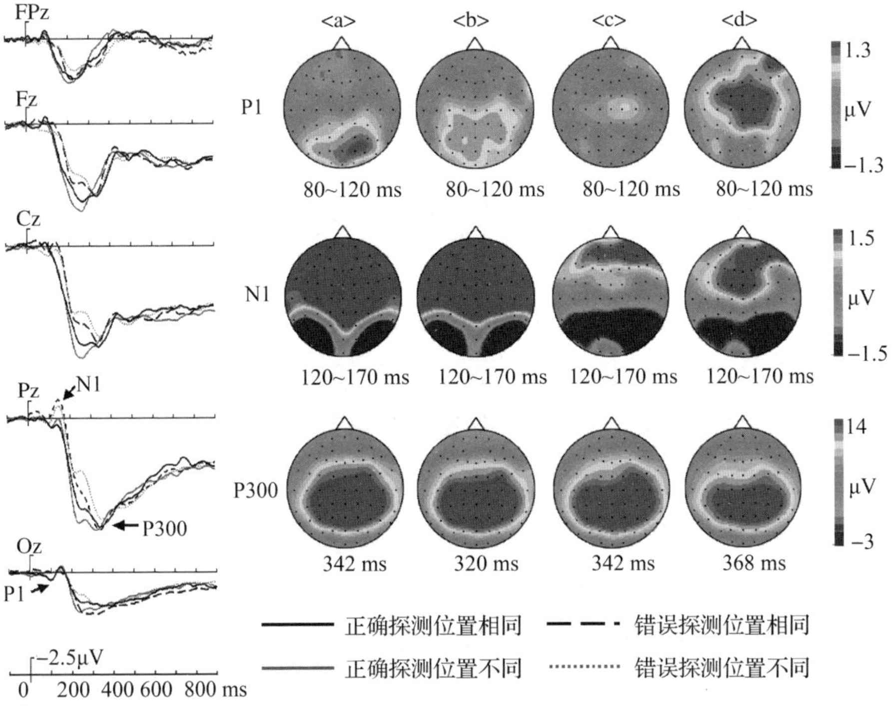

图 3 空间工作记忆再认阶段的波形及其各成分脑地形图

注：<a>表示位置相同—正探测条件；<b>表示位置不同—正探测条件；<c>表示位置相同—负探测条件；<d>表示位置不同—负探测条件。

在位置相同—负探测条件下，枕区诱发出的 N1 成分波峰也不明显，因此，对 N1 成分的分析采用与 P1 成分相同的方法，以 N1 成分的 120～170 ms 时间窗口的平均波幅[枕区(Oz，O1，O2)和顶区(Pz，P1，P2)]为因变量，进行统计分析，发现：探测类型与脑区之间存在显著的交互作用，$F(1, 14)=43.945$，$p<0.001$，简单效应分析发现，在顶区，在负探测条件(−4.686 μV)下的 N1 波幅显著负于正探测条件(−2.649 μV)，$F(1, 14)=7.467$，$p<0.05$，在枕区，正探测条件(−3.702 μV)下的 N1 波幅显著负于负探测条件(−2.555 μV)，$F(1, 14)=7.518$，$p<0.05$；位置条件、探测类型与脑区三者之间的交互作用也显著，$F(1, 14)=7.311$，$p<0.05$。进一步简单效应分析揭示，在顶区，正探测条件下，位置相同条件与位置不同条件之间没有显著差异，$F(1, 14)=2.357$，$p>0.05$，在负探测条件下，位置相同条件与位置不同条件之间的差异也不显著，$F(1, 14)=2.053$，$p>0.05$；在枕区，正探测条件下，位置相同条件与位置不同条件之间没有显著差异，$F(1, 14)=0.092$，$p>0.05$，在负探测条件下，位置相同与位置不同之间的差异也不显著，$F(1, 14)=0.299$，$p>0.05$。

四种条件都在额区(Fz，F3，F4)，中央区(Cz，C3，C4)，顶区(Pz，P3，P4)诱发出明显的P300，选取这三个脑区的电极点上诱发出的P300的波幅和潜伏期作为因变量，进行2(位置条件：位置相同、位置不同)×2(探测类型：正探测、负探测)×3(脑区：额区、中央区、顶区)×3(左右维度：左、中、右)四因素重复测量方差分析。对波幅的统计分析发现：位置条件与探测类型之间存在显著的交互作用，$F(1, 14)=5.649$，$p<0.05$，但是分别对负探测与正探测两种条件下的位置相同和位置不同进行比较，并没有发现显著的简单效应。对潜伏期进行分析时，发现探测类型存在显著的主效应，$F(1, 14)=7.810$，$p<0.05$，正探测的潜伏期(300 ms)显著短于负探测条件(321 ms)；位置条件与探测类型之间存在显著的交互作用，$F(1, 14)=16.458$，$p<0.01$，进行简单效应分析发现：在负探测条件下，位置相同与位置不同之间有显著的差异，$F(1, 14)=7.43$，$p<0.05$，位置相同条件(310 ms)下的P300潜伏期显著短于位置不同条件(331 ms)；在正探测条件下，位置相同与位置不同之间也存在显著的差异，$F(1, 14)=10.01$，$p<0.01$，位置相同条件(314 ms)下的P300潜伏期显著长于位置不同条件(286 ms)。

三、讨论

本实验采用延迟匹配的实验范式，在空间工作记忆延迟阶段呈现干扰任务，行为和ERP数据分析发现，形状判断任务出现位置的不同对空间位置信息的再认产生影响，这种影响在不同探测类型间存在差异。

对空间工作记忆再认的反应时进行分析发现，位置条件与记忆探测类型之间交互作用显著。对交互作用的简单效应分析揭示，在正探测条件下，位置不同条件下的反应时显著短于位置相同条件，普拉特和艾布拉姆斯(Pratt & Abrams，1995)在一项使用两次线索化方法进行的返回抑制(inhibition of return)研究中发现，与两次提示线索位置不同相比，两次提示线索位置相同时对线索位置产生的抑制显著增加，这个结果与本研究的发现类似。因为对于位置相同—正探测条件来说，记忆目标、延迟干扰刺激和记忆探测刺激三者出现在同一个位置上，记忆目标和延迟干扰刺激的作用相当于普拉特和艾布拉姆斯研究中的两次提示线索，因此导致了抑制的增加，使反应时变长。有一点值得注意，本实验与普拉特和艾布拉姆斯的实验在提示线索的性质上存在本质区别，普拉特和艾布拉姆斯的实验采用的提示线索是在一个线索位置上突然出现刺激物，来捕获被试的注意，并不需要被试做出任何反应，这属于反射性注意(reflexive attention)的范畴(Hopfinger，Luck & Hillyard，2004；Mayer，Dorflinger & Rao，2004)，而本实验中，被试要完成探测任务，必须对记忆目标进行有意识的编码，而且延迟干扰刺激也要求被试做出反应，这些都是目标导向的加工，属于有意注意(voluntary attention)的范畴(Hopfinger，Luck & Hillyard，2004；Mayer，Dorflinger & Rao，2004)。但是，两个实验结果的相似性说明，有意注意可能也存在类似返回抑制的现象。位置条件与记忆探测类型交互作用的简单效应分析还发现，在负探测条件下，位置不同条件下的反应时比位置相同时要长，这与实验前的预期不同，因为探测刺激并不出现在记忆目标和延迟干扰刺激的位置上，一个可能的原因是位置不同—负探测条件，记忆目标出现的位置、延迟干扰刺激的位置、记忆探测出现的位置都是不一样的，很显然在这种条件下做出按键决策，要比位置相同—负探测条件(记忆目标出现的位置和延迟干扰刺激的位置相同)难，需要更多的评估，这可能是位置不同—负探测条件的潜伏期比位置相同—负探测条件长，反应速度也慢的原因，但是这种推测还需要从 ERP 数据中寻求支持。

对四种再认条件下诱发的 N1 和 P1 成分进行分析揭示，在枕区，正探测条件下诱发的 P1 和 N1 的波幅大于负探测条件；在顶区，正探测条件下的 P1 的波幅也大于负探测条件，但对于 N1 的波幅，负探测条件显著大于正探测条件。经典的空间选择性注意的 ERP 研究发现(Mangun & Hillyard ，1991)，有效提示下的靶刺激由于总是出现在预先已受到注意的范围内，相对于无效提示来说，有效提示下的行为反应成绩更好，早期ERP成分也较无效提示下的波幅增大，这反映了早期视觉注意的一种自上而下的、对于感知觉加工的“增益调节”机制。本实验的空间工作记忆任务，正探测表示记忆探测出现的位置与记忆目标阶段相同，而负探测则表示二者位置不同，从这个角度分析可以看出，上面的结果与选择性注意经典效应是一致的。在枕区，位置相同条件诱发的P1和N1的波幅显著大于位置不同条件，这说明在再认阶段，“增益调节”机制依然在发挥作用，证明了空间选择性注意到了再认阶段依然在发挥作用。进一步细致分析，正探测条件又可分为延迟阶段干扰刺激与空间工作记忆目标阶段位置相同和延迟阶段干扰刺激与空间工作记忆目标阶段位置不同两种情况，统计分析以及脑地形图显示，再认阶段二者在P1和N1上并没有出现差异，这个结果说明，中间出现的不同位置的延迟干扰刺激对再认阶段的早期视知觉加工阶段没有影响。

此外，研究发现在正探测条件下，位置相同条件下的P300潜伏期显著长于位置不同条件；而在负探测条件下，位置相同条件下的P300潜伏期显著短于位置不同条件，这与反应时数据分析揭示的趋势完全一致。麦卡锡(McCarthy)发现，P300与刺激评估过程有关(McCarthy & Donchin，1981)，普里查德(Pritchard)的研究进一步表明，P300的潜伏期反映了刺激评估过程中P300产生之前的加工阶段的速度(Pritchard，Houlihan & Robinson，1999)，而周(Zhou)认为P300除了反映反应选择外，可能还反映了更一般的人类决策加工(Zhou，Zhang & Tan，2004)。前面已经提到位置相同—正探测条件下，记忆目标出现的位置、延迟干扰刺激的位置、记忆探测出现的位置是一致的，由于记忆探测出现的位置在延迟阶段已经出现过一次，可能造成被试在做出按键决策之前，更加谨慎，进行更多的刺激评估，因此引起潜伏期变长，反应速度变慢，可能是出现类似返回抑制行为结果的原因。而在负探测条件下，位置相同条件下的P300潜伏期显著短于位置不同条件的结果，支持了前面的推测，即在位置不同—负探测条件下，由于记忆目标出现的位置、延迟干扰刺激的位置、记忆探测出现的位置都不同，因为做出按键决策，需要更多的评估，这可能是位置不同—负探测条件的潜伏期比位置相同—负探测条件长，反应速度也慢的原因。这个结果表明前面出现的干扰刺激的位置对被试的再认阶段产生了影响，这种影响的发生可能也是由于干扰刺激消失后，干扰刺激出现过的位置在记忆中仍留有痕迹，进入记忆探测阶段后，大脑对这些信息进行了评估和加工，并把它们作为反应决策的依据之一。

参考文献

[1]Baddeley A D. Working memory[J]. Science，1992，255：556-559.

[2]Baddeley A D. Working memory：looking back and looking forward[J]. Nature Reviews Neuroscience，2003，4(10)：829-839.

[3]Hopfinger J B，Luck S J & Hillyard S A. Selective attention：electrophysiological and neuromagnetic studies. In Gazzaniga M S (ed.). The Cognitive Neurosciences [M]. Cambridge：MIT Press，2004：561-574.

[4] Pratt J & Abrams R A. Inhibition of return to successively cued spatial locations[J]. Journal of Experimental Psychology：Human Perception and Performance，1995，21(6)：1343-1353.

[5] Smyth M M & Scholey K A. Interference in immediate spatial information[J]. Memory & Cognition，1994，22：1-13.

特质社会风险寻求如何促进普遍信任：来自脑电位和神经震荡的证据*

一、引言

群体间合作行为，如全球贸易和民间交易，使得现代社会繁荣发展(Fukuyama，1995；Putnam，2000)。但是，群际合作容易受到机会主义和内群体偏见的影响(Yamagishi，2011)。因此，那些能减少群际疑虑的心理润滑剂对于跨群体的经济与社会交易变得至关重要。据此来看，我们并不会对多种社会学科领域(如经济学、社会学、政治学和心理学)中信任研究的快速发展感到惊奇。这些研究都强调普遍信任，即选择依赖并信任陌生人的意愿(Thielmann & Hilbig，2015)，对现代社会的经济、社会和政治领域发展的促进作用。

到底是什么动机驱使人们去信任陌生人并与之合作的呢？先前研究已经聚焦于信任者对受托者仁慈性的预期(Balliet & van Lange，2013)，信任者自身的亲社会性(Cox，2004；Yamagishi，et al.，2015)，合作性社会规范等(Dunning，Anderson，Schlösser，Ehlebracht & Fetchenhauer，2014；Schlösser，Mensching，Dunning & Fetchenhauer，2015)。另一方面，虽然信任的定义中包含风险性的社会相依(Das & Teng，2004；Rousseau，Sitkin，Burt & Camerer，1998；Thiemann & Hilbig，2015)，但是先前研究尚未发现人们的风险特质(风险寻求或风险厌恶)与普遍信任之间存在稳定一致的联系。此议题也引起了研究者对风险态度如何操纵化和测量的讨论。普遍信任往往被视为经济风险的一种特例，但是越来越多的研究表明信任他人所涉及的风险本质上是社会属性的，而且普遍信任更可能与社会风险偏好而非经济赌博偏好有关

* 本文原载《实验心理学杂志：总论》(*Journal of Experimental Psychology*：*General*) 2017 年第 8 期。本文其他作者为王益文、敬一鸣、张振、Emilio Valadez。

(Aimone & Houser, 2012; Bohnet & Zeckhauser, 2004; Fehr, 2009; Lauharatanahirun, Christopoulos & King-Casas, 2012)。

当前研究旨在探究个体的社会风险寻求特质如何促进普遍信任的大脑加工过程。社会风险寻求易化普遍信任的机制目前尚未得到妥善探讨。同时，目前只有很少的脑成像研究尝试检验陌生人之间的信任(Wang, Zhang, Jing, Valadez & Simons, 2016)。而且，社会风险寻求的个体差异如何调控信任陌生人的神经机制也未得到清晰的阐明。我们通过要求高社会风险寻求者和低社会风险寻求者扮演单次信任博弈(Berg, Dickhaut & McCabe, 1995)中的信任者，与不同的陌生人完成互动，并通过探究整个互动过程中的大脑动态活动来阐明上述问题。具体言之，我们记录了被试在博弈决策阶段和结果评价阶段中的脑电波(electroencephalograms, EEGs)，据此描绘高时间分辨率的大脑活动。

(一)社会风险寻求和普遍信任

鉴于(a)陌生人不熟悉彼此的声誉，(b)相比于熟人，合作规范在陌生人之间是比较弱的，因此信任陌生人是一种风险决策(Yamagishi, 2011)。从经济理性的视角来看，信任陌生人非常类似于赌博；信任者将自身置于弱势地位，试图基于运气或概率从受托者的合作行为中获益。这种理性经济模型预测人们对经济风险的耐受性能够影响普遍信任。但是，实证数据却彼此矛盾。一些研究确实证实了那些更偏好经济风险的人们往往更愿意相信陌生人(Lönnqvist, Verkasalo, Walkowit & Wichardt, 2015; Sapienza, Toldra-Simats & Zingales, 2013)，但另一些研究则发现经济风险态度和普遍信任之间没有统计意义上的联系(Dunning, et al., 2014; Eckel & Wilson, 2004; Houser, Schunk & Winter, 2010)。

另一方面，越来越多的学者开始认为普遍信任所涉及的风险完全不同于经济风险。有研究表明，相比于经济赌博风险而言，人们更不愿意承受背叛的风险，这种效应被称为背叛厌恶(Bohnet & Zeckhauser, 2004; Bohnet, Greig, Herrmann & Zeckhauser, 2008)。这就意味着背叛厌恶潜含着遭受欺骗的恐惧；遭受他人的有意背叛要比由随机机制导致的经济损失更令人感到糟糕，因此人们往往会选择回避社会风险(Aimone & Houser，2012；Aimone，Houser & Weber，2014)。事实上，先前研究已经发现神经递质催产素能够增强人们的普遍信任，但却无法改变其对非社会风险任务的耐受性(Kosfeld，Heinrichs，Zak，Fischbacher & Fehr，2005)。更重要的是，催产素促进信任的机制必须依赖负责恐惧加工的杏仁核激活程度的减弱(Baumgartner，Heinrichs，Vonlanthen，Fischbacher & Fehr，2008)。这些证据都强烈地暗示，社会风险寻求和经济风险寻求具有本质性区分，而且普遍信任可能更多地依赖社会风险寻求(Fehr，2009)。

(二)普遍信任的脑基础：社会风险寻求是一种潜在的调控因素

当前研究聚焦于社会风险寻求偏好能否调控普遍信任中博弈决策与结果评价的大脑加工过程。我们将社会风险寻求定义为，个体参与那些可能对其社会幸福造成不确定结果的所有活动的意愿。新近研究已经表明社会风险寻求特质是一种比较稳定的人格特质，并且与个体的普遍信任存在显著正相关(Josef，et al.，2016)。社会风险寻求特质可能会缓解背叛恐惧，进而提升个体探索外部积极社会经验的意愿(Thielmann & Hilbig，2015；Yamagishi，2011)。依据这种观点，高、低社会风险寻求者对普遍信任加工时可能存在不同的大脑活动。

(三)事件相关单位(event-related potential，ERP)成分

以往研究已经采用多种技术(如功能脑成像、基因分析等)探讨了信任的神经基础(Riedl & Javor，2012；Wang，et al.，2016)。我们之前的ERP研究发现，不信任选择比信任选择诱发更负的N2成分(Wang，et al.，2016)。N2成分是一种额中央分布的脑电成分，溯源于前扣带回区域(Yeung，Botvinick & Cohen，2004)。动物和人类的研究证据已经表明额中线N2成分是一种涉及冲突检测或反应抑制的前运动认知加工(Huster，Enriquez-Geppert，Lavallee，Falkenstein & Herrmann，2013)。一般而言，较大的N2成分往往与认知需求任务中注意力或认知控制的增强有关(如go/no-go任务和flanker任务；Folstein & van Petten，2008)。

正如我们先前研究所发现的，不信任选择比信任选择诱发更大的 N2 成分(Wang, et al., 2016)，这可能反映了不信任选择是偏离日常的合作性规范(Dunning, et al., 2014; Schlösser, et al., 2015)，因此需要付诸更多的认知控制资源。我们提出假设 1：相比于低社会风险寻求者，高社会风险寻求者应该存在更强的 N2 效应(不信任选择比信任选择诱发更大的 N2 波幅)。这种预测反映了高社会风险寻求者往往存在更强的承受社会风险能力，并更愿意信任陌生人。

另一方面，我们先前的研究发现，信任后的损失反馈(遭到陌生人的剥削)要比获益反馈(得到陌生人的互惠)诱发更负的反馈相关负波(feedback-related negativity, FRN)。FRN 也是一种溯源于前扣带回(Gehring & Willoughby, 2002)和纹状体(Foti, Weinberg, Dien & Hajcak, 2011)的额中央分布的负波。大量 ERP 研究发现 FRN 与奖赏预期错误有关(Sambrook & Goslin, 2015)。传统理论观点认为 FRN 是一种由超乎预期的错误或损失引起的负性成分(Holroyd & Coles, 2002; Sambrook & Goslin, 2015)，但是新近研究证据却表明 FRN 可能是一种奖励正波，预期奖励缺失往往会导致 FRN 波幅的降低或缺失(Proudfit, 2015)。

先前研究发现损失反馈比获益反馈诱发更大的 FRN(Wang, et al., 2016)，表明信任背叛会使信任者感到惊讶(奖励预期违背)。我们提出假设 2：相比于高社会风险寻求者，低社会风险寻求者应该会存在更强烈的 dFRN(differential FRN)。由于高社会风险厌恶者可能会更加负性地看待超乎预期的损失(Thielmann & Hilbig, 2015)，因此他们也会表现出更大的奖励预期错误和 dFRN 效应(Zheng & Liu, 2015)。

(四)时频分析能量成分

除了 ERP 分析之外，我们也进行了单试次 EEG 数据的时频分析。大量研究表明时频分析技术能够提供不同频段能量变化状态，可能提供一些 ERP 叠加方法所忽视的其他信息(Cohen, Elger & Ranganath, 2007; Pfurtscheller & Lopes da Silva, 1999)。基于当前研究兴趣的考量，先前研究表明 β 频段(12～30 Hz)可能与认知控制有关(Aron, 2011; Huster, et al., 2013)。例如，go/no-go 任务中抑制反应往往会导致右侧额下回和前辅助运动区域上β频段能量的增强(Swann, et al., 2012)。

另外，先前研究也表明奖赏学习任务中负性反馈比正性反馈诱发更大的额中线θ频段(4～8 Hz)活动(Cavanagh & Frank, 2014; Cavanagh, Zambrano-Vazquez & Allen, 2012; Cohen, et al., 2007)。额中线θ频段震荡可能溯源于前扣带回(Christie & Tata, 2009)，反映了错误检测相关的大脑活动(Cavanagh & Shackman, 2015)。在当前研究中，我们同样对ERP和时频分析如何彼此协作共同有益于理解社会风险寻求提升普遍信任的机制感兴趣。

二、研究方法

(一)被试

41名中国大学生参与了当前实验，其中一名被试由于脑电数据存在较多伪迹而被剔除。最终，40名被试为有效被试，一半为男生，年龄范围为18～22岁，平均年龄为19.73±1.01岁。

被试选自一个较大的在校大学生样本池，共包含429名学生，其中54%为男生，平均年龄为19.50岁。所有样本池内的学生都需要填写特定领域风险量表(Domain-Specific Risk-Taking Scale, DOSPERTS; Blais & Weber, 2006)。依据全体样本社会风险量表得分的分布，处于前20%分布的20名被试(8名女性，平均年龄为19.75岁)被划分为高社会风险组，处于后20%分布的20名被试(12名女性，平均年龄为19.70岁)被划分为低社会风险组。考虑到事先效力分析发现每组只需17名被试即可有80%的把握在95%显著水平上检测到较大的效应(Cohen's $d=1.00$)，因此当前两个实验样本量均设定为每组20名被试。同时，先前类似的ERP研究也采用相似的样本大小来检验风险特质的效应(Zheng & Liu, 2015)。

所有被试均为右利手，视力或者矫正视力正常，没有精神病史。所有被试在实验前都签署了知情同意书。依据被试在博弈任务中的最终收益，实验结束后给予一定报酬。整个研究程序得到当地伦理委员会的批准，并且遵循美国心理学学会的道德标准。

(二)自我报告的问卷

作为被试筛选的基础，我们在完成EEG实验前对大学生样本池进行了一系列自我报告的问卷测量。

特定领域风险量表(DOSPERTS；Blais & Weber，2006)被用来评估被试参与五种领域(如经济、社会、健康、道德和休闲)的风险性行为的倾向性。先前研究发现DOSPERTS得分具有跨时间的稳定性(Drichoutis & Vassilopoulos，2016)，表明该量表能够度量人格特质。更重要的是，DOSPERTS中经济风险分量表和社会风险存在分量表具有良好的区分度。例如，有研究发现问题赌博行为往往与经济风险存在显著正相关(Mishra，Lalumière & Williams，2017)，而感知关系流动性则与社会风险存在显著正相关(Li，Hamamura & Adams，2016)。基于当前研究的目的，我们采用经济风险分量表和社会风险分量表用于问卷测量。被试需要在7点评分上指明其参与六种社会领域和六种经济领域风险行为的可能性。原始英文项目由两名双语学者进行翻译。

全部首测样本($N=429$)中社会风险分量表和经济风险分量表的Cronbach's α系数分别为0.62和0.61。这种结果要低于传统的0.70标准，引起了学者对量表内部一致性信度的关注。我们采用验证性因素分析来检验原始量表维度在当前样本中的适用性。由于原始量表维度不适合当前的数据，因此我们基于因素符合和调整指数对模型进行了修订。最终修订的两因素模型能够很好地匹配当前数据，$\chi^2=39.92$，$df=19$，$\chi^2/df=2.10$，$p=0.003$，CFI $=0.960$，RMSEA $=0.051$，SRMR $=0.048$。修订后的经济风险分量表和社会风险分量表的Cronbach's α系数分别为0.75和0.62。在随后的分析中，我们仅采用修订后的各个分量表均值进行统计分析。

我们也评估了受测群体的其他人格特质，包括共情倾向、社会价值取向，以排除相关变量对信任和合作行为的影响。另外，我们也评估了被试在单次假想信任博弈中选择信任所愿意承受的风险阈限。但是，我们所选择的高、低社会风险组别在这些变量上均没有显著差异。

(三)行为任务

我们对伯格等人(1995)的单次信任博弈进行了修改，以此作为当前研究的行为任务。该任务的具体描述已经呈现于我们先前研究中(Wang，et al.，2006)。被试作为信任者需要与不同的受托者完成游戏。在每次互动的开始，委托者和受托者都会得到10点作为起始资金。委托者需要决定是把自己的10点全部投资给受托者还是全部保留，如果委托者选择保留则该回合结束，两名玩家都得到10点。如果委托者决定投资自己最初的10点，这些点将会翻倍为30点交给受托者，此时受托者需要决定如何分配自己手头的点数(加上自己最初的10点一共40点)。受托者也有两种选择，平分这40点(返还委托者20点)和独吞这40点。考虑到被受托者剥削的可能性，委托者把点数投资给受托者说明面对受托者的分配决定时，他愿意让自己处于弱势地位，这就是对信任的行为操作(Mayer，Davis & Schoorman，1995)。

当前信任博弈采用单次匿名互动方式进行，即每一回合的互动对象均是不同的个体。具体而言，告知被试此前已从社会上选择了400名具有社会代表性的成人，要求他们作为受托者与另一名实验助手在网络上完成单次任务，并对其行为选择进行分析与学习，然后采用计算机程序存储这400名成人的反应策略。在被试进行信任博弈时，计算机会从中随机选择一名受托者的反应策略来跟委托者完成信任博弈游戏。但实际上，受托者的选择都是由实验前编写的电脑程序控制的，以保证整个任务中结果强化率(信任选择后正性反馈的比例)为50%。

(四)刺激和程序

正式实验中被试需要完成150回合的信任游戏，记录其整个实验过程中的脑电活动。每回合中刺激的呈现顺序见图1。每回合开始都先呈现一张信任游戏的简易决策树(1500 ms)，提示被试当前任务的所有可能选项及结果。在一个持续800～1000 ms的“＋”后，电脑屏幕上呈现一个决策选项图(2000 ms)；被试需要在决策选项图呈现时间内按键做出信任或不信任的决定，选择信任按1键，选择不信任按3键，按键方式在被试间平衡，超出2000 ms视为无效数据。随后，在一个800～

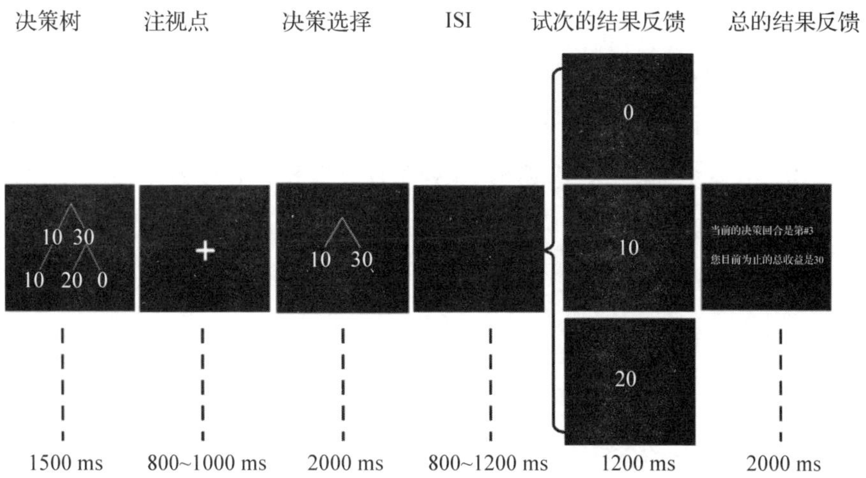

图 1 信任博弈中单个试次实验顺序图。在决策阶段，被试选择投资 30 点表示他做出的是信任决策，选择保持 10 点表示他做出的是不信任决策。决策选项的位置(左/右)在被试间进行了平衡。在结果评价阶段，得到 0 点表示损失反馈，得到 10 点表示中性反馈，得到 20 点表示获益反馈。该图源于我们之前已发表的论文(Wang, et al., 2016)

1200 ms 的随机黑屏后，屏幕上分别呈现被试当前回合的结果(1200 ms)，以及目前进行的回合数与积累的总收益(2000 ms)。正式实验开始前有 10 个回合的练习以便被试熟悉实验流程。

(五)EEG 记录和 ERP 分析

采用国际 10-20 系统扩展的 64 导电极帽，以神经扫描系统记录 EEG 信号。脑电记录时所有电极参考置于左乳突的一只参考电极，离线分析时再次以置于右乳突的有效电极进行参考，即从各导联信号中减去 1/2 该参考电极所记录的信号，转化为以双侧乳突的平均值为参考。同时记录双眼外侧的水平眼电(HEOG)和左眼上下眶的垂直眼电(VEOG)。滤波带通为 0.05～100 Hz，AC 采样，采样频率为 1000 Hz/导，所有电极与头皮之间阻抗都小于 5 kΩ。采用扫描软件处理眼电伪迹(Semlich, Anderer, Schuster & Presslich, 1986)。对数据进行离线分析，矫正眼电伪迹，自动排除其他波幅大于±75 μV 的伪迹信号。同时，由于被试可能会更多地选择信任，因此我们对信任选择和不信任选择的数目进行了严格的匹配。

在博弈决策阶段中，分析时程为决策选项图呈现前 200 ms 到呈现后 550 ms(见图 2A)。在结果评价阶段中，分析时程为试次结果反馈前 200 ms 到呈现后 1000 ms (见图 2B)。在每个阶段中，依据不同实验条件分别叠加 ERP 波形图。对于所有的 ERP 成分而言，采用刺激前 200 ms 作为基线。我们使用中线五个电极(Fz/FCz/Cz/CPz/Pz)来形成前后分布因素(额区，额—中央区，中央区，中央—顶区，顶区；Wang，et al.，2013，2017)。

(六)时频分析

使用扫描软件分别对博弈决策阶段和结果评价阶段的连续 EEG 数据进行分段和伪迹矫正。重新截取决策选项前 1000 ms 和之后 2000 ms 的数据存储为单次 EEG 分段数据，并将数据采样率降为 500 Hz。依托 MATLAB 软件中 EEGLAB 软件包(v13.4.4b)中的一种复杂的 Morlet 小波转换方法进行时频分析，对 1～1000 ms 至 2000 ms 时窗内 3～35 Hz 频段提供连续的能量估计(Delorme & Makeig，2004)。这种程序先对 EEG 数据进行单试次分析，再完成多试次的平均，最终获得各条件下的事件相关谱扰动图(Makeig，Debener，Onton & Delorme，2004)。震荡能量数值以决策选项前 400～200 ms 为基线进行矫正，并转换为分贝量尺[10×log(μV2)](其他信息详见图 4 的说明)。

三、研究结果

(一)风险寻求特质的个体差异

表 1 显示了自我报告的风险寻求特质的描述性统计。与我们的被试选择程序相一致，高、低社会风险寻求组被试在社会风险寻求特质上存在显著差异，$t(38)=17.21$，$p<0.001$，$d=5.46$，95%置信区间(confidence interval，CI)为[2.72，3.44]。另外，两组被试在经济风险寻求上也存在差异，$t(38)=-2.38$，$p=0.022$，$d=0.75$，95% CI=[−0.14，−1.76]；两组被试均具有相对较低的经济风险寻求得

分，但是低社会风险寻求组被试要比高社会风险寻求组被试更愿意参与经济风险性活动。最后，两组被试在共情倾向、社会价值取向、风险阈限等维度上没有显著差异。

表 1 风险寻求特质和信任博弈反应的均值与标准差

	高社会风险寻求者	低社会风险寻求者
社会风险寻求	5.94(0.49)	2.86(0.63)
经济风险寻求	1.97(1.28)	2.92(1.24)
信任率(%)	67.47(10.83)	59.07(10.39)
信任选择的反应时(ms)	529.70(130.65)	579.32(223.90)
不信任选择的反应时(ms)	506.51(140.22)	577.09(201.23)

(二)信任博弈中的行为反应

1. 横截面分析

在整个信任博弈中，高、低社会风险寻求组的信任选择率分别为67.47%{95% CI=[63.01%，72.74%]}和59.07%{95% CI=[54.16%，62.84%]}。与我们的预期相一致，独立样本 t 检验发现高社会风险寻求者比低社会风险寻求者存在更多的信任，$t(38)=2.50$，$p=0.017$，$d=0.79$，95% CI=[1.61，15.19]；更重要的是，低社会风险寻求组被试的信任率仍然显著高于随机水平，$t(19)=3.90$，$p=0.001$，$d=1.79$，95% CI=[1.61，15.19]。

另一方面，高、低社会风险寻求组被试在信任和不信任选择的反应时上没有显著差异，ts(38)< −1.29，ps>0.05，详见表1中的描述统计。

2. 反复试次分析

我们告知被试他们需要相信每次互动时的受托者是不同的。为了检验这种操作的有效性，我们进行了反复试次分析来检验被试的信任决策是否受到先前反馈的影响。我们采用分层线性模型(hierarchical linear model，HLM)来进行上述分析。

结果发现，所有被试中先前试次的反馈并不会影响随后试次中的信任决策，

$\gamma=-0.01$，$t(39)=-0.72$，$p>0.25$，odds ratio＝0.99，95% CI＝[0.97，1.02]。更重要的是，这种结果也不受到被试社会风险寻求特质的调节，$\gamma=0.00$，$t(38)=0.10$，$p>0.25$，odds ratio＝1.00，95% CI＝[0.98，1.02]，表明无论被试是追求社会风险还是追求风险回避，其当前决策均不会受到先前试次的影响。这些结果证明了指导语中单次信任互动的有效性。

3. ERP 分析

(1)决策博弈阶段

我们假设社会风险寻求特质能够调控信任或不信任决策诱发的 N2 成分。但是，我们通过视觉检测信任与不信任决策诱发的 ERP 波形图(见图 2A)，同样也发现另一种 ERP 成分可能在高、低社会风险寻求者身上存在差异。这种成分可以被定义为 P3，其峰值出现于刺激出现后 330 ～ 430 ms。因此，我们的 ERP 分析将聚焦于 N2 和 P3。

N2 被量化为刺激呈现后 200 ～ 330 ms 时窗内的平均波幅。对 N2 进行 2(社会风险寻求特质：高组、低组)× 2(决策选择：信任、不信任)× 5(电极前后分布：Fz/FCz/Cz/CPz/Pz)的混合方差分析，结果发现社会风险寻求特质和决策选择存在显著的交互作用，$F(1, 38)=12.85$，$p=0.001$，$\eta_p^2=0.25$。配对比较发现，高社会风险寻求组选择不信任{$M=2.48$，95% CI＝[1.43，3.53]}时比选择信任{$M=4.92$，95% CI＝[3.83，6.01]}时表现出更大的 N2 成分，$F(1, 38)=31.81$，$p<0.001$，$\eta_p^2=0.46$，95% CI＝[−3.32，−1.57]，相反低社会风险寻求组在信任选择{$M=2.98$，95% CI＝[1.89，4.07]}和不信任选择{$M=2.73$，95% CI＝[1.68，3.78]}中无显著差异，$F(1, 38)=0.33$，$p>0.250$，$\eta_p^2=0.01$，95% CI＝[−0.63，1.22](见图 2A)。决策选择的主效应显著，$F(1, 38)=19.29$，$p<0.001$，$\eta_p^2=0.34$；信任决策{$M=3.95$，95% CI＝[3.18，4.72]}比不信任决策{$M=2.60$，95% CI＝[1.87，3.34]}诱发更正的 N2 成分。电极前后分布的主效应也显著，$F(1.40, 53.27)=6.29$，$p=0.008$，$\eta_p^2=0.14$；Fz 电极上的 N2 波幅最负，越后面的电极 N2 成分越弱。其他主效应和交互作用均不显著。

P3 被量化为刺激呈现后 330 ～ 430 ms 时窗内的平均波幅。对 P3 进行 2(社会风险寻求特质：高组、低组)× 2(决策选择：信任、不信任)× 5(电极前后分布：Fz/FCz/Cz/CPz/Pz)的混合方差分析，结果发现社会风险寻求特质和决策选择存在显著的交互作用，$F(1, 38) = 6.72$，$p = 0.013$，$\eta_p^2 = 0.15$。配对比较发现，高社会风险寻求组选择信任{$M = 4.68$，95% CI=[3.58，5.78]}时比选择不信任{$M =$ 2.48，95% CI=[0.93，4.02]}时表现出更大的 P3 成分，$F(1, 38) = 20.88$，$p <$ 0.001，$\eta_p^2 = 0.36$，95% CI=[1.23，3.18]，相反低社会风险寻求组在信任选择{$M = 3.11$，95% CI=[2.01，4.21]}和不信任选择{$M = 2.68$ ，95% CI=[1.13，4.22]}中无显著差异，$F(1, 38) = 0.82$，$p > 0.250$，$\eta_p^2 = 0.02$，95% CI=[－0.54，1.42](见图 2A)。决策选择的主效应显著，$F(1, 38) = 14.99$，$p <$ 0.001，$\eta_p^2 = 0.28$；信任决策{$M = 3.90$，95% CI=[3.12，4.68]}比不信任决策{$M = 2.58$，95% CI=[1.48，3.67]}诱发更正的 P3 成分。电极前后分布的主效应也显著，$F(1.49, 56.70) = 16.06$，$p < 0.001$，$\eta_p^2 = 0.30$；P3 波幅在 Pz 电极上最大，越前面的电极 P3 成分越弱。其他主效应和交互作用均不显著。

(2)结果评价阶段

我们假设社会风险寻求特质能够调控损失反馈和获益反馈诱发的 FRN 成分。为了分离 FRN 效应并最小化其他正性成分(如 P300)的影响，我们采用损失反馈诱发的 FRN 减去获益反馈诱发的 FRN 所得的差异波 dFRN 作为度量指标(见图 3A)。

dFRN 被量化为反馈刺激呈现后 200～300 ms 时窗内的差异波均值(Ma，Meng & Shen，2015)。2(社会风险寻求特质：高组、低组)× 5(电极前后分布：Fz/FCz/Cz/CPz/Pz)的混合方差分析发现，社会风险寻求特质的主效应显著，$F(1, 38) =$ 5.35，$p = 0.026$，$\eta_p^2 = 0.12$，表现为低社会风险寻求组{$M = -5.53$，95% CI=[－6.75，－4.32]}比高社会风险寻求组{$M = -3.57$，95% CI=[－4.78，－2.35]}存在更负的 dFRN。电极前后分布的主效应也达到显著，$F(1.81, 68.78) = 4.90$，$p < 0.013$，$\eta_p^2 = 0.11$；FCz 电极上的 dFRN 波幅最负，越后面的电极 dFRN 越弱。社会风险寻求和电极前后分布的交互作用不显著。

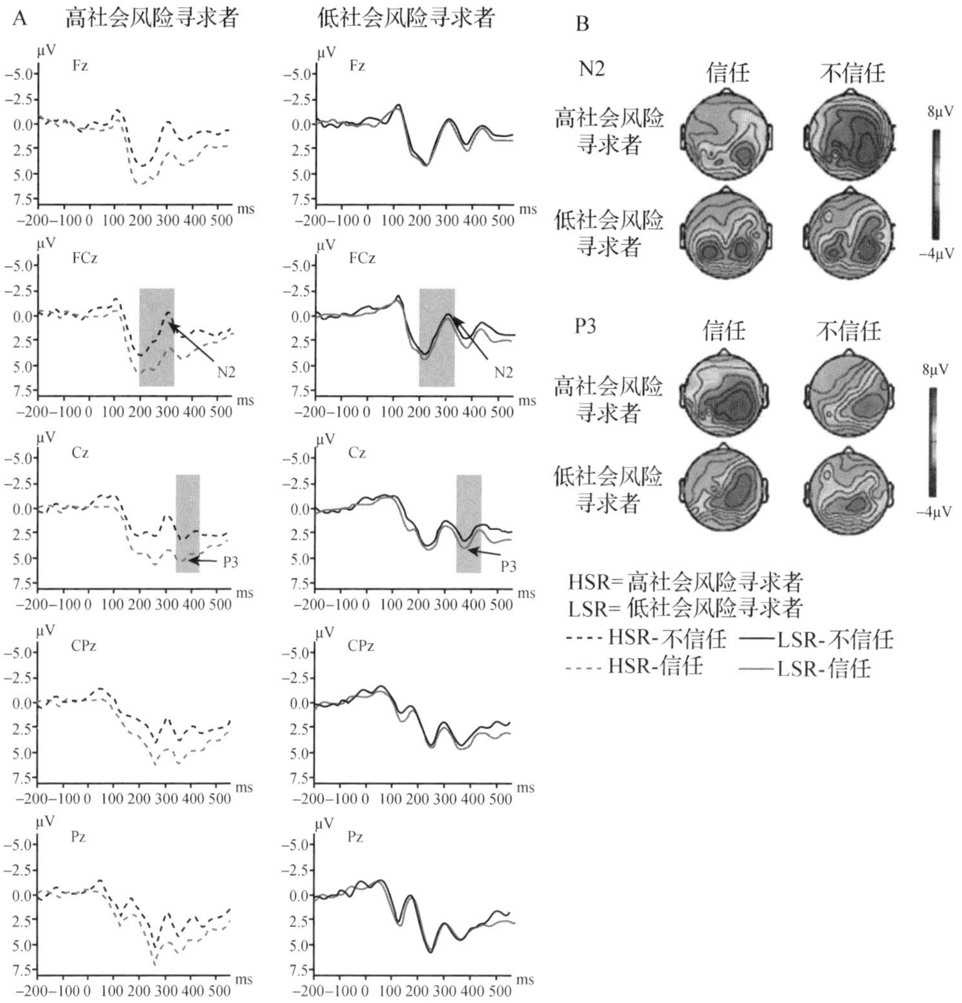

图 2 高、低社会风险寻求者在 Fz，FCz，Cz，CPz 和 Pz 上做出信任和不信任决策时的 ERP 波形图(A)和 N2(200 ～ 330 ms)与 P3(330 ～ 430 ms)的脑地形图(B)

考虑到高、低社会风险寻求组在经济风险寻求和性别构成(各包含 60%和 40%的男生)上存在差异，我们也进行了协方差分析来控制这两个因素的影响。结果发现，在控制经济风险寻求和性别构成之后，我们所感兴趣的每种 ERP 成分结果均未发生显著改变。

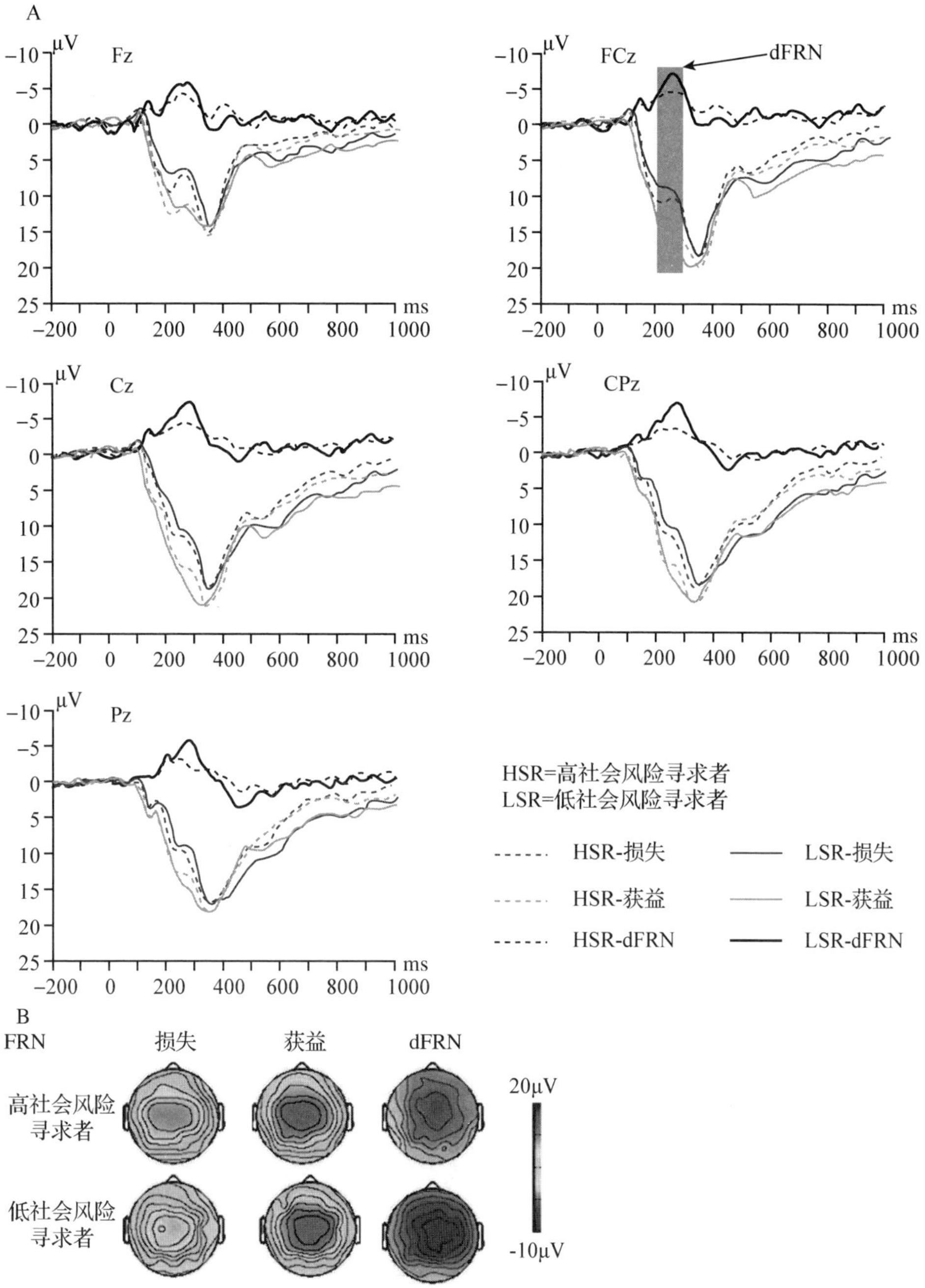

图 3　高、低社会风险寻求者在 Fz，FCz，Cz，CPz 和 Pz 上遭遇获益和损失反馈时的 ERP 波形图(A)和 FRN(200 ～ 300 ms)的脑地形图(B)

4. 时频分析

(1)决策博弈阶段

β频段能量 基于先前研究(Cavanagh, et al., 2012; Huster, et al., 2013)和MATLAB中开放工具箱EEGLAB软件(Delorme & Makeig, 2004)的统计分析结果,我们将200～300ms时窗内14～20 Hz频段中的时频能量纳入随后的分析。进行2(社会风险寻求特质:高组、低组)×2(决策选择:信任、不信任)×5(电极前后分布:Fz/FCz/Cz/CPz/Pz)的混合方差分析,结果发现社会风险寻求特质和决策选择存在显著的交互作用,$F(1, 38)=4.42$,$p=0.042$,$\eta_p^2=0.10$。配对比较发现,高社会风险寻求组选择不信任{$M=0.02$, 95% CI=[−0.27, 0.31]}时比选择信任{$M=-0.94$, 95% CI=[−1.48, −0.41]}时表现出更大β频段能量,$F(1, 38)=12.57$,$p=0.001$,$\eta_p^2=0.25$,95% CI=[0.41, 1.51],相反低社会风险寻求组在信任选择{$M=-0.74$, 95% CI=[−1.28, −0.20]}和不信任选择{$M=-0.58$, 95% CI=[−0.87, −0.29]}中无显著差异,$F(1, 38)=0.33$,$p>0.250$,$\eta_p^2=0.01$,95% CI=[−0.30, 0.70](见图4)。决策选择的主效应显著,$F(1, 38)=8.49$,$p=0.006$,$\eta_p^2=0.18$;不信任决策{$M=-0.28$, 95% CI=[−0.49, −0.08]}比信任决策{$M=-0.84$, 95% CI=[−1.22, −0.46]}诱发更正的β频段能量。考虑到β频段能量也反映了自我控制加工,因此这种时频分析结果与ERP分析中N2结果是相一致的。其他主效应和交互作用均不显著。

θ频段能量 由于初步分析没有在θ频段能量上发现社会风险寻求和决策选择的影响,因此我们没有对此成分进行深入的分析。

(2)结果评价阶段

β频段能量 由于初步分析没有在β频段能量上发现社会风险寻求和决策选择的影响,因此我们没有对此成分进行深入的分析。

θ频段能量 基于相似的筛选标准,我们将200～250ms时窗内5.5～7.5 Hz频段中的时频能量纳入随后的分析。进行2(社会风险寻求特质:高组、低组)×2(反馈类型:获益、损失)×5(电极前后分布:Fz/FCz/Cz/CPz/Pz)的混合方差分析,结果发现社会风险寻求特质、反馈类型和前后分布之间存在显著的交互作用,

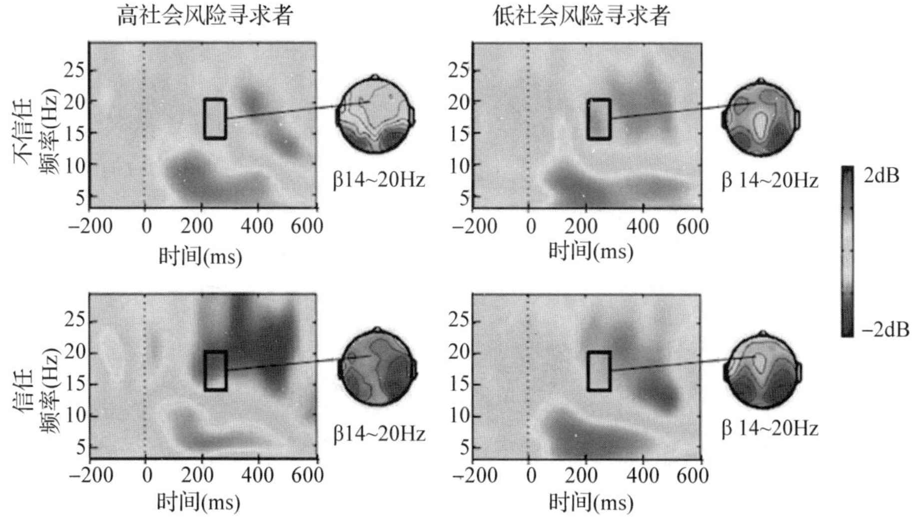

图 4 FCz 电极上高、低社会风险者做出信任和不信任决策时的时频分析能量图

注：黑色矩形框对应高、低社会风险者存在显著差异的时频分析成分及其脑地形图。针对中线 Fz，FCz，Cz，CPz 和 Pz 电极进行 2(高社会风险者、低社会风险者)× 2(信任、不信任)的混合方差分析。基于β能量频段的头皮分布，仅选择呈现 FCz 电极上的时频分析结果。

$F(1.67, 63.45)=3.45$，$p=0.046$，$\eta_p^2=0.08$。配对比较发现，FCz 电极上低社会风险寻求组遭遇损失反馈{$M=3.70$，95% CI=[2.97，4.43]}时比遭遇获益反馈{$M=2.52$，95% CI=[1.74，3.31]}时表现出更大的 θ 频段能量，$F(1, 38)=16.32$，$p<0.001$，$\eta_p^2=0.30$，95% CI=[0.59，1.76]；Fz 电极上低社会风险寻求组遭遇损失反馈{$M=3.35$，95% CI=[2.70，3.99]}时比遭遇获益反馈{$M=2.26$，95% CI=[1.53，2.99]}时表现出更大的 θ 频段能量，$F(1, 38)=14.37$，$p=0.001$，$\eta_p^2=0.27$，95% CI=[0.51，1.67]；Cz 电极上低社会风险寻求组遭遇损失反馈{$M=3.11$，95% CI=[2.41，3.80]}时比遭遇获益反馈{$M=2.29$，95% CI=[1.51，3.06]}时表现出更大的 θ 频段能量，$F(1, 38)=7.25$，$p=0.010$，$\eta_p^2=0.16$，95% CI=[0.20，3.06]。相反，高社会风险寻求组在所有五个电极上都没有发现损失反馈和获益反馈之间存在差异，$Fs(1, 38)<0.35$，$ps>0.250$。另外，电极前后分布的主效应也达到显著，$F(1.76, 66.74)=7.60$，$p=0.002$，$\eta_p^2=0.17$，表现为 FCz 电极上的 θ 频段能量最大，越后面的电极 θ 频段能量越弱。其他主效应或交互作用均不显著。

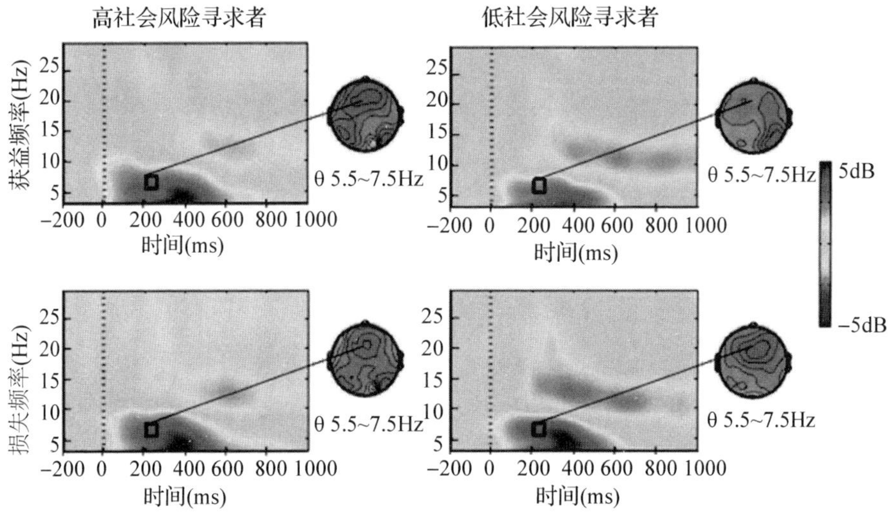

图 5　FCz 电极上高、低社会风险者遭遇损失和获益反馈后的时频分析能量图

注：黑色矩形框对应高、低社会风险者存在显著差异的时频分析成分及其脑地形图。统计分析聚焦于中线 Fz，FCz，Cz，CPz 和 Pz 电极，仅选择呈现 FCz 电极上的时频分析结果。

对经济风险寻求和性别差异的控制　在控制社会风险寻求和性别构成差异之后，所有时频分析结果并没有发生显著变化。同时，任何协变量对每种时频分析成分也没有显著影响。

四、结果讨论

作为群体协作中起桥梁作用的社会资本(Putnam，2000)，普遍信任在促进现代社会繁荣发展中起着至关重要的作用。大量跨学科研究表明社会风险是影响个体对陌生人信任的重要因素。在当前研究中，我们探讨了社会风险寻求的个体差异如何调控普遍信任的大脑动态加工。目前研究尚未清晰地阐明风险偏好动机为何能够易化信任行为。作为较少的 EEG 研究之一，我们为风险偏好如何促进普遍信任的转换机制提供了新颖的实证数据。

与我们的研究假设相一致，高社会风险寻求者做出不信任决策时要比做出信任决策时表现出更负的 N2 和更大的 β 频段能量；但是，低社会风险寻求者却不存在这种 N2 和 β 频段能量效应。大量证据表明 N2 与有意识认知控制有关，如抑制某种默认优先反应；也有证据表明反应抑制会导致 β 频段能量的增大(Huster, et al., 2013)。我们的结果表明高社会风险寻求的个体选择不信任时要付诸更多的认知控制。这可能是由于高社会风险寻求者更倾向于冒险并信任陌生人，因此不信任他人需要更多的认知努力来克服这种默认倾向。但是，对于那些厌恶社会风险及其潜在背叛的人们来说，信任决策和不信任决策需要相似的认知控制。

另一方面，低社会风险寻求者比高社会风险寻求者表现出更负的 dFRN 和更大的 β 频段能量。大量研究认为 FRN 反映了奖励预期错误(Sambrook & Goslin, 2015)。从经济理性的角度来看，dFRN 效应表明信任者存在获得互惠的奖励预期，而遭受背叛则违背了这种奖励预期(Chen, et al., 2012)。但是，这种解释可能存在问题，因为大量研究表明普遍信任并不仅仅依赖自我利益，而且也依赖慷慨(Cox, 2004)，道德(Dunning, et al., 2014)和维持积极关系的意愿(Zhao & Smillie, 2015)等社会偏好。

这种 dFRN 结果支持了社会偏好的信任观点。换言之，高社会风险寻求者更在意信任他人所产生的积极的主观奖励经验，而忽视遭受剥削所伴随的负性物质损失，进而导致更弱的 dFRN 波幅；相反，低社会风险寻求者则对群体间互动的风险非常敏感，更容易受到陌生他人背叛的影响，进而导致更强的 dFRN。同时，作为错误检测加工的重要指标(Cavanagh & Shackman, 2015)，两组被试的 θ 频段能量效应也与这种推理相一致。事实上，高、低社会风险寻求者在单次信任博弈中报告了相似的承受背叛的风险阈限，因此两组被试在信任背叛反馈上的大脑活动差异更可能反映了结果理解的不同，而非决策预期的差异。先前研究已经表明风险寻求者对经济博弈任务存在较差的神经反应，因此当前研究将此结论推广到了社会决策领域。

我们发现高、低社会风险寻求者做出信任和不信任决策时也存在 P3 成分上的差异。具体而言，相比于不信任决策，信任决策会使高社会风险寻求者表现更强的 P3 成分。在 ERP 研究中，P3 往往反映了注意资源或动机意义的分配加工，那些引人注意或具有强烈动机意义的刺激往往诱发更大的 P3 成分(Nieuwenhuis, Aston-

Jones & Cohen，2005)。我们的结果也表明高社会风险寻求者可能更加在意信任决策，因为信任决策对他们具有更强的社会意义。

EEG 技术的高时间分辨特性使得我们能够精确地探究大脑加工的时间顺序。当前研究为大脑如何按顺序加工信任决策提供了一些新颖的证据。如图 6 所示，当前结果表明单次信任博弈决策应该存在两个加工阶段，两者在时间窗口、心理功能和 ERP 成分上均存在显著区别。而且，我们的结果阐明了社会风险寻求如何通过调控博弈决策和结果评价的大脑动态加工，进而调节信任行为的机制。这些结果为探究人格、社会行为与大脑之间的交互作用提供了新颖视角。我们希望此研究能够激发更多跨学科研究，进而更深入地理解人类的合作与信任行为。

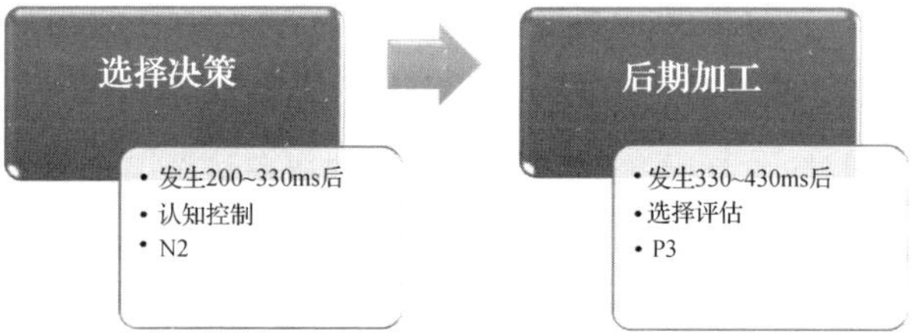

图 6　单次信任博弈中决策过程的时间顺序；透明矩阵包含了各阶段的时窗及其相关的心理功能和 ERP 成分

需要强调的是，我们的 ERP 和时频分析结果都受到社会风险寻求特质的调节，却不受其经济风险特质的影响。这种结果再次表明风险是领域特异性而非普遍适用的(Blais & Weber，2006)，普遍信任可能与社会风险存在更紧密的联系。另一方面，当前研究无法提供稳定的证据来排除经济风险对普遍信任的影响。毕竟，当前研究样本中经济风险态度的变异程度是非常有限的。当前研究中风险态度的测量和信任博弈的分配金额都有可能会限制相关的结论。

(一)实际意义

与行为研究结果相一致(Josef，et al.，2016)，当前研究的脑成像结果表明社会风险寻求能够促进广泛的社会信任和合作。对于那些信任程度较低的社会而言，执政者可以尝试通过为群体间合作提供更完善的组织支持，促进个人对开放与自治等价值观的认可，来培养公民追求美好生活的风险(Jing & Bong，2015)。

(二)不足和未来发展方向

当前研究中被试需要在缺乏受托者任何信息的情境中做出决策。未来研究应该探究当前结果推广到其他社会互动情景的适用性。例如，当受托者是一个更为熟悉的个体时，高、低社会风险寻求者的信任差异是否会降低。同时，社会风险寻求特质如何调控重复互动过程中的人际信任，也是一个非常有趣的选题。

为了更深入地理解人们形成人际信任的学习过程，未来研究应该发挥那些能够描述奖励学习算法的计算机模拟方法的优势。例如，有研究采用计算机模拟方法，探讨了人类神经系统如何计算并编码预期错误，以及预期错误又如何调控个体的行为选择。有研究者则建构了一种计算框架，有助于我们理解奖励预期错误如何调控感知推理和行为选择。目前已有一些行为和神经生理证据支持这些模型的预测性(Friston，et al.，2014；Rangel，Camerer & Montague，2008)。信任和合作的脑研究应该也能够从计算机模拟方法中获益。

参考文献

[1]Bohnet I，Greig，F，Herrmann B & Zeckhauser R. Betrayal aversion：evidence from Brazil，China，Oman，Switzerland，Turkey，and the United States[J]. The American Economic Review，2008，98：294-310.

[2]Cavanagh J F，& Frank M J. Frontal theta as a mechanism for cognitive control[J]. Trends in Cognitive Sciences，2014，18：414-421.

[3]Chen J，Zhong J，Zhang Y，Li P，Zhang A，Tan Q & Li H. Electrophysiological correlates of processing facial attractiveness and its influence on cooperative behavior[J]. Neuroscience Letters，2012，517：65-70.

[4]Delorme A & Makeig S. EEGLAB：an open source toolbox for analysis of single-trial EEG dynamics including independent component analysis[J]. Journal of Neuroscience Methods，2004，134：9-21.

[5]Gehring W J & Willoughby A R. The medial frontal cortex and the rapid processing of monetary gains and losses[J]. Science, 2002, 295: 2279-2282.

[6]Holroyd C B & Coles M G. The neural basis of human error processing: reinforcement learning, dopamine, and the error-related negativity[J]. Psychological Review, 2002, 109: 679.

[7]Hu L T & Bentler P M. Cutoff criteria for fit indexes in covariance structure analysis: conventional criteria versus new alternatives[J]. Structural Equation Modeling: A Multidisciplinary Journal, 1999, 6: 1-55.

[8] Huster R J, Enriquez-Geppert S, Lavallee C F, Falkenstein M & Herrmann C S. Electroencephalography of response inhibition tasks: functional networks and cognitive contributions[J]. International Journal of Psychophysiology, 2013, 87: 217-233.

[9]Jing Y & Bond M H. Sources for trusting most people: how national goals for socializing children promote the contributions made by trust of the in-group and the out-group to non-specific trust[J]. Journal of Cross-Cultural Psychology, 2015, 46: 191-210.

[10]Josef A K, Richter D, Samanez-Larkin G R, Wagner G G, Hertwig R & Mata R. Stability and change in risk-taking propensity across the adult life span[J]. Journal of Personality and Social Psychology, 2016, 111: 430-450.

[11]Kosfeld M, Heinrichs M, Zak P J, Fischbacher U & Fehr E. Oxytocin increases trust in humans[J]. Nature, 2005, 435: 673-676.

[12]Makeig S, Debener S, Onton J & Delorme A. Mining event-related brain dynamics[J]. Trends in Cognitive Sciences, 2004, 8: 204-210.

[13]Mayer R C, Davis J H & Schoorman F D. An integrative model of organizational trust[J]. Academy of Management Review, 1995, 20: 709-734.

[14]Pfurtscheller G & da Silva F L. Event-related EEG/MEG synchronization and desynchronization: basic principles[J]. Clinical Neurophysiology, 1999, 110: 1842-1857.

第四编

PART 4

认知神经科学的研究（下）

传统的思维和智力理论主要来自行为的研究，认知科学的发展趋势和智力理论本身存在的问题对思维和智力的研究提出了新的要求，也就是需要从多角度、多层次对思维和智力进行研究和理解。在这种情况下，如上所述，认知科学需要在工具上创新。例如，脑电、核磁共振、正电子发射断层扫描和事件相关电位等脑成像的技术对认知过程的研究。由于我的学生们的努力，我和我的团队与我国的认知神经科学研究同步投入了这个崭新领域的研究。我们团队在国内外杂志上发表研究报告数十篇，我从中挑选了10篇以自己为通讯作者或第一作者的研究报告。由于研究报告数量多，分为上下两部分。

视听跨通道干扰抑制：儿童 ERP 研究*

抑制(inhibition)在心理学中被界定为个体一种主动压抑的加工过程，是把与任务无关的信息从工作记忆中排除出去(Bjorklund，2003)。抑制是额叶执行功能的重要组成部分，与社会认知和心理理论推理有关(王益文、林崇德、2005；王益文、刘岩、高艳霞，2008)。干扰抑制(interference inhibition)是抑制加工的主要类型之一，它觉察干扰信息，为解决干扰而进行有效的抑制加工。斯特鲁普(Stroop)任务中被试在一致(congruent)条件(如红色的“红”)、不一致(incongruent)条件(如绿色的“红”)和中性条件(如红色的“XXX”)下，命名单词的颜色时受到词汇语义的干扰(Stroop，1935)。斯特鲁普任务是研究干扰抑制的主要方法之一。马杰(Mager)等人(2007)采用 ERP 研究 30 岁和 50 岁年龄组成人完成斯特鲁普任务时发现，在 350～650 ms 刺激干扰诱发了一个明显的负成分，随着年龄的增长，该负波的波幅和潜伏期增大。马克拉-莱伦斯(Markela-Lerenc)等人(2004)采用斯特鲁普任务研究发现，颜色词与词义不一致条件在 350～450 ms 时间段内比一致条件诱发一个更负的波。随后在 450～550 ms 内，不一致条件比一致条件诱发一个更正的波。实验材料可能影响斯特鲁普干扰效应，这可能表现在加工时程上。汉字斯特鲁普任务的研究发现(Qiu，Luo & Wang，2006)，与一致条件相比，不一致条件在刺激呈现后的 350～550 ms 时间段内在额中区表现出了一个更大的负波，揭示了汉字与英文的斯特鲁普干扰效应有一个不同的时间模式。刘昌等人(2007)采用中文斯特鲁普任务发现，颜色判断 ERP 的差异主要出现在 300～500 ms，P330-390 的潜伏期表现出了斯特鲁普效应。陈小异等人(2007)发现，中英文斯特鲁普材料都存在反应时的斯特鲁普干扰效应，汉字的干扰效应明显强于英文，结果表明语言类型会影响斯特鲁普干

* 本文原载《中国科学：生命科学》2010 年第 3 期。本文其他作者为王益文、高艳霞、王钰、张文新。

扰效应的脑内加工时程。

上述研究均是针对成人的研究，那么儿童抑制干扰的年龄特性如何呢？麦克劳德(Macleod，1991)回顾了半个多世纪的斯特鲁普研究，总结出18个主要的研究结果。他指出斯特鲁普干扰受被试年龄的影响，斯特鲁普干扰在小学低年级时就已经出现，在二、三年级之间达到最高水平。随着阅读能力的继续发展，成年时期干扰逐年下降。直到接近60岁，此时干扰又重新升高。哈诺拉(Hanauera)等人(2005)采用图—词干扰任务研究发现，呈现同范畴的听觉词时儿童命名图片有明显的干扰效应，但在成人中则没有发现。当呈现的分心刺激与图片不是相同范畴的时候，成人比儿童更易受干扰。这说明干扰效应存在年龄阶段的特征差异。

对于干扰效应的研究一般都局限于视觉通道信息，而探讨视觉听觉跨通道信息加工中干扰现象的研究证据尤为不足。研究跨通道信息干扰最常用的范式之一是图—词干扰任务，主要探讨词汇和图片两类信息之间的相互作用。其中词的呈现方式又有听觉与视觉两种，实验材料由配对的图—词组成。其中一个是要求被试反应的目标刺激，另一个是要求被试忽视的分心刺激。已有研究表明(La，1988；Lupker，1979)，当干扰词与图片来自不同语义范畴时，图片命名反应时较短。当干扰词与图片来自相同语义范畴时，图片命名反应时较长，语义关联的干扰词干扰作用大于语义无关联的干扰词。

事件相关电位(ERP)技术具有无创伤性和高时间分辨率等特点，被用于研究儿童心理发展的脑机制(王益文、陈光辉、刘岩，2007；王益文、林崇德、陆祖宏，2006)。抑制能力是儿童认知发展的重要内容和关键指标，抑制加工的年龄特性和加工时程是怎样的？视听跨通道干扰模式的认知神经机制如何？本研究拟比较儿童进行视听跨通道呈现的词汇干扰任务中，词汇再认判断时一致条件(探测词与视觉目标词相同)与不一致条件(探测词与视觉目标词不同，与听觉干扰词相同)的ERP。研究假设不一致条件诱发的ERP成分大于一致条件，从而探讨同范畴听觉词对被试在探测阶段再认视觉目标词时的干扰抑制，意在揭示儿童抑制视听跨通道信息干扰的脑内加工时程，初步提供其特定年龄阶段的横断特性。

一、方法

(一)被试

被试为来自城市小学四年级的14名儿童，男8名，女6名，年龄在10～11岁，平均年龄是10.2±0.4岁。被试均为右利手，身体健康，无精神系统疾病，无脑部损伤史，视力正常或矫正后正常，听力正常。实验前均得到儿童监护人同意，实验结束后给予少量报酬。

(二)刺激材料

实验材料共含有120对双字词，在人民教育出版社2004年版小学语文课本1～8册范围内，均属于《现代汉语频率词典》(1986)中的常用词。视觉呈现刺激、听觉呈现刺激及探测刺激的词频的平均数和标准误见表1，词频不存在显著差异，$F(2,\ 359)=1.315$，$p=0.270$。每对双字词均是同范畴词语关系，如“面包—蛋糕”，其中“面包”以视觉形式呈现，“蛋糕”以听觉形式呈现，探测刺激是“面包”或“蛋糕”，以视觉形式呈现。

表1　同范畴视觉与听觉的词语材料匹配指标

刺激	词语数	词频(每百万)
视觉目标词	120	25.16±2.18
听觉干扰词	120	20.77±1.69
探测刺激	120	22.28±1.94
合计	360	22.73±1.12

视觉刺激以黑底白字呈现在计算机屏幕中央，宋体42磅。听觉刺激由普通话标准的女音朗读，用库尔编辑2.1录制处理为立体声wav格式，大小为15分贝。语音采样精度是44.1千赫兹/秒，比特率为16比特。视听刺激均通过一台便携式电脑呈现。

(三)实验程序

采用视听跨通道干扰任务，刺激呈现时间见图1。首先在屏幕中央呈现"＋"字注视点(fixation)500 ms；然后在屏幕呈现一个视觉目标词要求被试注意并记忆，同时电脑中呈现一个与视觉词同范畴的听觉干扰词并要求被试忽略，呈现时间均为1000 ms，此后为400～600 ms随机变化的ISI，最小变化单位为1 ms，平均为500 ms；然后呈现探测词语1500 ms，要求被试判断"该词是否是要求注意并记忆的词语"。如果探测词与视觉目标词相同(一致条件，无干扰)就按鼠标左键，如果探测词与视觉目标词不同，而与听觉干扰词相同(不一致条件，有干扰)就按鼠标右键。被试用右手进行按键反应，左右键顺序进行被试间平衡。

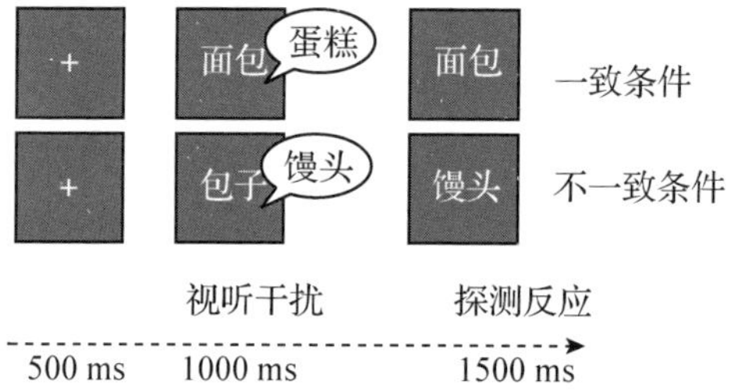

图1 视听跨通道干扰任务的实验流程

实验运用斯蒂姆2(Stim 2)软件编程。一致和不一致条件分别包含随机排列的60组刺激序列，序列间ITI在400～600 ms内随机变化，最小变化单位为1 ms，平均为500 ms。在正式实验开始前，被试进行相同设计的20组单元序列练习以熟悉实验程序。为了避免重复再认效应，正式实验与练习实验的刺激材料是不同的。

(四)脑电记录与数据处理

使用神经扫描公司努放大(NuAmps)便携式ERP记录与分析系统，按国际10-20系统扩展的40导电极帽记录EEG。以前额接地、双侧乳突为参考点，双眼外侧安置电极记录水平眼电(HEOG)，左眼上下安置垂直眼电(VEOG)。头皮阻抗小于 5 kΩ，滤波带通为 DC-100 Hz，采样率(A/D Rate)为 1000 Hz/导。

完成连续记录 EEG 后离线(off-line)处理数据，用神经扫描 4.3 软件进行 DC 矫正(DC Offset Correction)，校正 VEOG 和 HEOG，并充分排除其他伪迹。波幅超过±100 μV 者被视为伪迹而自动剔除。本研究对探测反应阶段脑电数据进行分析，并根据反应结果对反应正确的 EEG 进行叠加。ERP 数据的分析时程(epoch)是探测刺激后 1500 ms，基线是在探测刺激前 200 ms。本研究主要分析头皮中前部诱发的 P1，N2 和 N3，其波峰较为明显，所以测其峰波幅(peak amplitude)。P1 波峰的测量区间为 150～250 ms(P200)，N2 的测量区间为 250～350 ms(N300)，N3 的测量区间为 500～600 ms(N550)。根据已有研究发现与本研究目的，选取 9 个电极统计分析，分别为 Fz/F3/F4、FCz/FC3/FC4 和 Cz/C3/C4，进行 2(任务：一致条件、不一致条件)×3(半球：左半球、中线、右半球)×3(电极点：额部、额中部、中央部)的三因素重复测量方差分析。方差分析的 p 值采用格林豪斯—盖泽法校正。

二、结果

(一)行为数据

一致条件和不一致条件的正确率和反应时见表 2。配对 t 检验发现，两种任务的反应时差异极其显著，$t=-5.166$，$p<0.001$，不一致条件的反应时显著长于一致条件。不一致条件和一致条件的正确率不存在显著差异。

表 2　两种任务条件的正确率和反应时

	正确率/%	反应时/ms
不一致条件	94.17± 6.59	788.30± 154.43
一致条件	96.79± 3.59	685.01± 156.76

(二)ERP 分析

探测反应阶段在头额中部诱发的 ERP 总波形见图 2。一致条件和不一致条件均在探测刺激呈现 200 ms、300 ms 和 550 ms 左右诱发了明显的 ERP 成分，命名为 P200、N300 和 N550。探测刺激呈现 600 ms 之后至 900 ms 左右的正慢波的潜伏期与行为反应时基本一致，可能与反应选择与执行有关。

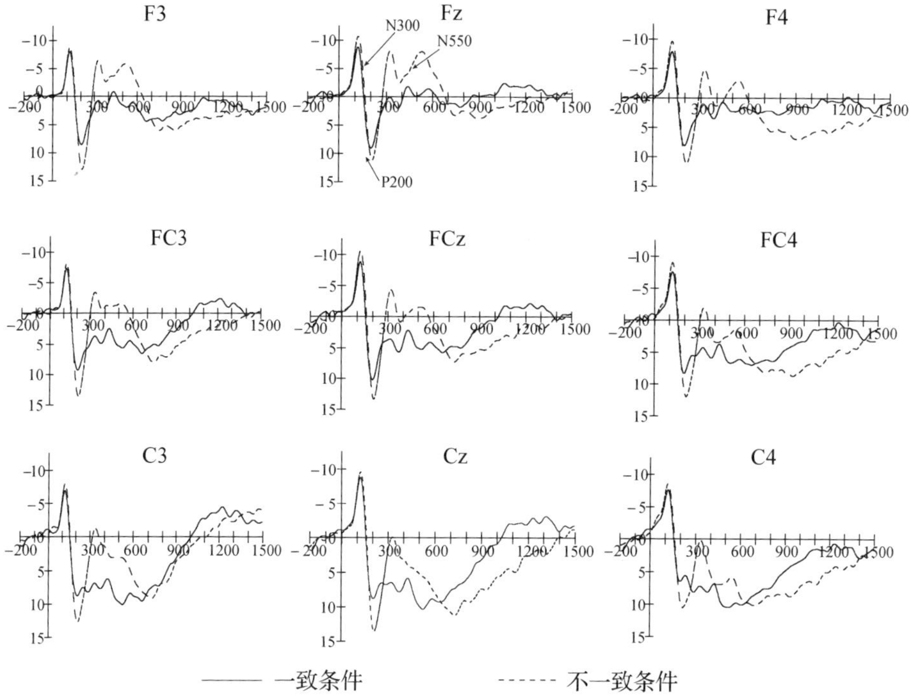

图 2 一致与不一致条件的 ERP 总平均($n=14$)

1. P200

对 P200 的波幅进行三因素重复测量的方差分析发现，其任务的主效应显著，$F(1, 13)=8.775$，$p<0.05$，不一致条件的波幅(13.235 ± 1.963 μV)显著大于一致条件的波幅(10.469 ± 2.194 μV)；半球和电极的主效应均不显著，$Fs=3.484/0.966$，$p>0.05$。在交互作用中，任务、半球、电极三者的交互作用显著，$F(4, 52)=3.904$，$p<0.05$，不一致条件中线脑区的 Cz 点波峰值最大(14.647 ± 2.080 μV)，其余的交互作用均不显著。对 P200 的潜伏期进行方差分析发现，电极的主效应显著，$F(2, 26)=6.825$，$p<0.05$，C3/C4 的潜伏期最大(214.119 ±

4.779 ms)，显著大于F3/F4、FC3/FC4，$p<0.05$。任务、半球的交互作用显著，$F(2, 28)=6.062$，$p<0.05$。一致条件下，潜伏期由大到小分别为左半球、中线、右半球，不一致条件下，由大到小分别为右半球、左半球、中线。其余因素的主效应以及交互作用均不显著。

2. N300

对N300的波幅进行三因素重复测量的方差分析发现，任务、半球和电极的主效应均显著，$Fs=12.917/4.636/38.398$，$p<0.01$。具体表现为不一致条件的波幅(−4.850 ± 1.896 μV)显著负向大于一致条件的波幅(1.278 ± 2.440 μV)；中线位置上波幅(−2.781 ± 2.137 μV)显著负向大于左半球(−1.691 ± 1.989 μV)和右半球波幅(−0.886 ± 2.003 μV)，且中线与右半球差异显著，$p<0.05$；F3/F4的波幅(−4.598 ± 1.912 μV)负向最大，其次依次为FC3/FC4、C3/C4，且两两之间差异显著，$p<0.05$；三因素的所有交互作用均不显著。对N300的潜伏期进行方差分析发现，任务的主效应显著，$F(1, 13)=9.810$，$p<0.008$，不一致条件的潜伏期(326.468 ± 4.825 ms)显著长于一致条件(302.929 ± 6.999 ms)，任务、电极的交互作用显著，不一致条件下，潜伏期由大到小分别为C3/C4、FC3/FC4、F3/F4，一致条件下由大到小分别F3/F4、FC3/FC4、C3/C4，其他因素的主效应及交互作用均不显著。

3. N550

对N550的波幅进行三因素重复测量的方差分析发现，其任务的主效应极其显著，$F(1, 13)=10.531$，$p<0.01$，具体表现为不一致条件的波幅(−1.812 ± 1.580 μV)显著负向大于一致条件的波幅(3.451 ± 2.301 μV)。电极主效应极其显著，$F(2, 26)=166.217$，$p<0.001$，波幅负向计量由大到小依次出现在F3/F4(−3.838± 1.757 μV)、FC3/ FC4(0.804 ± 1.844 μV)、C3/C4(5.492 ± 1.867 μV)，且两两之间差异显著，$p<0.05$。半球的主效应以及三因素的交互作用均不显著。N550的潜伏期不存在显著差异。

(三)地形图

一致条件和不一致条件所诱发的ERP波形在刺激后200 ms就出现差异，这不仅表现在P200的波幅上，其地形图分析也同样发现两种条件下大脑头皮激活强度的差异，如图3所示。从图上可以看出，P200在200 ms左右，与一致条件相比，不一致条件除双侧颞区处于抑制状态外，头皮其他脑区均处于更强的激活状态。在300 ms左右，与一致条件相比，不一致条件N300的头皮前部包括额中区和部分顶区均处于抑制状态，且额叶的抑制程度更强。在550 ms左右，与一致条件相比，不一致条件N550的头皮前部抑制范围更大，额中区处于更为明显的抑制状态。

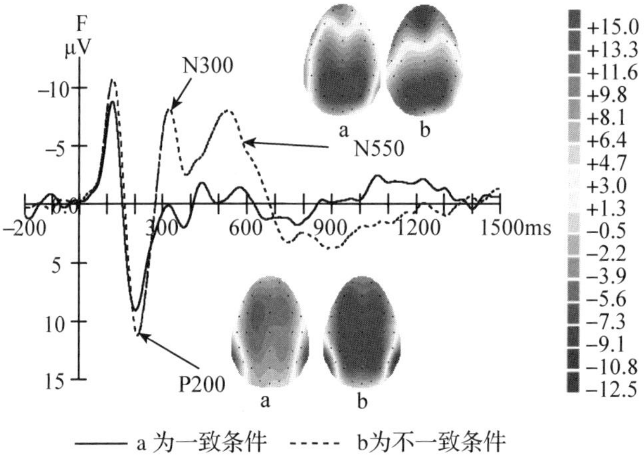

图3　一致与不一致条件的P200、N300、N550的地形图

三、讨论

(一)P200与知觉探测刺激

本研究主要探讨儿童对视听干扰进行抑制的动态加工过程，为此比较了探测词与目标词一致和不一致两种条件下脑电活动的差异。不一致条件有干扰，需要抑制加工。在探测刺激呈现后约200 ms，一致条件的P200波幅显著小于不一致条件的P200，这说明在刺激呈现的早期阶段，个体可能初步觉察了探测刺激与听觉干扰词和视觉目标词的一致性差异。与一致条件相比，在不一致条件下，被试在辨别探测刺激时受到干扰刺激的影响，脑电活动更强。

本研究的行为数据表明，不一致条件的反应时显著大于一致条件，这反映了明显的干扰效应。本研究中的干扰刺激和目标刺激属于同范畴，儿童在进行反应时的干扰效应会大。已有的图—词干扰任务研究也表明当干扰词与图片来自相同语义范畴时，图片命名反应时较长，即所谓的语义干扰效应。杨丽霞等人(杨丽霞、陈永明、周治金，2001)曾考察了在汉语词汇与句子的视觉加工过程中对外在干扰信息的抑制机制，结果发现，抑制机制的效率受到干扰材料与目标材料的语义关系性的影响，与目标材料语义关系越密切的干扰材料越难以被抑制。关于这一点，可以用激活扩散模型来解释，本实验的干扰材料与目标材料属于同一范畴，其概念网络或命题网络有更多的联系，在语义空间中距离较近，也更容易被激活，因而在加工目标材料的过程中，干扰刺激更容易被激活且难以被抑制(Collins & Loftus，1975)。相对范畴水平说则认为(Caramazza & Costa，2000)，决定语义效应及效应大小的关键因素是干扰词与目标词汇之间的相对范畴水平：如果二者所表征概念处在同一范畴的相同水平，则产生语义干扰；如果二者处在同一范畴的不同水平，则产生语义促进。所以，实验结果也可以从相对范畴水平上得到解释。

从地形图上看，一致条件诱发的脑电主要分布于额中央区，而不一致条件分布范围更大，除了额中央区外还更多分布于顶枕区。由此可见，被试在分辨干扰刺激时需要激活更多的脑区，尤其是顶枕区。这说明在不一致条件下，被试更需要把注意力集中在与任务相关的信息特征上，抑制无关信息的干扰，因此需要更多的认知资源。不一致条件下儿童激活顶枕区主要是进行刺激辨别并对刺激进行基本的处理，以达到认知控制的最佳化(Bunge，Hazeltine & Scanlon，2002)。

(二)视听跨通道干扰抑制的时间过程

本研究发现，不一致条件需要抑制同范畴的听觉干扰信息，诱发了明显的 ERP 负成分 N300 和 N550，主要分布于额叶区域，其波幅由前额叶向中央区逐渐减小。不一致条件的波幅显著大于一致条件。从 N300 和 N550 的地形图看，不一致条件产生了额中区的负性活动模式，表明额叶处于抑制状态，而头皮后部区域处于激活状态，且顶枕区激活程度更强；与一致条件相比，不一致条件头皮前部的抑制范围更大，包括了额区、中央区及顶叶区域。随着时间的推进，从 N300 到 N550，不一致条件头皮前部的抑制范围逐渐变小，后部区域的激活逐渐增强。这说明 N300 和 N550 可能是额叶区域抑制干扰信息的 ERP 指标。头皮后部持续的激活状态可能反映了儿童的前额叶发育状态，儿童也需要头皮后部脑区的参与来辨别分析和抵抗干扰效应。在成人的干扰效应研究中，抵制干扰效应主要是额区的功能。马克拉-莱伦斯等人(2004)的斯特鲁普任务研究发现，不一致条件在 350～450 ms 比一致条件诱发一个更负的波，其发生源主要位于左侧前额叶；随后在 450～550 ms，不一致条件比一致条件诱发一个更正的波，其发生源位于扣带前回。秋(Qiu)等人(2006)研究了成人被试在进行汉字斯特鲁普任务时的事件相关电位，结果发现，与一致条件相比，不一致条件在刺激呈现后的 350～550 ms 的时间段内在额—中央区的脑区表现出了一个更大的负波，且不一致减一致条件所得差异波的偶极子源定位分析表明干扰效应在前额叶有更广泛的分布。陈小异等人研究了中英文斯特鲁普干扰效应的脑内时程的动态变化，结果发现，汉字的干扰效应明显强于英文，且中文斯特鲁普干扰效应表现为在 350～550 ms 内，不一致条件比一致条件诱发一个更负的 ERP 成分(N450)并主要分布于额中部电极。在中文斯特鲁普研究中，研究者发现了 N450 这个成分，他们认为这个成分与认知冲突和竞争反应的选择有关。

本研究中 250～350 ms 额中央区的 N300 成分可能反映了认知监测。琼克曼(Jonkman)等人(2006)对成人和儿童的 N300 进行偶极子源分析发现其定位于内侧额叶(靠近 ACC)的两侧，此外儿童还需要一个额外的后部源定位，6～7 岁儿童的后部源定位于枕—颞区，9～10 岁儿童后部源定位于顶叶。本研究 500～600 ms 时间窗口内的 N550 成分可能反映了对干扰刺激的抑制，并可能与语义激活有关(Carter，Braver & Barch，1998)。我们的已有研究发现，包含抑制成分的错误信念任务诱发 ERP 晚期负成分，偶极子源分析发现定位于扣带回(王益文、刘岩、高艳霞，2008)。本研究所采用的实验任务由图—词干扰任务演化而来，且实验材料是中文字词，以及被试是儿童的缘故，因而主要与中文斯特鲁普研究进行对比。彭聃龄等人(2004)发现小学六年级儿童判断颜色与语义不一致汉字引发的 P300 和 400 ms 后慢波的波幅比一致条件大。这种不一致条件大于一致条件的差异与本研究的发现是一致的，但所发现的有关ERP成分的极性不同，本研究为负成分，而他们发现的差异主要是正成分。这可能与本研究采用的词汇干扰任务在探测反应阶段与斯特鲁普任务的差异有关，可能还涉及跨通道方面。雷贝(Rebai)等人(1997)研究发现斯特鲁普任务诱发了ERP负波N400。本研究结果与已有斯特鲁普研究既有联系又有区别，还需进一步研究证实。本研究没有比较不同年龄组儿童间的发展变化，这是需要下一步补充完善的。刘昌等人(2007)以青少年为被试做了有益的探索，比较了初中生、高中生和大学生在完成中文斯特鲁普任务时不一致条件减一致条件所得的差异波，发现初中生的P3比高中生和大学生更为正走向，大学生、高中生和初中生的头皮分布呈现出不同的特征。琼金和琼克曼(Jongen & Jonkman, 2008)比较了6～7岁、8～9岁、10～12岁组儿童和成人组进行斯特鲁普任务时的ERP发现，刺激干扰控制虽然在6～7岁儿童达到相对成熟的水平，但在反应干扰控制上10～12岁儿童仍然比成人更易受错误反应的干扰。

从地形图上可以看出，儿童在抑制同范畴视觉和听觉跨通道信息的干扰时，300 ms左右时开始ERP负成分主要分布于额叶区域、中央区及部分顶叶区域，后来到500 ms左右，顶叶区域负成分消失，额中区仍然持续。成人在抑制干扰时主要是前额叶和前扣带回参与，而儿童开始还有顶叶区域参与，后来才逐渐消失，这说明了儿童抑制干扰信息时除额叶外还需要顶叶皮层的协助和补偿，在面对干扰时需要头皮后部脑区参与抵制干扰。邦奇(Bunge)等人(2002)在一项事件相关fMRI研究中指出8～12岁的儿童在进行有效的抑制时，会激活头皮后部脑区，具体包括双侧顶叶、双侧中央颞叶和双侧枕叶皮层。儿童为了补偿包括前额叶在内的未成熟的较高执行加工网络，而恢复较低的处理系统。顶叶皮层被用来进行学习刺激—反应联结，而枕—颞叶皮层则进行更基本的加工，如刺激辨别。年龄较大的儿童激活刺激—反应联结是为了检测反应是否合适，而较小的儿童则对刺激进行基本的处理，以达到认知控制的最佳化(冲突监测或反应抑制)(Bunge, Hazeltine & Scanlon, 2002)。这说明儿童在进行抑制的时候需要额叶脑区的参与，还需要后部区域的协助以补偿儿童尚为薄弱的额叶抑制功能。

参考文献

[1]彭聃龄，郭桃梅，魏景汉，肖丽辉．儿童 Stroop 效应加工阶段特点的事件相关电位研究[J]. 科学技术与工程，2004，4(2)：84-88.

[2]王益文，林崇德．额叶参与执行控制的 ERP 负荷效应[J]. 心理学报，2005，37(6)：723-728.

[3]王益文，林崇德，陆祖宏．发展认知神经科学的研究进展[J]. 自然科学进展，2006，16(12)：1530-1535.

[4]Bjorklund D F. Children's thinking[M]. 4th ed. Belmont：Wadsworth/Thomson learning，2003.

[5]Stroop J R. Studies of interference in serial verbal reactions[J]. Journal of Experimental Psychology，1935，18 (6)：643-662.

[6]Wang Y W，et al. False belief reasoning in the brain：An ERP study[J]. Science in China Series C：Life Sciences，2008，51(1)：72-79.

6～12 岁儿童脑波超慢功率涨落分布及发展特点*

一、前言

对儿童脑功能发展特点的研究是近几年来脑科学研究的前沿课题。研究者从大脑的形态、结构、脑电波等变化方面来探索脑的高级功能的变化趋势（Babloyantz，1988；Gur，Gur & Obrist，1987）。但由于手段的限制，研究进展不快。脑电超慢涨落分析技术（encephalofluctuograph technology，ET）用数学分析原理对长时程连续脑电信号进行多重频谱分析，提取出频率为 1～255 mHz 的超慢涨落成分，并通过临床验证，获得了一些有价值的结论。研究者发现，脑波超慢涨落平均功率的空间模型在成人中呈额低枕高的趋势，随着年龄的增长，这种差异逐渐减小，且出现逆转现象；脑波平均功率的最大区（P_{max}）在枕部（特别是在 O_2 区具有绝对优势）；脑波平均功率的最小区（P_{min}）均分布于颞区，但有性别差异，男性最小区分布在左颞（F_7 为主），女性分布在右前颞；随着年龄的增长，P_{max} 分布区显著前移，且规律性被破坏（梅磊，1995）。研究者还发现脑波超慢涨落与某些认知功能有关（李德明、孙福立、焦艳，1996）。

从信息加工速度角度来看，随着年龄的增长，儿童信息加工的速度逐渐加快（林崇德、沃建中，1997；沃建中、申继亮、林崇德，1996；Kail，1986）。到了 20 岁以后又逐渐减慢，65 岁的老年人的加工速度相当于六七岁儿童的水平（Salthouse，1996）。这些研究结果说明脑电波的变化规律与信息加工速度或认知功能的变化有

* 本文原载《心理科学》2001 年第 3 期。本文其他作者为沃建中、陈学锋。

类似之处。那么，在大脑成熟过程中，脑波超慢涨落平均功率是怎样变化的呢？其变化规律如何？这对进一步探讨认知功能与脑内自组织活动及机制的关系具有重要的意义。因此，本研究重在探讨脑波超慢涨落平均功率的变化特点。

二、方法

(一)被试

本研究取6～12岁儿童共172名，每个年龄组的被试分别为21、18、57、24、22、16、14名。为配合实验的顺利进行，要求被试在实验前24小时内禁用中枢性药物、酒精制品及兴奋性饮料，保证正常睡眠，做实验的前一天清洗头部。

(二)ET测试

采用脑电超慢涨落分析仪，按国际10-20系统安置电极，引出导线连接到9612型12道脑电放大器，选用F3、F4、C3、C4、P3、P4、O1、O2、F7、F8、T5、T6共12导联进行单极引导，以双耳连线为参考电极，前额正中接地保护，记录被试在正常安静闭眼状态下的脑电信号。时间为18分钟。采样频率256 Hz，时间常数0.3秒，信号经A/D转换后在586微机上用ET程序分析处理。

(三)数据处理

将脑电超慢涨落分析仪自动采集的ET测试数据，在计算机上进行转换，用福克斯普劳5.0(FoxPro 5.0)数据库软件进行管理，并用适用微软Windows的SPSS 8.0统计软件进行统计分析。

三、结果

(一)6～12 岁儿童脑波优势涨落功率空间分布特点

各年龄组儿童脑波优势涨落平均功率空间分布情况见表 1。从表 1 的数据可见，各组优势涨落平均功率空间分布表现出额低枕高的前后梯度，在年龄低组被试有逆转现象，随着年龄的增加，逆转现象逐渐减少，左右脑表现出左小右大的不对称性，各年龄组的 P_{max}→P_{min} 的排列非常有规律：P_{max} 在枕部(特别是 O2)具有绝对的优势；P_{min} 均分布于颞区，最小区是在右前颞(F8 区)。但这种分布受年龄的影响，除 6 岁组和 10 岁组以外，其余年龄组的最小区都在左前颞(F7 区)。从男女差异来看，男女生最大区相同，男生是从枕部到左颞区，而女生是从枕部到右颞区方向分布，但最小区不同，男生的最小区是左后颞(T5 区)，而女生的最小区是在右前颞(F8 区)。

表 1　各年龄组 12 脑区脑波优势涨落平均功率的空间分布

年龄	F3	F4	F7	F8	C3	C4	T5	T6	P3	P4	O1	O2
6	1037.46	424.66	1306.18	62.33	989.22	73.32	1108.36	82.97	1122.68	212.54	2149.70	1757.32
7	124.43	224.69	21.28	22.06	105.91	81.18	40.63	47.09	270.59	850.01	503.78	713.89
8	175.03	536.69	67.22	238.20	147.73	92.57	222.02	628.45	143.68	322.43	716.14	1576.80
9	138.47	367.66	38.71	211.99	94.82	304.26	69.92	277.94	139.74	451.08	1134.44	2187.52
10	40.73	39.15	67.22	25.66	47.92	44.79	223.93	418.17	105.55	144.15	1105.82	1754.54
11	139.81	424.76	21.17	22.28	71.71	89.13	60.52	84.71	110.46	105.35	438.52	899.10
12	57.62	418.30	18.35	49.73	65.55	117.03	18.98	60.56	241.93	346.25	1200.21	2898.58
男	124.62	364.81	117.96	197.55	80.80	144.76	66.03	166.62	172.41	325.67	1055.09	1922.96
女	375.66	404.62	290.58	45.78	366.85	78.06	376.33	203.50	387.89	359.31	914.97	1352.69
整	239.92	383.09	197.24	127.84	212.18	114.12	208.54	183.55	275.97	341.12	990.73	1661.03

(二)6～12 岁儿童脑波功率的发展特点

对 6～12 岁儿童脑波平均功率进行一般线性模型(general linear model，GLM)

的多变量(multivariate)分析，其结果列于表 2。表 2 的结果表明，年龄主效应 F3、F7、T5 区差异非常显著($p<0.01$)，C3、P3 区差异显著($p<0.05$)，其余区域差异不显著($p>0.05$)。性别主效应差异都不显著($p>0.05$)。年龄与性别在 F3、T5、C3、P3 区存在交互作用($p<0.05$)。进一步用 LSD 方法进行了多重比较，结果发现，不同的脑区其发展趋势是不同的，F3、C3、F7、T5 区从 6 岁到 7 岁下降最快($p<0.01$)，7 岁以后基本平稳；P3 区从 6 岁到 8 岁下降最快($p<0.05$)，8 岁以后基本平稳；O1、O2、C4、P4、F4、F8、T6 区是波浪式的变化趋势，其中 O1 区从 6 岁组到 7 岁组下降最快($p<0.05$)，8 岁以后开始上升，且差异显著($p<0.05$)，10 岁以后又下降($p<0.05$)，11 岁以后又上升。从交互作用来看，F3、C3、P3、T5 交互作用基本相同，随着年龄的增长，女生从 6 岁到 7 岁下降很快，且低于男生，以后基本平稳，而男生始终上下波动。

表 2　不同脑区的脑波涨落平均功率的 F 值

主效应	F3	F4	C3	C4	P3	P4	O1	O2	F7	F8	T5	T6
年龄	2.96**	0.29	2.54*	0.83	2.69*	0.50	1.33	0.82	3.91**	0.28	3.06**	0.75
性别	2.22	0.01	2.68	0.28	2.22	0.05	0.01	0.37	1.69	0.18	3.22	0.01
年龄×性别	3.19**	0.46	2.88*	0.33	3.05**	0.92	0.19	1.38	2.05	0.35	3.13**	0.62

(三) 6～12 岁儿童脑波优势涨落功率前后梯度变化的特点

脑波优势涨落平均功率的逆转情况反映了大脑的老化过程及脑功能的状态(梅磊等，1990；李德明，1996)。为了进一步比较男女生优势涨落功率前后梯度随年龄变化的差异，必须分析相邻前后脑区(如 F3 与 C3，F7 与 T5 等)优势涨落功率值之比，每位被试 12 个脑区共 8 个前后比值，比值大于 1 为梯度逆转。男女生各年龄组优势涨落功率前后梯度数据表明(见表 3)，优势涨落功率前后梯度逆转百分数 6 岁组是女生高于男生，7～8 岁组是女生低于男生，到了 9 岁以后，女生一直高于男生，但左右脑略有不同，在左脑，女生到了 10 岁以后才一直高于男生。从整体趋势来看，随着年龄的增长，男生无论是左脑还是右脑逆转百分数的变化幅度不大，右脑更小，而女生变化幅度相对较大(见图1)。

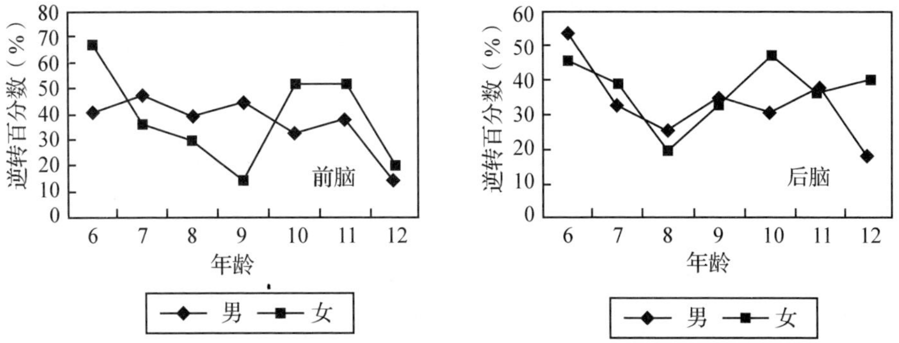

图1　男女生优势涨落功率左右脑前后梯度逆转年龄变化趋势

表3　6～12岁儿童脑波优势涨落功率男女生前后梯度逆转比较

年龄组	男生				女生				总逆转数	总逆转百分数/%
	人数	前后脑区比总数	逆转数	逆转百分数/%	人数	前后脑区比总数	逆转数	逆转百分数/%		
6	13	104	21	20.19	8	64	21	32.91	42	53.00
7	7	56	15	26.79	11	88	12	13.64	27	40.43
8	27	216	62	28.70	30	240	40	16.67	102	45.37
9	17	136	34	25.00	7	56	17	30.36	51	55.36
10	13	104	18	17.31	9	72	15	20.83	33	38.14
11	7	56	17	30.36	7	56	27	37.50	44	67.86
12	9	72	15	20.83	9	72	14	35.00	29	55.83

注：①各组前后梯度逆转%＝前后梯度逆转数/前后脑区比总数×100%；②男女生梯度逆转总数差异不显著：$\chi^2=1.56$，$p>0.05$。

(四)6～12岁儿童脑波优势涨落功率左右梯度变化的特点

同样为了比较男女生优势涨落功率左右梯度随年龄变化的差异，本研究分析相邻左右脑区(如F3与F4，T5与T6等)优势涨落功率值之比，每位被试12个脑区共6个左右比值，比值大于1为梯度逆转。男女生各年龄组优势涨落功率左右梯度数据表明(见表 4)，优势涨落功率前后梯度逆转百分数 6 岁组是女生高于男生，7～8 岁组是女生低于男生，到了 9 岁以后，女生一直高于男生。从整体趋势来看，男女生优势涨落功率左右逆转百分数都有下降趋势。但前后脑略有不同，在前后脑，女生到了 10 岁以后都高于男生。随着年龄的增长，男生的前脑优势涨落功率左右逆转百分数是平稳的下降趋势，而后脑无论是男生还是女生其逆转百分数的变化是一种波动状态(见图 2)。

表 4　6～12 岁儿童脑波优势涨落功率男女生左右梯度逆转比较

年龄组	男生				女生				总逆转数	总逆转百分数/%
	人数	左右脑区比总数	逆转数	逆转百分数/%	人数	左右脑区比总数	逆转数	逆转百分数/%		
6	13	78	37	35.58	8	48	27	42.19	64	78.07
7	7	42	17	30.36	11	66	25	28.41	42	58.77
8	27	162	53	24.54	30	180	45	18.75	88	43.29
9	17	102	41	30.15	7	42	10	17.86	51	48.01
10	13	78	25	24.04	9	54	27	37.50	52	61.54
11	7	42	16	28.57	7	42	24	33.33	40	61.90
12	9	54	9	12.50	9	54	9	22.50	18	35.00

注：①各组前后梯度逆转%＝前后梯度逆转数/前后脑区比总数×100%；②男女生梯度逆转总数差异不显著：$\chi^2=1.03$，$p>0.05$。

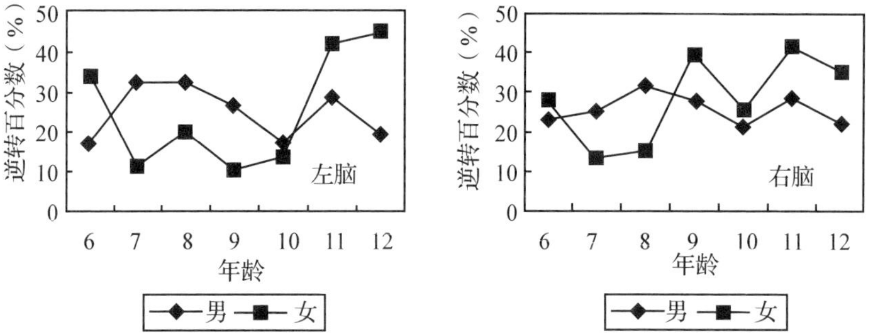

图 2　男女生优势涨落功率前后脑左右梯度变化的比较

(五)6～12岁儿童脑波优势涨落功率男女生前后左右梯度变化的比较

从男女生脑波优势涨落功率不同逆转方位来看，随着年龄的增长，前后与左右逆转数在缩小，但不同的年龄段，其变化不同，对于男生来说，左右脑的逆转数在6～7岁高于前后脑的逆转数，8岁低于前后脑，到了9～10岁又高于前后脑，11～12岁又低于前后脑；女生前后与左右逆转数的变化处于交叉状态(见图3)，除了8～9岁左右脑与前后脑的比较女生和男生有差异以外，其余年龄段基本一致。

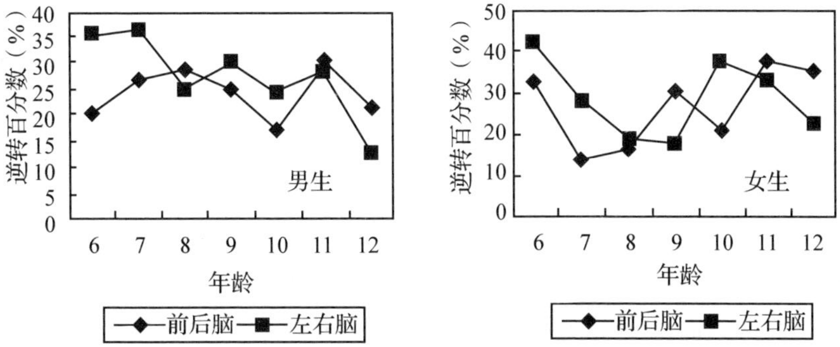

图3　男女生优势涨落功率前后与左右脑梯度逆转年龄变化趋势比较

四、讨论

本研究表明，各组优势涨落平均功率空间分布表现出额低枕高的前后梯度，在年龄低组被试有逆转现象，随着年龄的增加，逆转现象逐渐减少，左右脑表现出左小右大的不对称性，各年龄组的 P_{max}→P_{min} 的排列非常有规律：P_{max} 在枕部(特别是O2)具有绝对的优势；P_{min} 均分布于颞区，最小区是在右前颞(F8区)。但这种分布受年龄的影响，除6岁组和10岁组以外，其余年龄组的最小区都在左前颞(F7区)。这说明大脑优势功率谱的分布状态反映了大脑的成熟水平，所以，我们可以从优势功率谱的分布状态来判断儿童大脑的成熟水平。这一结果与梅磊对成人的研究有类似之处。但本研究发现，不同的脑区其发展趋势是不同的，F3、C3、F7、T5区从

6 岁到 7 岁下降最快($p<0.01$)，7 岁以后基本平稳；P3 区从 6 岁到 8 岁下降最快($p<0.05$)，8 岁以后基本平稳；O1、O2、C4、P4、F4、F8、T6 区是波浪式的变化趋势，其中 P1 区从 6 岁组到 7 岁组下降最快($p<0.05$)，7 岁以后开始上升，且差异显著($p<0.05$)，10 岁以后又下降($p<0.05$)，11 岁以后又上升。这说明脑波优势涨落平均功率比的变化反映了大脑的成熟过程。这一结论与已往的研究有吻合之处。已有研究表明，正常儿童自发脑电波随着其大脑的发育和成熟而改变，具体表现在不同频率脑波成分的比率变化上。随着大脑的成熟，儿童与青少年脑自发电位的频率随年龄的增长而增高(Duffy，Albert & McAnulty，1984；Gratton，Alessandro & Monica，1992；Williamson，Mwerskey & Morrison，1990)。另有研究报告，枕区脑波 α 功率随年老而降低(Shearer，Emmerson & Dustman，1989)，而额区 α 功率随年老而增加(李德明等，1996)，从信息加工的角度来看，随着年龄的增长，信息加工速度逐渐加快，到了约 20 岁以后其速度又逐渐减慢，65 岁的老年人其速度相当于六七岁儿童，加工速度有可能与大脑神经系统的成熟、老化有关(林崇德等，1997；Kail，1991；Salthouse，1996)。这些研究说明，信息加工速度反映了大脑神经机制的变化，而脑波功率谱的空间分布与大脑的成熟、老化有关，与认知功能有关。脑波优势涨落平均功率的逆转情况不仅反映了大脑的老化过程(李德明等，1996；梅磊等，1990)，还反映了大脑的成熟及脑功能的状态。

为了进一步比较男女生优势涨落功率前后梯度随年龄变化的差异，必须分析相邻前后脑区(如 F3 与 C3，F7 与 T5 等)优势涨落功率值之比，每位被试 12 个脑区共 8 个前后比值，比值大于 1 为梯度逆转。男女生各年龄组优势涨落功率前后梯度数据表明，优势涨落功率前后梯度逆转百分数 6 岁组是女生高于男生，7～8 岁组是女生低于男生，到了 9 岁以后，女生一直高于男生，但左右脑略有不同，在左脑，女生到了 10 岁以后才一直高于男生。从整体趋势来看，随着年龄的增长，男生无论是左脑还是右脑逆转百分数的变化幅度不大，右脑更小，而女生变化幅度相对较大。

为了进一步比较男女生优势涨落功率左右梯度随年龄变化的差异，本研究分析了男女生脑波优势涨落功率的空间分布、逆转趋势、方位等，结果发现，男女生在空间分布上，男女生最大区相同，男生是从枕部到左颞区，而女生是从枕部到右颞区方向分布，但最小区不同，男生的最小区是左后颞(T5 区)，而女生的最小区是在右前颞(F8 区)。他们在功能上是否有差异呢？这一问题还有待于我们进一步研究。从以往的研究看，优势涨落功率前后梯度的逆转反映了大脑的老化过程，而我们的研究发现，从整体趋势来看，男女生优势涨落功率左右逆转数都有下降趋势，但男女生各年龄组优势涨落功率前后左右梯度逆转数是不同的。例如，随着年龄的增长，男生的前脑优势涨落功率左右逆转数是平稳的下降趋势，而后脑无论是男生还是女生其逆转数的变化是一种波动状态。又如，在脑波优势涨落功率不同逆转方位上，男生左右脑的逆转数在 6～7 岁高于前后脑的逆转数，8 岁低于前后脑，到了 9～10 岁又高于前后脑，11～12 岁又低于前后脑；女生前后与左右逆转数的变化处于交叉状态，除了 8、9 岁左右脑与前后脑的比较女生与男生有差异以外，其余年龄段基本一致。这些都说明，脑波优势涨落功率的逆转不仅是反映大脑的成熟水平和功能状态的重要指标，而且反映在大脑的成熟过程中，大脑的不同部位其成熟的时间是不同的，且表现出性别差异。我们是否可以推断：脑波的性别差能反映认知功能上的差异。也就是说，男女生的认知功能差异是大脑神经结构、功能上的差异造成的，当然，这一推断还有待于在今后的研究中进一步证实。

参考文献

[1]李德明，孙福立，焦艳．额区脑波年老化特点及其与某些认知能力的相关性[J]. 心理学报，1996，28(1)：76-81.

[2]林崇德，沃建中．儿童和青少年信息加工速度发展函数的研究[J]. 心理学报，1997，29(1)：43-50.

[3]沃建中，申继亮，林崇德．信息加工速度的年龄差异机制[J]. 心理发展与教育，1996，12(3)：12-19.

[4]Shearer D E，Emmerson R Y & Dustman R E. EEG relationships to neural aging in the elderly：over view and bibliography[J]. American Journal of Electroencephalography Technology，1989，29：43-63.

记忆状态下儿童青少年脑 α 波特点的研究*

自发脑波是人们通过脑电图(EEG)观察到的人类大脑皮层的生物电活动，其指标包括频率、波幅、位相及波形等。儿童青少年在成长过程中，脑电波会发生明显的变化，主要表现为不同频率脑波成分的比率变化。随着大脑的成熟，儿童青少年脑自发电位的频率随年龄的增长而增大。6～12 岁儿童脑电 α 波的主导频率(α 波的优势成分)为：6 岁时 8 和 9 Hz；7、8、9 岁时 9、8 和 10 Hz；10 岁时 10 Hz；11 岁时 10 和 9 Hz；12 岁时 10、9 和 11 Hz(沃建中等，2000)。13～18 岁 α 波的优势成分变化不大，其主导成分频率均为 10 Hz(沃建中、林崇德、潘昱，2001)。

脑波不但是进行临床病理诊断的有效指标，而且能在一定程度上反映大脑的功能状态。随着认知神经科学的兴起和发展，20 世纪 80 年代以后，越来越多的研究者将脑波作为探查认知活动脑机制的一种指标。研究表明，α 波(8～13 Hz)的脑波成分与个体的思维和认知等脑的高级功能有关。较多的低频 α 波的出现，与困倦和较差的认知作业成绩有关(Bosel，1992；Kelimesch，et al.，1990)；而较多的高频 α 波则与积极的认知活动有关(Kelimesch，1995；Kelimesch，Schimke & Pfurtscheller，1993；Sterman，et al.，1994)。认知作业速度与额区脑波 α 峰频率显著相关(李德明、孙福立、焦艳，1996)。

记忆是大脑功能的基础，在认知心理学和神经生理学研究中都占有重要的地位。长期以来，生理心理学和神经生理学研究者使用各种方法对记忆活动进行了研究，发现了与记忆活动有关的脑区、神经化学介质等。我们的这项研究则以 7～18

* 本文原载《北京师范大学学报(自然科学版)》2002 年第 1 期。本文其他作者为沃建中、胡清芬、刘慧娟。

岁的儿童青少年为研究对象，试图对记忆活动与脑电 α 波的关系进行初步探讨，从而为今后的认知神经科学领域的研究提供新的科学依据。

一、方法

(一)被试和测试

被试和脑波超慢涨落(ET)测试选取浙江一所小学和一所中学的学生共 24 名，其中每年级男生和女生各 1 名。对被试要求和脑波超慢涨落(ET)仪测试方法见文献(沃建中等，2001)。

(二)静息状态与记忆状态下的实验程序

分别采集被试在静息状态和记忆状态下的脑电 α 波数据各 1 组。在静息状态下，要求被试在测试时保持安静闭眼状态，避免一切动作和思考激烈紧张的问题。在记忆状态下，要求被试在测试时保持安静闭眼状态，同时通过耳机认真收听录音机中所播放的内容，并尽量把这些内容记下来。在测试结束后要求被试写出所记下的内容。

(三)记忆材料

记忆材料使用录音呈现，包括词汇对偶联合、算术计算和图形对偶联合 3 部分。每部分大约进行 4 min，每两部分之间休息 1 min。

词汇对偶联合记忆任务由 10 对词汇组成，如“竹子—香蕉”，先将 10 对词都呈现 1 遍，然后休息 2 min，再呈现每对词中的一个，要求被试默默地回想另一个。测试结束后要求被试写下这 10 对词。

算术计算任务由 10 道简单加、减法算术题组成。向被试呈现题目，要求被试将得数算出来并记住。每题读 2 遍。测试结束后要求被试写下这 10 个得数。

图形对偶联合任务由 10 对图形组成，如“三角形—汽车”。先将 10 对图形都念

1遍，要求被试在听的过程中在头脑中呈现相应的图形，然后休息2 min，再呈现每对图形中的一个，要求被试默默地回想另一个。测试结束后要求被试画下这10对图形。

(四)数据分析

经ET程序，脑电超慢涨落分析仪自动对采集的脑电α波信号进行分析，生成Access数据库文件。将该文件在PⅢ计算机上进行转换，用FoxPro 5.0数据库软件进行管理，并用适用微软Windows的SPSS 9.0统计软件进行统计分析。

二、结果

(一)熵值的升高

在24名被试中，有18名在记忆状态下所表现出的熵值与静息状态相比有所升高，只有6名的熵值降低，但降低的幅度很小。熵值的升高意味着各种频率的脑波所占的比例更加接近，尽管在记忆状态下9、10、11 Hz的脑波仍然是出现最多的，占有一定优势，但这种优势与静息状态相比有所下降，某一种脑波占绝对优势的情况有所减少，经常出现2种甚至3种频率的脑波共同占优势的情况。

(二)α波平均频率$\overline{f}$的变化

根据不同频率的波成分所占的比率R，使用公式：$f=R8\times8+R9\times9+R10\times10+R11\times11+R12\times12+R13\times13$（R8、R9、R10、R11、R12、R13分别为几种不同成分在α波中所占的比率），静息状态和记忆状态下被试脑α波的平均频率$\overline{f}$如图1所示。

从图1中可以看出，在记忆状态下，被试的各脑区α波的平均频率$\overline{f}$都有所上升。t检验表明，所有脑区α波平均频率$\overline{f}$的这种上升趋势均达到了显著水平（$p<0.05$）。

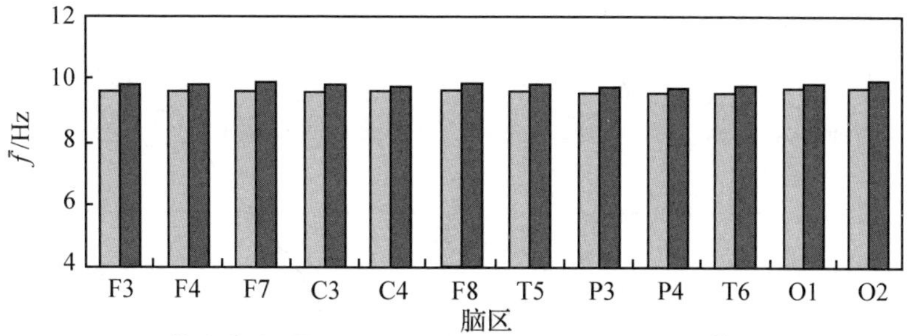

图 1　静息状态(□)和记忆状态(■)下 α 波平均频率 $\bar{f}$ 的比较

(三)高频波的增加

静息状态下和记忆状态下被试的脑 α 波不同，成分在全脑所占比率见图 2。

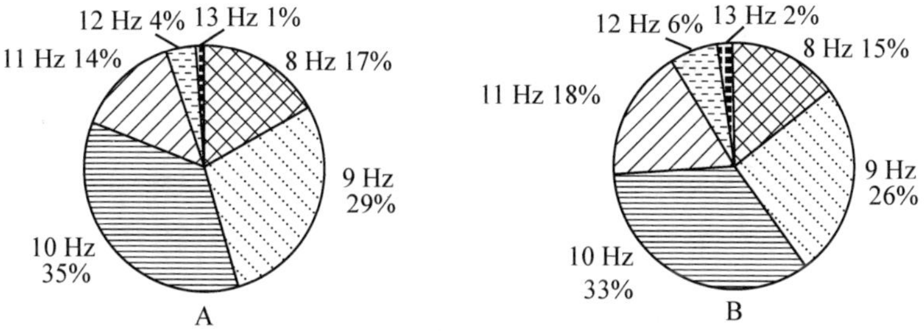

图 2　静息状态(A)和记忆状态(B)下 α 波不同频率 f 的分布

从图 2 中可以看出，在记忆状态下，低频 α 波在全脑所占比率有所下降，而高频 α 波所占比率则有所上升。非参数检验结果表明，11、12 和 13 Hz α 波所占比率的变化达到了非常显著的程度（$Z=-3.686$，$Z=-2.829$，$Z=-2.800$，$p<0.01$），即记忆状态下这 3 种 α 波在全脑所占比率要显著高于静息状态。

(四)不同脑区高频波的变化

在记忆状态下，11、12 和 13 Hz 的高频 α 波在全脑都有上升的趋势，但不同的波在不同脑区的上升程度是不同的。

从图 3 中可以看出，在记忆状态下，11 Hz α 波所占比率在各个脑区都有所上升，但在双侧额叶、双侧枕叶和右前颞叶的升高趋势较为明显，非参数检验表明，这些脑区的 11 Hz α 波所占比率在记忆状态下显著高于静息状态($Z=-3.386$, $Z=-3.314$, $Z=-3.372$, $Z=-3.133$, $Z=-3.315$, $p<0.001$),左中央区和左后颞叶的变化也比较显著($Z=-2.343$, $Z=-2.175$, $p<0.05$)。

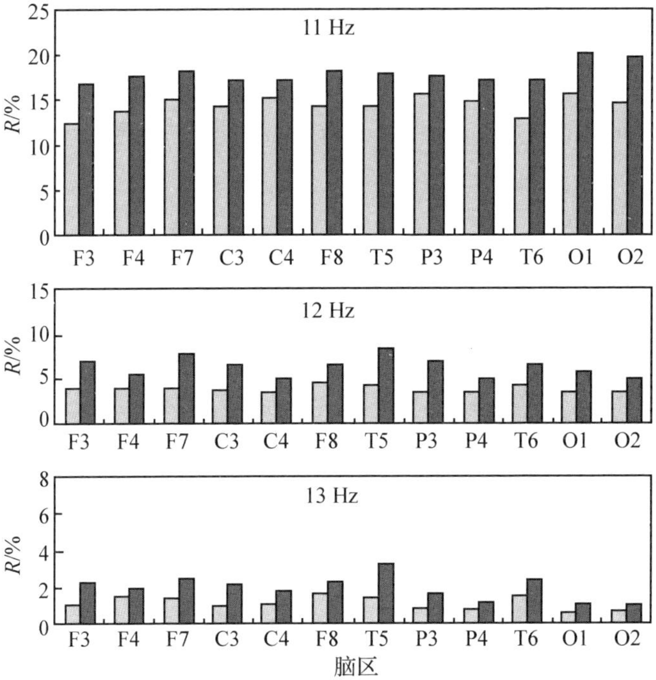

图 3　静息状态(□)和记忆状态(■)下 11、12、13 Hz α 波所占比率的分布

在记忆状态下,12 Hz α 波所占比率在各个脑区都有所上升,但是这种升高趋势在左脑表现得较为明显。非参数检验表明,左侧额叶、顶叶、枕叶和颞叶的 12 Hz α 波所占比率在记忆状态下显著高于静息状态($Z=-2.287$, $Z=-3.313$, $Z=-3.229$, $Z=-3.972$, $p<0.01$),左侧中央区、右后脑和右颞叶的变化也比较显著($Z=-2.258$, $Z=-2.023$, $Z=-2.267$, $Z=-2.287$, $Z=-2.387$, $p<0.05$)。

在记忆状态下,13 Hz α 波所占比率在各个脑区都有所上升,但这种升高趋势在两侧顶叶及左侧的额叶和后颞叶表现得较为明显。非参数检验表明,这些脑区的 13 Hz α 波所占比率在记忆状态下显著高于静息状态($Z=-2.800$, $Z=-2.836$, $Z=-2.598$, $Z=-4.286$, $Z=-3.429$, $p<0.01$)。两侧中央区、左侧枕叶和右

侧后颞叶的变化也比较显著（$Z=-2.283$，$Z=-2.313$，$Z=-2.039$，$Z=-2.299$，$p<0.05$）。

三、讨论

记忆状态下，被试脑 α 波的变化主要有 3 个方面：熵值的升高、$\bar{f}$ 的升高和高频 α 波的增多。

熵值是描述各种 f 的 α 波所占 R 的接近性的一个指标，熵值越大，说明被试脑内各种 f 的 α 波所占的 R 越接近。在记忆状态下，被试 α 波熵值表现出了明显的上升，这说明在记忆状态下，被试脑内各种 f 的 α 波共同活跃，而不再是只有一种 f 的 α 波活跃。进一步的分析表明，在记忆状态下，各脑区占总体 40%以上的某一种 α 波出现的次数比静息状态下明显要少，很多被试在记忆状态下没有某一种厂的 α 波占总体 40%以上。这说明在静息状态下，占很大成分的某一种 α 波所占的优势不再那么明显。

在记忆状态下，α 波的 $\bar{f}$ 表现出了明显的上升，而且这种上升在绝大多数脑区都达到了显著水平。这种 α 波 $\bar{f}$ 的上升是高频波的增加造成的，本研究发现，11、12 和 13 Hz α 波所占的比率都有显著的升高，更高频的 13 Hz α 波上升的幅度更大，这种上升趋势在前脑和左脑表现得更为明显。这些都说明，高频 α 波与记忆活动有着密切的关系，而左前脑和左侧颞叶的脑波活动在记忆活动中有着重要的意义。在以前的研究中，人们发现，较多的低频 α 波的出现，与困倦和较差的认知作业成绩有关(Bosel，1992；Kelimesch，et al.，1990)；而较多的高频 α 波的出现则与积极的认知活动有关(Kelimesch，1995；Kelimesch，Schimke & Pfurtscheller，1993；Sterman，et al.，1994)。在本研究中，当被试进行记忆时，高频 α 波增多，与以前的结果基本一致。同时，在过去的研究中，人们主要发现了额叶 α 波与认知活动的关系(李德明、孙福立、焦艳，1996)，而在本研究中，则发现了颞叶 α 波活动与记忆的特殊关系。

参考文献

[1]沃建中，曹河圻，潘昱.6～12 岁儿童脑电 α 波的发展特点[J]. 心理发展与教育，2000，16(4)：1-7.

[2]沃建中，林崇德，潘昱.13～18 岁青少年脑电 α 波的发展特点[J]. 北京师范大学学报(自然科学版)，2001，37(6)：825-831.

羽毛球训练调节视觉诱发电位的早成分 C1*

一、前言

在脑可塑性研究中，关于个体生活经历是如何改变脑结构和功能的讨论，特别是这些变化能否反映在早期的感觉加工上，是非常有意义的主题之一。这一主题的研究多数通过听觉诱发电位来考察音乐训练对听觉皮层和听觉加工的影响(Bermudez，et al.，2009；Gaser & Schlaug，2003；Murray，et al.，2008；Musacchia，et al.，2007；Ohnishi，et al.，2001；Pantev，et al.，1998；Recanzone，et al.，1993；Schlaug，et al.，1995；Wong，et al.，2007；Zatorre，1998)。相对地，极少有研究探讨在我们的优势通道——视觉中的这类经验依赖性变化。以往视觉皮层的可塑性研究主要利用盲人或是非自然情境下的动物模型(如单眼视觉剥离或是视网膜损害)来进行(Calford，et al.，2003；Feller & Scanziani，2005；Hubel & Wiesel，1970；Karmarkar & Dan，2006)。而近来以正常人为对象的研究侧重于探讨跨通道的交互作用，没有考察视觉通道本身(Amedi，et al.，2003；Huang，et al.，2010；Saito，et al.，2006；Schmithorst & Holland，2003)。

运动员为探讨视觉皮层的可塑性提供了一个可能的模型。尽管运动训练并不以视知觉训练为目的，但其训练过程可能伴随着对视觉系统功能的强化。例如，羽毛球运动，为了适当地反应选择和执行动作，运动员必须整合大量的动态视觉信息，包括球的飞行信息和对手身体的动态信息。设想一下，在一个很大的空间区域内，为了对高速飞行的球(球速超过 250 km/h)做出快速的反应，必须在球落地前完成这

* 本文原载《国际心理生理学杂志》(*Internatianal Journal of Psychophysiology*) 2010 年第 3 期，选入时由英文译为中文。本文其他作者为金花、徐贵平、张学新、叶卓尔、王树芳、赵仑、莫雷。

些视觉加工。如此，长期的羽毛球训练很可能导致视觉皮层的适应性变化。

然而，探讨个体运动训练经验对视皮层功能可塑性影响的研究非常少。已有研究主要把焦点放在运动训练对运动皮层的影响上，如魏(Wei)等人(2010)发现跳水运动员运动皮层(左中央前回)的灰质密度明显高于普通人。关注视觉加工的人通常都以一般非运动相关刺激为实验材料(Delpont, et al., 1991; Nakata, et al., 2010; Özmerdivenli, et al., 2005; Taddei, et al., 1991)，如棋盘格，这样的一般性刺激在考察训练相关的功能变化时可能不够敏感。极少的以训练刺激为实验材料的研究又以探讨事件相关电位中的晚成分 P300 的变化为目的(Akiyama, et al., 2000; Rossi, et al., 1992; Rossi & Zani, 1991)，缺乏早期的指标结果，不能回答视觉早期加工机制是否受经验调节的问题。

在本研究中，我们向专业羽毛球运动员和非运动员呈现截自真实比赛的录像片段，要求他们判断球的落点，旨在考察羽毛球训练经历是否能调节事件相关电位成分中反映早期视觉加工的 C1。

C1 是视觉事件相关电位的第一个成分(Jeffreys & Axford, 1972)，主要分布在头后部中线位置，在刺激呈现后 60～90 ms 达到峰值。C1 一般被认为反映的是初级视皮层的早期激活(Clark & Hillyard, 1996; Di Russo, et al., 2003; Gomez-Gonzalez, et al., 1994; Hillyard & Anllo-Vento, 1998; Martinez, et al., 1999; Simpson, et al., 1995)。早期研究发现 C1 不易受注意影响(Di Russo, et al., 2003; Fu, et al., 2001; Gomez-Gonzalez, et al., 1994; Martinez, et al., 1999)。然而，近来也有研究表明，C1 也可能受到内源性加工状态如注意的影响(Fu, et al., 2009, 2010; Kelly, et al., 2008; Rauss, et al., 2009)。例如，凯利(Kelly, et al., 2008)在控制了个体差异后，发现 C1 甚至也受空间注意的调节。也有证据表明 C1 受刺激情绪效价的影响(Eger, et al., 2003; Halgren, et al., 2000; Pourtois, et al., 2004; Stolarova, et al., 2006)。这说明，C1 不是纯粹的外源性成分，仅对刺激的物理属性敏感。很可能，C1 也受内源性加工和经验的影响。尽管 C1 的变化被认为反映了皮层 V1 的可塑性(Pourtois, et al., 2008)，但 C1 是否受个体经验的调节尚未得到实证研究的支持。

二、方法

(一)被试

18 名羽毛球运动员(9 名女性，平均年龄为 21.9±2.0 岁，年龄区间为 18～25 岁)和 18 名非羽毛球运动员(9 名女性，平均年龄为 22.8±2.2 岁，年龄区间为 18～27 岁)有偿地参加了这个研究。所有被试均为右利手，视力或矫正视力正常，有正常的颜色知觉。没有任何神经或精神性疾病，在实验前也没有服用任何神经性药物。所有被试在实验前签署了知情同意书。

在正式实验之前，他们会先完成一份关于他们运动经验的问卷。运动员均满足以下所有标准：①现役省级或者市级运动员；②获得国家二级运动员或以上等级；③5 年或以上专业训练经历；④在过去两年内，每周至少有三次 2 小时或以上的训练。而对于非运动员被试，他们在年龄和教育水平上与运动员被试匹配，先前没有任何打羽毛球或者网球的经历。而且，他们一般也不观看羽毛球或网球比赛。

(二)刺激

刺激为世界级单人对抗赛的彩色视频片段(WMV 格式，每秒帧数 25)(见图 1)。除了被试组别以外，本研究也根据片段呈现的时间(400～1280 ms)设置了四种不同的任务难度，分别是 400 ms、480 ms、600 ms、1280 ms。在 400 ms 条件下，影片会在球与球拍接触之前 80 ms(－2 帧)结束；在 480 ms 条件下，影片会在球与球拍正好接触时结束；在 600 ms 条件下，会在两者接触后 120 ms(＋3 帧)结束；在 1280 ms 条件下，会在两者接触后 800 ms(＋20 帧)结束。对于 600 ms 和 1280 ms 条件，球分别进行其轨迹的 1/3 和 2/3(从接触球拍到接触地面)。

根据我们预实验的结果，400 ms 和 600 ms 条件下非运动员是难以预测球的最后落点的。因此，在这两种条件下，不管非运动员的反应正确与否，我们都认为他们是纯粹凭猜测完成的。通过对正确和错误试验的比较，我们可以抛开训练经历，观察 C1 的变化是否能够反映人类高水平的决策。另外，增加呈现时间引起任务难

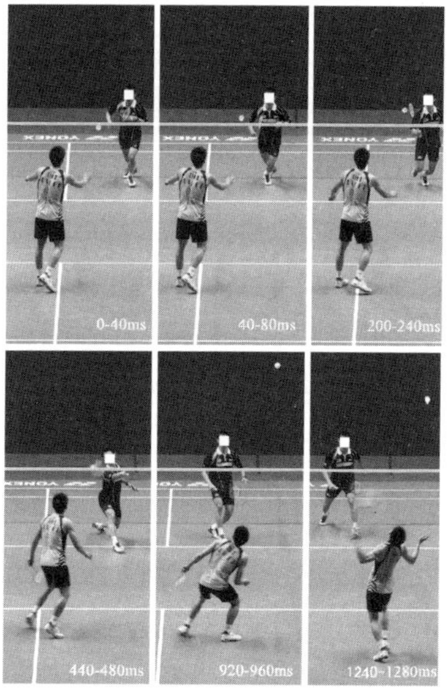

图 1　实验录像截图(每一截图上的数字表示该截图的时间范围)

度的降低也可能包含了更多的信息。短片水平和垂直方向的视角分别为 14.2°和 11.4°。

总共有 220 个实验片段，包括 1280 ms 的片段 40 个，以及其他三种长度的片段各 60 个。由于实验材料的原因，1280 ms 条件的片段比其他条件要少。在每一条件下，球都会等概率地落到 4 个位置(左前场、右前场、左后场、右后场)中的一个。用于练习的 4 个片段也一样。练习当中的片段不会在正式实验时出现，而且所有被试在实验前均未看过任何视频片段。

值得注意的是，本研究使用真实的比赛片段会带来一个问题——没有严格地控制刺激的位置。一些经典研究(Jeffreys & Axford，1972)以及近期研究(Pourtois，et al.，2008)当中，研究者一般在不同视野呈现刺激，从而更好地观察 C1 的变化。在理想的状态下，一般会在视野上方或者下方随机呈现刺激，以更好地辨认 C1。

(三)实验程序

被试会被安排到安静的房间里单独完成实验。在实验开始之前，首先会告诉被试实验任务，然后让他们以最舒服的方式坐在一张扶手椅上，眼睛离计算机屏幕约1 m。实验前会告诉他们尽量不要动头和眨眼，特别是在视频呈现的时候。

实验开始时，屏幕中央会出现一个“+”注视点1000 ms，然后会随机呈现4种难度的视频片段的其中一种。试验之间的间隔为1000～1500 ms。实验要求被试集中注意力观看视频并快速准确地判断球最终是落在前场还是后场，不考虑左边右边。

对于其中一半被试而言，如果他们判断球会落在前场，那么就用右手食指按“I”键；落到后场时，用左手食指按“V”键。对于另一半被试，如果判断球落在后场，那么就用右手食指按“M”键；落到前场时，用左手食指按“R”键。

在正式实验之前，会让被试进行4个试验的练习，而这些练习的视频不会被用于正式实验；之后再让他们完成220个试验的正式实验。实验过程同时记录行为数据。实验过程中，会有两次休息，整个实验大约持续20分钟。为了控制生物节律因素的影响，所有数据都是在晚上7～10点采集，并且在一个月内完成。

(四)EEG记录与数据分析

使用神经扫描4.3软件包采集和分析EEG，电极帽为神经扫描32导银/氯化银电极帽，电极分布符合国际10-20系统。所有电极都是以左侧乳突(A1)做在线参考，离线时转换成双侧乳突平均参考。实验时同时记录水平和垂直眼电。采样率为500 Hz，所有电极电阻控制在5 kΩ以下。高低范围为0.05～100 Hz，在线去50周干扰。自动矫正眨眼伪迹，伪迹使脑电电压超过100 μV的脑电事件在平均叠加前被剔除。

分析时程为刺激前200 ms到刺激后800 ms，以视频开始播放为时间零点。刺激呈现前200 ms进行基线校正。每一被试均按照刺激条件和反应类型进行叠加平均，而不管被试反应正确与否。之后根据被试所有电极的均值进行平均参考，最后做低通滤波(<20 Hz)。实验结果主要分析最能代表C1波幅的三个电极(O1、O2和

Oz)，分析的因素主要包括一个被试间因素(组别：运动员和非运动员)和三个被试内因素(反应类型：正确和错误；电极：O1、Oz 和 O2；任务难度：400 ms、480 ms、600 ms、1280 ms)。一般而言，C1 在 Oz 的波幅会显著大于在 O1 和 O2 上的波幅(Hillyard & Anllo-Vento，1998)。以位置作为一个因素能够更好地探测到 C1。C1 的潜伏期也进行分析，可是由于不同位置并不存在显著差异，因此不把它作为一个因素进行分析。使用格林豪斯—盖泽法校正自由度和 p 值。

三、结果

(一)行为结果

删除因电脑故障而缺失数据的运动员被试一名，剩余 17 名运动员被试在四个难度水平(400 ms、480 ms、600 ms 和 1280 ms)的平均正确率分别为 0.58(0.12)、0.59(0.07)、0.62(0.09)以及 0.81(0.11)(括号里面的数字为标准差，下同)。正确率与 0.5 的随机猜测水平是存在显著差异的[400～1280 ms，统计值分别为 $t(16)=2.74$、5.21、5.51 和 11.12，$p<0.05$)。而 18 名非运动员的平均正确率分别为 0.50(0.08)、0.50(0.05)、0.54(0.06)和 0.73(0.10)。正确率与 0.5 的随机猜测水平在 600 ms 和 1280 ms 存在显著差异[统计值分别为 $t(17)=3.10$ 和 9.40，$p<0.05$)]，可是在 400 ms 和 480 ms 则没有显著差异[统计值分别为 $t(17)=-0.0006$ 和 0.37，$p>0.05$)]。另外，正确和错误试验的反应时间(RT)如表 1 所示。

表 1　两组被试的平均反应时和标准差

反应类型	正确反应				错误反应			
难度水平	400 ms	480 ms	600 ms	1280 ms	400 ms	480 ms	600 ms	1280 ms
运动员平均反应时/ms	1223	1213	1142	1232	1261	1180	1233	1255
反应时标准差	622	713	486	546	768	500	610	802
非运动员平均反应时/ms	1200	1201	1187	1260	1190	1235	1187	1253
反应时标准差	524	526	482	325	561	546	498	559

对正确率做 2(组别)×4(任务难度)的方差分析,结果显示,两者的交互作用不显著[$F(3, 99)=0.06$, $p>0.05$],而组别和任务难度的主效应差异显著[组别 $F(1, 33)=15.7$, $p<0.001$;任务难度 $F(3, 99)=71.2$, $p<0.001$]。事后检验结果发现,运动员判断球落地的正确率显著高于非运动员(0.65 vs. 0.57);而1280 ms 水平的准确率显著高于 400 ms、480 ms、600 ms 水平(0.77 vs. 0.54, 0.55 vs. 0.58, $p<0.001$),600 ms 水平也显著高于 400 ms($p<0.05$)和 480 ms($p=0.05$),400 ms 和 480 ms 之间则没有显著性差异($p>0.05$)。对反应时间做 2(组别)×4(任务难度)×2(反应类型)的方差分析,结果没有发现任何交互作用和主效应。

(二)ERPs 结果

删除因电脑故障而缺失数据的运动员被试一名,以及产生过多伪迹的一名运动员和两名非运动员被试。图 2 为每一组和每一种反应类型的总平均 ERPs。图 2 显示,在目标刺激出现后 65 ms 会出现一个较明显的 C1 成分,而且主要出现在枕叶位置。

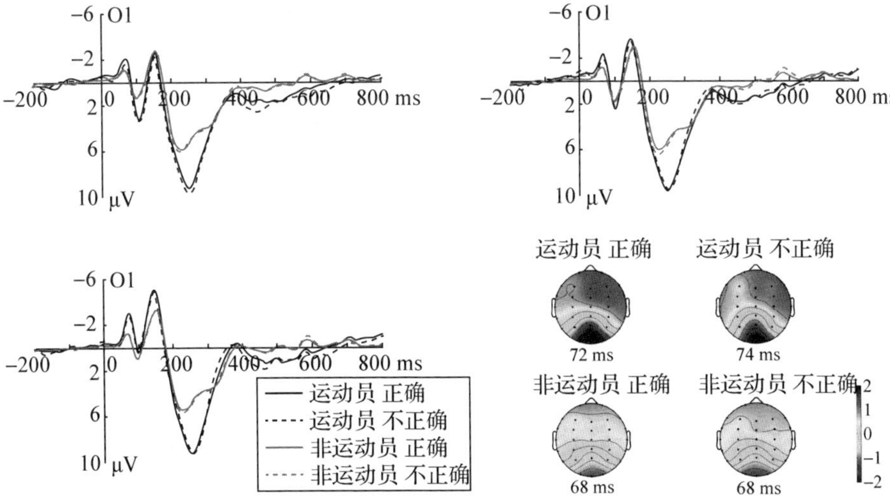

图 2 两组被试两类反应下的 ERP 波形图(右下方显示的是各峰值点上 C1 的头皮分布)

对删除被试后剩余的每组 16 名被试进行分析,实验结果没有发现 C1 峰值波幅存在任务难度的主效应以及与其相关的交互作用($Fs<1$)。如果不管任务难度，对C1峰值波幅做2(组别)×2(反应类型)×3(电极位置)方差分析，结果发现三者的交互作用($Fs<1$)以及反应类型的主效应差异不显著[$F(1, 30)=2.5$，$p>0.1$]，可是组别[$F(1, 30)=5.9$，$p<0.05$]和电极位置的主效应[$F(2, 60)=15.1$，$p<0.001$]差异显著。事后检验结果发现，运动员的波幅显著大于非运动员的波幅(−2.61 μV vs. −1.46 μV)，而且Oz位置的波幅会显著大于其他两个位置(O1、O2和Oz分别为−1.72μV、−1.99μV、−2.39 μV)。另外，运动员在正确反应时C1波幅会显著大于不确定反应时的波幅[$t(15)=-3.5$，$p<0.005$]，可是非运动员则没有显著差异[$t(15)=0.4$，$p>0.1$]。此外，对C1潜伏期做2(组别)×2(反应类型)方差分析，没有发现显著的效应。

四、讨论

在本研究中，利用ERPs技术，我们探讨了脑可塑研究中一个基本的问题，即健康人群的个体生活经历是否影响早期的感觉加工。以运动员为可塑性模型，以视觉通道为研究点，本研究向专业运动员呈现与他们训练相关的录像片段并要求他们预测飞行中的球的落点。

与非运动员相比，运动员对球落点的预测有着更高的准确率，尽管两者在反应速度上并无差异。在四个任务难度水平上都是如此。特别是两个持续时间分别为400 ms和480 ms的短录像，运动员的预测准确率显著高于随机水平，而非运动员则处于随机猜测的水平。显然，运动员更高的判断准确率不是以牺牲反应速度来得到的。结果提示，与非运动员相比，运动员或许没有更快地提取早期视觉信息，但他们有能力提取更多的视觉信息或是为他们的决策注入更多的知识。里波尔(Ripoll)等人(1995)研究了不同水平的职业拳击手，使用了与本实验相似的录像范式，也发现了反应准确率较反应时间更能反映技能水平。

ERP研究发现，有长期专业训练经历的运动员和无训练经历的普通人均在刺激呈现后约65 ms出现一明显的早成分，呈中央枕叶分布。这一成分的潜伏期和分布与文献对C1的描述相符(Hillyard & Anllo-Vento, 1998),在此被解释为C1。二者峰值潜伏期没有差异,但运动员产生的C1波幅显著大于普通人。与我们前面对行为结果的讨论相一致,C1潜伏期组间差异的缺乏提示运动训练改变了早期视觉信息的提取过程,但这一改变不涉及加工的时间过程。有关C1波幅的结果表明,C1可以为长期运动训练所调节,特别是对视知觉加工有很高要求的球类训练。基于C1的属性,我们认为本实验结果为经验依赖性初级视皮层早期加工的可塑性提供了清晰的案例。需要注意的是,这里观察到的C1也有可能不是纯正的C1,得到的只是初步的结论。因为在先前的C1研究中,使用的都是相对简单的物理刺激,最复杂的也只是面孔刺激,而本实验使用的是极其复杂和动态的录像。以后的研究有必要进一步证实我们发现并解释为C1的早成分真正拥有经典C1的特征,如受刺激物理属性如视野等的影响。

本实验还发现,运动员正确反应时的C1波幅高于错误反应时的C1波幅,而非运动员没有这种现象。如前所述,在400 ms和480 ms的短录像中,非运动员基本上是通过猜测完成任务的,自然,这种状态下的C1不可能因为行为反应的不同而不同。但是,在600 ms和1280 ms录像中,非运动员的判断准确率也高于随机水平,正确反应与错误反应有着不同的意义,他们在正确反应中可能获取了更多的有价值的视觉信息。在这样的情境下,非运动员的C1依然不受准确率的影响,这提示它对决策过程中所用的知觉信息的总量并不敏感。因此,运动员在正确反应中表现出来的C1效应反映的不可能是两类反应的一般性差异。

文献中没有证据表明C1受决策影响。因此,不是很清楚为何仅运动员的C1出现反应类型的差异而非运动员没有。我们推测,这可能与运动员的训练经历有关。贝格莱特和波杰斯(Begleiter & Porjesz, 1975)发现,当一个中等亮度的光点被判断为“亮”时,它诱发的早期ERPs成分(P1和N1,约在刺激呈现后100 ms出现)不同于同一个光点被判断为“暗”的时候。他们认为,这种对同一个感觉刺激产生的不同的ERP反应可能反映了与特殊经历有关的记忆痕迹的激活。根据他们的解释,对于我们的运动员被试,一些录像可能激活了特定的与训练相关的记忆情景并促使他们做出了最后的正确选择,这些录像产生了更大的C1。相比较,不能触发此类情景的录像被正确反应的可能性较低。没有训练经历的非运动员不会表现出早期C1反应和晚期决策间的这种联系。与这种可能性相一致，近来有研究显示优秀运动能力与预期信息的提取能力有关，而预期信息的提取能力与运动员领域特异性记忆库中贮存的大量模板有关(Yarrow，et al.，2009)。

本实验观察到的C1效应不可能与任务难度有关，即与运动员相比，同样的任务非运动员完成起来难度更高。这是因为尽管两组被试行为能力的变化与任务难度操作相一致，两组被试的C1却都根本不受这种难度操作的影响。这不奇怪，因为不同的难度水平是通过增加录像的播放时间来实现的，不同难度的录像在刺激呈现后400 ms才开始表现出不同，这一时间点远远晚于C1出现的40～60 ms的时间窗口。C1的这一效应也不可能归因于注意因素，因为分析反映注意的经典ERP成分P1和N2(Hillyard & Anllo-Vento，1998)没有发现任何的组间差异。

会有质疑认为C1波幅的组间差异可能与两组被试刺激出现前的激活状态有关，即与非运动员相比，有经验的运动员能更有效地预测刺激的呈现。显然，如果“+”引起两组被试刺激前不同的脑活动，这一差异应该通过数据处理中的基线校正步骤得到了纠正，不会污染后面出现的C1差异。另一方面，如果ERP信号随着期望中刺激呈现的接近而表现出越来越负偏转的趋势，即运动员因比非运动员更能预期刺激的出现而表现出更大的斜率，这样的差异应该被带到刺激呈现后并导致运动员比非运动员产生更负的C1。如在图2中，和非运动员比较，运动员在O1和O2电极点上的ERP波形在刺激前200 ms的时间窗口内似乎随着时间变化出现更快的负偏转。

但是，这一解释是基于被试间因素的，它不能解释运动员组内正确和错误反应间不同的C1反应。而且，C1波幅最大的Oz点，刺激前两组被试的脑电信号差异极小，特别是正确反应条件下。我们进一步对刺激前200 ms内每个被试的ERP信号进行了线性回归分析，对斜率进行了双样本t检验。对于正确反应，运动员Oz点的平均斜率是-0.003，非运动员是-0.002，$t(30)=0.89$，$p=0.38$。对于错误反应，相关的斜率值分别为-0.004和-0.001，$t(30)=1.84$，$p=0.075$。因此，尽管两组被试刺激前的活动可能有差异，但我们倾向于认为这一差异不足以全部解释我们发现的C1效应。

先前的电生理学研究已证明了运动员和非运动员由简单视觉刺激(如棋盘格)诱发的 ERP 反应的差异性(Nakata, et al., 2010)。例如,网球运动员的 P1 潜伏期较划船运动员和非运动员更短(Delpont, et al., 1991)。还有排球运动员和非运动员在 N145 潜伏期和 P100 波幅上的差异性(Özmerdivenli, et al., 2005),但自行车运动员和非运动员间没有这种差异性(Magnié, et al., 1998)。这些研究说明长期的球类训练能调节视觉诱发电位的早成分,与此相符,本研究使用训练相关刺激,首次在健康人群中发现运动训练经历可以调节视觉诱发电位中很早的成分。

我们的结果不同于其他研究(Pourtois, et al., 2008)的结果。他们发现,成人被试经过 90 分钟的视知觉分辨训练后 C1 波幅下降。本实验运动员被试经历的训练远较简单的分辨训练复杂,包括知觉信息的整合和有关先前经历的记忆的提取。而且,本实验涉及的训练持续了至少数年,训练效应可能与训练时限有关。曲(Qu)等人(2010)对大学生进行线条方向的知觉训练,一周三次,发现第三次训练时 N1 波幅下降;然而,当同一组被试 6 个月后进行同样的任务时,他们的 N1 波幅却是增加的。

另一种可能的解释是,如一些研究者提出的(Martinez, et al., 2001; Foxe & Simpson, 2002),C1 的增加可能是因为运动员高级皮层对视皮层的反馈增加。也就是说,非运动员可能只使用了知觉到的信息,运动员可能还加入了基于先前经历得到的类似情景的背景信息并对早期视觉加工施予了自上而下的加工。按照这一解释,运动员正确反应比错误反应产生更大的 C1,这一结果应该要求更快地激活晚期的决策和早期的视觉加工间的反馈回路。这在神经生理学上是否可行尚不清楚。例如,马丁内斯(Martinez)等人(1999)发现,反馈过程大约出现在 150 ms,这对潜伏期约为 80 ms 的 C1 来说太晚了。但是,施罗德(Schroeder)等人 (1998)发现猴子从 V1 传递信息到视觉信息流的高级皮层仅需 23 ms,这提示极快的反馈效应在理论上还是有可能存在的。

数据解释的模糊性不是本研究所仅有的。例如,有脑成像研究表明,知觉训练后,伴随着行为能力的提高,V1 的血氧水平依赖信号增加。这种结果既可以从可塑性的角度来解释,又可以被理解为 V1 因反馈增加而导致的加工增强(Furmanski, et al., 2004)。但是,这两类解释或许并不矛盾。如果视觉加工是高度互动的,自上而下和自下而上的加工紧密相关，可能也很难解释哪个才是真正的V1活动。实现自上而下影响V1的返回投射可以是V1神经网络的一个整合部分。这样的话，经验导致的这种投射途径的变化既可以被视为自上而下的效应，又可以被视为V1皮层的可塑性。未来的研究或许可以有更好的方法分离这两种观点，但也可能这个问题依然难以解决。

奥弗奈伊(Overney)等人(2008)的研究表明，专业网球运动员能比非运动员更准确地探测到网球场中的网球，但如果网球处于一般的风景背景中，则两组被试对网球的探测能力没有差异；两组被试在诸如探测随机点阵中的连贯运动和注意瞬脱等基本知觉上没有差异。我们的结果与他们相符，强调了刺激的训练相关性的重要性。但是，将来用非训练刺激考察羽毛球专业训练是能提高一般感知觉加工还是仅对训练相关刺激敏感也是很有价值的。

五、结论

本研究首次证实了包含丰富视知觉训练的长期运动训练能调节正常人群早期的感觉加工。本研究结果还表明以运动员为模型来探讨脑的可塑性是非常有意义的。

参考文献

[1]Hillyard S A & Anllo-Vento L. Event-related brain potentials in the study of visual selective attention[J]. Proceedings of the National Academy of Sciences，1998，95：781-787.

[2]Jeffreys D A & Axford J G. Source locations of pattern-specific components of human visual evoked potentials I：component of striate cortical origin[J]. Experimental Brain Research，1972，16：1-21.

[3]Pourtois G，et al. Effects of perceptual learning on primary visual cortex activity in humans[J]. Vision Research，2008，48，55-62.

[4]Wei G，Luo J & Li Y. Brain structure in diving players on MR imaging studied with voxel-based morphometry[J]. Progress in Natural Science，2009，19：1397-1402.

专业羽毛球运动员动作预期优势：事件相关电位研究*

一、前言

在高度时间压力下进行的多数竞赛中，运动员非常重要的技能之一就是预期各类动作的结果，如对手的动作、球的移动轨迹等。许多行为研究表明，与非运动员或是运动新手相比，高水平运动员能更有效地预期手系列动作的结果(Abernethy，1987，1990；Laurent，et al.，2006；Salmela，et al.，1994；Shim，et al.，2006；Singer，et al.，1996；Ward，et al.，2002；Williams，et al.，1994，1998，2009)。借助眼动技术和口语报告方法，运动专家采用了完全不同于非运动员或是新手的视觉搜索策略(Abernethy，1990；Goulet，et al.，1989；Shank，et al.，1987)。

然而，迄今极少有认知神经科学的研究来探讨运动专家这种动作预期优势潜在的神经基础。赖特(Wright)等人(2010)应用功能磁共振成像技术(fMRI)发现运动专家整合观看和理解他人动作的脑区激活增强。有研究者(2001)分析了被试在判断棒球类型(快球或弧线球)时 P300 的差异性，发现了中级和高级击球手在这一成分上的波幅差异。P300 反映了对刺激的评估，它的峰潜伏期与刺激区分、模式识别、分类和记忆模板匹配等加工所需时间有关(Kok，1997；Kramer，et al.，1988；Noldy，et al.，1990)。塔利普(Taliep)等人(2008)在实验中要求被试判断板球类型(快球或慢球)，结果发现熟练选手 P300 潜伏期较不熟练选手短，但两组被试的行为数据没有任何显著差异。

---

* 本文原载《神经科学快报》(*Neuroscience Letters*)2011 年第 3 期。选入时由英文译为中文。本文其他作者为金花、徐贵平、张学新、高宏巍、叶卓尔、王品、莫雷。

显然，需要更多的实证研究来考察作为神经指标的ERP反应是否能区分与运动专家有关的不同动作预期水平。为此，本ERP研究比较了专业羽毛球运动员和非运动员在预期球落点时的脑电反应。

二、方法

(一) 被试

18名羽毛球运动员(9名女性，平均年龄为21.9±2.0岁，年龄区间为18～25岁)和18名非羽毛球运动员(9名女性，平均年龄为22.8±2.2岁，年龄区间为18～27岁)有偿地参加了这个研究。所有被试均为右利手，视力或矫正视力正常，有正常的颜色知觉。没有任何神经或精神性疾病，在实验前也没有服用任何神经性药物。所有被试在实验前签署了知情同意书。

在正式实验之前，他们会先完成一份关于他们运动经验的问卷。运动员均满足以下所有标准：①现役省级或者市级运动员；②获得国家二级运动员或以上等级；③5年或以上专业训练经历；④在过去两年内，每周至少有三次2小时或以上的训练。而对于非运动员被试，他们在年龄和教育水平上与运动员被试匹配，先前没有任何打羽毛球或者网球的经历。而且，他们一般也不观看羽毛球或网球比赛。

(二)刺激

刺激为世界级单人对抗赛的彩色视频片段(WMV格式，每秒帧数25)(见图1)。录像水平视角为14.2°，垂直视角为11.4°。

通过操作录像播放时间设置了两种任务难度：易和难条件。易条件下录像长度为1280 ms，在两者接触后800 ms(+20帧)时结束，球已完成约2/3的飞行轨迹(从接触球拍到接触地面)。难条件下录像长度为480 ms，在球与球拍正好接触时结束；因此，对无羽毛球经历的非运动员而言，这类录像几乎没有提供任何有关球落点的视觉信息，他们只能通过随机猜测完成任务，判断准确率应在随机水平。正式实验共有100个录像片段，易和难条件下的片段分别为40和60个。在两个条件下，球在四个位置(左前、右前、左后、右后)的真实落点是平衡的。所有被试均是首次看到录像内容。

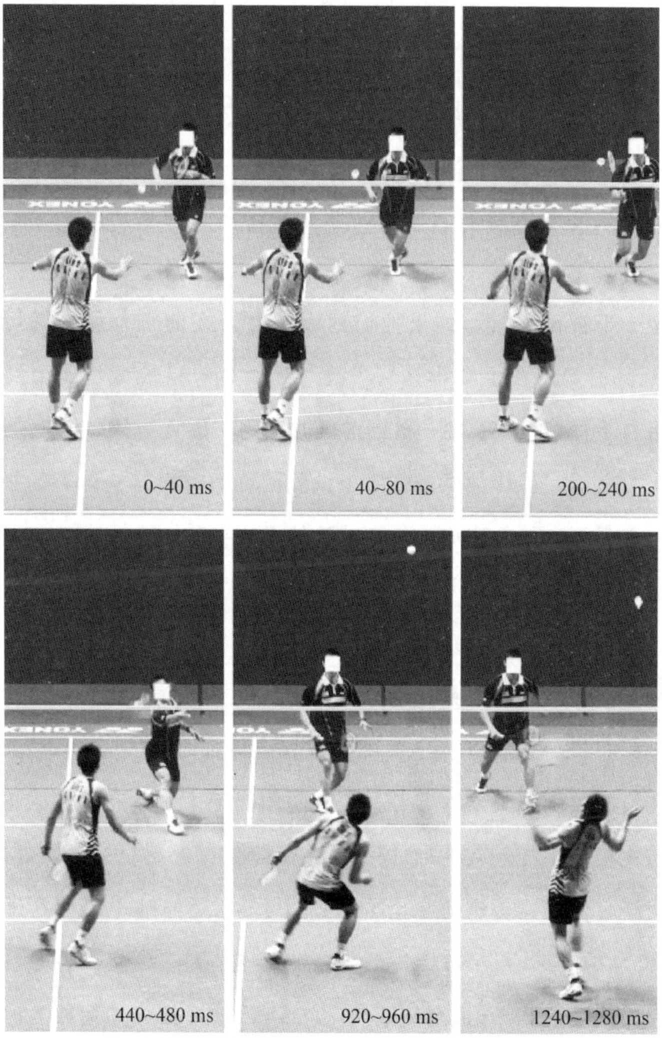

图1　实验录像截图(每一截图上的数字表示该截图的时间范围)

(三)实验程序

被试会被安排到安静的房间里单独完成实验。在实验开始之前，首先会告诉被试实验任务，然后让他们以最舒服的方式坐在一张扶手椅上，眼睛离计算机屏幕约1 m。实验前会告诉他们尽量不要头动和眨眼，特别是在视频呈现的时候。

实验开始时，屏幕中央会出现一个“＋”字注视点1000 ms，然后会随机呈现2种难度的视频片段的其中一种。试验之间的间隔为1000～1500 ms。实验要求被试集中注意力观看视频并快速准确地判断球最终是落在前场还是后场，不考虑左边右边。

对于其中一半被试而言，如果他们判断球会落在前场，那么就用右手食指按“I”键；落到后场时，用左手食指按“V”键。对于另一半被试，如果判断球落在后场，那么就用右手食指按“M”键；落到前场时，用左手食指按“R”键。

在正式实验之前，会让被试进行4个试验的练习，而这些练习的视频不会被用于正式实验；之后再让他们完成100个试验的正式实验。

(四)EEG记录与数据分析

使用神经扫描4.3软件包采集和分析EEG，电极帽为神经扫描32导银/氯化银电极帽，电极分布符合国际10-20系统。所有电极都是以左侧乳突(A1)做在线参考，离线时转换成双侧乳突平均参考。实验时同时记录水平和垂直眼电。采样率为500 Hz，所有电极电阻控制在5 kΩ以下。高低范围0.05～100 Hz，在线去50周干扰。自动矫正眨眼伪迹，伪迹使脑电电压超过100 μV的脑电事件在平均叠加前被剔除。

分析时程为刺激前200 ms到刺激后800 ms，以视频开始播放为时间零点。刺激呈现前200 ms进行基线校正。每一被试均按照刺激条件和反应类型进行叠加平均，而不管被试反应正确与否。之后根据被试所有电极的均值进行平均参考，最后做低通滤波(＜20 Hz)。对P300三个代表性电极点(P3、P4、Pz)上的波幅进行二因素(因素1：被试；因素2：任务难度)方差分析；对O1、O2和Oz点上的P2成分也进行同样的统计分析。使用格林豪斯—盖泽法校正自由度和 p 值。

三、结果和讨论

两组均有2名被试的数据因伪迹或是机器故障被剔除，下面的结果源自16名运动员和16名非运动员被试。图2是两组被试在两种条件下的准确率和正确反应的反应时。对准确率进行的方差分析发现，组别主效应显著[$F(1, 30)=12.35$，$p<0.005$]，条件主效应显著[$F(1, 30)=148.72$，$p<0.001$]，但交互作用不显著($F<1$)。运动员在易(0.82 vs. 0.73)和难(0.61 vs. 0.51)条件下的准确率均显著高于非运动员。两组被试在易条件下的准确率均显著高于难条件下。对反应时的方差分析发现条件主效应显著[易 vs. 难：1194.84 vs. 1103.81，$F(1, 30)=5.68$，$p<0.05$)]，但组别或是交互作用均没有发现显著差异($F<1$)。

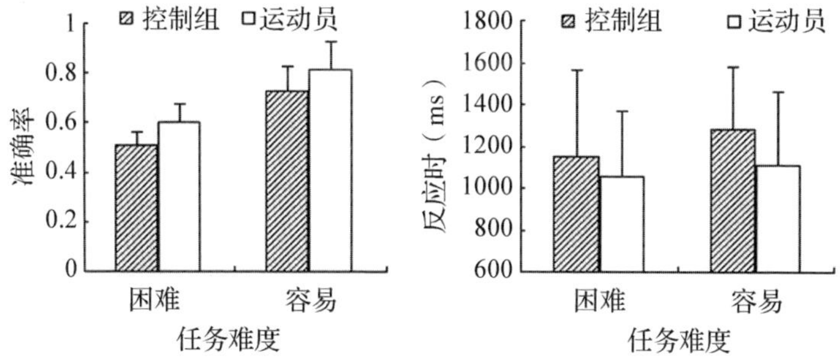

图2 两组被试行为反应的平均值(左图为准确率，右图为反应时)

行为数据表明，与非运动员相比，运动员能更好地预测球的落点。即使在难条件下，运动员的预期准确率仍显著高于非运动员的随机水平。

显然，尽管运动员没有表现出反应速度上的优势，但他们有能力提取更多的视觉信息，能利用对手身体的移动来预期结果，而非运动员只能依赖球本身的信息(Aglioti，et al.，2008)。与我们的结果相符，有研究发现反应准确率较反应时更能反映拳击运动员的水平(Ripoll，et al.，1995)，空手道选手也是较新手能更准确而非更快地预期对手动作结果(Williams，et al.，1999)。简单地讲，有理由把接下来要讨论的运动员和非运动员间的 ERP 反应差异归因于他们动作预期上的不同水平。

追随先前的研究(Radlo，et al.，2001；Taliep，et al.，2008)，我们先分析了顶叶的 P300。图 3 是顶叶三个电极点上的总平均 ERP 波形图。对峰值进行方差分析发现仅组别主效应显著[$F(1, 3r)=4.04$，$p=0.05$]。运动员的波幅大于非运动员，易(5.49 vs. 1.86 μV)和难(5.62 vs. 3.51 μV)条件下都是如此。潜伏期的组别主效应边缘显著[$F(1, 30)=3.35$，$p=0.07$]，运动员短于非运动员(易：338 vs. 352 ms；难：340 vs. 364 ms)。

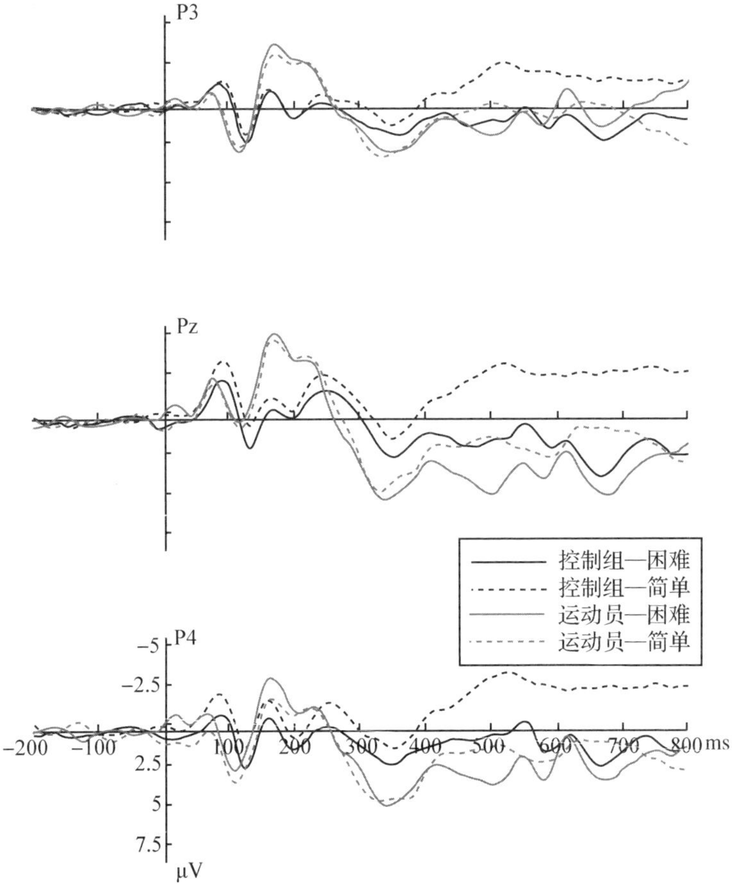

图 3　两组被试三个电极点上的总平均 ERP 波形图

和塔利普(Taliep)等人(2008)的结果相似，我们也发现，与非运动员相比，运动员的 P300 潜伏期表现出更短的趋势。不同的是，我们还发现了运动员明显的 P300效应。一个可能的理由是塔利普等人(2008)研究中被试间的专业水平上的差异没有我们实验中专业运动员和非运动员间的差异大。这可能也是他们实验中没能发现组间的行为差异而我们实验中行为数据表现出显著的组别效应的原因。

通常，P300 是在怪球范式中由偏差刺激诱发的。洛伦佐-洛佩斯(Lorenzo-López)等人(2007)发现，在视觉搜索任务中，行为能力好的被试较行为能力差的被试产生更大的 P300。还有研究发现，记忆再认较好时及记忆负荷较低时 P300 波幅增强(Mecklinger，et al.，1992；Noldy，et al.，1990；Shucard，et al.，2009)。与非运动员比较，专业运动员高效的加工很可能会改善记忆编码或是降低记忆负荷，从而导致我们观察到较大的 P300。另外，预期信息的提取与高度发展的领域特异性的记忆结构有关(Yarrow，et al.，2009)。专业运动员可能在长时记忆里存有大量与比赛相关的场景，基于这些记忆，运动员能快速地对某一真实的场景进行识别和归类，促进他们对相关动作的实时判断。即 P300 效应可能反映了运动员和非运动员在为预期而进行的动作动力学分析能力上的差异。

从录像时间定格技术的文献上看，这样的解释有一个问题(Wright，et al.，2010)，即在羽毛球运动中，决定预期能力的动力学信息一般出现在拍和球接触的－160～0 ms，在本研究中约在录像开始后的 320 ms，这样的时间进程用于解释 P300 效应有些延迟。同样的原因，P300 效应也不可能反映用于匹配知觉输入的特定记忆表征的提取，因为录像播放约 300 ms 后才能得到这类知觉信息。还有，与许多录像技术以运动员的角度出发所不同的是，我们录像播放的连续动作是以观看者的角度出发的。因此，刺激一开始可能就提供了预期线索，如两个队员的相对位置，球触拍前的飞行路线等。这一点在我们单独进行的另一个行为实验中得到了验证，实验中录像持续时间为球触拍前 80～480 ms，结果发现运动员的预期准确率显著高于随机水平(运动员 0.59；非运动员 0.49)。有可能当运动员知道将会出现一个击球动作时，他们在录像一开始就预激活了有关动作动力学的记忆和相关的心理表征，或是将注意导向至这样的内部表征，从而促进稍后进行的动力学和球轨迹的分析。如果这样的话，在不要求这种预激活的控制任务如判断拍握在哪只手时应该观察不到 P300 效应(Wright，et al.，2010)。

另一个可能是，完成任务时专业运动员较非运动员具有更高的动机和唤醒水平，我们观察到的 P300 效应与一般意义上的动机因素有关。这一可能性在先前类似的研究中没有被提及(Radlo，et al.，2001；Taliep，et al.，2008)，我们也难以凭现在的数据去证实。可以考虑设置控制任务来探讨这一问题，如使用与羽毛球无关的录像随机插到羽毛球录像中。如果 P300 效应是运动员较高水平的动机所致的话，那么两类录像均能观察到 P300 效应。

需要指出，难易两种条件在球触拍前 480 ms 内的 ERP 应该没有差异，因为这一时程内两个条件的刺激完全相同。令人不解的是，在顶叶，特别是 Pz 和 P4 电极点，两个条件诱发的脑电差异显著，这也可能是未知的伪迹造成的，但本实验数据难以解释。

与 P300 不同，约在刺激呈现后 240 ms 达到峰值的 P2 有明显的组间差异。图 4 是枕叶三个电极点上的总平均 ERP 波形。波幅的方差分析发现，仅组别主效应显著[$F(1, 30)=6.86$，$p=0.01$]。运动员的 P2 波幅显著大于非运动员，易(10.13 vs. 6.68)和难(9.90 vs. 6.39)条件下均是如此。潜伏期方法分析发现组别主效应显著[$F(1, 30)=8.46$，$p<0.01$]，运动员长于非运动员(易：247 vs. 228；难：251 vs. 231)。

后部 P2 的属性尚不明了(Luck，2005)。有学者认为它与刺激评估和决策开始有关(Lindholm，et al.，1985；Nikolaev，et al.，2008；Potts，2004；Potts，et al.，2001)。重要的是，有研究发现语音训练后 P2 增强(Tremblay，et al.，2001)，或是在音调区分任务中音乐家产生的 P2 大于非音乐家(Shahin，et al.，2003)。知觉学习时随着训练时间的延长也发现了顶枕部 P2 的增强(Song，et al.，2007)。基于这些结果，我们推测 P2 效应可能反映了某些一般意义上的学习效应。但运动员的 P2 潜伏期为何会长于非运动员依然难以解释，很难想象非运动员会比运动员更早地开始刺激评估。

总之，本研究向专业羽毛球运动员和非运动员呈现羽毛球比赛录像片段。结果

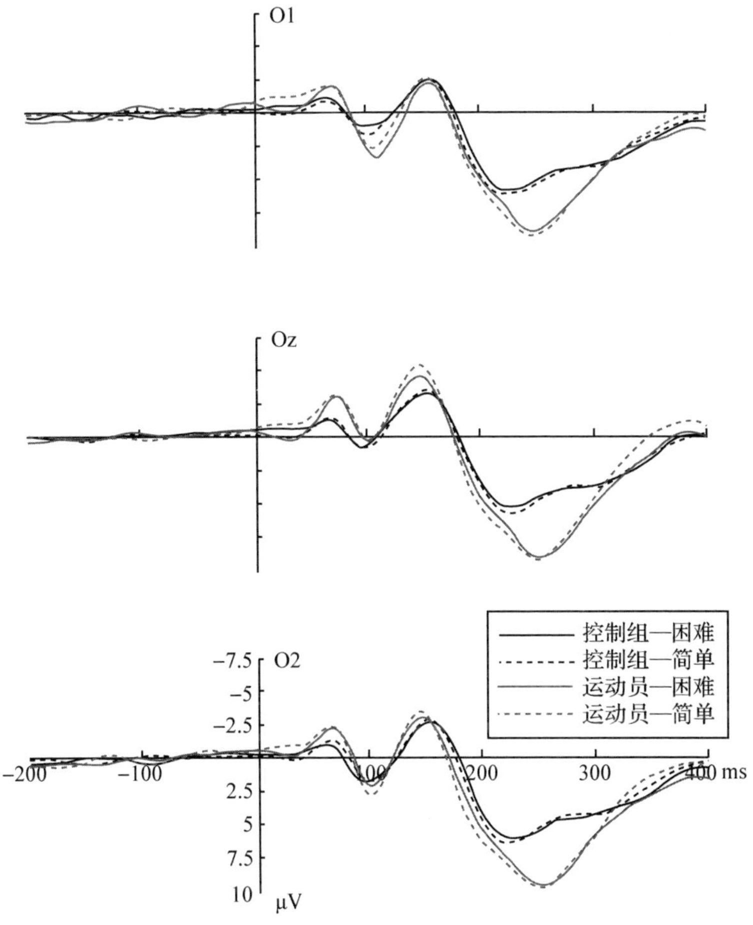

图 4　两组被试三个电极点上的总平均 ERP 波形图

与非运动员相比，运动员表现出更好的球路预期能力。运动员的这种预期优势与顶叶优势的 P300 增强效应、后枕优势的延迟的 P2 增强效应有关。

参考文献

[1]Abernethy B. Anticipation in squash: differences in advance cue utilization between expert and novice players[J]. Journal of Sports Sciences, 1990, 8: 17-34.

[2]Goulet C, Bard C & Fleury M. Expertise differences in preparing to return a tennis

serve: a visual information processing approach[J]. Journal of Sport and Exercise Psychology, 1989, 11: 382-398.

[3]Lorenzo-López L, et al. Visual target processing in high-and low-performing older subjects indexed by P3 component[J]. Clinical Neurophysiology, 2007, 37: 53-61.

[4]Shahin A, et al. Enhancement of neuroplastic P2 and N1c auditory evoked potentials in musicians[J]. The Journal of Neuroscience, 2003, 23: 5545-5552.

[5]Yarrow K, Brown P & Krakauer J W. Inside the brain of an elite athlete: the neural processes that support high achievement in sports[J]. Nature Reviews Neuroscience, 2009, 10: 585-596.

第五编

PART 5

思维与智力发展研究

我的研究方向主要是儿童青少年认知、思维和智力，1997年，“儿童青少年认知发展”的研究还被国家自然科学基金会批准为重点课题。在我独立发表的研究报告中，这方面文章占据比重较大，而在我指导的博士研究生中，许多是从事儿童青少年认知、思维和智力发展研究的，这类研究报告也比较多。我从中选出我为独立作者或通讯作者的5篇研究报告。

小学生运算思维品质培养的实验研究*

一、问题的提出

小学生的数学能力应包括哪些结构，这些结构又是如何发展的，这在教育界和心理学界众说不一。我们认为，对于小学生数学能力发展特点的研究，必须使研究方式处于“动态”之中，即充分考虑到教育的主导作用，这样才能使研究获得可靠的、科学的结论。同时，我们还看到，思维品质在小学生的运算过程中发挥着相当重要的作用，因此，研究思维品质，可以作为研究数学能力的突破点。

思维品质，是在个体的思维活动中智力特征的表现。人的思维就其发生和发展来看，既服从一定的共同规律，又表现出人与人之间的个体差异。这种个体差异就是思维品质，又叫作思维的智力品质。在小学生数学运算中，突出的思维品质是敏捷性、灵活性、深刻性和独创性四个方面。思维的敏捷性就是思维过程的速度；思维的灵活性是指思维活动的灵活程度；思维的深刻性也就是逻辑性，这是思维活动中抽象水平的表现，即抓住问题的本质和规律，开展系统的理性活动；思维的独创性是指独立思考创造出有一定新颖成分的智力品质。这四种品质是区分儿童智力、才能的重要指标之一，也是提高儿童数学成绩的关键。

我们的研究是密切结合学校教学工作进行的，其目的就在于探讨在小学生数学运算过程中，如何通过有效的教学途径来培养上述儿童思维品质和提高教学质量、减轻学生的负担，并以我们的研究结果来讨论小学生数学能力的结构和提出一些小学数学教学的建议。

---

* 本文原载《教育研究》1983 年第 10 期。

二、步骤与方法

我们通过横断方法与纵向方法相结合，教育与心理发展相促进，使整个研究处于“动态”之中，即从发展变化的观点来研究问题，围绕着小学生运算过程中思维的敏捷性、灵活性、深刻性和独创性四种品质的培养，展开全面的实验研究。

(一)实验班与控制班的确定

研究的被试，系北京市幸福村学区二至五年级八个班学生，每个年级两个班(一个实验班、一个控制班)，为了便于统计，随机取样，每班定35名，共有被试280名。

实验班与控制班的被试，均系就近入学；其中二、五年级实验班，都是儿童一入学就开始追踪研究，三、四两个年级追踪仅一年时间，研究前通过智力检查及语文与算术两科考试，成绩都无显著的差异(经过 χ^2 检验，$p>0.1$)，组成一一对应等组；使用教材相同(都是全国通用教材)；在校上课、自习及所留作业量相同，学生家长职业、成分大致相似，没有发现任何特殊的家庭辅导或增加练习量的现象。

所不同的是选择的实验班的教师，应能与实验者积极配合，突出教学方法的改革，以利于实验班儿童在运算中思维品质的培养。而控制班按一般的教学方法进行，即不使用实验班的教学方法。

实验班教师系统地学习了儿童思维心理学知识与思维品质的培养方法，定期集体备课，统一实验指导思想与具体措施；定期按实验措施搞“培养思维品质教学观摩课”，不断改进培养计划。

(二)实验措施的贯彻

我们按照思维品质的内容，并总结了北京市十余位先进数学教师的经验，制定了小学生在运算中思维品质的培养措施，内容如下。

1. 培养思维的敏捷性，主要是培养正确迅速的运算能力

(1)在正确的基础上始终有速度的要求。我们强调敏捷运算思维的前提是正确。对于低年级，教师狠抓儿童的计算正确率，要求百分之百正确。落实到儿童身上，一是认真审题，画出重点词，二是题题有验算(如逆运算)，三是错题当日更正；落实到教师身上，加强“及时强化”，做到每天当堂批改作业，对的打“√”，错的不表态，让儿童在运算中获得及时的肯定与否定，从记忆到思维，有一个及时刺激，增强正确的“条件联系”。

在正确的基础上抓速度练习。

——低年级，我们将正确而迅速的计算要求作为学习常规的重要内容。在速算练习时，我们不使用公开发行的固定的“速算卡片”，因为时间一长，儿童就背熟了卡片中的习题和答案；而是教师每天换新习题，用黑板或写在纸上一道道出示，使儿童进行运算思维的速度练习而不是机械记忆的训练。

——在形成一定学习“常规”的基础上，每天坚持五分钟左右的速算练习。具体内容有：一是口算，如每人一题，一人计算，全班注视，发现错误，立刻更正，这样一人接一人回答，十分紧张；二是速算比赛，有给时间比正确迅速完成计算的数量，有给练习题看完成所用的时间，儿童在比赛中产生兴趣和“好胜”心理，逐步形成正确迅速的运算习惯；三是接力完成一个复杂题，如应用题类型复习，第一个人说类型特征，第二个人接着说解题方法，第三个人出一道这类的应用题，第四个人说出答案，全班儿童高度集中注意力，人人练习正确迅速地思考问题。

——到中、高年级，强调在数学运算中能把正确、迅速与合理、灵活结合起来。我们认为，思维结构是在法则支配下有一定方向、材料和形式的系统。速算的合理性、灵活性，很重要的一点在于运用算术法则，于是我们鼓励儿童开动脑筋，充分运用速算方法和交换律、结合律、分配律等算术法则，合理而迅速地运算。例如，对$[60+(357\times375-375\times356)\div25]\times12$，只要运用分配律，提出375，很快地获得答案而不需按部就班演算了。

(2)教给儿童一定的速算要领与方法。速算方法有上百种。我们是按照不同年

级儿童所学不同的数学内容，分别教给他们几个数相加，中间有互补的，可以先加;连续数的加法，可以归纳为首项加上末项，再乘以项数的一半即成；某数(0除外)乘以或除以5、25、125、625…可以用五一倍作二计算，等等，使他们能提高运算的速度。心理学认为，重复练习是形成习惯的重要条件。教会速算方法，反复地练习，儿童就能从领会这些方法到应用这些方法，这样逐步地“熟能生巧”，一旦变成习惯——“生巧”，不仅可以丰富数学知识，而且可以促进思维敏捷性品质的发展。

2. 培养思维的灵活性，主要是培养儿童“一题多解”“一题多变”的运算能力

我们认为，一题多解和一题多变是一种发散式的灵活的思维方式，它们不仅是培养思维品质灵活性的好方法，而且是一个提高教学质量的老方法。衡量一个儿童的智力高低，主要是看解决题目的难易程度和灵活程度，而不只是看解题的多少。一题多解和一题多变的教学与练习的步骤与方法如下。

(1)抓儿童知识之间的“渗透”和迁移。心理学认为，迁移的实质是概括，迁移是灵活地运用知识的基础。我们实验中的措施是“运用旧知识，学习新知识”，做到“新课不新”，使每个旧知识都是新知识的基础；而每个新知识又是在旧知识基础上获得发展，这就为知识之间的“渗透”和迁移提供了可能性。

(2)引导儿童进行“发散式”的思考。思维有发散式的，也有辐合式的。前者求多解，后者求一解；前者求异，后者求同。我们认为这两者是统一的，后者是前者的基础，前者是后者的发展。在培养发散式思维时，我们分三步进行。第一步，通过儿童认识数量关系来培养。例如，任何一道试题，都能有“一加二减”三道题，或有“一乘二除”三道题。第二步，让儿童根据题中两个已知数量之间的关系，思考能提出哪些数学问题来。例如，对“甲班种树15棵，乙班种树30棵”，儿童经过发散式思考，可以从提出两三个问题逐步发展到提出十个左右的问题，最后个别儿童竟提出二十三个问题。这样训练，像滚雪球一样，越滚越大，使儿童根据题中的数量关系，经过“发散”，可以得到众多的新的数量关系。第三步，进行应用题的发散思维训练。儿童可以把一道应用题，通过改变条件或问题，从一步应用题，发散成五步、六步，甚至七步应用题；也可以把多步应用题，最后化简为一道一步应用题。

这一点，现时教学大纲并不提倡。但我们认为，思维是对事物内在关系的反映，步数多,数量关系多，要找出多步的关系，才能有效地锻炼儿童的思维不断地从具体向抽象过渡，逐步灵活地把握数量之间内在的关系及变化，提高思维的抽象逻辑程度。

(3)教师的一个重要做法是每堂课都有精选例题，按类型、深度编选适量的习题，再按深度分成几套，使儿童通过一题多解、一题多变，灵活运用，以便在思维灵活性品质上有所发展。

3. 培养思维的深刻性，即逻辑性

我们认为，小学生数学逻辑思维能力，应包括数学概括能力、空间想象能力、数学命题能力、逻辑推理能力和运用法则能力五种。这里，数学概括能力是一切能力的基础。在实验中，我们在培养儿童思维深刻性上，着重点放在提高他们的概括能力上。

(1)小学阶段，数的概括能力含义是什么？心理学已经指出，主要包括：①认识数的实际意义，如“10”代表十个，“1/2”是指半个，等等；②对各类数的顺序和大小的理解，如 89 在 98 之前，98 在 89 之后，89＜98，98＞89；③数的分解组合的能力和归类能力，如 100 由 50＋50 组成，或由 10 个 10 组成，或由 100 个 1 组成，等等。其中数的分解组合能力是数的概括能力的核心。因此，在实验班的教学中，突出抓数的分解组合的培养。例如，一年级上学期的重点是 20 以内的进位加法和退位减法，正常进度用 53 课时，一位实验班教师，并没有按照教科书那样对 20 以内的数一个一个分别讲解，而是引导儿童对 20 以内的数比较实际意义，认识大小和顺序，进行组成与分解的练习，一共只用了 10 课时，就出色完成了教学任务(用市里的试题考试，全班仅一人错了一道小题)。

(2)在培养儿童数学概括能力的基础上，逐步培养儿童逻辑推理的能力。这具体抓了两条。一是在应用题教学中，紧紧扣住简单应用题的十一种类型的教学，使儿童从类型出发，领会每种类型的解题原理，并以此为大前提，进行演绎，掌握各类应用题的解答方法，体现出应用题教学“一步是基础，两步是关键”的特点。十一类简单应用题的教学，按教学进度，要跨两年半到三年的时间，但考虑到在应用题的教学中类型起演绎推理大前提作用，一位实验班教师全面分析了十一类应用题的特点，按四种基本数量的关系，引导儿童加以归类，结果只用一年时间就完成了十一类应用题的教学任务。之后，儿童充分获得运算演绎推理式有关习题的时间和机会。二是引导儿童在同类习题的运算中，善于归纳出一般性的算术原理来。例如，让儿童通过计算$\frac{1}{4}=0.25$，$\frac{1\times 2}{4\times 2}=0.25$，$\frac{1\times 10}{4\times 10}=0.25$；$\frac{8}{32}=0.25$，$\frac{8\div 8}{32\div 8}=0.25$，$\frac{8\div 4}{32\div 4}=0.25$，$\frac{8\div 2}{32\div 2}=0.25$，$\frac{1\times 0}{4\times 0}=?$，$\frac{4\div 0}{32\div 0}=?$，获得分数性质。这样，不仅又快又好地使儿童领会分数性质，而且也使他们学到了归纳法。演绎和归纳是逻辑推理的重要形式，通过训练，实验班儿童较快地学会了自己提出假设、验证假设，进行算术范围内的逻辑推理了。

(3)数学命题(判断)能力和空间想象能力的培养不是我们这次实验的重点，但我们也要加以注意，尤其是儿童的判断能力。实验班教师重视这样一条措施：在数学教学过程中，凡是遇到需要判断的机会，一定要启发儿童进行判断，教师不应代替，以发展他们的命题(判断)能力。所以实验班的课堂教学气氛是十分活跃的。

4. 培养思维的独创性，发展创造性思维

创造性思维的特点是具有独立性、发散性和新颖性。我们围绕这些特点采取如下措施。

(1)加强培养儿童独立思考的自觉性，把独立思考的要求作为低年级学习“常规”加以训练。

(2)提倡“新颖性”，在解题中运用的方法越多越好，越独特越好，让儿童去挖掘解题的各种新方法。

(3)突出地抓儿童自编应用题，以此突破难点，使儿童进一步理解数量间的相依关系。我们教会实验班儿童十一种编题的方法：①根据实物演示或操作编题；②根据调查访问编题；③根据儿童生活实践编题；④根据图画编题；⑤根据图解编题；⑥根据实际的数字材料编题；⑦根据算术式题编题；⑧仿照课本的应用题编题；⑨改编应用题；⑩根据应用题的问题编题；⑪补充题目缺少的条件或问题。这十一种编题的方法，大致分为两大类：①至⑦为一类，反映编题过程要求抽象概括的程度的差异性(以直觉编题→形象编题→语词或数字编题)；⑧至⑪为另一类，反映编题的过程，从模仿，经过半独立的过渡，最后发展独立性编题的趋势。自编应用题，体现了独立性、发散性(每个学生编的题几乎都有差异)和新颖性(每个学生都在按照自己的思路对新异和困难的刺激提出决策)等思维独创性的特点。我们按照不同难易程度的编题方法，从一年级就开始练习，随着年级的递增，不断提高编题的难度，以培养儿童的运算过程的独创性。

(三)实验者的工作重点

我们这个研究与其他研究有一个突出的区别，就是不仅测定被试的外部语言、行为变化或分析其测验结果，而且把重点放在儿童思维品质的培养上，具体地关注实验班教师对实验措施的贯彻。进行实验的单位认为我们在帮助他们培养“数学骨干教师”。我们认为，培养教师的工作是我们对儿童思维能力及思维品质培养的前提。

我们的做法，除了上面提到的给实验班的教师讲授思维心理学，组织集体备课，组织经验交流和进行观摩教学之外，每周还深入实验班听课。具体的做法如下。

(1)对照实验措施，逐条检查实验班教师的教学内容、教学方法、课堂组织、时间安排，甚至于教态。课后，肯定实验措施落实的方面，指出在贯彻实验措施中的不足。发现突出的教法，立即组织观摩课，及时在实验班教师中推广。

(2)根据实验措施，逐条观察并记录儿童的反应：①练习正确率和速度；②对于各类习题，特别是多解或多变习题、推理习题、要求自编应用题的习题的反应(如举手发言的人数、课堂活跃的程度)，解题方法和水平；③对于解题时思路的自述(有时指定儿童写下当时思考的过程)。我们将这些记录及时整理，以便及时总结儿童在思维品质发展中思维活动的共同特征；及时发现教师在培养儿童思维品质中的成功经验与不足之处，可以使教师调整讲课的方式方法。

(3)进一步控制实验班的实验因素。例如，不准增加练习量，这是检查实验效果的一个重要方面。理由是：①如果实验班增加练习量，就是增加实验的附加变量,使实验效果难以检查;②我们实验的一个重要目的,在于“提高教学质量,减轻学生负担”,因此,除了一年级的实验班留少量的课外作业,以便培养学习常规外,二至五年级,力求当堂的作业课上全部完成(大部分随堂批改,以做到“及时强化”),课下不留作业题,也不用给学生补课来提高实验班的成绩(除个别智力缺陷者)。

(4)实验者也深入控制班课堂,做一般性观察,以便发现控制班“控制”的情况,也对有关教师做一些教学法的指导,但原则上不过多地提意见。

(四)指标的确定

对数学能力的测定,有无客观的指标,我们在自己的研究中做了肯定的回答。

1. 测定思维敏捷性

测定思维敏捷性以速度与正确度为指标,求出时间与正确率,确定正确—迅速、正确—不迅速、不正确—迅速、不正确—不迅速四种类型。

时间统计是一项较难的工作,我们计时的方法是:①给定一定数量的习题,记下每个被试完成的时间,求出不同班次(实验班或控制班)的平均时间;②给定一定的时间,统计完成率;③给定一定数量的习题,规定几个计分段,如4分钟以内完成,4.5分钟、5分钟、5.5分钟、6分钟……最慢的是几分钟,记下每个时间段内完成者的人次,算出百分比,以便比较。

2. 测定思维灵活性

测定思维灵活性以一题多解的解数、一题多变的变化数为客观指标,从四个方面来进行测定。

(1)多解或“发散”的程度。例如,一解为一分(这是在量上统计)。

(2)伸缩与精细的程度。例如,“1=?”,加、减、乘、除四则运算,分数等,可能出现不同的类型,反映了“质”的区别,要求统计类型、等级(这是在质上统计)。

(3)迁移的水平。例如,运用法则达到多解的程度。

(4)组合分析的水平,对较复杂的习题,求出另解、二解、三解,每解一题,必须找出一个新的“交结点”，进行重新组合分析。

3. 测定思维深刻性

测定思维深刻性以完成下列五个方面逻辑抽象试题的成绩(原则上满分为100分，每个方面各20分)为指标。在小学生运算范围内，确定具体的指标如下。

(1)对数学概括能力(规定不超过有理数的范围)的测定有三项指标：①对数的实际意义的认识；②对数的顺序和大小的理解；③进行数的分解组合的能力。

(2)对空间想象能力的测定也有三项指标：①能否正确地画出图形(例如，要求正确画出梯形、圆柱、圆锥体等各类图形，这是空间想象力的基础)；②能否正确计算各类几何体的面积、体积；③能否正确判断变式的图形(例如，将直角三角形的直角部位朝上或斜躺)。

(3)对数字命题能力的测定有两种指标：①能否正确判断算术的性质、公式及结论性的原理(例如，通过等式的计算，概括出上面提到的分数性质)；②能否正、逆运算(实际上是确定命题、逆命题、否命题、逆否命题在算术范围内的关系及其运算)。

(4)对推理能力的测定以完成三种类型试题的范围和程度为指标：①归纳算式运算的能力；②演绎运算；③类比推理的能力(例如，在学习比例性质时，要求儿童通过将除法、分数和比例进行比较，根据除法性质和分数性质，推导出比例的性质)。

(5)对运用法则能力的测定，以完成数字和文字两类形式的交换律、结合律、分配律三种习题的成绩为客观指标。

4. 测定思维独创性

测定思维独创性以自编应用题的数量为指标，从两个方面进行测定：①测定直觉编题→形象编题→语词或数字编题的水平、程度；②测定模仿编题→半独立编题→独立编题的水平、程度。

试题的编制中必须注意两点：一是所涉及的难度，即数学知识的范围，对每种类型的编题应该是一致的；二是所涉及的数字大小，对每种类型的编题也应该是一致的。这样能较客观地反映出被试在自编应用题的“创造”活动中的独立性、发散性和新颖性。

我们认为，这是一套客观易行的测定小学儿童数学能力的验证方法和测定指标，它能比较完整地测定小学儿童在运算中思维的个性特征，即思维的智力品质。

(五)试题的制定

根据上述的指标，我们编制了大量的试题，经过多次的“筛选”，最后确定了小学生思维品质的测定题目。

这里会产生一个问题：我们的指标及其指导下编拟的试题能否客观、可靠和正确地测得被试的思维品质，这要考虑到信度和效度。

1. 信度

信度即测定的可靠性。一个信度高的思维品质的测定，在先后重复测定实验班与控制班的思维品质时，如果测定的手续与记分方法相同，所得的分数前后一致。我们在实验班和控制班多次测定运算思维的四种智力品质时，其相关系数(r)是：

(1)两次测定速算成绩，实验班 $r=0.66$，控制班 $r=0.63$。

(2)三次测定一题多解成绩，实验班 $r_1=0.74$(第一、二次相关)，$r_2=0.71$(第二、三次相关)，控制班 $r_1=0.69$，$r_2=0.66$。

(3)两次测定深刻性习题成绩，实验班 $r=0.69$，控制班 $r=0.64$。

(4)三次测定自编应用题成绩，实验班 $r_1=0.71$，$r_2=0.77$，控制班 $r_1=0.62$，$r_2=0.69$。可见，我们的试题的制定及测定的结果有较高的信度。

2. 效度

效度即测定的正确性。一个效度高的思维品质测定的结果，必须是该测定所希望得到的结果。我们将实验班儿童的每种思维品质都分成四等。

敏捷性：正确—迅速、正确—不迅速、不正确—迅速、不正确—不迅速。

灵活性：灵活、较灵活、不太灵活、呆板。

深刻性：逻辑抽象性强、逻辑抽象性较强、逻辑抽象性不太强、逻辑抽象性弱。

独创性：创造力强、创造力较强、创造力不太强、创造力差。

我们让五年级实验班教师在测定前按其平时印象对每个被试的四种思维品质做

出评价，随后求出同上述实验结果的相关系数：敏捷性 $r=0.60$，灵活性 $r=0.73$，深刻性 $r=0.62$，独创性 $r=0.68$。

可见，我们试题的制定及测定的结果有较高的效度。

经过适当“筛选”，就为正式测定准备了一套测定的指标和试题，即用速度测定儿童思维的敏捷性；用一题多解、一题多变试题测定儿童思维的灵活性；用概括数量关系、判断、推理、计算图形面积和体积及运用算术法则等习题测定儿童思维的深刻性；用自编应用题的成绩测定儿童思维的独创性。

为了测定我们这个实验措施与提高教学质量的关系，我们还统计了各实验班与控制班的学年考试成绩，以便做出必要的比较。

三、结果与分析

我们在研究中看到：小学生掌握数的概念和运算能力中，思维品质的发展是存在年龄特征的；同时，教育是作用于儿童思维品质发展的决定因素，合理的、适当的教育措施，把握主客体诸因素的辩证关系，能挖掘小学儿童运算思维的智力品质的潜力，并能促进教学质量的提高。

通过研究，我们看到经过培养，儿童运算速度在迅速变化。在三次完成本年级试题的速算测验中，实验班二、三、四、五年级被试的平均正确的完成率分别是91.05%、94.50%、91.00%、94.70%，控制班四个年级被试的平均正确完成率分别是82.95%(相差8.1%，$p<0.05$)、87.50%(相差7%，$p<0.05$)、87.1%(相差3.9%，$p<0.05$)、85.3%(相差9.4%，$p<0.05$)。可见，运算思维活动的敏捷性是可以培养的。通过训练，实验班的运算速度普遍超过控制班，其中二、三、五年级的实验班运算思维的敏捷性与控制班之间存在的差异是比较显著的($p<0.05$)。因此，合理的教学要求及措施，对于正确迅速的运算能力的培养，对于思维活动的速度的培养是完全必要的。

通过研究，我们看到经过培养，儿童灵活解题能力，特别是“一题多解”的能力在不断变化。我们专门对追踪时间较长的二、五两个年级的实验班与控制班的被试进行了多次测验,获得表1、表2的平均成绩。

表1　两类不同教育措施被试平均每人完成每题的成绩对比

被试	二年级		五年级	
	多解数量	做出类型	多解数量	做出类型
实验班	3.80	2.27	6.36	5.14
控制班	2.52	1.33	4.12	3.34
差异	1.28***	0.94**	2.24***	1.80**

表2　两类不同教育措施被试组合分析水平发展对比

被试	二年级			五年级		
	求出“另解”题	“多解”题		求出“另解”题	“多解”题	
		“三解”	“四解”或“四解”以上		“三解”	“四解”或“四解”以上
实验班	91.8%	54%	25.2%	100%	94%	70.5%
控制班	88.2%	36%	10%	100%	82%	53.5%
差异	3.6%	18%**	15.2%**	0	12%*	17%**

可见,实验班的被试,无论是一题多解的数量、做出的类型,还是组合分析的发展水平,与控制班被试的成绩对照,是存在显著差异的。且实验措施作用时间长的五年级比二年级更为显著。儿童在运算中思维的灵活性品质完全能够通过教育加以培养。

通过研究,我们看到经过培养,儿童思维的深刻性,特别是数学概括、命题、空间想象、运用法则和推理等能力在不断提高。我们按照这几个方面的综合试题的要求,测得二、五两个年级实验班和控制班的平均成绩分别是70.12分、87.75分;64.76分(差异5.36分,$p<0.01$),81.27分(差异6.48分,$p<0.01$)。可见,运算过程中思维的深刻性也是可以培养的,合理的教学措施,能提高儿童在数学学习中各种逻辑抽象的能力,能够促进儿童大胆地提出“假设”,寻找事物之间的内在关系和解决问题的关键所在。

通过研究,我们看到经过培养,实验班儿童在运算思维独创性方面,也普遍地超过控制班。我们也专门对二、五两个年级的实验班与控制班的被试,围绕着自编应用题中抽象程度和独立程度的变化,进行了多次的测试,获得如下的结果,见表3、表4。

表 3 实验班与控制班被试自编各类应用题平均数的差异

类型	二年级			五年级		
	实验班	控制班	差异	实验班	控制班	差异
实物编题	4.8	3.4	1.4*	8.4	7.2	1.2
形象编题	4.6	3.0	1.6**	8.2	6.8	1.4*
数字编题	3.4	1.6	1.8**	7.2	5.6	1.6**

表 4 实验班与控制班编拟应用题时独立程度的差异

类型	二年级			五年级		
	实验班	控制班	差异	实验班	控制班	差异
模仿编题	65%	67%	2%*	82%	76%	6%
半独立编题	50%	36%	14%*	82%	70%	12%*
独立编题	40%	28%	12%*	71%	55%	16%**

可见，两个年级实验班和控制班儿童在自编应用题的抽象水平和独立性上，都存在显著差异，且编数学抽象题比编形象题的差异更大；五年级的独创性的差异比二年级的差异更大。所以说，一定的教学措施，不仅能够提高小学儿童自编应用题的数量，而且能够提高他们在抽象、困难和新异刺激面前采取对策的独立性；所受的这种教学的时间越长，影响越深，独创性思维品质的表现就越明显。

自实验以来，我们看到实验班儿童数学学习成绩在不断地提高，我们将实验班与控制班学年末数学考试的成绩列于表 5。

表 5 两种不同被试的数学考试平均成绩的对照

年级	考试成绩/分		差异	差异的检验
	实验班	控制班		
二	98.5	97.1	1.4	$p>0.1$
三	97.3	91.2	6.1	$p<0.01$
四	93.4	86.9	6.5	$p<0.01$
五*	99.3	89.0	10.3	$p<0.005$

注：* 五年级的成绩是 1982 年参加毕业升学考试(统考)的成绩。

从表5可以看到，良好合理的教学措施，在培养小学生的运算过程中思维品质的同时，也促进了他们的数学学习成绩的提高，使他们学得快、学得灵活、学得好，且减轻了学习负担(实验班原则上不留课外或家庭作业)，换句话说，就是促进了小学数学教学质量的提高。为此我们认为本实验研究中对实验班施加的措施，也就是我们对提高小学数学教学质量的教学建议。

四、小结

小学生思维的智力品质在数学运算中不断地发展，并表现出一定的阶段性。教育是作用于这个发展的决定因素，合理的、适当的教育措施，把握主客观诸因素的辩证关系，能挖掘小学生运算中思维品质的巨大潜力，并能促进教学质量的提高。从我们的研究结果来看，对于儿童心理发展特点的研究，必须使研究方式处于“动态”之中，即充分考虑到教育的主导作用，考虑到由于教育因素所产生的可变性，从变化中分析稳定性，才能使研究获得可靠的、科学的结果。

思维品质的敏捷性、灵活性、深刻性和独创性，是完整的思维品质的主要组成因素。从数学运算中的小学生思维品质发展的特点来看，小学儿童的数学能力应该包括数学的概括能力、数学的命题能力、逻辑推理能力、空间抽象能力及其运算中表现的思维品质的敏捷性(正确迅速的运算能力)、灵活性(灵活解题能力)、深刻性(对难题的适应能力)和独创性(运算过程的创造力)。围绕着儿童思维品质的研究，是揭示儿童思维发展和数学能力培养的一个重要途径，也是提高数学教学质量、减轻儿童负担的一个出发点。

参考文献

[1]皮亚杰，英海尔德．儿童心理学[M]．吴福元，译．北京：商务印书馆，1980.

[2]朱智贤．儿童心理学[M]．北京：人民教育出版社，1979.

[3]朱智贤．儿童发展心理学问题[M]．北京：北京师范大学出版社，1982.

[4]Baldwin A L. Theories of child development[M]. Oxord：Wiley，1981.

小学儿童运算思维灵活性发展的研究*

一、问题

近几年来，国内心理学界积极地开展对小学儿童数概念与运算能力发展的研究，进展较快，这是个可喜的现象。但是这些研究涉及儿童掌握数概念和运算能力中思维的智力品质却不多，采取的研究方法基本上是横断测验，而无纵向追踪“动态”研究，我们试图在这个方面做点尝试。

在过去研究中(马芯兰、林崇德，1980；林崇德，1981)，我们看到小学儿童在运算过程中其智力品质是相当重要的，特别是敏捷性、灵活性、深刻性和独创性，这是鉴别超常、正常与低常儿童智力的指标，也是提高儿童数学学习成绩的关键。

本研究所侧重的是探讨儿童在运算中思维灵活性的发展。我们提出的思维灵活性，是指思维活动的智力品质灵活程度。它有三个特点：一是起点灵活，即从不同的角度、方面，能用多种方法来思考问题；二是概括迁移能力强，运用法则的自觉性高；三是善于运用组合分析，使思维自觉的伸缩性大。我们认为，尽管我们研究问题的方面与美国心理学家吉尔福特(J. P. Guilford)不同，但与他所提出的发散思维(divergent thinking)(吉尔福特，1980)的含义有一致的地方。吉尔福特(1959)认为，发散思维“是从给定的信息中产生新信息，其着重点是从同一的来源中产生各种各样的为数众多的输出，很可能会发生转换作用”。发散思维是创造性思维的基础，它是沿着各种不同的方向去思考，它的产物不是唯一的，而是多样的，它具有

---

* 本文原载《心理学报》1981年第3期。

新颖性、多端性、灵活性、精细性四个特征。

如何对比我们的假设与吉尔福特的思想的异同？我国小学儿童的发散思维是如何发展的？在数学运算中儿童思维的发散性或灵活性有何特点，又有何潜力，如何通过有效的教学途径来培养儿童思维的灵活性品质？等等，这些是我们这次研究的内容。

二、方法

这个研究是我们密切结合学校第一线教学工作进行的。

(一)对象

北京市幸福村学区二至五年级学生 8 个班 280 名。每个年级 2 个班，一个实验班，一个控制班，每班定 35 人(随机取样)。

实验班与控制班的被试，均系就近入学；其中二、五年级实验班，均系儿童一入学就开始追踪研究，他们所在年级入学时的智力测查，主要是挑出智力缺陷儿童，余者按测查成绩好、中、差平均分班；三、四年级追踪研究仅一年时间，研究前实验班与控制班语文与算术两科考试成绩无显著差异(原始数据检验 $p>0.1$)；使用教材相同(都用全国统编教材)；在校上课、自习、作业量相同，学生家长职业、成分大致相似，没有特殊的家庭辅导或增加练习量的现象。

不同的是实验班采用的教学方法和练习要求有别于控制班。实验班突出儿童思维品质的培养，在培养思维灵活性时，其方法主要是培养儿童“一题多解”“一题多变”的运算能力。从各种解法中启发儿童发散思维，积极比较，区别异同点，概括运算“规律”，从而能“举一反三”。

(二)方法

研究中采用自然性质的综合性调查。①深入课堂观察并记录小学儿童运算中发散式思维的过程。②以课堂练习、考试、竞赛和测验的方式，进行多次的测定。通过一系列的“筛选”，统计试题的信度和效度，确定测定运算思维灵活性的原则、指标和内容。

试题尽管繁多，内容可以归为五个方面：①一题多解或发散的程度；②伸缩与精细的程度(如“1＝?”要求想的类型越多越好，而且要越难越好)；③迁移水平(如运用法则的程度)；④组合分析，找新的交结点的水平；⑤思维的灵活性品质与知识基础的关系，发散思维与辐合思维(convergent thinking)的关系。在测试中，二至五年级，统一试题，统一指示语，统一时间；测定结果，加以统计。

通过研究，纵横对比，分析小学儿童思维灵活性的发展，分析教育与心理发展的辩证关系。

三、结果与分析

通过研究，我们看到小学儿童掌握数概念与运算能力中思维灵活性的迅速发展与发展阶段性的统一、灵活性发展的年龄特征稳定性与可变性的统一；看到儿童知识增长与智力发展的辩证关系、教育与心理发展的辩证关系。

(一)小学儿童运算思维灵活性品质的发展

我们在研究中发现，小学儿童掌握数概念与运算能力中思维的灵活性品质的发展主要表现在三个方面。

1.“一题多解”数量在增加

在被试完成“一题多解”习题中，我们以他们对每道题的解数计分。每个年级被试完成两次“多解”习题运算，平均每个年级组每道习题所获得的总成绩($\sum x$)、每个被试对每道习题所获得的平均成绩($\bar{x}$)及每个年级组被试间的标准差(σ)见表1。

表 1 不同年级组一题多解的数量*

年级	$\sum x(N=70)$	$\bar{x}$	σ
二	221	3.16	1.12
三	245	3.50	1.51
四	307	4.39	1.82
五	367	5.24	1.98

注:*代表相邻两个年级间的差异不显著($p>0.05$)。

从表 1 中我们可以看到以下两点。

(1)“一题多解”解题的数量，随着被试的年龄增加、年级升高而在稳步地增加，相邻两个年级间的差异并不显著，反映出小学儿童在运算灵活性的发展中，未发现有突变或转折的年龄阶段。也就是说，在小学儿童解答数学习题的运算思维中，从给定的信息中所产生的新信息量、从某一来源中所产生的输出数量，随年级的递增而稳步地增加。

思维的灵活性品质的首要特点是起点灵活，从不同方面、方法或方向产生多种开端，这在儿童运算习题时，就可能产生多解。如表 1 所示的事实，说明低年级儿童在思维过程中还不能做到广泛的分析综合，思路比较狭窄，所以其思维起点灵活性不足；随着年级的升高，由于智力活动水平的提高，他们分析综合的思路逐渐开阔，于是能产生较多的思维起点，促进运算中解题数量越来越多。我们认为，这是小学儿童运算思维中灵活性品质发展的年龄特征的一个表现形式。

(2)每个年级组被试间的标准差(*SD* 或 σ)也随着年级升高而增加，也就是说，在小学儿童运算思维中，其灵活程度是有差异的，这种差异也随着年级递增而越来越明显。

如果说，前一点分析说明了年龄特征的顺序性和稳定性，那么后一点正反映了年龄特征的可变性，特别是智力的个体差异性。

2. 灵活解题的精细性在发展

在儿童灵活地思考并解答习题时，有一个精细程度的问题，这个问题在我们的研究中包括两个方面：一是不仅要求一题灵活地多解，而且要求解题正确；二是在思维过程中不是机械地重复，而是要抓住问题的本质，根据思考对象、材料的各种特征、类型去加以灵活运算。例如,“1=?”不单纯地为2－1、3－2或100－99,而是按照加、减、乘、除、整体1(分数)、四则混合运算等多种类型发散思维,提高其灵活程度。我们将这方面的研究结果列于表2。

表2　不同年级被试平均每人完成每题的成绩

年级	解题的数目(x)	做对的数目(x^2)	差异($x-x^2$)	做出类型数目(y)
二	3.16	2.01	1.15	1.80
三	3.50	2.42	1.08	2.07
四	4.39	3.17	1.22	3.50
五	5.24	4.82	0.42	4.24

注:相邻年级之间的差异检验 $p>0.05$(不显著)。

我们将表2制成图1。

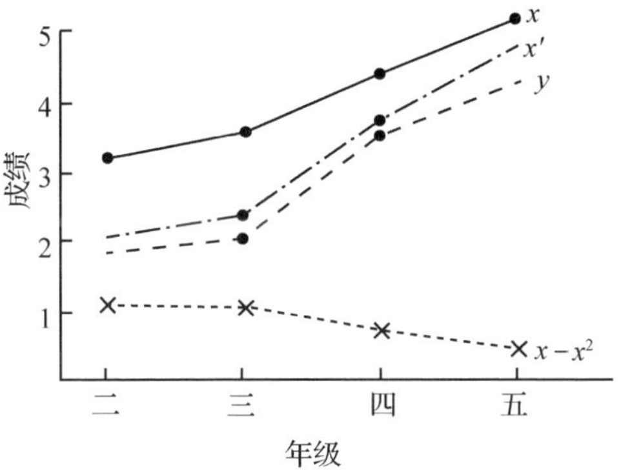

图1　小学儿童灵活解题的精细程度的趋势

从表2与图1可以看出,小学儿童在灵活地解题中,其正确率和解题类型随着年级的升高而稳步地增加,而错误率则随着年级的升高而逐渐降低。这说明在小学儿童发散式或灵活地解题中,随着年级的升高,考虑的因素也越来越多,也就是思维品质灵活性的精细程度在逐步发展着。

3. 组合分析水平在提高

小学儿童通过分析、综合、比较、抽象和概括,逐步掌握复杂的数概念系统和运算系统。数学的系统性逐步地被小学儿童反映,形成他们思维的系统性。

小学儿童的思维系统结构的完善,重要的表现是他们掌握了组合分析的结构。

例如，应用题的演算，要求出“另解”“三解”或“多解”。这就使思维有着不同的层次和交结点，他们将原有条件重新组合分析，以获新解。因此，组合分析是思维灵活性的重要特征。表3反映了被试在解题中组合分析水平发展的侧面。

表3 不同年级儿童组合分析水平的发展

年级	求出“另解”题（正确率）	“多解”题（正确率）		年级之间差异的检验
		“三解”	“四解”或“四解”以上	
二	89.5%	45%	17.6%	
三	92%	59%	21.3%	$p>0.05$
四	100%	76%	54%	$p>0.01$
五	100%	88%	62%	$p>0.05$

由表3可见，在解答多解题时，二年级儿童能完成“另解”，二、三年级儿童有半数上下达到“三解”，产生了这种组合分析的能力，但达到“三解”过第三、四分点(Q起75%)的，还要到四年级之后。四年级之后，儿童才能综合各种可能进行全面的配合，真正找到这些配合关系，区分开主次地位的层次，使思维的灵活性品质迅速地发展起来。这个结果与我们以往的研究(林崇德，1981；朱智贤等，1982)结果是相一致的。

吉尔福特认为，灵活性是一种改变思考方向的能力，自觉的灵活性高，个体则对某一类目的执行性就低；自觉的灵活性高，个体就能主动地调节思维的方向。我们这里提出的组合分析的水平，就是这种自觉的灵活性的指标。随着儿童年级的升高，思维的惰性减弱，自觉的灵活性增强，思维的方向转移较快，于是产生了新的组合分析的交结点。

(二)运算思维灵活性发展依赖儿童知识的水平

我们的测试运算中思维灵活性的习题，可以概括为六种形式。

(1)寻找多种答案。例如，“在你面前，放着5分硬币2枚，2分的5枚，1分的10枚，如果要从中取出1角钱，你有多少种方法?”

(2)自由发散。例如，“1＝?”

(3)找出不同的交结点。例如，上边提到过的求“另解”“三解”或“多解”。

(4)编题。例如，根据问题或条件，编出多解的试题或应用题。

(5)添加问题。例如，“甲班有24个少先队员，乙班有12个少先队员，问……”(要求添加的问题越多越好，越难越好，但不必计算。)。

(6)概括列式。例如，“图2中，要想知道丙的面积，如何计算?”(要求方法越多越好，但不一定用公式做。)

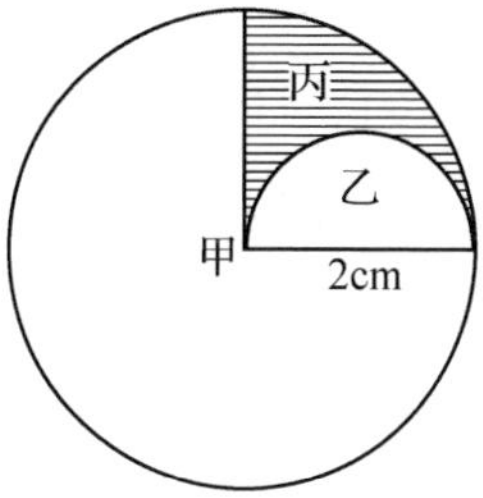

图2 求丙的面积

现将不同年级被试完成这六类试题的平均分数列于表4。

从表4可以看到，同样都能发散灵活多解的六种类型的习题，在不同年级被试解答中却可能获得不同的结果，或者同一年级被试在解答不同类型的习题时也可能获得不同的结果。

对一、二、五、六四种类型的习题的解数较多，但对三、四两种类型的习题解数却要少得多，特别是低年级，对第六类习题的解数更少。这是因为前四种类型的习题，与不同年级的原有知识基础，无论是内容还是形式都有联系。尽管后两种习题也是多解题，就以第六类型的例题为例，这是一道有十解以上的发散性习题，但如果只熟悉面积计算公式而不经常接触这类综合习题，就比较费解；如果不掌握面积计算公式，只是用文字表述，这对二、三年级学生来说是比较生疏的。

表4 不同年级被试完成各类试题的平均数

年级	一	二	三	四	五	六
二	6	4	1.6	4	3.8	0.4
三	6	4.5	2	4.2	4.5	0.8
四	6.5	6	3	4	6	2.0**
五	6.8	6.3	4.5	5	6.6	2.8

注：①*代表 $p<0.05$，**代表 $p<0.01$(同类型习题，与上一个年级的差异)。②各类型习题之间，一与三的 χ^2 检验，$p<0.01$；一与六的 χ^2 检验，$p<0.01$；二与三的 χ^2 检验，$p<0.01$；二与六的 χ^2 检验，$p<0.01$。

由此可见，不同思维的对象，直接影响运算思维的灵活性的水平；一定的知识和经验是发展思维的智力品质的基础；思维的灵活性或发散思维的发展离不开一定的生活经验或知识基础。

(三)运算思维灵活性的发展水平取决于教学措施

自实验以来，我们看到实验班儿童在运算思维灵活性方面普遍地超过控制班。我们专门对追踪时间较长的二年级和五年级的实验班与相应的控制班的被试进行了测试，获得表5和表6的结果。

表5　两类不同教育措施被试平均每人完成每题的成绩对比

被试	二年级		五年级	
	多解数量	做出类型	多解数量	做出类型
实验班	3.80	2.27	6.36	5.14
控制班	2.52	1.33	4.12	3.34
差异	1.28***	0.94**	2.24***	1.80**

注：①**代表 $p<0.01$，***代表 $p<0.05$；②实验班二年级成绩与三年级成绩(见表1)对比，差异不显著($p>0.1$)。

表6　两类不同教育措施被试组合分析水平发展对比

被试	二年级(正确率)			五年级(正确率)		
	求出“另解”题	“多解”题		求出“另解”题	“多解”题	
		“三解”	“四解”或“四解”以上		“三解”	“四解”或“四解”以上
实验班	91.8%	54%	25%	100%	94%	70.5%
控制班	88.2%	36%	10%	100%	82%	53.5%
差异	3.6%	18%**	15.2%**	0	12%*	17%**

注：实验班二年级与三年级(见表3)对比，差异不显著($p>0.05$)。

从表5和表6中可以看到以下两点。

(1)二年级、五年级两个实验班，无论是一题多解的数量、做出类型，还是组合分析的发展水平，与平行的控制班的成绩均存在显著差异，而且五年级在“多解数量”“做出类型”和“四解”或“四解”以上的组合分析水平中，这种差异比二年级更为显著。可见，有效的教育措施对儿童的影响时间越长，运算中思维品质灵活性的发展越明显。

(2)追踪实验班二年级被试所达到的全部数据，与三年级的平均数十分接近(见表1与表5)：实验班一题多解的平均数为3.80个，三年级的平均数为3.50个(差异为0.30个，$p>0.01$)；四年级的平均数为4.39。这说明一定的教育措施，能够迅速地提高小学儿童运算思维的灵活程度，在适当时，可以提高一个年级的水平，但这种提高，也有一定的限度(本实验中的数据为接近三年级但未显著地超过三年级，而远远落后于四年级)，运算中思维的灵活性的发展，既存在年龄特征的稳定性，又存在可变性。教育在这个发展中起着决定的作用。可见，有的心理学家(朱智贤，1979)提出的教育与心理发展的关系强调教育对发展的主导作用是十分正确的。

四、讨论

根据我们的实验研究，提出三个问题来加以讨论。

(一)关于思维品质灵活性的实质

吉尔福特(1959)认为，发散式思维，正如这个词的含义一样，应看作一种推测、发散、想象和创造的思维过程。这种思维过程来自这样一种假设：处理一个问题有好几种正确的方法。也就是说，发散思维是从同一问题中产生各种各样的为数众多的答案，在处理问题中寻找多种正确途径。由此可见，吉尔福特的发散思维的含义即求异，就是求得多解。

我们所研究的运算思维的灵活性，其含义也包括求得多解，即求异。从这个意义上说，我们所说的思维品质灵活性，也可以叫作发散思维，这与吉尔福特的发散思维的含义基本上是一致的。但我们认为讨论这个含义还未涉及灵活性或发散思维的实质。思维的灵活性或发散思维的实质是什么？我们从研究小学儿童运算思维的灵活性出发，认为其实质是“迁移”。灵活性越大，发散思维越发达，越能多解，多解的类型越完整，组合分析的交结点越多。一句话，思维过程越灵活，说明这种迁移过程越显著。“举一反三”是高水平的灵活和“发散”，正是来自思维的材料和知识的迁移。我们的五年级追踪实验班，从培养“一题多解”和“一题多变”开始，发展了运算思维的灵活性，居然在升学考试中平均成绩达99.3分，75.6%获得满分，正是说明灵活地运用数学知识，反映了他们灵活迁移的思维过程。

迁移的本质又是什么？它是怎样产生的？从思维心理学角度来说，“迁移就是概括”(鲁宾斯坦，1965)，这不是没有道理的。“触类旁通”，不就是说明灵活迁移——旁通，来自概括的结果——触类吗？我们的追踪实验的二(1)班从概括入手，以分解组合的概括形式进行教学，概括了“20”以内数概念的实质，于是仅用六节课完成了八十节课的教学内容，由此可见，抓住概括，促进迁移，就能使儿童灵活地掌握数概念和运算能力。

所以，我们认为思维的灵活性或发散思维，主要是概括过程，即从一些事物中抽出共同属性、原则、方法，并在同类事物的其他情境中加以灵活地运用和迁移。

(二)发散思维与辐合思维的辩证关系

科勒斯涅克(W. B. Kolesnik)在概括不同的思维形式时，提出了辐合思维(convergent thinking，又译为同归性思维、集中思维等)和发散思维(divergent thinking，又译为异路性思维、分散思维等)两个概念。后来，吉尔福特在提出智力结构学说时，将发散思维和辐合思维作为两项智力操作提了出来。吉尔福特指出，大部分教育关心的是促进辐合式的思维，这种思维鼓励学生找到问题的“正确答案”。这种过程假定只有一个正确的答案，而且这种答案就在某处，它通常在教科书中或是在学习的过程中。目前大部分的课堂教学都与辐合思维有关，然而它约束学生的创造力。吉尔福特等人提倡发散式思维，认为学校要鼓励和支持喜欢求异、发散和创造性的学生，今天这个社会提出的复杂的问题需要更多的而不是更少的富有创造性的解决办法。

吉尔福特的思想有其正确的地方，鼓励和支持学生发展发散式思维是改革旧的传统教学、提高教学质量和适合“知识爆炸”时代的需要。从这个意义上说，吉尔福特强调发散式思维，对心理科学的应用无疑是有贡献的。目前，有些中小学为了追求升学率，多数学校及教师忽视学生灵活而合理地接受知识，而是搞题海战术，死记硬背，学生的身心健康受到严重的影响。因此，在教育界，提倡学生发散式思维，让他们灵活地接受知识、运用知识是十分必要和迫切的。我们之所以从事相关研究，出发点之一也是为了改变教育战线这种现状，减轻学生负担，提高教学质量，发展儿童思维和智力。

然而，目前在提倡儿童和青少年进行发散思维时，有人又走向反面，将辐合式思维贬为一无价值，这也不是科学的观点。

我们认为，辐合思维与发散思维是思维过程中互相促进、彼此沟通、辩证统一的两个方面，它们是思维结构中求同与求异的两种形式。辐合思维强调主体找到问题的“正确答案”，强调思维活动的记忆作用；发散思维强调主体去主动寻找问题“一解”之外的答案，强调思维活动的灵活和知识的迁移。辐合思维是发散思维的基础，发散思维是辐合思维的发展。在一个完整的思维活动中，离开了过去的知识经验，即离开了辐合思维，就会使思维的灵活性失去出发点；离开了发散思维，缺乏对学生思维灵活性的训练和培养，就会使思维呆板，即使学会了一定的知识，也不能展开和具有创造性，进而影响辐合思维的发展。在现时中小学教育中，对这两种思维方式，一个也不能忽视。当然，辐合思维比起发散思维来，发展要早些，对低年级更重要些，但这丝毫不影响对低年级进行发散思维的培养，也不影响对高年级进行辐合思维的要求。

(三)思维的灵活性是在教育中发展起来的

运算思维的灵活性是可以通过教育来培养的。

我们在研究中看到，思维的灵活性品质的发展，要取决于知识经验和技能技巧。在一定程度上，思维是以知识为中介的间接反映。第一，思维凭借着知识、经验，能在对没有直接作用于感官的事物及其属性或联系加以反映；第二，思维凭借着知识经验，能对根本不能直接感知的事物及其属性或联系进行反映；第三，思维凭借着知识经验，能在对现实事物认识的基础上进行漫延式的无止境的扩展。思维的灵活性品质，正是接受了教育和训练，运用了知识经验后逐步成为概括化、习惯化的动型，并可以成为思维能力的表现形式。

在实验研究中，实验班在运算思维的灵活性上，与同年级控制班的差异十分显著，有的年级实验班被试的思维灵活性水平几乎达到高一年级被试的程度。可见，合理的教育措施，在儿童原有心理水平上提出了新要求，传授了新知识，儿童领会这些知识，就增加了思维灵活性发展的新因素，这些因素从量的积累必然发展到质的变化，形成儿童思维的灵活性的智力品质，即稳固的偏于认识方面的个性心理特征之一。

如何培养思维灵活性呢？思维灵活性是一种迁移，重要的是思维的概括的过程。其效果既取决于客观的因素，又取决于主体的因素。

客观因素，主要是客观材料的异同性。运算中两种同类的习题，就容易灵活求多解。因此，我们在培养儿童运算能力中，不主张盲目地做题，而是要求学生在熟悉“一解”的原理基础上，去寻找同类习题的解法，去寻找同一习题的多解的方法。

任何心理现象，都是主客体的统一，迁移亦是。仅以客观因素为出发点，最后必然会走入死胡同。外因要通过内因起作用。迁移的效果，在一定客观因素的条件下，还得通过主体以往的知识、经验、方法和习惯等因素，特别是通过以往的概括水平而起作用。因此，要发展思维的灵活性，发展发散思维，还得从辐合思维入手，增加儿童的知识经验；同时，要通过练习，发展他们分析、综合、比较、抽象、概括的水平，使儿童对以往知识经验进行概括，以便理解和熟悉法则、原理、各种材料的内在联系，这样就在两个情境中，存同去异，进行迁移，以灵活地解决问题，从而提高思维的灵活性智力品质的水平。主体的差异很复杂，年级、兴趣、知识水平对客观因素所持的不同态度都会影响迁移量，即灵活的程度，因此教育工作中只有把握这些主客观因素，才能很好地培养儿童的思维灵活性。

五、小结

第一，小学阶段，儿童在掌握数概念和运算能力中，思维灵活性品质的发展存在年龄特征，它表现出发展的“稳步”性，我们在研究中尚未发现其有“突变”或“转折点”。

第二，作用于这个年龄特征发展的决定因素是教育，合理适当的教育措施，把握主客体诸因素的辩证关系，能挖掘小学儿童运算思维的灵活性及整个发散思维发展的巨大潜力。

第三，发散思维的实质，主要是概括过程，即从同一些事物中抽出共同属性、原则、方法，并在同类事物的其他情境中加以灵活地运用和迁移。

第四，辐合思维与发散思维是思维过程中辩证统一的两个方面，它们是思维结构中求同与求异的两种形式。辐合思维是发散思维的基础，发散思维是辐合思维的发展。在现时中小学教学中，这两种思维方式哪一种也不能忽视。

参考文献

[1]鲁宾斯坦．心理学的原则和发展道路[M]．赵璧如，译．北京：生活·读书·新知三联书店，1965.

[2]朱智贤．儿童心理学[M]．北京：人民教育出版社，1979.

因果判断中经验与共变信息的结合及各自作用*

一、引言

因果判断是一个人们在日常生活中常常遇到的问题，当人们面对一个已存在的事件寻找它的原因时，常常会假设一个或几个可能的原因，继而对它们真正导致事件产生的可能性进行判断。在这一过程中，人们要对多种信息进行分析和加工，其中最为重要的，就是每一个可能的原因与结果的共变程度以及个体自身对于这个原因能否产生结果的认识，即个体过去的知识经验。

在有关因果推理的研究中，因果共变与个体知识经验的作用一直是研究者们所关注的一个问题。很多有关因果推理与归因的理论都是在对这两种信息进行分析和考察的基础上建立起来的，而它们的侧重又各有不同。

一些研究者认为共变信息是形成因果关系的最重要因素。1965年，詹金斯(Jenkins)和沃德(Ward)首次提出了以原因和结果的共变为基础的因果推理模型。这一模型将“原因存在时结果存在的概率”[$P(e/i)$]与“原因不存在时结果存在的概率”[$P(e/-i)$]的差作为人们判断因果关系可能性的依据(Jerkins & Ward，1965)。几十年来，它在有关因果推理的研究中不断被检验和运用，各种有关的结果证明了它的合理性。而近年来，有研究者对这个模型进行了改进，形成了很有影响的概率对比模型(probabilistic contrast model)。这个模型承认“$\Delta P=P(e/i)-P(e/-i)$”作为因果判断指标的作用，同时充分重视了个体在进行这个运算时所采纳的数据范围，

---

* 本文原载《心理学报》2005年第2期。本文其他作者为胡清芬、陈英和。

即焦点领域(focal set)(Cheng & Novik，1990)。在此基础上，有研究者又提出，人们并不是直接将因果共变的程度看作一种因果关系，在他们心中，存在对于两个事件之间因果关系的直觉估计，在估计这种能力的过程中，他们使用自己所观察到的共变信息作为证据，去验证和证明不可观察的因果关系，排除共变信息中其他可能因素的作用。因此，他们提出了 $p=\Delta P/[1-P(e/-i)]$ 的模型，认为这个 p 值才是对因果判断的最佳估计(Cheng，1997)。这一假设得到了一系列研究的证实(Cheng & Novik，1992；Kao & Wasserman，1993；Spellman，1996)。但是，对于这个共变指标却一直存在争论，一些研究的结果表明，被试的因果判断并不是完全按照 ΔP 或 p 的变化而变化的，在原因与结果的共变所造成的四种关系中 $[P(e/i)；P(-e/i)；P(e/-i)；P(-e/-i)]$，被试对于信息的采纳可能会有某种偏重(Schustack & Sternberg，1981；Shaklee，1983；White，2002，2003)。但是，所有这些研究者都承认，原因与结果的共变程度会对个体的因果判断产生决定性的影响。

同时，也有一部分研究者更强调过去已获得的经验在因果判断中所起的作用。他们认为原因引起结果的能力在这种因果判断中起着最为重要的作用，而这种信息是被试在过去的经验中逐渐获得的，是已经存在于被试头脑中的。在这些理论中最具代表性的是因果能力理论(causal power theory)(White，1989)。这种理论认为因果推断的过程实际上就是个体寻找一些有能力产生结果的原因继而判断是否存在使这种能力产生作用的适合环境的过程。这一假设同样也得到了多个研究的证实(Ahn，et al.，1995；White，1995)。

综合这两种意见，很多研究者都承认，因果共变与个体自身的知识经验都是因果判断中不可忽视的重要因素，它们是结合起来一同在因果判断中产生作用的。但是，人们在进行因果判断时，究竟是如何将这两种信息结合在一起的？他们对这两种信息的处理和利用是否存在一定的偏重或者策略呢？持不同理论的研究者们对自己的理论分别做了改进和调整，但对于这一问题的解释仍然有所不同。

强调共变信息的研究者认为，以因果联结机制为代表的过去经验信息也是通过概率对比模型发挥作用的。研究者在描述概率对比模型时曾指出，人们在计算共变时所使用的焦点领域很可能不仅包含当前的问题情景，而且包含很多过去的事件。在人们的长时记忆中，会存在很多有关当前原因与结果共变的情况，人们认为某种原因可信，正是因为他们在过去观察到了很多次这一原因与结果的共变。也就是说，个体本身就是在对一次次因果共变的观察中逐渐获得了这些信息，过去经验也是以共变形式存在的。在做出判断时，人们会将它与当前所观察到的共变加在一起，将两个共变数据的和作为判断的依据(Cheng & Novik，1992)。

强调过去经验的研究者则指出，共变信息是在个体过去经验的影响下起作用的，个体根据自己对于原因是否可信、是否能够引起结果的判断，来决定是否考虑共变信息。也就是说，个体根据过去经验所做的判断就像一个闸门，当他认为原因可能引起结果时，闸门打开，允许共变信息进入，这时个体才会考虑共变信息，根据共变信息来做出判断。而如果个体在一开始就认为原因没有产生结果的能力，不可能引起结果，那么这个闸门就会关闭，不允许共变信息进入，这时个体根本就不会考虑共变信息(White，1995)。

尽管这个领域内的研究者们都十分关注共变信息与经验信息的结合问题，但由于此问题涉及人类内隐的信息加工过程，在实验设计与操作方面存在很多困难，所以绝大多数讨论还停留在理论探讨阶段。实证性研究，特别是有系统的严格控制变量的实证性研究并不多。

2000年，加拿大学者福格尔桑(Fugelsang)和汤普森(Thompson)使用将两种信息相继提供的方法，考察了被试以不同顺序接受这两种信息来进行因果判断时所具有的特点。结果表明，当被试认为原因可信时，共变信息所起的作用要更大一些，这部分地证实了“闸门”理论。但是，这一研究的结果还说明，当被试认为原因不可信时，共变信息仍然在一定程度上起作用。也就是说，被试并没有完全忽视这种信息，这与“闸门”理论又存在一定的冲突(Fugelsang & Thompson，2000)。

那么，人们在因果判断中究竟是如何采纳和应用这两种信息的呢？这种“闸门”的作用究竟有多大？人们所进行的信息加工过程是否真的可以用这样简单的理论或模型来描述，这种加工过程是否比这种简单的“相加”或“进入闸门”要复杂得多？本研究希望能够对这些问题进行进一步的探讨，特别是希望能够考察人们在面对各种不同水平的经验信息和共变信息时，接受和加工这两种信息的具体特点。

本研究采纳了福格尔桑和汤普森相继提供两种信息的方法，并对之加以改进。研究使用计算机呈现信息，这样使得被试接受两种信息的顺序得到了严格的控制，并且避免了在纸笔测验中容易出现的来回翻看、重复修改的问题，从而保证了被试在做每一次判断时接受的信息得到了严格的控制，免受其他信息的干扰。

同时，本研究没有采用多种不同的问题来考察被试经验信息的作用，而是使用了同一结果的两个不同的原因(一个可信，另一个不可信)来操作经验信息这一变量的变化。这样在最大限度上避免了不同问题可能造成的各种无关因素的变异。

研究希望通过对于推理材料中经验信息和共变信息以及这两种信息呈现顺序的严格控制，找到个体进行因果判断时采纳这两种信息的顺序和综合这两种信息的特点，从而为详细探讨个体进行因果判断时具体的信息加工过程提供有力的支持。

二、方法

(一)被试

高中一年级学生共 323 名，平均年龄为 15.62 岁(年龄范围为 15～17 岁)，其中男生 128 人，女生 195 人。将这 323 名学生分成 12 个被试组(其中分别有 4 个组接受控制组、实验组 1 和实验组 2 的实验处理，每种处理的 4 个组分别接受不同的共变信息)，12 个组中的被试数量基本相等(分别为 28、29、26、29、24、30、28、28、25、23、28、25 人)，每组中男女比例基本保持在 2∶3 左右。

(二)材料

使用VB软件编写程序，使材料的呈现顺序得到严格的控制。屏幕上每一次出现的内容只有在前面的任务完成时才能出现，且每一次判断后的结果都不能再修改。

呈现方式一共有三种。举例如下。

(1)同时呈现(控制组)：在过去的一个月里，小明每次上体育课(问题变量)的日子都会感到腿疼，而在不上体育课的日子从不感到腿疼(共变变量)。请你判断小明腿疼由体育课引起的可能性有多大。

(2)共变信息在前(实验组1)：(首先出现)在过去的一个月里，小明每次上王老师的课的日子都会感到腿疼，没有王老师的课的日子从不感到腿疼(共变变量)，请你判断小明腿疼由王老师的课引起的可能性有多大。

(被试判断后再出现)王老师上的是体育课(问题变量)。请你重新判断小明腿疼由这门课引起的可能性有多大。

(3)经验信息在前(实验组2)：(首先出现)在过去的一个月里，小明有时会感到腿疼。请你判断小明腿疼由体育课(问题变量)引起的可能性有多大。

(被试判断后再出现)小明对自己腿疼的日子进行了记录，发现每次上体育课的日子都会感到腿疼，而在不上体育课的日子从不感到腿疼(共变变量)。请你重新判断小明腿疼由体育课(问题变量)引起的可能性有多大。

其中“问题变量”“共变变量”两处信息有如下变化。

问题变量：体育课、数学课。

共变变量：A. $\Delta P=1$，$P(e/i)=1$，$P(e/-i)=0$(每次上这门课的日子都会感到腿疼，而在不上这门课的日子从不感到腿疼)。

B. $\Delta P=0.5$，$P(e/i)=0.5$，$P(e/-i)=0$(上这门课的日子中有一半时间会感到腿疼，而在不上这门课的日子从不感到腿疼)。

C. $\Delta P=0.5$，$P(e/i)=1$，$P(e/-i)=0.5$(每次上这门课的日子都会感到腿疼，而在不上这门课的日子里有一半时间会感到腿疼)。

D. $\Delta P=0.5$，$P(e/i)=0.75$，$P(e/-i)=0.25$(上这门课的日子里有四分之三的时间会感到腿疼，而在不上这门课的日子里有四分之一的时间会感到腿疼)。

(三)实验设计

采用 3×2×4 混合实验设计，其中问题变量为被试内变量，有体育课问题和数学课问题两个水平。呈现顺序变量有控制组、实验组 1 和实验组 2 三个水平，共变信息变量有四个水平。

每组学生都回答一个体育课问题和一个数学课问题，但为了排除同样的共变信息所可能产生的重复测量效应，使学生在两个问题上分别处于不同的呈现顺序和共变信息组。例如，被试组 1 的学生在体育课问题上属于控制组，接受 B 组共变信息，而在数学课问题上则属于实验组 2，接受 D 组共变信息。

(四)过程

按班级集体施测，要求学生认真阅读计算机屏幕上出现的问题，然后使用九点量表进行判断。

三、结果与分析

(一)最后判断

在控制组中，被试所接受的信息是同时呈现的，他们将共变信息和经验信息结合起来得出了自己的判断。这时候，我们无法知道他们以何种顺序来处理这两种信息。在实验组中，被试则要被迫根据不同的信息呈现顺序来处理这两种信息。

各组被试的最后判断(控制组为唯一的一次，实验组为第二次)结果如表 1 所示。

表 1　各组被试最后判断的平均数

		控制组	实验组 1	实验组 2
体育课	A	5.82	8.04	6.64
	B	5.62	6.37	6.43
	C	5.38	7.50	5.96
	D	6.24	7.14	6.04
	总	5.78	7.22	6.26
数学课	A	2.96	3.48	4.34
	B	4.00	2.93	3.69
	C	3.13	2.40	3.71
	D	2.80	2.74	3.34
	总	3.22	2.89	3.78

以信息呈现顺序、问题和共变信息为自变量，以各组被试在相应实验条件下的最后一次判断为因变量进行方差分析，结果表明，问题与信息呈现顺序的主效应显著，$F(1, 622)=389.621$，$p<0.001$；$F(2, 622)=5.511$，$p<0.01$。体育课问题的得分显著高于数学课问题的得分。而控制组的得分显著低于其他两个实验组的得分，但共变信息的主效应不显著，$F(3, 622)=2.331$，$p>0.01$。同时，问题和信息呈现顺序的交互作用非常显著，$F(2, 622)=14.972$，$p<0.001$。从图 1 可以看出，在体育课问题中，两个实验组的最后判断都要高于控制组，在数学课问题中，实验组 1 的最后判断要低于控制组，而实验组 2 的最后判断则要高于控制组。其他二阶交互作用及三阶交互作用均不显著($p>0.1$)。

分别考察不同信息呈现顺序和共变信息对于两个问题的作用，方差分析的结果进一步说明了这两种信息对于不同问题的不同作用。

在体育课问题中，信息呈现顺序的主效应达到了非常显著的程度，$F(2, 311)=16.520$，$p<0.001$，具体表现为实验组 1 的最后判断要显著高于其他两个组($p<0.01$)。而共变信息的主效应及这两者之间的交互作用都不显著，$F(3, 311)=1.834$，$p>0.1$；$F(6, 311)=1.607$，$p>0.1$。

在数学课问题中，同样也是信息呈现顺序的主效应显著，$F(2, 311)=5.041$，$p<0.01$。共变信息的主效应和两者的交互作用都不显著，$F(2, 311)=1.950$，

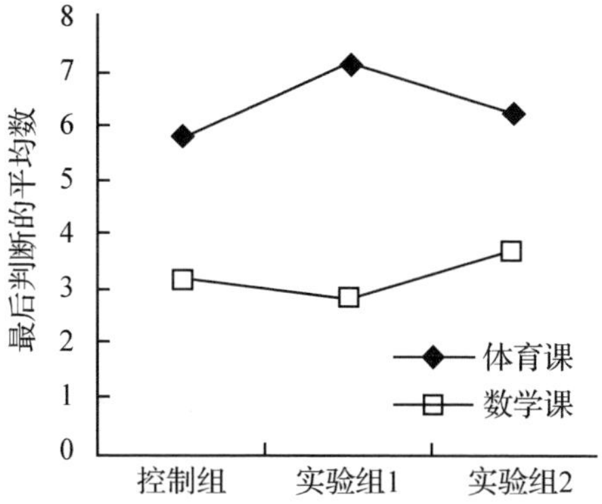

图1 被试在不同信息呈现顺序情况下的最后判断

$p>0.1$，$F(6, 311)=1.135$，$p>0.1$。多重比较表明，实验组2的最后判断显著高于其他两个组($p<0.05$)，而其他两个组之间的差异并不显著($p>0.1$)。

这样的结果说明，在这两个不同的问题中，控制组中的被试在处理共变信息和经验信息时表现出了不同的特点，这个信息处理过程在体育课问题中更类似于实验组2，而在数学课问题中更类似于实验组1。

(二)实验组两次判断的变化

1. 实验组1两次判断的变化

在实验中，实验组1的被试先接触共变信息，做出第一次判断，然后才能看到经验信息，做出第二次判断。无论是在体育课问题中还是在数学课问题中，被试都是在不知道课程是什么而只知道结果的情况下做出第一次判断。在第一次判断后，被试才知道了这个课程究竟是什么，这也是回答不同问题被试所接触到的唯一有差别的信息。因此，考察实验组1被试的第二次判断与第一次判断相比产生了什么变化，可以将经验信息在被试判断中所起到的作用提取出来，使我们对其能有一个更加清晰的认识，见图2。

以两次判断作为重复测量变量、问题和共变信息作为组间变量进行方差分析，结果表明，问题和共变信息的主效应都十分显著，$F(1, 203)=32.674$，$p<0.001$，$F(3, 203)=8.664$，$p<0.001$，但两次判断之间的差异并不显著，$F(1, 203)=2.319$，$p>0.1$。问题和两次判断的交互作用以及问题和共变信息的交互作用都达到了显著水

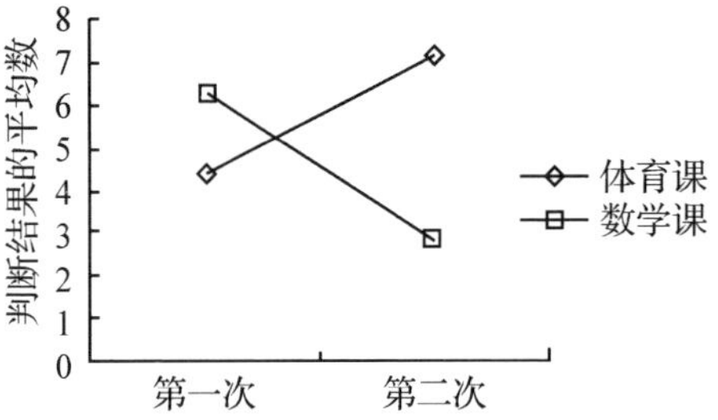

图 2　实验组 1 两次判断的差异

平，$F(1, 203)=260.656$，$p<0.001$，$F(3, 203)=3.879$，$p<0.01$，其他两阶交互作用及三阶交互作用均不显著($p>0.01$)。从图 2 中可以看出，被试在两个问题的第一次判断上没有明显的差别，但在第二次判断时，回答体育课问题的被试将判断分数提高了，而回答数学课问题的被试则明显降低了自己的判断分数。重复测量表明，这两个变化都达到了非常显著的水平，$t=-10.748$，$p<0.001$，$t=12.280$，$p<0.001$。

以共变信息为自变量、两次判断为因变量，对两个问题分别进行多元方差分析，结果表现出了不同的特点。在体育课问题和数学课问题中，共变信息在第一次判断中的作用都达到了显著水平，$F(3, 109)=4.628$，$p<0.01$，$F(3, 101)=6.085$，$p<0.01$，具体表现为 A 组显著高于其他三个组($p<0.01$)。而在第二次判断中，体育课问题中共变信息的作用依然显著，$F(3, 109)=4.322$，$p<0.01$，具体表现为 A 组显著高于 B、D 两组($p<0.05$)。而数学课问题中共变信息的作用则不再显著，$F(3, 101)=1.158$，$p>0.1$。也就是说，当被试得到了课程信息后，在体育课问题的判断中仍然要依赖共变信息，而在数学课问题的判断中则不再考虑共变信息了。

2. 实验组 2 两次判断的变化

实验组 2 的被试先接触经验信息，做出第一次判断，然后才能看到共变信息，做出第二次判断。也就是说，被试先根据自己对体育课和数学课引起腿疼的经验做出第一次判断。然后再根据共变信息对这种判断进行调整。在两个问题中，被试所接触的共变信息是一样的，在不同的问题中，他们根据这种同样的共变信息对自己在前面根据不同经验做出的不同判断进行调整。因此，考察实验组 2 被试的第二次判断与第一次判断相比产生了什么变化，可以使我们进一步了解共变信息对于不同的经验信息能够产生什么样的影响，见图 3。

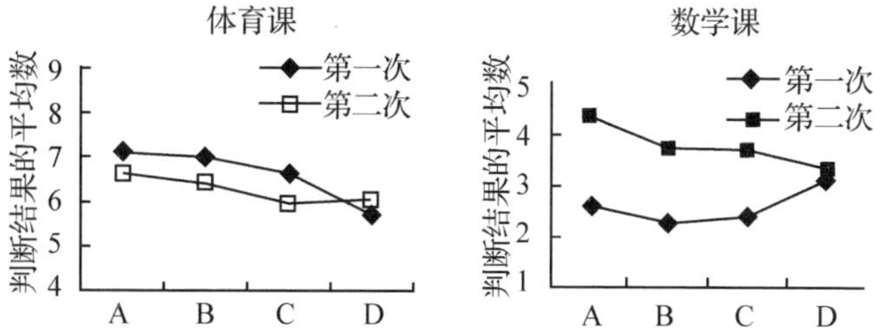

图 3　实验组 2 不同问题中的两次判断结果

以两次判断作为重复测量变量、问题和共变信息作为组间变量进行方差分析，结果表明，两次判断和问题的主效应都十分显著，$F(1, 205)=6.972$，$p<0.01$，$F(1, 205)=208.002$，$p<0.001$，但共变信息的主效应不显著，$F(1, 205)=1.367$，$p>0.1$。问题和两次判断的交互作用以及三者的交互作用都达到了显著水平，$F(1, 205)=23.615$，$p<0.001$，$F(3, 205)=3.105$，$p<0.05$，但其他二阶交互作用均不显著($p>0.1$)。从图 3 中可以看出，在体育课问题中，被试的第二次判断与第一次判断基本相同，受共变信息的影响相对较小。而在数学课问题中，被试的第二次判断与第一次相比不仅有了比较明显的上升，而且更明显地表现出了随共变信息的不同而有所差异的特点(A 组明显高于其他三组)。重复测量表明，在体育课问题中，这个变化没有达到显著水平，$t=-1.481$，$p>0.1$。而在数学课问题中，这个变化达到了非常显著的水平，$t=5.571$，$p<0.001$。这说明在体育课问题中，被试在经验信息的基础上进行了判断后对于共变信息的考虑并不多；而在数学课中，被试在考虑了经验信息后仍然要对共变信息给予充分的重视。

(三)实验组两次判断的差异

在上面的讨论中，分析了实验组被试的第二次判断与第一次判断相比所产生变化的特点。这种或提高或下降的变化反映了被试在进行判断时对于不同信息的采纳和处理。同时，这种变化的量也是一个很好的指标，反映着被试在判断中处理信息的一些特点，下面就对这种变化的量进行进一步的分析。

用每个被试第二次判断的值减去第一次判断的值，得到一个差值，这个差值就是此被试从第一次判断到第二次判断间产生变化的量。以这个差值作为因变量，以信息呈现顺序、问题和共变信息为自变量进行方差分析，结果表明，信息呈现顺序和问题的主效应显著，$F(1, 408)=8.179$，$p<0.01$，$F(1, 408)=87.244$，$p<0.001$。同时，信息呈现顺序与问题的交互作用也显著，$F(1, 408)=241.708$，$p<0.001$。从图 4 中可以看出，实验组 1 的被试在体育课问题中两次判断的差为正值，而在数学课问题中两次判断的差为负值，实验组 2 的被试在体育课问题中两次判断的差为负值，在数学课问题中则为正值。同时，实验组 1 的被试两次判断的变化要比实验组 2 大得多。

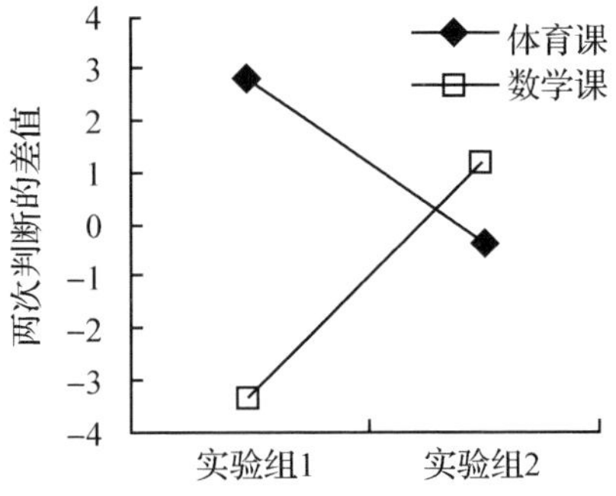

图 4　不同组被试两次判断的差值

取上述差的绝对值，得到被试两次判断的变化量，以此为因变量，仍然以信息呈现顺序、问题和共变信息为自变量进行方差分析，得到了与上面不一样的结果。这时，信息呈现顺序的主效应仍然显著，$F(1, 408)=57.928$，$p<0.001$，问题的主效应接近显著，$F(1, 408)=3.465$，$p<0.1$，而信息呈现顺序与问题的交互作用则不再显著。从图 5 中可以看出，无论在体育课问题上还是在数学课问题上，实验组 1 的被试第二次判断的变化都要比实验组 2 的被试大，而无论是在实验组 1 中还是在实验组 2 中，被试在数学课问题上的判断变化都比在体育课问题上的判断变化稍高。实验组 1 的被试在第二次判断前所接受的是经验信息，而实验组 2 的被试在第二次判断前接受的是共变信息。而这种判断变化的绝对值正说明了这两种信息在被试的因果判断中所起的作用。实验的结果表明，无论在哪一种问题中，也就是

无论经验信息是否与共变信息相一致，是使被试的判断升高还是降低，经验信息对被试改变以前判断的作用都要比共变信息大得多。

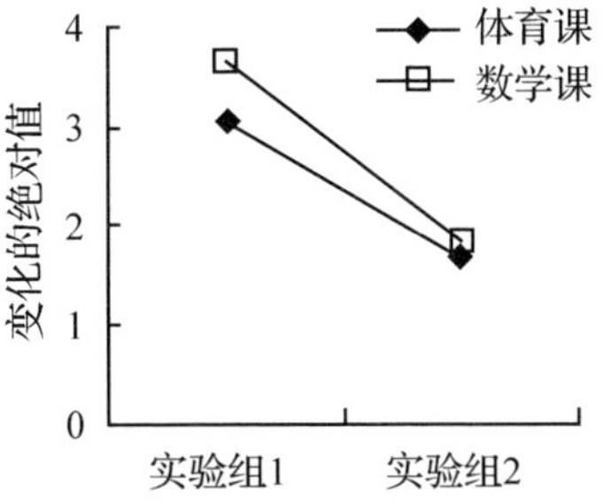

图5 不同组被试两次判断的变化绝对值

四、讨论

(一)共变信息与经验信息的综合

在日常生活中，个体在进行因果判断时接受和处理信息的方式是各种各样的，大多数时候会同时接触到经验信息和共变信息，有时则是先接受其中的一种信息，再接受另一种信息。本研究所关注的，是个体在已得到了两种信息的情况下，如何综合和利用它们。因此，我们以同时呈现两种信息的情况作为标准，重点讨论相继呈现信息所造成的被试判断上的差异。

在研究中，三个被试组接受信息的顺序是不同的，但在进行最终的判断时，他们都已接受了全部信息，这时，他们所处理的信息内容是相同的，只是处理信息的方式有所差别。将以不同顺序呈现信息的结果与同时呈现信息的结果进行比较，有助于我们了解被试在处理同时呈现的信息时所进行的认知操作。

研究的结果表明，不同的信息呈现顺序对于被试的判断有着很大的影响，而这种影响又会随经验信息的不同特点而有所不同。当经验信息证明当前所判断的原因有能力引起结果时，被试在先呈现经验信息后呈现共变信息条件下所做出的判断与同时呈现两种信息时比较类似。而当经验信息证明当前所判断的原因不太可能引起结果时，被试在先呈现共变信息后呈现经验信息条件下所做出的判断与同时呈现两种信息时比较类似。任何一种已存在的理论都不能全面而准确地解释这一结果。

在强调共变信息的“加法理论”中，研究者认为个体在进行判断时会将经验中的信息也转化为一种共变数据，将它与当前的共变信息加在一起，使用这个调整后的共变信息来进行判断(Cheng & Novik，1990)。而在我们的研究中，如果被试真的只是将两种信息进行简单相加作为判断的依据的话，那么他们在三种信息呈现顺序下所得到的结果应该是一样的，因为无论是“共变信息＋经验信息”还是“经验信息＋共变信息”，所得到的结果都应该是一样的。因此，很难用这种“加法理论”来解释我们在研究中得到的不同信息呈现顺序所造成的判断上的差异。

在所判断的原因比较可信的情况下，研究的结果似乎更接近“闸门理论”(White，1995)，先考虑经验信息再考虑共变信息。但在所判断的原因并不可信的情况下，我们却得到了完全相反的结果。如何解释这种现象呢?

按照“闸门理论”所描述的信息处理过程，先呈现经验信息后呈现共变信息的实验2组与之更加类似。通过对实验2组被试的两次判断进行分析，我们发现，在体育课问题中，被试两次判断间没有明显的变化，且在接受了共变信息后的第二次判断中，所得到的结果并没有因共变信息的不同而产生差异。而在数学课问题中，被试的第二次判断有着显著升高，且在共变信息的作用下形成了不同的判断。也就是说，这个“闸门”的作用并不是依靠“打开”和“关闭”而控制共变信息是否进入加工过程，而是将这种信息分别纳入两个不同的流程中去，使之接受不同的加工。

由于我们采用的共变信息变量有 $\Delta P=1$ 和 $\Delta P=0.5$ 两个水平，都属于支持性的信息，在一般情况下对被试的判断分别有很强和中等的促进作用，支持被试做出“存在因果关系”的判断。因此当被试首先确定了待判断原因可信后，再接触这种支持性的共变信息，这种信息只是进一步证明了他前面的判断，使之对其更加确信。而当被试首先确定了待判断原因不可信后，却接触到了支持因果关系的共变信息。特别是在 $\Delta P=1$ 的情况下，这种信息与他前面的判断和想法产生冲突，使之回过头去，又重新考虑了经验信息，使其能够尽量对这种高共变做出合理的解释。

实际上，这种情况在实验中的确存在。我们在实验中曾访谈过少量两次判断差异较大的被试，其中几个在数学课问题的第二次判断中判断数值大幅度提高的被试都有着大致相同的解释:“既然每次数学课都腿疼,肯定是数学课的什么地方让他腿疼”“开始觉得数学课和腿疼没关系,后来这上面说每次数学课都腿疼,觉得可能是他一上数学课就紧张之类的,所以腿疼,反正总得有点关系吧”,等等。这些解释都说明被试在接触到了高共变信息后,又回过头去重新调整了自己对于原因可信程度的判断,使其可信程度提高,与高共变信息尽可能地达成一致。

因此,我们认为,个体在综合经验信息和共变信息进行因果判断时,既不是将这两种信息简单相加,也不是把经验信息作为是否允许共变信息进入考虑范围的“闸门”,而是进行了更加复杂的信息加工过程。具体地说,这个过程是分几步进行的。首先,个体的确是先考虑经验信息的,如果过去经验证明当前待判断的原因可信,就会进一步去考虑共变信息,如果共变程度较高,就形成“有因果关系”的判断,如果共变信息不支持这种判断,就会形成“无因果关系”的判断。而如果过去经验证明当前待判断原因不可信,也会进一步去考虑共变信息,如果共变程度较低,就会形成“无因果关系”的判断,而如果共变程度较高,则会回过头去,对待判断原因的可信程度进行重新判断。

图 6 简要描绘了这个过程的大致流程,但这只是一个初步的模型,其中的一些分步骤还需要进一步的实验证明。例如,在原因可信而共变较低的情况下,本研究由于所讨论的问题所限,并没有给出数据上的支持,使之还只是一个假设。同时更为重要的是,在原因不可信而共变较高的情况下,个体究竟是怎样对待判断原因的可信度的,这个过程会受到哪些因素的影响,这些都需要进一步的研究来进行更细致、更有针对性的考察。

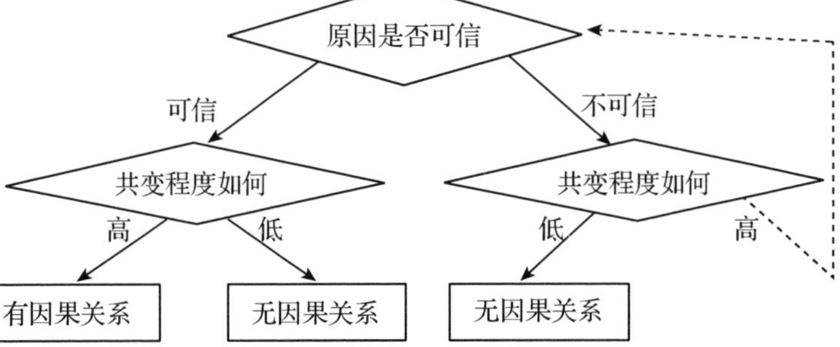

图 6　因果判断流程图

(二)共变信息与经验信息对于判断改变所起的作用

正如前面所提到的，研究中两个实验组的被试是相继接受两种信息的，他们在处理了一种信息后先进行第一次判断，然后才能够看到第二种信息，从而做出第二次判断。因此，通过分析被试从第一次判断到第二次判断的变化，我们可以将第二种信息的作用分离出来，进一步讨论它们在各自情况下所产生的作用。

在先呈现共变信息后呈现经验信息的情况下，在经验信息的两种不同水平上，我们都在被试的两次判断间发现了显著的差异。这说明后出现的经验信息改变了被试先前的判断，无论它是使被试的判断增强还是使被试的判断减弱，都产生了很大的作用。而进一步的数据分析表明，不可信的经验信息所造成的改变在数值上要比可信的经验信息稍微大一些。同时，我们还发现，当被试接受了不可信的经验信息后，原来由于共变信息的变化而产生的判断上的差异消失了，而当被试接受了可信的经验信息后，这种差异仍然存在。这都说明了在这种情况下，不可信信息对被试的判断所产生的减弱作用要比可信的经验信息所产生的增强作用更大，这种不可信信息的作用甚至使被试在某种程度上忽视了共变信息的变化。这一结果与以前的研究基本一致(Fugelsang & Thompson，2000)。但是，我们还是要再次指出，我们在研究中所采用的共变信息变量有 $\Delta P=1$ 和 $\Delta P=0.5$ 两个水平，都属于支持性的信息，在一般情况下对被试的判断分别有很强和中等的促进作用，支持被试做出“存在因果关系”的判断。这主要是因为研究所采用的问题是对已存在的日常生活现象的成因进行判断，这使我们很难自然而合理地为被试提供不支持性的共变信息。例如，如果我们问“小明上体育课的日子从不腿疼。其他日子也从不腿疼，体育课是小明腿疼的原因的可能性有多大?”就显得非常不合理。但这种只考察支持性共变信息的设计使我们的结果产生了一定的局限，我们无法判断数学课问题中不可信的经验信息所产生的较大改变究竟是体现了不可信信息本身的作用，还是反映了它与先前的共变信息有明显冲突的结果。尽管体育课的结果表明，即使是与先前的共变信息相一致的经验信息也会使被试的判断出现显著的改变，而且过去的研究也更支持“不可信的经验信息的改变作用更大”这一结论，但我们的确缺乏相应的数据说明两种经验信息对于不支持性共变信息的影响。通过更好地选择和设计问题，将这种情况纳入研究的范围，对目前的结论做出进一步的验证和修正，这将是我们下一步要做的工作。

在先呈现经验信息后呈现共变信息的情况下，我们发现，在体育课问题中，被试两次判断间没有明显的变化，且在接受了共变信息后的第二次判断中，所得到的结果并没有因共变信息的不同而产生差异。而在数学课问题中，被试的第二次判断有着显著升高，且在共变信息的作用下形成了不同的判断。这一结果与过去的研究并不一致。福格尔桑和汤普森的研究表明，无论待判断的原因是否可信，共变信息都会影响到被试的判断，而它对于可信的原因作用更大。而本研究的结果几乎与之相反。这可能仍然是本研究在控制共变信息变量的水平上的局限造成的。在福格尔桑和汤普森的研究中，共变信息变量有 $\Delta P=1$、$\Delta P=0.5$、$\Delta P=0$ 三个水平，因此所产生的作用可能会更大一些。但值得注意的是，在他们的研究中，共变信息 ΔP 的增加会使被试的判断随之提高，而它对于可信的原因作用更大，而在我们的研究中，共变信息的变化则只在不可信原因的条件下产生了显著的作用。这可能说明了一个问题，即 ΔP 所起的作用并不是线性的。对于已被认为可信的待判断原因来说，较强的和中等的支持性共变信息起到了同样的作用，证实了前面判断的正确。而对于已被认为不可信的待判断原因来说，正像我们前面所讨论过的信息处理流程，较强的支持性共变信息使被试又回过头去重新考虑了原因的可信性，而中等强度的支持性共变信息可能没有产生这样的作用。

要想比较两种不同信息所起的作用，就要将两种不同呈现信息顺序所得到的结果加以比较。通过对两个实验组被试两次判断变化差值的分析，我们发现，实验组1比实验组2在判断变化的量上要高得多，其差异达到了显著水平。这说明与共变信息相比，经验信息对于被试判断改变的作用要大得多。这一结论与过去研究所发现的结果完全一致(Fugelsang & Thompson，2000)。

(三)经验信息对被试采纳共变信息的影响

尽管几乎所有本领域内的研究者都承认，原因与结果的共变程度会对个体的因果判断产生决定性的影响。但是，个体究竟是采用何种指标来进行判断的？关于这个问题一直存在争论，不同的研究得到了互不相同的结果(Cheng & Novik，1992；Kao & Wasserman，1993；Schustack & Sternberg，1981；Shaklee，1983；Spellman，1996；White，2002)。

而我们的研究得出了更有意思的结果：在经验信息出现的前后，被试对于共变信息的处理有着不同的特点。在实验组1的体育课问题中，当被试没有接触经验信息，而仅仅依靠共变信息做出判断时，在共变信息上处于A组的被试的判断显著高于其他三个组。这个结果证明被试是使用 ΔP 的值作为共变指标进行判断的。而当被试接触了经验信息后，在共变信息上处于A组的被试的判断与C组被试的判断之间不再存在显著差异。通过计算可知，在C组中，$p=\Delta P/[1-P(e/-i)]=0.5/(1-0.5)=1$，与A组相同。也就是说，这时的结果证明被试是采用 p 值作为共变指标进行判断的。因此，我们认为，被试对于共变信息的处理是受到经验信息的影响的，这一点也体现在对共变指标的采纳上。在自然界和人类的社会生活中，不同的因果关系有着彼此不同的特点。比如，某些结果容易出现，某些结果出现概率本身就很小；某些原因的作用很难受到抑制，而某些原因的作用则很容易被抵消。因此经验信息会为被试提供一些有关这方面的信息，使他们在处理同样的共变信息时做出不同的选择。这样，我们也很容易理解为什么在这个问题上会存在大量相互冲突的研究结果。那正是因为被试对共变指标的采纳本身就有多种可能，而不同的研究由于使用了不同的材料，因此只看到了相应的那一部分现象。

五、小结

综上所述，本研究通过对因果判断过程中经验信息与共变信息及其呈现顺序的严格控制，考察了在因果判断过程中与之相关的信息加工过程。研究的结果说明：

个体综合两种信息进行因果判断的过程既不是简单的相加操作，也不是使用经验信息作为“闸门”控制共变信息的进入，而是先判断经验信息，再判断共变信息是否与之一致，当出现不一致的情况时会重新考虑经验信息。

在改变先前判断的过程中，经验信息所起的作用更大，其中又以当其证明待判断原因不可信时所产生的改变更大。较强的和中等的共变信息对在不同经验信息基础上所做判断的改变作用不同。

参考文献

[1]Cheng P W & Novick L R. A probabilistic contrast model of causal induction[J]. Journal of Personality and Social Psychology, 1990, 58: 545-567.

[2] Cheng P W. From co-variation to causation: a causal power theory[J]. Psychological Review, 1997, 104: 367-405.

[3]Fugelsang J A & Thompson V A. Strategy selection in causal reasoning: when beliefs and co-variation collide[J]. Canadian Journal of Experimental Psychology, 2000, 54(1): 15-32.

[4]Jenkins H M & Ward W C. Judgement of contingency between responses and outcomes[J]. Psychological Monographs, 1965, 79: 1-17.

[5]White P A. A theory of causal processing[J]. British Journal of Psychology, 1989, 80: 431-454.

事前分析的拉丁方任务的复杂性及其对儿童表现的影响*

任务复杂性是影响个体认知能力测量和评估的重要因素，因此其分析和评估是心理测量学和认知心理学都非常关注的主题。任务复杂性的分析通常有两种思路。第一种思路是事后分析，这是测量学家们通常采取的思路，如使用通过率和反应时作为任务复杂性的指标。第二种思路是事前分析，目前有不少认知心理学研究者采取这种思路(辛自强，2003；Commons，Trudeau & Stein，1998；Halford，Wilson & Phillips，1998)。其中，哈尔福德(Halford)及其同事提出的关系复杂性理论(relational complexity)是最具代表性的，该理论认为可通过分析任务的关系复杂程度事先确定任务的复杂性(Halford，Wilson & Phillips，1998)。

关系复杂性理论从完成任务需要同时加工的关系的复杂程度来界定任务复杂性。关系复杂性，指关系的数量，即相关的实体或变量的数量。一元关系只有一个变量，如类概念中黑狗是狗的一种，即狗(黑狗)，这里括号外的表示关系或操作，括号里表示关系的一个例证。而二元关系则有两个变量，如大象和老鼠哪个比较大，即较大(大象、老鼠)。三元关系则有三个变量，如 2、3、5 三个数字相加，即相加(2，3，5)。四元关系则有四个变量，如比例问题 2∶3＝6∶9 就有四个相互作用的成分。哈尔福德及其同事使用关系复杂性理论分析了大量任务，这既包括一些经典的皮亚杰任务，如类包含、传递性推理、等级分类、平衡秤任务等(Andrews & Halford，1998；Halford，Andrews & Jensen，2002)，也包括诸如句子理解、心理理论、推理、代数运算等任务(Andrews & Halford，1999；Andrews，Halford & Bunch，2003；Birney & Halford，2002；English & Halford，1995；Halford & Andrews，2004)。

---

* 本文原载《科学通报》2009 年第 2 期。本文其他作者为张丽、辛自强、李红。

其中，他们也对拉丁方任务的复杂性进行了分析(Birney，Halford & Andrews，2006)。

拉丁方任务来自古老的智力游戏，即如何处理方格中的拉丁字母排列方式，使每个字母在每行每列都出现并且仅出现一次。伯尼等人(Birney，Halford & Andrews，2006)的研究中，任务要求1、2、3、4四个数字在每行每列都要出现并且只能出现一次，让儿童根据已知方格中的数字推断某一未知方格中的数字是什么。任务共有三种难度水平。难度最小的是二元关系任务(见图1)，这类任务只需对单列的数字进行整合就可得到答案，可表达为：和[C1(4)，C3(2)，C4(3)]→C2(1)。一个下画线代表一个前提或结论，“和”表示操作。此任务中，表面上已知三个元素，但实质上问题解决并不需要处理三个元素之间的关系，因此三个元素实质上是一个组块，是一个整体，构成了一个前提。由于这类任务涉及一个前提和一个结论，因此被称为二元关系。中间难度的为三元关系任务(见图1)，未知单元可通过B列的数字1、3和第二行的数字2推断出来，表达为：和[B1(1)，B4(3)，D2(2)]→B2(4)。其中B列的数字1、3是一个整体，这类任务涉及两个前提和一个结论，因此被称为三元关系。难度最大的是四元关系任务(见图1)，可表达为：和[A1(1)，C3(1)，D4(3)]→B4(1)，涉及三个前提和一个结论，被称为四元关系。具体讲，即A1为1推论出A4不能为1，C3为1推论出C4不能为1，加上D4为3，三个前提推论出B4为1，因为每行或者每列都必须有一个1。关于任务复杂性的确定，关系复杂性理论还认为，如果任务完成需要多个步骤，每个步骤都需要界定其复杂性。例如，某任务需要三个步骤才能完成，第一步的加工复杂性为二元关系，第二步为三元关系，第三步为二元关系。这时任务的关系复杂性由复杂性最大的那个步骤决定，即该任务的复杂性为三元关系。

	A	B	C	D
1			4	
2	4		?	2
3	1		2	
4			3	

二元关系

	A	B	C	D
1		1		4
2		?		2
3				3
4		3		

三元关系

	A	B	C	D
1	1			
2		3		1
3			1	
4		?		3

四元关系

图1 伯尼等人设计的三类拉丁方任务

然而，伯尼等人(Birney，Halford & Andrews，2006)对三类拉丁方任务难度序列合理性的检验表明，二元关系中有些项目的难度超过了三元关系中的项目，四元关系中有些项目的难度低于三元关系中的项目，这与他们的设想不完全一致。对此，他们用加工步骤的多少来解释。不过，加工步骤的多少有时是很难确定的，同一个题目不同被试采取的方法可能不同，尤其是拉丁方任务中已知数字较多的情况下，采取不同的思路可能都能解决问题，这给确定每个题目的加工步骤带来一定困难。举例来讲，他们设计的四元关系任务就可以使用策略来解决，即每行每列有且只有一个1、2、3、4，意味着所有方格中每个数字各有四个。见图1的四元关系任务，三个不同行列中都有了数字1，因此最后一个行列中必然是数字1。对于掌握了此策略的被试来说，此题目的难度必然比较小，甚至和二元关系任务的难度相当。

基于以上考虑，本研究对拉丁方任务进行了以下几个方面的改进：(1)四元关系任务排除了策略的使用；(2)所有任务中空白方格的数量均为11～12个。实质上，对于拉丁方任务不管难度如何，只要合理安排3～5个数字就能解决。伯尼等人的研究中基本上已知数字都多于必需的数字，这使得一个题目可能采用多种思路都能得到解决，同时给任务复杂性的分析增加了不确定性。因此本研究中所有任务方格中的数字都为4个或5个，基本上都是必需的数字，这样有利于对加工步骤的分析。不过本研究分析的是任务解决至少需要的加工步骤。虽然如前所述同一任务不同被试的加工步骤可能不同，不过加工步骤的多少确实是任务复杂性的一个重要影响因素(Birney & Halford，2002；辛自强，2007)。因此我们就分析了任务至少需要的加工步骤，这样就能排除因个体策略不同导致的加工步骤的不确定性。根据关系复杂性和任务至少需要的加工步骤，本研究设计了复杂性不同的五类拉丁方任务，其复杂性特点见方法部分。

然而，这样分析的合理性如何呢？这构成了本研究的第一个研究目的，即探讨根据关系复杂性和任务至少需要的加工步骤设计的拉丁方任务的难度序列分析是否具有合理性。对此，我们采取了两条检验标准：第一条标准是任务的复杂性是否能较好地预测Rasch模型分析得到的任务难度；第二条标准是任务的复杂性是否能较好地预测儿童正确解决任务时的反应时。Rasch 模型分析能够确定出任务难度和个体认知能力序列，而且分析得到的难度值具有等距量表的性质，可以在同一个尺度上分析个体的能力和项目的难度(Bond & Fox，2001)。与通常作为任务复杂性指标的通过率相比，Rasch 模型分析通过将原始分数转换成 logit 分数克服了通过率分数的一些缺点，如天花板和地板效应(Green & Smith，1987)。此外，它也能被用来考察项目与理论设想的等级序列的一致性(Dawson-Tunik，et al.，2005)。目前有很多心理学研究者使用 Rasch 模型分析任务的复杂性(Andrews & Halford，2002；Dawson-Tunik，et al.，2005；Goodheart & Dawson，1996；Müller，Sokol & Overton，1999；Wellman & Liu，2004)。因此本研究将使用 Rasch 模型分析而不是通过率来考察任务复杂性。

此外，本研究也要探讨复杂性对不同年级儿童表现的影响。安德鲁和哈尔福德(Andrews & Halford，2002)认为 2 岁儿童能够解决二元关系任务，5 岁儿童能解决三元关系任务，11 岁儿童能够解决四元关系任务。据此本研究将探讨 7～11 岁的小学儿童是否能够很好地解决二元关系、三元关系和四元关系的拉丁方任务。

一、研究方法

(一)被试

以整班为单位选取北京某公立小学二到五年级儿童共 195 人为被试。包括二年级儿童 51 名，其中男生 25 名，女生 26 名；三年级儿童 53 名，其中男生 32 名，女生 21 名；四年级儿童 41 名，其中男生 22 名，女生 19 名；五年级儿童 50 名，其中男生 28 名，女生 22 名。二至五年级儿童平均年龄分别为 7.91、9.08、9.78、10.98 岁。所有被试来自不同的社会经济地位、职业和社会阶层的家庭。

(二)任务和材料

五类复杂性水平的拉丁方任务例子见图 2，其复杂性特点见表 1。

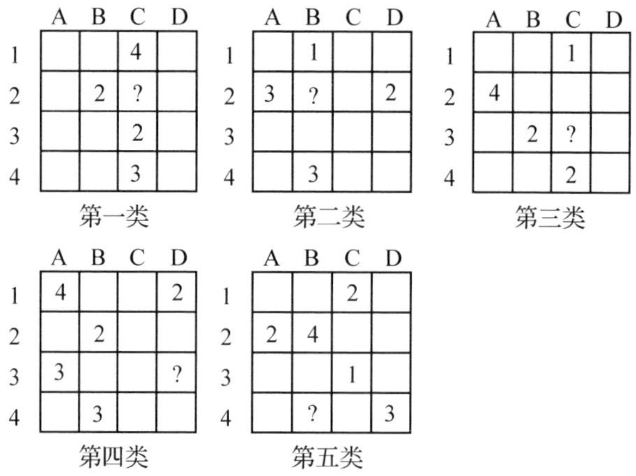

图 2　本研究设计的五类任务

表 1　拉丁方任务的复杂性特点

项目	二元关系	三元关系	四元关系	至少需要的加工步骤	任务的关系复杂性
第一类	1	0	0	1	二元
第二类	0	1	0	1	三元
第三类	1	1	0	2	三元
第四类	0	2	0	2	三元
第五类	2	0	1	3	四元

在第一类任务中，未知单元可通过 C1 为 4，C3 为 2 和 C4 为 3 推断出来，表达为：和[C1(4)，C3(2)，C4(3)]→C2(1)。此任务的完成只需要一个加工步骤，关系复杂性为二元关系。

在第二类任务中，未知单元至少需要一个加工步骤才能完成，表达为：和[B1(1)，B4(3)，D2(2)]→B2(4)，这是一个三元关系。当然，此任务的完成也可分为两步来完成。首先，B1 为 1 和 B4 为 3 推论出 B2 为 2 或者 4，表达为：和[B1(1)，B4(3)]→B2(2 或者 4)，这是一个二元关系。其次，第一步的结论和 D2 为 2 可推论出 B2 只能为 4，表达为：和[B2(2 或者 4)，D2(2)]→B2(4)，这是一个三元关系。根据关系复杂性理论的观点，多个步骤时任务的复杂性为复杂性最高的那个步骤的复杂性，因此这时仍为三元关系。

在第三类任务中，未知单元可通过C列的数字1、2和第二行的数字4推断出来，它至少需要两个步骤。首先，A2为4推出C2不为4，表达为：A2(4)→不是[C2(4)]，这是一个二元关系。其次，C2不为4结合C1为1和C4为2，推出C3为4，表达为：和[C1(1)，C4(2)]，不是[C2(4)]→C3(4)，这是一个三元关系。对于此任务，被试也可能采取其他思路来解决，但不管哪种思路，都会涉及两个前提和一个结论，因而此类任务的关系复杂性为三元关系。

在第四类任务中，未知单元至少需要两个步骤才能推断出来。具体讲，B2为2，B4为3和A1为4推论出B3为4，即和[B2(2)，B4(3)，A1(4)]→B3(4)，这是一个三元关系；B3为4结合A3为3，D1为2，推论出未知方格D3只能为1，即和[A3(3)，B3(4)，D1(2)]→D3(1)，这也是一个三元关系。概括来讲，第四类任务包含两个三元关系，其任务复杂性也为三元关系。同样，对于此题目，被试也可能采取其他思路来解决，但每种思路都会涉及两个前提和一个结论，因此，此类任务的关系复杂性也为三元关系。

第五类任务的完成至少需要三个步骤。首先，A2(2)→不是[A4(2)]，这是一个二元关系。其次，C1(2)→不是[C4(2)]，这也是一个二元关系。最后，A4不为2，加上C4不为2，和C4为3，根据规则每行每列必须有且只能有一个2的原则，推论出B4为2，可表达为：和[不是A4(2)，不是C4(2)，D4(3)]→B4(2)，这是一个四元关系。从整体上看，五类任务的难度是依次增加的。

拉丁方任务中每类复杂性任务有3个项目，共15个项目。任务采用计算机随机呈现。指导语强调既准确又快地完成任务。任务呈现时，同时给儿童呈现可供选择的答案，即1、2、3、4四个选项。每道题目的内容和备选答案在相同页面出现。计算机会记录儿童的反应时和回答选项。每个项目儿童做出正确回答，记为1分，错误回答记为0分。这样儿童在每个复杂性水平任务上的得分就处于0～3分。

(三)研究程序

首先根据学生的学习成绩筛选掉那些存在严重的学习困难的儿童。采取小团体集体施测，每次施测 15～20 个儿童，由四个心理学专业的研究生担任主试。正式施测前，由一名主试统一讲解每个任务的题目要求，并要求儿童练习三个题目，以便儿童熟悉题目要求和作答方式。任务是在儿童的一次计算机课堂上施测的，完成任务需要 15～20 分钟。

二、结果与分析

(一) 拉丁方任务的难度分析

使用 Winsteps 3.63.0 软件(Linacre；Linacre & Wright，2000)进行了 Rasch 模型分析。对数据进行检查看是否有在所有题目上回答均正确或者均错误的被试和是否有所有被试均回答正确或均错误的项目。因为 Rasch 模型认为这些被试和项目无法提供任务难度和个体能力的信息，所以这些题目或被试将被排除在分析之外。本研究中有 1 名被试在所有项目上回答均正确，因而进入 Rasch 模型分析的数据实质上有 194 个。

Rasch 模型分析与一般的模型分析不同，其主要任务是产生拟合 Rasch 理论设想的数据，而不是产生拟合数据的模型(Bond & Fox，2001)。关于 Rasch 模型的理论设想和事实上收集到的数据之间的拟合程度，通常有两种不同的方法：内拟合(infit)和外拟合(outfit)。内拟合对于接近项目难度值的个体分数给予了更多权重，而外拟合没有对数据进行加权，对极端数据的影响更敏感。因此，多数研究者更为关注内拟合值(Bond & Fox，2001)。使用 Rasch 模型分析拉丁方任务的项目难度，结果见表 2。表中 MNSQ 为均方值，预期值为 1。拟合值较高，说明实际的数据变异比理论模型期望的要高；拟合值低，说明实际的变异比期望的低，数据过于拟合。可接受的范围根据测验类型的不同也存在一些差异，对于多项选择题而言一般接受范围为 0.70～1.30(Wright & Linacre，1994)。本研究中拉丁方任务正是要求儿童进行多项选择，因此我们就根据拟合值是否为 0.70～1.30 判断数据是否和模型拟合较好。除了 MNSQ 值，很多研究者也使用 t 值来检验项目的拟合程度。t 值代表均方标准化残差值，预期值为 0，通常认为可接受的范围是 −2～2。由于 t 值是标准化残差值，更容易受样本的影响，通常随着样本的增加，t 值大于 2 的项目数量会有很大增加。因此，本研究主要依据 MNSQ 结果得出结论。从表 2 中可以看出，所有项目均与 Rasch 模型拟合较好。此外，项目分离信度值为 0.98，表明 15 个项目测量了一个潜在的变量即复杂性水平，可靠性比较高。

表 2　拉丁方任务的 Rasch 模型分析和传统分析

项目	Rasch 模型分析结果				传统分析			
	难度	*SE*	内拟合（MNSQ）	通过率	平均反应时		正确回答反应时	
					M	*SD*	*M*	*SD*
第一类 1	−1.54	0.24	0.80	0.88	6.98	6.87	7.28	6.77
第一类 2	−1.92	0.27	0.89	0.91	5.68	5.11	5.56	3.92
第一类 3	−2.07	0.28	0.97	0.92	6.77	10.38	6.88	11.09
平均	−1.84	0.16						
第二类 1	−1.99	0.27	0.78	0.92	8.42	8.34	8.19	7.24
第二类 2	−1.49	0.23	0.94	0.88	7.26	6.83	7.55	7.13
第二类 3	−1.66	0.24	0.83	0.89	8.64	8.45	8.56	8.14
平均	−1.71	0.15						
第三类 1	2.36	0.19	1.05	0.22	8.66	10.56	14.51	17.49
第三类 2	2.00	0.18	0.94	0.28	10.34	16.09	13.00	17.69
第三类 3	2.26	0.18	0.90	0.24	9.87	20.63	11.93	9.62
平均	−2.20	0.11						
第四类 1	−0.06	0.17	1.16	0.68	13.38	27.49	14.18	32.04
第四类 2	−0.87	0.20	1.05	0.81	12.70	22.58	12.33	22.07
第四类 3	0.24	0.16	1.18	0.62	10.33	10.59	9.64	12.39
平均	−0.23	0.33						
第五类 1	1.76	0.17	1.00	0.32	13.95	12.44	14.94	12.56
第五类 2	0.97	0.16	0.97	0.47	16.49	22.37	15.54	16.76
第五类 3	2.03	0.18	0.93	0.27	20.89	50.29	22.39	22.04
平均	1.59	0.32						

个体拟合（person fit）方面，一个重要指标是分离信度，这与经典测量理论中的信度值相当。本研究中分离信度为0.42，可见Rasch模型对个体能力的测量有中等程度的可靠性。进一步对个体拟合值的分析显示：所有被试中内拟合值MNSQ处于0.70～1.30的约有44.3%，还有34.0%的被试MNSQ小于0.70，21.7%的被试MNSQ值大于1.30。然而，值得注意的是，虽然MNSQ可接受的范围是0.70～1.30，不过拟合值小于0.70的被试，其反应心理意义是很明确的且合理的，与格特曼模式拟合，即在所有容易的项目上都正确，在所有困难的项目上都错误(Bond & Fox，2001)。而大于1.30的数据则不太合理、偶然性较强，因为这些被试在困难的项目上回答较好，而在容易的项目上回答较差。可以说这些被试的反应没有得到很好的测量。因此，随后关于复杂性对儿童成绩影响的研究中没有包括这21.7%的被试，有11名二年级被试、10名三年级被试、6名四年级被试和15名五年级被试，还剩余153名被试。

(二)拉丁方任务的复杂性与项目难度、反应时

关系复杂性、任务至少需要的加工步骤与Rasch模型分析的项目难度、反应时的相关分析结果见表3，其中反应时指正确回答的反应时，以下类同。

表3　相关矩阵

	1	2	3	4
1 关系复杂性	—			
2 任务至少需要的加工步骤	0.85**	—		
3 项目难度	0.64*	0.81***	—	
4 反应时	0.81***	0.90***	0.80***	—

从表3可以看出，关系复杂性、任务至少需要的加工步骤与Rasch模型分析的项目难度和反应时都有显著相关。进一步回归分析如下。①以关系复杂性和任务至少需要的加工步骤为自变量，以项目难度为因变量进行回归分析，共线性诊断结果

表明两个自变量存在一定的共线性，容忍度为0.29，方差膨胀因子为3.50，因此没有继续进行多元回归分析，而是分别以关系复杂性和任务至少需要的加工步骤为自变量进行了一元回归分析。结果显示任务至少需要的加工步骤对任务难度的回归系数显著，$\beta=0.81$，$p<0.001$，$R^2=0.66$，关系复杂性对任务难度的回归系数也显著，$\beta=0.64$，$p<0.05$，$R^2=0.41$。②分别以关系复杂性和任务至少需要的加工步骤为自变量，以反应时为因变量进行了一元回归分析。结果显示任务至少需要的加工步骤对反应时的回归系数显著，$\beta=0.90$，$p<0.001$，$R^2=0.80$，关系复杂性对反应时的回归系数也显著，$\beta=0.81$，$p<0.001$，$R^2=0.66$。从这些结果可以看出，不管是对任务难度还是对反应时的预测作用，任务至少需要的加工步骤的预测作用比关系复杂性的预测作用大。此外，任务至少需要的加工步骤和关系复杂性对反应时的预测作用比它们对任务难度的预测作用均较大。

关系复杂性对任务难度的预测作用在本研究中只有41%，而伯尼等人的研究中关系复杂性对任务难度的预测作用达到64%。对此，我们做了一个简单的对应图以便更直观地观察本研究中项目难度和关系复杂性的关系，见图3。可以看出，第三类任务中有些项目难度要大于第四类和第五类中的项目。对儿童在第三类任务上的错误反应模式进行分析发现(以图2中的任务为例)，很多儿童认为问号所在方格即C3应为3。这些儿童根据A2为4，推论出C2不能为4，同时看到C1为1和C4为

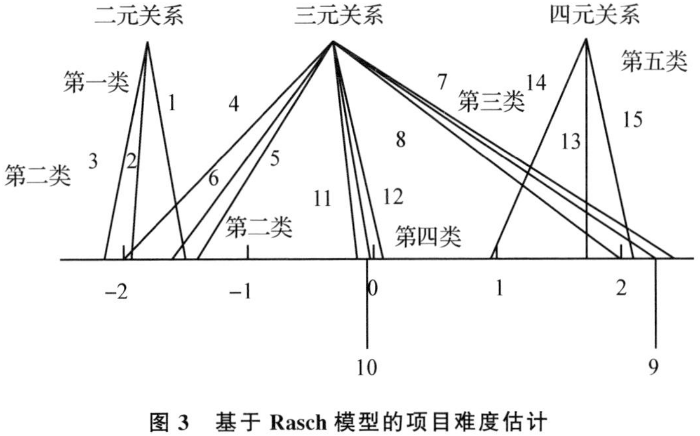

图3 基于Rasch模型的项目难度估计

2，知道C3只能是3或者4。然而，C2不能为4是个否定前提，需要和C3只能是3或者4这个肯定前提相结合，才能得出推论。正是这个否定前提和肯定前提相结合的问题给很多儿童造成了困难。甚至在我们对几个成人被试进行施测时，也有被试在这儿出现了错误，对此现象我们将在讨论部分详细解释。概括来讲，主要是第三类任务的实际难度与关系复杂性的设想不一致。如果去掉此类任务的三个项目，项目的关系复杂性与其实际难度的相关则有了提高($r=0.85$，$p<0.001$)。进一步回归分析显示关系复杂性对项目难度的预测作用达到72%，$p<0.001$。

另外，为什么关系复杂性和任务至少需要的加工步骤对反应时的预测作用比它们对任务难度的预测作用均较大？是不是任务难度和反应时没有都反映任务复杂性的特点？一般来讲，如果儿童完成任务时存在速度—准确性权衡倾向，那么不管儿童是速度倾向还是准确性倾向，两者不可能同时都准确反映任务的复杂性特点。因此我们分析了儿童在完成本研究中的任务时是否存在速度—准确性权衡倾向。分析表明，15个项目的通过率和反应时(正确回答的反应时)存在显著负相关，$r=-0.78$，$p<0.001$，即整体上通过率较低的任务其反应时也较长，这意味着儿童在完成这些任务时并没有显示出速度—准确性权衡倾向。不过，从图4可以看出，项目7、8、9三个题目，即第三类任务中的三个项目，通过率很低，同时反应时较短，说明儿童在这三个项目上存在一定的速度倾向。当然，这种倾向有可能是无意的，有可能儿童觉得任务非常简单或者不知如何作答，所以迅速做出反应。因此，可能是因为儿童在完成第三类任务中的项目时存在一定的速度倾向影响了任务至少需要的加工步骤和关系复杂性对反应时、项目难度的预测作用。去掉第三类任务后，关系复杂性和任务难度、反应时的相关分别为0.85和0.83，且关系复杂性对任务难度和反应时的解释率分别为72%和69%；任务至少需要的加工步骤和任务难度、反应时的相关分别为0.97和0.90，且任务至少需要的加工步骤对任务难度和反应时的解释率分别为94%和81%。这时，不管是关系复杂性还是任务需要的加工步骤对任务难度和反应时的作用均比较接近。

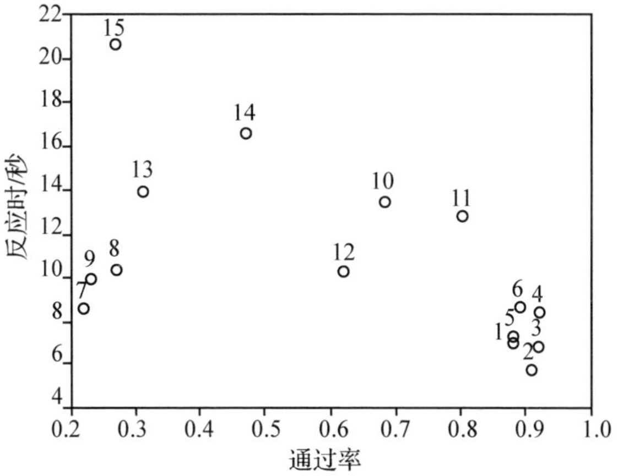

图 4　通过率和反应时的相关散点

以上是从项目水平进行的分析，下面将通过分析五类任务的难度之间是否存在显著差异来检验关系复杂性对任务难度序列的设想是否合理。在 Rasch 模型分析的基础上，进行了相关样本的 t 检验，每类任务的平均数和标准误见表 2。结果表明，除了第一类任务和第二类任务的难度不存在显著差异外，其他几类任务之间的差异均显著，难度最大的为第三类任务，其难度显著高于第一类、第二类、第四类和第五类，t 值分别为 21.26、20.58、6.39 和 2.10，$p<0.05$；其次是第五类任务，其难度显著高于第一类、第二类和第四类任务，t 值分别为 10.39、10.00 和 3.71，$p<0.05$；接下来是第四类任务的难度，其难度显著高于第一类和第二类，t 值分别为 4.74 和 4.63，$p<0.05$。

(三)任务复杂性对儿童表现的影响

本研究以儿童正确回答的项目数占项目总数的百分比作为儿童在每类复杂性水平任务上的表现或成绩。以年级和性别为自变量，以儿童在拉丁方任务上的成绩为因变量进行多因素方差分析，描述性统计见表 4。结果表明以下四点。①复杂性最大的第三类任务上存在显著的年级差异。$F(3, 145)=5.80$，$p<0.01$，$\eta^2=0.11$，事后检验表明五年级学生的成绩显著优于二、三、四年级学生，$p<0.01$。性别主

效应和交互作用均不显著。②第五类任务上存在显著的年级差异，$F(3, 145)=5.81$，$p<0.01$，$\eta^2=0.11$。事后检验表明五年级学生的成绩显著优于二、三、四年级学生，$p<0.01$。性别主效应和交互作用均不显著。③第四类任务上女生的成绩显著优于男生，$F(1, 145)=4.09$，$p<0.05$，$\eta^2=0.03$。年级主效应和交互作用均不显著。④复杂性最小的第一类、第二类任务上年级主效应、性别主效应和交互作用均不显著。概括来讲，儿童在复杂性较大的第三类、第五类拉丁方任务上成绩有较大变化，这主要表现在五年级儿童的成绩相对于二、三、四年级儿童有很大提高，这说明在这两类拉丁方任务上二至四年级儿童的成绩比较平稳，不过从四到五年级儿童成绩迅速提高。

表4　儿童在拉丁方任务上的成绩

	二年级		三年级		四年级		五年级	
	M	*SD*	*M*	*SD*	*M*	*SD*	*M*	*SD*
第一类	0.93	0.14	0.92	0.14	0.98	0.08	0.98	0.08
第二类	0.93	0.16	0.95	0.14	0.97	0.12	0.95	0.14
第三类	0.12	0.21	0.12	0.20	0.13	0.25	0.31	0.30
第四类	0.70	0.31	0.82	0.23	0.81	0.23	0.73	0.28
第五类	0.23	0.23	0.26	0.25	0.32	0.29	0.47	0.28

值得注意的是，虽然儿童在复杂性较大的第三类和第五类任务上的成绩有很大提高，但儿童并没有能够很好地解决这两类任务。第三类任务上即使五年级儿童也只能解决约30%的项目；第五类任务上即使五年级儿童也只能解决约47%的项目。可以说儿童在这两类任务的解决上还存在一定困难。而第一类和第二类任务上儿童能解决92%～98%的项目，第四类任务上能解决70%～80%的项目。看来小学儿童已能较好地解决复杂性较小的这三类任务。

三、讨论

研究结果显示我们设计的五类拉丁方任务与Rasch模型拟合较好，这说明所有项目测量了潜在的复杂性变量。另一重要结果是任务的关系复杂性、至少需要的加工步骤都能显著预测 Rasch 模型分析的项目难度以及儿童正确回答任务时的反应时，这说明我们对任务复杂性的分析具有一定的合理性。

与伯尼等人(Birney，Halford & Andrews，2006)的研究相比，本研究中拉丁方任务的关系复杂性对 Rasch 模型分析的项目难度预测作用相对较小，分析发现其原因主要在于第三类任务的实际难度与我们对其复杂性分析的设想存在不一致。我们预测第三类拉丁方任务的难度应小于第四类和第五类同时大于第一类和第二类任务，而实际结果表明第三类任务是五类任务中难度最大的。如前所述，这可能是第三类任务中否定前提和肯定前提相结合的问题给儿童造成了困难，也就是一些认知操作因素给儿童带来了困难。具体来讲，原因可能有两个方面：首先，类似于传递性推理中发现的“一致性效应”(张仲明、李红，2006)，若推理的前提都是肯定或者都是否定其难度要小于一个前提是肯定另外一个前提是否定；其次，类似于传递性推理中发现的“转化效应”(张仲明、李红，2006)，当两个前提没有共同项时难度较大，这时需要转换成含有共同项的命题。以图 2 中的任务为例，不是直接将两个前提不是[C2(4)]和 C3(3 或者 4)(C1 为 1 和 C4 为 2 推论出的结果)进行整合，而是首先将不是[C2(4)]和 C2(3 或者 4)两个前提结合起来，共同项是 C2，得出 C2 为 3。然后 C2 为 3 意味着 C3 不能为 3。最后，将 C3 不能为 3 和 C3(3 或 4)进行整合得出 C3 为 4，其中共同项是 C3。

不过，除了以上认知操作因素给儿童解决拉丁方任务带来了困难，工作记忆能力的不足可能也对儿童解决拉丁方任务有很大影响。以往有很多研究表明工作记忆对推理有很大影响，如信息的储存、监控、抑制和协调等都会影响个体在推理任务上的成绩(张清芳、朱滢，2000；白学军、臧传丽、王丽红，2007)。前述提到我们对几个成人进行施测时也有被试出现了错误，不过只要对他们稍加提示。例如，要求他们再仔细看一遍，他们就能立即纠正过来。这提示我们有可能工作记忆尤其是执行控制对儿童在第三类拉丁方任务上的成绩也有影响。进一步的研究可以探讨工作记忆和儿童在第三类任务上成绩的关系。此外，空白方格的数量可能也对第三类任务的难度有影响。第四类和第五类任务的解决都包含否定前提和肯定前提，但是这两类任务的已知数字较第三类任务要多，一方面有助于儿童采取不同的思路完成任务，另一方面已知数字较多会使儿童对信息的加工时间增多，而且儿童会觉得数字较多的题目复杂性高，因而会仔细深入地思考。

关于任务复杂性对儿童成绩的影响，本研究表明，二至五年级儿童能够较好地解决第一类、第二类和第四类任务，而第三类和第五类任务的解决还存在一定困难，尽管从四到五年级儿童解决这两类任务的能力有了很大提高。第一类、第二类和第四类任务的关系复杂性分别为二元关系和三元关系，第五类任务的关系复杂性为四元关系，因而此结果说明二年级儿童已能解决关系复杂性为二元关系和三元关系的任务，不过五年级儿童还不能很好地解决四元关系任务，这和安德鲁和哈尔福德的观点(Andrews & Halford，2002)存在一致性，即 11 岁以下的儿童还不能很好地解决四元关系任务。而第三类任务的关系复杂性也是三元关系，之所以五年级多数儿童还不能很好地解决此任务，正如前述讨论所言，是认知操作因素给儿童造成了很大困难。

整体上，本研究对拉丁方任务的复杂性分析具有很大程度的合理性，这丰富了关系复杂性理论。不过对任务复杂性的分析有几点需要说明。①这种分析是以能够比较清楚地了解任务的加工过程为基础的。对此，哈尔福德等人(Andrews & Halford，2002；Halford，Wilson & Phillips，1998)也曾提到，任务复杂性分析的第一步就是发展任务的过程模型，并从经验上证实它。本研究对拉丁方任务的分析就是如此，不仅分析了关系复杂性，还分析了任务至少需要的加工步骤。分析任务至少需要的解题步骤，是针对有多种解决思路和方法的任务，如果任务只有一种解决方法，则直接分析其加工步骤即可(Xin，2008)。这样的事先对任务复杂性的分析也更准确。②关系复杂性和任务至少需要的加工步骤是从不同角度对任务复杂性进行的分析，不过两者也存在一定的关系。一个任务如果有多种解决方法，通常关系复杂性较大的加工步骤较少，关系复杂性较小的加工步骤较多。本研究中我们是根据关系复杂性较大、加工步骤较少的解法来界定任务的复杂性的。③本研究旨在提供任务复杂性分析的一个角度。实际上还有其他因素会对任务复杂性有影响，例如，任务涉及关系的等级和嵌套层次、认知操作性质、知识经验等(辛自强，2007；Birney &

Halford，2002；Commons，Trudeau & Stein，1998)，这些因素本研究尚未深入探讨。这也是本研究的第三类拉丁方任务和我们的预期有些出入的原因，因为此任务涉及了认知操作的复杂性。将来的研究可以深入考察各种因素对任务复杂性的影响。④实际生活中很少有关系复杂性大于四元关系的任务，这一点哈尔福德等人(1998)通过引用很多文献论证了人类能够加工的最多是四元关系，如果超过了四元关系必然会被分解成多个步骤以降低关系复杂性。另外，关系复杂性有很大的发展特点，正如安德鲁和哈尔福德(2002)认为2岁儿童能够解决二元关系任务，5岁儿童能解决三元关系任务，11岁儿童能够解决四元关系任务。这说明在探讨儿童认知发展时任务的关系复杂性分析具有重要意义。

最后，关于Rasch模型分析有一点需要说明，即Rasch模型分析与通常的项目反应理论不同，其任务是判断数据是否拟合Rasch模型的理论设想，而不是产生拟合数据的模型，因此常常会有数据不拟合Rasch模型。正如本研究有一些被试的能力拟合值不在理论范围内。他们的反应不太合乎常理，即在有些困难的题目上回答正确，但在容易的题目上却回答错误。这种结果有两种原因：其一，这些儿童凭借猜测做出回答，比较幸运在有些困难的题目上回答正确；其二，这些儿童具有特定的知识，表现在不具备容易项目的知识而具备困难项目的知识(Bond & Fox，2001)。不过，将来的研究尚需对这部分被试进行深入的研究。

参考文献

[1]辛自强．关系—表征复杂性模型的检验．心理学报，2003，35(4)：504-513.

[2]辛自强．关系—表征复杂性模型．心理发展与教育，2007，22(3)：122-128.

[3]Birney D P，Halford G S & Andrews G. Measuring the influence of complexity on relational reasoning：the development of the Latin Square Task[J]. Educational and Psychological Measurement，2006，66(1)：146-171.

[4]Bond T G & Fox C M. Applying the Rasch Model：fundamental measurement in human sciences[M]. Mahwah，nj：Erlbaum. 2001.

[5]Halford G S，Wilson W H & Phillips S. Processing capacity defined by relational com-

plexity: implications for comparative, developmental, and cognitive psychology[J]. Behavioral and Brain Sciences, 1998, 21: 803-831.

[6]Xin Z Q. Fourth through sixth graders' representations of area-of-rectangle problems: influences of relational complexity and cognitive holding power[J]. The Journal of Psychology: Interdisciplinary and Applied, 2008, 142(6): 581-600.

练习背景下表征水平的变化*

一、引言

知识的获得一直是认知发展与学习研究者非常关注的问题(Anderson，1982；Piaget，1972)。其中，作为新皮亚杰理论代表人物之一的卡米洛夫-史密斯(Karmiloff-Smith，2001)提出的表征重述理论一直备受人们的关注。卡米洛夫-史密斯认为表征重述，即对已经获得的表征进行重复表征，是人类获取知识的重要途径。表征重述如何促进人类知识的获取呢？具体来说，她强调了三点。第一，表征重述必须以行为掌握为前提。所谓行为掌握，指儿童能够在程序层面上成功地解决问题，换句话说，儿童已具有了解决问题需要的程序性知识，只有作为行为掌握基础的表征达到稳定后，重述才得以进行。第二，表征重述的作用主要体现在陈述性知识获取方面，因为卡米洛夫-史密斯主张知识的变化路线是从程序性知识到陈述性知识。第三，程序性知识到陈述性知识的转化，是在自发的重述作用下，通过对内在表征不断进行重组、建构而实现的，也就是说，卡米洛夫-史密斯与皮亚杰一样强调了知识的个体建构性质。

对于这种陈述性知识的建构过程以及表征重述在这一过程的作用，卡米洛夫-史密斯提出的三阶段循环理论对此做了解释。在阶段1，儿童的行为是"成功取向的"，在问题解决上能够达成成功的表现，这就是卡米洛夫-史密斯所说的"行为掌握"；然而，行为中的各个单元是彼此没有联系的。儿童的学习完全是材料驱动的，表征主要是根据外在环境的信息建立的，依赖背景。由于这个阶段主要是掌握一些

---

* 本文原载《心理学报》2006年第2期。本文其他作者为辛自强、张丽、池丽萍。

相对孤立的解题程序，因此被称为程序阶段。在阶段 2，儿童的学习开始受内部力量的驱动，他们不再集中于外部材料，而是集中于内部表征的相互作用，被称为元程序阶段。在这个阶段，儿童超越了程序上的成功，达成了内部表征的整体组织，对问题的所有部分形成了统一的解决方法，由此儿童产生了“组织取向的”行为，但这时难以对此加以概念化。在阶段 3，尽管儿童的行为看起来与第一阶段差不多，然而，这时儿童的内部表征和外部材料的相互作用受到了调控和平衡，维持其行为的表征更加丰富和连贯，在程序组织的基础上获得了概念化的表征，被称为概念化阶段。

在上述三个阶段中，个体对知识表征的意识水平是不同的，在表征重述的作用下知识经历了由“内隐”到“外显”的变化。具体来说，知识的表征是沿着从内隐水平(I)到外显水平 1(E1)、外显水平 2(E2)、外显水平 3(E3)的路线发展的。第一个水平(I)上，表征是对外在环境中的刺激材料进行分析和反应的程序，由于包含在程序中的信息是内隐的、相互独立的，因此被称为内隐水平，它是维持阶段 1(程序阶段)的内部表征形式。在第二个水平(E1)上，蕴含在程序性知识的各程序成分间的关系能够内在地标记和表征，它的组成成分能够用作材料进行操作，且变得灵活，但还没有通达意识，不能用言语报告，这是维持阶段 2(元程序阶段)的内部表征形式。在第三、四水平(E2 和 E3)上，表征已通达于意识，并能够用言语加以报告，同时和其他方面建立了跨领域的联系，这是维持阶段 3(概念化阶段)的内部表征形式。至此，儿童便在对程序性知识进行表征重述的基础上建构起了概念性知识或者陈述性知识，并发展了认知灵活性与创造性。由此可见，卡米洛夫-史密斯认为概念性或陈述性知识的建构是以表征重述为机制，通过知识从内隐水平到外显水平的逐渐转化实现的。

目前，卡米洛夫-史密斯的理论在计数、数的加减等数学领域已得到了很多研究的证实(Briars & Siegler，1984；Frye，et al.，1989；Hiebert & Wearne，1996；Karmiloff-Smith，1979；Siegler & Stern，1998)。然而，卡米洛夫-史密斯的研究大多是对比不同年龄段儿童的表征变化来说明表征重述的作用(Karmiloff-Smith，1986，1990；Voutsina & Jones，2001)。她认为年幼儿童和年长儿童都拥有相似的程序性知识，但不同之处是年幼儿童的程序性知识之间是相互独立的，而年长儿童的程序性知识则是相互联系、相互依存的，这被推定是自发的重述过程所致(Karmiloff-Smith，1990)。然而，本研究关心的不是大年龄跨度之间的差异问题，而是在练习背景下儿童表征水平短期内的变化是否依然遵循卡米洛夫-史密斯所描述的路线。

表征水平的变化可以是“自然”发展的结果，但是如果创造一定的学习条件，有可能使其在短期内实现这种变化。本研究的具体做法是：让儿童进行多次解题练习，并在每次练习后对其进行访谈(如问“你是怎么想到这些答案的”)，要求他们解释自己的解题过程。我们假定，这种练习和相应的解释活动，有可能增加其表征重述的机会，从而引起表征水平或知识的变化。实际情况是否如此呢？这是本研究首先要探讨的问题。如果是这样，将进一步探讨，表征变化的路线是否完全如卡米洛夫-史密斯的理论预测的那样，按照从内隐水平(I)到外显水平1(E1)、外显水平2(E2)、外显水平3(E3)的路线发展或者按从程序阶段到元程序阶段、概念化阶段的顺序发展。为了获取短期内表征变化路线方面的精细信息，我们将采用微观发生法(Siegler & Crowley，1991；Xin & Lin，2002)的研究思路，具体分析每个被试在每个练习期间表征水平的变化。

此外，还将考察练习背景下获得的表征或知识能否被灵活迁移到类似问题情境下。根据卡米洛夫-史密斯的观点，表征重述能够促进认知灵活性(Karmiloff-Smith，2001)。由于表征重述过程导致内隐的程序性知识向陈述性知识的转化，而后者是意识水平的、可以概念化的，因此可以更为灵活地迁移原有程序。但是，根据安德森(Anderson)的ACT理论，以产生式作为构成单元的程序性知识，经过反复练习会变得自动化和专门化(Anderson，1990)，而自动化和专门化通常意味着认知灵活性的降低，即难以将程序迁移到类似问题中。究竟两者孰是孰非？练习是增加了表征重述的机会而促进了认知灵活性还是相反呢？为了探讨这一问题，本研究设计了近迁移和远迁移两类题目，以考察在练习背景中获得的表征能够灵活推广的程度。

二、研究方法

(一)被试

从北京某小学一年级学生中随机选取一个班的 29 名儿童作为被试，其中男生 15 名，女生 14 名，其平均年龄为 7.3 岁。

(二)研究模式

本研究采取微观发生法，具体模式见表 1。

表 1 期间与任务

期间	任务
S1 前测	一道数字表征题目
S2 学习	一道应用题
S3 学习	一道应用题
S4 学习	一道应用题
S5 学习	一道应用题
S6 学习	一道应用题
S7 迁移	一道近迁移题目
S8 迁移	一道远迁移题目

(三)研究材料

实验任务为数字分解组合任务，具体材料分为两类。第一类是数字表征题目，如□＋△＝4，要求儿童找到两个合适的数字分别填在正方形和三角形里，使其和等于右边的目标数字。这类题目只在前测使用。在后面的所有学习期间(S2～S6)均采用另一类题目，即文字应用题，如“小明非常喜欢吃香蕉，有一次妈妈出差时留给小明 5 根香蕉，让他早上和晚上吃，请问小明早上和晚上分别可以吃几根?”对于这些题目，要求儿童写出所有可能的答案。

在迁移阶段的S7和S8分别接受近迁移和远迁移的文字应用题。近迁移题目为"这是一个跷跷板(见图1),在它右端的大盒子里放了9块积木,而在左边有两个上下叠放在一起的小盒子,请问上下两个小盒子分别放几块积木,才能使得跷跷板两端平衡?"该题主要涉及情境的迁移,即表面特征不同,数学模型相同,需要的主要是再认能力,即识别出新问题中有已学的数学结构。

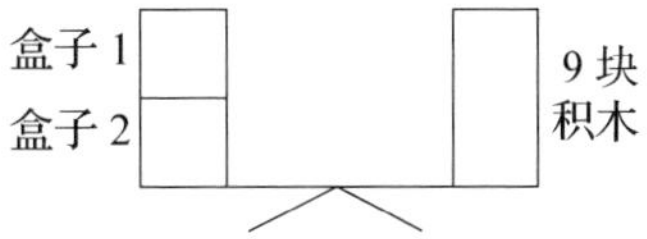

图1 跷跷板问题

远迁移题目,主要涉及规则的迁移,即表面特征不同,数学模型也有所不同,但通过对学习过的模型进行抽象概括能够实现对新问题的解决。例如,在学习阶段的"香蕉"问题中,已知目标数字,儿童只要进行分解即可。而远迁移题目是"买一根铅笔要花8角钱,现在有5张1角的纸币和3张2角的纸币,如何给售货员付钱?"对此问题,儿童不能只对数字8进行分解就解决问题,而必须同时考虑1角和2角纸币的数量,进行一定的组合才能解决问题。由于进行组合和进行分解都可以采取顺序化的策略,因此这道题目可以作为远迁移题。其具体施测程序与学习阶段相同。

每个测查题目都用小初号字单独打印在14 cm×2.5 cm大小的题板上,另有答题纸和记录纸分别用于记录被试的解题结果和解题过程信息。

(四)研究程序

利用学生下午的自习时间,在被试所在学校的一些空闲教室里进行个别施测,收集数据。由心理学专业的研究生担任主试,实验前首先对主试进行培训,以统一指导语和一些意外情况的处理。具体来说,施测过程分为以下三步。

1. 前测

此阶段,所有儿童接受一道数字表征题目,即□+△=4。指导语为"请把两个合适的数字分别填在□和△里，使这两个数的和等于右边的数字，想到答案后就将这两个数字写到答题纸上，并且你能想到几个答案就写几个答案。做完的时候立刻告诉老师‘做好了’”。

被试完成以后，主试开始访谈，访谈题目为：①还有其他答案吗？②你是怎么想到这些答案的？如果儿童表示不知怎么回答，可继续问：“第一个答案你是怎么想出来的？第二个呢？第三个呢？”如果儿童能够写出 0＋4、1＋3、2＋2、3＋1、4＋0 五个答案，并能够用语言表达出顺序化排列的思想，那么他们直接进入迁移阶段，完成第 7、8 道题目。否则，需要进入学习阶段完成第 2～6 道题目，再进入迁移阶段完成第 7、8 道题目。

2. 学习阶段

进入此阶段的所有被试需接受五道文字应用题。施测时，首先给儿童读一遍题目，然后告诉儿童“把想到的所有答案都写到答题纸上，并在做完的时候告诉老师‘做好了’”。与前测阶段实验程序相同，被试完成题目后，进行访谈。访谈内容与前测相同。不管儿童在学习过程中是否发现了顺序化的规律，五道应用题都必须施测。

3. 迁移阶段

此阶段所有被试都分别接受一道近迁移题目和一道远迁移题目，其具体施测程序与学习阶段相同。

(五)资料整理

本研究主要获得有关被试解题结果和解题过程的文本信息。对这些资料的编码主要建立在卡米洛夫-史密斯的表征重述三阶段循环理论基础上。根据此理论，表征变化的过程可以分为三个阶段，即程序阶段、元程序阶段和概念化阶段，这些阶段对应的表征水平是从内隐水平到外显水平 1、外显水平 2 和外显水平 3。三个阶段的具体内涵和操作定义以及每一阶段达到的表征水平见表 2。

表 2 表征变化的阶段和表征水平

阶段	内涵	操作定义	表征水平
阶段 1：程序	儿童的学习完全是材料驱动的，表征主要是根据外在环境的信息建立的，依赖背景。	解题程序的每一步与每一步之间是单独的，集中于不同的部分或步骤。例如，“和等于 5 的有 3 加 2、1 加 4、4 加 1、2 加 3、0 加 5、5 加 0。这些答案我想到一个写一个”。	内隐：行为已经掌握，但表征是内隐的、孤立的。
阶段 2：元程序	儿童的学习开始受内部力量的驱动，他们不再集中于外部材料，而是集中于内部表征的相互作用。	开始注意到部分程序或步骤之间的联系、规律，内部表征有一定的组织性，包括：①间隔顺序排列，如“和等于 5 的有 1 加 4、4 加 1、2 加 3、3 加 2、0 加 5、5 加 0，首先想到了 1 和 4，后面 4 和 1 是颠倒过来的。2 和 3 是由 1 和 4 想到的，2 比 1 大 1、3 比 4 小 1……”；②部分结果按照顺序排列，如“1 加 4、2 加 3、3 加 2、0 加 5、5 加 0、4 加 1，前面按照 1，2，3 这样想，后面想到一个写一个”；③检查时部分按顺序排列，“3 加 2、1 加 4、4 加 1、2 加 3、0 加 5、5 加 0，比 5 小的数字 0、1、2、3、4、5 都有了，没有其他答案了”。	外显 1：表征的组成成分已可用作材料进行操作，且变得灵活，但还没有通达于意识。
阶段 3：概念化	内部表征和外部信息之间达到了平衡。	发现了所有程序之间的联系，将所有数字组合按顺序化规律排列，并能够用言语表达出来。例如，“和等于 5 的有 0 加 5、1 加 4、2 加 3、3 加 2、4 加 1、5 加 0，我按顺序进行排列”。	外显 2：可通达于意识，但无法用语言表达。 外显 3：通达于意识，并能用言语加以报告，同时和其他方面建立了跨领域联系。

三、结果分析

(一)练习背景下表征水平的变化

本研究有3名被试在前测中表征就已达到概念化阶段，剩余26名被试进入学习阶段。学习过程的每个期间中，表征达到不同阶段的人数情况见图2。

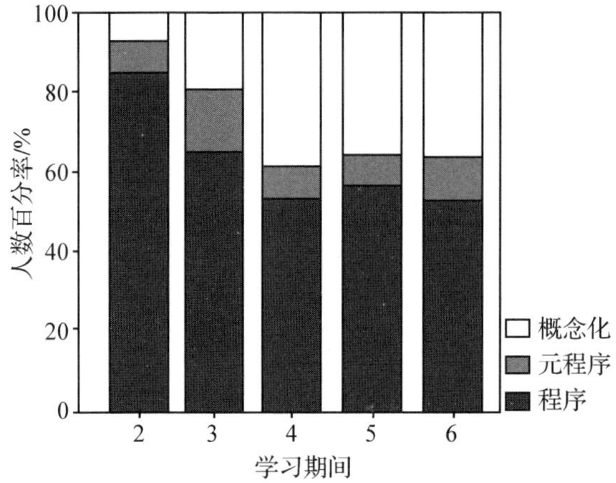

图2　每个期间达到不同阶段的人数百分率

由图2可以看出，随着练习次数的增加，表征达到元程序阶段或概念化阶段的儿童数量在增加，尤其在S2、S3、S4期间，增长比较快速。由于分别达到元程序和概念化阶段的儿童相对较少，而且程序阶段内在的表征水平和元程序、概念化阶段内在的表征水平正体现了内隐水平和外显水平的区分，因此将达到元程序和概念化阶段的儿童人数合并编码为知识建构达到外显水平，程序阶段编码为内隐水平。在此基础上，进行非参数检验以考察练习背景下表征水平是如何变化的，即随着向儿童提供练习次数的增加儿童的表征水平是否由内隐水平向外显水平发展。对不同阶段达到外显水平的人数比例进行相关样本的百分比差异检验结果表明，S2与S3期间达到外显水平的人数比例差异显著，$Z=2.24$，$p<0.05$，而S3与S4、S4与S5、S5与S6差异均不显著。这说明在学习开始阶段，部分儿童的表征迅速从内隐水平发展到外显水平，表现为S3期间发展到外显水平的人数有显著增加，但在后

期表征变化比较平缓。对每个期间达到不同阶段的儿童数量进行比较发现，在 S2 期间，多数儿童的表征保留在程序阶段，在随后的期间尽管达到元程序和概念化阶段的儿童数量在增加(如 S4 与 S6 期间约为 45%)，但仍有半数以上儿童停留在程序阶段。

(二)练习背景下表征的变化路线

变化路线指获得某种成熟的能力的过程中是否经历本质上不同的阶段，有哪些阶段，阶段出现是否有不同序列，这些都是发展心理学研究非常关注的问题。关于表征的变化路线，卡米洛夫-史密斯的三阶段循环理论认为表征通常是从程序阶段发展到元程序阶段，再到概念化阶段。这里的“阶段”与通常的“年龄阶段”概念不同，不与特定年龄或时期对应，而是在整个发展过程中各微领域循环发生的。

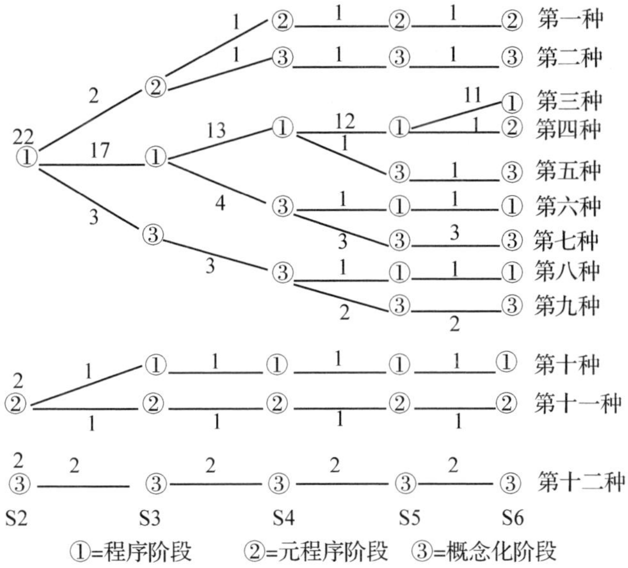

图 3 所有被试的表征变化路线

本研究在个体水平上，对 26 名被试 5 个期间的知识建构情况进行了精细分析。如图 3 所示，图中①、②、③表示表征达到的阶段，线段上面或下面的数字表示有多少被试是按此路线发展的。在 S2 期间，有 2 名被试达到元程序阶段，2 名达到概念化阶段，22名被试停留在程序阶段。在S3期间，有2名被试从程序阶段发展到元程序阶段，3名被试从程序阶段发展到概念化阶段，还有1名被试从元程序阶段退回到程序阶段，其余20名被试则停留在S2期间发展到的水平。在S4期间，有4名被试从程序阶段发展到概念化阶段，其余22名被试则停留在S3期间发展到的水平。在S5期间，有1名被试从程序阶段发展到概念化阶段，但同时又有2名从概念化阶段退回到程序阶段，而其余23名被试停留在S4期间发展到的水平。在S6期间，有1名被试从程序阶段发展到元程序阶段，其余25名被试则停留在S5期间发展到的水平。

如图3所示，26名被试的知识建构共有12种情况，但其中第一、四种实质都是从程序阶段发展到元程序阶段；第五、七、九种都是从程序阶段发展到概念化阶段；第六、八种都是从程序阶段发展到概念化阶段而后又退回到程序阶段。而第十、十一、十二种，由于进入学习阶段的所有被试知识建构在前测中都属于程序阶段，因此第十种情况实质上是从程序阶段发展到元程序阶段而后又退回到程序阶段，第十一种则与第一、四种相同，第十二种与第五、七、九种相同。这样概括来讲，学习阶段有15人，即58%的被试(这里的比率比前面提到的45%高，是因为该数据不只反映一个期间的变化，且包括倒退等情况)知识发生了变化，且其知识建构总共有五种变化路线：①从程序阶段发展到元程序阶段再到概念化阶段，按此路线发展的有1人；②从程序阶段直接发展到概念化阶段，按此路线发展的有8人；③从程序阶段发展到元程序阶段，按此路线发展的有3人；④从程序阶段发展到元程序阶段而后又退回到程序阶段，按此路线发展的有1人；⑤从程序阶段发展到概念化阶段而后又退回到程序阶段，按此路线发展的有2人。

此结果中第一种变化路线是卡米洛夫-史密斯认为的知识建构的一般路线，按其理论应该是人数最多的，但与此相反，本研究中人数最多的是从程序阶段越过元程序阶段直接发展到概念化阶段的被试共8人，占53.3%，而按一般路线发展的仅有1人。当然，从程序阶段发展到元程序阶段的3名被试如果继续学习也可能发展到概念化阶段，因而也是按一般路线发展的，但即使加上这3名被试，按一般路线发展的被试人数仍小于按第三种路线发展的被试数量，其数量是后者的一半。为什么53.3%的被试没有经过元程序阶段直接就发展到了概念化阶段?这将在下文进行深入讨论。

此外,此结果中第四、五种路线儿童都是发展到了高级水平后又回到了最初水平,这意味着儿童可能开始循环往复的阶段,因此验证了卡米洛夫-史密斯表征重述循环论的观点,但并未表明必须经过所有阶段后才能循环。

(三)练习背景下所获知识迁移的灵活性

儿童先前学习获得的知识能否应用到新的问题情景下呢?研究的迁移阶段考察了被试认知迁移的灵活性问题。如图3所示,在S6期间共有3名被试达到元程序阶段、9名被试达到概念化阶段,他们都是多次练习后表征水平才发生变化的,因此对这12名被试在两道迁移题目上的完成情况进行分析就可以在一定程度上了解练习背景下儿童获得的表征是否具有灵活性。结果发现儿童完成近迁移题目的情况和在S6期间练习的情况完全相同,即分别有3名和9名被试达到元程序阶段和概念化阶段,这说明练习背景下儿童获得的表征能够迁移至不同情境,具有跨情境的灵活性;但在远迁移题目上,除有1人达到概念化阶段以外,其余均是程序阶段,此结果显示儿童很难对获得的表征进行一定的抽象概括,实现规则的迁移。概括来说,儿童获得的表征的灵活性是有限的,即只是在情境不同、规则完全相同的近迁移题目中能够很好推广,而在情境不同、规则也不尽相同的远迁移题目中则难以推广。

四、讨论

(一)练习对表征水平变化的影响及其限制

关于练习背景下表征水平的变化,本研究结果表明在学习阶段儿童经过多次练习,在某些期间近半数(如S4与S6期间约有45%)被试的表征水平从内隐水平发展到外显水平,如果就整个学习阶段来看,有超过半数儿童(26名被试中有15名)的表征水平发生了变化。其原因可能是练习增加了表征重述的机会从而引起表征水平的变化。如前所述,多次练习能够给个体提供表征重述的机会,激发个体重新对问题进行表征和加工，从而导致表征水平的发展。此结果也启发我们外界环境在个体内在表征的变化过程中发挥着重要作用。对外界环境的作用，卡米洛夫-史密斯认为它只在表征重述过程的初期即程序阶段有积极作用，能够促进表征从程序阶段向元程序阶段的过渡，而从元程序阶段开始，外界信息不再受关注，表征主要由内部动力推动不断发展(Karmiloff-Smith，2001)。然而，本研究结果表明(见图 3)，学习期间表征发生变化的 15 名被试中，有 11 名被试在外界提供反复训练的情况下都发展到了概念化阶段。对此我们不能排除个体内部动力促使其表征发展的可能性，但也很难否定外界环境提供的练习的作用。关于外部环境对个体内在表征的作用，其他一些研究也提供了支持(Messer，et al.，1993；Peters，et al.，1999)。

然而，练习对被试表征水平变化的影响是有限的，在练习期间没有观察到大约一半的儿童表征水平的变化，而一直停留在程序阶段。结合图 3，分析其原因有以下两个方面。首先，练习虽然能够提供表征重述的机会，但个体的认知能力、个性特征等不同，练习导致的儿童表征重述的深度和广度可能也不同。换句话说，练习背景下儿童表征重述的程度因人而异，而这些被试正是表征重述程度不够的，其中可能有些被试已经达到了程序阶段的上限，但因练习次数有限，没有继续发展到元程序阶段甚至概念化阶段。其次，这些被试之所以一直停留在程序阶段，可能与卡米洛夫-史密斯提出的“顺序制约”有关(Karmiloff-Smith，2001)。依据她的观点，在表征重述的程序阶段，可能会受到顺序方面的制约，即儿童很难打破最初程序性知识的顺序并使表征得以进一步发展。本研究要求儿童进行多次练习，并且练习的题目类型相同，这使得儿童的行为常常会变得自动化和机械化，同时儿童的兴趣、积极性也在降低，因此如果开始时儿童就不能发现规律，那么越往后则越难发现规律，因为越往后“顺序制约”作用也越大。或许在目前单一的训练模式中加入一些变化，则可能会提高儿童对问题的兴趣，促使其对问题进行重新思考和重新表征，从而促进儿童知识的建构。例如，辛自强等人(Xin & Yu，2003)对儿童策略使用的研究就曾发现，混合的题目呈现模式比单一的呈现模式更可能提供练习不同策略的机会，因而为有效地迁移所学策略奠定基础。

(二)练习背景下表征的多种变化路线

如前所述，练习能够增加表征重述的机会从而引起表征水平的变化。那么表征变化的具体路线如何呢？关于表征变化的路线，卡米洛夫-史密斯预测表征变化一般是从程序阶段到元程序阶段，最后到概念化阶段。但本研究结果表明，练习背景下表征变化的路线是多样的。而且，本研究发现在表征发生变化的15名被试中更多(53.3%)是没有经过元程序阶段直接就发展到了概念化阶段。对此该如何解释呢？我们设想这与任务的复杂性以及个体认知能力有关。

依据卡米洛夫-史密斯的观点，程序阶段儿童主要关注外部材料，元程序阶段儿童不再集中于外部材料，系统内部的动力起主要作用，到了概念化阶段，内部控制和外部控制逐渐趋于平衡。这意味着元程序阶段是一个过渡阶段，是内外部控制此消彼长最终内部控制不断占优势的过程，因此这个阶段的复杂性直接与外部材料的复杂性和内部控制能力或认知能力有关。任务的复杂性不同，个体的认知能力不同，则此阶段的复杂性也不同，表现为儿童在此阶段经历的时间长短、行为表现的多样性等会有所不同。本研究中数字分解任务主要涉及不同答案的顺序关系，材料复杂性不高，而且7～8岁儿童对加减法运算和数字排序一般都能熟练掌握，这两个方面都使得此任务对儿童来说复杂性较小。这体现在一方面，只有少数被试曾发展到元程序阶段，本研究中知识得以建构的15名被试只有5名曾发展到元程序阶段，剩余10名都是直接从程序阶段发展到概念化阶段；另一方面，发展到元程序阶段的那些被试，停留在元程序阶段的时间也较短，5名被试中只有2名在4个学习期间一直停留在元程序阶段，剩余3名在5个学习期间中都仅出现过一次。这给我们的重要启示是：练习背景下儿童表征变化的路线并不完全像卡米洛夫-史密斯设想的那样经由程序阶段到元程序阶段再到概念化阶段，而可能存在其他的变化路线。事实上，卡米洛夫-史密斯描述的是一种关于发展的比较抽象的逻辑顺序，而实际的发展路线并非总是如此单一。当然应该指出的是，这一推论，还需要在更广泛的内容领域，在更多的被试身上进一步验证。

(三)练习背景下所获知识迁移的灵活性及其限制

本研究表明，练习背景下儿童获得的表征的灵活性是有限的，即可以推广到近迁移问题上，而难以推广到远迁移问题上。这在某种程度上支持了安德森的观点，即对程序性知识进行多次练习，知识会变得专门化和机械化，从而导致知识的迁移范围较小。但实质上，这与卡米洛夫-史密斯的观点也不冲突。因为表征重述的程序性知识是可以分为不同类型的。

以往有研究发现，迁移程度与程序性知识类型有很大关系(Ren & Mo，1999)。程序性知识可以细分为运算性程序知识和联结性程序知识两种。前者不需要经过复杂的认知操作就可以形成，并在形成后经多次练习就会变得专门化，只要能够将整个程序的各个步骤组合起来并熟练化，就能把这种知识运用到新的问题情境中去，但这种知识的迁移范围比较小，安德森所说的程序性知识就属于此类型。后者则是需要人类复杂的认知操作活动才能完成的，对此类知识的掌握要求对某个领域有深层的、结构化的概念理解并以掌握一定的运算性程序知识为基础，它不像前者那样是专门化的，而具有一定的概括性，因而这类知识的迁移范围也比较广。

具体到本研究，为了给儿童提供表征重述的机会，让儿童进行的练习题目除了数字和知识背景不同外，其余都相同，包括进行的操作都为加减法运算、都是按照一个加数大小顺序排列所有答案的。这种操作使用的是运算性程序知识，多次练习后，就会变得自动化。遇到表面特征不同、数学结构相同的近迁移题时，儿童仍使用这种知识能够很快地解决问题，但对于远迁移题目则很难奏效，因为远迁移题目要求对练习题目涉及的规则进行一定的抽象概括，即可以不从0开始排序，可以同时对两列数据进行排列。可以设想，如果学习期间重述的知识是联结性的，如果不是都从0开始，不是都为加减法运算，可能儿童的远迁移成绩就会有很大改善，儿童的认知灵活性也会得到发展。由此，对卡米洛夫-史密斯的表征重述理论，更合理的设想是：对运算性程序知识进行的表征重述会变得越来越专门化，而对联结性程序知识进行的表征重述或许变得越来越一般化。然而，这还需进一步探讨。

综上，练习能够增加表征重述的机会从而引起部分被试表征水平的变化，而且这种变化的路线是相对多样化的。这对我们的教育教学有重要的指导意义。比如，练习并不像传统的看法那样，仅被视作巩固所学知识的途径，只要学生能够应用所学知识“成功”解决练习题就万事大吉了；本研究提醒我们：最初的问题解决成功只是意味着表征达到了程序阶段，此后仍然可以借助练习促进新知识的建构，使表征达到元程序阶段，乃至概念化阶段。通过练习促进表征重述时，应注意防止程序性知识因自动化而降低迁移的灵活性，要采取灵活多样的呈现方式激发儿童的兴趣和思考，使表征水平更为意识化、概念化，从而使知识更容易迁移。

参考文献

[1]卡米洛夫-史密斯．超越模块性——认知科学的发展观[M]．缪小春，译．上海：华东师范大学出版社，2001.

[2]辛自强，林崇德．微观发生法：聚焦认知变化[J]．心理科学进展，2002，10(2)：206-212.

[3]辛自强，俞国良．问题解决中策略的变化：一项微观发生研究[J]．心理学报，2003，35(6)：786-795.

[4]Anderson J R. The adaptive character of thought[M]. Hillsdale，New Jersey：Lawrence Erlbaum Associates，1990.

[5]Piaget J. The principles of genetic epistemology[M]. London：Routledge & Kegan Paul Ltd，1972.

[6]Siegler R S & Crowley K. The microgenetic method：a direct means for studying cognitive development[J]. American Psychologist，1991，46(6)：606-620.

第六编

PART 6

数学能力及其发展研究

我早期对认知、思维和智力发展的研究是以“数概念与运算能力”为研究内容的。后来指导数位“数学能力发展”或数学教育方向的博士，也反映了我在这方面研究的兴趣。这里我选择了5篇研究报告。

小学儿童数概念与运算能力发展的研究*

一、问题的提出

我们曾对学龄前儿童和初入学儿童数概念与运算能力的发展做了研究(林崇德，1980)。小学儿童的运算思维是如何发展的呢?这也是儿童心理学重要的研究领域之一。

我们围绕着小学儿童数概念与运算能力发展的研究，试图摸索一下小学儿童运算中思维能力发展的实际水平和潜在能力，探讨一下小学儿童思维发展的关键年龄，了解一下小学儿童思维的智力品质的差异和探求一下小学儿童思维完整结构的问题，并由此出发，提出一些不成熟的教学建议。

二、研究的方法

整个研究是我们密切地结合学校第一线教学工作进行的。

(一)横断研究

我们分别在低、中、高年级三个教学班进行一段时间的初步调查了解，在预试的基础上设计出研究的指标、材料和措施。

对象为一至五年级小学儿童450名。为了使被试有代表性，考虑到不同环境和教育对儿童思维发展的影响，我们选择不同条件的小学儿童为研究对象：有城市学

* 本文原载《心理学报》1981年第3期。

校(三道街学校和幸福村小学),有农村学校(长营小学,系回族学校)。每个学校的每个年级为一组,每组规定30名(随机取样)。

研究都采用自然实验性的综合性调查,主要是:①观察:深入被试中间,随堂听课,观察被试运算过程中的表现;②问卷:以课堂测验或数学竞赛方式出现,由数学教师担任主试,统一指示语,多次地进行测定。

(二)纵向研究

对象为幸福村小学77级(3)班,该班学生系就近入学,现有人数40名。入学时水平与其他班没有什么差异。从儿童入学后至三年级末,由一位年轻教师担任班主任,在三年中我们突出地抓数学教学中思维的四种智力品质的培养:①严格运算速度的要求与速算方法的训练,培养儿童正确迅速的运算能力;②强调"一题多解"与"变式"的训练,培养儿童运算的灵活程度;③适当加大难度,并在运算中加强"假设"的训练,培养儿童思维的抽象概括程度;④坚持让学生自编习题,特别是自编应用题,培养他们独立思考的能力。我们系统总结了三年追踪实验的经过,并与同年级兄弟班120名学生做对照比较。本文只就数概念发展和思维的智力品质差异问题在结果一、三有关问题中略做介绍,详细结果另文(马芯兰、林崇德,1980)专发。

把横断和纵向研究结合起来,使整个研究处于"动"态之中,即从发展的观点来研究问题。

(三)项目

研究范围包括各类试题与应用题。内容分为十个方面:比较大小、顺序和进行分解组合,判断对错,求公倍数、公约数,运用逻辑法则,确定正负数(二重否定),归纳问题,演绎问题,认识图形及其演算,确定可能性,假设推理与解答问题。这十个方面,与小学儿童生活接近程度不一样,抽象概括程度也不一样,但这些内容都可以用数理逻辑表示,反映思维活动的概念、命题、逻辑推理及格式的具体运用和不同表现。一至五年级每次测验的内容相同。主试的侧重点,不仅在于关心小学儿童的运算结果，更重要的是了解其运算过程、步骤和反应时间，以便做思维过程的分析。

三、结果与分析

通过研究，我们看到小学儿童数概念与运算能力不断迅速发展与发展阶段性的统一、思维发展的年龄特征稳定性与可变性的统一。

(一)小学儿童数概括能力的发展

“掌握概念主要是和儿童知识的积累、儿童智力的发展相联系的，而概括的水平是掌握概念的直接前提”(朱智贤，1979)。我们就以小学儿童数概括能力的发展趋势，来分析他们数概念的发展水平。

研究中确定小学儿童数概括能力发展水平的指标是：①对直观的依赖性；②对数的实际意义(数表象范围)的理解；③对数的顺序和大小的认识；④数的组成(分解组合)；⑤对数概念扩充及定义的展开。根据指标分析研究结果，确定小学儿童数概括能力分为五个等级。

第Ⅰ级为直观概括的运算水平。显著指标是依靠实物、教具或配合掰手指来掌握 10 以内的数概念，离开直观，运算就中断或出现困难。

第Ⅱ级为具体形象概括的运算水平。这一级水平的儿童，进入了“整数命题运算”。达到的指标有三个，即掌握一定整数的实际意义、数的顺序和数的组成。这一级又可细分为若干个不同的小阶段，如“20”以内的数概念、“百”以内的数概念、“万”以内的数概念、整数四则运算概念等。而这一阶段由于儿童经验的局限，尽管有的运算的数的范围可以超出他们的生活范围，但由于缺乏数表象而不能真正理解所有运算的数的实际意义。

第Ⅲ级为形象抽象概括的运算水平，处于从形象概括向抽象概括发展的过程中。这一阶段儿童的数表象的丰富与数的实际意义的扩大形成数概括的新特点：①不仅掌握了整数，而且掌握了小数和分数的实际意义、大小、顺序和组成；②能掌握整数和分数概念的定义；③空间表象得到发展，使儿童能够从大量几何图形的集合中概括出几何概念，并掌握一些几何体的计算公式和定义，因此，这一级水平又被称为“初级几何命题运算”水平。

第Ⅳ级为初步的本质抽象概括的运算水平，即初步代数的概括运算水平。其特点有：①能用字母的抽象代替数字的抽象，如能初步列方程解应用题；②开始掌握算术范围内“交集合”与“并集合”的思想，如通过求公倍数与公约数的运算掌握“交”与“并”的思想；③能够完整地解答各种类型的“典型应用题”，出现组合分析的运算。

第Ⅴ级为代数命题概括的运算水平。这一级水平的儿童根据假设进行概括，他们完全抛开算术框图进行运算。但达到这一级概括水平的儿童在小学阶段是极少数。

上述结果的分析，可以反映小学儿童的数概括水平发展的趋势是一个螺旋式上升的过程，一个“内化”的思维过程，从智力活动的“量”来分析，是一个逐步“简化”的概括过程；各级水平并不能互相代替，而是高一级水平必然具备低一级水平的运算能力。

现将不同年级的城乡被试达到各级水平的人数和百分数列于表1中。

表1　不同年级儿童数概括水平的人数与百分数分配

年级	Ⅴ				Ⅰ				Ⅱ				Ⅲ				Ⅳ			
	城		乡		城		乡		城		乡		城		乡		城		乡	
	人数	%	人数	%	人数	%	人数	%	人数	%	人数	%	人数	%	人数	%	人数	%	人数	%
一	5	16.7	7	23.3	25	83.3	23	76.7	10	33.3	7	23.3	5	16.7	0	—	0	—	0	—
二	—	—	4	13.3	30	100	26	86.7	19	63.3	15	50	7	23.3	6	20	0	—	0	—
三	—	—	—	—	30	100	30	100	21	70	18	60	12	40	10	33.3	0	—	0	—
四	—	—	—	—	30	100	30	100	30	100	29	96.7	25	83.3	22	73.3	5	16.7	4	13.3
五	—	—	—	—	30	100	30	100	30	100	28	93.3	27	90	25	83.3	6	23.3	3	10
差异的检验	城乡小学儿童被试的差异，$p>0.05$；三、四年级之间的差异，$p<0.05$；其他各年级之间的差异，$p>0.1$。																			

将表 1 的结果，按水平等级制成图 1。

图例Ⅰ、Ⅱ、Ⅲ、Ⅳ、Ⅴ 代表各概括水平级的发展趋势曲线。

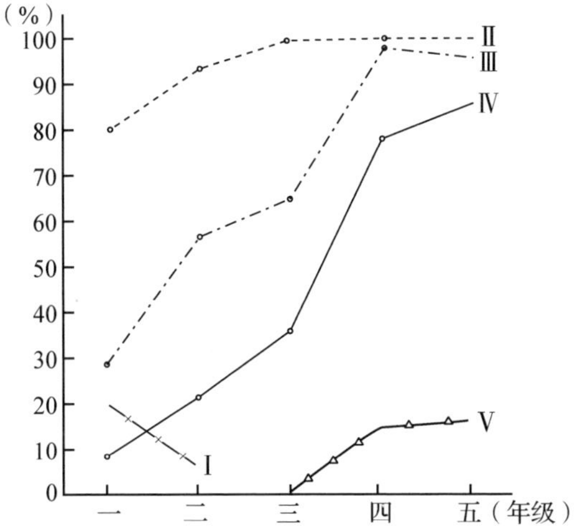

图 1　小学儿童数概括各级水平发展曲线

从表 1 和图 1 可以看出以下几点。

(1)小学儿童的数概括发展水平，既表现出比较显著的年龄特征，又存在个体差异。在一般的城乡学校里，小学儿童思维概括能力发展趋势如下。

一年级(7～8 岁)。在学前期思维的基础上发展起来，他们的思维方式基本上属于具体形象概括。但那种离开直观就使思维中断的直观概括水平者是极少数，类似现象随着正确的教育要求而消失。

二、三年级(8～10 岁)。从具体形象概括向形象抽象概括过渡，且大部分儿童在三年级完成了这个过渡。

四、五年级(10～12 岁)。大多数儿童进入初步本质抽象的概括水平，极少数儿童在良好的教育影响下开始向代数运算水平发展。

(2)城乡小学儿童数概括水平是存在差异的，但在一般学校中，这种差异并不显著($p>0.05$)。

(3)在一般的教育条件下，四年级儿童(10～11 岁)在数概括能力发展中，有显著的变化($p<0.05$)，这是小学儿童掌握数概念从以具体形象概括为主要形式过渡

到以抽象逻辑概括为主要形式的一个转折点。这种质的飞跃期通常被称为“关键年龄”。强调这个“关键年龄”，就要求我们适应儿童心理发展的飞跃时期来进行适当的教育。

这个结果和国内一些小学儿童思维发展的研究结果是一致的。但是如何来看待这个“关键年龄”呢？在研究中，我们发现这个“转折点”的何时实现，主要取决于教育的效果。我们纵向研究的追踪班，由于着重抓了思维的智力品质的训练，到了三年级下学期，多次测验中，全班86.7%已达到了第Ⅳ级水平，也就是说，这个班在三年级就实现数的概括能力的“飞跃”。可见，这个思维发展的关键年龄有一定的伸缩性，是可以变化的。如果我们以辩证的、发展的或“动”的观点加以分析，只要教学得法，小学儿童思维发展的关键年龄可以提前到三年级。小学儿童思维发展存在很大的潜力，只要适当地挖掘，这个潜力能变成小学儿童巨大的能力因素。所以我们强调教育因素在儿童思维能力发展上的主导作用。

(二)小学儿童掌握数概念和运算能力中思维结构的发展

什么是思维的结构呢？国外心理学界持有不同的看法。苏联心理学家鲁宾斯坦(1963)认为思维结构由“分析和综合”组成，瑞士心理学家皮亚杰认为儿童思维结构的整体是由群、群集和格等组成的。他说，一个结构整体能够算是一个群集，应当具有“组合性”“可逆性”“结合性”“同一性”和“重复性”五个特点，根据对儿童思维运算的分析，是否具有上述五个特点，即可决定儿童的思维是否达到群集运算的水平(皮亚杰，1956)。

我们认为，鲁宾斯坦所说的思维结构，强调的是思维过程结构，分析、综合以及比较、抽象和概括，都是思维过程结构。皮亚杰说的是思维形式的逻辑结构。这并不矛盾。思维结构应是思维活动特征的总和或整体。我们主张，思维心理学应该将思维过程结构和逻辑结构统一起来。

思维结构有哪些内容呢？从我们的研究中发现有四个部分，即思维材料、思维方向(目的)、思维过程和思维法则(监控)。这些结构就其过程来说是分析、综合、比较、抽象和概括；就其逻辑来说是思维形式和规律的变化。但它们都统一在完整的思维结构之中。我们试从这四个方面对研究结果加以分析。

1. 小学儿童思维材料结构的发展

思维材料有感性的和理性的，理性思维的基本形式是概念、判断和推理。我们用推理形式发展的研究材料加以说明。

在研究中，我们确定四项指标来分析小学儿童运算中推理能力发展的水平：①推理发生的范围，即是在算术运算中的推理还是在初步代数式中的推理；②推理的步骤，即是直接推理还是多步间接推理；③推理的正确性；④推理的品质抽象概括性，即是重复过程还是进行逻辑推论获得本质的结论。按此指标，可得到相应的小学儿童运算中归纳推理和演绎推理能力的四级水平。

(1)归纳推理能力的发展表现出的四级水平是：Ⅰ. 算术运算中直接归纳推理，如儿童将“6＋0＝6，8＋0＝8，19＋0＝19…归纳为“任何数加零等于原来的数”；Ⅱ. 简单文字运算中直接归纳推理，如儿童将一组等式“$x=y$，$x+a=y+a$，$x+b=y+b$，$x+c=y+c$…”归纳为“等式两边加上一个相同的数，仍然相等”；Ⅲ. 算术运算中间接归纳推理，如儿童通过多次步骤的分数运算，找出“分数性质”；Ⅳ. 初步代数式的间接归纳，如儿童通过多次对两个变量的运算，归纳了 $y=f(x)$的函数关系。

(2)演绎推理能力的发展表现出的四级水平是：Ⅰ. 简单原理、法则直接具体化的运算，如按类型儿童演算应用题；Ⅱ. 简单原理、法则直接字母具体化的运算，如二年级儿童能用 a＋b＋c＝c＋b＋a＝a＋c＋b…来表示交换律，并运用于习题中；Ⅲ. 把算术原理、法则和公式作为大前提，要求合乎逻辑进行多步演绎和具体化，正确地得出结论，完成算术习题；Ⅳ. 把初等代数或几何原理作为大前提，进行多步演绎推理，得出正确的结论，完成代数或几何习题。

我们将城乡各年级被试正确地达到归纳与演绎推理的四级水平的百分数列于表2之中。

表 2　不同年级儿童两种推理的水平(%)

年级	归纳推理				演绎推理			
	Ⅰ	Ⅱ	Ⅲ	Ⅳ	Ⅰ	Ⅱ	Ⅲ	Ⅳ
一	66.7	10	—	—	56.7	6.7	—	—
二	90	50	3.3	—	86.7	70	—	—
三	100	76.7	23.3	—	96.7	80	20	—
四	100	90	60	30	100	86.7	66.7	46.7
五	100	96.7	83.3	36.7	100	96.7	76.7	56.7
差异的检验	归纳与演绎的相关系数 $r=0.79$，它们之间差异 $p>0.1$；三、四年级归纳与演绎发展水平之间差异 $p<0.01$，其他各年级在这两种推理发展上差异 $p>0.05$。							

由表 2 可以看出小学儿童思维材料之一的推理能力的发展趋势。第一，小学儿童在归纳推理与演绎推理能力的发展上，既存在年龄特征，又表现出个体差异。第二，小学阶段，随着年龄的增长、年级的增高，儿童推理范围的抽象度也在加大，推理的步骤愈加简练，推理的正确性、合理性和推理品质的逻辑性与自觉性也在增强。第三，小学儿童在运算能力的发展中，掌握归纳与演绎两种推理形式的趋势和水平是相近的($r=0.79$)。这个结果和一些国外研究资料中强调两种推理能力发展先后与水平高低的结论是有出入的(Russel，1956)。

2. 小学儿童思维方向(目的)结构的发展

思维是有目的的，这种目的性突出地表现在方向性上。在过去的研究中，我们提出思维的方向的发展经过了单向(顺向)到重复(质的重复，性质不变)到可逆与守恒到反复或反馈(综合性的分析结构)的途径。现在我们以分析小学儿童解答应用题的过程来研究他们思维方向的发展。

(1)对小学儿童解答一步应用题的分析。向被试出示三类一步应用题：第一类系顺向(正条件)应用题；第二类系逆向(反条件)应用题；第三类按条件添加问题，编完应用题。将一至三年级城乡被试的正确率列于表 3 加以说明。

表 3 完成不同类型一步应用题的正确率差异

<table>
<tr><th rowspan="2">年级</th><th rowspan="2">第一类题</th><th rowspan="2">第二类题</th><th colspan="2">第三类题</th></tr>
<tr><th>完成加减编题</th><th>完成乘除编题</th></tr>
<tr><td>一</td><td rowspan="3">96.7%(一至三年级的平均数)</td><td>83.3%</td><td rowspan="3">86.7%</td><td rowspan="3">46.7%</td></tr>
<tr><td>二</td><td>93.3%</td></tr>
<tr><td>三</td><td>96.7%</td></tr>
</table>

从表 3 可以看出，小学儿童在解答应用题中的思维方向，先从顺向向逆向(可逆与守恒)发展。一年级 83.3%的被试已掌握了逆向(反条件)应用题，即可以逆向思维。而完成逆向思维任务的效果(如第三类题的两种课题)随作业任务的性质而决定。

(2)对小学儿童解答多步应用题的分析。让被试解答多步应用题，要求多步变一步综合列式，综合列式变多步列式或增加步子。这是一个综合性的分析结构，是反复(或反馈)的思维活动，反复地进行综合性的分析，找出条件与问题之间的联系，然后解决问题。研究结果显示，解答这种多步应用题的正确率，三年级仅 36.7%，四年级达 78.3%，五年级达 81.7%。可见，小学儿童解答应用题中的思维方向，从可逆性发展到反复(或反馈)性，一般要到四年级才能完成。

3. 小学儿童思维过程的发展

小学儿童通过分析、综合、比较、抽象和概括等过程，逐步掌握复杂的数概念系统和运算系统。如表 1 所述，小学儿童数概念不断地扩充着；表 2 则说明小学儿童在运算能力上，正逐步地掌握较完善的思维形式。数学的系统性，逐步地被小学儿童反映，形成他们思维结构的系统性。

小学儿童的思维过程结构的完善，还表现在掌握组合分析的结构，即“格”的结构。例如，三角形可以分为直角三角形和非直角三角形，也可以分为等腰和不等腰三角形，等等。就以两种分法为例，即有四种配合的可能，也就是此时思维过程中有着不同的层次和交结点，他们将原有条件重新组合分析，然后综合列式。这种结构的发展才使小学儿童在解答应用题时思维系统完整与全面。表 4 反映出小学儿童“格”的发展侧面。

表 4　不同年级儿童组合分析能力的发展

年级	求出“另解”题	“多解”题		年级之间差异的检验
		“二解”	“三解”或“三解”以上	
一	76.7%	10%	0	
二	86.7%	56.7%	13.3%	$p<0.05$ $p>0.1$
三	93.3%	70%	23.3%	

由表 4 可见，在解答应用题的过程中，中年级儿童产生这种组合分析的能力；四年级之后，儿童才能综合各种可能进行全面的配合，真正找到这些配合关系，区分开主次地位的层次；但用两种以上的方法解答各类应用题的能力要到初中之后，在小学阶段这种能力是较低的。

4. 小学儿童思维法则(监控)的发展

自我意识在思维中的表现，使思维结构有反思或监控的特征，其中一种重要的形式为思维过程是遵循一定法则的，思维法则是一种对事物的客观反省性的反映。小学儿童掌握数概念与运算思维时遵循的法则很多，主要运算法则有四种，即交换律$\{x\wedge y=y\wedge x\}$、分配律$\{x\wedge(y\vee z)=(x\wedge y)\vee(x\wedge z)\}$、结合律$\{(x\wedge y)\wedge z=x\wedge(y\wedge z)\}$、二重否定律$\{\neg(\neg x)=x\}$。

以儿童运用法则的范围与正确率为指标，小学阶段掌握运算法则可分为三级水平：①在简单数字习题中运用运算法则；②在简单文字习题中运用运算法则；③在代数式和几何演算中运用运算法则。这里只分析前两级水平的结果。

由表 5 可知，80%以上的一年级儿童从入学的第二学期起，就可以在简单数字习题中运用交换律、结合律和分配律。经过二年级的过渡，三年级的大部分儿童能在简单文字习题中运用交换律、结合律和分配律。四年级以后逐步掌握算术运算中的二重否定律。二重否定律的掌握，是小学儿童运用运算法则能力中的一个转折点(飞跃期)。

表 5 不同年级儿童运用运算法则的能力发展

年级	交换律		组合律		分配律		二重否定律	
	数字演算	文字演算	数字演算	文字演算	数字演算	文字演算	数字演算	文字演算
一	83.3	—	80	—	80	—	—	—
二	90	83.3	86.7	40	83.3	40	—	—
三	100	90	100	70	96.7	73.3	—	—
四	100	100	100	100	100	100	23.3	13.3
五	100	100	100	100	100	100	86.7	76.7

鉴于上述四个方面的分析，可以看到，思维结构是一个整体，它是在法则(监控)支配下有一定目的(方向)、材料和形式的系统；儿童的运算思维能力发展的过程，就是运算中思维结构完善和发展的过程。全面地发展小学儿童的思维结构，是提高小学数学教学质量的关键所在。

(三)小学儿童思维的智力品质的差异及其发展

从研究中我们看到，小学儿童在运算思维过程中其智力品质主要表现在思维的敏捷性、灵活性、深刻性和独创性四个方面。这四种品质随着年龄的增长而发展，并显著地表现出个体差异。以敏捷性为例，我们对三个年级组被试在平均 40～45 分钟数学“测验”中完成第一遍计算的时间做了统计，其标准差：一年级为 4.6，三年级为 6.9，五年级为 9.7。在数学教学中，抓住思维的智力品质的培养，是提高教学质量的重要途径。目前国内关于儿童数概念与运算能力发展的研究，很少讨论思维的智力品质的问题。我们追踪实验班，由于突出思维的智力品质的培养，不仅用三年时间出色地完成四年的数学教学任务，而且使该班儿童的思维能力与智力品质都有显著的提高。

1. 思维活动的敏捷性

敏捷性就是速度，表现为运算思维过程中的迅速程度。培养正确迅速的运算能力，正是学校数学教学的重要任务之一。研究中我们确定两个指标：一是完成第一遍习题的时间；二是正确率。小学儿童运算过程中表现出正确×迅速、正确×不迅速、不正确×迅速、不正确×不迅速四种水平。

我们统计了四、五年级在学校、学区数学竞赛的获奖者的运算时间，一般是正常儿童的1/2～1/3；我们调查被试单位的15名智力缺陷儿童，与正常儿童同时计算他们力所能及的习题，运算时间都在正常儿童的3倍以上。可见数学优秀生运算时思维敏捷，反应快，演算速度快；智力缺陷儿童思维迟钝，演算速度慢；正常儿童偏中。

思维活动的敏捷性是可以培养的。追踪班突出运算的速度要求和速算方法的训练，三年来，该班儿童在正确迅速能力方面，与同年级其他班的差异越来越大。现将三年级下学期全年级速算比赛成绩列于表6。

表6　正确迅速运算成绩对比

班级	三(3)(实验班)	三(1)	三(2)	三(4)
平均速算时间	8′37″	14′4″***	13′50″**	13′23′*
平均成绩(分)	98.9	93.8	84.5	95

从表6可以看出，实验班成绩与其他班的差异显著，可见思维活动的敏捷性培养的可能性与重要性。

2. 思维活动的灵活性

在研究中看到小学儿童运算的灵活性表现在：一是起点灵活，即从不同的角度、方面，能用多种方法来演算各类数学习题；二是运用法则的自觉性高；三是善于运用组合分析。为了统计方便，我们以一题多解为指标，确定运算中思维的灵活性。

在自然实验中，被试单位四、五年级数学竞赛优胜者，对一题多解的成绩为85分，一般被试仅35分。前边提到过的那15名智力缺陷儿童，思维呆板，运算中没有发现灵活的特点。

思维活动的灵活性是可以培养的。通过训练，追踪实验班在一题多解能力方面，也与同年级其他班的差异越来越大。我们测验了实验班与对照班解答一题多解的应用题，其中要求给一题添加问题，越多越好。测验结果见表7。

表 7　一题多解运算成绩对照

班级	三(3)(实验班)	三(2)(对照班)	差异的检验
“一题多解”总成绩(分)	92.5	78.3	$p<0.01$
添加问题的个数	9.4	6.5	$p<0.01$

从表 7 可以看出这两个班在一题多解上存在显著差异。实验班能解出“二解”“三解”的应用题，在添加问题时，有的儿童竟正确地添了 23 个问题，可见培养思维活动灵活性的可能性与重要性。

3. 思维活动的深刻性

深刻性也可以叫逻辑性，这是思维活动中抽象水平的个性差异。表 1、表 2 和表 4 就反映了小学儿童思维活动深刻性的发展。

深刻性是可以培养的，追踪班的教学，参照了苏联赞可夫的“措施”，适当加大难度、速度和抽象程度，进步幅度较大。全学区对三年级 49 个班检查数学教学质量与思维能力，以四个指标来定题：①找出“标准量”(内在关系与联系)；②提“假设”；③增加推理步子；④以法则判断问题。结果测验的成绩悬殊，全学区平均成绩 61.3 分，不及格率占 43.7%，获满分的只有 42 人。实验班名列第一，平均成绩为 89.8 分(第二名为 79 分，实差 10.8 分，经差异检验，$p<0.05$，差异显著)，不及格的仅 1 人，获满分的 10 人，原要求 80 分钟交卷，可是实验班仅用 35 分钟全部交了卷。实验班与对照班比较：三(1)班平均 61.1 分(实差 23.7 分，$p<0.01$)，三(2)班平均 59.1 分(实差 30.7 分，$p<0.005$)，三(4)班平均 59 分(实差 30.8 分，$p<0.005$)。可见思维活动深刻性培养的可能性与重要性，这也正是实验班在数概括能力发展中关键年龄提前的关键所在。

4. 思维活动的独创性

独创性是指独立思考创造出有社会价值的新颖独特且有意义成分的智力品质。在研究中，我们将自编各类应用题作为小学儿童思维活动的独创性指标。

在研究中，四、五年级在学校数学竞赛(自然实验)的优胜者，100%完成自编五步与六步的应用题，且有两解以上的做法，远远高于两个年级的平均数(分别完成 61.4%和 70.5%)。他们在数学运算中表现出较好的独创性，不仅善于发现问题，提出问题，更重要的是在新异或困难面前采取对策，独立地和新颖地解决问题，而前面提过的 15 名智力缺陷儿童，没有一人能自编一道最简单的应用题。

思维活动的独创性是可以培养的，我们追踪的实验班在独立思考能力方面，与同年级对照班的表现也存在越来越明显的差异。在一次自编各类习题的测验中，两个班的成绩见表 8。

表 8　自编各类习题运算成绩对照

班级	三(3)(实验班)	三(2)(对照班)	差异的检验
成绩	86	62.4	$p<0.01$

表 8 中的显著差异，说明培养思维活动独创性的可能性与重要性。

我们按实验班与对照班在思维的智力品质四个方面的具体对比数据统计，发现这四种品质中每两个之间的相关系数 r 都超过 0.70，都属于高相关。可见思维的敏捷性、灵活性、深刻性和独创性品质是一个统一的整体。我们认为，思维的智力品质是思维的智力特征在个体身上的表现，它是确定运算能力的个体差异，并确定正常、超常与智力缺陷儿童的主要指标。培养这些品质是小学数学教学的重点之一。

四、结束语

从结果分析中可以得出结论：小学儿童掌握数概念和运算的能力，整个思维水平、思维结构和思维的智力品质等方面的发展，都存在年龄特征和关键年龄，都表现出年龄特征的稳定性与可变性的统一。作用于这个年龄特征发展的决定因素是教育，合理适当的教育条件能挖掘小学儿童能力发展的巨大潜力。因此，选择积极的教育措施有着十分重要的意义。

参考文献

[1]林崇德．学龄前儿童数概念与运算能力发展[J]．北京师范大学学报(社会科学

版)，1980，21(2)：67-77.
[2]朱智贤．儿童心理学[M]. 北京：人民教育出版社，1979.
[3]Piaget J. Logic and psychology[M]. Manchester：University of Manchester Press，1956.
[4]Russell，H. Children's thinking[M]. Berkeley：University of California，Berkeley，1956.

中学生运算能力发展的研究*

一、研究目的

根据国内外的大量研究，一般认为，“儿童思维发展分为三个阶段”，“六七岁至十四五岁是抽象逻辑思维发展的阶段”(朱智贤，1979；皮亚杰，1956)。但是抽象逻辑思维是如何发展的，作为智力活动的主要成分的思维活动的成熟期在何时，这是有争议的。我国儿童的思维活动的成熟期又在何时，目前资料尚缺，值得我们探讨。确定我国儿童思维发展的年龄阶段和成熟期，对于教育实际，对于如何快出人才和多出人才，使新的一代更能符合四个现代化的要求，是非常必要的。

数学是中小学生的一门主课，通过研究学生的数学概念与运算能力的发展来确定他们的思维发展的规律性，是儿童心理学研究的一个重要途径。我们曾就小学生运算能力的发展问题，进行了一些粗浅的心理学研究。这次研究中学生运算能力的发展问题，可以作为上一研究的继续，是我们研究儿童思维发展的一个方面。

这个研究试图探索以下几个课题：中学生的数学运算能力的各个方面的表现及其发展中的年龄特征；儿童的思维，即智力活动的成熟特点及其成熟期；中学生思维的智力品质的个性差异及其表现；思维发展的方法及客观指标问题，等等。

---

* 本文原载《心理学教学与研究》1980年第2辑。

为了使儿童心理学的研究成果在实践中坚持为教育与教学服务的方向，我们根据自己研究的结果，也提出一些粗浅的教育建议，仅供参考。

二、研究方法

我们进行了综合性的研究。

(一)横断研究

1977—1978年度和1978—1979年度，我们分别对北京市三道街学校和北京市雅宝路中学(均属非重点的一般学校)的学生进行了研究。

1. 对象

两个学校初一至高二的学生。每个学校的每个年级确定一个教学班(50人，条件——按照教学大纲，完成了应有的教学进度)，每个年龄(年级)组为100人，共有被试500人。

2. 方法

(1)调查法。对被试进行谈话、作品分析和观察。

(2)教育性自然测验。与两校数学教研组配合，利用学生数学竞赛的机会，按研究目的的要求来确定试题。试题分两式，第一式是围绕中学数学教科书的内容，考察被试掌握基本概念(知识)和基本运算能力(训练)的情况；第二式是测定思维品质的灵活性、抽象程度和思维推理能力的不同难度的试题。为了确定思维敏捷性的个性差异，对被试的演算时间做了统计。

(二)纵向研究

为了使我们的研究能更好地反映一些具体问题，我们利用在北京市三道街学校一度抓教学工作之便，曾在1979届7班班主任的协助下，总结多年对该班学生运算能力发展趋势的追踪材料做对照性的分析。该班(被试)60人，从初二至高二，班主任未变动，每个学期有材料记载。无论是横断研究还是纵向追踪，被试年龄都在如表 1 所示的范围之内。

表 1　被试年级与年龄

年级	初一	初二	初三	高一	高二
年龄/岁	12～13	13～14	14～15	15～16	16～17

(三)技术处理

技术上一律经过统计处理，并进行了差异的检验，运算能力的指标的制定力求客观。

(1)概括能力的发展按五项指标来确定：对直观的依赖性、对数的实际意义的认识、数的顺序和大小、数的组成(分解组合)、对数学概念定义的展开。

(2)空间想象能力的发展按三项指标来确定：对直观的依赖性，分析综合的范围(平面、立体)，对空间图形分解组合的运算程度。

(3)命题能力的发展按四项指标来确定：对数学命题结构的认识、对数学命题形式的理解、数学命题的分解组合程度、命题的变型程度。

(4)推理能力的发展按四项指标来确定：推理步骤的直接与间接性、推理的范围、推理过程的正确性、推理品质的概括性、自觉性和揭露本质的程度。

关键年龄的确定以每项指标在年龄组之间差异检验的显著性为依据。

(四)总结经验

为了使我们的研究能与教育实际相结合，使我们的教学建议能反映教学第一线老师们的要求，我们走访了各类中学和区县级教师进修学校近十位有数学教学经验的老教师，学习他们的经验，征求并归纳了他们的意见。

这个研究报告将综合我们通过各个方面的对照性的研究所获得的一些结果。

三、结果分析

从研究中发现，中学生运算能力的发展是一个十分复杂的问题。为了便于分析，我们从五个方面着手研究：数学概括能力的发展、数学空间想象能力的发展、数学命题能力的发展、数学推理能力的发展和数学运算中思维的智力品质的发展。

(一)中学生的数学概括能力的发展

我们研究了中学生掌握数学知识中理解数概念的扩充和运算、恒等变型和各类代数式的掌握、解方程和掌握函数及图像等，看到了中学阶段学生的数学概括处于不同的水平。按指标要求，我们把它归为四个等级。

第Ⅰ级是数字概括水平。属于这一级水平的学生，主要是通过数学理解其实际意义——“数量”进行运算，因此他们的数学概括水平具有形象性。

第Ⅱ级是形象抽象概括水平。从这一级水平起，学生开始能对数进行代数(文字)的概括。其明显的特点是掌握整式集合、分式集合等代数式和以一元一次方程为起点指标。尽管这一级水平的学生的概括能力上升为抽象逻辑思维占优势，但仍然离不开形象支柱，需要具体的经验帮助他们理解数学知识。

第Ⅲ级是形式抽象概括水平。这级水平所达到的指标，是学生根据假定进行概括，他们完全抛开算术的框图进行运算，定义、定理、公式和原理等形式的运算成为这一级水平理解数学概念的主要途径。

第Ⅳ级是辩证抽象概括水平。学生掌握对立统一的运算能力，找出运算中的内在联系，在思维过程中进行多次的综合性分析，进行复杂的概括。例如，学生掌握排列组合、数列与极限，甚至微积分的初步知识，都是从组合分析过程入手的。

综合多次研究结果，两校的被试平均达到各级水平的人次如表 2 所示。

表 2　不同年级的中学生的数学概括水平

年级(年龄)	Ⅰ	Ⅱ	Ⅲ	Ⅳ	年龄组之间差异的检验
初一(12～13)	30	65	5	0	
初二(13～14)	11	76	10	3	$p<0.05$
初三(14～15)	6	44	35	15	$p>0.1$
高一(15～16)	2	20	48	30	$p<0.05$
高二(16～17)	2	10	55	33	$p>0.1$

注：两校数据之间差异的检验 $p>0.1$。

将表 2 结果按等级制成曲线图 1。

从表 2 和图 1 可以看出：初中一年级的概括水平与小学高年级相近，他们的数学运算系形象抽象概括水平，即第Ⅱ级占优势。初中二年级是中学期间概括能力发展的第一次转折点($p<0.05$)。在初三发展的基础上，高中一年级的概括能力又有一个显著的变化($p<0.05$)，多数高中学生掌握了形式抽象的概括能力并向辩证抽象水平发展。高中二年级的概括水平进一步发展，但不显著($p>0.1$)。

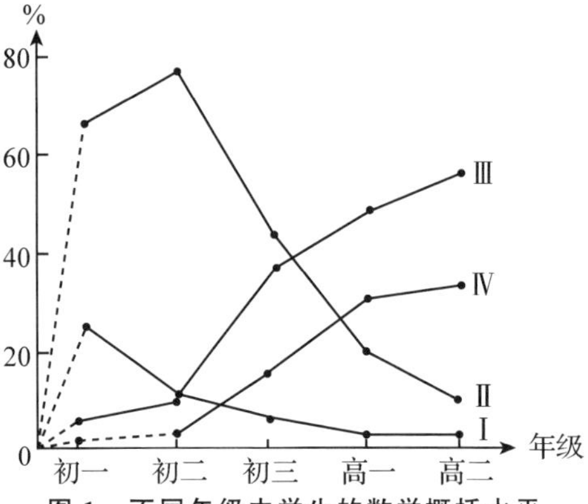

图 1　不同年级中学生的数学概括水平

我们对照纵向研究的追踪班，其发展过程基本上与横断研究结果相似，只有一个差别，即该班学生根据假定运算的概括能力，大部分到高二上学期才能达到，这个关键阶段较横断研究在发展上延后半年。

由此可见，中学生的数学概括能力的年龄特征是稳定的，同时，也明显地表现出个体差异的可变性。

(二)中学生的空间想象能力的发展

中学生随着几何学的学习，空间想象能力在逐步发展。这个发展的趋势也反映了中学生空间想象从经验型的抽象逻辑思维向理论型的抽象逻辑思维发展的过程。这个过程，按指标要求也可以归纳为四个等级。

第Ⅰ级，用数字计算面积和体积，是对三度空间做量的运算阶段，具体形象性在运算思维中仍占一定优势。

第Ⅱ级，掌握直线平面阶段。从点、线、面的分析与综合开始，逐步掌握相交线、平行线、三角形、四边形、相似形和圆的实质，进行平面几何体的各种组合与分解的运算。

第Ⅲ级，掌握多面体阶段。在平面几何的基础上，逐步掌握三度空间的多面体图形，进行对空间直线与平面的分析与综合，想象空间位置的关系，并加以组合与分解的运算。

第Ⅳ级，掌握旋转体阶段。理解圆柱、圆锥、圆台和球的空间位置关系，对其进行轴的位置、轴截面的形状和侧面展开图的分析与综合，想象三度空间的旋转变化，并加以组合与分解的运算。

我们综合两校各年级被试多次达到上述各级水平的人次，并将其列于表3之中。

表3　不同年级中学生的空间想象力发展水平

年级(年龄)	Ⅰ	Ⅱ	Ⅲ	Ⅳ	年龄组之间差异的检验
初一(12～13)	90	42	0	0	
初二(13～14)	96	82	18	8	$p<0.05$
初三(14～15)	96	86	48	38	$p>0.05$
高一(15～16)	100	90	52	42	$p<0.1$
高二(16～17)	98	90	56	48	$p>0.1$

注：两校数据之间差异的检验 $p>0.1$。

将表3的结果按等级制成曲线图2。

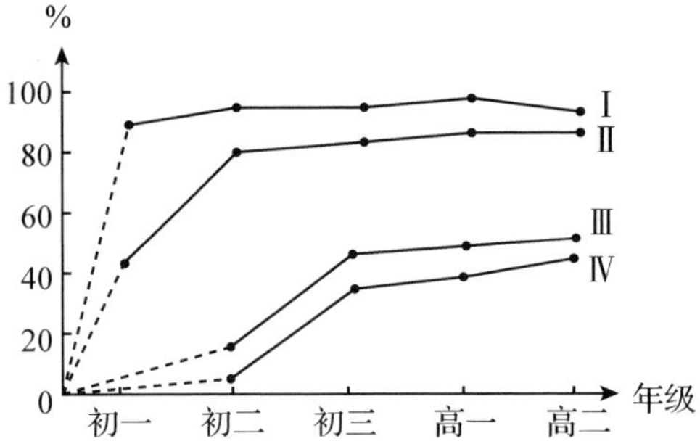

图2　不同年级中学生的空间想象力发展水平

从表3、图2可以看出以下三点。

(1)目前中学生的空间想象能力是比较差的，这也是数学教学中的一个薄弱环节。

(2)中学生的空间想象力的发展与其知识的领会是一致的，从初一到初二空间想象力之所以发展($p<0.05$)是由于初二开始学习几何，从初二到初三立体几何运算能力之所以发展(第Ⅲ、Ⅳ级的差异 $p<0.05$)，是由于初三开始学习立体几何。由此可见教育对思维发展的决定作用。

(3)中学生在空间想象力的发展上，存在年龄特征，也存在关键年龄阶段。初二到初三是空间想象力质变的时期。对比表3与表2，尽管有差异，但发展趋势基本一致，证实了恩格斯在《自然辩证法》里所强调的“形的概念与数的概念一样，完全是从外部世界得来的”正确性。

对照纵向研究班，被试掌握前两级水平与表3相近。但由于他们初三未完成教学进度，未学习立体几何，因此初三对第Ⅰ、Ⅳ级水平的掌握人数极少。通过高一补课，学生重新学习并领会立体几何知识，才有近半数学生达到第Ⅰ级水平，高二继续补课，这上述近半数学生中绝大多数又达到第Ⅳ级水平。由此可见中学生的空间想象能力是在教学中“从外部世界得来的”，它既存在年龄特征，又存在个体差异。

(三)中学生的数学命题能力的发展

中学生掌握命题能力，即掌握数学判断形式的能力，其发展表现在掌握命题结构和命题形式两个方面。

1. 中学生掌握命题结构能力的发展

中学生掌握命题结构能力的发展表现在正命题(原命题)、逆命题、否命题(对称命题)、逆否命题(反申命题)四种命题的领会和运算上，如图 3 所示。

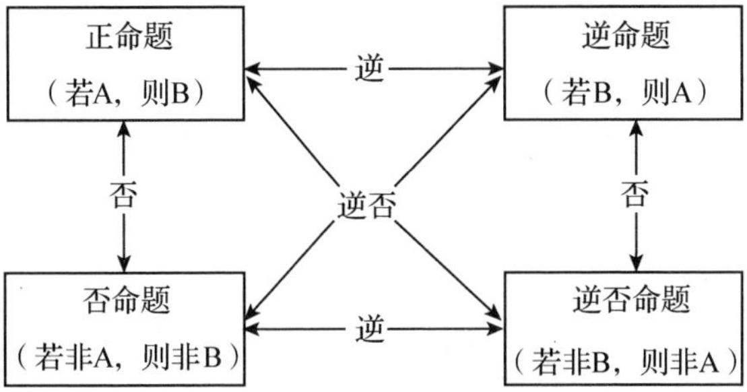

图 3　中学生掌握命题结构能力的发展表现

对这四种命题结构的掌握，既反映了学生理解不同数学命题的抽象程度，又反映了学生思维过程中掌握思维方向的可逆与守恒性，也反映了思维活动的辩证关系。命题与其他命题的关系，正是“否定之否定”规律在学生运算上的具体体现。

我们把两个学校的被试多次达到指标的平均人数列于表 4。

表 4　不同年级的中学生的命题结构运算的水平

年级(年龄)	正命题	逆命题	否命题	逆否命题
初二(13～14)	70	60	42	24
初三(14～15)	80	68	56	40
高一(15～16)	88	82	74	58
高二(16～17)	92	88	80	62

注：两校被试之间差异的检验 $p>0.1$。

从表 4 可以看出，目前中学生掌握命题的能力是比较差的，这也是当前数学教学中的薄弱环节之一。在正常的教育条件下，中学生掌握命题结构的能力是随着年龄的增长而发展的。对命题结构的四种表现的全部掌握，尤其是对逆否命题的掌握，要到高中以后才能完成。

2. 中学生掌握命题形式能力的发展

皮亚杰从数理逻辑出发，用群集和格，即 16 个二元命题运算来刻画儿童思维结构的成熟。我们在研究中看到，中学生掌握命题的形式在不断发展，的确反映了他们思维发展的趋势。以解方程为例，按照规定的指标可以看出，中学生在运算中掌握的命题形式有三个等级。

第Ⅰ级，能够确定简单命题。对肯定(P)、否定(Q)、合取($P\wedge Q$)和析取($P\vee Q$)等命题的四种演算形式能够判别确定。例如，能掌握方程和方程根的含义，求取未知数的值使原等式成立。

第Ⅱ级，能够掌握和判别复合命题。即能够确定由几个命题用肯定、否定、合取和析取等演算做成命题。例如，确定方程的根只有一个解，有多个解，有无穷多解或无解的可能性，能够确定同解方程就是这种复合"等价"命题演算关系的显著标志。

第Ⅲ级，能够按照运算法则确定命题的变型。在中学教学过程中，学生能够掌握交换、结合、分配和二重否定等法则，确定和演算命题的变型。例如，学生根据方程的基本性质，运用演算法则，解方程组和确定方程组的同解变型。

对上述三个命题形式的掌握水平，不仅反映了中学生的运算能力从简单到复杂，从具体形象到抽象逻辑的思维活动水平的发展过程；而且也反映了中学生运算能力从数群(群集)结构向数的"格"的结构的发展过程，他们能对原有命题形式加以组合分析，找出这种配合之间的关系，使思维结构趋向成熟。

我们在研究中重点分析了三个年龄组，将对两校的被试多次研究结果列于表 5。

表5 不同年级的中学生掌握命题形式的水平

年级(年龄)	Ⅰ	Ⅱ	Ⅲ	年龄组之间差异的检验
初二(13～14)	80	40	10	$p<0.1$
初三(14～15)	92	60	36	$p<0.05$
高一(15～16)	92	84	76	

注：两校数据之间差异的检验 $p>0.1$。

从表5看到了中学生掌握命题形式能力的发展趋势。

(1)初二学生能够很好地掌握命题的简单形式，并开始掌握复合命题，初三的多数学生能够掌握复合命题形式；高一以后完成各类命题形式的运算，趋向"基本成熟"。

(2)在掌握命题形式与思维的格的结构中显示出年龄特征的稳定性与可变性的统一。高中大多数学生能够掌握命题形式之间的组合分析结构，即"格"的结构。

(四)中学生的数学推理能力的发展

在研究中，我们看到中学生推理和证明的方法有：直接证法和间接证法；综合法和分析法；类比法和对比法；演绎法和归纳法。中学生运用这些方法时，按照确定推理发展的四项指标要求，他们在数学推理的思维过程中所表现出的能力可归纳为四级水平。

第Ⅰ级是直接推理水平。套上公式，对上条件，直接推出结论。

第Ⅱ级是间接推理水平。不能直接套公式，需要变化条件，寻找依据，多步骤地推出结论。

第Ⅲ级是迂回推理水平。分析前提，提出假设后进行反复验证，才能导出结论。

第Ⅳ级是按照一定数理逻辑格式进行综合性推理的水平。处于这一级水平的学生，他们的推理过程逐步简练和合理化。

综合对两校被试多次研究的结果，将平均人数制成表 6。

表 6　不同年级的中学生推理水平的发展

年级(年龄)	Ⅰ	Ⅱ	Ⅲ	Ⅳ	年龄组之间差异的检验
初一(12～13)	44	18	7	0	
					$p<0.05$(有意义)
初二(13～14)	67	41	23	4	
					$p>0.1$
初三(14～15)	83	50	37	14	
					$p<0.1$
高一(15～16)	94	65	54	23	
					$p>0.05$(有意义)
高二(16～17)	99	84	71	60	

注：两校被试成绩之间差异的检验 $p>0.1$。

将表 6 结果按各级水平趋势制成图 4。

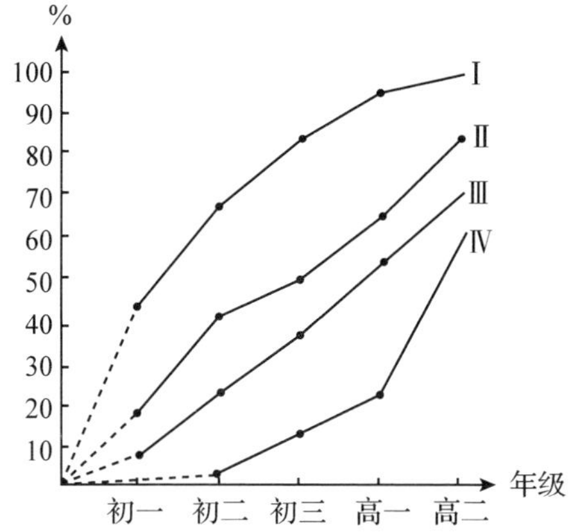

图 4　不同年级中学生推理水平的发展

从表 6 和图 4 可以看出以下三点。

(1)目前中学生的逻辑推理水平较低，这同样是数学教学中的薄弱环节，初一学生有一半以上不能套公式做题，高中学生竟有人不能按公式一步推理；多步推理成为中学生的普遍难题(在我们访问重点学校有经验的老师时，也同样反映了这个问题)；抽象的综合性推理更是困难，可见这个结果不能不引起教育界的重视。

(2)中学生在正常的教育教学情况下，数学推理水平是随着年级升高(年龄增长)而发展的。初二学生普遍地能按照公式进行推理，高一多数学生掌握了多步骤间接推理和迂回推理，高二学生的抽象综合推理水平得到较大的发展。从这些研究结果看，初二和高二是中学生数学推理能力发展的转折点($p<0.05$)。

我们在纵向研究中，也获得类似的结果。进入高中阶段，学生的数学推理能力趋向抽象和简化，推理过程中自觉性和揭露本质的程度也在发展。这说明，中学生运算思维过程是一个螺旋式“内化”的过程，推理活动的“思维量”渐趋“简化”。

(3)中学生数学逻辑推理能力存在个体差异。

(五)数学运算中思维品质的发展及个体差异

从研究中我们看到，中学生在数学运算中思维品质从多方面表现出来，但集中地表现在四个方面：思维活动的敏捷性、思维活动的灵活性、思维活动的深刻性和思维活动的独创性。同时我们还看到，这四种品质既随年龄的增长而发展，又显著地表现出个体差异，这种个体差异到15～17岁趋向稳定(基本定型)。

1. 思维活动的敏捷性在中学生运算中的表现

这种表现，就是迅速的运算能力。培养正确迅速的运算能力，正是中小学数学教学的重要任务之一。

(1)思维活动的敏捷性与年龄特征。我们把三道街学校1978年上学期一次平均40～45分钟数学测验的交卷时间的统计结果，列于表7之中。

表7　不同年级运算速度的标准差

年级	初一	初二	初三	高一	高二
标准差	10.04	12.91	13.01	13.56	13.60

由表7可见，中学生在数学运算中，敏捷程度是有显著差异的。这种差异有一定的年龄特征，从初二开始更为显著，年级越高，差异越大。我们从纵向研究追踪班的个案材料中也看到，初三以后，运算过程中速度的个体差异渐趋“稳定”，高中阶段，这种差异“基本定型”。

(2)正常、超常与低常的中学生运算速度的比较。朝阳区38名在校的“超常”学生(占3%)被选拔参加1978年高考(均考入重点大学)。选拔考试，数学120分钟交卷，成绩在80分以上。以同样试卷，我们让三道街学校高一重点班运算，平均交卷时间为180分钟，平均成绩仅35分。经过差异的检验，$p<0.01$(有意义)。

抽出这38名“超常”学生中年龄最小的李某(初三，15岁，高考成绩403分)，他完成朝阳区选拔课外活动小组成员的数学试题，50分钟交卷，完成习题，获得满分。我们又让三道街学校同年级20名数学爱好者完成同样的试题，他们150分钟交卷，习题只完成60%，平均成绩才31分，差异是很大的。

从上述两个例子可以看出，超常学生运算时思维敏捷，反应快，演算速度快。经我们多次调查与统计，超常学生的运算速度一般是正常学生的2～3倍。

我们在三道街学校调查15名低常学生(占学生数的0.5%)，他们上到中学，一般已无法继续“求学”，他们思维迟钝，演算速度慢，与正常学生同时计算他们力所能及的习题时，演算时间往往是正常学生的3倍以上。

2. 思维活动的灵活性在中学生运算中的表现

在中学生运算中，数学运算时的灵活性是一种重要的思维的智力品质。例如，一题多解、同解变型和恒等变型的运算能力都需要灵活性。

从研究中看到，中学生运算中思维的灵活性一般表现在：一是思维方向灵活，即从不同的角度、不同的方面，能用多种方法来演算各类数学的习题，也就是运算起点的灵活性；二是运用法则的自觉性较高，即熟悉公式、法则和运用自如，也就是运算过程的灵活性；三是组合分析程度的灵活，不限于过滤分析，善于综合性分析，也就是运算能力的迁移。

从对纵向研究追踪班个案材料的分析中，我们看到以下两点：①中学生的思维灵活性随年龄的增长而发展，初二时具有灵活特点的有18人(占全班30%)，高中时23人(占38.3%)；②到高中一年级，学生的灵活性的差异性趋向“基本定型”，上述初二具备灵活特点的18名被试，保持到高一仍显著表现出这种品质的有13人，占72%，具有相对的稳定性。

从研究中看到，灵活运算的思维品质是鉴别正常和超常(或低常)学生的指标之一。三道街学校10名数学竞赛优胜者完成第二试卷灵活题的85%，并都按试题要求一题多解，而一般学生平均只完成同类习题的30%。

上面提到过的那15名低常学生，思维呆板，在运算中从未表现灵活的特点。

3. 思维活动的深刻性在中学生运算中的表现

思维活动的深刻性是指思维的抽象程度。表1～5所说明的个体差异的存在，实际是说明中学生数学运算中思维的抽象程度的个体差异，在此不做重复。

在研究中我们也看到中学生在思维品质上存在逻辑(抽象)型、中间型和经验(形象)型。到底占多大比重，有何特点，还有待我们进一步研究和探索。

4. 思维活动的独创性在中学生运算中的表现

中学生运算中独创性的思维品质是更高的智力品质，思维力强的与数学尖子，不仅能独立思考，自觉地完成各种习题，而且有创造性，对各种难题善于选择巧妙的对策。但这次研究中未能做数据分析，故不做更多阐述。

四、结论与建议

(一)结论

第一，中学生运算思维能力的发展是存在年龄特征的。初中二年级是中学生运算思维发展的关键年龄，15～17岁是运算思维的成熟(基本定型)期。

第二，中学生运算思维能力包括概括能力、命题能力和推理能力；思维的智力品质有敏捷性、灵活性、深刻性和独创性。数学教学的任务不仅要向学生传授数学知识，着重点应是培养他们的思维能力，发展他们的智力品质，促进知识的“内化”。

第三，思维活动是一个完整的结构。我们在其他研究中(林崇德，1980，1981)，已对思维结构提出了自己的见解。在这次研究中，我们仍强调思维结构是思维活动特征的总和或整体，这个整体应包括思维材料和基本形式、思维方向、思维系统及思维规则等，结果所示的运算思维诸能力的发展，实际上就是完整的思维结构的发展。

(二)建议

我们对目前中学数学教学提出如下建议。

第一，中学生运算思维能力发展的年龄特征应是编写教科书、安排教材和选用教法的一个出发点，教育工作者的任务就在于要从这个出发点开始逐步引导学生发展自己的运算思维能力。

中学是基础教育，因此，任何以尖子教学代替普遍教学或迁就目前学生的现有状态而停滞不前的做法，都不利于基础教育。我们认为，只有那些高于学生原有水平，又是通过他们的努力能够达到的要求，才是行之有效的合理的要求。

与此同时，要注意年龄特征的稳定性与可变性的统一。中学数学教学既要有一般教学，又要有"因材施教"。

第二，系统地讲授知识。从上述的思维整体结构原则出发，在数学教学中，不论选择什么样的数学教材，务必使学生理解教材的系统结构。正因为如此，我们建议将目前的数学教科书按代数、几何和三角分编。

按代数、几何和三角分编，有利于各科知识的系统性，有利于培养运算思维诸能力的发展；三科同时开设，有利于学生建立"形"与"数"概念的内在联系，促使学生数学知识的完善和运算思维形成一个整体。

现代数学思想，也通过三科分别渗透，这并不妨碍学生接受现代数学知识。

因此，我们建议，在 1963 年人民教育出版社编写出版的分科教材的基础上，改编教材，且保持教材的相对稳定。

第三，大力培养学生思维的智力品质，发展他们的敏捷、灵活、深刻和独创能力。如何培养呢?

(1)不同年级按照不同程度的综合习题进行练习，并逐步加大难度，加大抽象程度。

(2)抓好解题的起步，抓好学生独立解题、拆题和编题能力的培养。

(3)培养学生一题多解、恒等变型和同解变型的能力，使学生能灵活地运用公式、定律与法则等，达到运用自如的程度。

(4)坚持持久的速度练习，教会学生速算方法，在练习基础上，做到"熟能生巧"，从而培养学生的速算技能。

(5)及时"强化"，对运算中出现的问题要及时纠正，切勿拖拉。

(6)讲练结合，精讲善练，将精讲多练、精讲精练和泛讲不练统一起来，做到精讲善练。

第四，高中教育应采用多种学制。当然，这是教育实践问题，不是理论问题，在此不做详述。

参考文献

[1]林崇德．学龄前期儿童数概念和运算能力的发展[J]. 北京师范大学学报(社会科学版)，1980，16(2)：67-77.

[2]林崇德．小学生儿童数概念与运算能力发展的研究[J]. 心理学报，1981，13(3)：289-298.

[3]朱智贤．儿童心理学研究中的若干基本问题[J]. 北京师范大学学报(社会科学版)，1979，16(1)：48-53.

[4] Piaget J. Logic and psychology [M]. Manchester：University of Manchester Press，1956.

自编应用题在培养小学儿童思维能力中的作用*

一、问题

在实践中我们不仅要善于发现问题，提出问题，思考问题，更重要的是独创地解决问题。人们在活动中，要有所发明，有所发现，有所创新，都离不开思维的独创性。思维独创性是一个比较高级的思维的智力品质(林崇德，1982)。

过去对思维的创造性的研究仅仅局限于以少数杰出的发明家和艺术家为研究对象。但是在近一二十年来，研究者们认为，创造性或独创性是一种连续的而不是全有全无的品质。人人(包括儿童)都有创造性或独创性，都能进行创造性思维活动(梅耶斯基，1983；Wallach，1970)。目前，在国外研究和培养儿童的创造性已引起社会各界的高度重视。日本在20世纪80年代把发展独创性科学技术视为国策，并主张从小学起就应该对此加以培养；委内瑞拉还专门开设了发展创造力的课程。

本研究是我们对思维的智力品质的系列研究的一个组成部分。小学儿童在自编应用题中具有独立性、发散性和新颖性等特点，即包含着创造性或独创性的成分。我们对之研究，试图探讨自编应用题对培养小学儿童思维能力的作用，探索小学儿童在数学运算中思维的独创性品质的发展趋势与潜力，并提出一些不成熟的教学建议。

* 本文原载《心理科学》1984年第1期。

二、方法

(一)对象

北京市幸福村学区二至五年级学生八个班，每个年级两个班，一个实验班，一个控制班，我们随机取样，确定每班被试35名，共有被试280名。

无论是实验班还是控制班的被试，均系就近入学。实验前通过智力检查和数学测验，实验班与控制班的被试的成绩并没有显著差异，组成每个年级的两个等组。其中二、五两个年级的实验班，系一入学就进行追踪性的实验(马芯兰、林崇德，1980)；三、四两个年级的实验班接受实验措施仅一年。

实验班与控制班都使用全国统编教材；在校上课、自习、作业量也相同；被试的家长文化程度都不高，未见特殊的家庭辅导。所不同的是教学方法和练习要求。我们对实验班突出地抓数学教学中思维的智力品质敏捷性、灵活性、深刻性和独创性的培养。其中对独创性，我们坚持让学生自编习题，特别是引导他们自编应用题，而对控制班则运用一般的教学方法。对实验班儿童自编应用题的训练方法包括十一种：①根据实物演示编题；②根据儿童生活的实践编题；③根据调查访问编题；④根据图画编题；⑤根据图解编题；⑥根据实际的数字材料编题；⑦根据文字编题；⑧仿照课本的应用题编题；⑨改编应用题；⑩根据应用题的问题编题；⑪补充题目缺少的条件或问题。

上述的十一种应用题编题的方法，大致可以分为两大类。①至⑦为一类，反映编题过程要求抽象概括的程度的差异性。例如，①②③居多的要求以直观客体的材料加以编题，④和⑤居多的要求以具体形象加以编题，⑥和⑦则在不同程度上要求以语词或数字及文字互相关系加以编题。⑧至⑪为另一类，反映编题过程中从模仿，经过半独立的过渡，最后发展到独立的趋势。

(二)方法

研究采用自然实验性质的综合性调查，主要方法有两种。

1. 观察

长期深入被试中间，随堂听课，观察被试运算过程中的各种表现。

2. 问卷

以课堂测验、竞赛和考试的方式，分别对自编应用题的成绩进行多次的测定。试题的确定，经过预备实验的一系列“筛选”。

(三)指标

我们以被试自编各类应用题的数量作为小学儿童在数学运算中思维活动的独创性的指标。

1. 编题的“质”的规定

(1)每次在同时测定自编直观、形象和抽象应用题的水平，或者同时测定模仿、半独立和独立编题的水平时，所给的数量关系是一致的，扩充的数域是相同的。

(2)编题的范围分两种：一是在“横断”测定中，不同年级用同一套试题，以测定不同年级自编应用题能力的差异；二是在“追踪”班测定中，按照每个学期或每个学年的教学进度、内容，给予被试增加一种相应难度的试题，以测定被试到一定年级时自编应用题的水平。后一种试题比前一种试题的难度要大些。使用这两种方法，为的是了解小学儿童自编应用题能力的发展趋势或倾向。

2. 测定时“量”的要求

自编应用题数量的统计，并不是编出一道题就算一个成绩，而是以编出“各类”应用题的“类型”，诸如加、减、乘、除、小数运算、分数运算、四则混合运算、倍比应用题等数量统计。例如，给出两个数要求被试自编应用题，被试光是编加法题，即使编出十道，但只限一种类型，在统计“自编各类应用题的数量”时，其数量为“1”，而不是“10”。这样，我们既保证了量，又保证了质，使指标客观可靠，能反映自编应用题的难度和实际水平。

我们按照这个指标及统计方法的规定，统计被试自编各类应用题的数量，以确定其结果。

三、结果

研究结果表明，小学儿童在数学运算中思维的独创性的发展趋势，主要表现在两个方面：一是在内容上，从对具体形象材料的加工发展到对语词抽象材料的加工；二是在独立性上，先易后难，先模仿，经过半独立性的过渡，最后发展到独创性。研究结果还表明，小学儿童思维独创性的培养，主要依赖教育措施。

(一)从对具体形象的信息加工发展到对语词抽象的信息加工

研究项目中①至⑦的编题形式，代表着直观客体、具体形象和语词抽象三种不同性质的材料。我们选择被试完成①根据实物演示编题、④根据图画编题、⑥根据实际数字材料编题三类应用题，分析他们自编应用题的水平。

我们通过横断测定，将二至五年级被试用三种类型编题方法所编拟应用题的平均数列于表1。

表1 各年级被试自编各类应用题的平均数

类型	二年级	三年级	四年级	五年级
实物编题	4.1	5.1	6.6	7.8
形象编题	3.8	4.7	6.6	7.5
数字编题	2.5	3.6	5.1	6.4
各类型之间的差异检验	实物编题与形象编题 $p>0.1$。 数字编题与形象编题 $p<0.05$。			

将上述数据的均数之差及它们的 t 检验的显著性水平，列于表2。

表 2　各年级被试自编各类应用题之间的差异及 t 检验的显著水平

类型	二、三年级之间	三、四年级之间	四、五年级之间
实物编题	1	1.5*	1.2
形象编题	0.9	1.9**	0.9
数字编题	1.1	1.5*	1.3

根据对五年级实验班的追踪记录，我们获得其以往各年级自编各类应用题的成绩，将其制成图 1，并把五年级追踪班五年内自编应用题成绩发展趋势制成图 2。

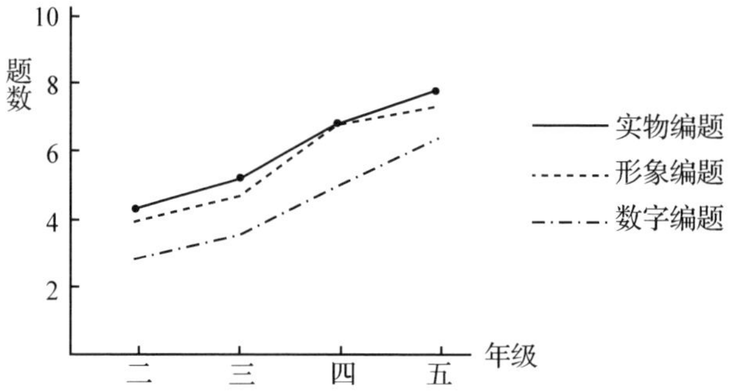

图 1　各年级被试自编各类应用题成绩的趋势

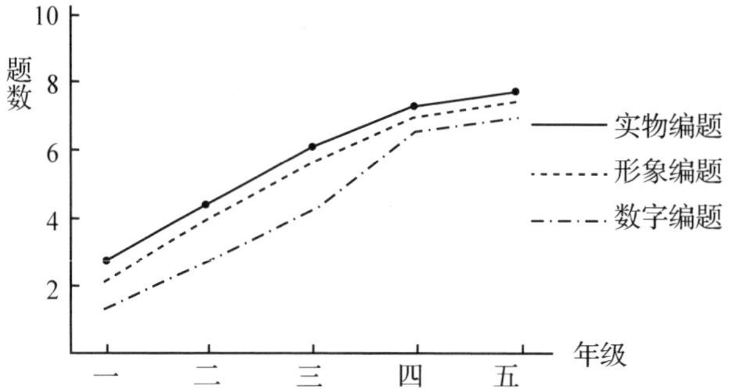

图 2　五年级追踪班五年内自编应用题成绩的发展趋势

从表 1、表 2 及图 1、图 2 中可以看出以下四点。

(1)小学儿童自编应用题的能力，要落后于解答应用题的能力。我们调查的资料表明四、五年级可解答全部应用题(10道)，三年级可完成80%(8道)，二年级可完成60%(6道)，而表1反映的各年级被试自编应用题的平均数要比之少得多。可见，思维的独创性，是思维活动的一种重要品质，它是一种在新异或困难面前采取对策，独立地和新颖地去发现问题和解决问题的思维能力。

(2)在小学阶段，根据直观实物编题与根据图画具体形象编题的数量之间，没有显著差异($p>0.1$)，而根据图画具体形象编题与根据数字材料编题的数量之间，却存在显著差异($p<0.05$)。可见，小学儿童在运算过程中，自编应用题这种独立创造性的活动，主要表现为从对具体形象的信息加工发展到对语词、数字抽象的信息加工。

(3)整个小学阶段根据具体形象编拟应用题的能力在直线上升；而根据数字材料或算术题编拟应用题的能力尽管不如前者，但也在发展着，特别是五年级之后，可达应编题的50%以上，无论是形象编题，还是数字材料编题，四年级是自编应用题能力发展的一个转折点($p<0.05$或$p<0.01$)。

(4)图2与图1相比较，证明在自编应用题的内容上，横断研究的结果与纵向追踪记录是一致的。但图2所示的是每个年级一套试题的测定结果，图1所示的是不同年级一套试题的测定结果，图2试题较难，但数据又稍高，反映了实验班自编各类应用题，特别是自编数字式的应用题能力要强于一般横断研究班级，这是实验措施所致，在后面我们再做详述。

(二)先模仿，经过半独立性的过渡，最后发展到独立地编拟应用题

各个研究项目，特别是从⑧至⑪的四种形式，代表着自编应用题中各种不同等级的水平；模仿→半独立编题→独立地编拟应用题。我们选择被试完成⑧仿照课本的应用题编题、⑪补充题目缺少的条件或问题，⑤和⑥联合，根据有数字的图解自编应用题三类问题，数量关系和数的扩充都一致，以分析他们自编应用题的水平。

现将横断测定中不同被试完成上述三类问题的平均率列于表3。

表 3　各年级被试编拟各类不同独立程度应用题的成绩

类型	二年级	三年级	四年级	五年级
模仿编题	61%	68%	75%	79%
半独立编题	43%	59%	67%	76%
独立编题	34%	38%	54%	63%

将上述数据的差异数及差异之间的 z 考验数，列于表 4 中。

表 4　各年级被试自编应用题中独立性的差数及检验

类型	二、三年级之间	三、四年级之间	四、五年级之间
模仿编题	7%	7%	4%
半独立编题	16%**	8%	9%
独立编题	4%	16%**	9%

将表 3 数据制成图 3。

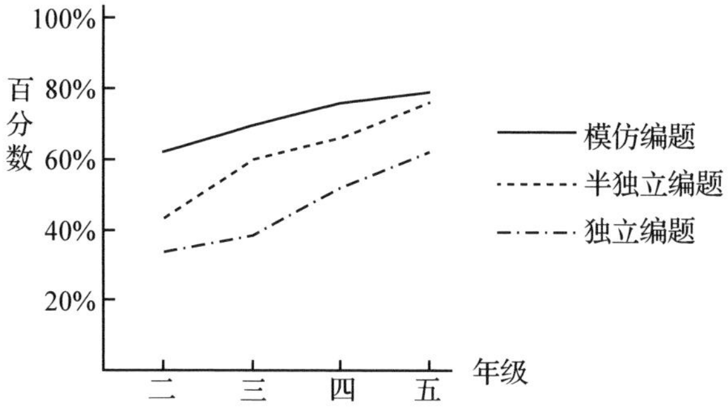

图 3　各年级被试自编应用题的独立性发展趋势

根据对五年级实验班的追踪记录，我们获得其在各年级自编应用题独立性发展的成绩，制成图 4。

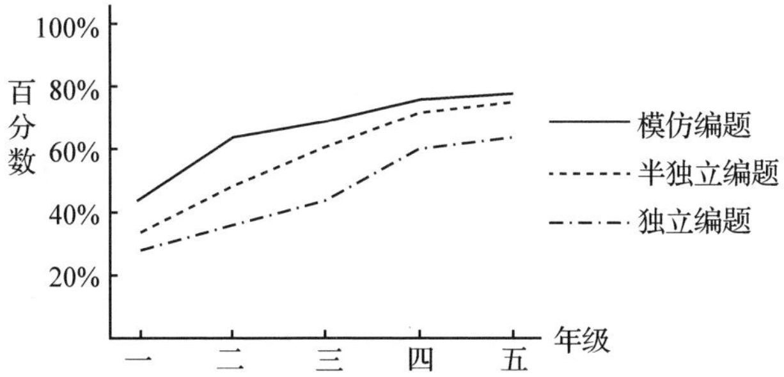

图 4 五年级追踪班五年内编题独立性发展趋势

从表 3、表 4 及图 3、图 4 可以看出以下三点。

(1)小学儿童能自编一定水平的应用题，但是小学儿童自编应用题的能力尚待发展，即使四、五年级，其独立地完成较复杂的应用题的编拟任务还是有一定困难的，对这类应用题编拟的完成正确率，也未超过第三“四分点”(75%)。可见，小学儿童能够独立地自编应用题，但这种能力并不强。否认小学阶段学习中有发现因素是错误的，但夸大这种思维活动的独立程度也是不对的。

(2)在正常的教学条件下，三年级是从模仿编题向半独立编题的一个转折点($p<0.01$)，四年级是从半独立编题向独立编题的一个转折点($p<0.01$)。

(3)图 4 与图 3 相比较，说明横断研究的结果(不同年级一套试题)与追踪班的五年记录(每个年级一套试题)是一致的；但实际上图 4 使用的试题要难，数据又稍高于图 3，反映实验班受实验措施的影响，其独立性要强于一般被试。

(三)影响自编应用题能力发展水平的决定性条件是教学

1. 实验班与控制班在自编应用题的内容上的差异

我们以实验时间较长的五年级、二年级的两个实验班为例，与同年级的控制班做比较来加以分析。

由表 5 看出，无论是二(1)班，还是五(3)班，这两个追踪实验班在自编应用题的能力上，与同年级的控制班之间，存在显著差异。可见，一定的教学措施，不仅能够提高小学儿童自编应用题的数量，而且能够提高他们对抽象信息的加工能力，这种趋势随着年级的增高，显得越发明显。

表 5　实验班与控制班被试自编各类应用题平均数的差数

类型	二年级			五年级		
	实验班	控制班	差数	实验班	控制班	差数
实物编题	4.8	3.4	1.4*	8.4	7.2	1.2
形象编题	4.6	3.0	1.6**	8.2	6.8	1.4*
数字编题	3.4	1.6	1.8**	7.2	5.6	1.6**

2. 实验班与控制班在自编应用题的独立性上的差异

实验班与控制班，在自编应用题时的独立程度，也存在显著差异。详见表 6。

表 6　实验班与控制班编拟应用题独立程度的差数

类型	二年级			五年级		
	实验班	控制班	差数	实验班	控制班	差数
模仿编题	65%	57%	8%	82%	76%	6%
半独立编题	50%	36%	14%**	82%	70%	12%*
独立编题	40%	28%	12%*	71%	55%	16%**

实验研究的数据有趣地表明，在三种不同类型的自编应用题中，实验班与控制班的显著差异，恰恰表现在半独立编题和独立编题上，模仿编题却无显著差异，而五年级在独立编题中，这种差异比二年级更为显著。可见，一定的教学措施，不仅能够提高小学儿童自编应用题的数量，而且能够提高他们在困难与新异刺激面前采取对策的独创性；且随着所受的教学影响的加深，这种独创性的表现就越明显。

四、讨论

思维的创造性或独创性，不应该被理解为仅仅局限于少数创造发明者身上具有的思维形态，独创性是一种连续的而不是全有全无的品质，小学儿童在自编应用题的过程中，就有明显的创造成分：①具有独立性，独立地操纵应用题的条件和问题及其关系，找出解题过程中不同关系的层次和交结点；②具有发散性，自编应用题的答案不是“一解”，而是力求多解，沿着各种不同的方向去思考，即它的产物不是唯一的，而是发散式的；③具有新颖性，不拘泥于教师所教的方法或常用的老方法，加工给定的信息，以产生新的信息。所以说，自编应用题，应该说是儿童独创性思维品质的一种表现；自编各类应用题的数量，在一定意义上是从量上分析儿童在运算过程中“发现”、探新和创造的程度。

自编应用题在应用题的教学中是必要的，它是一种分析问题的重要思维形式。指导学生自编应用题，不仅是引导他们突破应用题难点，使他们进一步理解数量间的相依关系的有效办法，而且是提高他们思维的独创性智力品质的重要途径。

我们认为，思维独创性的品质，应被看作是学习必不可少的心理因素或条件。从创造性的程度来说，学习可能是重复性的也可能是创造性的。重复性的学习，就是死守书本，不知变化，人云亦云。创造性的学习，就是不拘泥，不守旧，打破框框，敢于创新。一个人的学习是重复性的还是创造性的，往往与他的智力水平高低有直接关系，它是反映智力水平的重要指标。

小学儿童在编题的过程中，能进一步体会到一个两步、三步与多步的应用题是怎样用简单的一步应用题组成的，因而当他们遇到一个两步、三步与多步应用题时，便会分解为几个一步计算的问题或合步解决；同时，他们能从两步、三步与多步应用题中综合列式为一步综合问题。如此反复进行，小学儿童在自编应用题中必然不能拘泥于教师所教的几个老办法上，要除旧布新，于是思维活动的独创性就不断地提高，数学学习的成绩也就不断提高。

因此，研究自编应用题的问题，不仅是培养小学儿童思维活动独创性的良好途径，而且也是研究小学儿童思维活动独创性的一个良好的途径。

我们的研究表明，教育与运算思维中智力品质独创性的发展，是辩证的统一。“儿童心理发展主要是由适合于儿童心理内因的那些教育条件来决定的”(朱智贤，1979)。脱离教育条件谈智力品质的发展，是难以挖掘智力品质发展的潜力的。

我们的两个追踪实验班，与同年级的对照班之间，在智力品质的独创性方面，存在显著的差异。二(1)班在智力品质的独创性上，几乎达到了三年级的平均水平，无论是自编应用题的抽象程度，还是独立程度，都是如此。可见，不同的教育措施，是小学儿童思维独创性的发展存在显著差异的决定性条件。

五、小结

第一，小学儿童在自编应用题的过程中，表现出独立性、发散性和新颖性，表现出创造性思维或思维的独创性智力品质的特点；且随着年龄的增长，从对具体形象的信息加工发展到对语词抽象的信息加工，从模仿，经过半独立的过渡，发展到初步独创编拟应用题。

第二，适合小学儿童心理的内因的学习内容和教学方法，不仅能够提高他们自编应用题的数量，而且能够提高他们对抽象信息加工的能力，提高他们自觉编拟应用题的独立性。

参考文献

[1]林崇德．小学儿童数概念与运算能力发展的研究[J]. 心理学报，1981，13(3)：289-298.

[2]林崇德．智力发展与数学学习[M]. 北京：科学出版社，1982.

[3]朱智贤．儿童心理学[M]. 北京：人民教育出版社，1979.

[4]Russell H. Children's thinking[M]. New York：John Wiley，1956.

学龄前儿童数概念与运算能力发展*

一、问题的提出

学龄前儿童心理发展的问题，是儿童心理学重要研究领域之一。对这个阶段心理发展的年龄特征的揭露，是确定早期教育(学前教育)的一个出发点。

半个世纪来，我国不少心理学工作者通过研究儿童数概念的形成和发展来探索儿童思维发展的规律，并取得可喜的成果。这是值得我们学习的。

我们这个研究是从1978年下半年至1979年上半年系统地进行的。其目的是了解从出生至七岁儿童数概念形成和运算能力发展的趋势，探讨这个年龄阶段儿童思维活动水平、思维结构成熟和发展的特点及其关键年龄问题，摸索儿童思维发展的一般规律，并根据我们的研究结果，对学龄前儿童的数学教学提出一些不成熟的建议。

二、研究的方法

(一)对象

从刚出生56天到7岁(简称0～7岁)的学前儿童，共计1005名被试。为了使被试有代表性，考虑到不同环境和教育对儿童的影响，我们广泛地选择不同条件的幼儿园和托儿所的儿童为研究对象：北京市第七幼儿园78名；东城区锡拉胡同托儿

* 本文原载《北京师范大学学报(社会科学版)》1980年第2期。

所61名；建国门街道五个园、所286名；北京汽车制造厂托儿所249名；双桥公社三个园、所180名；解放军总政幼儿园151名，共计1005名，分为10个年龄组。3岁以上的儿童每隔1岁为1个年龄组，3岁以下的儿童每隔0.5岁为1个年龄组。人数分配如下：56天至0.5岁35名，0.5～1岁44名，1～1.5岁48名，1.5～2岁59名，2～2.5岁75名，2.5～3岁80名，3～4岁162名，4～5岁178名，5～6岁184名，6～7岁140名(因各组人数不一，研究中一律按百分比统计)。

(二)方法

采用综合性调查法。①多种方式——采取系统观察、口头提问(谈话法)、书面作业与自然实验等。②个别进行——调查过程逐个进行。③统一要求——每个被试单位的每个年龄组以该单位的教师为主试，我们为总主试。考虑到被试的不同，故对调查项目、方法、工具、指示语和记录办法都做了统一的规定。

(三)项目

①计数的调查：口头数数，给物说数，按数取物。②多少、大小、厚薄、粗细的认识和守恒能力的调查。③数概念发展的调查。④数的运算能力发展的调查。⑤儿童掌握数概念和运算能力中思维结构发展的调查：数的重复、数的可逆性、数的分解组合和运算法则的掌握等。

三、结果与分析

通过对0～7岁儿童掌握数概念和运算能力的研究，我们发现儿童在人生最初的7年中数概念与运算能力不断迅速的发展与发展阶段性的统一、思维发展的年龄特征稳定性与个体差异性的统一、共性与个性的统一。

我们将研究结果分四个方面来分析。

(一)从出生到7岁儿童数概念和运算能力的发展概况

1. 数概念的发展

0～7岁儿童对数概念的掌握表现为下面五级水平：第Ⅰ级是掌握计数前的“感知”水平；第Ⅱ级是“口头数数”的水平；第Ⅲ级是“给物说数”的水平，点数实物，数后说出总数；第Ⅳ级是“按数取物”的水平；第Ⅴ级是掌握数概念的水平。朱智贤教授指出，“所谓掌握数概念，包括理解：①数的实际意义；②数的顺序；③数的组成”(朱智贤，1962)。

暂时撇开感知阶段(待结果二再做分析)，儿童形成数概念，经历口头数数→给物说数→按数取物→初步掌握数概念(严格地说，掌握数概念的指标应是：①掌握数的实际意义；②了解数序和数的大小；③能分解组合。本文所谓“初步掌握数概念”仅仅指前两项指标)四个发展阶段。现将这个发展趋势的数据列于表1。将表1中四级水平的发展趋向制成图1。

表1 数概念发展分配表

年龄	口头数数	给物说数	按数取物	初步掌握数概念	年龄组之间差异的检验
56天至0.5岁					
0.5～1岁					
1～1.5岁					
1.5～2岁	1	0	0	0	
					$p<0.05$
2～2.5岁	4	2	2	1	
					$p>0.1$
2.5～3岁	9	5	4	2	
					$p>0.1$
3～4岁	19	15	9	5	
					$p>0.1$
4～5岁	50	39	34	11^{+}	

续表

年龄	口头数数	给物说数	按数取物	初步掌握数概念	年龄组之间差异的检验
5～6岁	88	84	80	23+	$p>0.1$①
					$p>0.1$
6～7岁	97	92	87	29+	

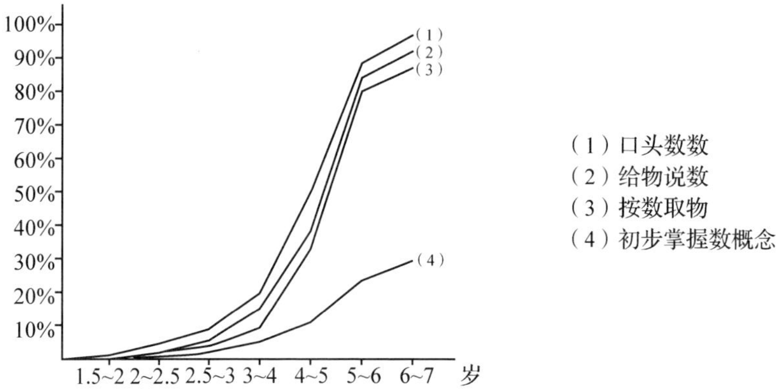

图1　四级水平的发展趋向

从表1与图1中可以看出以下五点。①儿童数概念的形成和发展有明显的年龄特征。从1.5～2岁起，儿童开始运用次第数词“1个又1个”，指量数词“1”“2”，逐步进入口头数数的水平。2～2.5岁，儿童不仅能数到“5”上下的数，而且通过点物能说出2或3，按数取出2～3个实验工具，并开始掌握2以内的数概念。在此基础上，儿童的计数能力逐步发展，到5～6岁绝大多数儿童能口头数到“100”(表1中平均数为“88”)，给物说数和按数取物能力也接近“100”(表1中分别是“84”和“80”)。7岁前儿童初步掌握数概念的水平是：2～3岁儿童可以掌握到“2”，3～4岁儿童可以掌握到“5”，4～5岁儿童可以掌握到“11”；5～6岁儿童可以掌握到“23”，6～7岁儿童可以掌握到“29”(实际上这个年龄组过半数的被试可以掌握“50”以内的数概念)。②2～3岁、5～6岁是儿童形成和发展数概念的两个关键年龄阶段(p 值小于0.05)。

① 由于篇幅限制，本应位于4～5岁和5～6岁两行中间位置的 $p>0.1$ 暂且放在此处。

前是数概念萌芽时期，即从“空白”到出现有计数能力；后一个是学龄期儿童数概念的形成与发展的飞跃时期。③计数能力的出现不等于数概念的形成，计数的程度也不等于掌握数概念的程度，这是因为概念所反映的是事物的本质属性，具有更大的抽象性。所以，从计数能力的出现到数概念的形成，要经过一段曲折的道路。④在数概念的发展过程中，儿童对于一个数概念的获得所花费的时间并不一样。儿童掌握“1”至“2”的数概念较快，而从“2”过渡到“3”的时间却几乎是前者的一倍时间(半年以上)。从“11”到“23”其中有 13 个数需要一年时间，而从“23”到“29”仅 7 个数，也要花费一年时间，可见儿童掌握“10”至“20”的数概念要比掌握“20”至“30”快得多。⑤儿童在数概念的形成和发展中存在个体差异，并且这种差异随着年龄的增长而增大。

2. 运算能力的发展

我们将研究中儿童最初的运算能力的发展情况列于表 2 中。从表 2 可以看出以下四点。①儿童数运算能力的形成和发展有着明显的年龄特征：最初的运算是在 2 岁以后。但 2～2.5 岁的儿童仅仅在“2”以内进行加减，并且绝大部分儿童是依靠实物完成的。3～4 岁儿童大多数能依靠实物完成“5”以内的加减，少数能直接进行“5”以内的运算。4～5 岁的多数儿童能依靠实物完成“20”以内的加减；少数能直接进行“20”以内的加减运算。5～6 岁的大部分儿童能够不用实物直接进行“20”以内的口头或书面运算，有少数儿童开始掌握“50”以内的加减运算，极少数儿童能用“百”以上的数字来演算加减习题，且能演算简单的乘法习题。6 岁以后儿童在此基础上发展，但未见明显的变化。②2～3 岁和 5～6 岁是学前儿童运算能力发展的两个关键年龄阶段、两个转折点($p<0.05$)。③在运算能力发展中，“20”以内的运算，依靠实物与不依靠实物有明显的差别，“20”以上数的运算，儿童有无实物支撑的发展趋势是一致的。④在运算能力发展中，不同儿童表现出个体差异，并且这种差异随着年龄的增长而增大。

表 2　运算能力的发展

年龄	2以内的加减		3以内的加减		5以内的加减		10以内的加减		20以内的加减		50以内的加减		百以内的加减		百以上的加减		会乘法	会除法	年龄组间差异的检验
	靠*	不*	靠	不	靠	不	靠	不	靠	不	靠	不	靠	不	靠	不			
56天至0.5岁																			
0.5～1岁																			
1～1.5岁																			
1.5～2岁																			
2～2.5岁	26%	3%	0	0	0	0	0	0	0	0	0	0	0	0	0	0	0	0	
2.5～3岁	40%	33.5%	12.5%	9%	4%	0	0	0	0	0	0	0	0	0	0	0	0	0	
3～4岁	78%	46%	66%	27%	53%	21%	10%	0	0	0	0	0	0	0	0	0	0	0	$p>0.5$
4～5岁	100%	100%	100%	100%	100%	92.4%	88%	61%	58%	11%	0	0	0	0	0	0	0	0	$p<0.1$
5～6岁	100%	100%	100%	100%	100%	92.5%	92.5%	80%	63%	60%	14.9%	14.9%	7.5%	7.5%	7.5%	6.6%	4.4%	3.7%	$p<0.05$
6～7岁	100%	100%	100%	100%	100%	100%	96.5%	91%	89%	83%	26%	26%	10%	10%	8.7%	8.7%	8.7%	4.3%	$p>0.1$

注：*“靠”：依靠实物进行加减运算；“不”：不借助实物直接运算。

3.7 岁前儿童数概念的形成和运算能力的发展之间的关系

对照表 1 和表 2，可以发现 7 岁前儿童运算能力的形成与发展是和数概念的形成与发展一致的。儿童从学会认数到学会运用数，是整个发展的趋势。这个趋势可以推论，儿童思维的发展是从学会认识概念到学会运用概念。当然，也有少数儿童“百”以上加减甚至乘除运算的数字往往超过他们所掌握的数概念，他们能运算，但不能了解数的实际意义。可见，一是儿童的数概念与运算能力的发展到一定程度后表现出差异性，二是儿童掌握数概念需要数的表象为基础。

(二)从出生到 7 岁儿童掌握数概念中思维活动水平的发展

在研究中可以发现 0～7 岁儿童在形成数概念和发展运算能力中，所表现出的思维活动水平可以分为四个等级。

直观—行动感知概括。儿童看到物品，能有分辨大小和多少的反应。例如，儿童要数量多的糖块，要大的苹果，给了他就高兴，不给他就哭闹。

直观—表象笼统概括。在研究中我们摆好不同数量的实物堆，询问多少，儿童可以用手指表示或回答。这一级水平的儿童产生了数概念的萌芽，但它是跟具体事物分不开的。这级水平的儿童开始懂得“一个苹果”“两块糖”，也能说出“好多糖”这类词，但这些词所代表的内容很笼统，即对物体数量的计数还未从物体集合的感知中分化出来。

直观—言语数概括。属于这一级水平的儿童，如结果一所分析的，他们的计数能力迅速地发展起来。这一级水平儿童所形成的初步的数概念有如下四个显著的特点：①必须以直观的物体为支柱，运算离开直观支柱往往会中断；②数词后边往往带量词；③数字语言所代表的实际意义往往不能超过儿童眼前的生活实际，否则，往往是无意义的声音或者是顺口溜的次序；④不能产生最简单数群(分解组合)的表象。

表象—言语数概括。从这一级水平起，儿童开始逐步理解数的实际意义、数的顺序和数的组成，但这一级水平的儿童在运算中仍离不开具体形象，离不开生活范围的经验。

我们将调查中的全部被试达到各级水平的百分比分布列于表 3 中。将表 3的百分数分布情况制成图 2，以示儿童思维活动水平的发展趋势。

表 3　各年龄组达到各级思维活动水平的百分数的分配

年龄	Ⅰ	Ⅱ	Ⅲ	Ⅳ	年龄组之间差异的检验
56 天至 0.5 岁					
0.5～1 岁	52.3%*	0	0	0	
1～1.5 岁	91.8%	8.2%	0	0	
1.5～2 岁	54.2%	39.0%	6.8%	0	
2～2.5 岁	0	74.0%	26.0%	0	$p>0.1$
2.5～3 岁	0	50.0%	50.0%	0	$p<0.05$
3～4 岁	0	34.0%	66.0%	0	$p>0.1$
4～5 岁	0	0	89.0%	11.0%	$p>0.1$
5～6 岁	0	0	40.0%	60.0%	$p<0.05$
6～7 岁	0	0	16.4%	83.6%	$p>0.1$

* 出现第Ⅰ级水平的在被试中为 8 个月之后。

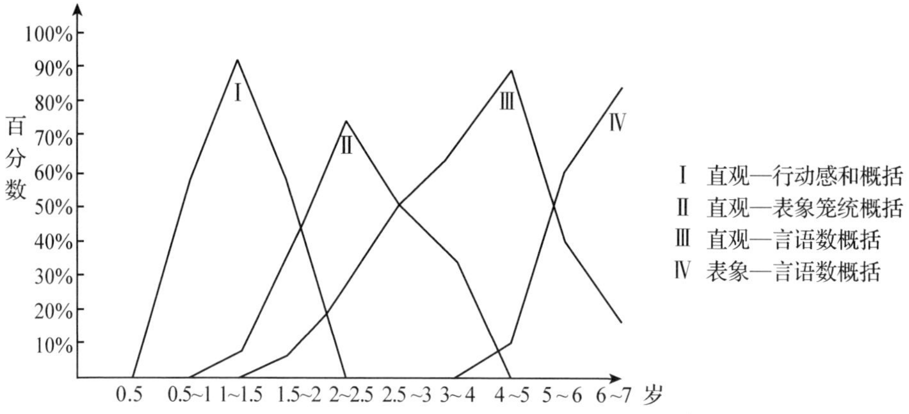

图 2

从表 3 与图 2 中能够看到以下三点。

(1)儿童思维活动的发展存在显著的年龄特征。瑞士心理学家皮亚杰把 7 岁前的儿童思维归纳为两个等级：0～2 岁为感知阶段(又细分为六个小阶段)，2～7 岁为前运算阶段。在我们的研究中，我们同意 0～2 岁为感知阶段。从出生 8 个月以后，儿童开始感知事物的大小和多少。到 2 岁前后，儿童开始对事物的多少产生笼统的直观—表象的概括。但我们不同意 2～7 岁为前运算阶段，而认为是以表象为主，从表象逐步发展到初步抽象的阶段。从数概念与运算能力发展中，2～7 岁这几年可分为 3 个思维活动水平：2～3 岁是直观—表象笼统概括阶段；3～5 岁是直观—言语数概括阶段；5 岁以后是表象—言语数概括阶段，在这个阶段中，儿童的思维尽管以表象为主，但他们能概括数的实际意义，理解数的顺序，特别是能够理解数的组成——数群，并能不依靠直观进行运算，无疑这个阶段儿童的思维已开始抽象的概括，向逻辑抽象水平迈出了可喜的一步。

(2)0～7 岁儿童在形成和发展数概念的过程中，8 个月至 1 岁、2～3 岁(特别是 2.5～3 岁)和 5～6 岁是思维活动水平发展的 3 个关键年龄。

(3)在数概念与运算能力发展中表现出来的思维活动水平存在个体差异。

(三)从出生到 7 岁儿童掌握数概念和运算能力中思维结构的发展

皮亚杰(1956)认为儿童思维结构的整体由群(group)、群集(grouping、groupment)和格(lattice)等组成。他说，一个结构整体能够算是一个群集，应当具有“组合性”“可逆性”“结合性”“同一性”和“重复性”五个特点，根据对儿童思维运算的分析，是否具有上述五个特点，即可决定儿童思维是否达到群集运算的水平。为了对复杂的人类思维结构进行研究，引进现代数学的概念，无疑对心理学，尤其是对儿童思维的研究是有贡献的。从这个意义上讲，我们十分敬佩皮亚杰。但群、群集和格原是数学上的概念，且都有明确的定义，以此概括一切思维的结构，特别是上述的群集的 5 个特点要决定一切思维的成熟程度是不够完善的，需要做必要的补充。我们认为，思维结构是思维活动特征的总和或整体。儿童思维整体应该由思维材料形式结构、思维目的方向结构、思维规则监控结构、思维系统结构和思维的格的结构等组成，思维的成熟、思维的发展正是这个整体结构的发展。我们从以下几个方面对 0～7 岁儿童数概念与运算能力发展的研究结果加以分析。

1. 儿童思维材料和形式结构的发展

思维材料有感性的和理性的，0～7 岁思维材料从直观性到表象(感性)再到初步理性。理性思维的基本形式是概念、判断和推理。结果一分析了数概念的发展，判断、推理不在这次研究分析范围内。

2. 儿童思维目的和方向结构的发展

在研究中，我们看到儿童掌握数概念与运算思维的目的方向表现在 3 个方面。①单向进行，没有相反的运算。②重复性：质的重复，性质不变。例如，0＋0＝0。③可逆与守恒：每一运算都有一个与它相反的运算为可逆，如 3＋2＝5，5－3＝2；对事物的认识不受变式的影响是守恒。因此可逆与守恒是统一的，它们既是思维方向的表现，又是思维品质的表现。

为便于统计，我们取一个托儿所与一个幼儿园被试的数据加以分析，列于表 4。

表 4　儿童思维方向结构发展的百分数分配

年龄	单向性	重复性	可逆与守恒实验			
			数的大小守恒	长短守恒	粗细守恒	厚薄守恒
2～3 岁	64.7%	0	24.0%	12.0%	0	0
3～4 岁	76.6%	20%	56.6%	33.3%	20.0%	0
4～5 岁	100%	76.6%	80.0%	76.6%	46.6%	90%
5～6.5 岁	100%	100%	96.6%	96.6%	96.6%	90%

从表 4 可以看出以下三点。

(1)儿童思维目的和方向结构的发展经过了单向→重复→可逆与守恒的途径。我们把儿童最初的思维方向叫作单向，有别于皮亚杰的“自我中心”。因为从我们的研究结果看来，儿童出现了单向思维，如认识数的大小，往往产生了数的大小守恒的萌芽。2～7 岁儿童绝非如皮亚杰说的没有“守恒”与“可逆”结构，只是以“自我中心”来思考问题。

(2)儿童思维方向结构一般在 2 岁之后发展起来；4～5 岁能初步理解重复性的简单数的运算；5 岁之后能较好地掌握数的多少、大小、长短、粗细和厚薄等可逆与守恒结构。

(3)儿童对物体思维中可逆与守恒的掌握，既取决于年龄，又取决于物体本身的抽象性及其与儿童生活实践的接近性。

3. 儿童思维规则结构的发展

我们在其他的几个思维研究中，看到儿童的思维是遵循一定规则进行的。这次研究还未发现7岁前儿童明显地掌握这些思维规则，不过也发现5岁以后被试在运算中有两个现象：一是有10名被试(占4.4%)能掌握多位数乘法算式挪位要求；二是有14名被试(占7.5%)能掌握“100”以上的大数加减，且能完成符合交换律的演算试题。所以我们认为，从5岁以后，儿童开始在数学运算中逐步地按规则进行思维，其监控或反思能力的水平是极低的。

4. 儿童思维系统(数的群集)结构的发展

在研究中，我们看到0～7岁儿童掌握数的群集的能力逐步发展，通过这个群集的发展，扩大他们掌握数概念与运算能力中思维系统的结构。这主要表现在分解组合的水平上，其结果列于表5。

表5　7岁前儿童分解组分能力发展的百分数分配

年龄	2以内	3以内	5以内	10以内	20以内	20以上
2岁以前	0	0	0	0	0	0
2～3岁	8.0%	0	0	0	0	0
3～4岁	66.0%	53.0%	21.0%	0	0	0
4～5岁	95.0%	92.4%	88.0%	25.0%	0	0
5～6岁	95.3%	96.3%	96.3%	92.5%	30.0%	1.1%
6～7岁	100%	100%	100%	95.5%	31.4%	4.3%

根据表5，分析以下三个问题：①对比表1、表2，可以看出，儿童在数概念和运算能力的发展中，其思维结构的系统是从掌握数的概念发展到掌握数的群集。数的群集的掌握，需要多次的可逆与守恒，多次的分解组合，需要更高的抽象水平。由此可见，从出生到7岁儿童的思维发展，正是一个螺旋式的内化过程。②7岁前儿童对数的群集掌握的年龄趋势：在正常的教育条件下，儿童掌握数的群集从3岁

以后开始，3～4 岁能掌握“3”～“5”数的分解组合；4～5 岁能掌握“5”～“10”数的解组合；5 岁以后逐步掌握“10”～“20”数的分解组合。③分解组合能力的发展与教育是直接联系的。没有经过训练的儿童，只能掌握数的概念而难以掌握数的分解组合。

5. 儿童思维格的结构的发展

思维的格是一种组合分析的结构，是更高一级的思维水平。在我们的调查中，未发现 7 岁前的儿童综合各种可能进行全面的配合，找到这些配合的关系来解决运算任务，故在这里不做分析。

(四)从出生到 7 岁儿童掌握数概念和运算能力的差异表现及其原因分析

在研究中我们看到不同儿童掌握数概念与运算能力的个体差异是存在的。这种差异表现在两个方面，一是表现在水平上，二是表现在思维品质上。前面三个结果分析了水平的差异；思维的智力品质的差异主要表现在思维的敏捷性、灵活性和深刻性三个方面。①思维的敏捷性：表现在儿童掌握数概念的速度和运算速度上。在调查中，我们看到 5～6 岁儿童在运算相同的习题时，完成时间相差几乎达一倍。②思维的灵活性：表现在运算过程和对大小、长短、粗细和厚薄的守恒过程中，都有不同的灵活程度。③思维的深刻性：如结果一和二所分析的，儿童掌握同样一个数，不同儿童所依据直观支柱的程度是不一样的，对数的概括程度是有差异的，在运算中所掌握数的大小、步骤的规则化的程度也是不同的。

我们认为上述三种思维的智力品质是确定儿童思维的正常、超常与低常的重要指标。

产生这些差异的原因是什么？我们认为一是遗传因素，二是环境与教育条件。这里着重对于不同的早期教育对儿童思维发展的关系做些说明。我们的被试单位虽然各自有别，环境虽不一样，但无非属于两类不同园、所，一类是按北京市教育局统一教学大纲进行的，另一类是自己办园、所。我们以 6～7 岁儿童为例，分析这两类儿童有关的差异。因为 6～7 岁儿童年龄较大，差异较为显著，并且在这类幼儿园时间较长，受到的影响较深，具有代表性。北京市七幼、北汽托儿所、双桥公社和总政幼儿园分别招收当地居民、工人、农民和部队干部的子女入园，但教学内容统一。我们对照他们掌握数概念和思维活动水平的两个指标，观察其异同点。结果见表 6、表 7。

表 6　四所幼儿园儿童掌握数概念对照*

幼儿园	5 以内	10 以内	20 以内	50 以内	100 以内	100 以上
七幼	96.7%	96.7%	96.7%	93.3%	33.0%	6.7%
北汽	100%	100%	96.0%	87.0%	40.0%	(未统计)
双桥	95.5%	95.5%	95.5%	82.0%	27.3%	(未统计)
总政	100%	100%	100%	86.0%	36.7%	10%

注：* 各单位之间差异的检验 $p>0.1$，差异不显著。

表 7　四所幼儿园儿童思维活动水平对照*

水平	七幼	北汽	双桥	总政
Ⅲ	13.3%	13%	18%	13.3%
Ⅳ	86.7%	87%	82%	86.7%

注：* 两个单位之间差异的检验 $p>0.1$，差异不显著。

我们又将双桥公社幼儿园(简称双桥甲)的儿童与其同地区的另一个幼儿园(简称双桥乙)同年龄儿童相比，由于“双桥乙”只是为解放妇女劳动力服务的，对数学教学无要求，儿童出勤也较随便，结果这个幼儿园的儿童掌握数概念与思维活动水平与“双桥甲”的儿童存在较显著的差异，掌握 5 以内、10 以内、20 以内、50 以内、100 以内的数概念，“双桥甲”分别为 95.5%、95.5%、95.5%、82%、27.3%，而“双桥乙”为 84.0%、52.0%、10.0%、0、0；思维活动达Ⅲ、Ⅳ级水平者，“双桥甲”分别为 18%、82%，“双桥乙”分别为 42%、58%。

这种情况可以说明两点：一是年龄特征的稳定性与可变性的统一；二是教育在儿童心理发展中起着主导作用，教育条件不仅影响儿童对数概念的掌握和对数学知识的领会，而且也直接影响儿童的思维水平的发展。

四、结论和建议

从结果与分析中可以看到：0～7岁儿童数概念与运算能力、整个思维水平、思维结构和思维的智力品质等方面的发展，都存在年龄特征和关键年龄，都表现出年龄特征的稳定性与可变性的统一。根据这个结论，提出几条教育建议。

第一，托儿所与幼儿园的数与计算的教学，应根据儿童的年龄特征来进行，不应该千篇一律地都按照“实物→表象→抽象”的教学顺序。3岁之前，主要是以实物为主，以“直观—语言”教儿童认识数概念。3～4岁以物引数，“实物→表象→数概念”；4～5岁以数取物，强调语言对直观实物的指导作用。这两年教学着重进行计数能力的培养。5岁之后，在运用直观教具的基础上又尽量适当地脱离实物，进行“表象—语言”教学，让儿童理解数的实际意义、数的顺序和数的组成。

第二，整个托儿所与幼儿园的数和计算的教学，都要让儿童多运用语言，及早地教会儿童书写数字，发展口头言语、内部言语和书面言语，让他们运用多种分析器建立两种信号系统的联系，以利于数概念的形成。

第三，采取多种方式的有趣的教学活动，把数和计算教学同游戏结合起来，并开展一些丰富多彩的“计数”“运算”比赛以培养儿童对数与运算的兴趣，并在“愉快”的活动中接受这些知识。

第四，及时强化。强化的手段不仅有口头肯定，而且有物质奖励。

第五，5岁以后，在可接受的条件下，适当加大抽象度的教学。例如，脱离实物的演算，掌握数的群集——培养“20”以内的分解组合的能力等。

第六，为了避免幼儿园与小学“抢教材”的冲突，幼儿园的“数学教学”重点可以放在培养儿童的思维活动的水平和思维的智力品质上。要引导儿童早一点完成从直观—言语数概括向表象—言语数概括的发展，要发展儿童运算中的思维结构以发展思维力，如培养重复性、守恒与可逆性、掌握简易的计算规则，以利于儿童从小遵循科学的思维规则思考问题并发展思维的智力品质抽象性。要从小培养儿童运算的速度、灵活度，以利于他们思维的敏捷性和灵活性的发展。

参考文献

[1]朱智贤．儿童心理学[M]. 北京：人民教育出版社，1962.

[2] Piaget J. Logic and psychology [M]. Manchester: University of Manchester Press, 1956.

两位小数灵活且独特的表征方式*

一、引言

在日常生活中，我们经常接触多位数的数字(Nuerk & Willmes，2005)。因此，了解多位数是如何在人的大脑中进行数量表征和加工的是十分重要的(Meyerhoff，Moeller，Debus & Nuerk，2012)。然而，我们对两位数的心理表征的理解仍不全面。到目前为止，大多数研究通过考察距离效应和兼容效应来探索两位整数的加工方式。距离效应是指比较两个数字时，反应速度和正确率会随着整体距离的增大而增加(Hinrichs，Hu，1981；Moyer & Landauer，1967)。兼容效应是指人们对十位个位兼容的一对数字的反应速度和正确率均优于对十位个位不兼容的一对数字(例如，比较 52 和 47，其中 5 大于 4 但 2 小于 7)(Nuerk，Weger & Willmes，2001)。迄今为止，只有两项研究涉及两位小数的加工方式。本研究中，我们拟考察与两位整数的加工方式相关的研究结果是否可以推广到两位小数的加工方式中。

根据两位整数加工的整体模型，两位整数是作为一个整体将其数量表征在心理数字线上的(Dehaene，Dupoux & Mehler，1990；Hinrichs，et al.，1981；Reynvoet & Brysbaert，1999)。例如，研究发现将两位数与固定的标准刺激进行比较时，即使目标刺激的个位数与十位数不是同时呈现，反应时也随着目标刺激与标准刺激的整体距离的增大而减小，这与整体模型是一致的。

---

* 本文原载《心理学报》(*Acta Psychologica*)2014 年第 3 期。选入时由英文译为中文。本文其他作者为张丽、陈敏、Denes Szűcs。

部分加工模型的出现是对整体模型的一个挑战。部分加工模型的观点认为，两位数的十位和个位是分开进行表征的，即部分表征。该模型基于阿拉伯数字的位置价值结构，即每个数字的价值是由该数字在整个字符串中的位置决定的(McCloskey，1992；Verguts & de Moor，2005)。十位个位兼容效应给部分加工模型提供了强力的支持(Nuerk，et al.，2001)。纽尔克等人(2001)要求被试选出同时呈现的一对数字中较大的那一个。结果显示，被试对十位个位兼容的数字的反应时，要短于对十位个位不兼容的数字的反应时。这意味着被试对十位数字和个位数字进行了分开加工，这与整体模型不一致。据此他们推论：不仅是整体，两位数的十位数和个位数也得以表征(Nuerk &Willmes，2005；Nuerk，et al.，2001)。

到目前为止，不少研究已经观测到兼容效应(Ganor-Stern & Tzelgov，2011；Gazzellini & Laudanna，2011；Moeller，Fischer，Nuerk & Willmes，2009；Nuerk，Moeller，Klein，Willmes & Fischer，2011；Nuerk &Willmes，2005)。然而，两位数的部分加工模式可以是平行加工，也可以是序列加工(Meyerhoff，et al.，2012；Zhang & Wang，1995)。平行加工假设每个位置的数字得到了分开的相似的表征，甚至数字比较任务中不相关的位置的数字也得到了加工。目前大部分有关两位数比较的研究显示，十位数和个位数是平行加工的。在这些研究中，平行的部分加工通常表现为正向的兼容效应，即兼容组的加工速度要快于不兼容组(Ganor-Stern，Pinhas & Tzelgov，2009；Nuerk，Kaufmann，Zoppoth & Willmes，2004)。相比之下，序列加工的观点认为，当比较两个阿拉伯数字时，人们是按照从左到右的顺序依次进行加工的。人们认为最左边的数字更为重要，因此在右边的数字出现之前就对它进行加工。序列加工的证据主要来自对四位或六位整数的研究(Meyerhoff，et al.，2012；Poltrock & Schwartz，1984)。例如，研究发现，对于四位或六位数字的加工是分组块进行的，每2至4个数字形成一个组块，组块内为平行加工，组块间为序列加工。与一些研究(Ganor-Stern，et al.，2009；Nuerk，et al.，2004)相似，迈耶霍夫等人(2012)通过负向的兼容效应证实了序列加工，即不兼容组的加工速度快于兼容组。

有研究表明，在进行比较任务时，兼容效应受到最右边的个位数加工重要性的影响(Huber，Mann，Nuerk & Moeller，2013；Macizo & Herrera，2011)。在他们的研究中，通过增加实验材料中十位相同数字(如 52 与 58)的比例(如 20%、50%和 70%)，提高了个位数加工的重要性。结果表明，当个位数变得比十位数更加重要时(当十位相同数字有 70%)，兼容效应由负转正。胡贝尔等人(2013)的研究提供了第一个眼动追踪证据，表明兼容效应随着十位相同数字的比例的增加而增大，人们在比较过程中对十位数的关注更少而对个位数的关注更多。

综上所述，在两位数加工中，是否存在部分表征，以及部分表征是平行加工还是序列加工还存在争议。尽管在整数研究中已经有许多研究结果，但少有研究涉及成年人的两位小数加工。小数，即有理数的小数表达，由小数点("．")和一列数字(如 0.32 和 3.2)表示。虽然"32""0.32"和"3.2"在视觉上非常相似，但它们表示完全不同的数值大小。据我们所知，目前仅有两项研究对小数的加工方式进行了探究(Cohen，2010；Varma & Karl，2013)。科恩(2010)在数字比较任务中，比较了两位整数和两位 0 至 1 之间的小数的加工方式。结果显示，在两位整数比较中，数字距离对反应时有主要影响；然而，在小数比较中，目标刺激与标准刺激的十分位的物理相似性对反应时有主要影响。这表明，整数的加工方式不同于小数。瓦姆和卡尔(2013)发现，在比较 0 至 1 之间的小数时，存在十分位和百分位的兼容效应，十分位和百分位是平行加工的。

鉴于相关研究较少，本研究旨在提供新的文献，以阐明两位小数的心理表征的本质。虽然有两项研究涉及 0 到 1 之间的两位小数的加工方式，但我们通过探索大于 1 的两位小数以及 0 到 1 之间的两位小数的加工方式来扩展先前的研究。其中，介于 0 和 1 之间的两位小数可以被称为纯小数，纯小数的整数位为 0(如 0.54)；大于 1 的两位小数可以被称为带小数，由一个整数位与一个小数位组成(如 5.4)。理论上，阐明带小数在人脑中是如何加工的是非常重要的，因为该研究结果可以让研究者们明白目前对整数的发现是否能够适用于所有类型的小数。此外，本文旨在检验胡贝尔等人(2013)的研究结果是否可以推广到小数比较上。我们还首次通过实证研究考察了在小数比较中，当最右边的数字加工的重要性增加时，兼容效应是否增强。

在我们的研究中，如果百分位或十分位的数量距离(纯小数或带小数)对两位小数的比较有显著影响，并且可以观察到类似于整数研究中的十位个位兼容效应，这可能表明小数是部分加工的。由于十位数的大小变化和数字整体的大小变化有很大的相关性($r=0.97$)，因此决定加工模型的关键因素是个位数(Zhou，Chen，Chen & Dong，2008)。因此，我们使用最右侧位置上的数字的数值距离和兼容效应作为判断部分加工的两个主要指标。这两个指标反映的都是最右边的数字是单独表征的，不过兼容效应是通过揭示两个数位的加工存在相互干扰间接地反映了这一点。另外，如果部分表征存在，当兼容效应为正时，则说明部分表征是平行加工方式；当兼容效应为负时，则说明部分表征是序列加工方式(Ganor-Stern，et al.，2009；Meyerhoff，et al.，2012；Nuerk，et al.，2004)。

综上所述，本研究旨在探究小数的加工方式是否是部分加工。如果是部分加工，那么是部分加工中的平行加工还是序列加工。另外，我们首次探究了在纯小数、带小数中，最右边数位加工的重要性对兼容效应的影响。本文一共涉及四个研究。实验1复制了纽尔克等人(2001)的实验，检验了中国被试两位整数的加工方式，以便与小数的研究结果进行比较。实验2和实验3分别检验了比较任务中两位纯小数和两位带小数的加工方式，这两个实验没有涉及最右数位加工的重要性。实验4则涉及最右数位加工的重要性。

二、实验1

该实验使用数量大小比较任务探讨整数的具体加工过程。被试需要比较同时呈现的两个整数的大小。

(一)方法

1. 被试

被试选取西南大学27名大学生。他们的年龄范围从18到26岁($M=21.1$，$SD=1.7$)。所有被试均为右利手且视力正常或矫正视力正常。被试在实验之前签署了知情同意书。在实验之后，每名被试获得10元报酬。

2. 实验设计和材料

本研究采用纽尔克(2001)等人的方法。实验当中有240对两位数的整数对，介于21到98之间。个位数以及数字相同的两位数将会被剔除。在每一对数对当中，两个数字的首位数是不同的，这样可以保证被试会根据首位数字做出判断。不同实验条件下的总体距离、每一位数的距离、问题大小等都得到匹配。此外，我们会确保每次呈现的四个数字(一个整数对)没有重复的数字并且数字之间无法被互相整除(Nuerk, et al., 2001)。为了控制可能的顺序效应，每一对数字当中的较大数字和较小数字都将在屏幕左侧和右侧呈现。

本研究采用2×2×2的被试内设计。自变量是十位数数值之间的距离、差值以及十位个位兼容效应。

3. 实验程序

被试需要在同时呈现的整数对当中选出较大的一个。如果左边的数字比右边大，则按F键，而如果右边的数字比左边大，则按J键。所有刺激都将随机呈现。

被试在隔音的房间内独立完成数字比较任务，距电脑屏幕约60 cm。所有刺激以白底黑字(Times New Roman 字体，28号字)呈现在19英寸的彩色显示器的中央。帧频为75 Hz，分辨率为800×600像素。

每一个试次中，首先呈现一个固定点500 ms。然后数字对会在距离屏幕中央2.5 cm处呈现直到被试做出反应或者3000 ms之后自动停止。试次之间间隔500 ms。在正式实验之前，有8次练习。正式实验有480个试次，每一组有80个试次。每组实验完成之后，被试可以休息，休息时间自己决定。

4. 数据分析

分析正确反应的反应时。对于每个被试，剔除得分在正负三个标准差之外的试次，然后计算每种条件下剩余试次的平均反应时。之后，进行2×2×2的重复测量方差分析。三个被试内因素为十位距离(大和小)、个位距离(大和小)差值以及十位个位兼容性(兼容和不兼容)。

(二)结果

表 1 显示了每种条件下的反应时和正确率。反应时与正确率分析的结果相同，表明十位距离、个位距离以及兼容效应均显著。十位距离主效应显著[反应时：$F(1, 26)=193.945$，$p<0.001$，$\eta^2=0.882$；正确率：$F(1, 26)=98.226$，$p<0.001$，$\eta^2=0.791$]。十位数距离大的数对要比十位数距离小的数对的反应时快 64 ms 且正确率高 4.75%。个位距离主效应也显著[反应时：$F(1, 26)=9.472$，$p<0.001$，$\eta^2=0.267$；正确率：$F(1, 26)=5.836$，$p=0.023$，$\eta^2=0.189$]。然而，距离效应出现了反转，即个位数距离小的反应时要比距离大的快 8 ms，并且正确率高 0.62%。兼容效应的主效应也显著[反应时：$F(1, 26)=6.555$，$p=0.017$，$\eta^2=0.201$；正确率，$F(1, 26)=4.936$，$p=0.035$，$\eta^2=0.160$]。兼容数对的反应时要比非兼容数对的反应时快 5 ms 且正确率高 0.75%。但是三者之间不存在显著的交互作用。

表 1　实验 1 中不同条件下整数的平均反应时和正确率

		十位小距离		十位大距离	
		十位小差值	十位大差值	十位小差值	十位大差值
平均反应时(ms)	兼容	604±75	614±86	549±63	550±67
	非兼容	614±84	624±93	546±66	555±64
正确率(%)	兼容	95.15±3.47	94.33±4.79	99.52±1.16	99.00±1.07
	非兼容	93.74±4.17	93.78±4.01	99.33±1.07	98.15±2.09

(三)讨论

实验 1 表明了显著的个位距离效应和兼容效应。这为两位整数的部分表征提供了证据。本研究中显著的正向兼容效应表明被试对于个位和十位数字的表征是平行的。该结果与以往研究结果一致。

有趣的是，本研究发现十位数字存在经典的距离效应而个位数字却是反转的距离效应。事实上，纽尔克等人(2011)也曾发现了相似的结果：个位数字出现了反转的距离效应，尤其是在非兼容条件下，被试对近距离刺激的反应要比远距离刺激快30 ms。然而他们的研究并没有对此进行深入讨论。

三、实验2

实验1表明，被试对两位整数的比较采取了平行加工的方式。整数和纯小数在视觉上非常相似。研究发现，在理解一个小数时(如0.32)，与自然数在视觉上相似的正确(如0.32)和不正确的指代对象(如32)都被平行加工了(Varma & Karl, 2013)。因此，实验1当中的结果是否能拓展到两位数的纯小数尚不清楚。该实验与实验1基本相同，除了小数点向前移了两位。我们主要分析距离效应和百分位—十分位兼容效应。

(一)方法

1. 被试

本研究招募了西南大学21名大学生($M=22.6$，$SD=1.7$)。他们的年龄范围从20到26岁。所有被试均为右利手。其余特征均与实验1相匹配，不过所有被试均未参加过实验1。

2. 实验设计和材料

除了小数点向前移动两位之外，所有实验材料均与实验1相同。因此，小数数对的范围介于0.21与0.98之间。同样，本研究采用2×2×2被试内设计。实验程序与实验1相同。

(二)结果

表2表明了每一种实验条件下的反应时和正确率。反应时的分析表明，十分位距离主效应显著[$F(1, 20)=450.203$，$p<0.001$，$\eta^2=0.957$]。被试对十分位距

离大的反应时要比对距离小的反应时快 66 ms。百分位距离主效应同样显著[F(1, 20)=11.711, p=0.03, η^2=0.369]。同样，距离效应出现了反转：被试对百分位距离小的反应时要比对距离大的反应时快 8 ms。

表 2 实验 2 中不同条件下小数的平均反应时和正确率

		十位小距离		十位大距离	
		百分位小距离	百分位大距离	百分位小距离	百分位大距离
平均反应时(ms)	兼容	648±65	664±72	590±63	591±62
	非兼容	653±62	662±70	589±64	594±59
正确率(%)	兼容	93.48±5.34	93.48±5.20	99.14±1.71	99.10±1.09
	非兼容	92.90±4.40	95.50±4.94	99.48±0.98	98.67±1.77

对正确率的分析表明，十分位距离主效应显著[F(1, 20)=50.014, p=0.001, η^2=0.714]。被试对十分位距离大的正确率要比距离小的高 5.37%。此外，十分位距离、百分位距离以及兼容性之间存在显著的交互作用[F(1, 20)=7.119, p=0.015, η^2=0.263]。进一步分析表明，对于非兼容组，十分位距离和百分位距离存在显著的交互作用[F(1, 20)=6.550, p=0.019, η^2=0.247]，然而对于非兼容组，交互作用不显著(p=0.961)。事后检验表明，对于十分位距离较大的刺激对，百分位距离效应显著[t(20)=2.364, p=0.028]，然而对于十分位距离较小的刺激对，百分位距离效应不显著(p=0.089)。

关于为什么在上述结果中不存在兼容效应，我们猜测一个可能的原因是一半被试存在负的兼容效应，而另一半被试存在正的兼容效应，从而导致总的结果不存在兼容效应。因此后续的分析考察了个体的兼容效应模式。将兼容效应作为自变量，反应时作为因变量，我们进行了单因素方差分析。结果表明，只有一个被试展现出显著的正向兼容效应(p=0.011)，而其余 20 名被试既没有正向的兼容效应也没有负向的兼容效应。因此，兼容效应不显著并不是正向的或负向的兼容效应相抵消的结果。

(三)讨论

根据反应时的实验结果，两位纯小数是部分表征的。此外，十分位距离、百分位距离以及兼容效应之间显著的交互作用揭示了百分位数对于小数比较有重要影响。百分位数的距离效应只发生在十分位距离较大的非兼容性数对中。十分位距离大的数对比于十分位距离小的数对更容易识别，因而当十分位距离较大时，被试将会有更多的认知资源来处理百分位数。同时，在十分位和百分位非兼容性数对中，十分位和百分位的两两比较会导致不同的甚至冲突的结果(例如，比较 52 和 47，5 ＞ 4 但是 2＜7)。这种冲突的结果可能会使被试在依赖十分位进行数字比较任务时缺乏自信。结果，相比于兼容性数对，百分位数可能会被投入更多的资源。

总之，两位小数是部分表征的，这与实验 1 当中整数的研究结果相同。然而，小数和整数亦存在差异。对于整数来说，有明显的证据表明它是平行加工的。相比之下，小数的部分加工是平行的还是序列的，是难以判断的，因为它既不存在正向的兼容效应也不存在负向的兼容效应。

四、实验 3

实验 2 表明，两位纯小数的比较是部分加工的。与整数相比，纯小数和带小数在视觉上更相似。实验 3 考察了上述发现是否可以推广到两位带小数上。这是在数量比较任务中首次使用带小数作为刺激。

(一)研究方法

1. 被试

从西南大学招募了 22 名本科生。他们的年龄从 19 岁到 25 岁不等(M=21.7，SD =1.4)。所有被试均为右利手。这些被试的其他特征与实验 1 中被试的特征相似。所有被试均未参加实验 1 和 2。

2. 实验材料

本实验材料与实验 1 中的材料相同，只是小数点向前移动了一个数字。因此，比较了 2.1 ～ 9.8 的带小数数对。实验程序与实验 1 相同。

(二)研究结果

表 3 显示每种条件下的反应时和正确率。只有个位距离对带小数的比较有影响。个位距离的主效应显著[反应时：$F(1, 21)=264.789$，$p=0.001$，$\eta^2=0.929$；正确率：$F(1, 21)=42.091$，$p=0.001$，$\eta^2=0.667$]。个位距离大的数字对比距离小的反应时快 58 ms，正确率高 3.73%。十分位主效应、兼容效应和交互作用均不显著。

同样，实验 3 也考察了每个被试的兼容效应。反应时分析显示，只有一个被试表现出了正向的兼容效应($p=0.004$)，只有一个被试表现出了负向的兼容效应($p=0.003$)。其余 20 名被试未表现出正向的和负向的兼容效应($ps>0.066$)。因此，本实验中未出现兼容效应并不是因为所有被试中正向的与负向的兼容效应相互抵消的原因。

表 3　实验 3 中带小数在不同条件下的平均反应时和正确率

	个位小距离		个位大距离	
	十分位小距离	十分位大距离	十分位小距离	十分位大距离
平均反应时(ms)	599 ± 90	608 ± 97	541 ± 75	545 ± 80
	604 ± 92	604 ± 92	546 ± 83	548 ± 82
正确率(%)	95.60 ± 3.64	95.93 ± 3.88	99.70 ± 0.79	99.57 ± 0.90
	95.87 ± 4.35	95.77 ± 3.74	99.50 ± 1.04	98.97 ± 1.40

(三)讨论

本实验没有为带小数的部分加工模型提供任何证据。在反应时和正确率分析中十分位的距离效应均不显著，说明带小数中的十分位没有被单独表征。

五、实验 4

在实验 2 和实验 3 中，纯小数和带小数均未产生兼容效应。这个可能是由于要比较的两个数字的首位数字(十分位、个位)不相同(如 0.28 _ 0.57 与 2.8 _ 5.7)，结果被试可以仅依据最左边数字进行正确的判断，而忽略了对最右边数字的比较。换句话说，没有出现兼容效应可能是源于比较任务中第二位数的重要性较弱。

为了检测纯小数和带小数的第二位数字加工的重要性对兼容效应可能存在的影响，本实验通过设计两个补充项比例(20%和 70%)来提高最右边数字加工的重要性。之所以选择这两种比例，是因为以往研究发现这两种比例下的加工存在明显差异(Macizo & Herrera，2011)。对于纯小数，填充试次有相同的十分位数(例如，0.52 _ 0.58)；对于带小数，填充试次有相同的个位数(例如，5.2 _ 5.8)。

(一)研究方法

1. 被试

从西南大学共招募了 79 名本科生。被试年龄从 18 岁到 25 岁不等(M=20.6，SD =1.5)。被试中有 3 名为左利手、76 名为右利手，裸眼视力或矫正视力正常。被试被随机分为四组，其中一个小组有 19 名被试，其他三组有 20 名被试。四组之间没有明显的年龄差异，平均年龄为 20 岁(p =0.549)。所有被试在实验前都签署了知情同意书。实验结束后，每位被试将获得人民币 10 元酬劳。

2. 实验材料和设计

实验试次包括实验 2 中 240 个 0.21 至 0.98 之间的数字对和实验 3 中 240 个 2.1 至 9.8 之间的数字对，这些数字对中最左边的数字都是不同的。纯小数的填充试次是 0.21 和 0.89 之间的，最左边数字相同的数字对；带小数的填充试次是 2.1 和 8.9 之间的，最左边数字相同的数字对。在纯小数和带小数条件下，填充试次均有两种比例(20%和 70%)，分别对应 60 和 560 个填充试次。

因此，共有两个被试间变量，包括小数类型(纯数字或混合数字)和填充比例

(20% 或 70%)。被试被分为四组，每组完成一个任务。每个任务分为两个组块。两个组块的实验和填充试验次数相同(对于 20% 的比例，有 120 个实验和 30 个填充试次；对于 70% 的比例，有 120 个实验和 280 个填充试验)。

3. 程序

与实验 1 相同，除了每个任务有 20 个练习试次外。在一个组块之后，被试暂停休息一下，他们可以按照自己的节奏结束休息。

(二)研究结果

在实验 4 中，仅对 240 个实验试次进行分析。为了全面考察最右边的数字对小数加工重要性的影响，我们将实验 2、3 和 4 结果合并，进行了联合分析。被试内变量有第一个数字距离、第二个数字距离和兼容性。被试间变量有填充比例(0%、20%、70%)和小数类型(纯小数和带小数)。由于与最右数位加工无关，实验 2 和 3 实际上涉及纯小数和带小数 0% 的填充比例。表 4 和表 5 分别显示了实验 4 中每个条件的反应时和正确率。

表 4 实验 4 纯小数在不同条件下的平均反应时和正确率

		个位小距离		个位大距离	
		百分位小距离	百分位大距离	百分位小距离	百分位大距离
20%平均反应时(ms)	兼容	697 ± 88	608 ± 97	541 ± 75	545 ± 80
	不兼容	707 ± 92	721 ± 100	646 ± 81	638 ± 81
正确率(%)	兼容	94.47 ± 5.87	94.71 ± 6.73	99.63 ± 1.10	99.45 ± 1.31
	不兼容	93.92 ± 4.37	92.32 ± 5.21	99.61 ± 1.21	99.16 ± 1.46
70%平均反应时(ms)	兼容	729 ± 55	711 ± 59	663 ± 53	656 ± 51
	不兼容	796 ± 60	781 ± 47	696 ± 56	709 ± 54
正确率(%)	兼容	95.65 ± 3.76	97.30± 3.78	99.80 ± 0.89	99.55 ± 1.39
	不兼容	88.50 ± 8.65	85.90 ± 9.03	97.50 ± 3.58	96.95 ± 4.81

表5 实验4带小数在不同条件下的平均反应时和正确率

		联合小距离		联合大距离	
		十分位小距离	十分位大距离	十分位小距离	十分位大距离
20%平均反应时(ms)	兼容	643 ± 65	640 ± 73	592 ± 73	570 ± 61
	不兼容	665 ± 85	675 ± 89	602 ± 77	593 ± 79
正确率(%)	兼容	97.10 ± 3.60	96.08 ± 4.78	99.32 ± 1.74	99.65 ± 1.08
	不兼容	94.82 ± 4.88	89.95 ± 8.45	99.10 ± 1.62	99.27 ± 1.52
70%平均反应时(ms)	兼容	681 ± 60	678 ± 64	627 ± 45	615 ± 46
	不兼容	741 ± 77	739 ± 78	656 ± 55	659 ± 67
正确率(%)	兼容	94.80 ± 4.21	97.12 ± 3.15	99.80 ± 0.89	100.00 ± 0.00
	不兼容	85.87 ± 8.24	85.55 ± 8.91	97.02 ± 3.21	95.42 ± 4.44

反应时分析表明，第一个数字距离主效应显著，$F(1,116)=11.452$，$p<0.001$，$\eta^2=0.926$，兼容性主效应显著，$F(1,116)=139.858$，$p<0.001$，$\eta^2=0.547$，填充比例主效应显著，$F(1,116)=21.49$，$p<0.001$，$\eta^2=270$，小数类型主效应显著，$F(1,116)=14.253$，$p<0.002$，$\eta^2=0.109$。重要的是，第一个数字距离、兼容性和填充比例交互作用显著，$F(1,116)=8.54$，$p<0.001$，$\eta^2=0.132$，第二个数字距离、兼容性和填充比例交互作用显著，$F(1,116)=5.160$，$p=0.007$，$\eta^2=0.082$，第一个数字距离、第二个数字距离和填充比例交互作用显著，$F(1,116)=7.046$，$p=0.001$，$\eta^2=0.108$。

随后的分析显示，第一个数字距离、兼容性和填充比例之间的三维交互作用是由于对于70%的填充比例，第一个数字距离和兼容性之间的二维交互作用显著，$F(1,39)=21.96$，$p<0.001$，$\eta^2=0.360$，而对于20%和0%的填充比例，结果则不然($ps>0.400$)。事后t检验显示，不管第一个数字距离大或小，正向的兼容效应均显著，$t(39)=10.945$，$t(39)=9.240$，$ps<0.001$，但是对于第一个数字距离较大的数字对，其兼容效应比距离较小的更大。值得注意的是，对于20%的填充比例，兼容效应也显著，$F(1,38)=25.344$，$p<0.001$，$\eta^2=0.400$。相比之下，

对于 0%的填充比例，兼容性主效应不显著($p=0.593$)。

第二个数字距离，兼容性和填充比例之间的三维交互作用是由于对于 20%的填充比例，第二个数字距离和兼容性之间的二维交互作用显著，$F(1, 38)=11.995$，$p=0.001$，$\eta^2=0.240$，而对 70% 和 0% 的填充比例则不然($ps>0.113$)。事后 t 检验表明，对于兼容对，第二个数字距离效应显著，$t(38)=3.908$，$p<0.001$，然而对于不兼容对，距离效应不显著($p=0.508$)。相比之下，对于 0%的填充比例，无论是兼容对还是不兼容对，第二个数字距离的主效应显著，$F(1, 42)=10.079$，$p=0.003$，$\eta^2=0.94$。

第一个数字距离、第二个数字距离、填充比例之间的三维交互作用是由于第二个数字距离与第一个数字距离之间的二维交互作用在填充比例为 20%和 0%时显著，$F(1, 38)=11.860$，$p=0.001$，$\eta^2=0.293$；$F(1, 42)=3.956$，$p=0.053$，$\eta^2=0.086$，而在填充比例为 70% 时不显著($p=0.202$)。事后 t 检验结果表明，在填充比例为 20%时，第一个数字距离较大时第二个数字距离显著，$t(38)=5.360$，$p<0.001$，但是第一个数字距离较小时第二个数字距离不显著($p=0.293$)。对于 0%填充比例，相反的模式出现了。第一个数字距离较小时第二个数字距离显著，$t(38)=3.215$，$p=0.003$，但是第一个数字距离较大时第二个数字距离不显著($p=0.304$)。对于 70% 填充比例，第二个数字距离主效应不显著($p=0.077$)。

在正确率分析中，第一个数字距离主效应显著，$F(1, 116)=317.160$，$p<0.001$，$\eta^2=0.732$，兼容性主效应显著，$F(1, 116)=85.169$，$p<0.001$，$\eta^2=0.423$，填充比例主效应显著，$F(1, 116)=10.028$，$p=0.001$，$\eta^2=0.147$。另外，第一个数字距离、兼容性和填充比例交互作用显著，$F(1, 116)=17.589$，$p<0.001$，$\eta^2=0.233$，以及第一个数字距离、第二个数字距离和填充比例交互作用显著，$F(1, 116)=5.216$，$p=0.001$，$\eta^2=0.083$。

随后的分析表明，第一个数字距离、兼容性和填充比例的三维交互作用是由于第一个数字距离和兼容性之间的二维交互作用在填充比例为 20%和 70%时显著，$F(1, 38)=9.029$，$p=0.005$，$\eta^2=0.192$，$F(1, 38)=38.282$，$p<0.001$，$\eta^2=0.495$，而在填充比例为 0% 时则不显著($p=0.567$)。事后 t 检验结果表明，只有

在填充比例为 20%，第一个数字距离较小时，兼容效应才显著，$t(38)=3.379$，$p=0.002$。然而，对于 70% 的填充比例，不管第一个数字距离大或小，兼容效应均显著，$t(39)=8.463$，$t(39)=5.845$，$ps<0.001$，只是第一个数字距离小时兼容效应较大。此外，对于 0%的填充比例，兼容性主效应不显著($p=0.982$)。

与反应时结果类似，第一个数字距离、第二个数字距离和填充比例之间的三维交互作用是由于对于 20%和 0%的填充比例，第二个数字距离与第一个数字距离之间的二维交互作用显著，$F(1, 38)=5.038$，$p=0.031$，$\eta^2=0.117$，$F(1, 42)=4.577$，$p=0.035$，$\eta^2=0.102$，但对于 70%的填充比例二维交互作用不显著($p=0.299$)。事后 t 检验表明，当填充比例为 20%，第一个数字距离较小时，第二个数字距离显著，$t(38)=2.409$，$p=0.021$，第一个数字距离较大时，第二个数字距离不显著($p=0.917$)。当填充比例为 0%时，第一个数字距离较大时，第二个数字距离效应显著，$t(42)=3.028$，$p=0.004$，而第一个数字距离较小时，第二个数字距离不显著($p=0.171$)。相反，对于 70%的填充比例，第二个数字距离主效应不显著($p=0.724$)。

综合来看，0% 、20% 和 70% 填充比例的兼容效应和第二个数字距离效应有很大不同。为了确认这一发现，我们计算了每个比例下兼容效应的大小。不兼容试次的反应时和正确率减去兼容试次的反应时和正确率，然后相减的结果除以不兼容试次的反应时或正确率。同时，我们计算了每个比例下距离效应的大小(Sasanguie，defver，van den Bussche & Reynvoet，2011)。小距离的反应时或正确率减去大距离的反应时或正确率，然后除以小距离的反应时或正确率。

以填充比例为自变量，以兼容效应大小为因变量进行方差分析。结果表明：填充比例主效应显著[反应时：$F(1, 119)=54.599$，$p<0.000$，$\eta^2=0.479$；正确率：$F(1, 119)=43.501$，$p<0.001$，$\eta^2=0.422$]。当填充比例为 70%时，兼容效应最大(反应时：0.071；正确率：−0.073)，当填充比例为 0%时，兼容效应最小(反应时：0.001；正确率：−0.0002)。对于 20%的填充比例，兼容效应的大小处于中间(反应时：0.028；正确率：−0.017)。

以填充比例为自变量，以第二个数字距离效应大小为因变量进行方差分析。实验结果表明，填充比例主效应显著，F (1，119)=8.162，p<0.000，η^2=0.121。0%的填充比例(－0.0084)与20%和70%的填充比例(0.0088和0.0067)的第二个数字距离效应差异显著。20%与70%的填充比例无显著差异。我们注意到，当填充比例为0%时，第二个数字距离效应的大小(－0.0084)是负的。这一发现与实验2一致，揭示了一个反向的距离效应。最后，正确率的分析未显示第二个数字距离效应受填充比例影响。

(三)讨论

联合分析表明，通过在刺激列表中增加20%和70%的填充试次加强最右数位加工的重要性，纯小数和带小数均产生了正向的兼容效应。特别是，当填充比例为70%时，最右数位加工的重要性大于最左数位加工的重要性，这时表现出很强的正向兼容效应。联合分析还证实，在实验2和3中最右数位加工没有重要性时，难以观察到兼容效应。这些结果表明，在实验2和实验3中不存在兼容效应可能与最右数位加工的不重要性有密切联系。总的来说，比较任务中纯小数和带小数的加工受到最右数位加工重要性的影响。当比较任务中最右数位加工具有较高的重要性时，纯小数和带小数的加工是平行的部分加工。然而，正如实验2所揭示的，当比较任务中不涉及最右数位加工时，纯小数没有表现出平行的部分加工模式；正如实验3所揭示的，带小数没表现出部分加工模式。

此外，我们的分析表明，第二个数字距离效应会被最右数位加工的重要性影响。然而，不像兼容效应，第二个数字距离效应与最右数位加工的重要性是负向关系。第二个数字距离效应在0%的填充条件下显著，而在70%的填充条件下不显著。兼容效应与第二个数字距离效应之间似乎不存在关联。其潜在原因可能是，当兼容效应增加时，分配给第二个数字表征的认知资源就越少。增加的兼容效应反映了这样一个事实，即随着最右数位加工的重要性增加，第一个数字受到第二个数字的干扰更为强烈。因此，被试需要更多的认知资源来抑制第二个数字的干扰，以便在比较任务中给出正确的答案。因此，可用于表征第二个数字的资源也更少。特别是，经典的距离效应可能涉及更精确的、基于算法的过程(Tzelgov，Meyer & Henik，1992)。

六、总讨论

在没有固定标准的数量比较任务中，我们考察了两位整数、两位纯小数和两位带小数的加工方式。与以前的研究一致(Moeller，Fischer，et al.，2009；Moeller，Nuerk，et al.，2009；Nuerk & Willmes，2005；Nuerk，et al.，2001)，结果证实了两位整数的部分表征。最重要的是，研究表明在比较任务中最右数位加工不重要时，纯小数而不是带小数的加工表现出部分表征模式。然而，随着最右数位加工的重要性增加，比较任务中两位纯小数和两位带小数都表现出平行的部分加工。

(一)两位纯小数的加工

实验1和实验2表明，当最右数位加工不重要时，比较任务中两位纯小数的加工与整数的加工类似。具体表现在：第一个数出现经典的距离效应，而第二个数表现出反向的距离效应。我们推测两位整数和两位纯小数的第一和第二个数字有不同的加工机制。

关于反向的距离效应，以往研究主要在顺序判断任务中发现，这类任务通常要求被试判断两个或三个数字的顺序是否正确(Franklin & Jonides，2009；Franklin，Jonides & Smith，2006，2009；Turconi，Campbell & Seron，2006)。有研究利用功能磁共振成像技术在数量比较任务中观察到经典的距离效应，而在顺序判断任务中观察到反向的距离效应。在数量和顺序判断任务中顶内沟(IPS)都会被激活，但被试似乎对两个任务使用了不同的策略。因此作者设想被试在数量大小比较任务中使用的是比较机制，但在顺序判断任务中使用的是扫描机制，因而导致了反向的距离效应(Franklin & Jonides，2009；Franklin，et al.，2009)。

因此，具体到本研究，两位整数和纯小数的比较很可能第一个数涉及比较加工而第二个数涉及扫描加工。在数量比较任务中，当距离较小时，数量很难分辨，因此距离小的比距离大的反应时间长。相反，在序列扫描加工中，当距离较大时(例如，扫描2到4号比扫描2到8号需要更少的时间)，被试需要扫描两个数字之间更多的数字，因此距离大的比距离小的反应时间长。然而，为什么只在第二个数字出现扫描加工尚不清楚。我们设想被试可能意识到他们可以只根据第一个数字做出判断，没有必要比较第二个数字。因此，他们只扫描了第二个数字的顺序信息。的确，在本研究中，每个数字对的第一个都是不同的，这意味着被试可以在不比较第二个数字的情况下做出判断。

总之，当最右数位加工不重要时，比较任务中两位整数和纯小数的两个数字被分别表征了，尽管依赖不同的加工机制。然而，两位整数与纯小数之间也是存在一些差异的。以正向兼容效应作为指标，本研究为两位整数的平行加工提供了有力的证据，然而两位纯小数并没有表现出平行加工模式。这说明，虽然纯小数的每个数字被部分表征，但是重要性较小的百分位数字对重要性较大的十分位数字不会出现类似于 Stroop 的干扰效应。同样，在瓦姆和卡尔(2013)的研究中，即使小数产生了正向兼容效应，但这种效应弱于整数中的兼容效应。也就是说，小数中的干扰效果比整数小。对此，可能的一个解释是，离小数点远的数字与精度更加相关，而不是与大小更相关。当从小数点后连续移动时，关于数字大小的信息就会减少，尽管获得了精度信息(Cohen，2010)。因此，与接近小数点的数字相比，远离小数点的数字没那么重要，卷入更少的加工资源和努力。的确，实验 2 中的比较只基于十分位数字就能做出正确判断，这导致被试可能更少注意百分位数字。

然而，通过将第一位数不同的纯小数和第一位数相同的纯小数混合起来增加最右数位加工的重要性，实验 4 强有力地揭示了纯小数比较是平行部分加工。该结果与马西佐和埃雷拉(2011)基于两位整数的研究结果基本一致。与实验 2 中没有出现兼容效应对比，在实验 4 对冲突控制的要求较高，因而出现了正向兼容效应。在实验 4 中，右侧的百分位数的加工变得非常重要，因为必须加工百分位数才能正确比较最左数位相同的数字对的大小。根据马西佐和埃雷拉(2011)的观点，右侧百分位数的重要性增加将使被试关注比较任务中的百分位数表征。此外，相同的十分位数和不同的百分位数(如 0.52 与 0.58)的纯小数的多次比较产生的联想学习会加强百分位数的表征和纯小数整体之间的联系，当十分位数字与百分位数字大不一致(如 0.52 与 0.38)时，这种联想学习便会带来冲突。综上所述，实验 2 和实验 4 的结果表明纯小数的加工是灵活的，取决于刺激在线的具体特征。

(二)两位数带小数的处理

本研究首次提供了关于人们如何表征和加工带小数的信息。与两位整数和纯小数不同，当比较任务中的十分位数加工不重要时，没有证据支持部分表征。一个可能的解释是,左边数字大小接近整个带小数的大小。具体来说，对于一个带小数5.4,左边数字的大小是5，5和5.4之间的差异非常小。对于整数54，左边数字的大小也是5，但是5和54之间的差是49。对于纯小数0.54，左边数字的大小也是5，但是5和0.54之间的差是4.46。当左边数字的大小和数字的整体大小之间的差异较大时，被试可能更倾向于使用部分加工来加强整体加工。实际上，对两位数字的分解使个体“再利用”了从一位数获得的强联系，这样就可以在不出错的情况下进行两位数的大小比较(Verguts & de Moor，2005)。

对于带小数，左边数字的大小和整个数字的大小之间差异非常小，以至于很难辨别被试依赖整体加工还是部分加工。我们设想被试可能有自信只通过整体加工而不依靠部分加工来产生正确的答案。相比于小数，两位整数左边数字大小与整个数字大小之差是最大的。为了保证大小比较不出错，被试倾向于结合整体和部分加工，以达到更高的正确率。应当指出，这种结合整体与部分的加工倾向可能仅限于两位数，并且对于受过教育的成年人和对这种活动有足够认知资源的人来说是比较熟悉的。此外，由于带小数的整体大小与个位大小(r =0.97)有很高的相关性，对于为什么没有出现兼容效应的一个可能解释就是只有个位数字被单独加工了。带小数的“小数点”可能是一个直接的视觉来源。在形成表征的过程中，被试只加工在小数点前或小数点左边的重要的、必要的信息，而小数点后或右边的所有信息因为不重要则倾向于被忽略。

总体来说，最右数位加工不重要时，纯小数和带小数的加工不同于整数。这个结论与科恩(2010)、瓦姆和卡尔(2013)对小数表征的独特性的研究结果一致。我们的发现挑战了一种传统的观点，即人们通过忽略小数点将小数转换为自然数，并进行相应的自然数比较。

有趣的是，类似于纯小数，当实验 4 中最右数位加工重要时，带小数的加工是平行的部分加工。随着十分位加工的重要性增加，十分位表征和刺激属性之间的强烈联系使得当个位大小与十分位大小不一致时产生了强烈冲突(如 5.3 和 2.7)。综上所述，实验 3 和实验 4 的结果表明，比较任务中带小数的加工受到最右数位加工的重要性的影响。带小数的表征也是灵活的，并取决于刺激在线的具体特征。

纯小数和带小数的灵活表征类似于对刺激范围较小时两个数字的比较要快于对刺激范围较大时同样两个数字的比较(Pinhas，Pothos & Tzelgov，2013)。无独有偶，有研究发现，当被试被要求在一条代表从 0 到 10 的水平线上，将一个数字对中更大或更小的数字标记出来时，同样一个数字，会因为相邻的数字不同而被标记的位置不同(Shaki & Fischer，2013)。似乎简单数和复杂数的表征都是在有意识的数量加工中在线(on line)进行的，随情境而变。未来的研究应该探索简单数和复杂数的自动加工和表征是否取决于刺激在线的具体特征。

最后，应该指出小数表达上的一个文化差异。在中国和北美，小数符号是点(.)，而在一些欧洲和南美洲国家，小数符号可能是逗号(,)。使用逗号作为小数点标志(特别是带小数)，在加工时可能与整数的加工有很大不同，因为逗号在视觉上更明显地将整数与小数分隔开了。这一假设有待未来的研究进行验证。

七、总结

本研究发现在比较任务中，当最右数位加工不重要时，两位整数和两位纯小数出现了部分加工，不过整数还表现出平行部分加工的特点，而纯小数没有。而且本研究首次揭示了当最右数位加工不重要时，带小数没有出现部分加工。然而，当最右数位加工重要性增加时，纯小数和带小数都表现出平行部分加工的特点。

第七编

PART 7

执行功能的认知研究

在认知及其发展的研究中，我指导的博士生相当重视对客体、任务以及时空认知问题等执行功能的研究，我从中挑选了以我为通讯作者的5篇相关的研究报告。

预先信息的不确定性与准备时间对任务切换的影响*

一、引言

任务切换(task switching)是指人们在完成多项任务时快速地从一种任务转换到另一种任务的过程，该过程中切换加工是执行控制的一种重要功能，体现为在工作记忆中控制竞争同一认知资源的两项任务间相互切换的过程(Rogers & Monsell, 1995; Monsell, 2003)。它是当前研究执行控制的一个重要范式。众多研究发现，被试执行切换任务(AB或BA)比重复任务(AA或BB)的反应时更长，错误率更高。这种由切换所导致的反应时或正确率的亏损被称为切换代价(switch cost)，其指标为切换任务与重复任务的反应时(或错误率)之差(Allport & Wylie, 2000; Monsell, 2003; Monsell & Mizon, 2006; Rogers & Monsell, 1995)。根据减法反应时的思想，切换代价反映了在切换时执行控制对各种认知活动的控制和调节过程，所以是量化执行控制能力的一个重要指标。

切换代价反映的认知加工是什么呢？这是该领域的焦点问题，因为对它的研究可以揭示在任务切换中执行控制的作用机制。有两种代表性观点：任务设置重构观(task set reconfiguration)和任务设置惯性观(task set inertia)。前一种观点认为，切换代价反映了在切换到新任务时执行控制对各种认知资源的重构过程，而重复任务却不需要这种重构。支持此观点的研究发现，如果对接下来的任务给予充分的时间进行准备，那么，重复任务的反应时无显著差异，但切换任务的反应时却显著减少，导致切换代价明显下降(Altmann, 2004; Meiran, Chorev & Sapir, 2000;

---

* 本文原载《心理学报》2010年第3期。本文其他作者为黄四林、胡清芬、罗良、陈桄。

Monsell & Mizon, 2006)。而后一种观点则认为，并不存在特定于切换任务的设置重构，切换代价反映的是前一个任务设置的惯性或延迟作用(Allport & Wylie, 2000; Koch & Allport, 2006)。与上述操作准备时间的研究不同，另一些研究通过控制被试事先获得新任务的信息程度，来考察任务之前的准备，即预先信息(foreknowledge)对任务切换的影响。结果发现预先信息对重复和切换任务的反应时具有同等程度的准备效应，即预先信息对切换代价无显著影响(Koch, 2005; Sohn & Carlson, 2000; Sohn & Anderson, 2001; Ruthruff, Remington & Johnston, 2001)。所以有研究者认为并不存在特定于切换任务的设置重构，而是由于前一个任务设置的惯性，干扰了切换任务，却促进了重复任务，产生了切换代价。

由此可见，是否存在特定于切换任务的设置重构，是这两种观点主要的分歧与争议。虽然支持这两种观点的研究考察的都是任务之前的准备效应，但是，支持重构观的研究操作的是准备时间，而支持惯性观的研究操作的是预先信息。综合已有文献我们发现，切换代价随着准备时间的延长而显著减少，这已达成了共识。但是，对于预先信息的准备效应却有待进一步研究和检验，原因主要有两个方面。

首先，预先信息对切换代价是否有影响仍然存在争议。例如，索恩和卡尔森(Sohn & Carlson, 2000)在实验1和实验2中通过控制任务序列(trial)为固定和随机的方式来操作预先信息，在预先信息条件下任务序列是固定的，并事先告诉被试任务分为切换区组和重复区组；而在无预先信息条件下任务序列是随机的，重复和切换混合在同一个区组内。结果发现在两种条件下切换代价无显著差异。这一发现得到了其他研究结果的支持(郭春彦、孙天义, 2007; Koch, 2005; Sohn & Anderson, 2001; Ruthruff, Remington & Johnston, 2001)。但是，另一些研究虽然采用了同样的方法却得出不同的结果。例如，有研究(Hsieh, 2002; Nicholson, et al., 2006)发现，与无信息条件相比，全部信息导致切换代价显著减少。还有研究(黄四林、胡清芬、林崇德等, 2008; Sohn & Carlson, 2000)比较了部分信息与全部信息之间切换代价的差异，结果发现全部信息的切换代价明显低于部分信息的切换代价。这种结果之间的差异不仅与上述研究所比较的预先信息的不同水平有关，而且与他们的操作方式和设计有关。

其次，在预先信息的操作和设计上存在一定的局限性。索恩等人的研究主要是通过控制任务序列为固定和随机的方式来操作预先信息的，这种操作方式存在三个明显的问题。一是在预先信息条件下的切换和重复任务分在不同区组中，而在无信息条件下，两种任务在同一区组中。所以，两种任务的混合与分开污染了预先信息的效应，而且与单一重复区组的重复任务相比，混合区组中的重复任务反应时显著要长(Monsell，2003；Philippe，et al.，2007)。二是在这种操作方式下，被试根据区组的性质可以从前一个任务类型来预测新任务。为准确预测新任务，被试必须时时刻刻提醒自己要始终关注和记住前一个任务的类型，这样必然会加重前一个任务对新任务的影响效应，而削弱了预先信息的准备效应。三是由于这种操作方式的限制，无法同时比较无信息、部分信息和全部信息三个水平之间的效应，只能在不同的实验中比较其中的两个水平。其后果是结论之间出现相互冲突。例如，上述索恩和卡尔森(2000)的研究，实验1和实验2发现无信息与全部信息之间的切换代价无显著差异，但是，实验3却发现与部分信息相比，全部信息的切换代价显著减少。根据三个水平之间的关系，与部分信息相比，无信息与全部信息之间的距离应该更大些。为什么全部信息与部分信息之间差异显著，而与无信息之间差异不显著呢？如果同时比较三者之间的效应，结果会怎样呢？

鉴于上述分析，我们认为有必要进一步研究预先信息的准备效应，以解决重构观与惯性观之争，澄清切换代价的本质。因此，本研究设计了一种新的预先信息操作方式，控制的不是前后任务序列关系，而是每个任务之前的提示线索，比较了预先信息的三个水平对切换代价的影响效应。如果预先信息的影响效应显著，则进一步考察在不同准备时间条件下其影响机制。

二、实验1：预先信息对任务切换的影响

(一)研究目的

通过变化任务之前的提示线索，控制被试获得新任务的信息程度，以考察预先

信息对切换代价的影响效应。

(二) 研究方法

1. 被试

被试为30名大学本科生，男生12人，女生18人，年龄为18～25岁，平均年龄为22.03岁。所有被试的视力或矫正视力正常。

2. 实验设计

采用3×2的被试内实验设计，第一个自变量是预先信息，包括3个水平：无信息、部分信息和全部信息，为区组(block)间设计；第二个自变量是任务类型，包括2个水平：重复任务和切换任务，为区组内设计。

因变量：由于所有被试的错误率均在7%以下，因此以正确反应时及其切换代价为指标。

3. 实验材料

有三个实验任务：判断数字大于5还是小于5，英文字母是元音还是辅音，符号是直线还是曲线。实验的刺激共有8×3＝24个：阿拉伯数字(小于5：1、2、3、4；大于5：6、7、8、9)，英文字母(四个辅音：G，K，M，R；四个元音：A，E，I，U)，符号(四个曲线符号：@，$，%，&；四个直线符号：!，#，=，*)。呈现给被试的实验刺激由一个数字、一个字母和一个符号组成，三者前后位置随机排列。在每个序列中，仅有一个是靶刺激，另外两个是干扰刺激，其中一个与靶刺激的反应方式相同，另一个相反。三种任务刺激均为黑色，泰晤士新罗马(Times New Roman)体，30号字。

线索刺激是一个直径为8 cm的三等分的圆。圆内的每个扇形分别代表一种任务，见图1。为平衡三种任务位置效应，扇形所对应的任务在被试间进行随机。被试根据刺激所在的位置选择对应的靶刺激，然后进行任务判断和反应。

正式实验中屏幕为灰色，线索刺激的三个扇形分为白色和灰色两种颜色，实验刺激只会出现在某个白色的扇形中。这样，我们通过变化白色扇形的数量和位置，把预先信息分为三种类型，控制被试获得新任务的信息程度(见图2)。

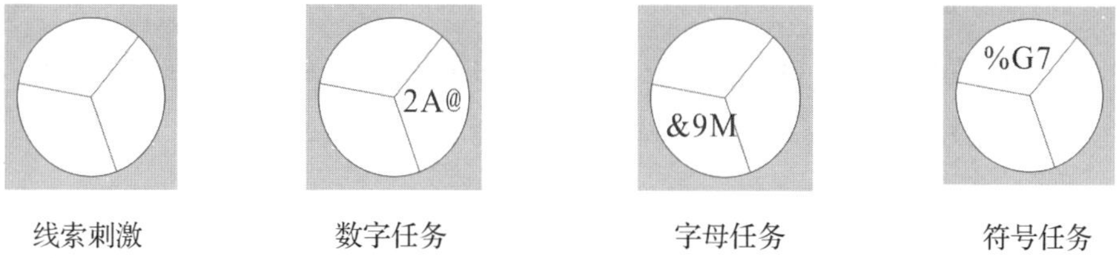

图 1　线索刺激和每个位置所对应的任务

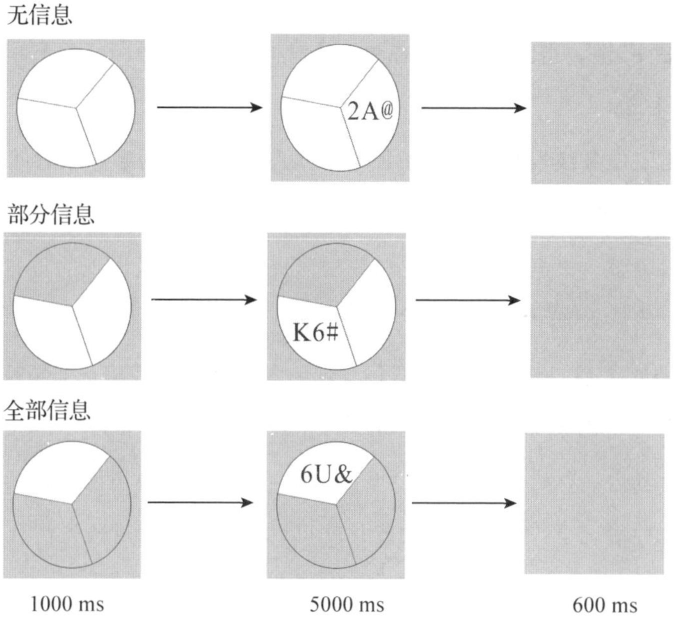

图 2　实验 1 的预先信息类型及时间进程

(1)无信息：圆内的三个扇形均为白色，实验刺激随机地出现在某个扇形中。因此，三种任务都有可能成为接下来要执行的任务。只有在刺激出现后，被试才能根据刺激所在的位置来判断新任务。

(2)部分信息：圆内有两个扇形为白色，另一个扇形为灰色。在这种情况下，为白色扇形的两种任务均有可能成为接下来要执行的任务，但是也必须等到刺激出现后，才能完全确定具体要执行的任务。与无信息相比，被试在部分信息条件下只需对两种任务进行准备，所以准确预测的可能性更大些，但仍然无法事先确定具体要执行的任务是什么。

(3)全部信息：圆内白色扇形只有一个，另外两个均为灰色。在这种情况下，在实验刺激出现之前，被试就能准确地预测到接下来要执行的具体任务了，因为一定是白色扇形对应的任务。

被试反应方式：被试以左、右手的食指按键盘上所对应的“F”和“J”键进行反应。左右键对应的任务在被试间进行平衡。具体地说，一半被试当大于5、元音和直线时按“F”键，当小于5、辅音和曲线时按“J”键；另一半被试反之，当小于5、辅音和曲线时按“F”键，当大于5、元音和直线时按“J”键。

4. 实验步骤

实验采用了任务线索范式，对于每个序列来说，呈现的顺序和时间见图2。

(1)提示线索阶段。本研究中提示线索的持续时间即为准备时间。每个序列开始，呈现线索刺激。根据信息类型，白色扇形提示实验刺激出现的位置和接下来要执行的任务。线索刺激的持续时间(准备时间)为1000 ms。因为当准备时间达到600 ms或者更长之后，切换代价的变化呈现一种渐进线的趋势，即切换代价不再明显减少，出现稳定的剩余代价(Meiran , Chorev & Sapir，2000；Rogers & Monsell，1995)。因此，当准备时间为1000 ms时，准备时间对切换代价的影响处于平稳状态。在这种情况下，切换代价的变化就可以归因于我们对预先信息的操纵。

(2)反应阶段。线索刺激呈现1000 ms后，实验刺激出现在某个白色扇形中，5000 ms。在5000 ms内，被试进行任务判断和按键反应，按键导致实验刺激和提示线索消失。

(3)延迟或反馈阶段。被试按键反应，如果反应正确，无任何反馈，灰屏600 ms为延迟阶段。反应错误，立即反馈“Error”，在5000 ms之内没有做出反应，反馈“No response”。这两种反馈刺激出现在屏幕中央，为30号泰晤士新罗马字体，持续时间为600 ms。延迟时间在500 ms以内时，切换代价呈现先上升再下降的趋势，因为被试在反应后会立即对刚刚做出的反应进行再编码，导致切换代价上升，而当延迟时间达到600 ms以后，切换代价也会呈现一种渐进线的趋势，不再减少(Meiran，1996；Meiran，Chorev & Sapir，2000)。由此可见，当延迟时间达到600 ms

时，切换代价的变化处于稳定状态。在这种条件下，再引入预先信息变量，切换代价的变化就可以归因于预先信息的作用了。

在练习和正式实验之前，明确告诉被试三个扇形位置所对应的任务，以及每个区组的信息类型，鼓励被试充分利用提示线索对任务进行准备，并要求做得又对又快。在被试对每种情况熟悉之后，开始进行练习。在练习阶段，根据预先信息的类型，将练习分为 3 个区组，每个区组内有 24 个序列，共有 72 个序列。全部练习结束后进入正式实验。

在正式实验中，每种实验组合(3×2=6 实验组合)由 64 个序列组成，共有 384 个。根据预先信息的类型，将整个序列分成 3 个区组，每个区组包括 128 个。为平衡区组顺序效应、扇形代表任务的位置效应、序列位置效应和被试按键反应效应，将整个实验分成 6 组进行。在前 3 组之间对 3 个区组的顺序和每个扇形所代表的任务进行同时平衡，即 ABC、BCA、CAB。在前 3 组的基础上，对后 3 组进行序列前后位置顺序和被试按键反应的平衡。在每个区组内，控制重复任务连续不超过 3 个，相同的靶刺激连续重复不超过 2 个。控制每个区组内重复任务与切换任务相等。把被试按照随机的方式分配到每组中，同时控制每组内被试男女性别比例平衡。

实验程序采用 E-Prime 2.0 软件编写，整个实验均在同一台电脑上进行，屏幕刷新频率为 85 Hz，分辨率为 1024×768，计算机自动控制时间，并记录被试的正确反应时和错误率。实验持续 50 min，中间安排被试进行适当的休息。

5. 数据处理

测量的反应时定义是：从靶刺激呈现到被试按键之间的时间间隔。只对正式实验中正确序列的反应时进行计算，具体地说，每个区组的前 4 个序列、被试反应错误的或在 5000 ms 内没有及时反应的，以及紧接着错误反应和无反应的后面一个序列，都不被纳入最后的统计分析之中。根据前后序列的关系把任务分成重复任务与切换任务，并分别计算每种任务类型的平均反应时和错误率。切换代价是：切换任务与重复任务的反应时之差。然后，对平均反应时进行 3(预先信息)×2(任务类型)的重复测量方差分析，同时对切换代价进行预先信息的单因素重复测量方差分析。

所有数据首先在 Excel 2003 中进行初步检查和处理，然后在 SPSS 15.0 统计软件中，采用重复测量的方差分析。

(三)结果分析

所有被试的正确率均在 90%以上，平均正确率为 96.1%，因此我们仅以反应时为因变量进行分析。首先进行 3(预先信息)×2(任务类型)的重复测量方差分析，结果发现，切换任务的反应时显著高于重复任务的反应时，$F(1,29)=97.89$，$p<0.001$。预先信息的主效应显著，$F(2,58)=23.34$，$p<0.001$。事后检验表明，全部信息的反应时明显低于无信息与部分信息的反应时($ps<0.001$)，而后两者之间无显著差异($p>0.05$)。预先信息与任务类型的交互作用显著，$F(2,58)=5.32$，$p<0.01$。简单效应表明，在无信息和全部信息条件下，切换任务的反应时极其显著地高于重复任务的反应时，$F(1,29)=45.34$，$F(1,29)=129.70$，$ps<0.001$；而在部分信息条件下，切换任务的反应时显著地高于重复任务的反应时，$F(1,29)=4.53$，$p<0.05$。

这表明，在三种预先信息条件下切换任务的反应时均显著高于重复任务。这是否表明预先信息对两种任务的影响程度一致呢？为回答这个问题，我们分别比较了在三种预先信息之间切换任务与重复任务反应时的变化趋势。结果发现，切换任务与重复任务平均反应时由无信息到部分信息条件下(见表 1)，分别减少了 6.01 ms 和-4.91 ms，二者差异不显著[$t(29)=0.43$，$p>0.05$]；由部分信息到全部信息之间，分别减少了 213.20ms 和 136.39ms，差异显著[$t(29)=2.33$，$p<0.05$]；由无信息到全部信息之间，分别减少了 219.21ms 和 131.48ms，差异极其显著[$t(29)=3.00$，$p<0.01$]。由此可知，在三种预先信息条件下，除了重复任务由无信息到部分信息之外，由无到部分，再到全部信息，两种任务的反应时都减少了，但是，切换任务反应时减少的速度显著大于重复任务，趋势越来越明显(见表 1)。这表明，预先信息对两种任务都有影响，但是对切换任务的影响程度显著大于重复任务。

表 1　两种任务的平均反应时及其切换代价(*SE*)(ms)

任务类型	无信息	部分信息	全部信息
切换任务	1239.65(44.29)	1233.64(40.19)	1020.44(39.46)
重复任务	936.19(36.04)	941.10(34.42)	804.71(27.06)
切换代价	303.46(32.05)	292.54(34.34)	215.73(29.94)

以切换代价为因变量，进行预先信息单因素重复测量方差分析。结果表明，预先信息主效应显著，$F(2, 58)=5.32$，$p<0.01$。事后检验表明，全部信息的切换代价显著低于无信息和部分信息的切换代价($p<0.01$，$p<0.05$)，而后两者之间差异不显著($p>0.05$)(见图 3)。

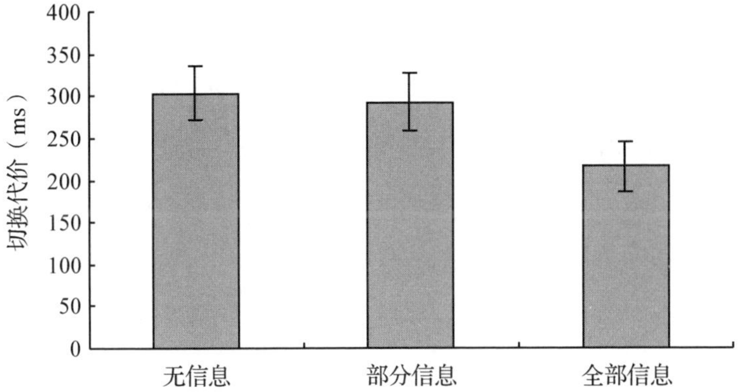

图 3　三种预先信息的切换代价

(四)讨论

实验 1 发现切换任务的反应时明显高于重复任务的反应时，与重复任务相比，正是由于切换导致了切换任务的反应时显著延长。这进一步验证了切换代价存在的现象，说明切换任务与重复任务之间存在不同的任务加工机制。

该实验的目的是，通过控制被试事先获得新任务的信息程度，来考察预先信息对任务切换的影响。结果发现，对于反应时来说，预先信息显著地促进了切换任务和重复任务的加工速度，但是对前者的影响程度明显大于后者。对切换代价的分析也再次明确地显示了预先信息的准备效应。由此我们可以推测，预先信息不仅影响了两种任务的加工过程，更为重要的是，影响了特定于切换任务的认知加工过程，即任务设置的重构。当然，这个结论有待进一步检验和验证。

对预先信息准备效应的分析发现，全部信息的反应时和切换代价均显著低于无信息和部分信息的反应时和切换代价，但是，后两者之间无显著差异。我们认为这二者之间无显著差异可能有两种原因。一种原因是，这两种信息之间的差距，还不足以达到引起切换代价显著变化的水平。在全部信息条件下，白色扇形只有一个，所以被试明确知道即将要执行什么任务。在部分信息条件下，白色的扇形有两个，接下来的任务存在两种可能性。在无信息条件下，三个扇形都为白色，三种任务都有可能成为要执行的任务。从准确度上来说，这三种信息条件下被试对接下来任务正确预测的概率分别为100％、50％和33％。很显然，前者与后两者之间的差异非常大，而后两者之间的差异就相对小多了。因此，在今后的研究中我们需要进一步改进对预先信息的操作方式，以扩大二者之间的距离。另外一种原因是，被试在这两种信息条件下，并没有利用预先信息进行准备，而是被动地等待下一个任务刺激的出现，然后再进行判断和反应。因为与全部信息相比，在这两种信息条件下被试都无法事先获得新任务的准确信息，故而可能索性放弃这种信息。

三、实验2：预先信息与准备时间对任务切换的影响

(一)研究目的

为进一步验证实验1的结论并揭示预先信息的影响机制，实验2考察了在不同准备时间条件下预先信息的准备效应。

(二)研究方法

1. 被试

被试为30名本科大学生，与实验1没有重复，男生9人，女生21人，年龄为18～25岁，平均年龄为20.9岁。所有被试视力或矫正视力正常。

2. 实验设计

采用 3×3×2 的被试内实验设计，第一个自变量是预先信息，包含 3 个水平：无信息、部分信息和全部信息，为区组间设计；第二个自变量为准备时间，包含 3 个水平：100 ms、600 ms、1000 ms，为区组间设计；第三个自变量为任务类型，包含 2 个水平：重复任务和切换任务，为区组内设计。

因变量：由于被试的错误率均在 6%以下，因此仅以正确反应时及其切换代价为指标。

3. 实验材料

与实验 1 相同。

4. 实验步骤

与实验 1 相同。唯一不同的是在准备阶段，准备时间分成三个水平，分别为 100 ms、600 ms、1000 ms。因为被试对线索感知加工的完成时间需要 200 ms 左右，还没有开始进行接下来任务的准备(Moulden, et al., 1998)。并且当准备时间达到 600 ms 或更长时间时，切换代价的变化形成了一种渐进线的状态，即切换代价不再显著减少(Rogers & Monsell, 1995)。该实验试图考察当准备时间为 1000 ms 时，在不同预先信息条件下，切换代价是否有显著差异。正因为如此，该实验的准备时间确定为上述三个水平。此外，在任务线索范式中准备时间为区组间设计时更容易出现切换代价的准备效应(Altmann, 2004; Mayr & Kliegl, 2003; Schuch & Kock, 2003)，所以对准备时间进行区组间设计。

根据预先信息条件，练习分为 3 个区组，每个区组内有 24 个序列，共有 72 个序列。全部练习结束后进入正式实验。

在正式实验中，每种实验组合(3×3×2=18 种实验组合)由 30 个序列组成，共有 540 个。整个实验有 9 个区组[3(预先信息)×3(准备时间)]，每个区组为 60 个序列。为平衡区组顺序效应、扇形代表任务的位置效应、序列位置效应和被试按键反应效应，整个实验分成 6 组进行。在平衡各种效应时，我们把同一种预先信息类型的 3 个区组放在一起。在平衡 3 种预先信息时，也对每种信息内部、不同准备时间的 3 个区组进行平衡。在前 3 组中，被试执行预先信息和扇形所代表任务的顺序均为ABC、BCA、CAB，与此同时，每种预先信息内部3个不同准备时间的顺序为ABC、BCA、CAB。为平衡序列前后位置顺序，在前3组的基础上，后3组把每个区组内的序列前后两部分进行对调，并且每组被试的按键方式与前3组相反。在每个区组内，控制重复任务连续不超过3个，相同靶刺激连续重复不超过2个。把被试按照随机的方式分配到每组中，同时控制每组内被试男女性别比例平衡。

正式实验持续时间为60分钟，中间安排被试进行适当的休息。

(三)结果分析

所有被试的正确率在90%以上，平均正确率为96.78%，因此我们仅以反应时为因变量，进行3(预先信息)×3(准备时间)×2(任务类型)的重复测量方差分析。结果发现(见表2)，切换任务的反应时明显高于重复任务的反应时，$F(1,29)=113.31$，$p<0.001$。预先信息和准备时间的主效应均显著，$F(2,58)=19.33$，$p<0.001$，$F(2,58)=5.54$，$p<0.01$。事后检验表明，全部信息的反应时显著低于无信息和部分信息的反应时($ps<0.001$)，而后两者之间差异不显著($p>0.05$)。准备时间为100 ms的反应时明显高于600 ms与1000 ms的反应时($p<0.05$，$p<0.01$)，而后两者之间无差异($p>0.05$)。三个二次交互作用显著，预先信息与准备时间交互作用显著，$F(4,116)=12.76$，$p<0.001$。预先信息与任务类型交互作用显著，$F(2,58)=6.96$，$p<0.01$。准备时间与任务类型的交互作用显著，$F(2,58)=29.86$，$p<0.001$。简单效应表明，在准备时间为100 ms条件下，三种预先信息的反应时无显著差异，$F(2,58)=0.88$，$p>0.05$；在600 ms与1000 ms条件下，三种预先信息的反应时均有显著差异，$F(2,58)=23.46$，$p<0.001$，$F(2,58)=32.81$，$p<0.001$。通过配对t检验进行事后检验表明，在600 ms与1000 ms两种条件下，全部信息的反应时均显著低于无信息与部分信息的反应时，$t(29)=5.95$，$t(29)=5.02$，$t(29)=8.64$，$t(29)=5.86$，$ps<0.001$，而后两者之间差异均不显著，$t(29)=0.83$，$p>0.05$，$t(29)=1.43$，$p>0.05$。在三种信息条件下，切换任务的反应时均显著高于重复任务的反应时，$F(1,29)=101.17$，$F(1,29)=103.30$，$F(1,29)=80.24$，$ps<0.001$。在三种准备时间条件下，切换

任务的反应时均明显高于重复任务的反应时，$F(1, 29)=42.16$，$p<0.001$，$F(1, 29)=9.33$，$p<0.01$，$F(1, 29)=6.15$，$p<0.05$(见表 2)。

表 2　两种任务的平均反应时与切换代价(*SE*)(ms)

任务类型	无信息			部分信息			全部信息		
	100 ms	600 ms	1000 ms	100 ms	600 ms	1000 ms	100 ms	600 ms	1000 ms
切换任务	1301.00 (49.02)	1281.40 (44.66)	1263.01 (47.13)	1273.78 (46.38)	1278.48 (50.27)	1234.03 (39.09)	1278.00 (54.06)	1037.97 (48.80)	1017.15 (45.26)
重复任务	906.90 (32.52)	932.31 (29.40)	970.73 (31.37)	880.79 (22.25)	896.92 (28.84)	921.35 (36.42)	850.57 (26.21)	824.08 (29.25)	821.23 (31.89)
切换代价	394.10 (36.91)	349.08 (40.44)	292.27 (40.07)	392.99 (45.92)	381.57 (41.42)	312.68 (35.86)	427.43 (43.27)	213.89 (32.89)	195.91 (29.31)

通过上述分析我们还发现，预先信息、准备时间与任务类型的三次交互作用显著，$F(4, 116)=5.59$，$p<0.001$。简单效应检验表明，在准备时间为 100 ms 条件下，在三种预先信息条件下，切换任务的反应时均显著大于重复任务的反应时，$F(1, 29)=114.02$，$F(1, 29)=73.24$，$F(1, 29)=97.58$，$ps<0.001$；在 600 ms 时，在三种预先信息条件下，切换任务的反应时也显著大于重复任务的反应时，$F(1, 29)=74.52$，$F(1, 29)=84.88$，$F(1, 29)=42.29$，$ps<0.001$；在 1000 ms 时，在三种预先信息条件下，切换任务的反应时也显著大于重复任务的反应时，$F(1, 29)=53.21$，$F(1, 29)=76.03$，$F(1, 29)=44.67$，$ps<0.001$。这表明，在各种条件下均恒定存在切换代价，见图 4。

对切换代价进行 3(预先信息)×3(准备时间)的重复测量方差分析，结果发现，预先信息的主效应显著，$F(2, 58)=6.96$，$p<0.01$。事后检验表明，全部信息的切换代价显著低于无信息与部分信息的切换代价($ps<0.01$)，而后两者之间差异不显著($p>0.05$)。准备时间的主效应显著，$F(2, 58)=29.86$，$p<0.001$。事后检验表明，准备时间为 100 ms 的切换代价显著高于 600 ms 与 1000 ms 的切换代价($ps<0.001$)，600 ms 的切换代价显著高于 1000 ms 的切换代价($p<0.01$)。该分析结果还发现，预先信息与准备时间的交互作用显著，$F(4, 116)=5.59$，

$p<0.001$。简单效应检验表明，在准备时间为 100 ms 时，不同预先信息条件下的切换代价之间无差异，$F(2,58)=0.50$，$p>0.05$；在 600 ms 和 1000 ms 两种情况下，不同预先信息条件下的切换代价之间分别存在显著性差异，$F(2,58)=13.61$，$p<0.001$，$F(2,58)=6.24$，$p<0.01$。通过配对 t 检验进行事后检验表明，在准备时间为 600 ms 条件下，无信息与部分信息之间的切换代价无显著差异，$t(29)=-1.13$，$p>0.05$，但二者均显著高于全部信息的切换代价，$t(29)=3.75$，$t(29)=4.55$，$ps<0.001$。同样，在 1000 ms 条件下，无信息与部分信息之间的切换代价无显著差异，$t(29)=-0.51$，$p>0.05$，二者也显著高于全部信息的切换代价，$t(29)=3.14$，$p<0.01$，$t(29)=3.42$，$p<0.01$。

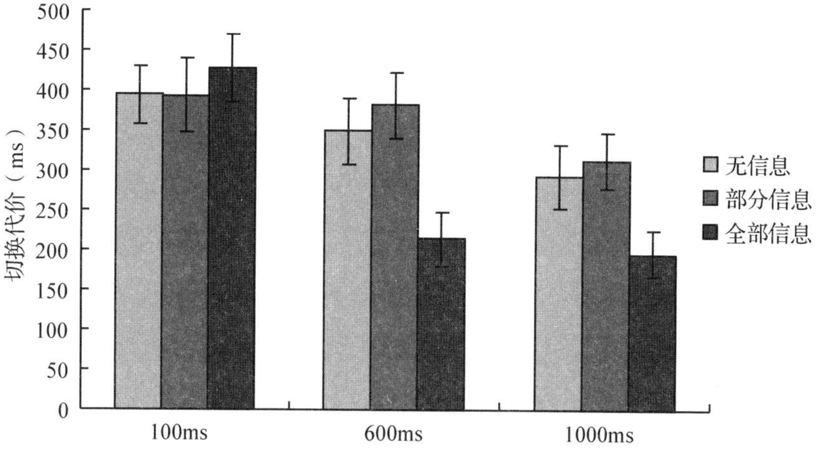

图 4　在不同准备时间条件下三种预先信息的切换代价

(四)讨论

实验 2 可以获得三个主要结果。首先，与实验 1 的结果相一致的是，对于反应时和切换代价来说，预先信息的主效应显著，全部信息的反应时和切换代价均显著低于无信息和部分信息的反应时和切换代价，但是，后两者之间无显著差异。这说明预先信息对切换代价有显著的影响，并且这一结果具有稳定性。其次，随着准备时间的延长切换代价显著减少，这与已有研究结果是一致的，进一步地验证了任务设置重构的观点。最后，无论是对于反应时还是切换代价来说，预先信息与准备时间均存在显著的交互作用。简单效应表明，在准备时间非常短，为100 ms时，反应时及其切换代价在预先信息的三种水平之间都无显著差异。只有准备时间达到600 ms和1000 ms时，才体现出了预先信息的影响效应。这说明，预先信息对任务切换的影响效应受到准备时间的调节作用，以一定的准备时间为前提条件。此外，我们还发现，当准备时间分别为600 ms与1000 ms时，预先信息对切换代价均存在着显著的影响作用。这说明当准备时间达到600 ms，甚至更短的某个时间段时，准备时间对预先信息效应的调节作用就弱化了。由此我们推测，是否存在这样的一个时间点，小于它时预先信息的作用就不出现，而大于它时就出现。是否存在这样的一个时间上的临界值，有待进一步研究。

四、综合讨论

(一)预先信息对切换代价有显著的影响效应

我们的研究发现，预先信息可以有效地促进切换任务和重复任务的加工速度，而且更为重要的是，对前者的影响程度明显大于后者，对切换代价的分析明确地显示了预先信息的这种作用。虽然有研究表明预先信息对两种任务具有准备效应，但是他们却发现切换代价的大小不依赖预先信息的变化(Koch，2005；Ruthruff，Remington & Johnston，2001；Sohn & Anderson，2001；Sohn & Carlson，2000)，这与我们的研究结果是不一致的。与这些研究相比，我们认为本研究在设计上更为严谨，有效地控制了已有研究中的混淆变量，因此所得出的结论更加可靠和有效。这主要表现在三个方面。首先，我们采用的预先信息操作方式是变化每个任务之前的提示线索，而不是前后任务序列关系。因此在本研究中，被试不是根据前一个任务的类型，而是任务之前的提示线索来获得新任务的信息。这样不仅控制了因被试高度关注和记忆而导致的前一个任务对新任务的影响效应，还有效地提高预先信息对新任务的准备效应。其次，正是由于采用了这种新操作方式，我们才得以将切换任务和重复任务进行区组内设计，有效地控制了两种任务的分离与混合对预先信息效应的污染。最后,在索恩等人的研究中,预先信息为被试间变量,而在我们的实验中为被试内变量。从实验设计的角度来说,被试内设计把由被试带来的无关变异减到最小,从而提高了实验的效力。正是我们对这些方面的改进,使得本研究获得了与科赫等人完全不同的结果。

索恩和卡尔森(2000)的实验3发现,与部分信息相比,全部信息的切换代价显著减少。随后,黄四林等人(2008)采用了变化任务之前提示线索的方式,验证了这一结果。这与本研究结果是一致的,但是这两个研究仅仅比较了部分信息与全部信息之间的影响效应,并没有同时比较预先信息的三个水平,这不仅导致了与以前研究结果之间的不一致,也影响了其结论的有效性和说服力。而我们的研究采用的新的操作方式,很好地解决了这一问题,澄清了预先信息对任务切换的影响效应,并且进一步发现预先信息的准备效应受到准备时间的调节作用,是以准备时间为前提条件的。

(二)预先信息影响的认知加工是任务设置重构

我们的研究实验1发现,预先信息对切换代价有明显的影响效应,由此推测预先信息影响的是任务设置重构。为验证这个结论,实验2考察了预先信息与准备时间对任务切换的影响,结果发现,两者对反应时和切换代价的影响均有显著的交互作用。根据加法反应时的理论,这说明预先信息和准备时间影响的是同一认知加工过程,即任务设置的重构。因为准备时间影响的是任务设置重构(Altmann,2004;Meiran,Chorev & Sapir,2000;Monsell & Mizon,2006),所以我们认为预先信息影响的也是该认知加工过程。因此,我们的研究结果支持了任务设置重构的观点,即切换代价反映了为完成对新任务设置的重构而导致的时间亏损。

为什么预先信息对切换任务和重复任务都有显著影响,而对前者的影响程度明显大于后者呢?我们认为,两种任务可能都存在任务设置的加工过程,但是两者在加工的内容和性质上存在明显差异。在重复任务中仅仅是重复前一个任务的设置而已,而在切换任务中却是一个重新建构的过程,包括刺激—任务规则的切换、从长时记忆中提取与当前任务有关的刺激—反应规则映射等认知活动。但是,两者的任务设置也存在一些相同的基本认知加工，如编码、反应选择、启动反应和反应执行等。预先信息对任务设置加工过程的影响，促进的不仅仅是切换任务特有的设置重构的过程，还有两种任务共有的基本认知的加工速度，所以出现了上述的结果。

基于上述分析，是否可以认为我们的研究结果反对或者否定了任务设置惯性观呢？很显然，本研究的结果并没有否定这种观点。我们可以从两个方面来说明这个问题。一方面，是服膺于惯性观的研究试图通过预先信息对两种任务具有同等程度的准备效应这一结果，来否定特定于切换任务的设置重构过程，从而间接支持任务设置惯性观。我们的研究只能否定这种质疑任务设置重构观的理由，却不足以否定其他观点。另一方面，当准备时间达到 600 ms 或者更长时间时，切换代价便形成了一种渐进线的变化趋势，即切换代价不再显著减少，成为剩余代价(Monsell，2003；Rogers & Monsell，1995)。但是，我们的实验 2 发现，即使在全部信息条件下，准备时间达到 1000 ms 时，仍然存在相当的剩余代价(195.91 ms)。这说明在准备阶段内，即使提供了充分的准备时间和预先信息进行新任务设置的重构，仍然无法完全消除切换代价。由此可见，切换代价并不是由于任务设置重构唯一因素所导致的，可能还存在其他的认知加工，如任务设置的惯性等因素的作用。因此今后还需考察其他因素，如反应设置、延迟时间、刺激类型等，进一步分离和识别剩余切换代价所反映的认知加工，更全面地揭示切换代价的本质。

五、结论

第一，预先信息对任务切换的影响显著，全部信息的反应时和切换代价显著低于无信息和部分信息的反应时和切换代价，而后两者之间无显著差异。

第二，预先信息的影响效应受到准备时间的调节作用，在准备时间为 100 ms 时，预先信息无显著的影响效应，而在准备时间达到 600 ms 以后，预先信息的准备效应显著。这说明，预先信息影响的认知加工是任务设置重构，并且这种影响效应受到准备时间的调节作用。

参考文献

[1]郭春彦，孙天义．工作记忆中转换加工的内源性准备和外源性调节[J]. 心理学报，2007，39(6)：985-993.

[2]黄四林，胡清芬，林崇德，等．准备时间和预先信息对任务切换的影响[J]. 心理学报，2008，40(8)：873-882.

[3]Allport A & Wylie G. Task switching, stimulus-response bindings and negative priming[M]// Monsell S & Driver J. Attention and Performance Ⅷ: Control of Cognitive Processes, MIT Press, 2003.

[4] Monsell S. Task switching [J]. Trends in Cognitive Sciences, 2000, 7(3): 134-140.

[5]Monsell S & Mizon GA. Can the task-cuing paradigm measure an endogenous task-set reconfiguration process? [J]. Journal of Experimental Psychology: Human Perception and Performance. 2006, 32(3): 493-516.

[6]Rogers R D & Monsell S. Costs of a predictable switch between simple cognitive tasks [J]. Journal of Experimental Psychology: General, 1995, 124(2): 207-231.

延迟时间与预先信息对任务切换的作用*

一、引言

任务切换是当前研究执行控制的一个重要范式。大量研究表明，被试执行切换任务(AB 或 BA)比重复任务(AA 或 BB)的反应时更长，错误率更高。这种由切换所导致的反应时或正确率的亏损被称为切换代价(switch cost)，其指标为切换任务与重复任务的反应时(或错误率)之差(Altmann & Gray，2008；Monsell，2003)。在众多研究领域中切换代价是衡量执行控制的一个重要指标。

然而，对切换代价的本质的认识仍然存在争议。目前主要有两种观点，即任务设置重构观(task set reconfiguration)和任务设置惯性观(task set inertia)。任务设置重构观认为，切换代价反映了在切换到新任务时执行控制对各种认知资源的重构过程，而重复任务却不需要这种重构(Monsell & Mizon，2006；Rogers & Monsell，1995)。任务设置惯性观认为，切换代价反映的是前一个任务设置的惯性或延迟效应，它干扰了切换任务，却促进了重复任务(Koch & Allport，2006；Koch，et al.，2010；Monsell，2003)。

这两种观点分别从不同角度揭示了任务切换的内在机制，重构观强调对新任务的准备，而惯性观关注前一个任务设置的持续激活。切换代价是否同时包含了这两种加工过程呢？有些研究试图采用任务线索范式回答这个问题。该范式在靶刺激之前呈现执行任务的线索，即线索—靶刺激—反应。线索将序列(trial)之间的时间间

* 本文原载《心理学报》2011 年第 4 期。本文另一作者为黄四林。

隔分为两个部分：前一个任务的反应—线索间隔(response-cue interval，RCI)与当前任务的线索—刺激间隔(cue-stimulus interval，CSI)。一些研究发现，切换代价随RCI和CSI的延长均显著减少，但是两者反映的内在机制不同，CSI反映了对新任务的准备效应，被称为准备时间，而RCI反映了之前任务设置的延迟效应，被称为延迟时间，所以他们认为切换代价包含了任务设置惯性和重构两种加工过程(Altmann，2004；Koch，2005；Meiran，Chorev & Sapir，2000)。但是，该结论受到了质疑，因为RCI和CSI并不是完全独立的，在对新任务进行准备的同时，前一个任务设置可能仍然在耗散。故而要识别或分离切换代价不能仅仅操作时间间隔，必须结合其他变量，这正是本研究试图解决的问题。

索恩等人(Ruthruff，Remington & Johnston，2001；Sohn & Anderson，2001；Sohn & Carlson，2000)研究了任务类型与预先信息(foreknowledge，即被试事先获得新任务的信息)对任务切换的影响，结果发现，在无信息条件下，切换代价仅反映了任务设置的惯性效应，而在全部信息条件下，切换代价包含了任务设置惯性与重构两种成分，即切换代价的两成分模型。但是该结论有待进一步验证。首先，他们的前提假设：预先信息影响的是任务设置重构，任务类型影响的是任务设置惯性，是值得商榷的。根据惯性观，前一个反应完成后其任务设置并不会立即消失，会持续一段时间，当前任务如果是重复的，设置惯性有利于当前任务的反应。如果是切换的，则阻碍了其反应。无论当前任务是重复任务还是切换任务，前一个任务设置的惯性都会存在。这说明任务类型并不是影响任务设置惯性的因素。其次，索恩等人研究发现，切换代价是否存在重构成分是以执行任务时或之前获得相关信息为前提的。然而，有研究者(Meiran，et al.，2000；Altmann，2004；Koch，2005)通过变化CSI发现存在重构的成分。显然，这两个结论之间存在分歧。

此外，虽然预先信息是影响任务切换的一个重要因素(黄四林、胡清芬、林崇德等，2008；Barton，et al.，2006)，但是，上述索恩等人的研究通过控制任务序列为固定和随机的方式来操作预先信息存在一些问题。该操作方式规定，在预先信息条件下任务序列是固定的，并事先告诉被试任务分为切换区组(block)和重复区组；在无预先信息条件下任务序列是随机的，重复和切换混合在同一个区组内。可以看出，在预先信息条件下两种任务在不同区组，而无信息条件下在同一区组。任务的混合与分开会污染预先信息的效应。另外，被试根据区组的性质从前一个任务类型来预测新任务，必须时刻提醒自己要记住前一个任务。这必然会增强对新任务的影响，却削弱了预先信息的作用。为准确揭示预先信息的效应，黄四林等人采用任务线索范式，设计了一种新的预先信息操作方式，变化的不是前后任务序列关系，而是每个任务之前的提示线索，控制被试事先获得新任务的信息程度，结果发现，预先信息影响的是任务设置重构(黄四林、林崇德、胡清芬、罗良、陈桄，2010)。但是，该研究并没有进一步分析在切换代价中任务设置重构与惯性之间的关系。

因此，本研究试图分析 RCI 与预先信息对切换代价的影响；一是考察切换代价是否同时包含了任务设置重构与惯性两种加工过程；二是验证有关预先信息作用的研究结论。我们假设预先信息影响的是任务设置重构，RCI 影响的是任务设置惯性。如果两者不存在交互作用，根据加法反应时的逻辑，则说明切换代价同时包含了这两种加工过程。因为任务设置惯性或持续激活是一种自动控制，随时间的延长而耗散(Sohn & Carlson，2000)，所以其影响因素是时间。但是，序列间隔包括 CSI 和 RCI 两部分，且两者对切换代价均有影响，所以直接操作序列间隔会混淆 CSI 的影响效应。因此，我们在控制 CSI 的条件下研究 RCI 与预先信息对任务切换的作用。

二、研究方法

(一)被试

被试为 29 名大学生，男生 12 人，女生 17 人，年龄为 17～25 岁，平均年龄为 21.72 岁。所有被试视力或矫正视力正常，实验完成后获得一定的报酬。

(二)实验设计

采用 3×3×2 的被试内实验设计，RCI：100 ms、600 ms、1000 ms，为区组

(block)内设计；预先信息：无信息、部分信息、全部信息，为区组间设计；任务类型：重复任务和切换任务，为区组内设计。因变量为正确反应时及其切换代价。

(三)实验材料

有三个实验任务：判断数字大于5还是小于5，英文字母是元音还是辅音，符号是直线还是曲线。实验刺激均由一个数字、字母和符号组成，三者位置随机排列。每个序列中仅有一个靶刺激，另外两个是干扰刺激，其中一个与靶刺激的反应方式相同，另一个相反。

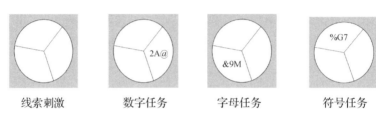

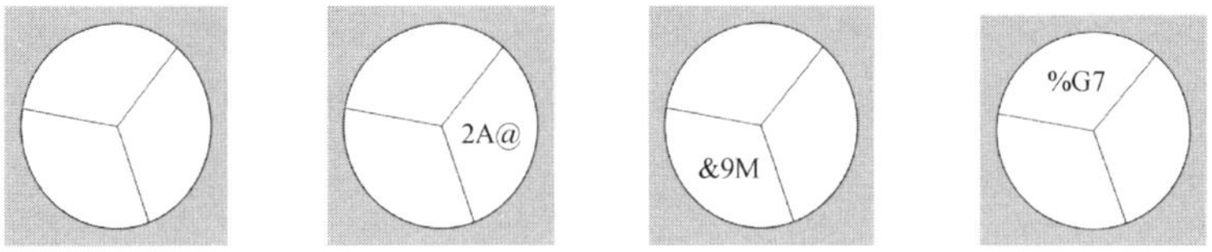

图1　线索刺激和每个位置所对应的任务

线索刺激见图1，圆内的每个扇形代表一种任务。实验中屏幕为灰色，三个扇形分为白色和灰色两种，实验刺激只出现在白色扇形中。通过变化白色扇形的数量和位置，把预先信息分为三种(见图2)。①无信息：三个扇形均为白色，实验刺激随机出现在某个扇形中。②部分信息：两个扇形为白色，另一个为灰色。与无信息相比，被试在该条件下只需对两种任务进行准备，所以预测新任务的可能性更大些。③全部信息：白色扇形只有一个，另外两个均为灰色。与前两者相比，被试能准确地预测要执行的任务。该部分详细介绍见已有研究(黄四林等，2010)。

(四)实验步骤

对每个序列来说，分三个阶段进行(见图2)。①提示线索阶段：线索刺激持续1000 ms。②反应阶段：线索刺激呈现1000 ms后，实验刺激出现5000 ms。同时，被试进行任务判断和按键反应。按键导致实验刺激和提示线索消失。③延迟阶段：被试按键反应到下一个序列线索刺激出现之间的间隔，即RCI，有100 ms、600 ms

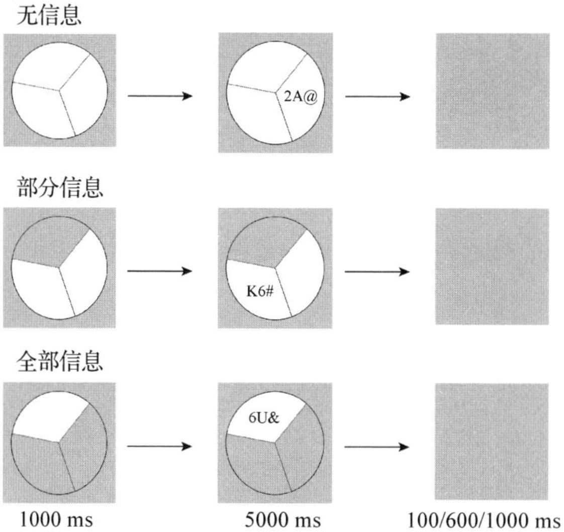

图 2　三种预先信息及时间进程

与 1000 ms 三个水平。有研究结果显示，RCI 在 500 ms 以内时，切换代价呈现先上升再下降的趋势，因为被试在反应后会立即对刚刚做出的反应再编码，导致切换代价上升(Moulden, et al., 1998)。为保证切换代价随 RCI 的增加而显著减少的效应出现，提高因变量的灵敏度，本研究把 RCI 分为上述三个水平。此外，根据索恩等人(2000)的观点，任务设置的延迟效应随 RCI 的增加而耗散，但不受到 RCI 的区组间或内处理方式的影响。因此，我们把 RCI 按照区组内设计，以减少区组数量，控制区组顺序效应。

在练习和正式实验之前，明确告诉被试三个扇形位置所对应的任务、每个区组的信息类型，并鼓励被试充分利用提示线索对任务进行准备，做得又对又快。在被试对每种情况熟悉之后，开始进行练习。在练习阶段，根据预先信息的类型，将练习分为 3 个区组，每个区组内有 24 个序列，共有 72 个序列。全部练习结束后进入正式实验。

正式实验中，每种实验组合(3×3×2=18 种实验组合)由 30 个序列组成，共有 540 个。根据预先信息的类型，将整个序列分成 3 个区组，每个区组包括 180 个序列。为平衡区组顺序、扇形代表任务的位置、序列位置和被试按键反应效应，整个实验分成 6 组进行。在前 3 组之间对区组顺序和扇形代表的任务同时进行平衡，即

ABC、BCA、CAB。在前3组的基础上，后3组再进行序列前后位置顺序和被试按键反应的平衡。在每个区组内，控制重复任务连续不超过3个，相同的靶刺激连续重复不超过2个。控制每个区组内重复任务与切换任务相等。把被试按照随机的方式分配到每组中，同时控制每组内被试男女性别比例平衡。

三、结果分析

只对正式实验中正确序列的反应时进行分析。每个区组的前4个序列、被试反应错误的或在5000 ms内没有及时反应的，以及紧接着错误反应和无反应的后面一个序列，都不被纳入最后的统计分析之中。

(一)两种任务的平均反应时及其切换代价

所有被试的错误率均小于6%，因此只分析正确反应时及其切换代价。不同RCI和预先信息条件下，切换任务和重复任务的平均反应时及切换代价见表1。

表1　两种任务的平均反应时与切换代价(*SE*)(ms)

任务类型	100 ms			600 ms			1000 ms		
	无信息	部分信息	全部信息	无信息	部分信息	全部信息	无信息	部分信息	全部信息
切换任务	1113.54 (39.08)	1110.11 (47.96)	887.44 (38.57)	1075.57 (40.18)	1079.36 (49.50)	904.12 (39.88)	1073.98 (35.75)	1035.91 (41.49)	884.44 (37.36)
重复任务	886.53 (29.02)	900.76 (39.80)	758.23 (32.83)	911.95 (33.17)	884.40 (33.95)	759.04 (29.66)	909.88 (38.27)	883.15 (32.15)	762.09 (26.77)
切换代价	227.01 (26.09)	209.35 (34.56)	129.21 (20.56)	163.63 (27.68)	194.95 (32.11)	145.08 (24.55)	164.09 (30.17)	152.77 (26.13)	122.35 (21.87)

(二)延迟时间和预先信息对切换代价的作用

对切换代价进行3(RCI)×3(预先信息)的重复测量方差分析，结果发现，RCI

的主效应显著，$F(2, 56)=5.13$，$p<0.01$；预先信息的主效应显著，$F(2, 56)=4.68$，$p<0.05$。RCI 与预先信息的交互作用不显著，$F(4, 112)=1.19$，$p>0.05$。主效应的事后检验表明，RCI 为 100 ms 的切换代价显著高于 1000 ms 的切换代价，$p<0.001$，而 600 ms 分别与 100 ms、1000 ms 之间的切换代价无显著差异，$ps>0.05$。全部信息的切换代价明显低于无信息与部分信息，$p<0.01$，$p<0.05$，而后两者无显著差异，$p>0.05$。

(三)延迟时间和预先信息对两种任务的作用

为进一步揭示 RCI 与预先信息对任务切换的影响机制，对反应时进行了 3(RCI)×3(预先信息)×2(任务类型)的重复测量方差分析。结果发现，切换任务的反应时显著高于重复任务，$F(1, 28)=75.22$，$p<0.001$。RCI 的主效应不显著，$F(2, 56)=1.89$，$p>0.05$。预先信息的主效应显著，$F(2, 56)=48.99$，$p<0.001$。事后检验表明，全部信息的反应时显著低于无信息与部分信息的反应时，$ps<0.001$，而后两者无显著差异，$p>0.05$。在二次交互作用中，预先信息与 RCI 的交互作用不显著，$F(4, 112)=1.79$，$p>0.05$。任务类型分别与 RCI 和预先信息的二次交互作用显著，$F(2, 56)=5.13$，$p<0.01$，$F(2, 56)=4.68$，$p<0.05$。简单效应表明，在三种 RCI 条件下，切换任务的反应时均显著大于重复任务，$F(1, 28)=102.68$，$F(1, 28)=51.42$，$F(1, 28)=53.70$，$ps<0.001$。在三种预先信息条件下，切换任务的反应时显著大于重复任务，$F(1, 28)=67.34$，$F(1, 28)=45.02$，$F(1, 28)=70.44$，$ps<0.001$。RCI、预先信息与任务类型的三次交互作用不显著，$F(4, 112)=1.19$，$p>0.05$。

1. 延迟时间对两种任务的影响

上述分析显示，在三种 RCI 条件下，切换任务的反应时均显著大于重复任务。那么，它对两种任务的影响程度是否相同呢？为回答这个问题，分别比较了在三种 RCI 之间两种任务反应时的变化情况(见图 3)。结果发现，切换任务与重复任务 100～600 ms，平均反应时分别减少了 17.35 ms 和 −3.29 ms，两者差异不显著，$t(28)=1.43$，$p>0.05$；600～1000 ms，分别减少了 21.58 ms 和 0.09 ms，差异不显著，$t(28)=1.61$，$p>0.05$；100～1000 ms，分别减少了 38.92 ms 和－3.20 ms，差异显著，$t(28)=3.67$，$p<0.001$。由此可见，随着 RCI 的增大，切换任务反应时的减少程度显著增加，而重复任务不显著。这表明，RCI 对切换任务有显著的影响，而对重复任务无影响。

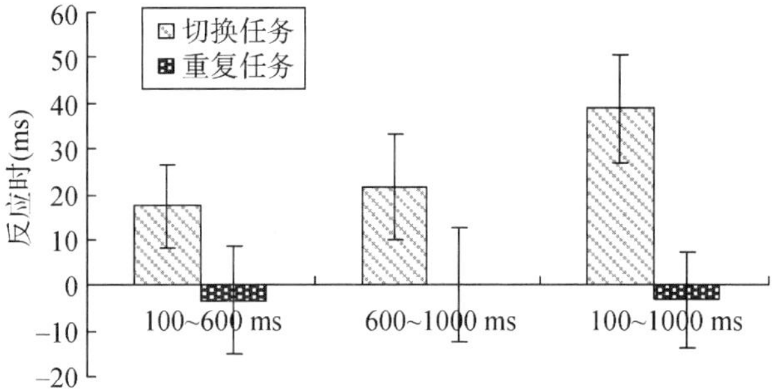

图 3　不同 RCI 之间两种任务的反应时差异

2. 预先信息对两种任务的影响

同样，在三种预先信息条件下，切换任务的反应时也均显著大于重复任务。为考察三种预先信息对两种任务的影响，分别比较了在三种预先信息之间二者反应时的变化(见图 4)。结果发现，切换任务与重复任务由无信息到部分信息之间，平均反应时分别减少了 12.57 ms 和 13.35 ms，两者差异不显著，$t(28)=-0.04$，$p>0.05$；部分信息到全部信息，分别减少了 183.12 ms 和 129.65 ms，差异显著，

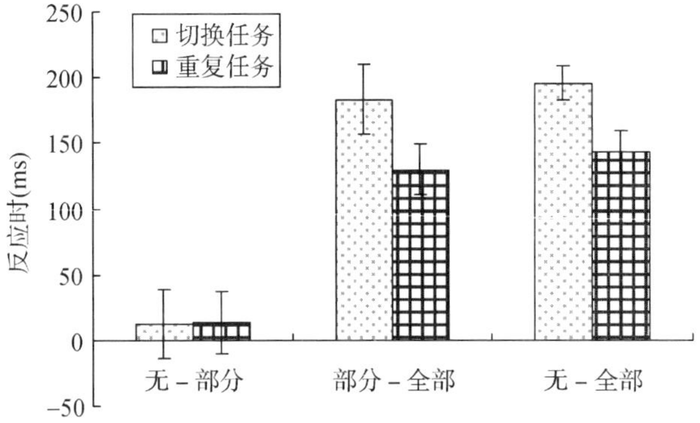

图 4　不同预先信息之间两种任务的反应时差异

$t(28)=2.44$，$p<0.05$；无信息到全部信息，分别减少了 195.70 ms 和 143.00 ms，差异显著，$t(28)=3.00$，$p<0.01$。由此可见，预先信息对两种任务都有影响，但是对切换任务的影响程度明显高于重复任务。

四、讨论

本研究发现，对于切换代价来说，RCI 与预先信息均有显著的主效应，但是二者交互作用不显著。根据加法反应时的逻辑，如果两个因素间存在交互作用，那么它们作用于同一个加工阶段；如果不存在交互作用，即相互独立，那么它们作用于不同的加工阶段。由此可见，预先信息和 RCI 分别作用于切换代价的不同加工过程，即任务设置重构和任务设置惯性。这表明，切换代价包含了这两种加工过程，并且二者对切换代价的作用是具有相加效应的。

(一)延迟时间影响的是任务设置惯性

我们研究发现，在控制 SCI 的条件下，RCI 对切换代价有显著的影响。这表明 RCI 影响的是前一个任务设置惯性，与前人(Altmann，2004；Koch，2005；Meiran，et al.，2000)的研究结论是一致的，也支持了任务设置惯性的观点。但是，本研究还发现，100～600 ms、600～1000 ms 的切换代价均无显著差异，这与已有研究结果不一致。迈兰(Meiran)等人的研究显示，RCI 在 500 ms 以内切换代价呈现先上升后下降的趋势(Meiran，et al.，2000；Moulden，et al.，1998)，而本研究发现直到 1000 ms 时切换代价才明显下降，这可能与任务难度有关。迈兰的研究只有两种判断任务，而本研究有三种判断任务，难度更高。这会影响到任务设置惯性的强度，导致其持续激活延迟得更长，在 600 ms 时切换代价还没有达到显著减少的程度。

为进一步揭示 RCI 的效应，我们比较了它对两种任务的影响程度，结果发现，随 RCI 的增大，切换任务反应时的减少程度显著增加，而重复任务不显著。这表明，随时间的延迟，对切换任务来说，前一个任务对当前任务的影响或阻碍越来越小，而对重复任务的影响不显著。由此可见，切换代价随RCI的增大而减小，其内部机制是前一个任务设置惯性对切换任务干扰的逐渐衰退。

(二)预先信息影响的是任务设置重构

本研究发现，预先信息对切换代价有显著的影响效应。这进一步验证了我们前面的研究结论，也支持了巴顿(Barton)等人(黄四林等，2008；Barton，et al.，2006)认为预先信息是影响切换加工过程关键因素的观点。已有研究(黄四林等，2008)发现，预先信息与SCI对切换代价的影响存在交互作用，根据加法反应时的逻辑，说明两者作用于同一加工过程。因为SCI影响的是任务设置重构(Meiran，et al.，2000；Altmann，2004；Monsell & Mizon，2006)，所以预先信息影响的也是该加工过程。这也进一步支持了任务设置重构的观点。有关预先信息的影响效应，我们在已有研究(黄四林等，2010)中进行了详细讨论，这里不再赘述。

(三)切换代价可能反映了多种加工过程

有研究发现，切换代价随RCI和CSI的增大均显著减少，认为RCI反映了之前任务设置的延迟效应，CSI反映了对新任务的准备效应(Altmann，2004；Koch，2005；Meiran，et al.，2000)。但是CSI对切换代价的影响可能混入了设置惯性的作用，因为在对新任务进行准备的同时，前一个任务的设置可能仍然在延迟或耗散，结果无法解释切换代价的变化是对新任务的准备还是前一个任务设置持续激活的耗散导致的。为解决这个问题，本研究操纵的不是CSI而是预先信息。因为任务设置惯性是一种自动控制，受时间的影响，却不受预先信息的影响(Sohn & Carlson，2000)。本研究通过恒定CSI，控制它与RCI效应之间的混淆，有效地分离了切换代价的不同成分。

索恩等人(2000)提出了切换代价的两成分模型，鲁思劳夫(Ruthruff)等人(2001)也提出自上而下的和自下而上的两种控制成分。从表面上看，这与我们当前研究的结论是一致的，但是，它们存在三个关键的差异。第一，预先信息操纵与设计的差异。索恩等人操作的是每个区组内前后序列任务是否相同，而我们操作的是准确预测新任务的程度，有效地解决了索恩等人研究存在的问题。第二，在对任务设置惯性影响变量的选择上完全不同。索恩等人变化的是任务类型，而本研究操作的是延迟时间。第三，对剩余代价的处理方式和解释不同。他们把切换代价简单地分为两部分，一部分是预先信息的效应导致的，剩余的切换代价就全部归结于任务重复的效应，因此得出两种成分的结论。而本研究操作了影响这两个加工过程的变量，把任务设置重构与惯性从切换代价中分离出来，并且发现仍然存在剩余的切换代价。我们的研究结果表明，即使在全部信息条件下，RCI 达到了 1000 ms，仍然存在 122.35 ms 的剩余切换代价。这说明，在这两种条件下，仍然无法完全消除切换代价。很显然，并不能把它简单地归结于任务设置惯性的效应，因为它可能反映了其他的因素。

那么，导致这些剩余切换代价的因素是什么呢？与任务设置重构和惯性的关系是什么？有些研究结果显示，任务刺激所引起的外源性调节(郭春彦、孙天义，2007)、事件任务编码(episodic task code)(Altmann & Gray，2008)和抑制(Koch, et al.，2010)等在任务切换过程具有重要的作用。因此，今后需要进一步研究剩余切换代价背后的心理加工过程，及其与任务设置重构和惯性之间的关系。

五、结论

本研究结果表明，切换代价分别随延迟时间延长和预先信息确定性增加而显著减少，但是二者对切换代价的影响无交互作用。这表明，延迟时间与预先信息分别作用于任务设置惯性和任务设置重构，切换代价反映了这两种具有相加效应的加工过程。

参考文献

[1]黄四林，胡清芬，林崇德，等．准备时间和预先信息对任务切换的影响[J]．心理学报，2008，40：873-882.

[2]黄四林，林崇德，胡清芬，等．预先信息的不确定性与准备时间对任务切换的

影响[J]. 心理学报，2010，42：367-376.

[3] Monsell S. Task switching [J]. Trends in Cognitive Sciences，2003，7(3)：134-140.

[4] Monsell S & Mizon G A. Can the task-cuing paradigm measure an endogenous task-set reconfiguration process? [J]. Journal of Experimental Psychology：Human Perception and Performance，2006，32(3)：493-516.

[5] Sohn M H & Carlson R A. Effects of repetition and foreknowledge in task-set reconfiguration[J]. Journal of Experimental Psychology：Learning，Memory，and Cognition，2000，26(6)：1445-1460.

[6] Sohn M H & Anderson J R. Task preparation and task repetition：two-component model of task switching[J]. Journal of Experimental Psychology：General，2001，130(4)：764-778.

延迟时间与反应设置对任务切换的影响*

一、问题提出

任务切换是指人们在完成多项任务时快速地从一个任务转换到另一个任务的过程。该过程中的切换加工是执行控制的一种重要功能，体现为在工作记忆中控制竞争同一认知资源的两项任务间相互切换的过程(Monsell，2003)。因此，任务切换的研究有助于揭示执行控制的作用机制。众多研究发现，被试执行切换任务(AB或BA)比重复任务(AA或BB)的反应时更长，错误率更高(黄四林、胡清芬、林崇德等，2008；Meiran，1996；Meiran，Chorev & Sapir，2000；Monsell，2003；Rogers & Monsell，1995)。这种由于切换而导致反应时和正确率的亏损被称为切换代价，其指标为切换任务与重复任务的反应时(或错误率)之差。根据减法反应时的逻辑，切换代价反映了在切换时执行控制对各种认知活动的控制和调节作用，但是，有关切换代价的心理加工过程和机制，还存在众多问题有待进一步研究(黄四林、胡清芬、林崇德等，2008；Monsell，2003)。

为揭示切换代价的本质，有研究采用任务线索范式对其组成成分进行分离。该范式通过线索将序列(trial)之间的时间间隔分为两个部分，即反应—线索间隔(response-cue interval，RCI)与线索—刺激间隔(cue-stimulus interval，CSI)。一些研究发现，随着两个时间间隔的延长，切换代价均显著减少，但是两者内在机制不同，RCI反映了之前任务设置的延迟效应，被称为延迟时间，而CSI反映了对接下来任务的准备效应，被称为准备时间(Meiran，1996；Meiran，Chorev & Sapir，2000；

* 本文原载《心理科学》2010年第4期。本文其他作者为黄四林、胡清芬、衣新发。

Monsell & Mizon，2006)。同时还发现，即使充分延长 trial 之间的时间间隔，仍然存在剩余切换代价。由此提出，切换代价包括三种成分：之前任务设置的延迟、对新任务设置的准备和剩余成分(Meiran，1996；Meiran，Chorev & Sapir，2000)。任务设置指的是某种任务的刺激—反应映射的内在表征，它能提供一种内在的情境性结构使人们倾向于选择与任务有关的刺激特征和反应，从而形成连贯性的目标取向的行为(黄四林、胡清芬、林崇德等，2008；Monsell，2003；Poulson，Luu & Davey，2005)。

切换代价所反映的认知加工是什么呢？为回答这个问题，迈兰提出，任务设置包括刺激设置(stimulus task set)与反应设置(response task set)两个过程，且两者的构建在时间上是可以彼此分离的(Meiran，2000)。刺激设置控制靶刺激的表征，强调相关的刺激维度，反应设置控制即将反应的表征。为考察两种设置对任务切换的影响，迈兰将两者各自分为两种水平，以分离刺激—任务之间的交叉和任务—反应之间的交叉。刺激设置分为双向刺激与单向刺激，前者是每个刺激对应两个或两个以上的任务，而后者每个刺激只对应一个固定的任务。同样，将反应设置也分为双向设置与单向设置两种水平，前者是指每个反应键对应两个或多个任务，后者每个反应键只对应一个固定的任务。在控制延迟时间为 1000 ms 的条件下，结果发现，当刺激为双向刺激，反应为单向设置时，仅仅出现了切换代价的准备成分，而剩余成分消失了；但是当刺激为单向刺激，反应为双向设置时，出现了切换代价的剩余成分，而准备成分消失了。于是，迈兰认为切换代价的准备成分所反映的是刺激设置的重构，而剩余成分反映的是反应设置的构建。也就是说，这两种设置的加工过程与切换代价的准备成分和剩余成分之间是一一对应的关系。

但是，切换代价中之前任务设置的延迟反映了什么认知加工呢？迈兰的研究并没有回答这个问题，因为在他的研究中把延迟时间控制为 1000 ms，而已有研究表明，当延迟时间达到 1000 ms 以后，切换代价呈现一种渐进线的变化趋势，不再减少，所以在他的研究中无法考察此问题。本研究主要针对这个问题进行探讨，并假设在延迟时间内之前任务设置延迟的是反应设置。为验证上述假设，我们比较在双向设置与单向设置条件下，切换代价随延迟时间延长而减少的效应是否有显著差异。如果延迟时间对切换代价的影响受到反应设置的调节作用，说明任务设置的延迟反映的是反应设置；如果不受反应设置的调节，则说明它反映的可能是刺激设置或其他认知加工。

二、研究方法

(一)被试

共有46名被试参加了本实验，男生19人，女生27人，均为本科生或研究生，年龄为18～25岁，平均年龄为20.32岁。将被试随机等分为两组：双向设置组与单向设置组，在性别上进行了平衡。所有被试的正确率都在90%以上。

(二)实验设计

采用2×2×2的混合设计。自变量1(被试间变量)为反应设置，有两个水平：双向设置与单向设置；自变量2(被试内变量)为延迟时间，有两个水平：600 ms与1000 ms；自变量3(被试内变量)为任务类型，有两个水平：重复任务与切换任务。其中，延迟时间与任务类型均为block内设计。因变量为被试的正确反应时和反应时切换代价。

(三)实验任务和材料

实验要求被试完成两个任务：判断数字的大小(大于5/小于5)和奇偶(奇数/偶数)。任务刺激是阿拉伯数字(1～4、6～9)，线索刺激为汉字“大小”与“奇偶”。数字为Times New Roman体，汉字是宋体，均为36号字，呈现在屏幕中央，为黑屏白字。

根据反应设置的类型，被试分为双向设置与单向设置两组：双向设置组中，被试的反应按键有两个(“Z”键和“/”键)，且每个反应键对应两个任务(如“Z”键既对应奇数又对应大于5)，形成了反应设置之间的交叉。每个按键所对应的任务在该组内的被试间进行平衡。具体地说，一半被试当数字是奇数，和大于5时，按“Z”键，当数字是偶数，和小于5时，按“/”键；另一半被试反之，当数字是奇数，和大于5时，按“/”键，当数字是偶数，和小于5时，按“Z”键。单向设置组中，被试的反应键有四个(“Z”“X”“.”与“/”键)，且每个反应键只对应一个任务，分离了反应设置之间的交叉。被试分别以左、右手的食指和中指进行反应，左、右手对应的任务在该组内的被试间进行平衡。具体地说，一半被试左手对应大小任务，大于5时按“Z”键，小于5时按“X”键；右手对应奇偶任务，奇数时按“.”键，偶数时按“/”键。另一半被试反之，右手对应大小任务，大于5时按“.”键，小于5时按“/”键；左手对应奇偶任务，奇数时按“Z”键，偶数时按“X”键。

(四)实验程序

本研究采用了任务线索范式，对于每个 trial 来说，具体呈现顺序和时间安排如下。

(1)延迟阶段。前一个任务反应结束后，进入延迟阶段，延迟时间分为600 ms与1000 ms两种水平。已有研究发现，延迟时间在500 ms以内变化时，切换代价呈现先上升再下降的趋势，因为被试在反应后会立即对刚刚做出的反应进行再编码，导致切换代价上升。当延迟时间达到1000 ms以后，切换代价呈现一种渐进线的趋势，不再减少。在本研究中，为保证切换代价随延迟时间的增加而显著减少的效应出现，把延迟时间分为600 ms与1000 ms。延迟时间内整个屏幕为黑屏。

(2)准备阶段。延迟结束时，屏幕的中央出现任务线索，“大小”或“奇偶”200 ms。由于莫尔登(Moulden)等人研究发现，被试对线索感知加工的完成时间需要200 ms左右，且还没有开始进行接下来任务的准备。因此，整个实验的准备时间恒定为200 ms，以控制被试对接下来任务的准备。

(3)反应阶段。在准备阶段结束时，在线索的正下方出现任务刺激，即阿拉伯数字，并同时持续呈现3000 ms。要求被试在靶刺激出现后，尽快进行反应。被试反应导致屏幕刷新，线索与靶刺激消失，进入下一个 trial 的延迟阶段。如果在3000 ms内没有做出任何反应，线索与靶刺激自动消失，开始下一个 trial 的延迟阶段。

整个实验分为两个阶段，即练习与正式实验。在练习阶段，有一个包含30个trial的block。练习的内容与正式实验相同，并且要求被试的正确率都达到90%以上，才能进入随后的正式实验。在正式实验中，根据2(延迟时间)×8(任务刺激)×2(任务)的组合方式，形成32个trial，重复8次，共256个trial。将其随机分为4个block，每个block包括64个trial。在block内对实验序列进行准随机，以平衡实验序列的前后顺序效应，同时控制相同任务的trial连续重复不超过3个，相同的靶刺激连续重复不超过2个，同一按键反应连续重复不超过3次。整个实验4个block的完成顺序在被试间进行随机化，以平衡顺序效应。在实验开始时，明确要求被试要做得又对又快。在被试每做完一个block后，便告诉他的错误率和平均反应时，同时鼓励被试尽量提高反应速度和正确率。

整个实验都在IBM笔记本电脑上进行，由DMDX程序控制刺激呈现以及记录被试的正确反应时和错误率。实验时间约为20分钟，block间休息2～3分钟。

(五)数据分析

测量的反应时定义是：需要按键的靶刺激在屏幕上出现到被试按键之间的时间。为控制每组任务开始的启动效应，每个block的前5个trial作为练习不被纳入正式数据分析之中。整个实验数据只对正确序列的反应时进行计算，具体地说，在正式实验的每个block中，被试反应错误的、在3000 ms内没有及时反应的以及紧接着错误反应和无反应的后面一个trial都不被纳入最后的正式统计之中。根据正式实验中每个trial与前一个trial的任务是否相同，将其分为重复任务和切换任务。由于整个被试的错误率均低于6%，因此在结果分析中主要分析正确反应时和反应时切换代价。

三、结果分析

首先考察被试在数字的大小与奇偶两种判断难度上是否存在显著差异。以二者的平均反应时为因变量，以判断类型为自变量进行重复测量方差分析。结果发现，奇偶判断的反应时(782.99 ms)显著大于大小判断的反应时(746.10 ms)，$F(1, 44)=7.41$，$p<0.01$。但是，两种判断的反应时切换代价之间却无显著差异(41.37 ms和32.46 ms)，$F(1, 44)=0.35$，$p>0.05$。因此，在后面的分析中，分别对这两种判断的反应时和切换代价进行合并，然后再进行处理。

对两种任务的反应时进行2(任务类型)×2(延迟时间)×2(反应设置)的重复测量的方差分析，结果发现(见表1)，任务类型的主效应显著，$F(1, 44)=16.30$，$p<0.001$，而反应设置和延迟时间的主效应均不显著，$F(1, 44)=0.05$，$p>0.05$，$F(1, 44)=0.28$，$p>0.05$。对任务类型的主效应进一步分析发现，切换任务的反应时(783 ms)显著大于重复任务的反应时(746.09 ms)。三个二次交互作用均不显著，$F(1, 44)=0.45$，$F(1, 44)=1.13$，$F(1, 44)=2.11$，$ps>0.05$。三次交互作用，即任务类型×延迟时间×反应设置的交互作用是显著的，$F(1, 44)=4.56$，$p<0.05$，这个交互作用的效果与下面对反应时切换代价的分析是一致的，所以在这里就不再赘述了。

表1　两种任务的平均反应时与切换代价(*SE*)(ms)

任务类型	双向设置		单向设置	
	600 ms	1000 ms	600 ms	1000 ms
重复任务	748.32(30.15)	759.68(30.62)	738.52(30.15)	737.82(30.62)
切换任务	800.51(36.52)	769.06(36.53)	777.47(36.52)	784.94(36.53)
切换代价	52.19	9.39	38.96	47.12

对切换代价进行2(延迟时间)×2(反应设置)的重复测量方差分析，结果发现，延迟时间与反应设置的主效应均不显著，$F(1, 44)=2.11$，$F(1, 44)=0.45$，$ps>0.05$。但是，两者之间交互作用显著，$F(1, 44)=4.56$，$p<0.05$。进一步进行简单效应分析发现，延迟时间在双向设置上有显著差异，$F(1, 44)=6.43$，$p<0.05$；而在单向设置上无显著差异，$F(1, 44)=0.23$，$p>0.05$。这一结果表明，在双向设置条件下，切换代价随着延迟时间的增加而显著减少，但是在单向设置条件下，

切换代价却无显著差异(见图 1)。这说明在任务切换中，反应设置对延迟时间的效应具有调节作用。

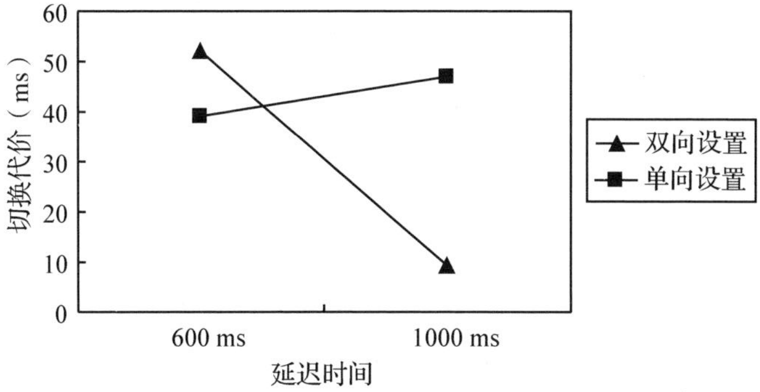

图 1　延迟时间与反应设置之间的交互作用

四、讨论

本研究发现，切换任务的反应时显著大于重复任务的反应时，出现了切换代价现象。由此可见，切换任务与重复任务之间存在不同的认知加工机制，切换代价便是其量化指标(Monsell，2003；黄四林、胡清芬、林崇德等，2008)。因此，对切换代价心理加工过程的精细分析有利于揭示执行控制的作用机制。

已有研究采用任务线索范式，在控制准备时间的条件下，考察了延迟时间对任务切换的影响，结果发现，切换代价随着延迟时间的增加而显著减少(Meiran，1996；Meiran，Chorev & Sapir，2000)。蒙赛尔和迈宗(Monsell & Mizon，2006)认为，任务线索范式可以有效分离延迟时间与准备时间对任务的切换作用，在前一个任务反应之后，到下一个任务提示线索呈现之前，即延迟阶段内，被试并不知道下一个具体的任务，也无法开始对其进行准备，所以此阶段所减少的切换代价只能是之前任务设置的延迟效应。这一结果支持了奥尔波特(Allport)等人所提出的任务设置惯性的观点，该观点认为切换代价反映了来自之前任务设置延迟的自动控制的加工(Allport & Wylie，2000)。但是，延迟时间内持续激活的是什么认知加工呢？为了回答这个问题，我们采用了任务线索范式，在控制准备时间为200 ms的条件下，考察在不同反应设置条件下，延迟时间对任务切换的影响。结果发现，在加入反应设置变量后，延迟时间的主效应并不显著了，但是，延迟时间与反应设置的交互作用显著。进一步进行简单效应分析发现，在双向设置条件下，切换代价随着延迟时间的延长而显著减少，而在单向设置条件下，切换代价无显著差异。这表明，在任务切换中，反应设置对延迟时间的效应具有显著的调节作用。在已有的研究中发现延迟时间的主效应显著，主要是因为任务的反应仅仅是双向设置。迈兰等人的研究发现，与双向设置相比，单向设置可以显著地减少剩余成分或任务之间的干扰，其原因是，在双向设置条件下，每个反应键对应两个或多个任务，形成了反应设置交叉，导致了任务反应之间彼此的干扰、冲突或抑制，而在单向设置条件下，每个反应键仅仅对应一个任务，分离了反应设置之间的交叉，消除了任务反应之间的干扰(Meiran，2000；Koch & Phillipp，2005)。此外，科克(Koch)等人采用go/no go任务范式发现，不仅在no go序列之后的切换序列没有出现切换代价，而且当ABA-CBA中B为no go序列时，对ABA中最后一个任务A的反应不再慢于对CBA中任务A的反应(Koch & Phillipp，2005；Philipp，Jolicoeur & Falkenstein，2007；Schuch & Koch，2003)。这个结果表明，与之前任务反应的有关认知加工是导致切换代价的关键因素。结合已有研究的结果，我们认为，本研究验证了我们的假设，即在延迟时间内，持续激活的认知加工是反应设置。该结论不仅支持了有关切换代价的任务设置惯性的观点，更为重要的是，进一步深入地揭示了之前任务设置延迟效应的内在加工机制。此外，该研究结果也证实了科克和奥尔波特(2006)所提出的延迟时间影响反应设置的推测。据此我们认为，本研究进一步扩展了迈兰的结论，即切换代价的准备成分反映的是刺激设置，而之前任务设置的延迟与剩余代价反映的都是反应设置。

五、结论

本研究发现，延迟时间与反应设置的主效应均不显著，但是两者之间的交互作用显著。简单效应分析发现，在双向设置条件下，切换代价随着延迟时间的延长而显著减少，但是在单向设置条件下，切换代价无显著差异。这一结果表明，在任务切换中，反应设置对延迟时间的效应具有调节作用。由此可见，在延迟时间内之前任务设置持续激活的是反应设置。

参考文献

[1]黄四林，胡清芬，林崇德，等．准备时间与预先信息对任务切换的影响[J]．心理学报，2008，40(8)：873-882.

[2]Meiran N. Modeling cognitive control in task-switching[J]. Psychological Research，2000，63：234-249.

[3]Meiran N，Chorev Z & Sapir A. Component Processes in Task Switching[J]. Cognitive Psychology，2000，41：211-253.

[4]Monsell S. Task switching[J]. Trends in Cognitive Sciences，2003，7(3)：134-140.

[5]Monsell S & Mizon G A. Can the task-cuing paradigm measure an endogenous task-set reconfiguration process? [J]. Journal of Experimental Psychology：Human Perception and Performance，2006，32(3)：493-516.

任务刺激的类型对任务切换的影响*

一、引言

任务切换是指人们在完成多项任务时快速地从一种任务转换到另一种任务的过程。众多研究表明，被试执行切换任务(AB或BA)比重复任务(AA或BB)的反应时更长，错误率更高。这种由切换而导致反应时和正确率的亏损被称为切换代价(Meiran，1996；Meiran，Chorev & Sapir，2000；Monsell，2003；Monsell & Mizon，2006；Rogers & Monsell，1995)。切换代价至少包含了三种成分：前一个任务设置的惯性、对新任务设置的重构和剩余代价(Meiran，1996；Meiran，Chorev & Sapir，2000；Monsell & Mizon，2006)。但是，即使充分延长序列间隔或事先给予提示都无法全部消除剩余代价(黄四林、胡清芬、林崇德等，2008；Altmann，2004；Monsell & Mizon，2006；Rogers & Monsell，1995)。

剩余代价反映了什么认知加工呢？奥尔波特和怀利(Allport & Wylie，2000)以及迈尔和克莱格尔(Mayr & Kliegl，2000)等人提出了联结竞争观，认为它反映的是任务刺激所引起的刺激—反应映射之间的竞争。因为与单向刺激(每个刺激只对应一种反应可能)相比，当任务刺激是双向刺激(每个刺激对应两种反应可能)时，被试执行任务的反应时显著增加(Allport & Wylie，2000；Hsieh，2002；Koch & Allport，2006；Mayr & Kliegl，2000)。他们认为，当任务刺激是双向刺激时，激活了与之有关的两种反应联结，导致刺激—反应联结在提取过程发生冲突，所消耗的时间即为剩余代价。罗杰斯(Rogers)的研究结果支持了这种观点(Rogers & Mon-

---

* 本文原载《心理科学》2010年第6期。本文另一作者为黄四林。

sell，1995)。但是，联结竞争是通过前一个任务还是当前任务的刺激影响任务切换的呢？对这个问题的回答，有助于澄清剩余代价的本质。已有研究的任务都是双向刺激，并没有分离前一个任务与当前任务刺激对任务切换的作用。

怀利等人(Allport & Wylie，2000；Wylie & Allport，2000)把 Stroop 任务中读词与颜色命名两种任务的刺激分成三种情况：全部单向刺激、颜色命名为单向而读词为双向刺激、全部双向刺激(典型的 Stroop 任务)。结果发现，剩余代价与当前任务刺激无关，而与前一个任务刺激明显有关。但是，Stroop 的两个任务之间的干扰具有明显的不对称性(读词对颜色命名干扰明显大于颜色命名对读词的干扰)，并且在 Stroop 任务中，从颜色命名切换到读词所导致的切换代价显著大于从读词切换到颜色命名的切换代价(Waszak，Hommel & Allport，2005)。这种任务间难度的不对称性，本身就会影响切换代价的变化。所以，怀利等人的研究结果有待进一步检验。

为此，我们在怀利等人研究的基础上，采用了任务线索范式和同等难度的两种任务，将刺激类型分为全部单向刺激、部分单向刺激和全部双向刺激三种类型，试图揭示联结竞争是通过当前任务还是前一个任务的刺激作用于任务切换的。

二、研究方法

(一)被试

被试为 22 名大学本科生，男 7 人，女 15 人，年龄为 19～25 岁，平均年龄为 22.31 岁。

(二)实验设计

采用 3×2×2 的被试内实验设计，第一个自变量是刺激类型：全部单向刺激、部分单向刺激和全部双向刺激，为区组间设计。第二个自变量是任务类型：重复任务和切换任务，为区组内设计。第三个自变量是判断任务：数字任务和字母任务，为区组内设计。因变量为正确反应时。

（三）实验材料

实验任务是判断数字是奇数或偶数和英文字母是元音或辅音。实验刺激由任务刺激和中性刺激组成：任务刺激有阿拉伯数字（奇数：3、5、7、9；偶数：2、4、6、8）和英文字母（辅音：G，K，M，R；元音：A，E，I，U），中性刺激是符号（@，$，%，&，!，#，=，*），被试对符号不需要做出任何判断和反应。线索刺激为“数字”（判断数字的奇偶）和“字母”（判断字母的元辅）。每个实验刺激均由两个刺激组成，前后位置随机变化。实验刺激有4种组合方式。

第一种情况是全部单向刺激：数字和字母任务均为单向刺激。前者由一个数字和一个符号组成，如“# 9”；后者由一个字母和一个符号组成，如“K @”。

第二种情况是数字任务为单向刺激而字母任务为双向刺激。数字任务与第一种情况中的数字任务相同；而字母任务的刺激由一个字母和一个数字组成，如“8 A”。

第三种情况是数字任务为双向刺激而字母任务为单向刺激。数字任务由一个数字和一个字母组成，如“G 3”；而字母任务与第一种情况中的字母任务相同。第二种与第三种情况相反，但是都属于部分单向刺激。

第四种情况是全部双向刺激：数字和字母任务均为双向刺激。字母任务与第二种情况中的字母任务相同，数字任务与第三种情况中的数字任务相同，如“8 A”或“G 3”。

针对上述四种刺激类型，被试根据线索提示，对数字或字母进行判断反应，对符号不做任何反应。因此，由符号组成的实验刺激，是一个实验刺激对应一种反应可能，为单向刺激；由两个任务刺激组成的实验刺激，则是一个刺激对应两种反应可能，为双向刺激。此外，为有效地操纵刺激—反应之间的干扰或竞争，在刺激组合时控制两个任务刺激的反应方式一致，如奇数与元音、偶数与辅音的组合。

被试反应方式：被试以左右手按键盘上所对应的“F”和“J”键进行反应。左右键对应的任务在被试间进行平衡，一半被试当面对奇数、元音时按“F”键，当面对偶数、辅音时按“J”键，另一半反之。

(四)实验步骤

我们采用了任务线索范式，对于每个序列来说，具体呈现顺序和时间如下。

(1)线索提示阶段。在每个序列开始时，呈现一种线索刺激600 ms。

(2)反应阶段。实验刺激出现导致线索消失，呈现5000 ms。被试根据线索提示执行对应的任务，并按键反应。

(3)延迟阶段。被试按键反应，如果反应正确，无任何反馈，灰屏600 ms。反应错误，立即反馈“Error”，在5000 ms之内没有做出反应，反馈“No response”。两种反馈刺激出现在屏幕中央，为30号泰晤士新罗马字体，持续时间均为600 ms。

在正式实验之前安排被试进行练习，共有10个序列。在正式实验中，根据实验刺激组合的4种情况，分成4个区组(block)，每种刺激类型为一个block，每个block有64个序列。每个block内包括重复任务和切换任务两种类型，同时控制两种任务数量相等。这样，每种实验组合(4×2=8种)由32个序列组成，共有256个序列。为平衡block顺序效应，将整个实验分成4组，其block顺序是ABCD、BCDA、CDAB、DABC。把被试按照随机的方式分配到每组中，同时控制每组内被试男女性别比例平衡。为平衡序列位置顺序效应，把后面两组中每个block内的序列前后两部分进行对调。在每个block内，控制重复任务连续不超过3个，相同的靶刺激连续重复不超过2个。要求被试做得又对又快。整个实验持续40 min，block间安排被试休息3～5 min。

(五)数据处理

只对正确序列的反应时进行分析，具体地说，每个block的前4个序列、被试反应错误的或在5000 ms内没有及时反应的，以及紧接着错误反应和无反应的后面一个序列，都不被纳入最后的统计分析之中。根据前后序列的关系把任务分成重复任务与切换任务。

三、结果分析

(一)两种判断任务难度分析

所有被试的正确率都在90%以上，因此只分析正确反应时。在四种刺激组合条件下，数字任务与字母任务的平均反应时见表1。为比较数字与字母两种任务之间的难度是否有差异，以反应时为因变量进行配对 t 检验，结果发现二者无显著差异，$t(21)=-1.79$，$p>0.05$，平均反应时分别为798.33 ms和831.06 ms。这表明两种任务难度相当。

表1 数字与字母任务的平均反应时(ms)

任务类型		全部单向		字母双向		数字双向		全部双向	
		M	*SE*	*M*	*SE*	*M*	*SE*	*M*	*SE*
数字	切换任务	738.28	35.46	790.15	40.31	891.59	59.24	910.10	50.84
	重复任务	678.91	28.26	723.70	27.87	815.80	45.26	864.24	53.85
字母	切换任务	779.14	44.10	924.32	53.98	878.05	52.02	926.86	49.85
	重复任务	715.62	28.58	807.95	38.20	747.63	35.51	900.91	51.82

(二)对数字任务的分析

首先，比较了数字任务在第一种与第三种情况之间反应时的差异，前者刺激类型为单向刺激，后者刺激类型为双向刺激。对其反应时进行2(刺激类型：单向刺激与双向刺激)×2(任务类型：重复任务与切换任务)方差分析，结果发现，双向刺激的反应时显著大于单向刺激的反应时(见图1)，$F(1,21)=20.45$，$p<0.001$；切换任务的反应时显著大于重复任务的反应时，$F(1,21)=8.06$，$p<0.01$；二者交互作用不显著，$F(1,21)=0.29$，$p>0.05$。这说明，在当前任务刺激的类型不同时，与单向刺激相比，双向刺激导致了任务的反应时显著增长。

其次，比较数字任务在第三种与第四种情况之间的差异，在这两种情况下其刺激类型都是双向刺激。对它的反应时进行2(刺激类型：双向刺激与双向刺激)×2(任务类型：重复任务与切换任务)方差分析，结果发现，切换任务的反应时显著高于重复任务的反应时，$F(1, 21)=5.20$，$p<0.05$；刺激类型的主效应不显著，$F(1, 21)=0.80$，$p>0.05$；二者交互作用也不显著，$F(1, 21)=0.59$，$p>0.05$。这表明，在当前任务的刺激相同(双向刺激)时，被试执行任务的反应时无显著差异。

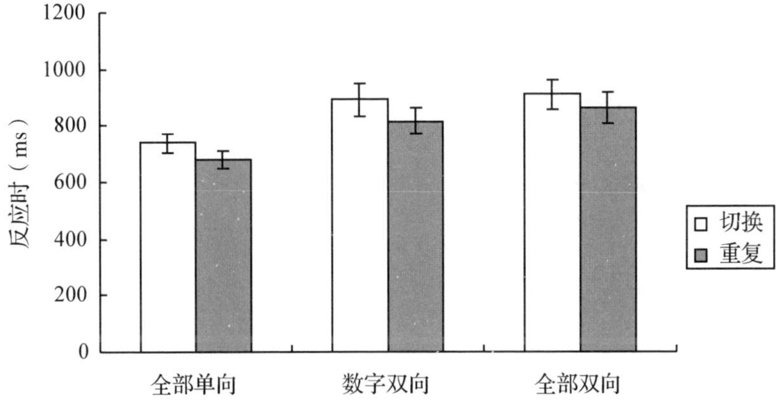

图1 数字任务在三种刺激类型条件下的反应时

(三)对字母任务的分析

首先，比较字母任务在第一种与第二种情况之间反应时的差异，在前者其刺激类型为单向刺激，在后者其刺激类型为双向刺激。对其反应时进行2(刺激类型：单向刺激与双向刺激)×2(任务类型：重复任务与切换任务)方差分析，结果发现，双向刺激的反应时显著大于单向刺激的反应时(见图2)，$F(1, 21)=17.87$，$p<0.001$；切换任务的反应时显著高于重复任务，$F(1, 21)=15.02$，$p<0.001$；二者无显著的交互作用，$F(1, 21)=2.08$，$p>0.05$。这说明，在当前任务刺激的类型不同时，与单向刺激相比，双向刺激导致了任务的反应时显著增长。

其次，比较字母任务在第二种与第四种情况之间的差异，其刺激类型均为双向刺激。对其反应时进行2(刺激类型：双向刺激与双向刺激)×2(任务类型：重复任务与切换任务)方差分析，结果发现，切换任务的反应时显著高于重复任务的反应时，$F(1, 21)=13.67$，$p<0.001$；刺激类型的主效应不显著，$F(1, 21)=2.16$，$p>0.05$；两者的交互作用边缘性显著，$F(1, 21)=4.33$，$p=0.05$。这说明，在当前任务的刺激相同(双向刺激)时，被试执行任务的反应时无显著差异。

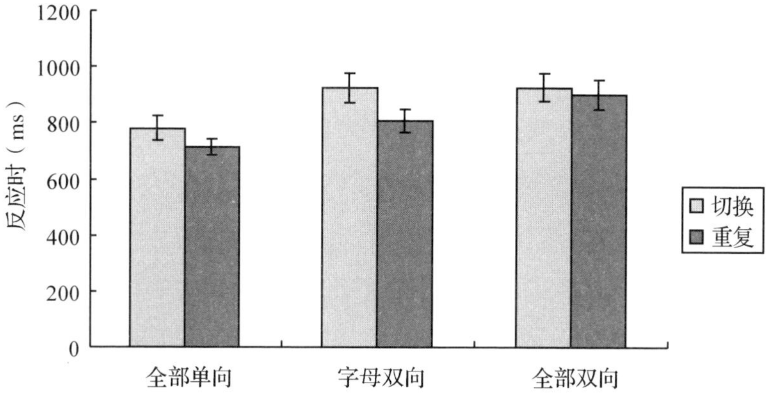

图 2　字母任务在三种刺激类型条件下的反应时

四、讨论

本研究结果发现，对于数字与字母两种任务来说，在当前任务的刺激类型不同时，单向刺激的反应时明显小于双向刺激的反应时；在当前任务的刺激类型相同时，反应时差异不显著。这表明，当前任务的刺激类型对任务切换有显著的作用。

怀利等人(Wylie & Allport，2000)研究发现联结竞争是通过前一个任务而不是当前任务的刺激影响任务切换的，这与我们的研究结果不一致。我们认为有两个方面原因。一方面，在怀利等人的研究中是通过实验刺激出现的位置(四位象限的表格)来提示每个序列要执行的任务，被试只有在刺激出现后才能判断要执行的任务。然而，这种任务提示方式有个明显的缺陷。当实验刺激是单向刺激时，每个刺激只对应一种反应可能，因此刺激自身就提示了要执行的任务。被试可以根据刺激自身或出现的位置，或二者兼用，来判断要执行的任务。但是，当实验刺激是双向刺激时，每个刺激对应了两种反应可能，刺激自身就没有提示功能了，这样被试只能根据刺激出现的位置来判断。所以，他们的研究混入了提示线索差异的因素。为了解决这个问题，在本研究中我们采用了任务线索范式，在实验刺激出现之前呈现提示线索。这样随后的实验刺激无论是双向刺激还是单向刺激，被试都必须事先加工提示线索，所以就有效地排除了提示线索差异而导致的影响效应。另一方面，我们采用的不是Stroop任务，而是任务难度相当的数字和字母任务，控制了任务间难度差异的作用。

那么，联结竞争是如何通过当前任务的刺激影响任务切换的呢？我们认为，在双向刺激条件下，刺激—反应联结之间的竞争主要源于两个方面。一方面，刺激本身所对应两种或多种反应之间的竞争。双向刺激可能激活了两种刺激—反应映射，而单向刺激只激活了一种刺激—反应映射。与单向刺激相比，被试在双向刺激出现后，必须马上抑制与目前任务无关的、干扰的刺激—反应映射，把与目前任务一致的刺激—反应映射提取到工作记忆中进行加工。有研究发现，剩余代价反映的是在刺激出现后，被试把刺激—反应规则提取到工作记忆的认知过程。正是在这种提取过程中对无关刺激—反应映射的抑制，导致了双向刺激条件下的反应时显著延长。另一方面，刚刚执行过的刺激—反应映射可能还在工作记忆中，并对当前的刺激—反应映射产生了干扰或竞争。在准备时间非常短和没有预先信息的条件下，这种竞争效应会表现得更加显著。例如，迈尔研究发现，与低提取需要(如语义信息提取)相比，当前任务涉及高提取需要(如情境信息提取)时产生了更大的切换代价，但是，在有充分的预先准备时间或者明确提示线索的条件下，提取需要对切换代价的影响效应就消失了(Mayr & Kliegl，2000)。科克的研究也表明，基于线索的准备时间有利于减少刺激—反应联结之间的竞争(Koch & Allport，2006)。本研究有充分的准备时间和明确的线索提示，所以我们认为被试在面临当前任务的类型刺激时，激活了刺激—反应联结之间的竞争。

五、结论

本研究发现，在当前任务的刺激类型不同时，单向刺激的反应时明显小于双向刺激的反应时；在当前任务的刺激类型相同时，反应时差异不显著。这表明，联结竞争是通过当前任务的刺激影响任务切换的。

参考文献

[1]黄四林，胡清芬，林崇德，等．准备时间与预先信息对任务切换的影响[J]. 心理学报，2008，40(8)：873-882.

[2]Meiran N，Chorev Z & Sapir A. Component Processes in Task Switching[J]. Cognitive Psychology，2000，41：211-253.

[3]Monsell S & Mizon G A. Can the task-cuing paradigm measure an endogenous task-set reconfiguration process? [J]. Journal of Experimental Psychology：Human Perception and Performance，2006，32(3)：493-516.

[4]Waszak F，Hommel B & Allport A. Interaction of task readiness and automatic retrieval in task switching：Negative priming and competitor priming[J]. Memory & Cognition，2005，33(4)：595-610.

[5]Wylie G & Allport A. Task switching and the measurement of “switch costs”[J]. Psychological Research，2000，63：212-233.

言语次级干扰任务对客体与空间信息保持的影响*

一、问题提出

波斯特尔（Postle，2005）基于威肯斯（Wickens，1973）的同步多重编码理论（simultaneous multiple encoding theory）提出，对视觉呈现的客体刺激的记忆表征可能不仅对客体特征（例如，大小、颜色、背景、形状）进行视觉编码，可能还包括一些与视觉刺激信息相联系的言语编码。并指出这种过程是自动发生的，言语编码是对视觉呈现客体进行工作记忆表征加工的一部分，而对于空间工作记忆并不是这样。波斯特尔（2005）在一项采用 N－back 加双分离实验任务的研究中，发现言语编码对于客体工作记忆的表征至关重要，而空间工作记忆的表征则不需要言语编码，支持了上面的理论论述。西蒙（Simon，1996）也在一项研究中发现，客体与空间记忆由不同的机制调节，成功的客体工作记忆需要言语编码，而空间工作记忆则不需要。

客体与空间工作记忆编码方式的差别还得到了脑成像研究的支持。史密斯（Smith，1997）在一项把 PET 作为脑成像工具的研究中发现，被试记忆客体信息时，激活的脑区包括左半球后部顶叶和运动区。左半球后部顶叶被认为是言语的缓冲器，而左半球运动区被证明参与记忆过程中的言语复述，因此，史密斯认为被试在记忆客体信息时，可能经常用言语来描述客体，并且默默用言语来复述。而被试完成空间工作记忆任务时所激活的脑区主要在右半球，与完成言语工作记忆时所激活的脑区几乎没有重合，梅克林格（Mecklinger，1996）在一项研究视空间工作记忆分

---

* 本文原载《心理发展与教育》2010 年第 2 期。本文另一作者为罗良。

离的ERP实验中也发现，在客体工作记忆任务中，左颞叶皮层在低负荷任务中诱发的负慢波最大，梅克林格认为这种负慢波可能反映了言语编码的参与，并且言语编码的参与程度可能与客体任务的负荷有关。这些实验从神经机制层面为客体工作记忆与空间工作记忆编码方式的差别提供了证据，言语编码可能是客体工作记忆过程中的一种编码方式，这种编码方式与视觉编码方式并存，而空间工作记忆可能并不包括这种编码方式，而是以视觉编码形式为主。

尽管以往行为和脑机制研究均发现客体工作记忆需要言语编码的参与，而空间工作记忆没有言语编码的参与。但这些实验并没有对言语编码的参与是否受记忆对象言语命名难易程度影响的问题进行考察。例如，有些记忆对象非常容易命名，并且这种命名对记忆成绩有帮助(如记忆一个正方形)。但另外一个记忆对象，可能不容易进行命名或者即使进行了命名，对记忆成绩也没有特别的促进，那么客体工作记忆和空间工作记忆在这些情况下，言语编码的参与是否存在差异?

本研究通过三个实验，探讨不同条件下言语次级干扰任务是否对客体与空间工作记忆产生不同的选择性干扰，对客体和空间工作记忆对象言语命名难易程度是否影响言语编码参与的问题进行了研究。实验一关注言语次级干扰任务是否对记忆言语命名困难的客体工作记忆与空间工作记忆任务产生不同的干扰效应；实验二考察言语次级干扰任务是否对容易命名的客体工作记忆与空间工作记忆任务产生不同的干扰效应；实验三在实验二的基础上，考察记忆对象是易于言语命名的任务，并且采用词语探测方式时，言语次级干扰任务是否对客体工作记忆与空间工作记忆任务存在不同的干扰效应。

二、实验一

考察言语次级干扰任务是否对记忆言语命名困难的客体工作记忆与空间工作记忆任务产生不同的干扰效应。

(一)研究方法

1. 被试

某大学15名本科生和研究生，其中男5名，女10名，年龄为19～25岁，平均年龄为22岁。这些被试视力或者矫正视力正常。实验进行前，让被试填写基本信息、阅读实验知情同意书并进行《汉字拼音辨别测试》，实验完成后给予有限报酬。

2. 实验设计

对于工作记忆任务，构成2×2的被试内设计，第一个自变量为信息类型，包含2个水平：客体信息、空间信息；第二个自变量为有无言语次级干扰任务，包含2个水平：有言语次级干扰任务、无言语次级干扰任务。对于言语次级干扰任务构成单因素被试内设计，自变量为记忆条件，包含3个水平：客体信息记忆条件、空间信息记忆条件、无记忆信息条件。

因变量为：记忆任务的正确率、言语次级干扰任务的正确率。

3. 实验材料

工作记忆任务：客体工作记忆任务与空间工作记忆任务使用相同的实验材料，屏幕上出现一个13.02 cm×13.02 cm二维矩阵，里面存在一个黑色实心三角形，在一个3 cm×3 cm二维矩阵里改变三角形的形状。在所有任务中，钝角三角形和锐角三角形各占50％，不采用直角三角形和等腰三角形。三角形在二维矩阵里的基本位置有五种：左上、左下、中间、右上和右下。在所有任务中，每种基本位置各占20％。在每个block中，三角形的位置和形状都是唯一的。

言语次级干扰任务：从《汉字频度统计表》(贝贵琴、张学涛，1988)中选取频率为百万分之0.00053～0.00140符合要求的汉字381个，要求这些汉字不表示具体客体的名称或者空间方位，多音字也不被采用，汉语拼音中没有声母的汉字也不被采用。其中正式实验任务使用240个汉字，《汉字拼音辨别测试》使用50个汉字，剩余91个汉字用于练习任务。言语次级干扰任务的形式为：屏幕上同时出现汉字和相应的汉语拼音，让被试出声读汉字的同时，判断和它对应的汉语拼音是否正确。实验任务中，50％任务的汉语拼音正确，50％错误。对于错误的汉语拼音，仅有一处错误，其中声母处错误占 50%，韵母处错误占 50%，出现在错误位置上的字母进行了平衡。

4. 实验步骤

被试填写完基本信息并阅读实验知情同意书后，首先进行《汉字拼音辨别测试》,《汉字拼音辨别测试》正确率在 90%以上的被试才有资格进行下面的实验。15 名被试正确率全部在 90%以上，平均正确率为 99.3%。

正式实验阶段包括双任务条件、单工作记忆任务条件和单汉字任务条件，三种条件通过拉丁方方式排列，实验顺序在被试间进行平衡，被试开始每种正式实验条件前，双任务条件具体呈现顺序和时间进程如下(见图 1)。

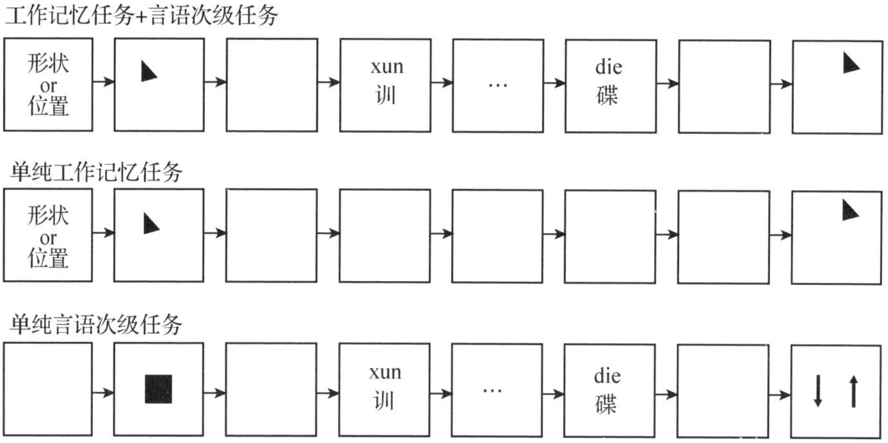

图 1　实验任务呈现模式图

(1)信息提示阶段。首先屏幕上出现信息提示，提示有两类：形状和位置。如果屏幕上提示为“形状”，被试要记住接下来出现图形的形状，并在再认阶段判断屏幕上出现图形的形状与需要记忆图形的形状是否相同；如果屏幕上提示为“位置”，被试要记住接下来出现图形的位置，并在再认阶段判断屏幕上出现图形的位置与需要记忆图形的位置是否相同。提示信息出现在屏幕中央，为 48 号加粗黑色宋体，提示持续时间为 501 ms。

(2)记忆目标阶段。记忆信息提示消失后 501 ms，屏幕上出现一个 13.02 cm×

13.02 cm 二维矩阵，里面存在一个黑色实心三角形，被试根据前面的信息提示，记住三角形的形状或者位置。记忆目标在屏幕上持续时间为 1002 ms。

(3)记忆延迟阶段。从记忆目标消失到记忆探测刺激出现为延迟阶段，时间为 7419 ms，从延迟阶段开始后的 1503 ms，开始出现言语次级干扰任务，每一个干扰任务持续呈现 802 ms。如果在 802 ms 之内没有做出反应，刺激自动消失并且经过 350～451 ms 延迟后，将呈现一个新的言语次级干扰任务。如果被试在 802 ms 之内做出了反应，刺激消失，350～451 ms 后将呈现一个新的言语次级干扰任务。每一个记忆延迟间隔出现 4 个言语次级干扰任务。距离记忆探测出现之前的 1503 ms，干扰任务结束。

(4)记忆探测阶段。屏幕上出现一个 13.02 cm×13.02 cm 矩阵，里面存在一个黑色实心三角形。信息提示阶段为“形状”时，要求被试判断三角形的形状是否发生改变；信息提示阶段为“位置”时，要求被试判断三角形的位置是否发生改变。相同按一个键，不同按另外一个键。任务中正负探测的比例各为 50%，并进行随机排列。探测阶段持续时间为 1838 ms。

此外，在每个目标阶段之前加了一个“+”，同时出现“叮”的一声，作为每一个系列开始的提示，“+”呈现时间为 401 ms，“叮”声音持续 167 ms，与信息提示阶段的时间间隔为 401 ms。提示线索在上个实验系列结束后的 401 ms 出现。

单工作记忆任务条件：是在记忆目标阶段—探测阶段的间隔内不出现言语次级干扰任务的记忆实验系列，刺激呈现顺序和时间进程与双任务相同，只是在延迟阶段不出现言语次级干扰任务。

无工作记忆任务条件：为了考察无工作记忆条件下言语次级干扰任务的成绩，实验还设置了一个实验系列，让被试在无记忆条件下完成言语次级干扰任务。在此实验条件下，没有记忆信息提示，“+”和“叮”的提示之后，屏幕直接出现一个 13.02 cm×13.02 cm 矩阵，矩阵中间存在一个黑色实心的正方形，被试不需要记忆，只需要注意它出现和消失就可以，这个相当于有工作记忆任务的记忆目标阶段，呈现时间也为 1002 ms。黑色实心的正方形消失之后，开始进入延迟阶段，在延迟阶段出现语音干扰任务，出现规则和持续时间与双任务时完全相同。延迟阶段结束后，出现箭头方向判断任务，即屏幕的左边和右边各出现一个箭头，让被试判断两边箭头的方向是否相同。箭头方向判断任务持续时间为 1838 ms。其中，方向相同和不同的比例各为 50%。

实验任务共分为 5 个 block 进行，每个 block 由 30 个记忆实验系列组成。双任务条件包括 2 个 block，单工作记忆任务条件包括 2 个 block。另外还有 1 个 block 为无记忆条件下言语次级干扰任务。在双任务条件与无记忆条件下的言语次级干扰任务中，每 1 个实验系列包括 4 个言语次级干扰任务。双任务条件和单工作记忆任务条件下，要求记忆“形状”和“位置”信息的比例各为 50%，并进行随机排列。被试按键组合在被试间进行平衡，整个测验持续时间为 60 分钟，使用 DMDX(版本为 3.2.0.3，Forster，2003)①软件编写实验程序，屏幕刷新频率为 16.71 ms，分辨率为 1024×768，所有实验都采用同样相同的设置，并在同一台 IBM 笔记本电脑上完成。计算机自动控制时间和保存实验参数。

5. 数据分析

工作记忆任务正确率的统计分析分两步进行，第一步先进行 2(工作记忆类型：客体、空间)×2(干扰类型：有语音干扰、无语音干扰)的重复测量方差分析(Repeated-Measure ANOVA)，主要关注工作记忆类型与干扰类型之间是否存在显著的交互作用，并从干扰类型和工作记忆类型两个角度分别进行简单效应分析；第二步对每种工作记忆类型的受干扰量进行计算，每种工作记忆类型的正确率受干扰量计算方法为：用无言语次级干扰条件下的正确率减去有言语次级干扰条件下的正确率。对两种工作记忆类型的受干扰量进行配对 t 检验。通过这两步统计分析来探索言语干扰是否对某种工作记忆类型存在选择性干扰。对言语次级干扰任务的正确率，进行单因素(客体记忆条件、空间记忆条件和无记忆条件)重复测量方差分析。

① 此软件为免费软件，由 Monash 大学和 Arizona 大学的 Forster K. I. 和 Forster J. C 开发，下载地址为：http://www.u.arizona.edu/kforster/dmdx/dmdx.htm，关于此软件的时间控制精确程度，Forster K. I. 和 Forster J. C. 曾公开发表文章进行论述。

(二)结果分析

对工作记忆任务的正确率进行重复测量方差分析发现，工作记忆类型与干扰类型之间存在显著的交互作用，$F(1, 14)=5.920$，$p=0.029$。我们首先从有无干扰角度进行了简单效应分析，发现在无干扰条件下，客体工作记忆与空间工作记忆差异不显著，$F(1, 14)=0.58$，$p=0.458$；在有干扰条件下，客体工作记忆与空间工作记忆差异显著，$F(1, 14)=13.89$，$p=0.002$。结合平均数可以发现客体工作记忆任务的正确率显著低于空间工作记忆任务的正确率(见图 2 和表 1)。此外，我们还从工作记忆类型角度进行了简单效应分析，发现在客体工作记忆条件下，无干扰条件下的正确率极其显著地高于有干扰条件，$F(1, 14)=23.82$，$p<0.001$①；在空间工作记忆条件下，无干扰条件下的正确率显著高于有干扰条件，$F(1, 14)=8.517$，$p=0.011$。上面的方差分析还发现存在显著的工作记忆类型主效应，$F(1, 14)=8.095$，$p=0.013$；也存在显著的干扰类型主效应，$F(1, 14)=31.729$，$p<0.001$。对两种工作记忆类型的受干扰量进行配对 t 检验，结果显示，客体工作记忆的受干扰量(0.115)显著大于空间工作记忆(0.046)，$t(14)=2.433$，$p=0.029$。

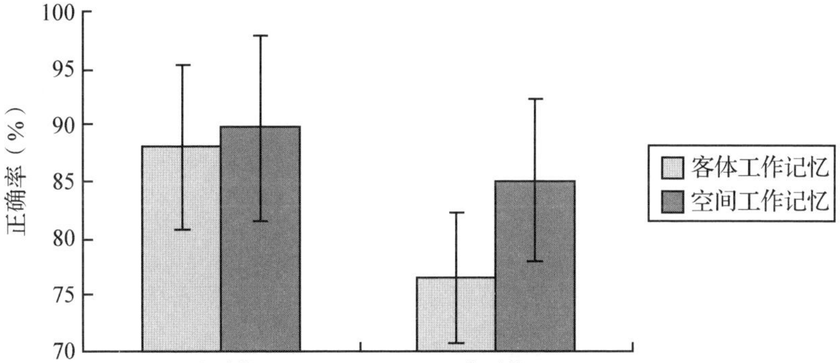

图 2　空间和客体工作记忆在不同干扰条件下的正确率

对言语次级干扰任务的正确率进行单因素重复测量方差分析，发现存在显著的主效应，$F(2, 28)=7.15$，$p=0.005$，事后平均数检验发现，空间记忆条件下的

① 统计结果显示，此处 p 值为 0，但是 p 值不可能等于零，因此我们用 $p<0.001$，下面相同情况都用这种方式表示。

正确率显著大于客体记忆条件($p<0.05$)和无记忆条件($p<0.05$)，而客体记忆条件与无记忆条件之间没有显著差异。

表 1　实验一、实验二和实验三中，工作记忆任务和言语次级干扰任务的正确率

		工作记忆任务				言语次级干扰任务		
		客体工作记忆任务		空间工作记忆任务		客体记忆条件	空间记忆条件	无记忆条件
		无干扰	有干扰	无干扰	有干扰			
正确率/%(*SD*)	实验一	88.1(7.2)	76.6(5.8)	89.8(8.1)	85.2(7.2)	84.7(4.6)	88.3(4.9)	85.3(7.5)
	实验二	97.6(2.8)	84.5(7.8)	92.1(6.5)	93.9(6.1)	82.9(7.4)	86.1(8.5)	85.7(6.4)
	实验三	97.9(3.6)	84.7(10.0)	92.9(8.7)	87.2(7.6)	80.8(8.4)	84.1(5.3)	79.3(8.4)

(三)讨论

实验一发现言语次级干扰任务对客体工作记忆任务产生的干扰要显著大于对空间工作记忆任务的干扰。这个结果说明在客体信息的保持过程中，有更多言语编码的参与。但是在得出这个结论之前，必须要对一个问题进行分析：被试同时完成主要任务和次级任务时，是否使用平衡策略来对认知资源进行分配(Klauer，2004)。本实验数据分析显示，实验结果不是因为被试采用了资源分配策略，在没有言语次级干扰任务的条件下，客体工作记忆任务的再认正确率与空间工作记忆没有显著差异，这说明两项任务的难度相同，但在有言语次级干扰任务的系列中，客体工作记忆任务的再认正确率显著低于空间工作记忆任务，受到的干扰量更大。如果这是因为被试把更多的认知资源投向言语次级干扰任务，那么记忆客体信息时的言语次级干扰任务的成绩应该优于记忆空间信息时的言语次级干扰任务的成绩，但是这与实际数据恰恰相反。上面的分析说明，实验所发现的言语次级干扰任务对客体工作记忆任务产生了更显著的干扰效应，不是因为被试采用了资源分配策略，而是因为客体工作记忆任务中有更多言语编码的参与。这个结果说明，与保持空间信息相比，言语编码可能在客体信息的保持过程中发挥更重要的作用。

实验一采用的客体任务和空间任务都难以进行言语编码和复述，但言语次级干扰任务对客体工作记忆任务产生的干扰效应显著高于空间工作记忆，这个发现与波斯特尔(2005)采用抽象图形作为实验材料的结果一致，这进一步证明客体工作记忆可能包含一种自动化的、强制性的言语编码机制。前面已经提及，本实验采用的客体任务和空间任务都难以进行言语编码和复述，当面对容易进行言语命名和编码的任务时，空间工作记忆是否有更多言语编码的参与，言语次级干扰任务对两种工作记忆类型干扰量之间的差异是否会消失，通过实验二来对这些问题进行回答。

三、实验二

考察言语次级干扰任务是否对容易命名的客体工作记忆与空间工作记忆任务产生不同的干扰效应。

(一)研究方法

1. 被试

某大学15名本科生和研究生，与实验一被试没有重复。1名被试由于错误率高(低于机遇水平66%)被剔除，进入数据统计的被试共14名，其中男生7名，女生7名，年龄为19～25岁，平均年龄为22.1岁。其他要求与实验一相同。

2. 实验设计

与实验一相同。

3. 实验材料

工作记忆任务：客体工作记忆任务与空间工作记忆任务使用相同的实验材料，屏幕上出现一个13.02 cm×13.02 cm二维矩阵，在这个二维矩阵中，把相互平行的两条边的中点用线连起来，构成一个“田”字形，里面包含4个6.51 cm×6.51 cm的小二维矩阵，每一次随机在4个小二维矩阵中的一个中出现实心黑色几何图形，这个实心黑色图形的形状分为4种：圆形、正方形、六边形和三角形，这4种图形的周长相同，都为8 cm。对于客体工作记忆任务，让被试记忆每次出现的图形的形状，对于空间工作记忆任务，让被试记忆每次出现图形的位置。

言语次级干扰任务与实验一相同。

4. 实验步骤

与实验一相同。

5. 数据分析

与实验一相同。

(二)结果分析

结果分析发现，工作记忆类型与干扰类型之间存在显著的交互作用，$F(1, 13)=15.150$，$p=0.002$。从有无次级干扰任务角度进行简单效应分析发现，在无干扰条件下，客体工作记忆与空间工作记忆差异显著，$F(1, 13)=13.38$，$p=0.003$。结合平均数可以发现客体工作记忆任务的正确率显著高于空间工作记忆任务的正确率(见图3和表1)。在有干扰条件下，客体工作记忆与空间工作记忆差异显著，$F(1, 13)=9.36$，$p=0.009$，客体工作记忆任务的正确率显著低于空间工作记忆任务的正确率。从工作记忆类型角度进行简单效应分析显示，在客体工作记忆条件下，无干扰条件的正确率显著高于有干扰条件，$F(1, 13)=30.650$，$p<0.001$。在空间工作记忆条件下，两种干扰条件之间差异不显著，$F(1, 13)=0.447$，$p=0.516$。此外，上面的方差分析还发现存在显著的干扰类型主效应，$F(1, 13)=13.255$，$p=0.003$。但工作记忆类型主效应不显著，$F(1, 13)=1.716$，$p=0.213$。对两种工作记忆类型的受干扰量进行配对 t 检验，结果显示，客体工作记忆的受干扰量(0.131)显著大于空间工作记忆(−0.017)，$t(13)=$

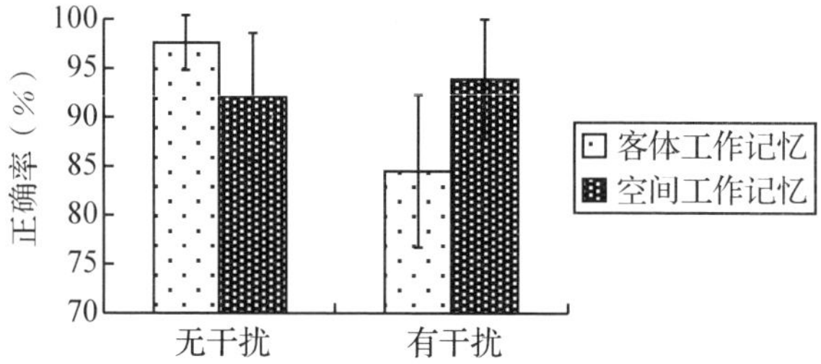

图3　空间和客体工作记忆在不同干扰条件下的正确率

3.892，$p=0.002$。

对言语干扰次级任务的正确率进行单因素重复测量方差分析，没有发现显著的差异，$F(2, 26)=2.619$，$p=0.097$。

(三)讨论

实验二的结果与实验一相同，言语次级干扰任务对客体工作记忆任务产生的干扰量要显著大于空间工作记忆任务。这个结果说明，即使在易于言语编码的空间工作记忆任务中，言语次级干扰任务仍然没有对空间信息的保持产生明显的干扰。

实验二中采用的记忆探测方式是图形探测，如果采用词语探测会不会诱导被试更多地采用言语编码的方式呢？例如，对于空间工作记忆来说，如果采用言语编码的方式，保持在大脑中的信息与最后的词语探测刺激将不需要形式上的转换，更易匹配。如果是这样，言语次级干扰任务对空间工作记忆任务的干扰效应会不会增强，或者两种工作记忆类型的干扰量有没有差异？通过实验三对这些问题进行考察。

四、实验三

考察记忆对象是易于言语命名的任务，并且采用词语探测方式时，言语次级干扰任务是否对客体工作记忆与空间工作记忆任务存在不同的干扰效应。

(一)研究方法

1. 被试

某大学 15 名本科生和研究生，其中男 6 名，女 9 名，年龄为 18～25 岁，平均年龄为 22.3 岁。与实验一要求相同。

2. 实验设计

与实验一相同。

3. 实验材料

与实验二相同。

4. 实验步骤

实验步骤与实验二完全相同，但在记忆探测阶段的形式上与实验二不同，实验二的记忆探测形式与记忆目标阶段一样，还是出现图形，让被试判断图形的形状或者位置是否与记忆目标阶段相同。但在实验三中，记忆探测形式变为词语探测，即出现描述图形形状或者位置的词语让被试进行判断。

5. 数据分析

与实验一相同。

(二)结果分析

结果分析发现，工作记忆类型与干扰类型之间存在显著的交互作用，$F(1, 14)=18.746$，$p=0.001$。从有无次级干扰任务角度进行简单效应分析发现，在无干扰条件下，客体工作记忆与空间工作记忆差异显著，$F(1, 14)=5.25$，$p=0.038$，结合平均数可以发现客体工作记忆任务的正确率显著高于空间工作记忆任务的正确率(见图4和表1)。在有干扰条件下，客体工作记忆与空间工作记忆差异不显著，$F(1, 14)=1.51$，$p=0.24$；从工作记忆类型角度进行简单效应分析揭示，在客体工作记忆条件下，无干扰条件的正确率极其显著地高于有干扰条件，$F(1, 14)=39.159$，$p<0.001$。在空间工作记忆条件下，无干扰条件的正确率也显著地高于有干扰条件，$F(1, 14)=6.816$，$p=0.021$。此外，上面的方差分析还发现存在显著的干扰类型主效应，$F(1, 14)=23.274$，$p<0.001$。工作记忆类型主效应不显著，$F(1, 14)=0.405$，$p=0.535$。对两种工作记忆类型的受干扰量进行配对t检验，结果显示，客体工作记忆的受干扰量(0.132)显著大于空间工作记忆(0.056)，$t(14)=4.330$，$p=0.001$。

对言语次级干扰任务的正确率进行单因素重复测量方差分析，发现存在显著的主效应，$F(2, 28)=7.26$，$p=0.007$。事后平均数检验发现，空间记忆条件下的正确率显著大于客体记忆条件($p<0.05$)和无记忆条件($p<0.05$)，而客体记忆条件

与无记忆条件之间没有显著差异。

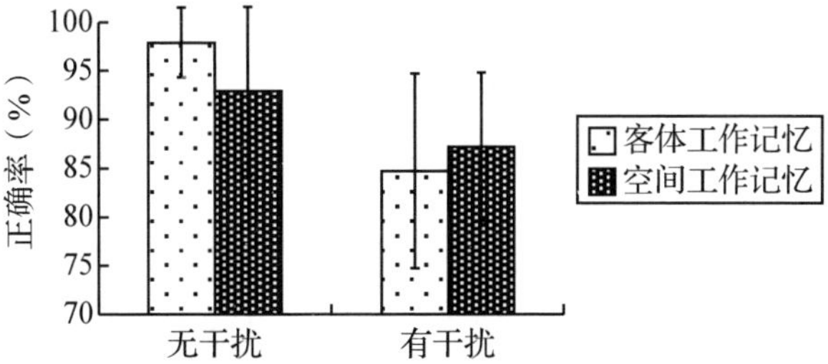

图 4　空间和客体工作记忆在不同干扰条件下的正确率

(三)讨论

实验三的结果发现，客体工作记忆的受干扰量显著大于空间工作记忆，这与前面实验一和实验二的结果一致。但是在工作记忆再认正确率的方差分析中，本实验与实验二结果存在差异：存在干扰的条件下，客体工作记忆与空间工作记忆差异不显著。这与实验二中，相同条件下空间工作记忆的正确率显著高于客体工作记忆不同。比较平均数发现，这主要是由于实验三中干扰条件下，空间工作记忆的正确率有较明显的下降。为了更细致地分析这一结果差异，我们对实验三和实验二中的空间工作记忆再认正确率做2(干扰类型：有干扰和无干扰)×2(探测类型：图形探测和词语探测)方差分析，其中干扰类型为被试内变量，而探测类型为被试间变量，结果显示，干扰类型与探测类型之间存在显著的交互作用，$F(1, 27)=4.872$，$p=0.036$，简单效应分析表明，在无干扰条件下，图形探测与词语探测之间差异不显著，$F(1, 27)=0.06$，$p=0.802$。但在有干扰条件下，图形探测条件下正确率显著高于词语探测条件，$F(1, 27)=6.69$，$p=0.015$。在无干扰条件下，两种探测类型在正确率上差异不显著说明，空间工作记忆任务的难度对两组实验被试来说没有差异，但在干扰的条件下，词语探测的成绩出现显著下降。这说明在该探测条件下，空间工作记忆受到了更大的干扰。导致受干扰量的增加有三种可能的原因。第一，在词语探测条件下，记忆空间信息时，采用了言语编码和复述的方式。第二，记忆空间信息时，没有采用言语编码和复述方式，而是采用了某种非言语的编码和复述方式。例如，在接下来的实验中要探讨的基于空间选择性注意的保持机制。但是当面对词语形式的探测刺激时，需要一种编码形式的转换——把正在复述的非言语形式的空间信息转换为言语编码的信息，与词语探测刺激进行比较，以做出判断。这种编码形式的转换可能在延迟阶段就已经提前开始，而延迟阶段出现的次级干扰任务，影响了这种编码形式转换的准确性，引起再认准确率的下降。第三，由于词语探测刺激的诱导，有言语编码和复述方式参与空间信息的保持，但是同时还存在其他非言语形式的编码和复述方式。

五、总讨论

实验一、实验二和实验三都发现，与空间工作记忆相比，言语次级干扰任务对客体工作记忆产生显著的干扰。实验一采用了较难进行言语命名和编码的非规则三角形，实验二采用了容易进行言语命名和编码的规则图形，而实验三则在采用容易进行言语命名和编码的规则图形的基础上，使用了诱使被试进行言语编码的词语探测刺激。那么这种记忆对象在言语命名和编码难易程度，以及探测方式上的变化，是否会引起客体工作记忆任务受干扰量的变化呢？我们采用 one-way ANOVA 对三种实验条件下的受干扰量进行了方差分析，结果显示三种实验条件下的受干扰量没有显著差异，$F(2,41)=0.179$，$p=0.837$。这说明言语次级干扰任务的干扰效应并没有随着记忆对象在言语编码难易程度以及探测方式上的变化而发生改变。此外，我们还使用 one-way ANOVA 方法分别对实验一、实验二和实验三中无干扰条件下，客体和空间工作记忆任务的再认正确率进行了分析，发现对于客体工作记忆任务来说，三种实验条件间存在显著的差异，$F(2,41)=18.828$，$p<0.001$。事后平均数检验发现，实验二和实验三中的客体信息再认正确率显著高于实验一，实验二和实验三间差异不显著。而在空间工作记忆中，三种实验条件之间的差异不显著，$F(2,41)=0.614$，$p=0.546$。排除掉被试因素(三个实验的被试从同一所学校选取，年龄、性别和专业背景没有明显差异)，可以发现三个实验之间主要差别是记忆任务言语命名和编码难易程度上的变化。这种命名和编码难易程度上的变化

具体体现为两个方面：第一是呈现图形和位置准确言语命名的难易程度，实验二和实验三中都是规则图形和能准确命名的位置；第二是记忆对象的重复率，实验一中图形形状和位置没有重复，而实验二和实验三中，图形和位置分别只有四种，在正式实验的60个系列中，各重复15次。很显然当记忆对象更有规则和多次重复出现时，客体工作记忆任务的再认正确率有了显著提高。而对于空间工作记忆来说，即使在词语探测条件下，这种成绩的促进作用也不明显。这个结果从一个侧面证明言语编码在客体信息的保持中发挥重要作用。通过实验一我们证明客体工作记忆可能包含一种自动化的、强制性的言语编码机制，正像波斯特尔在一篇文章中所总结的，在客体工作记忆条件下，一系列研究证明当被试面对难以使用言语编码的图形时，仍然经常采用言语编码的策略。而本研究的实验二和实验三进一步证明，无论面对什么样的客体工作记忆对象，这种自动化、强制性的言语编码机制在客体信息的保持过程中都发挥作用。本实验还进一步发现，言语编码发挥的作用随记忆的客体言语命名和编码难易程度的不同而不同，当记忆的客体易于言语命名和编码时，这种言语编码机制促进客体信息的保持，而当记忆客体难以进行言语命名和编码时，这种言语编码机制对客体信息的保持发挥作用减少。

对于空间信息的保持，三个子实验之间的结果并不一致。实验一采用了言语命名和编码困难的空间信息，但是无干扰条件下空间信息的再认正确率仍显著高于有干扰条件。尽管受干扰量要显著小于客体工作记忆任务，这个结果说明空间信息的保持受到了言语次级干扰任务的影响；与实验一不同，实验二采用了言语命名和编码容易的空间工作记忆任务。从实验一的结果推测，空间信息的保持应该受到言语次级干扰任更显著的干扰。但是结果分析显示，言语次级任务对空间信息的保持没有明显的干扰作用。实验三则揭示言语次级干扰任务对词语探测形式的空间信息的保持有显著的干扰。实验一、实验二和实验三的结果表明，与客体信息保持中自动化、强制性的言语编码机制不同，言语编码是否参与空间信息的保持可能受到多种因素的影响。例如，任务难度的差异以及探测方式的差异，上面的行为实验还不能对这些问题给予充分的回答。此外，在实验三的讨论中，对空间工作记忆条件下受干扰量的增加提出了三种可能性，如果第一种可能性或者第三种可能性成立，那么说明词语形式的探测刺激诱使了大脑采用言语编码和保持的机制对空间信息进行保持。这说明大脑保持空间信息时在一定诱发条件下才使用言语编码和保持机制，这与客体工作记忆中自动、强制性地使用言语编码和保持机制不同。如果第二种可能性成立，说明大脑在保持空间信息时，即使存在使用言语编码的引诱条件，仍然采用非言语的编码和复述机制。在接下来的实验中，将通过其他角度继续对这三种可能性进行探讨。

六、结论

实验发现，无论记忆对象是言语命名困难的客体信息，还是言语命名容易的客体信息，无论探测刺激是图形形式，还是词语形式，言语次级干扰任务都对客体信息的保持产生选择性干扰；但对空间信息的保持来说，言语次级干扰效应在不同条件下表现出不同的特点。实验结果表明客体工作记忆自动、强制性地使用言语编码和保持的机制，空间工作记忆信息的保持是否有言语编码的参与则受到其他因素的影响。

参考文献

[1]Klauer K C & Zhao Z. Double dissociations in visual and spatial short-term memory [J]. Journal of Experimental Psychology: General, 2004, 133(3): 355-381.

[2]Mecklinger A & Pfeifer E. Event related potentials reveal topographical-spatial visual working memory activate separate neural systems in spatial and object working memory[J]. Cognitive Brain Research, 1996, 4: 211-224.

[3]Postle B R, D'esposito M & Corkin S. Effects of verbal and nonverbal interference on spatial and object visual working memory[J]. Memory & Cognition, 2005, 33 (2): 203-212.

[4]Postle B R & Hamidi M. Nonvisual codes and nonvisual brain areas support visual working memory[J]. Cerebral Cortex, 2007, 17: 2151-2162.

[5]Simons D J. In sight，out of mind：when object representations fail[J]. Psychological Science，1996，7(5)：301-305.

[6]Smith E E & Jonides J. Working Memory：a view from neuroimaging[J]. Cognitive Psychology，1997，33(1)：5-42.

第八编

PART 8

记忆心理学研究

记忆是认知或智力心理学的重要组成部分，在我指导的认知或智力及其发展研究的博士生中，有不少从事记忆及其发展研究的，特别是对工作记忆及其发展的研究。我从中选出以我为通讯作者的4篇研究报告及1篇在国际学术杂志上发表的文章。

注意次级任务对客体与空间工作记忆信息保持的选择性干扰*

一、问题提出

视空间工作记忆是工作记忆的重要组成部分，主要用于存储客体和空间信息，负责产生、操作和保持视觉映象。神经心理学(Hanley，1996)、潜变量(Chen Jing，2000)、双分离(Klauer，2004)、发展(Shaw，2006)以及脑机制(Smith，1997)的研究发现，视空间工作记忆可以分为客体工作记忆和空间工作记忆两个相对独立的子成分。客体工作记忆对物体的大小、颜色和形状进行加工和存储，而空间工作记忆主要负责加工和存储物体的空间位置信息。

已有研究表明，选择性注意在视空间工作记忆信息的保持加工中发挥重要作用(Vogel，2005；Sala，2009)。选择性注意分为空间选择性注意和基于客体的选择性注意两种不同类型，空间选择性注意是指选择视觉区内某一位置进行注意，而基于客体的选择性注意则是指把客体信息组织为信息块的过程，换句话说就是特定客体被选择注意的过程(Mozer，2005)。史密斯(Smyth，1994)在一项使用 Corsi Blocks 任务作为空间工作记忆材料的实验中发现，如果在延迟间隔内，让被试操作需要注意转移的次级任务，被试的成绩会显著下降，其他实验进一步证明这种成绩的下降与注视点的转移没有关系(Smyth，1996)。奥夫(Awh，1998，2001)通过系列行为实验进一步提出，空间选择性注意对保持工作记忆中的空间信息始终处于激活状态发挥重要作用，空间信息的保持可能是一种基于空间注意的复述机制。脑成像研究

* 本文原载《心理发展与教育》2010 年第 6 期。本文其他作者为罗良、陈桄。

的发现也为行为研究的推测提供了支持(Jha，2002；Postle，2004；Geier，2007；Srimal，2008)。奥夫(2000)的研究发现，被试完成需要空间选择注意任务的过程中，大脑后部视觉皮层的激活存在对侧(contralateral)效应，即当需要注意的任务出现在左侧视野区时，右侧的视觉皮层有较大激活(Gratton，1997)，这种效应在视觉信息出现后的100 ms内开始。奥夫及同事使用fMRI(Awh，1999；Postle，2004)证明，当被试执行空间工作记忆时，也会出现这种效应，ERP(Awh，2000)研究进一步发现，空间信息的复述与空间选择性注意都诱发出P1成分和N1成分，并且在潜伏期和头皮空间分布上高度重合。

受到空间选择性注意与空间工作记忆关系研究的启发，一些研究者(Barnes，2001)推测基于客体的选择性注意在客体工作记忆信息保持中可能也发挥重要作用。巴恩斯(Barnes，2001)使用双任务方法对这一问题进行了研究，实验要求被试完成三种工作记忆任务：言语、空间与客体。被试完成三种任务的同时，还要在延迟阶段完成一种“Vertex任务”，这是一种基于客体的选择性注意任务。实验发现，记忆客体信息造成了“Vertex任务”单客体优势的减少，证明了基于客体的选择性注意与客体工作记忆可能共享某些机制。迈耶(Mayer，2007)在一项脑成像研究中发现，客体工作记忆的编码加工与视觉选择性注意激活的脑区重叠程度非常高，认为对客体进行记忆编码时，可能需要视觉选择性注意的参与。另外一些研究(Elliot，1998；Fink，1997)还揭示了基于客体的注意加工与客体工作记忆在左侧顶叶的激活存在重叠。但在巴恩斯(2001)的行为研究中，并没有发现客体工作记忆任务的成绩受到“Vertex任务”的影响，奥夫(2006)在论述空间选择性注意与空间工作记忆关系时曾提出，要说明空间选择性注意在空间信息的保持中发挥作用，就必须证明保持空间信息的过程中，空间选择性注意受到干扰或者抑制时，空间工作记忆的成绩会显著下降，以往关于两者关系的大量研究证实了这一点。对于基于客体的选择性注意在客体信息保持中的作用同样也需要从这个层面进行证明，但是，就所掌握的文献来看，还没有看到这方面的研究。

本研究拟通过考察两种不同类型的注意次级干扰任务是否分别对客体与空间工作记忆任务产生选择性干扰，来进一步揭示基于客体的选择性注意在客体工作记忆信息保持中的作用。本研究除关注基于客体的选择性注意是否在客体工作记忆信息保持中发挥作用外，还对选择性注意在客体和空间信息保持中的作用，是否受到记忆任务言语命名和编码难度影响的问题感兴趣。在以往研究中，有些研究采用抽象图形和难以命名的空间位置(Bosch，2001)，另外一些研究则采用规则的几何图形(Mecklinger，1996)和可以命名的空间位置，这种记忆任务言语命名和编码难度上的差异导致了与已有研究结论的不一致。为考察这两个方面的问题，本研究设计了两个实验：实验一探索不同类型的注意次级任务是否对言语命名和编码容易的客体和空间工作记忆任务产生选择性干扰；实验二考察不同类型的注意次级任务是否对言语命名和编码困难的客体和空间工作记忆任务产生选择性干扰。

为了更好地回答上面两个问题，与以往研究相比(Tresch，1993；Klauer，2004)，本研究在设计上有两点不同。第一是采用了新的基于客体的选择性注意干扰任务——重叠图形辨别任务。前人(Tresch，1993；Klauer，2004)关于视空间工作记忆的研究，似乎更关心客体工作记忆与空间工作记忆是否存在分离，以及空间选择性注意在空间工作记忆中的作用，而对基于客体的选择性注意在客体工作记忆信息保持中的作用并没有进行探讨，因此采用的任务多为颜色分辨任务，无法深入地揭示这种视觉形式的编码或者保持机制是什么。为了证明基于客体的选择性注意在客体信息保持中的作用，本实验根据邓肯(Duncan，1984)关于基于客体的选择性注意的研究，并借鉴"Star of David"(Stuart，2003)实验任务，设计了基于客体的选择性注意干扰任务，让两个图形叠加在一起，图形中心集中于一点，让被试从背景中识别符合要求的图形，并进行判断。以往研究表明，这种重叠图形辨别任务，能够较好地消除空间选择性注意的影响，反映基于客体的选择性注意(O'Craven，1999；Stuart，2003；Serences，2004)。

第二是没有让被试在工作记忆的延迟阶段同时完成注意次级干扰任务和言语抑制任务。前人的研究为了防止被试在信息保持过程中进行言语编码和复述，要求被试在延迟阶段完成注意次级任务的同时还要完成言语抑制任务。例如，特雷施(Tresch，1993)在实验过程中，要求被试说"the"，克劳尔(Klauer)则要求被试从1～10进行数数。仔细分析，这样设计存在问题，我们(罗良、林崇德，2010)和其他研究者(Bor，2003；Landau，2007；Carretti，2007)的实验揭示，工作记忆编码和保持过程中，可能存在不同的编码和保持策略，客体工作记忆和空间工作记忆在使用言语编码和复述策略上存在差异。客体工作记忆是强制性地、自发地使用，而空间工作记忆则根据外在的条件来使用。对于空间工作记忆来说，存在空间选择性注意次级干扰任务时，如果还出现言语抑制任务，可能会造成被试选择编码和复述策略上的困难。也就是说，并不清楚是因为言语抑制任务的存在，认知系统选择了基于空间选择性注意的复述策略，还是因为空间选择性注意次级干扰任务的存在，认知系统选择了言语编码和复述策略，所以干扰任务如何发挥作用也不清楚，只是从行为成绩上知道，空间工作记忆的成绩下降了。因此本实验没有采用言语抑制任务。如果没有言语抑制任务，仍然出现了选择性干扰效应，反而能更清楚地说明不同类型的注意次级干扰任务所引起的干扰效应，原因是如果某种信息主要是由言语编码和复述的策略而不是由某种类型的注意参与保持的，将不会出现干扰现象。

二、实验一

探索不同类型的注意次级任务是否分别对言语命名和编码容易的客体和空间工作记忆任务产生选择性干扰。

(一)研究方法

1. 被试

某大学15名学生，其中男7名，女8名，年龄为20～25岁，平均年龄为22.4岁。视力或者矫正视力正常。实验进行前，让被试填写基本信息、阅读实验知情同意书，实验完成后给予有限报酬。

2. 实验设计

对于工作记忆任务，构成2×3的被试内设计，第一个自变量为记忆信息类型，包含2个水平：客体信息、空间信息；第二个自变量为次级干扰任务类型，包含3个水平：基于客体的选择性注意干扰、空间选择性注意干扰、无干扰。

对于次级干扰任务，也构成 2×3 的被试内设计，第一个自变量为干扰任务类型，包含 2 个水平：空间选择性注意干扰任务、基于客体的选择性注意干扰任务；第二个自变量为记忆条件，包含 3 个水平：记忆客体信息条件、记忆空间信息条件、无记忆信息条件。

因变量：工作记忆任务的正确率、次级干扰任务的正确率。

3. 实验材料

工作记忆任务：客体与空间工作记忆任务使用相同的实验材料，屏幕上出现一个 13.02 cm×13.02 cm 方框，在这个方框中，把相互平行的两条边的中点用线连起来，构成一个“田”字形，形成 4 个 6.51 cm×6.51 cm 的小方框(见图 1)，每一次随机在 4 个小方框中的一个出现实心黑色几何图形，这个实心黑色图形的形状分为 4 种：圆形、正方形、正六边形、正五边形，4 种图形的周长相同，均为 8 cm。对于客体工作记忆任务，让被试记忆每次出现图形的形状，对于空间工作记忆任务，则让被试记忆每次出现图形的位置。

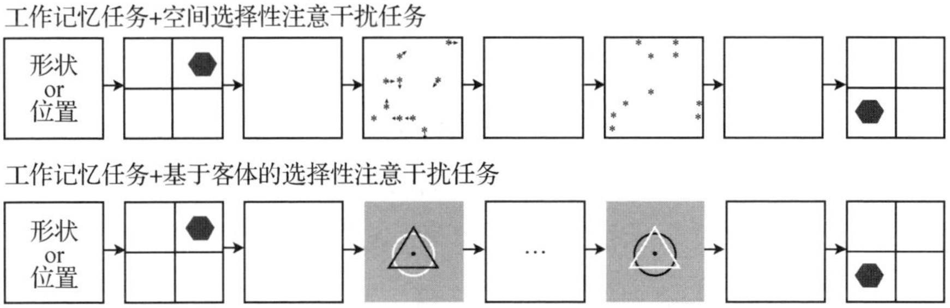

图 1　实验任务呈现模式图

两种次级干扰任务：空间选择性注意干扰任务采用移动辨别任务；基于客体的选择性注意干扰任务采用重叠图形辨别任务。

移动辨别任务。在一个 20.32 cm×20.32 cm 的方框中(见图 2)，存在 10 个星号，根据是否有星号静止分为两种情况：一种情况是 1 个星号静止，其他 9 个星号在移动；另一种情况是 10 个星号都在移动。让被试判断是否存在一个静止星号，如果存在一个静止星号按一个键，如果不存在静止星号按另外一个键。星号大小为

1 cm×1 cm。为了在每一个移动辨别任务中随机安放 10 个星号的位置，实验把 20.32 cm×20.32 cm 的方框，分成 64 个 2.54 cm×2.54 cm 小方框，给每一个小方框进行编号命名，在软件 Excel 中每次通过伪随机函数选取 10 个小方框安放 10 个星号。每个星号的初始运动基本方向有 8 个：左上、左下、右上、右下、上、下、左、右。通过伪随机函数，决定每个运动星号的初始运动方向。也通过伪随机函数来决定具体哪一个星号保持静止。星号移动速度为每 300 ms 移动 1 cm，如果一个星号到达了屏幕的边缘或者两个星号碰撞，它将根据反射的方向移动。星号在屏幕上停留的时间为 1500 ms，星号消失之后的 500 ms 内按键有效。星号消失后 1403 ms，将呈现一个新的移动辨别任务。

重叠图形辨别任务。在一个 13.02 cm×13.02 cm 的方框里(见图 2)，存在一个正三角形和圆形，三角形和圆形重叠，正三角形的重心与圆的圆心在一个点上。两个图形的周长相同，均为 8 cm。这两个图形中，一个图形的颜色为深色，另一个图形的颜色为浅色。深色正三角形和正圆形出现的比例各为 50%。实验设计了四种不同的深色和浅色对比：①深色 RGB 为 27、27、27，浅色 RGB 为 227、227、227；②深色 RGB 为 47、47、47，浅色 RGB 为 207、207、207；③深色 RGB 为 67、67、67，浅色 RGB 为 187、187、187；④深色 RGB 为 87、87、87，浅色 RGB 为 167、167、167。背景颜色的 RGB 在各条件间保持不变，均为 127、127、127。要求被试只需要注意深色的图形，而不需要注意浅色的图形。如果深色的图形是三角形，按一个键；如果深色的图形是圆形，按另一个键。如果被试在 802 ms 内没有做出反应，任务消失并且经过 350～451 ms 延迟后，呈现第二个重叠图形辨别任务，如果被试在 802 ms 之内做出反应，刺激消失，350～451 ms 后呈现一个新的重叠图形辨别任务。

4. 实验步骤

实验包括双任务实验系列和单任务实验系列，双任务实验系列是工作记忆任务加注意次级干扰任务，单任务实验系列包括单纯工作记忆任务和单纯注意次级干扰任务。

双任务条件具体呈现顺序和时间进程如下。

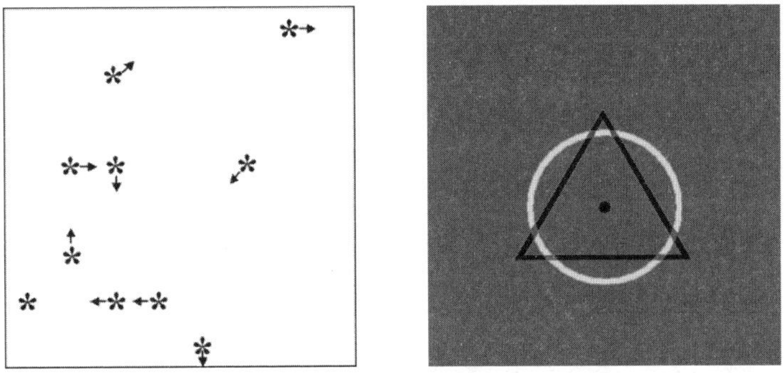

图 2　两种次级干扰任务：移动辨别任务和重叠图形辨别任务举例

(1)信息提示阶段。屏幕上出现信息提示，提示有两类：形状和位置。如果屏幕上提示为“形状”，被试要记住接下来出现的图形的形状，并在再认阶段判断屏幕上出现图形的形状与需要记忆图形的形状是否相同；如果屏幕上提示为“位置”，被试要记住接下来出现的图形的位置，并在再认阶段判断屏幕上出现图形的位置与需要记忆图形的位置是否相同。提示信息出现在屏幕中央，为 48 号加粗黑色宋体，提示持续时间为 501 ms。

(2)记忆目标阶段。记忆信息提示消失后 501 ms，屏幕上出现一个 13.02 cm×13.02 cm“田”字形方框，4 个小方框中的一个出现实心黑色几何图形，被试根据前面的信息提示要求，记住几何图形的形状或者位置。记忆目标在屏幕上持续时间为 1002 ms。

(3)记忆延迟阶段。从记忆目标消失到记忆探测刺激出现为延迟阶段，时间为 7419 ms。延迟阶段开始后的 1503 ms，开始出现注意次级干扰任务。每一个记忆延迟间隔出现 4 次重叠图形辨别任务，由于移动辨别任务每个需要呈现的时间较长，为保证含有移动辨别任务的实验系列中的记忆延迟间隔时间与含有重叠图形辨别次级干扰任务的实验系列相同，因此每个记忆延迟间隔内，只出现 2 次移动辨别次级干扰任务。距离记忆探测出现之前的 1503 ms，干扰任务结束。

(4)记忆探测阶段。屏幕上出现一个 13.02 cm×13.02 cm“田”字形方框，4 个小方框中的一个出现实心黑色几何图形。信息提示阶段为“形状”时，要求被试判断几何图形的形状是否发生改变;信息提示阶段为“位置”时,要求被试判断几何图形的位置是否发生改变。为了让被试在客体工作记忆任务系列中,只能根据对几何图形本身的形状的记忆做出判断,而不能使用其他的策略,记忆探测阶段与记忆目标相比,记忆对象的位置有75%的系列发生变化(目前位置变化为其他三种位置的概率各为25%),25%的系列不发生变化;同样,为了让被试在空间工作记忆任务系列中,只能根据对几何图形本身位置的记忆做出判断,而不能使用其他的策略,记忆探测阶段与记忆目标阶段相比,记忆对象的形状有75%的系列发生变化(目前形状变化为其他三种形状的概率各为25%),25%的系列不发生变化。任务中正负探测的比例各为50%,相同按一个键,不同按另一个键,并进行随机排列。探测阶段持续时间为1838 ms。

单纯工作记忆系列:除在记忆延迟阶段内不出现注意次级干扰任务外,刺激呈现顺序和时间进程与双任务完全相同。

单纯注意次级干扰系列:实验让被试在无记忆负荷条件下完成两种注意次级干扰任务:重叠图形辨别任务系列和移动辨别任务系列。在此实验条件下,没有记忆信息提示,“+”和“叮”的提示之后,屏幕直接出现一个13.02 cm×13.02 cm方框,方框中间存在一个黑色实心的正方形,被试不需要记忆,只需要注意它出现和消失就可以,这个相当于工作记忆任务的记忆目标阶段,呈现时间也为1002 ms。黑色实心的正方形消失之后,开始进入延迟阶段,在延迟阶段出现注意干扰任务,出现规则和持续时间与双任务时完全相同。延迟阶段结束后,出现箭头方向判断任务,即屏幕的左边和右边各出现一个箭头,让被试判断两边箭头的方向是否相同。箭头方向判断任务持续时间为1838 ms。其中,方向相同和不同的比例各为50%。

双任务实验系列共120个实验系列,分为4个block;单纯工作记忆系列共60个实验系列,分为2个block;单纯的注意次级干扰任务包括2个block,其中一个block为重叠图形辨别任务,另一个block为移动辨别任务,各包含30个实验系列,每个重叠图形辨别任务的实验系列包含4个重叠图形辨别任务,而每个移动辨别任务的实验系列包含2个移动辨别任务。双任务条件和单工作记忆任务条件中,要求记忆“形状”和“位置”信息的比例各为50%,并进行随机排列。被试按键组合在被试间进行平衡。

整个测验持续时间为80分钟，使用DMDX(版本为3.2.0.3，Forster，2003)软件编写实验程序，屏幕刷新频率为16.71 Hz，分辨率为1024×768，实验一和二都采用同样的设置，并在同一台IBM笔记本电脑上完成。计算机自动控制时间和保存实验参数。

5. 数据处理

工作记忆任务正确率的统计分析分两步进行。第一步进行2(工作记忆类型：客体、空间)×3(干扰类型：基于客体的注意干扰、空间选择性注意干扰、无干扰)的重复测量方差分析，主要关注工作记忆类型与干扰类型之间是否存在显著的交互作用，如果交互作用显著，进入第二步分析。第二步对每种工作记忆类型在基于客体的注意干扰条件和空间选择性注意干扰条件下的受干扰量进行计算，每种工作记忆类型的正确率的受干扰量计算方法为：用无干扰条件下的正确率减去有干扰条件下的正确率，得到四种类型的受干扰量。

①客体工作记忆在基于客体注意干扰条件下的受干扰量。②客体工作记忆在空间选择性注意干扰条件下的受干扰量。③空间工作记忆在基于客体注意干扰条件下的受干扰量。④空间工作记忆在空间选择性注意干扰条件下的受干扰量。对客体工作记忆在两种干扰类型下的受干扰量进行配对 t 检验，同样对空间工作记忆在两种干扰类型下的受干扰量进行配对 t 检验。通过这两步统计分析来探索两种不同类型的干扰是否对某种工作记忆类型存在选择性干扰。

对次级干扰任务的正确率，进行2(干扰任务类型：基于客体的注意干扰任务、空间选择性注意干扰任务)×3(记忆条件：记忆客体信息条件、记忆空间信息条件、无记忆信息条件)的重复测量方差分析。

(二)结果分析

工作记忆任务和次级干扰任务正确率见图3。对工作记忆任务的正确率进行重复测量方差分析，没有发现工作记忆类型与干扰类型之间显著的交互作用，$F(2, 28)=3.335$，$p=0.058$(见表1)；干扰类型主效应和记忆类型主效应也都不显著，$F(2, 28)=0.01$，$p=0.985$，$F(1, 14)=0.467$，$p=0.506$。

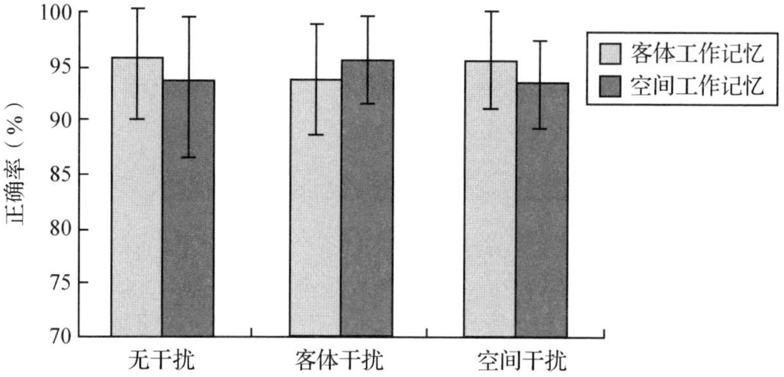

图 3　空间和客体工作记忆在不同干扰条件下的正确率

表 1　工作记忆任务正确率的平均数与标准差

客体工作记忆任务			空间工作记忆任务		
无干扰	客体干扰	空间干扰	无干扰	客体干扰	空间干扰
96.0(5.7)	93.9(5.4)	95.9(4.6)	93.8(6.0)	95.8(4.1)	93.7(4.1)

对次级干扰任务的正确率进行 2×3 的重复测量方差分析发现，干扰任务类型与记忆条件之间的交互作用不显著，$F(2, 28)=1.660$，$p=0.214$；记忆条件的主效应也不显著，$F(2, 28)=2.235$，$p=0.139$(见表 2)；干扰任务类型的主效应显著，$F(1, 14)=70.538$，$p<0.001$，基于客体的注意干扰任务的正确率显著高于空间选择性注意干扰任务。

表 2　次级干扰任务正确率的平均数与标准差

基于客体的注意干扰任务			空间选择性注意干扰任务		
无记忆	客体记忆	空间记忆	无记忆	客体记忆	空间记忆
97.9(1.6)	98.3(1.2)	98.3(1.6)	90.5(3.5)	91.5(3.7)	89.3(4.1)

(三)讨论

实验一采用规则的几何图形和容易命名的空间位置作为工作记忆任务，没有发现显著的选择性干扰效应。基于客体的选择性注意次级干扰任务对容易言语命名的客体记忆任务没有产生明显干扰的结果说明，被试完成作为基于客体的选择性注意次级干扰的重叠图形辨别任务时，对深色图形形状的识别和分辨加工没有言语加工的参与，因为如果包含言语加工，势必会对由言语编码参与的客体信息记忆产生干扰(Postle，2005；罗良，2010)。

那么，当工作记忆任务为言语命名与编码困难的客体和空间信息时，不同类型的注意次级干扰任务是否会产生选择性干扰呢？实验二对这个问题进行了考察。

三、实验二

考察不同类型的注意次级任务是否对言语命名和编码困难的客体和空间工作记忆任务产生选择性干扰。

(一)研究方法

1. 被试

某大学15名学生，其中男7名，女8名，年龄为18～25岁，平均年龄21.3岁。视力或者矫正视力正常。实验进行前，让被试填写基本信息、阅读实验知情同意书，实验完成后给予有限报酬。

2. 实验设计

与实验一相同。

3. 实验材料

工作记忆任务：客体与空间工作记忆任务使用相同的实验材料，屏幕上出现一个13.02 cm×13.02 cm方框，里面存在一个黑色实心三角形。在所有任务中，钝角三角形和锐角三角形各占50%，不采用直角三角形和等腰三角形。三角形在方框中的基本位置有五种：左上、左下、中间、右上和右下。在所有任务中，每种基本位置各占20%。在每个区块中，三角形的位置和形状都是唯一的。

注意次级干扰任务：与实验一完全相同。

4. 实验步骤

实验步骤与实验一相同。与实验一的工作记忆探测阶段相同，为了避免被试在记忆形状时，通过记忆三角形三个角在方框的相对空间位置来判断三角形的形状是否发生改变，实验改变了客体工作记忆任务中探测阶段三角形的位置(有80%的系列发生变化：由目前位置变化为其他四种位置的概率各为20%；20%的系列不发生变化)，通过Excel 2000里面的伪随机函数来实现对位置的改变，改变之后，五种基本位置仍然各占20%；当被试任务为记忆三角形的位置时，探测阶段三角形的形状不发生变化，主要考虑到如果改变三角形的形状，将对三角形位置的判断造成较大干扰，尤其是记忆探测阶段与记忆目标阶段三角形位置之间的差别较小时。

5. 数据处理

与实验一完全相同。

(二)结果分析

工作记忆任务和次级干扰任务的正确率见图4。对工作记忆任务的正确率进行重复测量方差分析发现(见表3)，工作记忆类型与干扰类型之间存在显著的交互作用，$F(2, 28)=10.768$，$p<0.001$；简单效应分析发现，在无干扰条件下，客体与空间工作记忆之间没有显著差异，$F(1, 14)=0.17$，$p=0.668$；在基于客体的注意干扰条件下，客体工作记忆的正确率显著低于空间工作记忆的正确率，$F(1, 14)=10.44$，$p=0.06$；在空间选择性注意干扰条件下，客体工作记忆的正确率显著高于空间工作记忆的正确率，$F(1, 14)=9.25$，$p=0.009$。此外，上面的方差分析还发现存在显著的干扰类型主效应，$F(2, 28)=9.813$，$p=0.01$，事后平均数检验发现无干扰条件下的工作记忆正确率显著高于两种干扰条件下的正确率($p<0.05$)，而两种干扰条件下的正确率没有显著差异。工作记忆类型的主效应不显著，$F(1, 14)=1.008$，$p=0.332$。对两种工作记忆类型的受干扰量进行配对t检验，结果显示，对于客体工作记忆来说，基于客体的注意干扰任务的干扰量(0.069)显著大于空间选择性注意干扰任务的干扰量(0.029)，$t(14)=2.859$，$p=0.013$；对于空间工作记忆来说，空间选择性注意干扰任务的干扰量(0.095)显著大于基于客

体的注意干扰任务的干扰量(0.019)，$t(14)=2.848$，$p=0.013$。

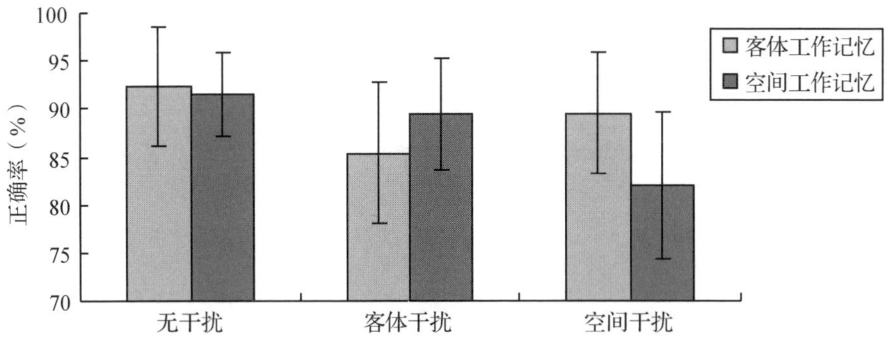

图4　空间和客体工作记忆在不同干扰条件下的正确率

表3　工作记忆任务正确率的平均数与标准差

客体工作记忆任务			空间工作记忆任务		
无干扰	客体干扰	空间干扰	客体干扰	空间干扰	无干扰
92.3(6.2)	85.4(7.3)	89.5(6.3)	91.5(4.4)	89.5(5.8)	82.0(7.7)

对次级干扰任务的正确率进行2×3的重复测量方差分析发现(见表4)，干扰任务类型与记忆条件之间的交互作用不显著，$F(2,28)=0.907$，$p=0.415$；记忆条件的主效应也不显著，$F(2,28)=0.912$，$p=0.393$；只有干扰任务类型的主效应显著，$F(1,14)=12.722$，$p=0.003$，基于客体的注意干扰任务的正确率显著高于空间选择性注意干扰任务。

表4　次级干扰任务正确率的平均数与标准差

基于客体的注意干扰任务			空间选择性注意干扰任务		
无记忆	客体记忆	空间记忆	客体记忆	空间记忆	无记忆
97.7(2.4)	97.1(3.3)	97.7(2.4)	92.7(4.0)	93.2(4.0)	93.8(4.6)

(三)讨论

实验二的工作记忆数据结果分析表明：空间选择性注意次级干扰任务对空间工

作记忆产生了显著的干扰效应，而基于客体的选择性注意次级干扰任务则对客体工作记忆产生了明显的干扰。次级干扰任务的数据分析揭示，三种记忆条件下(无记忆信息、记忆客体信息、记忆空间信息)，基于客体的注意干扰任务的正确率和空间选择性注意干扰任务的正确率均没有显著差异。这个结果证明，工作记忆任务出现的选择性干扰效应并不是因为被试使用了认知资源的平衡分配策略(Klauer, 2004)。

实验二的发现说明，空间选择性注意在空间信息的保持加工中起重要作用，这与以往行为和脑机制的研究发现一致(Smyth, 1996; Awh, 1998; Srimal, 2008)。基于客体的选择性注意干扰任务对客体工作记忆产生显著干扰效应，是本实验的一个重要发现，根据奥夫(2006)推理空间选择性注意与空间工作记忆之间关系时的逻辑，“要想证明空间选择性注意在空间信息的保持中发挥作用，那么必须证明保持空间信息的过程中，空间选择性注意受到干扰或者抑制时，空间工作记忆的成绩会显著下降”，上面的实验结果说明，基于客体的选择性注意在客体信息的保持过程中发挥作用。史密斯(1997)提出，客体工作记忆的编码过程是，首先对客体信息产生视觉客体编码，然后有一部分视觉客体编码转换为言语编码，对于言语编码形式的信息通过言语复述的方式进行保持，但是史密斯并没提出没有转换为言语编码形式的客体信息的保持机制。波斯特尔(Postle, 2005)和兰甘思(Rangannth, 2005)也曾做出推测，认为客体工作记忆中包含多种编码形式，但也没有揭示视觉形式的编码是如何保持的。本实验的结果回答了这一问题，基于客体的选择性注意在视觉编码形式信息的保持中可能发挥重要作用。

四、总讨论

实验一采用了规则的几何图形和容易命名的空间位置，同时设置了两种注意次级干扰任务，没有发现显著的选择性干扰效应。实验二采用了不规则的三角形和不容易命名的空间位置作为记忆任务，两种注意次级干扰任务与实验一完全相同，但发现了显著的选择性干扰效应，这说明基于客体的选择性注意是否参与客体信息的保持和空间选择性注意是否参与空间信息的保持，可能受到记忆对象言语编码难易程度的影响。

对于空间工作记忆来说，当记忆对象是不容易言语命名和编码的空间位置时，空间选择性注意次级干扰任务表现出显著的干扰作用，这与以往的行为和脑机制的研究结果一致(Smyth，1996；Awh，1998；Srimal，2008)。但当记忆对象是容易言语命名的编码的空间位置时，实验一发现的空间选择性注意次级干扰任务没有产生显著的干扰效应，这与以往的研究结果不一致(Klauer，2004；罗良，2009)。例如，最近一项以容易言语命名空间位置作为空间工作记忆任务的 ERP 研究结果(罗良，2009)揭示，空间工作记忆信息的保持有空间选择性注意的参与。之所以出现这种结果，可能是因为空间信息的保持加工中存在不同的保持策略(Bor，2003；Landau，2007；Carretti，2007)，对难以进行言语命名和编码的空间位置进行记忆时，即使存在空间选择性干扰任务，仍然使用基于空间选择性注意的保持策略。但当记忆对象易于进行言语命名和编码的空间位置时，如果延迟期间不出现空间选择性注意干扰任务，则继续使用基于空间选择性注意的保持策略；如果延迟期间出现空间选择性注意干扰任务，则使用其他的保持策略，如言语编码和复述策略(罗良，2010)。但在克劳尔(Klauer，2004)的实验中，要求被试保持空间信息的同时，既要完成从 1～10 的数数任务(一种言语干扰任务)，还要完成空间选择性注意干扰任务。言语干扰任务和空间选择性注意任务的同时存在，造成被试选择保持策略上的困难，进而导致了空间信息保持的准确性下降。但关于空间信息保持过程中不同保持策略之间的转换机制是什么，还需要更多的研究来揭示。

实验二发现，基于客体的选择性注意在不易使用言语命名和编码的客体记忆任务中发挥重要作用。西蒙(Simon，1996)的研究发现，言语编码在客体工作记忆中发挥关键作用，波斯特尔(2005)研究发现，即使对抽象的、不易使用言语命名和编码的客体，仍有言语编码的参与。在此基础上，它提出客体工作记忆中，可能存在多种编码形式，其中言语编码机制的参与是自动化的、强制性的。实验二和波斯特尔(2005)的研究结果说明，基于客体的选择性注意和言语编码可能在难以言语命名和编码的客体记忆任务中同时发挥作用，对其中任何一种形式的表征进行干扰，都会对记忆成绩产生影响。对于言语命名和编码容易的客体工作记忆任务，基于客体的选择性注意不再发挥显著的作用，而主要是言语形式的编码和复述起主要作用。出现这种差异的内部加工机制是什么呢？波斯特尔(2005)推测，新输入的客体表征与头脑内部表征匹配是一种强制性的、自动化的过程，但是新输入的视觉客体表征与头脑内部表征匹配程度如何，可能由新输入客体的特征决定，对于具有规则形状的客体，较多的外部记忆对象的视觉特征转化为了大脑内部言语编码的形式，因此对于具有规则形状的客体，其保持主要依赖言语形式的编码和复述；而对于不规则或抽象的客体，这种匹配并不完全，只有一部分的外部记忆对象的客体编码转化为了大脑内部言语编码的形式，剩余的外部记忆对象的客体特征编码则继续存在，而且既有低水平客体特征编码(Rangannth，2006)，也有高水平客体特征编码(Luck，1997)。这些客体特征的编码继续依赖基于客体的选择性注意排除外界干扰，因此对于不规则或抽象客体的保持，言语次级任务(Postle，2005；罗良，2010)和基于客体的选择性注意次级任务都产生了干扰。

五、结论

基于客体的选择性注意和空间选择性注意分别参与言语命名和编码困难客体与空间信息的保持加工，但当面对言语命名和编码容易的客体与空间记忆目标时，不再发生作用。

参考文献

[1]罗良，林崇德．言语次级干扰任务对客体与空间信息保持的影响[J]．心理发展与教育，2010，26(2)：113-120.

[2]罗良，刘兆敏，林崇德，等．延迟干扰对空间工作记忆信息再认的影响[J]．自然科学进展，2009，19(5)：491-497.

[3]Mozer M C & Vecera S P. Space and object-based attention[M]//Itti L，Rees G & Tsotsos J. Neurobiology of attention. Burlington：Academic Press，2005，130-134.

[4]Smyth M M. Interference with rehearsal in spatial working memory in the absence of eye movements[J]. The Quarterly Journal of Experimental Psychology, 1996, 49A: 940-949.

[5]Stuart G W, McAnally K I & Meehan J W. The overlay interference task and object-selective visual attention[J]. Vision Research, 2003, 43: 1443-1453.

[6]Vogel E K, McCollough A W & Machizawa M G. Neural measures reveal individual differences in controlling access to working memory[J]. Nature, 2005, 438: 500-503.

工作记忆在简单指数乘法等式判断中的作用*

一、问题提出

巴德利(Baddeley)等人提出的多成分工作记忆模型由类似于注意控制系统的中央执行系统(central executive system)、语音环路(phonological loop)和视空间模板(visuo-spatial sketch pad)两个附属系统构成。其中，语音环路和视空间模板分别专责于存储和保持语言信息和视觉空间信息(Baddeley，2002)。工作记忆为复杂认知任务提供暂时的信息存储空间和加工的信息来源，它在数学运算中的作用是国内外研究的热点课题之一。

早期研究主要关注工作记忆是否参与数学运算的问题(Hitch，1978)，在工作记忆模型逐步成熟的基础上，20 世纪 90 年代研究者开始关注哪些工作记忆成分参与数学运算的问题。洛吉(Logie)等人(1994)最早利用双任务实验范式来探索工作记忆成分参与多位数加法运算的问题。在此之后的十多年来，研究者开始关注其他数学运算领域，如简单或多位数的加法、乘法和减法运算(de Rammelaere，1999；Furst & Hitch，2000；Lemaire，1996；Lee，2002；Logie，1994；Seitz，2000；Seyler，2003；Trbovich & LeFevre，2003)。区别于算术运算，代数运算存在特殊性。例如，代数符号读法中所含的"音素"通常含有多个音素。譬如。"a^3"读作"a 的三次方"或"a 的立方"。这表明，代数符号的保持可能难以通过语言复述来实现，而需要更多地依赖视空间记忆。近些年来，虽然一些研究表明代数符号具有视觉空间特性(Anderson，2003；Kirshner，2004；Reuhkala，2001)，但是很少有研究直接

* 本文原载《心理科学》2007 年第 2 期。本文其他作者为连四清、张洪山。

探索工作记忆在代数运算中的作用。本研究的目的就是利用双任务实验范式来探索哪些工作记忆成分参与简单指数乘法等式判断。

双任务实验范式的实验结果具有可解释性的基础是次级任务必须含有单一的工作记忆成分。一些研究建议通过降低言语复述和按钮速度的严格要求来分别保证其对应的工作记忆成分的单一性(Baddeley, 2000; de Rammelaere, 1999)。与前两种次级任务一样,早期实验采用中央执行负荷的次级任务。例如,随机字母或数字生成任务和跟踪任务(Lemaire, 1996; Seitz, 2000)含有多种中央执行成分和语音环路的保持成分(Vandierendonck, 1998; Vandierendonck, de Vooght & van der Goten, 1998)。近年来,有研究者开始采用一种随机间隔决策任务(Random Interval Decision task, RID)(de Rammelarer, 2002; Deschuyteneer, Stuyven & Vandierendonck, 2005; Szmalec, Vandierendonck & Kernps, 2005),他们不再要求被试做出随机性控制,而是被试根据计算机随机间隔产生音调的高低做出反应。本研究将采用非严格速度限制的语音任务和手动任务、RID 任务,以保证次级任务的工作记忆成分的单一性。

二、研究方法

(一)被试

从大学数学系二年级学生中征召 20 名被试,男女各半。所有被试为右利手,而且视力正常。

(二)实验材料

为了控制问题难度、运算策略对反应时的影响,我们选择不超过 5 的正整数作为指数,以及排除指数相同和含有 1 的情况(Campbell & Epp, 2004; Cumming & Elkins, 1999)。底数字母 a、b 和 c 在材料中出现的次数相等来平衡字母的影响。测试项目共 18 个,其中真假等式各半。与真等式唯一不同的是,假等式右式的指数为正确指数±1,如“$a^2 \cdot a^4 = a^6$”为真等式,“$a^2 \cdot a^4 = a^5$”为假等式。由于实验材料左右两式底数中字母均相同，因此被试有可能发现这一规律，可能导致被试在后续的实验中不再对等式中的字母进行匹配，而只对系数进行加工。为了避免这一情况，我们设计了18个干扰项目。一类，左边底数的两个字母相同，但与右边的字母不同，其指数和恰好等于右式的指数，如 $a^2 \cdot a^3 = b^5$。另一类，底数中的三个字母互不相同，左式的指数和与右式的指数不等，如 $a^3 \cdot c^4 = b^8$。干扰项目的实验数据不进入统计分析。所有项目只出现一次。

(三)实验程序

该实验采用4(四种主任务条件)×2(两种等式类型)重复测量实验设计，主任务条件和等式类型为被试内因素。其中，四种主任务条件分别为控制、语音任务、手动任务和RID任务条件，等式类型是指真假等式两种类型。因变量为判断的反应时和错误率。本研究用自己设计的测试系统随机呈现所有实验材料，记录反应时和正确性。实验材料呈现使用白背景。字母和数字的字体为Times New Roman，大小为50 pt。

正式实验前，被试要进行九个项目(非实验项目)的重复练习，直到被试熟练地掌握实验的程序。实验中，通过随机指定四种主任务条件的顺序来平衡顺序效应。其中，控制条件是指被试只完成主任务的条件。语音任务条件和手动任务条件分别为被试在完成主任务的同时连续大声地复述一个单词“the”和用左手连续击打两个按钮(“8”和“∞”)。在实验中，我们用橡皮垫做了两个正方形的模拟按钮(大小为10 cm×8 cm)，在圆的中心处分别标上“8”和“∞”)，字号为36 pt，并把它们固定在桌面下方以避免被试使用视觉线索，两个按钮间的间隔为50 cm。实验时，要求被试按“8—∞—8—∞—…”的顺序连续用左手中指击打两个按钮的中心处。RID任务条件是指被试根据随机出现的音频“嘟”的强弱用左手做出反应的同时完成主任务。其中，被试在听到高音“嘟”(524 Hz)时，1秒钟之内用左手的大拇指按“空格键”做出反应；在听到低音“嘟”(262 Hz)时，1秒钟内不做出反应。相邻两个声音时间间隔为1～2 s。计算机自动记录高音和低音出现的次数及其正确响应次数、其他按键次数。除控制条件外，向被试强调主任务和次级任务的速度和正确率的同等重要性。四种主任务条件的实验程序除执行的次级任务不同外，其他程序保持一致。

在实验过程中，要求被试端坐在计算机显示器前，距离屏幕50 cm左右。实验开始时，首先在屏幕中央出现一个“＋”形的注视点，持续时间为1000 ms。接着在“＋”位置处呈现实验材料，呈现时间为1500 ms。如果呈现的等式正确，被试用右手食指按鼠标左键做出肯定反应；否则，用右手中指按鼠标右键做出否定反应。在被试做出反应后显示器中央立即出现“＋”，持续时间为500 ms，然后在“＋”处出现下一个项目。在实验中，我们对任务呈现时间进行了限定，这是因为不对信息呈现时间进行限制或呈现时间过短可能低估(Furst & Hitch，2000)或高估(Ashcraft，2002)工作记忆的作用。

三、结果与讨论

对因变量进行4(四种主任务条件)×2(两种等式类型)重复测量方差分析，其中主任务条件和等式类型均为被试内因素。反应错误的反应时不进入统计分析过程。四种主任务条件下真假等式判断的平均反应时和错误率(标准差)的描述统计结果如表1所示。

表1 主任务反应时和错误率(标准差)的描述性统计结果

		控制	语音	手动	RID
真等式	反应时	770(16)	830(17)	906(17)	998(17)
	错误率	0.01(0.01)	0.02(0.01)	0.01(0.01)	0.02(0.01)
假等式	反应时	808(16)	864(20)	946(18)	1022(18)
	错误率	0.01(0.01)	0.09(0.03)	0.08(0.03)	0.06(0.02)

(一)反应时

反应时的分析结果表明，主任务条件、等式类型的主效应均非常显著($p = 0.000$)，主任务条件×等式类型两因素交互作用不显著($p > 0.05$)。这说明，主任务条件在等式判断的反应时上的主效应与等式类型无关。进一步比较双重任务条件和控制条件的反应时，结果表明，语音任务、手动任务和RID任务的干扰效应都显著($p=0.000$)。分别就真等式和假等式的反应时进行分析，结果表明，语音任务、手动任务和RID任务显著干扰真等式和假等式的判断的反应时($p<0.0001$)。

四种主任务条件下的反应时和错误率之间不存在显著的负相关关系，所以双重任务的干扰效应不是来自被试在速度和正确率之间的平衡倾向。双重任务在反应时上的干扰效应表明，语音环路、视空间模板和反应选择成分参与简单指数乘法等式的判断。正如上面分析的那样，指数符号(如"a^3")中的字母和数字符号具有对角线关系以及大小的关系，而且指数符号的保持难以用语言复述来实现，所以部分指数信息需要利用视空间模板来储存和保持。由于简单指数乘法等式判断含有两种反应选择成分(字母是否匹配和等式正确与否)，而且真假等式中所含的反应选择成分相同。因此从RID任务的反应选择成分单一性看，成分瓶颈可以较好地解释RID在真假等式的反应时上的干扰效应的一致性。

在简单算术加法运算中，有研究表明，语音环路并不参与简单加法运算。本实验研究的是指数乘法任务中最简单的情况，为什么语音环路在简单指数乘法等式判断和简单算术加法计算或判断中的作用不同?我们认为：底数字母的匹配延迟了指数关系的判定，以及信息呈现时间限制使得个体需要在语音环路中存储和保持指数中阿拉伯数字的信息。这犹如多位数加法和乘法运算那样，执行更多的运算步骤使得被试需要利用语音环路来储存和保持阿拉伯数字信息(de Rammlaere，2002；Furst，2000；Logie，1994)。

(二)错误率

错误率分析结果表明：主任务条件($p<0.05$)、等式类型($p<0.01$)的主效应均显著。进一步比较双重任务条件和控制条件的错误率，结果表明：语音任务($p<0.01$)、手动任务($p<0.05$)的干扰效应显著，RID任务的干扰效应处于边缘水平($p=0.06$)。主任务条件×等式类型交互作用显著($p<0.05$)。这说明，主任务条件在错误率上的主效应与等式类型有关。分别对真等式和假等式的错误率进行分析，表明：双重任务条件没有显著增加真等式的错误率($p>0.5$)，但显著增加了假等式的错误率(语音和手动：$p=0.000$；RID：$p<0.05$)。

显然成分瓶颈不能够解释双重任务在真等式和假等式错误率上干扰效应的差异。我们认为，注意资源有限性和真假等式判断对注意资源不同需求是导致这种差异的主要原因。首先，我们在实验中发现语音环路和视空间模板都参与简单指数等式判断，按照巴德利(2000)提出的工作记忆模型，等式判断需要利用注意资源来整合语音环路、视空间模板和长时记忆系统中的信息。其次，在双重任务条件下，语音环路负荷、视空间模板负荷和中央执行系统负荷的增加，整合不同来源的信息需要更多的注意资源，这将减少后续加工过程中所需要的注意资源。最后，真等式的判断过程是一种再认过程，而假等式的判断过程类似于回忆过程(Zbrodoff & Logan，1990)。再认较少受到注意资源有限性的限制，因此虽然双重任务增加了注意资源的需求，但是它们并不会干扰判断的正确性。回忆本身需要一定的注意资源(如有意识地提取答案)，假等式判断较容易受到注意资源有限性的影响，因此双重任务将显著干扰假等式判断的正确性。

四、结论

语音任务、手动任务和RID任务显著影响简单指数乘法等式判断的反应时，这说明语音环路、视空间模板和反应选择成分参与简单指数乘法等式的判断过程；语音任务、手动和随机间隔决策任务在不同程度上影响到真假等式判断准确性，这说明真假等式判断具有不同的注意资源需求。

参考文献

[1]Baddeley A D. Working memory[J]. Science，1992，255：556-559.

[2]Baddeley A D. Is working memory still working? [J]. European Psychologist，2002，7(2)：85-97.

[3]Hitch G J. The role of short-term working memory in mental arithmetic[J]. Cognitive Psychology，1978，10(3)：302-323.

[4]Logie R H, Gilhooly K J & Wynn V. Counting on working memory in arithmetic problem solving[J]. Memory & Cognition, 1994, 22(4): 395-410.

[5]Zbrodoff N J & Logan G. On the relation between production and verification tasks in the psychology of simple arithmetic[J]. Journal of Experimental Psychology: Learning, Memory and Cognition, 1990, 16(1): 83-97.

关键字母法对英文词汇记忆效能的制约因素初步研究*

一、问题提出

自阿特金森（Atkinson，1975）的研究报告发表以来，关键词方法（keyword method）受到众多西方学者的探讨。大多数研究表明：在外语词汇记忆中，关键词方法显著地优于其他策略（Atkinson & Raugh，1975；Lawson & Hogben，1998；Wyra，Lawson & Hungi，2007）。不过，有些研究的结果与前者相互抵牾（Campos，Gonzalez & Amor，2003；Wang & Thomas，1995）。究竟是何种原因导致了这种相互抵牾的研究结果呢？实际上，只要把握关键词方法效能的制约因素，这个问题即可迎刃而解。为此，需先分析关键词方法的记忆编码结构。关键字母法，作为一种具有中国特色的关键词方法（李庆安，2006），其记忆编码结构，如图1所示。

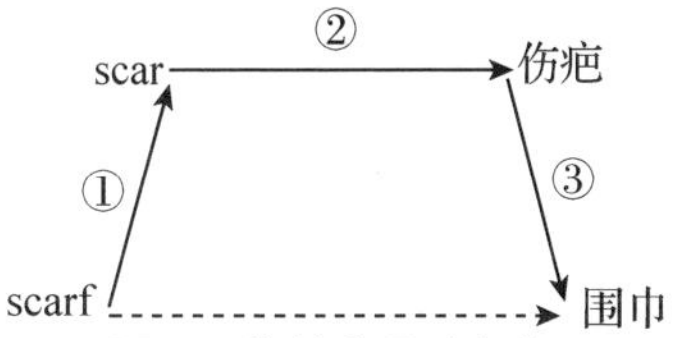

图1　关键字母法记忆编码结构图解

在图1中，“scarf—围巾”表示一项典型的配对联想记忆任务，对其关系的记忆，若采用关键字母法，那么，记忆编码结构涉及三个环节：(1)选择关键字母，亦即选择scar为目标词scarf的关键字母；(2)提取关键字母释义，亦即提取scar的释义“伤疤”；(3)通过创新思维，将关键字母释义与目标词释义建构为格式塔。在此，就是将“伤疤”与“围巾”建构为格式塔。“伤疤围巾遮”的语句、表象或图片（见

* 本文原载《心理科学》2008年第6期。本文其他作者为李庆安、王莉、刘芳。

图 2)，就是其中的一例。

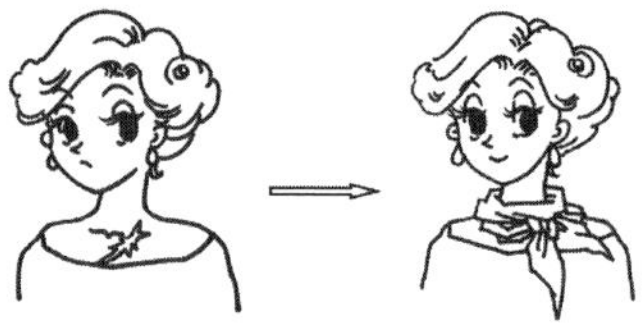

图 2 “伤疤围巾遮”格式塔图解

必须指出，关键字母法与关键词方法的根本区别在于，前者的关键字母需选自外文单词，而后者的关键词需选自母语单词。由图 1 可推知，从记忆提取的结构看，制约关键字母法效能的，不外乎四个因素：①难以识别关键字母；②难以提取关键字母释义；③难以提取格式塔；④难以识别目标词释义。

本研究拟采用干预范式和中介刺激法，从记忆提取的视角，初步探讨其中的两个因素：①难以识别关键字母；②难以提取关键字母释义。此外，本研究也将讨论中介刺激法的特征与来源。本研究对于解决关键词方法效能的争论，对于推动记忆理论与研究方法的发展，对于提高中学生的英文单词记忆水平，均有积极的意义。

二、方法

(一)实验设计

采用前测→干预→后测的实验设计，进而言之，该研究的被试需经历四个环节：①前测；②关键字母法干预；③后测 A(后测的即时测验)；④后测 B(后测的延迟 7 天测验)。

(二)被试

北京市某中学初中一年级学生 108 名，先参加前测及干预活动，然后，基于前测的有关成绩，在后测 A 与后测 B 中，采用匹配法，将他们分成数目与男女比例均相当的三个组：①控制组；②一项中介组；③二项中介组。曾参加前测的 19 名被试，因故缺席随后的某些活动，因此，最终纳入统计分析的被试为 89 名，其基本情况，如表 1 所示。

表 1 被试的基本情况

组别	人数(男/女)	年龄($M\pm SD$)(月)
控制组	28(13/15)	152.49±4.21
一项中介组	27(9/18)	151.41±3.17
二项中介组	34(12/22)	152.51±3.82

必须指出，在后测 A 与后测 B 的记忆提取中，控制组仅被提供英文单词，一项中介组则被提供英文单词及其关键字母，二项中介组被提供英文单词、关键字母和关键字母释义。此外，三组被试的英语课堂教育，均始于小学一年级，并且，均未参加过关键字母法的实验。

(三)主试

涉及 6 名主试，其中，3 名为北京师范大学心理学专业硕士生，3 名为中学英语教师。3 名硕士生负责干预前后测的一系列施测任务，3 名中学教师负责干预任务。在正式施测和干预之前，6 名主试接受相关的培训活动，以统一施测程序、干预方案和评分标准。

(四)材料

6 套自编的材料：①《英文词表Ⅰ》，由 10 个简单的英文单词(简称“单词”)及其汉语释义(简称“释义”)构成；②《英文词表Ⅱ》，由 32 个生僻的单词及其释义构成；③《英文词表Ⅲ》，由 47 个单词及其释义构成；④《关键字母法训练手册》，亦即《英文词表Ⅲ》的记忆策略，其中 18 个单词同时涉及语句关键字母法和图解关键字母法，其余 29 个单词仅涉及语句关键字母法；⑤《英文词表Ⅳ》，由 32 个生僻的单词及其释义构成；⑥《英文词表Ⅳ记忆策略》，涉及《英文词表Ⅳ》的单词及其释义，关键字母及其释义，整合关键字母释义与单词释义的句子。

(五)工具

6套自编的材料：①《英文单词记忆测验Ⅰ》，《英文词表Ⅰ》中的单词是回忆线索，单词释义是回忆目标；②《英文单词记忆测验Ⅱ》，《英文词表Ⅱ》中的单词是回忆线索，单词释义是回忆目标；③《英文单词记忆测验Ⅲ》，《英文词表Ⅲ》中的单词是回忆线索，关键字母、关键字母释义和单词释义，均是回忆目标；④《英文词表Ⅳ测验A》，《英文词表Ⅳ》中的单词、关键字母和关键字母释义，共同构成回忆线索，而单词释义则是回忆目标；⑤《英文词表Ⅳ测验B》，《英文词表Ⅳ》中的单词和关键字母，共同构成回忆线索，单词释义是回忆目标；⑥《英文词表Ⅳ测验C》，《英文词表Ⅳ》中的单词是回忆线索，而单词释义是回忆目标。

(六)程序

1. 二项中介组的程序

该组的程序分熟悉、前测、干预、后测A和后测B五个阶段。施测时，均按29～36人为一组集体进行。

(1)熟悉阶段。主试步入教室后，将《英文词表Ⅰ》和《英文单词记忆测验Ⅰ》同时发给被试，向其讲解前测的施测程序，使其明白四点：①在正式实验中，其任务是学习32个英文单词；②学习时间为16分钟，自己掌握学习进度；③学习结束后，将进行英汉线索回忆测验；④学习材料与测验工具的结构，分别类似于《英文词表Ⅰ》和《英文单词记忆测验Ⅰ》。该讲解过程需花10分钟。

(2)前测阶段。主试确认被试熟悉施测程序后，向其分发《英文词表Ⅱ》，供其学习。学习结束时，请被试迅速交还所有材料，其中，包括他们自己可能抄写的材料。然后，将《英文单词记忆测验Ⅱ》发给被试，让其完成即时测验，答题限时为10分钟。

(3)干预阶段。在前测阶段完成三个月之后，主试将《关键字母法训练手册》发给被试，让其放学回家后，自学30分钟；次日早晨自习时间，主试以《英文单词记忆测验Ⅲ》为工具，对被试加以测验，答题限时为20分钟。这种“学习测验”的模式，连续执行 6 天后结束。

(4)后测 A 阶段。本阶段的程序，除下列三点之外，其余和前测阶段相同：①学习材料为《英文词表Ⅳ》与《英文词表Ⅳ记忆策略》；②测验工具为《英文词表Ⅳ测验 A》；③施测时间为干预结束之后。

(5)后测 B 阶段。本阶段的程序，除下列两点之外，其余和后测 A 阶段相同：①没有学习的环节；②施测时间为后测 A 结束 7 天之后。

2. 一项中介组的程序

该组的程序，除后测 A 与后测 B 阶段的测验工具为《英文词表Ⅳ测验 B》，其余均和二项中介组相同。

3. 控制组的程序

该组的程序，除后测 A 与后测 B 阶段的测验工具为《英文词表Ⅳ测验 C》，其余均和二项中介组相同。

(七)仪器

秒表 3 只。

(八)评分方法

采用严格与宽松两个标准。根据严格的标准，英文单词释义，必须是学习阶段呈现的汉语词或同义词；根据宽松的标准，英文单词释义可以是与学习阶段呈现的汉语词义相关的词。根据这两个标准，每正确一个记 1 分。

三、结果

(一)三个组前测记忆成绩比较

三个组前测的记忆成绩，如表 2 所示。

表 2　三个组前测记忆成绩($M \pm SD$)

	二项中介组($n=34$)	一项中介组($n=27$)	控制组($n=28$)
严格评分	9.68±5.38	9.26±4.79	9.11±5.88
宽松评分	10.97±6.33	10.41±5.12	10.36±6.34

注：满分均为 32 分，下同。

为了比较三个组前测的记忆成绩，围绕表 2 的数据，进行了单因素方差分析(one-way ANOVA)。结果表明：无论是严格评分，还是宽松评分，组间的主效应均不显著，$F(2, 86)=0.10$，其 p 值均大于 0.05。这说明，干预之前，三个组的记忆能力，都不存在显著的差异。

(二)三个组后测 A 记忆成绩比较

三个组后测 A 记忆成绩，如表 3 所示。

表 3　三个组后测 A 记忆成绩($M \pm SD$)

	二项中介组($n=34$)	一项中介组($n=27$)	控制组($n=28$)
严格评分	13.79±7.36	13.11±6.79	10.04±5.25
宽松评分	16.85±7.82	14.44±7.70	12.07±5.57

如果只是围绕表 3 的数据进行一系列的单因素方差分析，那么，三个组干预之前的记忆水平就没有被控制，从而不可能准确地反映干预后的中介刺激效应。因此，我们以三个组后测 A 的记忆成绩为因变量，以相应的三个组前测的记忆成绩为协变量，进行了两组协方差分析(ANCOVAs)。结果表明两点。(1)严格评分时，组间的主效应边缘显著，$F(2, 85)=2.91$，$p=0.06$；协变量效应显著，$F(1, 85)=20.61$，$p<0.001$；二项中介组显著地优于控制组，$p<0.05$(LSD 检验，下同)；一项中介组对控制组的优势也边缘显著，$p=0.065$；不过，二项中介组并未显著地优于一项中介组，$p>0.05$。(2)宽松评分时，组间的主效应显著，$F(2, 85)=3.75$，$p<0.05$；协变量效应显著，$F(1, 85)=24.28$，$p<0.001$；二项中介组显著地优于控制组，$p<0.01$；不过，一项中介组与控制组之间，以及二项中介组与

一项中介组之间，差异均不显著，p 值均大于0.05。

(三)三个组后测B记忆成绩比较

三个组后测B记忆成绩，如表4所示。

表4　三个组后测B记忆成绩($M \pm SD$)

	二项中介组($n=34$)	一项中介组($n=27$)	控制组($n=28$)
严格评分	6.47±5.30	5.26±3.89	3.39±2.25
宽松评分	7.53±5.50	6.04±4.24	4.18±2.48

同样基于前文所述的理由，我们以三个组后测B的记忆成绩为因变量，以相应的三个组前测的记忆成绩为协变量，进行了两组协方差分析。结果表明两点。(1)严格评分时，组间的主效应显著，$F(2, 85)=4.40$，$p<0.05$；协变量效应显著，$F(1, 85)=12.20$，$p<0.01$；二项中介组显著地优于控制组，$p<0.01$；一项中介组对控制组的优势也边缘显著，$p=0.08$；不过，二项中介组并未显著地优于一项中介组，$p>0.05$。(2)宽松评分时，组间的主效应显著，$F(2, 85)=4.69$，$p<0.05$；协变量效应显著，$F(1, 85)=12.96$，$p<0.01$；二项中介组显著地优于控制组，$p<0.01$；一项中介组对控制组的优势也边缘显著，$p=0.097$；不过，二项中介组并未显著地优于一项中介组，$p>0.05$。

尚需交代，配对 t 检验的结果发现，三个组前测严格与宽松评分的记忆成绩之间，三个组后测A严格与宽松评分的记忆成绩之间，以及三个组后测B严格与宽松评分的记忆成绩之间，差异均显著，三者的 $t(88)$ 值依次为-8.59、-9.46和-8.85，其 p 值均小于0.001。这说明，划分严格与宽松两种评分方法是很必要的。

四、讨论

(一)关键字母法对英文词汇记忆效能的制约因素

从记忆提取的结构看，制约关键字母法效能的，不外乎四个因素：①难以识别关键字母;②难以提取关键字母释义;③难以提取格式塔;④难以识别目标词释义。

本研究的第一个任务是,通过干预范式和中介刺激法,从记忆提取的视角,初步探讨其中的两个因素:①难以识别关键字母;②难以提取关键字母释义。

为此,本研究将被试匹配为三个组:①控制组;②一项中介组;③二项中介组。三个组都经历了四个环节:①前测;②关键字母法干预;③后测 A(后测的即时测验);④后测 B(后测的延迟 7 天测验)。此外,三个组所经历的记忆测验,均属于英汉线索回忆测验——以英文单词为线索而提取汉语释义。在前两个环节,三个组的经历完全相同,区别仅在后两个环节,即后测 A 与后测 B 的记忆提取环节:控制组仅被提供英文单词,一项中介组则被提供英文单词及其关键字母,二项中介组被提供英文单词、关键字母和关键字母释义。之所以如此设计,主要基于两大原则。①在后测 A 或后测 B 中,若一项中介组显著地优于控制组,就可认为,难以识别关键字母,是制约关键字母法效能的显著因素。②在后测 A 或后测 B 中,若二项中介组显著地优于控制组,然而,未显著地优于一项中介组,就可认为,难以提取关键字母释义,是制约关键字母法效能的显著因素。

本研究获得了四个重要的结果。①控制了前测的记忆水平后,在后测 A,评分严格时,一项中介组对控制组的优势边缘显著($p=0.065$);不过,评分宽松时,前者并未显著地优于后者。②在后测 B,无论评分严格还是宽松,一项中介组对控制组的优势,都边缘显著(其 p 值分别为 0.08 和 0.097)。③无论是在后测 A,还是在后测 B,无论评分严格还是宽松,二项中介组均显著地优于控制组。④无论是在后测 A 还是后测 B,无论评分严格还是宽松,二项中介组均未显著地优于一项中介组。

综合分析第一和第二个结果,可以认为,无论是从短期看,还是从长期看,难以识别关键字母会在一定程度上制约关键字母法的效能,不过,该因素的制约作用并不显著。综合地分析第一、第二、第三和第四个结果,可以认为,无论从短期看,还是从长期看,无论是准确的回忆,还是大致的回忆,难以提取关键字母释义是制约关键字母法效能的显著因素。这就是说,要确保关键字母法的效能,须先学习和熟记一定数量的英文单词及其释义。

本研究通过干预范式和中介刺激法，从记忆提取的视角，初步探讨关键字母法的制约因素。这种研究方法上的创新，是本研究不同于前人研究的重要特征。

(二)中介刺激法与双重刺激法

前人考察关键词方法效能的影响因素时，要么采用问卷法(Raugh & Atkinson，1975)，要么采用访谈法(Avila & Sadoski，1996)。然而，这两种方法都须面对两大质疑：①被试是否会如实作答？②就算他们想如实作答，然而，他们对编码过程的回忆是否准确无误呢？

本研究探讨关键字母法效能制约因素的过程，若采用问卷法或访谈法，也须面对相同的质疑。为此，我们提出了一种新的研究方法——中介刺激法，其实质在于，将刺激材料划分为两种类型：①主体刺激；②中介刺激。其中，前者的任务是引起特定的行为反应，后者的任务则是辅助前者引起特定的行为反应。显然，中介刺激的任务，是改变主体刺激与行为反应之间的关系。在引入中介刺激之前，行为反应未必会涉及元认知的活动，从而难免带有被动性；引入中介刺激之后，行为反应可以激活元认知的活动，从而激活行为反应的主动性。主体刺激与中介刺激之间，既可以是一对零关系，也可以是一对一或一对多关系。至于采用何种关系，视具体的研究设计而定。在本研究中，两者之间存在三种关系：①一对零关系，控制组的条件正是这种关系；②一对一关系，一项中介组的条件就是这种关系；③一对二关系，二项中介组的条件属于这种关系。此外，在本研究的设计中，主体刺激为英文单词，中介刺激涉及关键字母及其释义，反应任务为英文单词释义的提取。

必须指出，中介刺激法是借鉴双重刺激法的产物。因此，中介刺激法与双重刺激法，既有共同点，也有不同点。要想了解两者的异同点，须先了解双重刺激法的实质及其产生的根源。

正如维果茨基所说，双重刺激法的“实质在于，它用对被试的行为起不同作用的两类刺激来研究高级心理功能的活动和发展。一类刺激担负被试的活动所指向的客体的功能，另一类刺激是担负组织这一活动的符号功能”。

双重刺激法的产生与维果茨基充分重视观点与方法的创新不无关系。他曾明确地指出："研究任何一个新的领域，都必须从寻找与探讨方法入手。对科学问题的任何一种崭新的观点，也都不可避免地会导致新的研究方式与方法的产生。"在他看来，前人所采用的研究方法，都是基于"刺激—反应"的公式。该公式沿袭了自然主义的观点，只看到自然界对于人的作用，而看不到人对于自然界的反作用；此外，该公式也没有考虑到人的历史与动物的历史的根本区别。因此，在双重刺激法中，"刺激↘工具↗反应"的观点取代了"刺激—反应"的公式，历史主义的原则取代了自然主义的原则。

至此，中介刺激法与双重刺激法的异同点，已较为清晰。两者之间主要有四个共同点：①两者都基于同一个思想——控制刺激是控制行为的关键；②两者都始于同一个原则——强调研究观点与研究方法的创新；③两者都引入了中介刺激；④两者都通过中介刺激，将不可观察的内部心理反应转化为可观察的外部行为操作，提供了客观地研究内部心理操作的可能性。

不过，中介刺激法与双重刺激法之间，也有重要的区别，主要表现在两个方面。①在中介刺激法中，主体刺激与中介刺激之间，既可以是一对零关系，也可以是一对一或一对多关系；在双重刺激法中，第一类刺激与第二类刺激之间，主要是一对一的关系。②中介刺激法主要涉及记忆的提取过程，双重刺激法涉及实验的整个过程。

总而言之，中介刺激法，作为本研究的突出特征，试图继承和发展维果茨基所创立的双重刺激法。

五、结论

基于本研究的结果，可以得出两点结论：①无论是从短期看还是从长期看，难以识别关键字母会在一定程度上制约关键字母法的效能，不过，该因素的制约作用并不显著；②无论是从短期看还是从长期看，无论是准确的回忆还是大致的回忆，难以提取关键字母释义是制约关键字母法的显著因素。

参考文献

[1]李庆安．破解快速记忆之谜——记忆与智力研究新概念[M]. 北京：当代世界出版社，2006.

[2]维果茨基．维果茨基教育论著选[M]. 余震球，译．北京：人民教育出版社，2005.

[3]Atkinson R C. Mnemotechnics in second-language learning[J]. American Psychologist，1975，30：821-828.

[4] Campos A，Gonzalez M A & Amor A. Limitations of the mnemonic-keyword. Method[J]. Journal of General Psychology，2003，130：399-413.

[5]Wyra M，Lawson M J & Hungi N. The mnemonic keyword method：the effects of bidirectional retrieval training and of ability to image on foreign language vocabulary recall[J]. Learning and Instruction，2007，17：360-371.

表象关键字母法与英文单词记忆的实验研究*

一、问题的提出

关键词方法(keyword method)是一种由两个步骤构成的外语(或者母语)生词的记忆策略(Atkinson，1975)：第一，选择某个在语音(或拼写)方面与生词的某些部分相似的英语单词作为关键词；第二，在关键词的意义与生词的意义之间展开相互作用的视觉表象联想(表象关键词方法)，或者造一个包括关键词与生词的句子(句子关键词方法)。许多研究(Atkinson，1975；Atkinson & Raugh，1975；Pressley，Levin & Miller，1982)结果表明，关键词方法能够极大地促进以外语单词为线索的英语释义的提取，因而被认为是一种有效的外语单词记忆策略。不过，此处的外语是对母语为英语者而言的。

本研究旨在考察下面的问题：表象关键字母法是否能够促进以英文单词为线索的汉语释义的提取？该研究对关键词方法的发展和中国化，对我国学生英语学习负担的减轻，对我国英语教学心理学的发展，都有一定的意义。

二、研究方法

(一)被试

北京师范大学化学系、教育系一年级学生40名，男女各半。他们的母语为汉语，入学考试的外语均为英语。数目相等、男女比例相同的被试，随机分配于两个

---

* 本文原载《心理发展与教育》1999年第1期。本文其他作者为李庆安、辛涛。

条件：表象关键字母法条件和控制条件。

(二)材料

材料一：普雷斯利等人(1982)研究使用过的32个生僻的英文单词，构成正式实验待记忆的材料。为控制条件和关键字母法条件各印制一套学习材料。控制条件的材料包括两项内容：英文单词及其汉语释义。关键字母法条件的材料包括三项内容：英文单词、汉语释义、通过表象关键字母法记忆单词的详细步骤。

材料二：从麦克丹尼尔(McDaniel，1984)研究使用过的61个生僻的英文单词中，挑选12个单词构成实验准备的练习材料。

材料三：关键字母意义加工的练习材料，由17个关键字母群及其意义加工方式构成。

(三)程序

被试均在一个安静的教室按5～7人为一组进行集体测试。为了避免策略的泄露，先进行控制条件的实验，然后再开始关键字母法条件的实验。

1. 表象关键字母法条件

(1)实验准备。第一，在正式实验前14天，让该组被试学习并牢记拉丁字母意义加工系统。第二，在正式实验前7天，通过材料二和材料三，对该组被试进行表象关键字母法的训练，使他们不仅掌握关键字母的意义加工的方式，而且熟悉表象关键字母法。

(2)正式实验。在被试接受表象关键字母法训练7天后，对他们进行7天前训练时学习的12个单词的英汉线索回忆测验，从而使他们熟悉测验的方式。测验中单词的排列顺序，对所有的被试都一样，这是将学习词表打乱后重新随机排列的结果。测验的时间仅为2分钟。然后，告诉他们在实验中的任务是学习32个英文单词，并将材料一的相关部分发给被试。告诉他们务必按照材料所述的"记忆策略"学习并记忆单词，学习时间只有16分钟，他们自己掌握进度。并告诉他们，学习结束之后，将对他们进行32个英文单词的英汉线索回忆测验。请被试交还所有材料，其中包括他们自己可能抄写的材料。然后，对他们进行 32 个英文单词英汉线索回忆即时测验。测验试卷中单词的排列顺序，对所有的被试都一样，这是将学习材料中单词的顺序打乱后重新随机排列的结果。他们答题的时间不受限制，可以答到他们认为再也想不起来为止。即时测验 7 天之后，在被试毫无准备的情况下，对他们进行 32 个英文单词英汉线索回忆延迟测验。延迟测验中单词的顺序与即时测验相同。他们答题的时间不受限制，可以答到他们认为再也想不起来为止。延迟回忆测验结束之后，对被试进行访谈，以考察他们对于记忆策略的忠实程度。访谈时，让被试看实验时所学习的英文单词表。

2. 控制条件

其程序和时间安排，除下列几点之外，其余的都与表象关键字母法条件下的相同。第一，该组被试实验准备与正式实验在同一天进行。第二，实验准备阶段，不对该组被试进行表象关键字母法和关键字母的意义加工方式的训练，他们只能通过自己的策略记忆英文单词。第三，准备阶段的学习时间为 2 分钟，测验时间 2 分钟。第四，正式实验时，向该组被试呈现的材料只包括英文单词及其汉语释义，没有其他任何内容。

3. 评分方法

对本研究的测验结果。参照麦克丹尼尔和普雷斯利(McDaniel & Pressley，1984)的评分方法，采用严格的(strict)与宽松的(liberal)两种评分标准。根据严格的评分标准，英文单词的汉语翻译必须是学习阶段呈现的汉语或者其同义词；根据宽松的评分标准，英文单词的汉语翻译可以是学习阶段呈现的汉语或者与其意义相关的词。例如，根据严格的评分标准，英文单词 lapidist，如果翻译为“宝石商”就算正确，如果翻译为“珠宝商人”“珠宝商”或者“宝石鉴定商”都算错误；但是，根据宽松的评分标准，这些翻译都算正确。每正确一个得 1 分。

4. 实验仪器

秒表一只。

5. 数据的采集和处理

所得数据用 SPSS 软件包加以统计和处理。

三、结果与分析

(一)表象关键字母法与控制条件记忆成绩的比较

根据本研究的评分方法，表象关键字母法与控制条件之间在即时测验与延迟7天的测验成绩的比较，见表1、表2。

表1 两个条件即时测验成绩的比较

评分方式	实验组		控制组		t
	M	SD	M	SD	
严格	28.50	3.83	26.60	3.70	1.594
宽松	30.20	3.25	27.40	3.72	2.534*
人数	20		20		

注：满分为32分(下同)。

表2 两个条件延迟测验成绩的比较

评分方式	实验组		控制组		t
	M	SD	M	SD	
严格	19.40	6.59	10.00	6.59	4.513***
宽松	22.350	5.696	11.80	6.864	5.289***
人数	20		20		

由表1可见：即时测验成绩，若评分严格，表象关键字母法条件虽然略高于控制条件，但差异不显著($p>0.05$)；若评分宽松，前者比后者高8.75%，且差异显著($p<0.05$)。

由表2可知，延迟7天的测验成绩，若评分宽松，表象关键字母法条件比控制条件高32.96%，差异极其显著($p<0.001$)；即使评分严格，前者也比后者高

29.38%，差异也极其显著($p<0.001$)。通过表 2 还可以看出延迟 7 天的成绩，无论评分严格与否，控制条件的标准差都比较大，说明存在较大的个体差异。

那么，表象关键字母法条件与控制条件之间延迟测验时极其显著的差异，是否就可以归因于现成的表象关键字母法的作用呢？为什么控制条件延迟测验时出现较大的个体差异？我们只要分析两个条件下被试记忆策略的使用情况，就可以回答这两个问题。

(二)表象关键字母法与控制条件记忆策略使用情况的分析

表象关键字母法与控制条件被试记忆策略使用情况，有两种计算方法：第一，按所有 32 个单词的记忆策略计算，结果见表 3；第二，按延迟测验评分宽松时正确的单词的记忆策略计算，结果见表 4。

表 3　两种条件被试记忆策略的使用情况(按第一种计算方法)

策略	一象	一句	二	三	四	五	六	七	八	%
关键字母法	40	53	3	1	0	1	1	1	0	100
控制	—	—	—	—	63	5	24	4	4	100

注：“策略一象”表示运用现成的表象关键字母法即运用拉丁字母意义加工系统、现成的关键字母和现成的联想，且能回忆表象；“策略一句”表示运用现成的句子关键字母法——除不能回忆表象，但能回忆句子之外，其余都与“策略一象”相同；“策略二”表示运用拉丁字母意义加工系统和现成的关键字母，但由被试自己联想；“策略三”表示运用拉丁字母意义加工系统，但由被试自己选择关键字母并联想；“策略四”表示被试自己的类似于关键字母法的策略；“策略五”表示汉字拟音联想策略；“策略六”表示机械复述的策略；“策略七”表示与前六种策略都不同的策略；“策略八”表示被试忘了他记忆单词时运用的策略。

表 4　两种条件被试记忆策略的使用情况(按第二种计算方法)

策略	一象	一句	二	三	四	五	六	七	八	%
关键字母法	52	42	3	0	0	1	1	1	0	100
控制	—	—	—	—	78	7	11	4	0	100

从表 3 和表 4 可见以下两点。

第一，表象关键字母法的被试，按所有 32 个单词的记忆策略计算，通过现成的表象关键字母法记忆的占 40%，通过现成的句子关键字母法记忆的占 53%，两者合在一起为 93%；如果按延迟测验评分宽松时正确的单词的记忆策略计算，通过现成的表象关键字母法记忆的上升为 52%，通过现成的句子关键字母法记忆的下降为 42%，不过，两者合在一起仍然高达 94%。由此看来，表象关键字母法条件与控制条件延迟测验时极其显著的差异，虽然不能仅归因于现成的表象关键字母法的作用，但是，可以归因于现成的表象关键字母法与句子关键字母法的协同作用，即可以归因于现成的关键字母法的作用。因为表象关键字母法也好，句子关键字母法也罢，都属于关键字母法。这样，根据延迟测验的成绩，可以认为，现成的关键字母法能够极大地促进以英文单词为线索的汉语释义的提取。

第二，控制条件的被试，按所有 32 个单词的记忆策略计算，通过类似于关键字母法记忆的占 63%，通过机械复述策略记忆的占 24%。如果按延迟测验评分宽松时正确的单词的记忆策略计算，控制条件的被试通过类似于关键字母法记忆的上升为 78%，通过机械复述策略记忆的下降为 11%。因此，即时测验严格评分时表象关键字母法与控制条件无差异的原因，与控制条件的被试使用类似关键字母法的策略也有一定的关系。此外，记忆策略访谈结果还表明：在控制组的被试中，报告未使用类似于关键字母法的记忆策略者，其成绩往往较低，而报告使用了类似于关键字母法的记忆策略者，其成绩往往较高。所以，控制条件延迟测验时出现较大的个体差异，也是因为类似于关键字母法的个体差异。

四、讨论

上述结果表明：根据即时测验评分严格的成绩，关键字母法似乎不能促进以英文单词为线索的汉语释义的提取，而根据即时测验评分宽松的成绩，关键字母法则能够促进以英文单词为线索的汉语释义的提取；根据延迟测验，无论是评分严格还是宽松，关键字母法都能够极大地促进以英文单词为线索的汉语释义的提取。

本研究即时测验评分严格的记忆成绩，关键字母法与控制条件之间差异不显著的结果，与西方心理学家关于关键词方法的一些研究结果一致，而与另一些研究结果不一致。麦克丹尼尔等人(1984、1987)以大学生为被试的研究都表明：关键词方法与无策略指导的控制条件之间没有差异。普雷斯利(1980、1982)以大学生为被试的研究则表明：关键词方法与无策略指导控制条件被试之间的差异非常显著，前者的成绩远高于后者。那么，关键词方法的研究为何会得到如此不同的结果呢？麦克丹尼尔等人(1984)认为，这是由淘汰率极高的大学(a highly selective university)与淘汰率较低的大学(a less selective university)的学生之间能力强弱不同造成的。他们分析指出，以能力强的学生为被试时，因为控制条件的被试自发地运用了类似于教给关键词方法的被试的精细加工策略，所以，关键词方法与控制条件之间的差异不显著。

本研究延迟测验的成绩，关键字母法与控制条件之间的差异极其显著。这个结果与阿特金森(Atkinson，1975)关于关键词方法的研究结果相似。阿特金森(1975)的研究表明：延迟六周的测验，关键词方法组的被试能够回忆43%的单词，而控制组的被试只能回忆28%的单词，两者的统计差异是极其显著的。那么，按照即时测验评分宽松的成绩，或者延迟测验的成绩，为什么关键字母法能够促进以英文单词为线索的汉语释义的提取呢？

普雷斯利(1980、1982)分析指出，关键词方法之所以能够促进以外语(英语)生词为线索的生词释义的提取，是因为下列机制的作用：外语(母语)生词的读音(拼写)→关键词的读音(拼写)→关键词的意义→外语(英语)生词的释义。

具体地说，关键词方法作用的原理在于：第一，通过外语(英语)生词的读音(拼写)轻易地提取关键词的读音(拼写)，当关键词为生词的一个突出部分时，这个提取就更为容易；第二，通过关键词的读音(拼写)提取关键词的意义，这也是很容易的；第三，通过关键词的意义提取外语(英语)生词的释义。只要在关键词的意义与生词的释义之间形成相互作用的生动的表象联想，这个提取也非常容易。

关键字母法作为一种将关键词方法的原理同汉字特点相结合的英文单词记忆策略，也力图采用与关键词方法相似的原理，即：英文单词的拼写→关键字母的拼写→关键字母法的意义加工→关键字母的汉语意义→英文单词的汉语释义。

也就是说，关键字母法能够促进以英文单词为线索的汉语释义的提取，可能是由于如下的原因。第一，能够通过整个英文单词的拼写提取英文单词关键字母部分的拼写。第二，能够通过拉丁字母意义加工系统或者一个已知的英文单词，对关键字母进行意义加工，从而使关键字母获得一定的汉语意义。第三，能够在关键字母的汉语意义与英文单词的汉语释义之间展开相互作用的表象联想或者句子联想。第四，利用前面的表象联想或者句子联想，能够通过关键字母的汉语意义提取英文单词的汉语释义。

关键字母法作为一种具有中国特色的关键词方法，与关键词方法有许多相似之处。第一，无论是关键词方法还是关键字母法，都只选择整个生词的一个部分作为关键部分。第二，无论是关键词方法还是关键字母法，关键部分的意义与生词意义之间相互作用的联想，既可以是表象式的，也可以是句子式的。所以，关键词方法有表象关键词方法与句子关键词方法之分，关键字母法则有表象关键字母法与句子关键字母法之分。

不过，关键字母法与关键词方法还是有区别的。第一，关键词方法所选择的关键部分，既可从生词的语音出发，也可从生词的拼写出发。然而，关键字母法所选择的关键部分，则必须从英文单词的拼写出发。第二，关键词方法的关键词永远属于母语，所以不必再对关键词进行意义加工；而关键字母法的关键字母则永远属于外文，因而必须对关键字母进行意义加工。关键字母法因关键字母的意义加工方式的不同，有已知词—关键字母法与系统—关键字母法之分。已知词是指一个已知的英文单词，系统是指拉丁字母意义加工系统，所谓拉丁字母意义加工系统，是我们为每个字母分别规定两个固定的汉字代表的最终结果，即 Aa＝亚＝牙……Zz＝字＝子。其中，前一个叫正代表，后一个叫副代表。

最后，还应当指出本研究存在的三个主要问题。

(1)本实验的材料虽然都是生僻的英文单词，但是，它们都属于具体名词，那么，如果实验材料改为抽象名词、动词、形容词、副词，结果会怎么样?

(2)本实验采用以英文单词为线索的汉语释义提取的设计，那么，如果采用以英文单词的汉语释义为线索的英文单词的提取的设计，结果会有什么变化?

(3)西班牙语、法语、德语等语言，也和英语一样，同属于印欧语系的语言，并且它们的文字都属于拉丁字母系统，那么，以汉语为母语者，是否也可以通过关键字母法的原理，记忆西班牙文、法文、德文等单词?

参考文献

[1]Atkinson R C. Mnemotechnics in second-language learning[J]. American Psychologist，1975，30：821-828.

[2]McDaniel M A & Pressley M. Putting the keyword method in context[J]. Journal of Educational Psychology，1984，76：598-609.

[3]Pressley M，et al. The keyword method of foreign vocabulary learning：an investigation of its generalizabiliy[J]. Journal of Applied Psychology，1980，6：635-642.

[4]Pressley M，et al. Mnemonic versus nonmnemonic vocabulary-learning strategies：additional comparisons [J] . Journal of Educational Psychology，1982，74：693-707.

错误信息引发的错误记忆的个体差异：认知因素*

一、前言

错误记忆是指人们有时会对从未体验的事件产生生动和带有细节内容的回忆；或指人们混淆了目标事件和它发生之前或之后的诸多事件(Loftus，2003；Roediger & Gallo，2005；Schacter & Scarry，2000)。它也被称为虚假记忆或者记忆幻觉。与撒谎不同，产生错误记忆的个体相信这些从未体验过的事件真的曾发生在他们身上。

从20世纪70年代开始，错误记忆的实证研究引起了广泛关注(Roediger & McDaniel，2007)。当前，错误记忆研究可以应用于多个领域。例如，法庭上目击者记忆的准确性和可靠性；儿童期受虐待记忆的真实性；错误记忆导致的态度与行为改变；广告和行销中的暗示技术；揭示在心理治疗中由催眠或释梦引发的虚假记忆(Loftus & Cahill，2007)。

对于错误记忆本质，研究者提出了许多理论和假设，如信息源监控框架(Source-Monitoring Framework)、模糊痕迹理论(Fuzzy Trace Theory)、重构记忆框架(Constructive Memory Framework)等(Brainerd & Reyna，2005；Gallo，2006；Steffens & Mecklenbräuker，2007)。

---

* 本文原载《记忆》2010年第5期，选入时由英文译为中文。本文其他作者为朱皕，陈传升、Elizabeth F. Loftus、何清华、陈春辉、李鹤、薛贵、吕忠林、董奇。

(一)引发错误记忆的实验范式

许多实验范式都可以引发错误记忆。例如，错误信息范式(产生有关过去事件的错误细节记忆)(Loftus，2003)，Deese-Roediger-McDermott(DRM)范式(产生有关未曾出现词汇的错误记忆)(Roediger & McDermott，1995)，Rich False Memory范式(整个植入未发生过的事件的错误记忆)(Loftus，2005)。其中，错误信息和DRM范式使用得最为广泛。错误信息效应是指人们对目击事件的回忆因接触事后错误信息而改变的现象(Loftus & Hoffman，1989)。经典错误信息范式包括三个标准步骤：被试体验某个事件；接受有关该事件的错误信息；随后参加有关该事件的记忆测验(Loftus，2005)。

尽管不同的实验范式都可以引发错误记忆，但是有关错误记忆的本质却有很多争议(Pezdek & Lam，2007；Wade，et al.，2007)。此外，从根本上来说，这些错误记忆是否属于同一类型，还未有定论。罗迪格(1996)使用了“记忆歪曲”这个词，试图涵盖不同类型的错误记忆。目前，我们还不知道不同类型的错误记忆是否拥有相同的认知机制。以往研究探索了DRM和其他范式引发错误记忆的认知因素，但很少探讨错误信息引发错误记忆的个体差异，而在本研究中我们着重探索错误信息引发的错误记忆的认知因素。

(二)错误记忆的个体差异

对于不同个体来说，他们体验到的错误记忆和受到错误信息影响的程度可能有所差异。从极端角度来讲，健忘症或精神分裂症病人常常体验到特定类型的错误记忆，即(在记忆的缺失处)插入虚构情节而非DRM错误记忆(Buckner & Schacter，2004；Gallo，2006)。对于健康的正常人来说，错误信息可以导致某些人(而非另一些人)相信他们记得一些从未发生的事情，这些人对这些未曾发生事件的回忆有时还带有生动的细节，并且对其真实性坚信不疑(Loftus，2004；Peters，2007)。

因此，我们有必要了解是否某些人更容易体验到错误记忆。如果是这样的话，那么为什么会出现这种情况？这种研究有助于澄清错误记忆的本质，并对错误记忆研究的应用具有指导意义。的确，许多研究者指出了解错误记忆个体差异的重要性(Loftus，2005；Reyna，Holliday & Marche，2002；Roediger & McDermott，2000)。

一些以往研究已经报告了某些错误记忆的相关个体因素(Gallo，2006)。研究者曾考察了以下因素：智力(Salthouse & Siedlecki，2007)，人格(Gudjonsson，2003；Liebman，et al.，2002；Zhu，et al.，2010)，执行功能或前额叶功能(Peters，2007；Roediger & Geraci，2007)，分离感(Merckelbach，Muris，Rassin & Horselenberg，2000)和情感特质(如抑郁和焦虑)(Joormann，Teachman & Gotlib，2009；Roberts，2002；Zoellner，Foa，Brigidi & Przeworski，2000)。在如下部分，我们将对错误记忆个体差异中的认知因素进行文献回顾。该文献回顾集中在以下几个方面：智力、感知、记忆和面孔判断。

(三)智力

许多研究调查了智力(或相似因素)与不同方式引发的错误记忆之间的负相关关系。有研究采用接受直接错误信息范式，他们发现，对于社会经济地位较低的儿童，其错误记忆与(由韦氏量表测得的)语言能力呈负相关。有研究也发现，被质问时受暗示性(类似于接受直接错误信息范式，一般采用 Gudjonsson Suggestibility Scale 进行测量，该测验简称为 GSS)与 WAIS 测得的智力分数呈负相关。在另外一项研究当中，辛格等人(1992)发现男性青少年在被质问时的受暗示性与 WISC-R 测得的分数有关。此外，许多研究者发现：前额叶功能(它的测量包括了多项测验，其中一项是 WAIS-R 中的心算测验)与由 DRM 范式引发的单词错误记忆之间呈负相关，特别是对于老年被试来说(Butler，McDaniel，Dornburg，Price & Roediger，2004)。

然而，另一些研究并没有发现智力(或相似因素)与错误记忆之间的显著关系。萨尔索斯等人(2007)没有找到韦氏成人智力测验的智力分数与对单词、面孔或点模式的错误再认率之间的显著相关。塔塔没有发现阅读测验成绩与被质问时受暗示性之间的相关。鲍威尔等人(1979)采用错误信息范式，并没有找到错误记忆与华盛顿大学入学前测验成绩(类似 SAT 测验)之间的显著联系。

(四)感知

近期，一些研究者推测感知辨别能力也许是错误记忆的一个基础机制。例如，戴维斯等人(2008)认为“无意识转移”(unconscious transference，即在犯罪场景中把无辜的旁观者误认为犯人)可以被认为是“变化盲”(change blindness)的一种特例。有研究也支持了错误记忆的感知基础假设。他们发现，当被试观看图片时，如果感知输入被打断 50 毫秒，那么被试往往错误回忆曾看到图片实际情景边界之外的延续景象。他们认为这些极短暂的记忆不是完美的，而变化盲就是这种不完美性的其中一个例子。由于持续注意力的影响，这些非常短暂而又不完美的记忆可转化为长时错误记忆。最后，采用脑成像数据，奥凯多等人(2005)发现视觉编码过程中的脑活动可以预测随后报告的记忆是正确还是错误的，这说明早期编码过程对错误记忆的形成有影响。通过回顾相关研究，莱尼等人(2010)近期指出感知失误(变化盲和疏忽盲，即 inattenional blindness)对事件目击者的记忆具有重要影响。

(五)记忆

较差的记忆能力可能会导致信息源监控错误的增加，从而导致较多的错误记忆(Peters，Jelicic，Verbeek & Merckelbach，2007；Watson，Bunting，Poole & Conway，2005)。有研究(2002)发现工作记忆与由事后错误信息引发的错误记忆呈负相关。研究者还发现 DRM 范式引发的错误记忆与工作记忆(Peters，2007；Watson，et al.，2005；Gallo，2006)和情景记忆呈负相关(Lövdén，2003).

(六)面孔判断

由于面孔判断在目击证言当中起到关键性作用，一些研究者探索了面孔再认能力和错误记忆之间的关系。摩根等人(2007)发现韦氏面孔测验成绩与目击者记忆之间存在正相关。

总而言之，尽管一部分研究报告了错误记忆的认知因素，但是这些研究存在一些局限。首先，不同研究采用不同方式引发错误记忆，而这些错误记忆的本质可能并不相同。伯恩斯坦(2009)认为错误记忆个体差异研究结果不一致的其中一个原因就是不同研究中测查的个体因素和错误记忆类型有很大差异。目前已有很多研究探讨了DRM范式、被质问时受暗示性和接受直接错误信息范式引发错误记忆的个体差异。然而，很少有研究采用经典的延迟错误记忆范式。其次，不同研究采用了不同方式对认知结构进行测量。但是，目前并不清楚这些测量结果之间是否相关，也不清楚它们与错误记忆之间是否有相同的关系。而且，以往研究常常使用单一测验。我们需要采用多个测验对相关认知结构进行测量，从而得到整合性的结论。最后，研究采用的被试有很大差异，从儿童到成人，从正常人到特殊样本(如健忘症、阿尔茨海默病病人或有智力障碍的个体)。

(七)当前研究

本研究采用正常成人的大样本，考察了错误信息引发的错误记忆个体差异与四个认知因素组合(智力、感知、记忆和面孔判断)的多种测量结果之间的关系。本研究的结果有助于了解错误信息引发的错误记忆个体差异的本质。

二、研究方法

(一)被试

557名中国大学生被试参加了本研究(平均年龄为19.72岁，标准差0.94；55%为女生)。除了错误信息测验以外，所有被试都被要求参加本研究中包含的所有测验。536～557名被试完成了这些测验。436名随机抽取的被试被要求完成错误信息测验(剩下的被试参加了用于另一个研究的某个测验)。

(二)错误信息测验

错误信息测验包含三个标准步骤(见图1)。

首先，被试看到有关某些故事的图片画面。两个故事选自奥凯多等人(2005)的

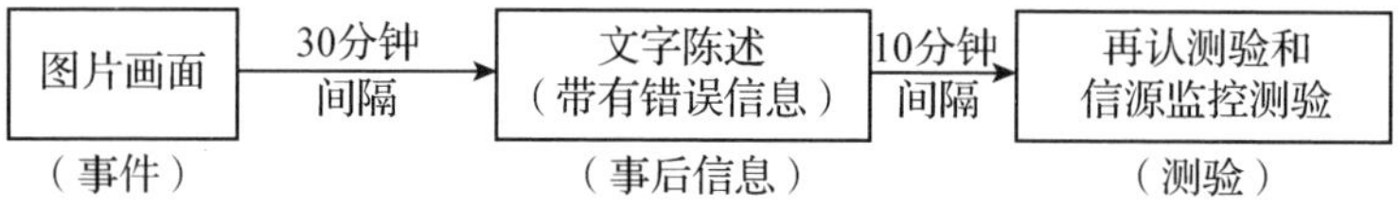

图1　错误信息测验步骤

研究，每个故事包括50张数码彩色图片画面。其中一个故事是：一个男人闯入汽车并偷盗车中物品；另一个故事是：女孩的钱包被一个看似好心的男人偷走了。对于每个故事而言，50张图片依次呈现，每张图片呈现3500 ms，图片呈现间隔为500 ms。两个故事的呈现顺序是在每组被试间进行平衡的。每个事件的50张画面当中，其中12张是关键画面，这些画面在接下来的文字陈述当中带有错误的描述。为了平衡实验设计，每个关键画面制作了两张不同的图片，并且它们在被试间进行了平衡。例如，某一被试在画面中看到小偷用左手偷钱包并将在第二阶段时看到错误文字信息(文字显示：小偷用右手偷钱包)，而另一被试在画面中看到小偷用右手偷钱包并将在第二阶段时看到错误文字信息(文字显示：小偷用左手偷钱包)。

其次，在参与30分钟的其他任务(filler task)后，被试阅读有关刚才所见图片故事的文字陈述。在文字陈述当中，每句话与每张图片一一对应，每个画面呈现一个句子。对于每个事件，文字陈述由50句话组成，包含12个不准确的描述(错误信息)和38个准确的描述(与原始图片画面内容一致)。每个句子呈现3500 ms，句子呈现间隔为500 ms。

最后，在参与10分钟的其他任务后，被试参加再认测验(recognition task)并继而参与信息源监控测验(source monitoring task)。在再认测验中，每个故事包含有关“图片画面中”呈现内容的18个问题(要求被试按照之前看到的图片内容回答问题)、12个关键性问题(与关键画面有关的)和6个控制性问题。每个问题有3个备选答案。对于关键性问题，选项包括：图片中呈现的细节(“原始项目”)，带有错误信息的文字陈述中呈现的细节(“错误信息项目”)和一个新的陪衬细节(“陪衬项目”)。例如，被试可能在图片画面中看到一个男人在偷取女孩钱包后躲在门后，继而被试将读到有关男子在偷取女孩钱包后躲在树后的文字陈述。此时，关键性问题为“男人在偷取女孩钱包后躲在哪里?”三个备选答案分别为：“躲在树后”(错误信息项目)、“躲在门后”(原始项目)和“躲在车后”(陪衬项目)。对于控制性问题，三个备选答案分别为：在图片和相应的文字中共同呈现的某一个细节和另外两个新的细节内容。对于每个事件的测验，问题呈现顺序不遵循在图片中所描绘事件发生的时间顺序。

测验中的大多数问题是源于奥凯多等人的研究。为了适应语言和文化差异，我们对材料进行了一部分修改。例如，由于我们使用了奥凯多等人的材料，因此当题目涉及画面中出现的英文单词时，我们对问题进行了修改(例如，问题“咖啡馆牌子上面写了些什么字?”被改为“咖啡馆牌子上面写的字是什么颜色的?”)。

再认测验是被试按自己的速度在计算机上进行测查。再认测验完成后，被试立即进行信息源监控测验。在信息源监控测验中，被试需要回答他们是根据什么信息源对再认测验中的每个问题进行回答的。五个选项分别为：“只在图片中看到”“只在文字中看到”“在图片和文字中都看到并且两者相同”“在图片和文字中都看到但是二者不同”“猜测”。如果被试在再认测验中选择了文字陈述中的关键性错误信息细节，并继而在信息源监控测验中判定为“只在图片中看到”或“在图片和文字中都看到并且两者相同”，那么我们称之为“坚信错误记忆”(Robust False Memory, RFM)。最后，“坚信陪衬”(Robust Foil)指被试在再认测验中选择陪衬项目，并且继而在信息源监控测验中选择“只在图片中看到”“只在文字中看到”或“在图片和文字中都看到并且两者相同”。

(三)认知测验

一共四组认知测验。第一组是智力测验(包括瑞文高级推理测验和韦氏成人智力测验)。第二组认知测验用于评估感知辨别能力。其中，视觉感知测验(MVPT)和变化盲测验用于评估视觉辨别能力(它与原始事件的视觉呈现相关)。为了评估听觉辨别能力是否与由文字陈述引发的错误记忆有关，我们选择了一个简单的音调辨别测验。第三组认知测验是一般记忆能力测验。我们选择了经典的韦氏记忆测验中的图片和词汇测验，还选择了一个以词为材料的工作记忆测验(2-back 任务)。第四组认知测验是面孔判断测验(包括面孔记忆测验和面孔情绪再认测验)，它既与在原始事件中的个体感知能力有关，又和错误记忆研究中目击者对面孔的鉴定有关。下面简要介绍这些测验。

1. 瑞文高级推理测验(Raven's Advanced Progressive Matrices)

该测验通过多项选择的方式考察抽象推理能力。被试要在30分钟内尽可能完成更多项目。在每个测验项目当中，被试需要从多个备选答案中选择缺失的部分图从而填补更大的模式图。整个测验有48个项目，包含12个容易项目和36个较难项目。每个项目都以黑色印在白纸上。项目难度顺序从最容易到最难。该测验适合中等以上智力的成人和青少年(Raven & Court，1998)。该测验在中国被广泛使用，它拥有良好的信效度(分半信度为0.86)(Zhai，1999)。本研究中该测验的克隆巴赫系数为0.75。本研究使用该测验的总分为智力测量指标之一。

2. 韦氏成人智力测验—修订版[Wechsler Adult Intelligence Scale-Revised (Chinese version)]

中国的韦氏成人智力测验—修订版(城市版本)(WAIS-RC)包含六个分测验(三个言语测验和三个操作性测验)。该测验为个体施测，测验时间大约30分钟。言语部分包括：一般知识(考察一般文化知识)、相似性(抽象言语推理)、数字广度(注意和集中)。操作性部分包括图片填充(快速感知视觉细节的能力)，符号数字编码(视觉动作协调性和速度)，木块拼图(空间感知、视觉抽象过程和问题解决)。该测验在中国拥有良好的信效度(重测信度为0.89)。言语部分每个任务的分半信度在0.58～0.89；操作性部分在0.67～0.75(Gong，1992)。本研究采用言语部分的分数和操作性部分的分数为智力的测量指标。

3. 视觉感知测验[Motor-Free Visual Perception Test (MVPT third version)]

该测验普遍用于测量个体的视觉感知能力，而不涉及动作反应(Colarusso & Hammill，2003)。被试看到一幅图，并需要在四组备选答案中找到与之匹配的图。它测量五种视觉感知能力：空间关系、视觉闭合、视觉辨别、视觉记忆、图形范围。我们根据转化表(Colarusso & Hammill，2003)得到标准分数。内部一致性系数达到0.90或以上(Colarusso & Hammill，2003)。

4. 变化盲测验(Change Blindness Test)

该测验改编自伦辛克等人(1997)的研究。通过"flicker"技术(某一特殊情景的两张图片反复交替闪现，但闪现过程中都短暂地带有白屏)，该测验考查发现图片细节差异的能力。每张图片呈现 300 ms，刺激内间隔为 100 ms，从而产生 flickering 现象。该测验包括 38 对相同图片和 38 对不同图片。其中，10 对实验材料源于伦辛克等人(1997)的研究，另外 66 对图片为本研究自制的材料。被试需要鉴别两张图片是相同还是不同的，然后在 6 秒内按键反应。若 6 秒后无反应，则出现 2 秒的警告，要求被试做出反应。本研究采用该测验的辨别力分数(d')作为变化盲成绩指标。本研究中该测验的克隆巴赫 α 系数为 0.92。

5. 音调辨别测验(Tone Discrimination Test)

该测验改编自扎托(2003)的绝对音高测验，用于考察一般大学生的音调辨别能力。被试听两遍某个音调，然后选择该音调的名称。本研究采用了七个钢琴音调，每个音调以随机顺序呈现三遍。在正式测验之前，被试要练习三次，该练习带有反馈。正式测验中的正确反应次数为该测验的成绩。本研究中该测验的克隆巴赫 α 系数为 0.85。

6. 韦氏记忆测验—回忆[Wechsler Memory Scale-Recall (WMS-Recall)]

该测验是韦氏记忆测验—中国版(WMS-C)(Gong，1989)的一个分测验。被试在 90 秒内学习 20 个项目。项目为常见客体图片。例如，一艘船或一顶帽子。然后，被试要说出他们刚才见到的这些项目。整个 WMS 测验的重测信度为 0.82(Gong，1989)。

7. 韦氏记忆测验—再认[Wechsler Memory Scale-Recognition (WMS-Recognition)]

该测验也是韦氏记忆测验—中国版(WMS-C)(Gong，1989)的一个分测验。先给被试在 30 秒内同时呈现 8 个项目。项目包括常见客体和中国汉字的图片。然后，被试要从 28 个项目(包括 8 个已学项目和 20 个未学相似项目)中选出 8 个已学项目。整个 WMS 测验的重测信度为 0.82(Gong，1989)。

8. 工作记忆测验(Working Memory Test)

工作记忆采用典型的 2-back 实验范式进行测量(Owen，McMillian，Laird &

Bullmore，2005；Xue，Dong，Jin & Chen，2004)。被试看到三个系列的字符(包括两个系列的中文字符和一个系列的藏语字符)，他们需要连续判断当前字符是否与两个字符之前呈现的那个字符有关(因此被称为“2-back”任务)。该测验包括三个判断任务：两列中文字符分别用于语义判断(字符的语义类型是否相同，如“白菜”和“萝卜”)和语音判断(字母是否押韵)，藏语字符用于字型判断(两个字符的字形是否相同)。本实验中的被试不熟悉藏语字符且不知其含义。每个判断任务包含4组，每组10次。在判断任务之前，被试进行一组练习(判断小圆圈和方块)，当正确率达到70%以上时，被试才能开始正式测验。本研究中该测验的克隆巴赫α系数为0.82。三个任务的平均分(正确率)被用作本研究的工作记忆指标。

9. 剑桥面孔记忆测验(Cambridge Face Memory Test)

该测验考察对于面孔的记忆(Duchaine & Nakayama，2006)。它包括3组。第一组，被试看到同一个人的正面、左侧和右侧面孔，然后被试需要从3个不同人物的面孔中识别刚才看到的那个面孔。第二组，被试看到6个不同人物的面孔，6个面孔同时呈现共20秒，随后被试要从3个备选答案(每次包括一个目标面孔和两个陪衬面孔)中识别出刚才看到6个面孔的其中一个。第三组与第二组相似，唯一区别就是采用模糊的面孔材料。第一组包括6个目标面孔，总共测18次；第二组和第三组都包括6个目标面孔，总共测54次。我们采用3组测验的平均正确率为测验指标。本研究中该测验的克隆巴赫α系数为0.85。

10. 面孔情绪再认测验(Facial Expression Recognition Test)

该测验根据中国面孔情绪测验(Wang & Markham，1999)和马特萨莫托等人(1988)编制的情绪面孔测验改编而成。该测验考察中国被试判断亚洲和西方人面孔情绪表达的识别能力。它包括六个基本情绪：愉快、惊讶、愤怒、悲伤、恐惧、厌恶。对于每一种情绪，其中六张图片来自王等人(1999)，另外六张来自马特萨莫托等人(1988)。被试需要从六种基本情绪中选择与每张面孔最为匹配的那种情绪。正确反应的总数为该测验的指标。本研究中该测验的克隆巴赫α系数为0.83。

(四)实验程序

被试在三个阶段完成所有测验(时间跨度8个月)。大多数测验在第一阶段完成;韦氏智力测验、韦氏记忆测验—回忆和音调辨别测验在第二阶段进行(第一阶段后的一个月);视觉感知测验、注意网络测验、威斯康辛卡片分类测验和Stroop测验在第三阶段进行(第一阶段测验的7个月后)。除了个体施测的纸笔版瑞文高级推理和韦氏智力测验之外,其他所有测验都在计算机上进行。

三、研究结果

选择"错误信息项目"的平均百分比(总体错误记忆,overall false memory)为0.32($SD=0.18$),而选择陪衬项目的平均百分比为0.08($SD=0.05$)。选择"原始项目"的平均百分比为0.60($SD=0.17$)。如图2a所示,错误记忆具有较大个体差异,范围在0~0.88。总体而言,具有较高错误记忆(大于平均数1个标准差)的个体选择了一半或一半以上的错误信息项目;然而,具有较低错误记忆(小于平均数1个标准差)的个体选择了10%或更少的错误信息项目。两个故事的总体错误记忆率之间的相关较高[$r(435)=0.58$,$p<0.001$],这表明两个故事测验的内部一致性良好(相对于克隆巴赫α系数为0.76)。

通过信息源监控测验,总体错误记忆指标可被进一步细化,从而产生坚信错误记忆(robust false memory,被试声称他们在图片中看到了错误信息项目或报告图片和文字之间没有差异)。与之相似,总体陪衬指标可以细化成坚信陪衬(robust foil,被试声称他们在图片或文字中看到了陪衬项目或者报告看到图片和文字之间没有差异)。坚信错误记忆和坚信陪衬的平均百分数分别为0.12($SD=0.09$)和0.04($SD=0.04$)。图2b展示了坚信错误记忆的分布。

由错误信息引发的总体错误记忆高于总体陪衬,$t(435)=25.29$,$p<0.001$;坚信错误记忆高于坚信陪衬,$t(435)=19.38$,$p<0.001$。这说明本研究中使用的错误信息有效引发了错误记忆。

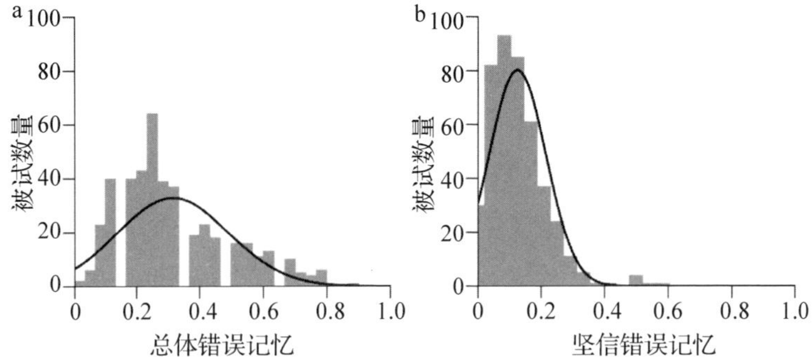

图 2　错误信息引发的错误记忆的分布

a. 总体错误记忆；b. 坚信错误记忆

在试图寻找与错误记忆相关的认知因素之前，我们首先检测了不同认知能力测验结果之间的关系。表 1 展现了认知测验变量的描述统计和变量之间相关分析。总体来说，不同认知能力的测量结果两两之间存在正相关。其中，智力与感知能力测量结果之间、感知能力与面孔判断测量结果之间有较强的相关。然而，大多数相关系数都较小或达到中等水平。这表明它们所测量的内容属于不同认知构造。甚至在每个基本类型测验的内部(特别是在不同记忆测验结果内部)、测量成绩之间的相关系数很小，这说明它们测量了该认知构造内部的不同成分或不同方面。因此，有必要分别考察每一项认知测验和错误记忆之间的关系。

表 2 展现了认知测验分数和由错误信息引发的错误记忆之间的相关。大多数认知测验与错误信息引发的错误记忆呈显著负相关，相关范围从低到中等程度。在下面的部分，我们将详细描述这些结果。

表 1　认知测验中的描述统计及变量间的相关

	M	(*SD*)	(1)	(2)	(3)	(4)	(5)	(6)	(7)	(8)	(9)	(10)
(1)RavenAPM	36.81	(4.41)										
(2)WAISIQV	124.10	(8.75)	0.23***									
(3)WAISIQP	123.29	(9.78)	0.42***	0.26***								
(4)MVPT	101.11	(16.63)	0.39***	0.25***	0.38***							
(5)CB	0.75	(0.59)	0.28***	0.10***	0.30***	0.26***						
(6)TD	7.51	(5.07)	0.17***	0.23***	0.24***	0.26***	0.17***					
(7)WMSRecall	17.34	(2.26)	0.19***	0.20***	0.17***	0.22***	0.08	0.10*				
(8)WMSRecog	14.70	(1.40)	0.08*	0.05	0.08	0.07	0.05	0.00	0.02			
(9)WorkingM	0.87	(0.07)	0.27***	0.18***	0.22***	0.29***	0.18***	0.14***	0.21***	0.09*		
(10)FaceRecog	0.60	(0.10)	0.17***	0.12**	0.24***	0.25***	0.20***	0.22***	0.15***	0.03	0.19***	
(11)FacialExpr	58.35	(5.19)	0.21***	0.17***	0.16***	0.24***	0.14***	0.19***	0.08	0.04	0.13**	0.29***

注：(1)RavenAPM＝瑞文高级推理；(2)WAISIQV＝韦氏言语智力；(3)WAISIQP＝韦氏操作性智力；(4)MVPT＝视感知觉测验；(5)CB＝变化盲；(6)TD＝音调辨别；(7)WMSRecall＝韦氏记忆测验—回忆；(8)WMSRecog＝韦氏记忆测验—再认；(9)WorkingM＝工作记忆；(10)FaceRecog＝面孔再认；(11)FacialExpr＝面孔情绪再认。

表 2　错误信息引发的错误记忆的认知因素

	错误记忆	
	总体	坚信
智力		
瑞文高级推理	−0.35***	−0.23***
韦氏言语智力	−0.13**	−0.10
韦氏操作性智力	−0.29***	−0.18**
感知		
视感知觉测验	−0.29***	−0.14**
变化盲	−0.23***	−0.06
音调辨别	−0.23***	−0.20***

续表

	错误记忆	
	总体	坚信
记忆		
韦氏记忆测验—回忆	−0.18***	−0.05
韦氏记忆测验—再认	−0.12*	−0.08
工作记忆	−0.17***	−0.13**
面孔判断		
面孔再认	−0.16**	−0.15**
面孔情绪再认	−0.19**	−0.15**

(一)智力

总体来说，错误信息范式中的错误记忆与智力显著相关。在所有认知测验中，瑞文高级推理测验成绩与总体错误记忆的负相关系数最高($r=-0.35$)。对于韦氏智力测验，操作性分数与总体错误记忆的负相关系数($r=-0.29$)高于言语分数与总体错误记忆的相关系数($r=-0.13$)。在韦氏操作性智力测验内部，总体错误记忆与图片填充测验成绩($r=-0.25$)和木块拼图测验成绩($r=-0.26$)呈显著负相关，而与符号数字编码测验成绩无显著相关。在韦氏言语智力测验内部，总体错误记忆与一般知识分测验成绩之间存在较小但显著的负相关($r=-0.10$)，而与其他分测验成绩无显著相关。

(二)感知

总体错误记忆与视感知觉测验(MVPT)成绩($r=-0.29$)、变化盲的辨别率($r=-0.23$)、音调辨别成绩($r=-0.23$)呈显著负相关。坚信错误记忆与之有相似的模式，但是相关系数相对较小，且与变化盲辨别率之间的相关不显著($r=-0.06$)。

(三)记忆

所有一般记忆任务都与总体错误记忆之间存在显著负相关。其中，工作记忆任务和WMS回忆与总体错误记忆之间的负相关最高。坚信错误记忆和工作记忆任务分数之间的相关也是负向的，但是与WMS回忆和WMS再认相关不显著。

(四)面孔判断

面孔再认和面孔情绪再认能力分别与总体错误记忆($rs=-0.16$ 和 -0.19)之间及其与坚信错误记忆($rs=-0.15$)之间呈显著负相关。

由于分析次数较多，我们还对数据进行了多重比较校正。校正后，18个与错误记忆相关的显著结果中只有一个没有通过校正(总体错误记忆和韦氏记忆测验再认测量结果)。最后，我们使用stepwise回归分析考察了与错误记忆相关的认知因素。在第一个分析中，总体错误记忆作为因变量。在所有认知测验当中，四个预测变量(瑞文高级推理、MVPT、音调辨别和变化盲的分数)进入回归方程。总体预测变异为 $R^2=0.15$(adjusted $R^2=0.14$)，$F(4, 389)=17.48$，$p<0.001$。针对每一个预测变量依次为，瑞文高级推理 $\Delta R^2=0.09$，MVPT $\Delta R^2=0.04$，音调辨别 $\Delta R^2=0.02$，变化盲 $\Delta R^2=0.01$。在第二个分析中，坚信错误记忆作为因变量，三个预测变量(瑞文高级推理、音调辨别和面孔再认的分数)进入回归方程。总体预测变异为 $R^2=0.06$(adjusted $R^2=0.06$)，$F(3, 390)=8.79$，$p<0.001$。针对每一个预测变量依次为，瑞文高级推理 $\Delta R^2=0.03$，音调辨别 $\Delta R^2=0.02$，面孔再认 $\Delta R^2=0.01$。

四、讨论

本研究发现错误信息范式中的错误记忆个体差异与智力、感知、记忆和面孔判断能力有关。接下来，我们具体讨论由错误信息引发的错误记忆的每一种认知因素。

(一)智力和错误信息引发的错误记忆

我们的研究结果表明：智力与错误信息引发的错误记忆之间存在显著相关。我们采用了两种不同的智力测验——瑞文高级推理和韦氏成人智力测验。智力分数较高的被试可能更少把事后错误信息融入他们对于原始事件的记忆当中。我们要进一步指出的是：由于我们的被试智力分数范围有限(我们实验中的被试都是高校大学生，他们的智商平均分为120且标准差小于10)，所以我们的研究很可能会低估智力和错误记忆之间的关系。古德约翰森(2003)认为当研究样本中包含低于平均智力水平的个体时，研究者更容易发现智力和错误记忆之间的显著关系。如果古德约翰森(2003)的观点是正确的话，那么它可以进一步支持我们的这种猜想。

在诸多智力测量结果当中，错误信息范式中错误记忆与瑞文高级推理测验和韦氏成人智力操作性分数的相关系数比与韦氏成人智力言语分数(或其他所有认知测验)的相关系数高。如回归分析结果所示，只有瑞文高级推理对预测错误记忆有独特的贡献。目前，研究者仍然在不断探讨智力测验所涉及的各种概念结构。某些智力测验的分测验也常常结合其他测验一起被用于考察执行功能或前额叶功能。例如，罗迪格等人(2007)采用 WAIS-R 当中的心算测验，WMS-III 当中的倒数数字广度、言语流畅性和威斯康辛卡片分类测验，把这些测验的成绩都整合为一个 Z 分数，代表前额叶功能水平。他们发现，在老年样本当中，前额叶功能水平较低的被试更容易受到错误信息效应的影响。我们在文献回顾部分提到了罗迪格等人(2007)，艾森等人(1997)，古德约翰森(1983，2003)，辛格等人(1992)的研究。综合这些以往研究结果来看，智力与错误信息引发的错误记忆之间具有中等程度的联系。而以往没有找到显著相关的那两项研究(Power，et al.，1979；Tata，1983)可能是源于他们所采用的认知测验类型。他们选取的测验都是成就测验，而非标准的智力测验。

(二)感知和错误信息引发的错误记忆

我们的研究结果表明：错误信息测验中的错误记忆与感知能力呈负相关，并且回归分析证实了它的独特贡献。绝大多数在实验情景下和在现实生活中产生的错误记忆(如目击证言)都涉及辨别精细感知细节的能力。正如莱尼等人(2010)所指出的，感知能力或感知缺陷(如变化盲和疏忽盲)都与目击证人的记忆准确性存在高度相关。我们的结果为该假设提供了清晰的证据。特别需要注意的是，视觉和听觉模式的感知辨别能力对于错误信息导致的错误记忆都非常重要。

(三)一般记忆能力和错误信息引发的错误记忆

一般记忆(包括韦氏记忆测验和工作记忆任务)与错误信息范式中的错误记忆相关。具体来讲，工作记忆和韦氏记忆测验测量的其他记忆能力在错误信息引发的错误记忆中都起到重要作用，这也许是因为错误信息测验本质上是一个涉及多种能力的复杂任务。为了准确加工真实和错误信息，被试需要记忆它们并在工作记忆中进行操控。我们的结果与贾希恩斯基等人(2002)的研究结果一致。贾希恩斯基等人(2002)发现工作记忆(操作性词语广度)与错误信息引发的错误记忆相关。这些研究结果拓展了以往研究对于 DRM 错误记忆与一般记忆能力关系的探讨(Lövdén，2003；Peters，2007；Watson，et al.，2005)。值得注意的是，当把智力分数和其他认知分数纳入回归分析时，一般记忆能力对预测错误信息引发的错误记忆并没有特殊贡献。这些结果表明，错误记忆不仅仅是记忆能力较差。

(四)面孔判断能力和错误信息引发的错误记忆

错误信息范式中的错误记忆与面孔判断准确性(包括面孔再认和面孔情绪再认)呈负相关。该结果与摩根等人(2007)的研究结果一致，摩根等人(2007)发现面孔再认能力与目击任务记忆准确性显著相关。考虑到错误信息范式使用了带有人物的图片，面孔判断能力很有可能对于画面的有效认知加工和记忆具有重要影响。

五、研究结论

总而言之，我们的研究发现错误信息引发的错误记忆具有相当程度的个体差异。智力和感知能力对于预测错误信息引发的错误记忆具有独特的贡献。值得注意的是，感知辨别能力当中视觉和听觉模式都非常重要。总体来说，具有相对较低智力和感知能力的个体更容易受到错误信息的影响。我们的研究结果还具有实践意义。例如，考虑到认知能力和错误信息引发的错误记忆之间的关系，法庭应当根据目击证人的认知能力评判目击证言。

我们的研究结果还指出了一些未来研究方向。第一，我们在本研究中探索了一些个体因素，未来研究应考察影响错误信息引发的错误记忆的其他个体差异，如人格、社会性、遗传因素等。这些因素之间也可能存在交互作用(Zhu，et al.，2010)。第二，我们的研究关注了错误信息引发的错误记忆。本研究中探索的认知因素(如面孔判断和感知能力)是否与其他类型错误记忆(DRM 或 rich false memory)相关还未知。未来研究需要直接比较不同类型错误记忆的认知因素。第三，未来研究应当把实验室中产生错误记忆的个体差异和真实生活中的错误记忆联系起来。错误记忆的个体差异研究应当被延伸到真实生活的目击证言检测当中。

参考文献

[1]Bernstein D M & Loftus E F. How to tell if a particular memory is true or false[J]. Perspectives on Psychological Science，2009，4：370-374.

[2]Gallo D A. Associative illusions of memory：false memory research in DRM and related tasks[M]. New York：Psychology Press，2006.

[3] Loftus E F. Make-believe memories [J]. American Psychologist，2003，5：864-873.

[4]Okado Y & Stark C EL. Neural activity during encoding predicts false memories created by misinformation[J]. Learning and Memory，2005，12：3-11.

[5]Roediger H L & Geraci L. Aging and the misinformation effect：a neuropsychological analysis[J]. Journal of Experimental Psychology：Learning，Memory & Cognition，2007，33：321-334.

第九编

PART 9

创造性心理学研究

创造力或创造性(creativity)心理学在一定程度上与智力心理学密不可分，但智力是创造力的必要条件而不是充分条件。早在“文化大革命”结束后我在涉及思维品质的研究中就把创造性作为思维品质的一个组成部分，但创造性人才的心理成分中还有创造性人格等因素。对于创造性的心理学，我与我的团队研究了30多年，2001年我还主持了国家哲学社会科学的重点研究课题“教育与发展——创新人才的心理学整合研究”；2003年与2011年我又分别主持了教育部人文社科两项重大攻关项目“创新人才与教育创新的研究”“拔尖创新人才成长规律与培养模式”。我和我的团队成员发表了不少相关的研究报告，我从中选出自己为通讯作者的5篇研究报告。

中英青少年创造力发展的对比*

一、引言

心理与教育研究中的跨文化研究的主要目的在于考察文化因素对心理和行为发展的影响，区分不同文化背景中心理现象的共同点和差异点。英国与中国青少年处于不同的文化背景和教育体制中，文化因素、社会氛围、家庭教育、科学课程、科学教学、科学教师、考试方式等都会对青少年科学创造力的发展产生一定的影响，从而可能导致中英青少年科学创造力的发展具有一定的差异。

本研究的目的就是在分析英国和中国青少年科学创造力发展的特点的基础上，进一步比较中英青少年科学创造力的发展特点。

二、方法

(一)被试

本研究采用分层取样，选取英国不同城镇的 6 所中学(分别是 Chelmer Valley School，Bishop Walsh School，Lipson Community School，Deford Green School，Mellow Lane School 和 Colfe's School)的 1190 名学生，以及中国山西省一所普通中学和浙江省一所重点中学的 1087 名学生。具体分布情况见表 1 和表 2。

---

* 本文原载《心理学报》2004 年第 6 期。本文其他作者为胡卫平、菲利普·阿迪(Philip Adey)、申继亮。

表 1 英国被试的年龄、性别及学校分布情况

学校	性别	年龄					总计
		11	12	13	14	15	
Chelmer Valley School	男	61	34	33	21	18	167
	女	45	37	35	18	15	150
Bishop Walsh School	男	32	9	13			54
	女	24	10	15			49
Lipson Community School	男	29	26	26	24	27	132
	女	26	13	25	21	20	105
Depford Green School	男	16	26	23	15	10	90
	女	8	27	21	20	17	93
Mellow Lane School	男	27	26	23	28		104
	女	22	23	20	14		79
Colfe's School	男	21	37	42	33	24	157
	女	0	10	0	0	0	10
总计		311	278	276	194	131	1190

表 2 中国被试的年龄、性别及学校分布情况

学校	性别	年龄							总计
		12	13	14	15	16	17	18	
普通中学	男	41	37	32	29	37			176
	女	35	33	44	33	28			173
重点中学	男		58	56	60	159	55	73	461
	女		35	41	42	87	37	35	277
总计		76	163	173	164	311	92	108	1087

(二)研究工具

本研究所使用的工具是由胡卫平和阿迪(P. Adey)所设计的青少年科学创造力测验。我们将科学创造力定义为在学习科学知识、解决科学问题和科学创造活动中,

根据一定的目的和任务，运用一切已知信息，产生或可能产生出某种新颖、独特、有社会或个人价值的产品的智能品质或能力。我们认为，在讨论科学创造力的结构时应考虑如下几个方面。

(1)科学创造不同于艺术创造和文学创作等，创造性的问题解决是其主要内容。创造性的问题解决过程一般要经过问题产生、方法寻找与抉择三个阶段。

(2)科学创造力是一种能力，科学创造力结构本身不包含非智力因素，尽管非智力因素影响科学创造力。

(3)科学创造力必须依赖科学知识和技能。

(4)科学创造力是一种静态结构和动态结构组合，青少年和成人科学家具有相同的科学创造力的基本智力结构，但是成人科学家发展得更为完善。

(5)创造力和分析性智力是人的心理能力两个不同的方面。

该测验进行的是团体测验(科学创造力结构模型为基础，包括一般创造力测验和托兰斯创造性思维测验)，测验时间为 60 分钟。主试让被试放松并尽力完成任务，其指导语为："今天，我们考查你们一种很重要的能力——科学创造力。共有 7 个题目，每个题目考查科学创造力的一个方面，请充分发挥你的创造性思维和创造性想象力，从不同的角度探索更多新颖、独特且合理的答案及解决问题的方法。整个测试时间为 60 分钟，我们将根据你的合理答案或方法的多少、灵活性和独特性来评分。如果你有问题，请举手问主试，请在答题纸上写上你的学校、年级、班级、姓名、性别及测验日期。"

该测验共有 7 个题目，分别是物体应用、问题提出、产品改进、创造想象、问题解决、实验设计和创造活动。每一个题目考查科学创造力的一个方面，每个题目给出了一个答题示范，以帮助学生理解答题要求。

第一到第四题的得分是流畅性、灵活性和独创性之和。流畅性得分即答案的个数，灵活性得分是答案的类别及解题方法的个数；独创性得分由选择该答案的人数占总人数的百分比来决定。若该比例小于 5%，得 2 分；若该比例在 5%～10%，得 1 分；若该比例在 10%以上，得 0 分。所有答案的独创性得分之和即为该题的独创性得分。

第五题的得分由选择该答案的人数占总人数的百分比来决定，若该比例小于5%，得3分；在5%～10%，得2分；在10%以上，得1分。

第六题的得分是灵活性和独创性得分之和。灵活性得分：每一种正确的方法得9分(仪器，3分；原理，3分；程序，3分)。独创性的得分由选择该方法的人数占总人数的百分比来决定。若该比例小于5%，得4分；若该比例在5%～10%，得2分；若该比例在10%以上，得0分。

第七题的得分应根据摘苹果机的功能来决定。一个合理的摘苹果机器应包含如下功能：①能接触苹果；②能找到苹果；③能摘下苹果；④能将苹果从树上转移到地面；⑤能对苹果分类；⑥能将苹果放到容器中；⑦能从一棵树上灵活地转移到另一棵树上。设计的摘苹果机器中每包括一个功能得3分，对其独创性进行评估，另加1～5分。

基于Trinity School的160名英国中学生在青少年科学创造力测验上的得分，其Crobach α 系数为0.893，其评分者信度在0.793～0.913，整个量表的重测信度为0.916。同时，对这些数据进行了主成分因素分析，结果仅获得一个因素，这表明本量表具有较好的结构效度。来自中国和英国的35位科学教育研究人员及中学科学教师参加了调查，结果表明表面信度很高。χ^2 检验的结果表明，所有的项目都达到了显著水平($p<0.05$)。最后，学生对该测验项目均具有较高的接受程度，χ^2 检验的结果表明，所有的项目都达到了显著水平($p<0.01$)。

(三)研究程序

第一，对所有的被试进行青少年科学创造力测验的团体施测。

第二，根据被试的回答情况，剔除无效问卷，获得1087份中国学生的有效问卷和1190份英国学生的有效问卷。

第三，根据评分标准对所有被试的问卷进行评分。

第四，将所有被试的成绩输入SPSS 10.0 for Windows对数据进行处理。

三、结果

(一)英国青少年科学创造力的发展

1. 年龄和性别对英国青少年科学创造力的影响

为了探讨年龄及性别对英国青少年科学创造力影响的主效应及其交互作用，我们对11～15岁的五个年龄组被试青少年科学创造力测验各项目分数及总量表分数在年龄和性别(5×2)两个因素上的差异进行了复方差分析(MANOVA)。结果表明，对年龄来讲，$\lambda=0.767$. $p<0.001$；对性别来讲，$\lambda=0.948$，$p<0.001$；对年龄×性别来讲，$\lambda=0.976$，$p>0.05$。年龄和性别对英国青少年科学创造力的影响见表3。

表3 年龄和性别对英国青少年科学创造力的影响(*F* 值)

变异来源	年龄	性别	年龄×性别
物体应用	31.937***	1.343	2.110
问题提出	28.268***	2.381	0.949
产品改进	10.993***	0.016	0.980
创造想象	21.629***	15.331***	0.680
问题解决	6.733***	6.126*	0.382
实验设计	23.655***	34.314***	1.571
创造活动	7.570***	9.038**	0.533
总量表	35.089***	10.482***	0.609

由复方差分析结果可知：第一，年龄因素对青少年在青少年科学创造力测验各项目上的得分及总量表上的得分均有显著的主效应；第二，性别因素对青少年在青少年科学创造力测验中创造想象、问题解决、实验设计、创造活动及总量表上的分数有显著的主效应，而在其他项目上的分数则没有显著的主效应；第三，年龄与性别对青少年在青少年科学创造力测验各项目及总量表上的得分均没有显著的交互效应。

2. 英国青少年科学创造力发展的年龄特征

由于年龄对英国青少年科学创造力的发展有显著的影响，我们比较了各个年龄阶段的青少年在科学创造力测验各项目及总量表上的平均分和标准差，见表4。

表4　英国青少年在创造力测验各个项目及总量表上的平均分和标准差

项目		年龄				
		11	12	13	14	15
人数		255	259	248	194	131
物体应用	*M*	5.996	8.483	9.867	9.536	10.038
	SD	4.090	4.789	4.317	4.412	3.936
问题提出	*M*	6.231	7.900	9.403	9.314	9.794
	SD	3.059	4.351	4.287	4.528	3.586
产品改进	*M*	5.898	8.367	8.117	7.871	9.313
	SD	3.381	8.884	3.708	3.717	4.320
创造想象	*M*	4.749	5.544	6.706	5.969	7.496
	SD	2.899	3.171	2.786	3.623	3.553
问题解决	*M*	3.659	3.564	4.403	4.881	4.664
	SD	2.069	2.792	2.515	4.569	4.104
实验设计	*M*	4.824	5.178	7.645	4.830	9.481
	SD	4.786	4.745	6.167	5.623	8.151
创造活动	*M*	5.471	4.946	6.262	3.853	5.817
	SD	4.404	4.766	5.110	4.616	4.947
总量表	*M*	36.937	43.602	52.096	46.230	56.572
	SD	16.448	18.351	16.915	18.167	21.279

为了反映英国青少年科学创造力发展的年龄特征，我们采用单因素方差分析(Oneway-ANOVA)考察了英国青少年在青少年科学创造力测验各分测验及总量表上得分的年龄差异及显著性水平(见表5)。

表 5　年龄差异的事后检验

项目	年龄	11	12	13	14	15
物体应用	11					
	12	*				
	13	*	*			
	14	*				
	15	*	*			
问题提出	11					
	12	*				
	13	*	*			
	14	*	*			
	15	*	*			
产品改进	11					
	12	*				
	13	*				
	14	*				
	15	*				
创造想象	11					
	12	*				
	13	*	*			
	14	*				
	15	*	*			
问题解决	11					
	12					
	13		*			
	14	*	*			
	15	*				

续表

项目	年龄	11	12	13	14	15
	11					
	12					
实验设计	13	*	*			
	14			*		
	15	*	*	*	*	
	11					
	12					
创造活动	13		*			
	14	*		*		
	15				*	
	11					
	12	*				
总量表	13	*	*			
	14	*		*		
	15	*	*		*	

注：* 代表 $p<0.05$，无 * 代表 $p>0.05$。

综上所述，英国青少年科学创造力及其各成分的发展存在显著的年龄差异，随着年龄的增长，科学创造力及其各成分呈持续发展趋势，但并非直线上升，而是波浪式前进的。具体来讲，第一，在 11～13 岁时，创造性的物体应用能力、创造性的问题提出能力、创造性的想象能力、创造性的实验设计能力及科学创造力平稳增长，迅速发展。对于其他几种能力，虽然出现了下降，但总体上还是上升的。第二，在 14 岁时，除创造性的问题解决能力之外的所有科学创造力的成分均有所下降，到 15 岁时又回升。

3. 英国青少年科学创造力发展的性别差异

鉴于性别对英国青少年科学创造力的发展有显著的影响，我们用 t 检验分别考察了青少年在创造想象、问题解决、实验设计等项目和总量表上得分的性别差异及显著性水平，见表 6。

表 6　英国青少年科学创造力发展的性别差异

项目	年龄	性别	*N*	*M*	*SD*	*t* 值	*p*
创造想象	11	男	154	4.591	2.963	−1.088	>0.05
		女	101	4.990	2.798		
	12	男	149	5.201	2.973	−2.039	<0.05
		女	110	6.009	3.380		
	13	男	147	6.524	2.950	−1.241	>0.05
		女	101	6.970	2.520		
	14	男	121	5.504	3.496	−2.327	<0.05
		女	73	6.740	3.723		
	15	男	79	7.076	3.478	−1.680	>0.05
		女	52	8.135	3.603		
	平均分	男	650	5.640	3.240	−3.621	<0.01
		女	437	6.371	3.297		
创造问题解决力	11	男	154	3.786	2.390	1.335	>0.05
		女	101	3.465	1.439		
	12	男	149	3.644	2.959	0.540	>0.05
		女	110	3.455	2.558		
	13	男	147	4.714	3.018	2.676	<0.01
		女	101	3.951	1.403		
	14	男	121	5.041	4.583	0.627	>0.05
		女	73	4.616	4.901		
	15	男	79	4.987	4.639	1.204	>0.05
		女	52	4.173	3.104		
	平均分	男	650	4.343	3.497	2.609	<0.01
		女	437	3.851	2.705		

续表

项目	年龄	性别	*N*	*M*	*SD*	*t* 值	*p*
创造实验设计	11	男	154	4.429	4.532	−1.632	>0.05
		女	101	5.428	5.115		
	12	男	149	4.591	4.864	−2.337	<0.05
		女	110	5.973	4.479		
	13	男	147	6.389	5.504	−3.989	<0.001
		女	101	9.475	6.633		
	14	男	121	3.703	5.134	−3.713	<0.001
		女	73	6.699	5.927		
	15	男	79	8.620	7.131	−1.407	>0.05
		女	52	10.789	9.492		
	平均分	男	650	5.283	5.515	−5.498	<0.001
		女	437	7.350	6.247		
创造产品设计	11	男	154	5.149	4.152	−1.632	>0.05
		女	101	5.960	4.741		
	12	男	149	4.711	4.656	−0.922	>0.05
		女	110	5.264	4.913		
	13	男	147	5.619	5.189	−2.414	<0.05
		女	101	7.198	4.868		
	14	男	121	3.372	4.392	−1.810	>0.05
		女	73	4.603	4.901		
	15	男	79	5.658	4.682	−0.451	>0.05
		女	52	6.058	5.363		
	平均分	男	650	4.886	4.681	−3.265	<0.001
		女	437	5.856	4.973		

续表

项目	年龄	性别	N	M	SD	t 值	p
科学创造力（总量表）	11	男	154	36.266	16.794	−0.804	>0.05
		女	101	37.960	15.934		
	12	男	149	41.718	17.274	−1.933	>0.05
		女	110	46.155	19.505		
	13	男	147	50.905	17.312	−1.341	>0.05
		女	101	53.832	16.249		
	14	男	121	43.719	17.832	−2.557	<0.05
		女	73	50.507	18.043		
	15	男	79	55.494	21.458	−0.714	>0.05
		女	52	58.212	21.105		
	平均分	男	650	44.551	18.923	−3.102	<0.01
		女	437	48.197	19.113		

由表 6 可知，英国青少年的科学创造力存在明显的性别差异，这种差异主要发生在 12～14 岁，总的来讲，女生优于男生。但就科学创造力的各个成分来看，男女生具有不同的特点，男生有较强的创造性问题解决能力，而女生则有较强的创造性想象能力、创造性实验设计能力和创造性产品设计能力。

(二)中国青少年科学创造力的发展

1. 年龄、性别和学校对中国青少年科学创造力的影响

为探讨年龄、性别及学校类型对中国青少年科学创造力影响的主效应及其交互作用，我们对 12～18 岁的 7 个年龄组被试“青少年科学创造力测验”各项目分数及总量表分数在年龄、性别及学校（7×2×2）三个因素上的差异进行了复方差分析（MANOVA）。结果表明，对年龄来讲，$\lambda=0.678$，$p<0.001$；对性别来讲，$\lambda=0.975$，$p<0.001$；对学校来讲，$\lambda=0.929$，$p<0.001$；对年龄×性别来讲，$\lambda=0.941$，$p>0.05$；对年龄×学校来讲，$\lambda=0.845$，$p<0.001$；对性别×学校来讲，$\lambda=0.990$，$p>0.05$；对年龄×性别×学校来讲，$\lambda=0.977$，$p>0.05$，年龄、性别

和学校对中国青少年科学创造力的影响见表 7。

表 7　年龄、性别和学校对中国青少年科学创造力的影响（F 值）

变异来源	自由度	物体应用	问题提出	产品改进	创造想象
年龄	6	28.046***	11.930***	23.499***	17.378***
性别	1	0.389	2.188	2.868	0.001
学校	1	24.491***	46.714***	5.450*	35.032***
年龄×性别	6	2.327*	0.560	1.751	0.675
年龄×学校	6	7.182***	3.840	0.132	2.774*
性别×学校	1	1.842	9.402**	0.797	0.679
年龄×性别×学校	6	0.169	0.811	0.294	0.234

从表 7 我们可以得出以下结论：第一，年龄因素对中国青少年在青少年科学创造力测验各个项目及总量表上的得分都有显著的主效应；第二，除问题解决外，性别因素对中国青少年在青少年科学创造力测验其他项目及总量表上的得分没有显著的主效应；第三，除实验设计和创造活动外，学校因素对中国青少年在青少年科学创造力测验其他项目及总量表上的得分有显著的主效应；第四，除问题提出和产品改进外，中国青少年的年龄与学校之间在其他项目及总量表上的得分有显著的交互作用；第五，年龄与性别之间，性别与学校之间，年龄、性别与学校之间均无显著的交互作用。结果显示，年龄、性别和学校可能在青少年科学创造力的发展中起着重要的作用。

2. 中国青少年科学创造力发展的年龄特征

由于年龄对中国青少年科学创造力的发展有显著的影响，我们比较了各个年龄阶段的青少年在科学创造力测验各项目及总量表得分的平均分和标准差，结果见表 8。

表 8　中国青少年在创造力测验各个项目及总量表得分上的平均分和标准差

项目		年龄						
		18	12	13	14	15	16	
人数		76	163	173	164	311	92	108
物体应用	M	5.55	5.94	8.10	11.57	12.30	13.17	11.46
	SD	4.92	4.07	4.95	5.83	6.65	5.46	5.62

续表

项目		年龄						
		12	13	14	15	16	17	
问题提出	*M*	5.37	6.55	6.84	8.92	10.90	11.40	10.41
	SD	4.81	4.58	4.63	4.66	5.70	5.71	4.68
产品改进	*M*	3.50	3.96	4.21	5.37	6.50	6.77	5.63
	SD	2.84	2.09	2.16	2.06	2.86	3.05	2.74
创造想象	*M*	2.29	3.77	3.24	4.52	5.79	7.07	5.81
	SD	2.16	2.53	2.09	2.74	3.47	3.31	2.47
问题解决	*M*	3.46	7.85	5.96	9.85	11.04	10.80	11.39
	SD	2.65	4.77	2.81	5.81	6.66	6.29	7.64
实验设计	*M*	1.342	2.681	2.988	3.018	3.90	4.935	5.722
	SD	2.420	3.044	3.451	4.465	5.316	4.709	4.704
创造活动	*M*	3.724	4.209	3.532	2.872	3.147	1.826	4.278
	SD	4.557	3.904	3.003	3.507	3.938	3.080	3.808
总量表	*M*	25.147	35.055	34.988	46.055	53.752	55.967	54.880
	SD	15.091	15.583	14.051	15.803	18.132	14.963	16.986

为了反映中国青少年科学创造力发展的年龄特征，我们采用单因素方差分析(Oneway-ANOVA)考察了中国青少年在青少年科学创造力测验各个项目及总量表上得分的年龄差异及显著性水平，结果见表9。

表 9　年龄差异的事后检验

项目	年龄	12	13	14	15	16	17	18
物体应用	12							
	13							
	14	*	*					
	15	*	*	*				
	16	*	*	*				
	17	*	*	*				
	18	*	*	*				

续表

项目	年龄	12	13	14	15	16	17	18
	12							
	13							
	14							
问题提出	15	*	*	*				
	16	*	*	*	*			
	17	*	*	*	*			
	18	*	*	*				
	12							
	13							
	14							
产品改进	15	*	*	*				
	16	*	*	*	*			
	17	*	*	*	*			
	18	*	*	*		*	*	
	12							
	13	*						
	14							
创造想象	15	*		*				
	16	*	*	*	*			
	17	*	*	*	*	*		
	18	*	*	*	*		*	
	12							
	13	*						
	14	*	*					
问题解决	15	*	*	*				
	16	*	*	*				
	17	*	*	*				
	18	*	*	*				

续表

项目	年龄	12	13	14	15	16	17	18
实验设计	12							
	13							
	14							
	15	*						
	16	*	*	*	*			
	17	*	*	*	*			
	18	*	*	*	*	*		
创造活动	12							
	13							
	14							
	15		*					
	16		*					
	17	*	*	*		*		
	18				*		*	
总量表	12							
	13	*						
	14	*						
	15	*	*	*				
	16	*	*	*	*			
	17	*	*	*	*			
	18	*	*	*	*			

从表 8 和表 9 我们可以得出这样的结论：中国青少年科学创造力及其各成分的发展存在着显著的年龄差异，随着年龄的增长，科学创造力及其各成分呈持续发展趋势，但并非直线上升，而是波浪式前进的。具体来讲：第一，12～17 岁，创造性的物体应用能力、创造性的问题提出能力、创造性的产品改进能力、创造性的实验设计能力持续上升，在 17 岁时基本定型；第二，12～17 岁，创造性的想象能力、

创造性的问题解决能力及总的科学创造力呈上升趋势，但在14岁时有所下降，在17岁时基本定型；第三，12～17岁，中国青少年创造性的技术产品设计能力呈持续下降趋势，在18岁时有所回升。

3. 中国青少年科学创造力发展的性别差异

我们用 t 检验考察了不同年龄阶段的青少年在上述项目上得分的性别差异。结果见表10。

表10　中国青少年在问题解决项目上得分的性别差异

年龄	性别	N	M	SD	t 值	p 值
12	男	41	3.90	2.70	1.59	>0.05
	女	35	2.94	2.53		
13	男	95	8.39	4.93	1.71	>0.05
	女	68	7.10	4.47		
14	男	88	6.41	2.96	2.17	<0.05
	女	85	5.49	2.58		
15	男	89	9.83	6.26	−0.053	>0.05
	女	75	9.88	5.25		
16	男	196	11.76	7.29	2.71	<0.05
	女	115	9.83	5.22		
17	男	55	11.26	6.52	0.84	>0.05
	女	37	10.14	5.95		
18	男	73	12.89	8.38	3.75	<0.001
	女	35	8.26	4.44		
平均分	男	637	9.83	6.72	5.19	<0.001
	女	450	7.97	5.06		

从表10中我们可以看出：中国男生的科学创造力比女生强，这种差别主要表现在产品改进和问题解决方面，但就科学创造力整体而言，男女之间的差异没有达到显著性水平。

4. 中国青少年科学创造力发展的学校类型差异

鉴于学校类型对青少年科学创造力的发展有显著影响且存在学校及年龄的交互

作用，我们考察了各年龄阶段的青少年在青少年科学创造力测验各分测验及总量表分数上的学校类型差异及其显著性水平。结果见表11。

表11 中国青少年科学创造力发展的学校类型差异

项目	年龄	学校	*N*	*M*	*SD*	*t* 值	*p* 值
物体应用	13	1	70	5.33	4.12	−2.30	<0.05
		2	93	6.90	3.99		
	14	1	76	5.28	3.51	−7.96	<0.001
		2	97	10.31	4.80		
	15	1	62	11.82	6.32	0.44	>0.05
		2	102	11.41	5.54		
	16	1	65	10.15	6.98	−2.96	<0.01
		2	246	12.87	6.46		
问题提出	13	1	70	5.03	3.56	−3.82	<0.001
		2	93	7.69	4.93		
	14	1	76	5.16	2.71	−4.79	<0.001
		2	97	8.16	3.35		
	15	1	62	8.40	5.06	−1.10	>0.05
		2	102	9.23	4.40		
	16	1	65	7.42	4.18	−6.95	<0.001
		2	246	11.82	5.70		
产品改进	13	1	70	3.64	2.04	−1.67	>0.05
		2	93	4.19	2.11		
	14	1	76	3.97	1.97	−1.27	>0.05
		2	97	4.39	2.28		
	15	1	62	4.95	2.32	−2.06	>0.05
		2	102	4.67	2.97		
	16	1	65	6.20	3.51	−0.96	>0.05
		2	246	6.58	2.66		

续表

项目	年龄	学校	N	M	SD	t 值	p 值
创造想象	13	1	70	2.94	1.99	−3.92	<0.001
		2	93	4.39	2.72		
	14	1	76	2.61	1.39	−3.87	<0.001
		2	97	3.73	2.40		
	15	1	62	4.29	2.32	−0.85	>0.05
		2	102	4.67	2.97		
	16	1	65	4.03	2.79	−4.77	<0.001
		2	246	6.26	3.49		
问题解决	13	1	70	4.59	2.70	−10.07	<0.001
		2	93	10.31	4.52		
	14	1	76	5.74	1.91	−0.98	>0.05
		2	97	6.13	3.35		
	15	1	62	8.95	5.77	0.75	>0.05
		2	102	8.58	5.47		
	16	1	65	7.60	3.55	−4.86	<0.001
		2	246	11.95	6.99		
实验设计	13	1	70	1.06	2.04	−7.04	<0.001
		2	93	3.90	3.11		
	14	1	76	3.03	3.20	0.13	>0.05
		2	97	2.96	3.65		
	15	1	62	3.73	5.12	1.59	>0.05
		2	102	2.59	3.98		
	16	1	65	3.31	4.10	−1.21	>0.05
		2	246	4.06	5.59		

续表

项目	年龄	学校	N	M	SD	t 值	p 值
创造活动	13	1	70	2.39	3.06	−5.84	<0.001
		2	93	5.58	3.92		
	14	1	76	3.34	2.56	−0.76	>0.05
		2	97	3.68	3.31		
	15	1	62	4.36	3.94	4.14	<0.001
		2	102	1.97	2.88		
	16	1	65	4.29	4.44	2.67	<0.01
		2	246	2.84	3.75		
总量表	13	1	70	24.91	10.77	−9.06	<0.001
		2	93	42.69	14.26		
	14	1	76	29.13	9.28	−5.52	<0.001
		2	97	39.58	15.43		
	15	1	62	49.29	18.38	1.93	>0.05
		2	102	44.09	13.74		
	16	1	65	43.31	18.95	−5.46	<0.001
		2	246	56.51	16.90		

注：1——普通中学；2——省重点中学。

从表 11 中我们可以得出以下结论。

(1)随着年龄的增长，中国青少年的科学创造力呈持续上升的趋势，但并非直线式上升，而是波浪式前进的。12～13 岁、14～16 岁是青少年科学创造力迅速发展的关键时期，14 岁时有所下降，17 岁趋于定型。

(2)中国青少年的科学创造力存在性别差异，但不显著。从总体上看，男生高于女生，这种差异主要表现在问题解决、空间想象和技术领域。

(3)中国青少年的科学创造力存在明显的学校类型差异。从总体上看，重点中学学生的科学创造力明显高于普通中学学生的科学创造力，这种差异在 13～14 岁时表现极为明显，在 15 岁时差异不复存在，从 16 岁开始，这种差异又继续增大。

从科学创造力的组成成分来看，重点中学学生的发散思维能力明显比普通中学的学生强，而技术领域的创造力并不比普通中学的学生强；创造性的问题解决或空间想象能力的差异与总体科学创造力相似。

(三)中英青少年科学创造力发展的比较

为了探讨中英青少年科学创造力的差异，我们用 t 检验分别比较了中英青少年在各项目和总量表上的平均数和标准差，结果见表 12。

表 12　中英青少年科学创造力发展的比较

年龄	物体应用		问题提出		产品改进		创造想象		问题解决		实验设计		创造活动		总量表	
	t	p	t	p	t	p	t	p	t	p	t	p	t	p	t	p
12	4.597	<0.001	4.118	<0.001	7.593	<0.001	10.279	<0.001	0.297	>0.05	9.478	<0.001	2.04	<0.05	8.902	<0.001
13	9.34	<0.001	6.335	<0.001	14.496	<0.001	11.052	<0.001	−8.484	>0.001	10.833	<0.001	4.605	<0.001	10.479	<0.001
14	2.919	<0.01	5.163	<0.001	11.684	<0.001	8.953	<0.001	−2.756	>0.01	3.822	<0.001	0.803	>0.05	6.667	<0.001
15	−2.685	<0.01	1.82	<0.05	9.61	<0.001	7.894	<0.001	−8.968	>0.001	8.147	<0.001	5.758	<0.001	4.711	<0.001

从表 4、表 8 和表 12，我们得出如下结论。①中英青少年科学创造力发展的趋势相似，12～13 岁上升，13～14 岁下降，14～15 岁又上升。②中英青少年科学创造力存在显著的差异。在问题解决项目上，中国青少年的得分高于英国青少年，且差异非常显著，而在其他项目和总量表上的得分，中国青少年则均显著低于英国青少年。与中国青少年相比，英国青少年在大部分项目上得分的标准差以及在总量表上得分的标准差较大，这说明英国青少年科学创造力的两极分化比较明显。

四、讨论

(一)青少年科学创造力的发展趋势

虽然尚未见到关于青少年科学创造力发展趋势的研究，但许多学者采用不同的方法对青少年一般创造力的发展进行了探讨，其中最有代表性的是美国心理学家托兰斯(Torrance，1962)的研究。他在美国明尼苏达州对小学一年级学生至成人进行了大规模有组织的创造性思维测验，结果发现：儿童至成人的创造性思维的发展不是直线的，而是呈犬齿形曲线，小学一到三年级呈直线上升状态，小学四年级下跌，小学五年级又回升，小学六年级至初中一年级第二次下降，从初中一年级到高中二年级或三年级又持续上升，但到高中二年级或三年级以后，基本保持不变甚至有下降趋势。这一研究结论得到了其他研究的支持。我们的研究结果与托兰斯的研究结果基本相同，但对于青少年的科学创造力来讲，下降发生在 14 岁和 18 岁，比托兰斯的结果推迟一年，这可能是因为科学创造力与科学知识密切相关，儿童在小学阶段所学的科学知识非常有限，从初中开始，科学课的课时增加、内容加深、范围更广，从而由于科学知识的增加推迟了科学创造力下降的年龄。

关于儿童创造力发展中的“低潮”现象，研究者们有不同的观点。我们认为主要有以下两个方面的解释。

第一，根据哈里·斯塔克·沙利文(Harry Stack Sullivan，1953)的理论，在身心发展的过渡阶段，青少年容易受社会习俗的压力。一方面，14 岁正好是少年向青年过渡的时期，他们的逻辑思维能力从经验型向理论型过渡，因此很容易受社会压力、学校压力、老师压力及同伴压力等的影响而产生不安全和不可靠的感觉，进而限制意识、产生动荡，使得创造性思维更加困难；另一方面，“锁闭性”是这一阶段青少年显著的心理特点(林崇德，1999)，虽然他们的内心世界非常复杂，但不轻易表露出来。

第二，学校和教师不重视创造力的培养，特别是科学创造力。虽然随着年龄的增长，逻辑思维在不断发展，而创造性思维的重要成分——发散思维能力未必提高。教育能够影响创造力的发展，这一点已被一些研究证明。这些原因致使 14 岁青少年的科学创造力下降。

(二)青少年科学创造力的性别差异

本研究表明：在科学创造力的性别差异方面，我国青少年与英国青少年有不同的特点。对英国青少年来讲，女生的科学创造力比男生强；但是对于我国青少年来讲，男生的科学创造力比女生强，但差异不是很显著。这一结果可以从两个方面来解释。

第一，不同文化背景中成长起来的青少年，其创造力的性别差异具有不同的模式。本研究的结果可能取决于中英两国的文化背景。一些研究曾考察过学生创造力的性别差异，但是得出的结果并不一致。托兰斯(Torrance，1962)的研究对小学一年级学生至成人进行了大规模有组织的创造性思维测验，结果发现，女生的科学创造力比男生强。郑日昌和肖蓓苓(1983)考察812名高中生的创造性思维，发现男生的灵活性得分高于女生，但没有达到统计上的显著性水平。舒克拉(Shukla)等人考察了117名中学男生和113名中学女生的科学创造力，结果也没有发现显著的性别差异。在本研究和以往的研究的基础上，我们认为在讨论创造力的性别差异时，文化是一个必须考虑的因素。这样，我们就可以解释为什么关于创造力的性别差异存在相互矛盾的结论。

第二，这一研究结果也可能受到学业成绩的性别差异的影响。英国青少年女生的学习成绩明显高于男生。许多研究者认为，知识在创造力中起着非常重要的作用。近几年来，每年的高考成绩都是女生高；在学校中，更多的女生被分在好班，而男生却被分在差班，扎实的科学知识为女生科学创造力的发展打下了良好的基础。而在中国，大部分中学男生的学业成绩要高于女生。

(三)青少年科学创造力发展的学校类型差异

本研究的结果表明，13岁、14岁和16岁重点中学学生的创造力显著地高于普通学校的学生，这一点我们可以从以下三个方面来解释：一是由于重点中学学生的智力一般比普通中学学生的智力高，重点中学学生的科学知识一般比普通中学学生的科学知识丰富，较高的智力和较丰富的科学知识为科学创造力的发展提供了条件；二是由于本研究所选取的重点中学注意知识的教学，开设了丰富多彩的选修课，开阔了学生的视野，增加了学生的知识，为学生进行发散思维打下了基础；三是教师积极参加教学科研活动，从而提高了教学能力，可以有效地在课堂教学中培养学生的各种能力，致使学生的科学创造力得到提高。但是，15岁的中学生不存在这种现象。这可能是高中的入学考试导致的，考试前的强化训练使得重点中学学生的压力比普通中学的学生大，这些压力导致了科学创造力的降低。

本研究得出的第二个结论是尽管重点中学学生的发散思维能力高于普通中学，但是，学校并没有开设与科学技术有关的课外活动，使重点中学的学生在技术领域的创造力并不比普通中学的学生强。

从对青少年科学创造力发展的学校类型差异的讨论中可以看出，相对于“重点”和“一般”来讲，学校环境对青少年科学创造力发展的影响更大。在本研究中，由于重点中学注重知识的教学和发散思维的训练，因此他们的学生发散思维能力的发展更快。然而，重点中学忽视了开设一个与科学技术有关的学生活动，不能有效地培养学生在这方面的创造力，导致两类学校的学生在技术领域的创造力不存在这种差异。在通常情况下，心理学对青少年认知能力的学校类型差异的研究一般仅考虑学校类型本身，而忽视学校的环境和教育等因素。我们认为，对于青少年认知能力的学校类型差异的研究，应同时考虑上述两个方面的因素，以便更深入地分析导致差异的真正原因。

(四)对中英青少年科学创造力差异的分析

由于青少年身心的发展有共同的规律和特点，因此不同文化背景成长起来的青少年的科学创造力有相似的发展趋势。但又由于科学创造力受文化、社会、环境、家庭、学校等外部因素的影响，在学校教育中，教师的教育观念、教学方法、教学水平、认知方式、学校的课程设置、教学环境、课外活动等都会对青少年科学创造力的发展产生直接或间接的影响。因此，在不同的文化背景和学校教育中成长起来的青少年的科学创造力存在一定的差异。本研究表明，中英两国青少年的科学创造力存在明显的差异。但是，除了创造问题解决能力和一般科学创造力外，英国青少年在其他科学创造力维度上均高于中国青少年，我们可以从以下几个方面来进行解释。①文化传统的差异。英国社会中占支配地位的文化价值观念有个人主义、自由主义和理性主义；主张一切价值以个人为中心，每个人的思想和行为应真正是他自己的，而不是外在的其他原因决定的；反对灌输，主张尊重每个人自己的判断和选择；重视心灵的自由，提倡将人心从各种形式的束缚中解放出来，使其获得自由；主张个性充分自由地发展，认为强有力的个性是独创性和进取精神的源泉，否认个性就是扼杀天才。在中国的文化中,传统的儒家思想仍然占支配地位,在这种思想的影响下,人们推崇集体主义和奉献精神,反对自由主义和个人主义。而这种文化限制了科学创造力的发展。②社会氛围的差异。英国比中国拥有更多的自然博物馆、科学博物馆和图书馆,参观科学博物馆和自然博物馆是每一位中学生必须参加的活动,并且在这些博物馆中都设有专任教师,免费给学生讲解。在每个大城市,每年都要举行一次科普周,主要参加者是中小学生,大部分产品可以免费赠送给学生。所有这些都对青少年科学创造力的发展创造了良好的社会氛围,有利于科学创造力的发展。③家庭教育的差异。鲍姆琳德(Baumrind)将家庭教育方式分为三种基本类型(陈会昌,1999):权威型、专制型和放任型。在这三种教育方式中,权威型的家长有利于青少年创造力的发展,其他两种教育方式不利于青少年创造力的发展。中国科普研究所等单位(2000)的研究表明,中国家庭大多采用专制型或放任型的教育方式,这妨碍了青少年科学创造力的发展。④教师的教育观念的差异。中国教师的教育观念中影响科学创造力发展的方面主要有:第一,教师与学生是管与被管的关系,而不是平等关系;第二,不能尊重学生的兴趣和需要,不能对所有的学生一视同仁;第三,学习成绩好的学生、听话的学生是好学生;第四,传授知识是教师最主要的任务,提高升学率是教师最主要的目标。⑤教师知识的差异。英国教师具有良好的知识结构,而中国教师相对缺乏教育学和心理学的知识,尤其是缺乏教学法的知识,这些都限制了青少年科学创造力的发展。⑥教学内容的差异。与中国学校相比,英国学校更重视培养学生的探究能力、知识在日常生活及其他各个领域中的应用、理解科学观念的本质、培养学生学会交流、健康教育和安全教育。这些教育内容都有利于学生科学创造力的培养。⑦科学教学的差异。与中国科学教学相比,英国的科学教学更注重探究、过程、分析,给学生提供更多的机会参与科学活动,所有这些都有利于科学创造力的发展。

本研究还发现,英国青少年的科学创造力比中国青少年的科学创造力强,但是,在创造性的问题解决能力方面,中国青少年则明显高于英国青少年。我们将从两个方面来解释:第一,中国学生比英国学生进行了更多的科学练习,这些练习可以提高学生的问题解决能力。第二,本测验中的问题解决项目要求学生将一个正方形分成四等份，这是算术的一个部分，也与空间想象能力有关。中国青少年的算术成绩要高于英国青少年；此外，由于中国的文字是汉字，汉字是象形文字，与英语相比，这种文字有利于空间想象力的培养。因此，本研究的结果是合理的。

从上述的分析中，我们可以得出文化、社会氛围，尤其是教育影响青少年科学创造力的发展。我国素质教育的核心就是培养学生的创造力，基础教育改革应注重提高教师的素质、革新教育内容、改善教学方法，这样才能更好地培养学生的创造力和实践能力。

五、结论

第一，青少年的科学创造力存在显著的年龄差异。随着年龄的增长，青少年的科学创造力呈持续上升趋势，但在 14 岁时下降；11～13 岁、14～16 岁是青少年的科学创造力迅速发展的关键时期，在 17 岁时趋于定型。

第二，中英青少年的科学创造力存在显著的差异。在创造性的问题解决能力方面，中国青少年明显高于英国青少年，但中国青少年在其他方面的科学创造力及总成绩则明显低于英国青少年。

第三，青少年的科学创造力存在显著的性别差异。英国女生的科学创造力比男生强，差异显著；中国男生的科学创造力比女生强，差异不显著。

第四，青少年的科学创造力存在显著的学校类型差异。重点中学学生的科学创造力显著高于普通中学学生的科学创造力。

参考文献

[1]董奇．儿童创造力发展心理学[M]．杭州：浙江教育出版社，1993.

[2]Hu W & Adey P. A scientific creativity test for adolescents[J]. International Journal of Science Education，2002，24(4)：389-403.

[3] Torrance E P. Guilding creative talent [M]. Englewood Cliffc，NJ：Prentice-Hall，Inc.，1962.

教师创造性教学行为评价量表的结构*

一、问题提出

培养和造就创造性人才日益成为世界各国共同关注的问题，也是我国教学改革的主题。教师在培养学生创造力方面有着重要的作用：教师可以通过与学生的接触——奖励学生的创造努力和结果、认识并赏识学生的创造品质等方式直接增强学生的创造力，同时教师还可以通过自己的言行，营造一种支持创造的氛围，间接地影响学生的创造力。所以，罗兹在1961年就提出“现在到了所有的教师变得更有创造力的时候了！”

国内外许多学者对于教师如何培养学生的创造力进行了理论探讨和实证研究，发现了一些有利于激发学生创造力的方法。例如，运用激发辐合和发散思维的教学技巧，对学生增加挑战性；布置面向问题解决和问题发现的个体作业；给学生提供参加小组活动的机会等(Fasko，2000)。达内尔(Darnell)在研究中发现，支持性的环境有助于学生创造力的发展，在这种支持性的环境里，教师不强调标准化的评价，鼓励提出多种不同的观点等(Darnell，Heather & Sugioka，1999)。

霍尔曼(Hallman)总结出了有利于培养学生创造力的12条教学行为：①培养学生主动地学习，即教学中注重启发学生积极思维，鼓励他们自己发现问题，提出假设并亲自实践；②放弃权威的态度，倡导学生相互合作、相互支持，使集体创造力得以发挥；③鼓励学生广泛涉猎，开阔视野，使学生加深对知识的理解，并能够灵活运用知识；④对学生进行专门的创造力训练；⑤推迟判断，即教师不是立即对学

* 本文原载《心理发展与教育》2008年第3期。本文其他作者为张景焕、初玉霞。

生的创造成果予以判断，而是给他们足够的时间去思考新的方法；⑥发展学生思维的灵活性，即帮助学生从不同的角度去看待、分析和理解问题，不墨守成规；⑦鼓励学生独立评价，建立自己的评价标准；⑧训练学生感觉的敏锐性；⑨重视提问；⑩尽可能创造多种条件，让学生接触各种不同的概念、观点以及材料、工具等；⑪注重对学生挫折忍受力的培养；⑫注重整体结构，注重知识之间的联系(张庆林，2006)。

对教师创造性教学行为概念的界定，因为所依据的理论框架和文化背景的不同而不同。在美国国家创造力和文化教育咨询委员会(NACCCE)1999年的报告中，创造性教学行为被定义为，为了培养学生的创造性思维和行为的教学形式(NACCCE，1999)。我国学者林崇德、俞国良等人认为，所谓创造性教学是以创造学、创造心理学和创造教育学的基本原理为指导，运用科学的教学方法和教学途径，在传授知识、发展智能的同时培养创造性、开发创造力的教学。简单地说，创造性教学是为了实现教育目的，由教师创造性地教与学生创造性地学共同构成的教学活动过程(林崇德、俞国良，2001)。基于以上观点，本研究将创造性教学行为界定为教师努力培养学生的创造性思维和行为，并对学生的创造表现给予积极反应的教学行为。

从目前的研究来看，对于教师创造性教学行为的测量研究较少。能否很好地解决量化和测评问题，在某种意义上说是进一步研究教师创造性教学行为的一个关键问题。英国学者克罗普利(Cropley)于1997年编制了创造性教学行为自评量表，简称CFT指标(Creativity Fostering Teacher Index)。该量表由45个题项组成，分别从独立性、整合性、动机、判断、灵活性、评价、问题、机会和挫败9个维度对教师的创造性教学行为进行评价(Cropley，1997)。新加坡学者凯(Kay)用该量表对117名教师施测，发现，整个问卷具有较好的信、效度指标。且分量表结构与教师有助于培养创造力的行为一致：教师自评量表与其创造性人格的自我描述相关，但是需要更多的工作来检验CFT指标的信度和效度，并且强化我们在教师创造性教学行为上的立场(Kay，2000)。由于新加坡具有与我国相似的文化背景，并且该量表具有较好的信度和效度，本研究将CFT指标针对我国教师样本加以修订，以期使它适合在我国教师中使用，成为测量教师创造性教学行为的有效工具。

二、方法与步骤

(一)被试

1. 初测被试

采用整群随机抽样的方法，选取山东省烟台、泰安、青岛3个地区10所小学的348名教师进行初测，获得有效被试321人，有效被试的基本分布情况为：在地区分布上，城、乡小学教师各占总数的27.72%和72.28%；在任教年级分布上，低、中、高年级的教师各占27.13%，37.42%和35.45%；在教龄分布上，1～5年、6～15年、16～25年及25年以上教龄的教师各占23.61%、35.32%、31.02%和10.05%；在学历分布上，本科、专科和专科以下学历的教师各占52.14%、41.34%和6.52%；在性别分布上，男、女教师各占22.23%和77.77%。

2. 正式研究被试

采用整群随机抽样的方法，另外选取山东省济南、青岛、临沂、东营、聊城等地区18所小学的660名教师正式施测，获得有效被试592人。有效被试的基本分布情况为：城、乡小学教师各占总数的31.13%和68.87%；低、中、高年级的教师各占30.51%、32.71%和36.78%；教龄为1～5年、6～15年、16～25年及25年以上的教师各占17.93%、44.43%、26.22%和11.42%；本科、专科和专科以下学历的教师各占49.96%、42.12%和7.92%；男、女教师各占22.64%和77.36%。

(二)问卷的翻译与回译

先由研究者全文翻译原量表，然后再由英语系研究生将中文问卷进行回译，了解和消除由于语言不同所带来的歧义和理解上的差异，在翻译与回译的过程中不断与小学教师讨论，了解他们对这些问题的理解，确保该问卷在深层语意上与原量表结构一致。

(三)初测

运用翻译过来的 CFT 指标对初测被试施测。然后，根据这一施测的数据结果进行项目分析和筛选，以检查各个项目对我国教师创造性教学行为鉴别力的强弱。在项目分析中，通过全体被试在某题项上得分的平均分与该题项满分的比值计算出每一题项的难度，通过被试在某题项上的得分与其所在分量表总分的相关计算出每一题项的区分度。根据计算结果，选取难度在 0.20～0.80、区分度在 0.40 以上的 28 个题项构成教师创造性教学行为评价量表。

对由筛选出的题目构成的量表，运用初测数据进行探索性因素分析，发现该量表由 4 个维度构成。根据每个维度所包含题项的意义，将这 4 个维度分别命名为学习方式指导、动机激发、观点评价和鼓励变通。其中，学习方式指导维度是指教师指导学生通过独立思考和合作学习自己解决问题；动机激发维度是指教师鼓励学生在掌握基本知识和技能的基础上，努力将所学知识用于不同的场合，做到举一反三；观点评价维度是指教师延迟对学生的观点进行评价，直到学生全面思考后能够将观点清晰地表达出来，并且鼓励学生自我评价，认真对待学生提出的建议和问题；鼓励变通维度是指教师鼓励学生以不同方式思考与解决问题，在学生遭遇失败或挫折之后鼓励他们再从其他角度思考问题，进行新的不寻常的尝试。学习方式指导和动机激发维度各有 6 个题项，鼓励变通维度有 7 个题项，观点评价维度有 9 个题项，采用 5 点计分，从 1 到 5 分别代表“从不这么做”到“总是这样做”。

(四)正式施测

运用修订的教师创造性教学行为评价量表对另外选取的 660 名被试进行正式测量，回收有效问卷 592 份。所有问卷均在各学校召开例会的时间统一发放和回收。每份问卷的起始部分均有指导语。施测时，向被试口述统一的指导语以及有关注意事项，并说明所有资料仅供研究之用，以消除被试的顾虑，尽可能获得真实的数据。用正式测量的数据进行内部一致性信度分析、结构效度分析。

(五)收集信度、效度资料

重测信度资料收集：量表修订后，在烟台市(城、乡、郊区)另外选取 3 所小学的 120 名教师间隔 2 周进行测试，对所得数据进行分析，收集量表的重测信度指标。

区分效度资料收集：采用目的抽样的方法，在正式施测发放问卷的学校中抽取教师 30 名。两位经过多次观察培训、评分达到较高一致性的观察者进入这些教师的课堂随班听课观察，根据教师创造性教学行为评价量表的题项做现场评分，采用 5 点计分，取两人平均分作为观察的有效数据。计算两名评分者评定分数的相关，得到评分者信度为 0.92。观察是在各校期末考试复习期间进行，所观察的课堂都是复习课，以避免课型不同可能造成的差异。

(六)数据处理

采用 SPSS 11.0 和 Amos 4.0 对正式施测得到的数据进行处理和分析。

三、结果

(一)数据总体描述

在正式施测中，592 位小学教师的创造性教学行为及各维度得分的总体情况见表 1。

表 1　小学教师创造性教学行为得分的总体描述($n=592$)

维度	*M*	*SD*
学习方式指导	3.65	0.56
动机激发	3.98	0.53
观点评价	4.24	0.57
鼓励变通	3.77	0.57
创造性教学行为	3.91	0.49

注：为便于比较，维度得分用各个维度总分除以各自的题项数，下同。

(二)信度分析

以同质性信度(Cronbach α 系数)及重测信度来考查该量表的信度。用正式测量数据进行内部一致性分析。用间隔两周先后对 120 人进行的重复测量所得数据进行重测信度分析,结果见表 2。由表 2 可见,各维度的内部一致性信度都在 0.70 以上,总量表的内部一致性信度达到 0.92,各分量表和总量表的重测信度均在 0.90 以上,这表明该量表在总体上有较好的内部一致性和稳定性。

表 2 教师创造性教学行为评价量表的信度

	学习方式指导	动机激发	观点评价	鼓励变通	总体
同质性信度($n=592$)	0.72	0.71	0.81	0.80	0.92
重测信度($n=120$)	0.95	0.92	0.91	0.95	0.97

(三)结构分析

一般来说,如果一个量表是由多个特质构成的复合体,则要求测量同一特质的总量表与各个分量表间的相关较高,而各个分量表间的相关要低。表 3 列出了对教师创造性教学行为评价量表该方面的分析结果。

表 3 分量表之间以及分量表与总量表间的相关

	学习方式指导	动机激发	观点评价	鼓励变通	总量表
学习方式指导	1				
动机激发	0.59**	1			
观点评价	0.73**	0.64**	1		
鼓励变通	0.72**	0.66**	0.77**	1	
总量表	0.86**	0.80**	0.92**	0.91**	1

从数据结果来看,各分量表与总量表之间存在高相关。相关系数在 0.80~0.92,均达到显著水平($p<0.01$)。其中,观点评价、鼓励变通分量表与总量表的相关均达到 0.90 以上,说明各分量表都围绕着一个共同特质。同时,各个分量表

之间存在中等程度的相关，相关系数在0.59～0.76，均达到显著水平($p<0.01$)。这说明各分量表之间既相互联系又彼此独立，共同说明教师的创造性教学行为这一共同特质。由此可见，本量表既有较高的一致性，各维度之间又相互独立，结构较为清晰一致。

(四)效度分析

1. 各分量表的构成

采用Amos 4.0对“教师创造性教学行为评价量表”的一阶四因素相关模型进行验证性因素分析。一般来说，观测变量在潜变量上的载荷较高，则表示模型质量好，观测变量与潜变量的关系可靠。表4列出了量表中各题项的因素载荷。从中可以看出，题项载荷均在0.42～0.69，有75%的题项载荷在0.50以上，说明每个观测变量对相应潜变量的解释率较大，即各分量表的构成较为合理。

表4　一阶四因素相关模型各题项的载荷($n=592$)

学习方式指导(S)	动机激发(M)	观点评价(E)	鼓励变通(F)
S←creative0.96	M←creative0.87	E←creative0.97	F←creative0.98
11←S0.42	3←M0.43	4←E0.48	2←F0.53
19←S0.64	12←M0.43	7←E0.46	23←F0.59
20←S0.56	17←M0.53	15←E0.54	27←F0.53
28←S0.61	21←M0.55	24←E0.50	32←F0.70
37←S0.67	26←M0.64	25←E0.66	36←F0.69
38←S0.42	35←M0.62	31←E0.62	40←F0.57
		33←E0.66	45←F0.70
		34←E0.65	
		43←E0.54	

2. 总量表的结构效度

在拟合指数方面，由于每一项指标都有局限性，因此需要参考多个指标的一致性及构想概念上和理论上的合理性来判断模型的拟合程度。在此选取了 χ^2、df、χ^2/df，GFI、AGFI、IFI、TLI、CFI 和 RMSEA 作为评价模型拟合的标准(结果见表 42-5)

表 5 一阶四因素相关模型的拟合指标(n=592)

χ^2	df	χ^2/df	GFI	AGFI	IFI	TLI	CFI	RMSEA
848.99	344	2.47	0.90	0.88	0.90	0.89	0.90	0.05

侯杰泰等人提出的判断模型拟合好坏的标准如下。①对于一个好的模型，χ^2 值应当尽量小，如果 χ^2 值不显著或者 χ^2/df 的值小于 5，认为模型可以接受，但是，χ^2 容易受样本容量的影响，所以并不是一个理想的指数。② RMSEA 受样本容量的影响较小，对错误模型比较敏感，而且惩罚复杂模型，是比较理想的指数。RMSEA＜ 0.1 表示好的拟合；RMSEA＜0 表示非常好的拟合；RMSEA＜0.01 表示非常出色的拟合，实际应用中很少出现。③ GFI、AGFI、NFI、IFI、TLI 和 CFI 的值一般都应大于 0.90。但是，在心理、社会问题中，由于所分析问题的复杂性，各项值一般很难达到 0.90。一般认为，只要各项值在 0.80 以上就认为模型比较合理了(辛涛，1997)。

从表 5 可以看出，该模型中，χ^2/df 的比值小于 5，IFI、GFI、CFI 均为 0.90，TLI、AGFI 均接近 0.90。RMSEA 的值等于 0.05。尽管 TLI、AGFI 两项指标不很理想，但模型的其他各项技术指标符合要求，说明量表的结构是可以接受的。

按照理论构建，一阶四个因素应隶属于同一高阶因素，即教师创造性教学行为。验证性因素分析结果也表明，学习方式指导、观点评价、动机激发、鼓励变通四个因素间具有中等相关(见表 3)，这从数据上提示可能存在高阶因素。鉴于此，进行一阶四因素二阶单因素模型分析。各题项在一阶四因素二阶单因素模型上的载荷及模型的拟合指标分别见表 6 和表 7。

表 6　一阶四因素二阶单因素模型各题项的载荷(n=592)

学习方式指导(S)	动机激发(M)	观点评价(E)	鼓励变通(F)
S←creative0.96	M←creative0.87	E←creative0.97	F←creative0.98
11← S 0.42	3← M0.44	4← E0.48	2← F0.51
19← S 0.64	12← M0.43	7← E0.46	23← F0.59
20← S 0.56	17← M0.53	15← E0.54	27← F0.52
28← S 0.61	21← M0.55	24← E0.50	32← F0.70
37← S 0.66	26← M0.64	25← E0.66	36← F0.69
38← S 0.44	35← M0.61	31← E0.61	40← F0.57
		33← E0.66	45← F0.70
		34← E0.647	
		43← E0.538	

表 7　一阶四因素二阶单因素模型的拟合指标(n=592)

χ^2	df	χ^2/df	GFI	AGFI	IFI	TLI	CFI	RMSEA
852.24	346	2.46	0.90	0.88	0.90	0.89	0.90	0.05

从表 4 和表 6 可以看出。一阶四因素相关模型和一阶四因素二阶单因素模型中各题项的载荷均在 0.40～0.70；从表 5 和表 7 可以看出，两模型的各项拟合指标都达到了可以接受的水平，说明两个模型都得到了数据的支持。

到底哪一个模型能更好地说明“教师创造性教学行为评价量表”的结构呢？回答这一问题需要进一步比较两个模型的拟合水平。由于一阶四因素相关模型和一阶四因素二阶单因素模型是嵌套模型，比较两个嵌套模型的做法是，两个模型的卡方值之差作为一个新的卡方统计量的值，其自由度是原来两个卡方自由度之差。如果新的卡方值比较大，达到显著水平，则认为自由参数较多的模型较好；否则，认为自由参数少的模型较好(侯杰泰等，2004)。由表 5 和表 7 可知，两模型卡方值之差为 $\Delta\chi^2=852.24-848.99=3.25$，$\Delta\chi^2 df=346-344=2$，对于自由度为 2 的卡方分布，在 0.01 的显著水平上，$\chi^2(a=0.01,\ df=2)$的值为 13.82。可见，两模型卡方值之差没有达到显著水平，根据简约原则，接受自由参数少的一阶四因素相关模型。但一阶四因素二阶单因素模型拟合较好也从另一个方面说明一阶的四个因素确实从属于一个高阶因素——教师的创造性教学行为。

3. 区分效度

效标关联效度是考察量表编制有效性的一个重要指标。因此，利用课堂观察的方法对教师创造性教学行为评价量表的效度进行检验。在效标群体中，30 位教师的创造性教学行为及各维度的量表测量得分和课堂观察得分情况见表 8。

表 8 效标群体小学教师创造性教学行为的情况($n=30$)

维度	量表测量得分		课堂观察得分	
	M	*SD*	*M*	*SD*
学习方式指导	3.70	0.46	2.00	0.61
动机激发	3.79	0.54	2.53	0.95
观点评价	4.14	0.29	2.74	0.60
鼓励变通	3.84	0.46	2.54	0.98
创造性教学行为	3.87	0.35	2.45	0.60

通过对课堂观察和量表测量结果进行比较可以看出，总体上，课堂观察的教师创造性教学行为及各维度的平均得分均低于量表测量得分，说明教师在进行教学行为的自我评价时有高估自己的倾向。这既可以解释为我国教师对于创造性教学行为的认识要优于他们在课堂上的执行情况，也可以归结为自我评价中的社会赞许效应。但从表 8 中也可以看出，量表测量与课堂观察结果呈现出相同的分布特点，这可以从一个方面说明量表测量的有效性。

本研究进一步按照观察得分区分出高、低分组，对其量表得分进行比较(因为所观察样本较小，所以采用非参数检验中的秩和检验法)，结果发现，观察得分的高、低分组在量表总分、观点评价、动机激发及鼓励变通维度上均差异显著($p<0.025$，表略)，只在学习方式指导维度上差异不显著，这可能和我国教师普遍重视学习方法的指导有关。从效标检验的这一结果可见，本量表能够有效地将教师创造性教学行为的水平区分开。

四、讨论

(一)教师创造性教学行为评价量表的理论构想

在原量表CFT指标中，各个分量表测量的内容分别为：独立性，指教师鼓励学生独立学习；整合性，指教师采用合作性的以及社会整合性的教学风格；动机，指教师激发学生掌握知识的动机以便为发展发散思维打下坚实的基础；判断，指教师延迟对学生的观点进行评价直到学生全面思考后能够将观点清晰地表达出来；灵活性，指教师鼓励变通性思维；评价，指教师鼓励学生自我评价；问题，指教师认真对待学生提出的建议和问题；机会，指教师为学生提供在不同的情境下、用不同的材料学习或工作的机会；挫败，指教师帮助学生学会应对挫折与失败，从而使学生有勇气进行新的不寻常的尝试。

结合CFT指标的维度及各题项的具体含义，通过分析可以看出，独立性和整合性维度都关注教师对学生学习方式的指导，而动机和机会维度都是考察教师对学生学习动机的激发，判断、评价以及问题维度均涉及对学生的评价，灵活性和挫败维度则都是对学生灵活性和思维转换的支持和鼓励。基于这样的理论构想以及对初测结果的探索性因素分析，在删除题项的基础上，建立了教师创造性教学行为评价量表的结构，包括一阶结构4个因素，并分别命名为学习方式指导、动机激发、观点评价和鼓励变通。这一结构在正式施测后得到了验证，验证性因素分析发现一阶结构与测量数据拟合良好，结构效度可以接受。

在中国文化背景下，因为崇尚内敛性格和师道尊严的文化传统，教师不喜欢个性独立、张扬的学生，所以对学生独立性的培养重视不足；但教师重视学生学习方式的指导，这和师生所面临的考试压力、教师肩负的较之西方更重的传道授业解惑的责任有关；在观点评价和鼓励变通方面尽管中国教师做得还不是很好，但在新课程改革的引领下，教师也逐渐意识到培养学生思维灵活性的重要意义，并在教学中努力实施。

克罗普利(Cropley，2004)在其出版的《教育和学习中的创造力》一书中提出，在促进创造力方面最有效的教师应该：①鼓励学生独立学习；②容忍学生的敏感和大胆的错误；③重视学生的问题；④给学生提供在不同条件下运用各种材料工作的机会；⑤鼓励学生自我评价；⑥鼓励勇气，正如鼓励正确一样。本量表将教师的创造性教学行为分为学习方式指导、动机激发、观点评价、鼓励变通 4 个维度，与克罗普利的最新构想在内容上也是一致的。

(二)教师创造性教学行为评价量表结构的稳定性

CFT 指标的提出主要是理论归纳，假设性成分较多。在我国背景下直接对其加以运用可能会带来文化适应性问题。对它能否反映我国教师的创造性教学行为，还需要进行检验。因此，我们首先对教师创造性教学行为评价量表的结构进行探索性分析。在因子选择过程中，一些维度并入其他维度，也有的题项因项目分析被剔除。结合理论构想，我们提出并验证了一阶四因素相关模型。在量表的信度方面，4 个维度的内部一致性信度均在 0.70 以上，总量表的内部一致性信度为 0.92，各分量表和总量表的重测信度均在 0.90 以上，达到心理测量学对量表信度的要求，说明该量表的测量结果是稳定可靠的。同时，在量表的结构构成上，各分量表间的相关在 0.59～0.76，各分量表与总量表间的相关在 0.80～0.92，说明该量表的结构较为清晰、一致。对量表的验证性因素分析表明，各因素在题项上的载荷均在 0.40～0.70，量表的各项拟合指标也都达到可接受的水平，说明量表的结构是可以接受的。量表的效标关联效度分析再次证明了量表的有效性。并且，修订后的量表因子结构更为简洁清晰，同时又能够较全面地测量教师的创造性教学行为。

五、结论

教师创造性教学行为评价量表确定了学习方式指导、动机激发、观点评价和鼓励变通 4 个维度、28 个题项。内部一致性信度和重测信度分析表明该量表具有较高信度，对区分效度的分析发现，该量表可以有效地区分高低水平的创造性教学行为，说明该量表在测量学上已经达到可应用的水平，可以用来测量我国教师的创造性教学行为。但其结构效度还不理想，应该在以后的应用及研究中进一步完善。

参考文献

[1]林崇德，俞国良．创造力与创新教育[M]. 北京：华艺出版社，2001.

[2]张庆林．创造性培养与教学策略[M]. 重庆：重庆出版社，2006.

[3]Daniel F J. Creativity and education[J]. Creativity Research Journal，2001，13：317-327.

[4]Darnell G，et al. Supportive classroom environments for creativity[J]. Journal of Creative Behavior，1999，33：277-293.

小学教师的创造力培养观与创造性教学行为的关系：教学监控能力的中介作用*

一、问题提出

教师是教学活动的直接组织者和实施者，对培养和发展创造性人才起着至关重要的作用(林崇德、辛自强，2004；Christine & Carolne，1998)。在过去20多年里，学者们对教师的创造力培养观和创造性教学行为做了大量调查研究。研究者们认为，创造力培养观是创造性教学的先导，它作为一种理论或观念，会影响教师对教学情境的知觉和判断，进而影响其创造性教学行为(黄四林等，2005)。研究发现，教师的创造力培养观已经有了较大的改观。例如，从认为创造力是少有的到认为创造力是人人都有并可以培养的(张景焕等，2004；Ajupghainan，2002；Fryer & Collngs，1991)；从不能判断学生的创造力到能识别学生思维的创造性特征和某些创造性人格特征(申继亮等，2007；Mayfield，1979)；从忽视创造力的培养到了解培养创造力的教学策略(张景焕等，2004；Fleith，2000)。

然而，研究也同时发现，教师的创造性教学行为并没有得到与创造力培养观同步的改善。西格尔(Siegel)等人研究了教师对待资优学生的态度，发现教师虽然意识到培养学生的独立性、灵活性和合作意识的重要性，但并未做出积极的努力来支持学生这些方面能力的发展(Siegel & Moore，1994)。研究者课堂观察的结果也发现，教师们似乎缺乏适当的方法，没有注意到自己的行为是否真正达到了预期目标，以及学生的思考过程是否真正参与到教学过程中来，有流于形式的特点(陈昉，2005)。

---

* 本文原载《心理发展与教育》2010年第1期。本文其他作者为张景焕、刘翠翠、金盛华、吴琳娜。

对于教师的创造性教学行为与其创造力培养观不能同步的原因，研究者提出两种假设对其进行解释。一种解释是从外部环境入手，认为教育制度或学校环境赋予了教师太多的责任(Yiblrim，1994)。在英国(Rodd，1999)、土耳其(Guncer & Oral，1993)、芬兰(Saarilahti，et al.，1999)、中国(陈昉，2005)等的研究都报告说，教师抱怨他们处于非常沉重的压力之下，要完成越来越多的关于学业要求的任务，这些任务使得他们没有充分的时间实施创造性教学。

另一种解释认为问题出自教师本身。弗莱恩的研究指出，就目前状况看，教师将观念转变为行为主要靠自发意识，缺乏明确自主引导，更没有相应的程序性知识，这种状况使得教师不能将持有的正确观念真正落实到教学行为中(Fleith，2000)。因此，要想提升教师的创造性教学行为，需要使其能够对自己的教学过程进行积极主动的计划、检查，对自身观念的实施效果进行评价和反思。这种能力就是教师的教学监控能力(teaching-regulated ability)。教学监控能力是指教师为了保证教学的成功、达到预期的教学目标，在教学的全过程中，将教学活动本身作为意识的对象，不断地对教学进行积极主动的计划、检查、评价、反馈、控制和调节的能力(申继亮、辛涛，1995)。俞国良等人(1998)的研究还发现，教学监控能力与教师的教学策略和教学效能感之间存在显著正相关。辛涛等人(1997)的研究也发现教师的教学监控能力与其自我知觉、教学效能感和其对教学成败的努力归因等教育观念因素存在显著的相关关系。沃建中等人(1996)发现，教师教学监控能力对教学认知水平的提高和教学行为的改善具有显著的促进作用。研究者据此提出假设认为，教学监控能力在教育观念与教学行为关系中起中介作用(申继亮，2005)，即内在的、深层次的观念是通过教学监控能力转化为外在的教学行为的。具体到创造性教学活动这一领域，也可以认为教师的创造性教学行为与其创造力培养观之所以会出现差异或错位，没有完全发挥理念的积极作用，是因为教学监控能力这一中介变量的桥梁作用没有发挥出来。

在上述两种原因中，本研究认为，教育制度等外部因素固然会影响教师创造性教学行为的实施，但教师自身能力的提高应该是更为关键的因素，并且研究发现教师的教学监控能力可以通过教学干预的手段得以提高(申继亮、辛涛，1998)。因此，本研究将教师的教学监控能力纳入教师创造力培养观和创造性教学行为的关系中，考察创造力培养观对创造性教学行为的影响，并深入探讨创造力培养观向创造性教学行为转变的机制：假设教学监控能力及其各个维度在创造力培养观与创造性教学行为的关系中起中介作用。如果这一假设得到证实，将为培训教师开展创造性教学提供新思路。

二、研究方法

(一)被试

被试通过两种途径获得：一是采用整群随机抽样的方法，选取山东省枣庄、临沂、胶州等地 10 所小学的 272 名小学教师；二是选取在山东师范大学寒假函授班学习的山东省各地的 203 名小学教师，两部分有效被试共 430 人。其中来自城市的教师 175 人，来自郊区的教师 113 人，来自农村的教师 142 人；男教师 104 人，女教师 326 人；教龄 1～5 年者 149 人，6～15 年者 178 人，16～25 年者 62 人，25 年以上者 41 人。

(二)研究工具

1. 小学教师创造力培养观问卷

本研究采用刘翠翠和张景焕最终修订的教师创造力培养观问卷(刘翠翠，2007)。问卷包括小学教师的一般创造力观念、创造性学生观和创造性教学方法观 3 个分量表，分量表分别有 9 题、18 题和 13 题，采用 5 点计分；其中 1 表示非常不同意，2 表示不太同意，3 表示不确定，4 表示基本同意，5 表示非常同意。本次研究中，各分量表的内部一致性信度分别为 0.70、0.86、0.89，总量表信度为 0.88。

2. 教师教学监控能力量表

教师教学监控能力采用申继亮等人编制的教师教学监控能力量表(辛涛，1997)。该量表由 41 个项目组成，采用 5 点计分，其中 1 表示从不如此，2 表示很少如此，3 表示有时如此，4 表示经常如此，5 表示总是如此。总量表包含 4 个维度，分别是计划准备性、控制调节性、评价反馈性以及课后反省性，具有较高的信效度(辛涛等，1998)。本次研究中各分量表的内部一致性信度分别为0.79、0.79、0.71、0.62，总量表的信度为0.91。

3. 小学教师创造性教学行为量表

小学教师创造性教学行为采用凯等人编制、张景焕等人(2008)修订的量表进行测量。量表由28个项目组成，采用5点计分，其中1表示从不如此，2表示偶尔如此，3表示有时如此，4表示经常如此，5表示总是如此。量表分为鼓励变通、观点评价、学习方式指导和动机激发4个维度，具有较高的信、效度。本研究中，4个维度的内部一致性信度分别为0.80、0.77、0.77、0.81，总量表的信度系数为0.91。

(三)数据处理

采用SPSS 12.0软件进行数据处理与分析。

三、研究结果

(一)创造力培养观、教学监控能力与创造性教学行为的相关分析

从表1的相关分析结果可以看出，小学教师的创造力培养观与其教学监控能力呈显著正相关($r=0.42$，$p<0.01$)，小学教师的创造力培养观与其创造性教学行为呈显著正相关($r=0.34$，$p<0.01$)，小学教师的教学监控能力与其创造性教学行为呈显著正相关($r=0.47$，$p<0.01$)。另外，教学监控能力各维度与创造力培养观及创造性教学行为也都呈显著正相关。

表 1　描述性统计结果及变量之间的相关

	M	SD	1	2	3	4	5	6	7
创造力培养观 1	4.18	0.39	1						
计划准备性 2	3.98	0.65	0.36**	1					
控制调节性 3	3.75	0.61	0.30**	0.58**	1				
评价反馈性 4	3.77	0.48	0.41**	0.76**	0.71**	1			
课后反省性 5	3.90	0.74	0.34**	0.51**	0.66**	0.60**	1		
教学监控能力 6	3.82	0.50	0.42**	0.84**	0.85**	0.95**	0.74**	1	
创造性教学行为 7	3.91	0.52	0.34**	0.38**	0.43**	0.44**	0.33**	0.47**	1

(二)教学监控能力在创造力培养观与创造性教学行为之间的中介作用检验

采用依次检验的程序(温忠麟等，2004)，对教师自我监控能力在教师创造力培养观与创造性教学行为之间可能的中介效应进行检验。表 2 列出了教学监控能力及其 4 个维度的中介作用分析结果，其中所有变量都已标准化。x 表示创造力培养观，y 表示创造性教学行为，m 为教学监控能力。$m1$～$m4$ 表示教学监控能力的 4 个维度：$m1$ 为计划准备性；$m2$ 为控制调节性；$m3$ 为评价反馈性；$m4$ 为课后反省性。

表 2　教学监控能力及各维度的中介效应检验

	标准化回归方程	回归系数检验
教师监控能力(m)		
第一步	$y=0.34x$	$SE=0.04$，$t=7.36^{***}$
第二步	$m=0.42x$	$SE=0.06$，$t=9.44^{***}$
第三步	$y=0.40m+0.17x$	$SE=0.03$，$t=8.64^{***}$ $SE=0.04$，$t=3.66^{***}$
计划准备性($m1$)		
第一步	$y=0.34x$	$SE=0.04$，$t=7.36^{***}$
第二步	$m1=0.36x$	$SE=0.02$，$t=8.07^{***}$

续表

	标准化回归方程	回归系数检验
第三步	$y=0.29m1+0.23x$	$SE=0.13$，$t=6.27^{***}$ $SE=0.04$，$t=4.88^{***}$
控制调节性($m2$)		
第一步	$y=0.34x$	$SE=0.04$，$t=7.36^{***}$
第二步	$m2=0.41x$	$SE=0.03$，$t=9.17^{***}$
第三步	$y=0.37m2+0.19x$	$SE=0.07$，$t=7.89^{***}$ $SE=0.04$，$t=4.00^{***}$
评价反馈性($m3$)		
第一步	$y=0.34x$	$SE=0.04$，$t=7.36^{***}$
第二步	$m3=0.30x$	$SE=0.02$，$t=6.48^{***}$
第三步	$y=0.36m3+0.28x$	$SE=0.12$，$t=8.11^{***}$ $SE=0.04$，$t=5.11^{***}$
课后反省性($m4$)		
第一步	$y=0.34x$	$SE=0.04$，$t=7.36^{***}$
第二步	$m4=0.34x$	$SE=0.01$，$t=7.50^{***}$
第三步	$y=0.25m4+0.25x$	$SE=0.23$，$t=5.22^{***}$ $SE=0.04$，$t=5.35^{***}$

由表 2 可以看出，教学监控能力及其各个维度在创造力培养观与创造性教学行为关系中起到部分中介作用，研究假设得到完全支持。教学监控能力(总体)及其各维度(依次为计划准备性、控制调节性、评价反馈性和课后反省性)的中介效应占相应维度总效应的比例分别是 49.55%、31.87%、44.47%、32.24%和 25.03%，各

个维度的中介率都较高，教学监控能力总体的中介率达到近50%。

四、讨论

(一)创造力培养观对创造性教学行为的影响

本研究发现，小学教师的创造力培养观与创造性教学行为显著正相关，且正向预测创造性教学行为，直接效应显著，这与理论假设及已有研究结果一致(黄四林等，2005)。具体地说，如果教师认为创造力可以培养，他就会努力地创设各种有利条件来促进学生创造力的发展；如果教师持遗传决定论的观点，则不会采取类似的积极行动，自觉不自觉地给学生创造力的发展带来不良影响；如果教师不重视创造力，就不能在课堂教学中支持创造力；如果教师缺乏对创造行为的恰当理解，在教学中强调顺从、压制开放性思维，那么他也不能为学生创造力的发展提供有利的支持条件。因此，创造力培养观是教师进行创造性教学的基础和前提，对创造性教学行为有指导作用。

(二)教学监控能力在创造力培养观和创造性教学行为中的作用

本研究发现，教学监控能力及其各个维度在教师的创造力培养观与其创造性教学行为之间起部分中介作用，即创造力培养观一方面会直接影响创造性教学行为，另一方面需要通过教学监控能力对创造性教学行为产生影响，而且总体及各维度的中介率都较高。这一结果解释了以往研究发现的理念与行为不一致(黄四林，2006；Houtz，LeBlanc & Butera，1992)的原因，即不一致是理念没有转化成教学监控能力引起的，因为总体上有近50%的效应是通过中介作用实现的。创造力培养观是深层的观念结构，要将这种深层的观念转化为外在的行为表现，教学监控能力是将观念与教学行为结合起来的中间环节。它在创造培养观与创造性教学行为之间的作用是，课前能够在创造培养观的指导下计划教学行为，教学过程中能够按创造力培养理念调节和评价自己的教学，课后反思自己的教学行为多大程度上符合创造性教学观念，哪些地方还存在欠缺，并据此调整自己的教学活动(辛涛等，1998)。通过这样有意识的自我监控过程，教师的创造力培养观才贯彻落实到实际的教学行为中。

教学监控能力中介作用的发现也具有实践意义。研究结果启示我们，对教师进行创造教育培训时不应该仅限于理论讲解，还应该进行针对性的引导，设计相应的实际操作程序提高教师对观念的整合程度。通过教学监控能力将理念层面上的培养观与具体教学过程结合起来进行培训，在教师已经具备基本的创造力培养观的前提下，充分发挥教学监控能力及其各维度的中介作用，在进行教师培训时将提高教师的教学监控能力作为创造性教学干预的重点。

五、结论

第一，创造力培养观、教学监控能力与创造性教学行为之间呈显著正相关。

第二，教学监控能力及各维度在创造力培养观与创造性教学行为之间起部分中介作用。

参考文献

[1]黄四林，林崇德，王益文．教师的创造力内隐理论[J]．心理科学，2005，28(5)：1243-1245.

[2]申继亮，辛涛．论教师教学的监控能力[J]．北京师范大学学报(社会科学版)，1995，31(1)：67-75.

[3]俞国良，辛自强，汤鉴澄，俞晓东．中小学教师教学监控能力：发展特点与相关因素[J]．心理发展与教育，1998，14(2)：31-35.

[4]张景焕，赵承福，李冬梅．关于小学教师创造力培养观的研究[J]．教育研究，2004(3)：85-89.

大学生心理健康、创造性人格与创造力关系的模型建构*

一、问题提出

在心理健康与创造性的关系问题上，人们历来存在两种认识：负相关与正相关。前者的代表人物如朗勃罗梭(Lombroso，1891)，他因为观察到一些患者，特别是脑部受伤的人，在受伤之后表现出创造力增强，因而认为有些疾病会刺激创造力。在心理上，创造者由于过度敏感而表现出情绪不稳定，由于精神过于集中而造成其感受性因疲惫而麻木，加之朗勃罗梭研究的天才中有很多患有抑郁症、自大狂、酗酒病、幻觉症等神经症，因而他认为天才是心理病态的表露。尽管他由于取样的偏差，导致结论上的以偏概全，但这种认识仍产生了很大影响。精神分析学派的代表人物艾森克(Eysenck，1993)认为，天才——无论是艺术领域还是科学领域里的天才，都表现出高水平的精神分裂症状，认为创造者身上本我与超我之间存在严重的冲突，这种情绪困扰是创造的源泉，这种认识也无形中助长了人们对心理健康与创造力之间呈负相关的认识。另一种认识是正相关，人本主义心理学家认为，只有那些具有高自尊的个体才能获得高水平的创造力(Yau，1991)。艾萨克斯等人(1986)认为创造力的培养，能对个体的心理健康水平提高提供自我帮助。托兰斯(Torrance，1978)认为，人的大多数需要都通过创造性活动得到满足，如果没有得到满足，就会导致疾病，创造性问题解决可以和心理治疗有效地结合起来。

尽管心理健康与创造力之间的因果关系很难确认，但两者呈正相关关系已得到了不少研究的初步证实。近年来，我国学者从不同角度对创造力和心理健康的关系

---

* 本文原载《心理科学》2006年第5期。本文另一作者为罗晓路。

进行了研究。俞国良（2001）从理论上具体阐述了创造意识和创造精神、创造性思维和创造性人格、创造能力与实践能力，以及这些特征与心理健康的关系，并明确提出以心理健康教育为突破口，全面培养和提高儿童青少年的创造素质。卢家楣等人（2002）通过教学现场实验，研究了情绪状态对学生创造性的影响，发现学生在愉快情绪状态下的创造性总体水平显著高于难过情绪状态。这些研究从不同角度说明健康的心理是创造性活动得以顺利进行的基本心理条件。然而这类研究多采用调查法进行，设计简单，控制不够严格，因而尽管得到一些结论，但并没有完全解除人们对两者之间呈负相关的错误认识。由于心理健康、创造力本身就是模糊的概念，是不能直接测量的“潜变量”，使用特定测量工具测量过程中常包含大量测量误差。因此，过去由于统计技术的限制，难以揭示这些潜变量之间的关系。本研究将借助现代统计技术——结构方程模型，来揭示心理健康、创造性人格和创造力之间的关系。

二、研究假设

我们的研究目的是要探讨大学生心理健康和创造力之间的关系。根据以往的研究发现，心理健康和创造力之间有密切的关系，人格与心理健康、创造力之间也有十分密切的联系，现代神经生理学的研究也表明，只有心理健康的人才会把创造潜能、心理潜能付诸实现，才能成为创造性人才，因此，我们将创造力作为内源潜变量，将心理健康和个性作为外源潜变量，建立以下三个假设结构模型进行比较验证。

模型一：（如图 1）将艾森克问卷的 P、N、E 分量表和威廉斯创造力个性问卷的冒险性、好奇性、想象性和挑战性综合在一起，作为人格特征潜变量的指标，结构模型存在两条路径，一条是心理健康作用于创造力，另一条是个性特征作用于创造力。

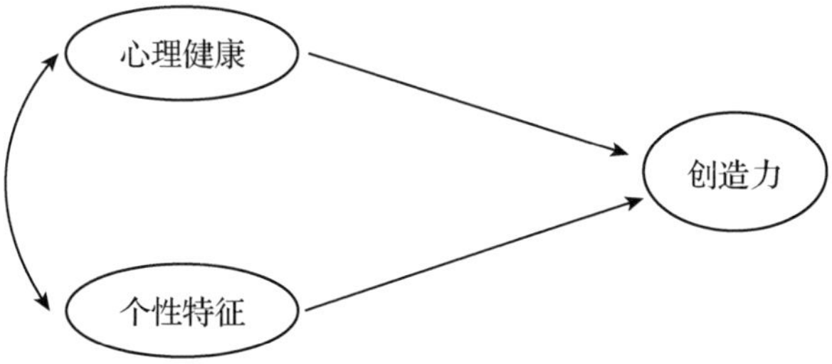

图 1　假设模型一

模型二：(如图 2)将艾森克问卷的 P、N、E 维度作为一般人格特征，将威廉斯创造力人格问卷的冒险性、好奇性、想象性、挑战性作为创造性人格特征分别指向创造力潜变量，结构模型存在三条路径，分别指向创造力。

模型三：(如图 3)模型中只保留创造性人格特征，有两条路径，一条由心理健康指向创造力潜变量；另一条由创造性个性指向创造力潜变量。

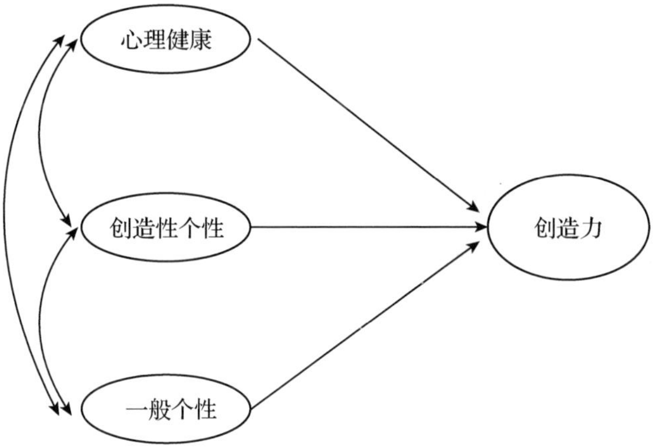

图 2　假设模型二

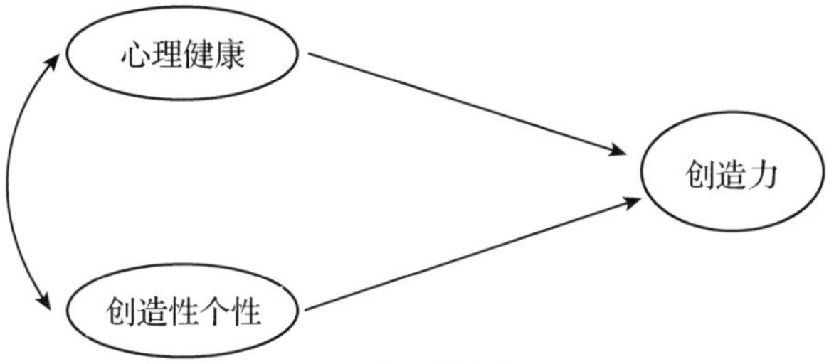

图 3　假设模型三

三、研究方法

(一)研究对象

采用整群随机抽样的方法，抽出全国八大行政区十所不同类型大学一到四年级学生 1043 名，有效被试 792 人(男 394 名，女 398 名)，被试的年龄介于 17～28 岁，平均年龄为 20.79 岁，标准差为 1.28。

(二)研究工具

对于心理健康潜变量，本研究选用 SCL-90 各项得分、自评焦虑量表(SAS)、自评抑郁量表(SDS)作为其观测变量；对于人格潜变量，选用艾森克个性问卷、威廉斯创造性人格问卷各个维度得分作为其观测指标。以上量表均为经典研究工具，有较好的信度和效度。对 2003 年由骆方编制的典型行为的创造性思维能力测验的部分条目在语言表达上进行调整，使之更适合大学生使用。该量表有较好的项目区分度，内部一致性信度为 0.92，以威廉斯创造性人格测验作为效标，其效标关联效度为 0.436。该量表共 46 个条目，包括 10 个维度(骆方，2003)：把握重点、综合整理、联想力、通感、兼容性、独创力、洞察力、概要解释力、评估力、投射未来。

(三)统计工具

数据管理采用 SPSS 10.0 统计软件包进行；用 LISREL 8.3 软件进行结构方程模型的验证与修正。

四、结果与分析

(一)三个假设模型的拟合数据

LISREL 程序工作的原理，首先是用样本数据对所设定的模型参数进行估计，再根据这些参数估计来重建方差协方差，然后尽可能地将重建的方差协方差矩阵 Σ

与观测方差协方差矩阵S相匹配，两者的匹配程度决定了结构方程模型拟合样本数据的程度。模型的总体拟合程度有绝对拟合指数和相对拟合指数两类测量指标，前者如拟合优度卡方检验、拟合优度指数(GFI)、调整的拟合优度指数(AGFI)、近似误差均方根(RMSEA)；后者如标准拟合指数(NFI)、相对拟合指数(CFI)等。对假设的三个模型进行检验后，得到的整体拟合指标如表1。

表1　三个假设模型的各项拟合指标

模型	χ^2	df	χ^2/df	GFI	AGFI	RMSEA	NFI	CFI
模型一	2745	374	7.33	0.81	0.78	0.09	0.82	0.84
模型二	1935	371	5.22	0.85	0.82	0.08	0.86	0.89
模型三	1436	296	4.85	0.87	0.85	0.07	0.89	0.91

从表1我们可以看出，模型一整体拟合指数较低一些，提示模型设定自身可能存在某些不合理之处。模型二整体拟合参数略有提高，但各路径参数 T 值未达到显著水平，结构模型难以深入去解释。模型三整体拟合指数较高，达到可接受水平，测量模型中各指标在潜变量上有很好的负载，路径系数均达到显著水平。因此，我们认为模型三是解释心理健康、个性、创造性三者关系的一个较好的模型。

(二)模型三各指标在潜变量的因素负荷、标准误和 t 值(见表2)

表2　模型三各指标在潜变量的因素负荷、标准误和 t 值

指标—潜变量	因素负荷	SD	t	指标—潜变量	因素负荷	SD	t
X1—ξ1	1.00	—	—	X14—ξ2	1.35	−0.08	17.19
X2—ξ1	1.43	−0.05	26.84	X15—ξ2	0.79	−0.07	11.96
X3—ξ1	1.68	−0.06	27.94	X16—ξ2	1.27	−0.08	16.52
X4—ξ1	1.55	−0.06	27.27	Y1—η	1.00	—	—
X5—ξ1	1.31	−0.05	26.99	Y2—η	1.03	−0.08	12.51
X6—ξ1	1.36	−0.06	23.68	Y3—η	0.97	−0.07	14.16

续表

指标—潜变量	因素负荷	*SD*	*t*	指标—潜变量	因素负荷	*SD*	*t*
X7—ξ1	0.99	−0.05	21.38	Y4—η	0.98	−0.07	13.57
X8—ξ1	1.30	−0.05	23.91	Y5—η	0.89	−0.05	17.09
X9—ξ1	1.20	−0.05	26.68	Y6—η	1.14	−0.07	15.87
X10—ξ1	1.29	−0.05	24.57	Y7—η	1.14	−0.07	16.61
X11—ξ1	14.66	−0.66	22.19	Y8—η	1.01	−0.06	17.03
X12—ξ1	14.78	−0.74	19.97	Y9—η	0.97	−0.06	16.53
X13—ξ2	1.00	—	—	Y10—η	0.93	−0.06	14.40

模型三的潜变量关系的结构模型图如图 4。

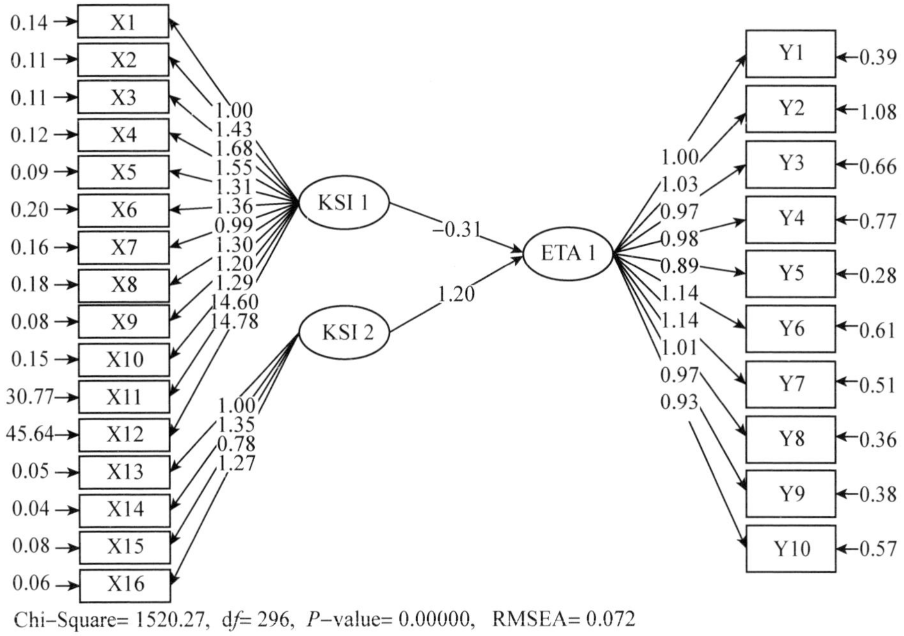

注：X1——躯体化；X2——强迫症；X3——人际敏感；X4——抑郁 1；X5——焦虑 1；X6——敌对；X7——恐怖；X8——偏执；X9——精神病性；X10——其他；X11——焦虑 2；X12——抑郁 2；X13——冒险；X14——好奇；X15——想象；X16——挑战；ξ1——心理健康；ξ2——创造性人格特征；η——创造力；Y1——把握重点；Y2——综合整理；Y3——联想力；Y4——通感；Y5——兼容性；Y6——独创性；Y7——洞察力；Y8——概要解释；Y9——评估力；Y10——投射未来

图 4　模型三的路径图与各项参数估计值

五、讨论

心理健康与创造力谁为因谁为果是个很难解决的问题，结构方程模型只考察测量数据和假设模型之间的拟和程度，不能解决因果关系问题。本研究中将创造力作为内源潜变量，将心理健康作为外源潜变量设定模型，是基于心理健康是创造力的基础，心理健康水平高的人才可能发挥其各种潜能(包括创造潜能)。每个个体都有创造的潜能，但这种潜能的实现是需要一些条件的，心理健康就是条件之一。当然，我们也并不否认创造力的发展反过来会推动个体心理健康水平的提高。

对于人格与创造力的关系，在比较了三种不同的模型后发现：创造性人格区别于一般人格特征并对创造力有积极的影响，它以冒险性、好奇性、想象性、挑战性等为特征。一般人格特征和心理健康、创造力之间可能存在更为复杂的关系。例如，有研究指出，自我实现和其他人格变量如态度、动机、价值观、自我认识和自我控制等，可以预测具有高创造性的智力超常学生的心理健康水平(Feist & Barron，2003)。而本研究中只采用了艾森克问卷进行测查，可能难以揭示其复杂关系。因此，模型三剔除这些指标后，得到了很好的数据支持。

从本研究中结构模型的 t 值来看，创造性人格和心理健康两个潜变量之间的关系存在着显著的负相关，说明具有创造性人格的人更容易成为心理健康的人或者相反，心理健康的人更容易具有创造性人格。另外两条路径分别提示，创造力受到创造性人格和心理健康的积极影响(由于心理健康潜变量各指标分数越高表明个体越可能存在某方面的心理问题，因而心理健康与创造力路径系数之前存在“—”号)这一结论与国外一些学者的研究相一致。例如，吉尔福特的研究表明，尽管每个儿童具有巨大的创造潜能，但由于心理健康水平高的儿童比其他儿童善于对待他人的批评和社会的压力，对他人的批评和社会的压力采取更为合理的取舍，因而他们在创造力的测验中成绩更高。也有人认为，天才或创造者的心理并不健康，如海明威在功成名就前后，就表现出某种心理失调或心理疾病。其实，两者并没有直接的因果关系。有许多有助于创造的个性特征，如对现实不满、喜欢冒险、敢于挑战、我行我素等，常被社会排斥或拒绝，而那些敢于向权威挑战，优点古怪的“天才”们正是长期生活在强大的压力下，再加上功成名就后无法自我否定和自我超越，才会出现各种心理失调或心理疾病。这一现象更应从他们的成长背景和当时的社会文化历史环境中去理解和解释。

也应指出，我们考察的是常态大学生身上心理健康和创造力之间的关系，模型的建构也是基于常态大学生样本的。从文献看，的确也存在一些支持创造力和心理病理存在某种相关的研究。比如波斯特(Post，1994)使用精神疾病诊断标准DSM—Ⅲ，对通过取样得到的291名颇具创造力的科学家、作曲家、政治家、艺术家、思想家、作家进行研究，结果显示艺术家、作家身上心理病态的检出率高于科学家。还有研究发现艺术类大学生抑郁得分高于科学类大学生。我们认为这与本研究并不矛盾，因为以上研究关注的是特殊领域如艺术、文学，本研究则关注的是常态大学生，样本涉及社科、理工、经济管理等诸多学科，纯艺术类大学生比例相对较少，因此，从本研究中得到的心理健康、创造性人格与心理健康关系的结构模型是可以接受的。同时，也进一步证实了我们的理论设想和研究假设。这对于我们在学校实际工作中，把心理健康教育和创造力的培养有机结合起来，把促进大学生的心理健康水平作为提高其创造力的突破口，作为大学创新教育的组成部分，全面培养和提高大学生的创新素质，塑造出心理健康、勇于创新的新一代大学生，具有重要的理论价值和现实指导意义。

总之，通过结构方程模型基本验证了我们对心理健康与创造力之间关系的认识：心理健康的实质是个体的各种心理机能的协调和完善，是各种心理机能的充分发展。而创造力是人类的一种普遍的心理能力，是人类心理机能的高级表现。因此，个体创造力的发展也必须建立在一定的心理健康的水平之上，即心理健康是个体创造力发展、发挥的基础。此外，创造力的发挥可能还需要其他一些条件，如创造性人格，这是一个历来被研究者关注的特性。此外可能还存在一些我们模型中没能考察到的成分，如创造动机、创造的社会环境因素等，这些积极的因素在个体身上汇集得越多，个体的创造潜能就越可能得到充分的发挥和实现。

六、结论

将创造力作为内源潜变量，心理健康和创造性人格作为外源潜变量，三者构成的结构模型是可以接受的。该模型表明，大学生的创造力受其创造性人格和心理健康的积极影响。

参考文献

[1]卢家楣，刘伟，贺雯，卢盛华．情绪状态对学生创造性的影响[J]．心理学报，2002，34(4)：381-386.

[2]俞国良．创新教育理念中的心理健康教育[J]．教育科学研究，2001(1)：40-44.

[3]Isaacs A F. How to be personally creative：self-help to good mental health[J]. Creative Child and Adult Quarterly，1986(1-2)：119.

[4]Torrance E P. Healing qualities of creative behavior[J]. Creative Child and Adult Quarterly，1978，3：146-158.

[5]Yau C. An essential interrelationship：healthy self-esteem and productive creativity [J]. The Journal of Creative Behavior，1991，25(2)：154-161.

独立自我建构、创造性人格、创意自我效能感与创造力的关系*

一、问题提出

创造力研究是当前国内外学者共同关心的重要课题之一，如何培养、提高和发挥创造力是无数研究者共同努力的目标。虽然创造力的定义众说纷纭，但学者普遍认为创造力是提出或产出新颖和适宜的产品、思想或方法的能力（Hennessey & Amabile，2010；Runco & Acar，2010；Sternberg，1999；林崇德、胡卫平，2012）。要想回答如何培养或提高创造力，首先要解决哪些因素会影响以及如何影响创造力的问题。虽然研究者会基于个体、产品、过程和环境等不同角度阐释这一问题，但多数研究者都承认创造力是各种因素之间共同作用的结果（Hennessey & Amabile，2010；Sternberg，2006）。创造力交互理论指出个体的创造力是人格特征、认知方式、内在动机、专业知识和情境因素、社会因素多方面共同作用的结果（Woodman，Sawyer & Griffin，1993）。对该整合观的指导性，研究者开展了大量的实证研究，也取得了丰硕的成果。其中，作为重要个人特征的自我观，是如何与其他因素（如人格、动机等）相互作用共同影响创造力，一直是研究者们探索的重要课题。

自我建构（self-construction）是个体如何看待自我与他人关系的看法，是个体自我观的重要方面。马库斯等人（1991）首先使用“自我建构”这一术语描述东西方文化看待自我的不同方式：西方个人主义文化具有典型的独立自我建构，东方集体主义文化具有典型的依存自我建构。独立自我建构强调分离性和独特性，在自我描述时更

* 本文原载《北京师范大学学报（社会科学版）》2016 年第 1 期。本文其他作者为贾绪计、李艳玲。

多地参照自己的内在特质或区别于他人之处，而依存自我建构强调自己与他人的联系，在自我描述时更多地参照自己的重要关系或群体身份(Cross，Hardin & Gercek-Swing，2011；刘艳，2011)。同时，马库斯等人(1991)和其他研究者(Singelis，1994)也认为个体能同时具有独立自我建构和依存自我建构，特定文化会促进某种自我建构的发展。在西方文化下，独立自我建构得到更大发展，而在东方文化下，依存自我建构发展得更好。研究表明，自我建构与知觉加工(Nisbett，Peng，Choi & Norenzayan，2001)、短时记忆(MacDonald，Sandry & Rice，2012)、长时记忆(Sui，Zhu & Chiu，2006)和思维(Kuhnen & Oyserman，2002)等相关。例如，王等人(2005)认为依存自我建构者倾向于回忆常规情境，独立自我建构者倾向于回忆自身有关的事件。自我建构不仅与一般认知过程相关，还与创造力有密切联系。有研究者(2003)以澳大利亚和新加坡大学生为被试研究发现，独立自我建构能正向预测创造性思维测验和“你是什么样的人”测验的成绩；依存自我建构负向预测其成绩。虽然以往研究探讨了独立自我建构与创造力的关系，但对于其中的影响机制较少涉及。我们认为创造性人格和创意自我效能感可能是其中的中介变量。创造力的交互作用理论也为探讨自我因素、人格因素、动机因素等共同影响创造力提供了良好的理论基础。

首先，独立自我建构与创意自我效能感、创造性人格有密切关系。马库斯等人(1991)认为，追求合作性目标和人际和谐是依存自我建构者的主要动机来源，个人目标、期望和能力是独立自我建构者的重要动机来源。实证研究也显示独立自我建构与成就动机正相关，与归属动机负相关(Brutus & Greguras，2008；van Horen，Pöhlmann，Koeppen & Hannover，2008)。正是由于独立自我建构者对个人自主和能力需求程度较高，追求个人潜能的实现以及内在特征的展现，会为了个人目标(如创新产品)不断奋斗，因此一般自我效能感较高(邹璐、姜莉、张西超、胡婧、张红川，2014)。创意自我效能感是一般自我效能感在具体领域的表现，是指个体对自己是否具有创造力的一种信心和评价(Tierney & Farmer，2002)，我们预期，独立自我建构也与创意自我效能感相关显著。另外，与依存自我建构相比，独立自我建构者更多地关注自我以及选取自己喜欢的、有挑战性的任务和目标，在完成个人目标过程中满足自己的好奇心和求知欲，以及获得成就感和价值感，这对于创造性人格的形成和发展有积极作用。董慧珍(2013)对高中生的实证研究也表明，独立自我建构和依存自我建构都与创造性人格显著正相关，但前者的相关系数高于后者。因此我们预期，独立自我建构会促进创造性人格的发展。

其次，创造性人格会影响创造力和创意自我效能感。研究表明，具有较高水平创造性人格的个体会比具有较低水平创造性人格的个体展现出更高的创造力(Feist，1998；Woodman，Sawyer & Griffin，1993；李西营、刘小先、申继亮，2014)。也有研究显示，创造性人格能正向预测大学生的创造性思维水平(罗晓路、林崇德，2006)和高中生日常创造性行为(唐光蓉、邹泓、侯珂、蔡迪、张文娟，2014)。因此我们预期创造性人格会正向预测个体创造力水平。同时，虽然没有直接证据表明创造性人格会提高创意自我效能感，但许多研究表明，人格特质能预测自我效能感的变化(李东斌、邝宏达，2010；赵鑫、史娜、张雅丽、陈玲、周仁来，2014)。人格特质与个体的情绪调节自我效能感有关，外向性与表达积极情绪自我效能感呈显著正相关，神经质与管理消极情绪自我效能感呈显著负相关(张萍、张敏、卢家楣，2010)。创造性人格和创意自我效能感，作为人格热值和自我效能感两个概念在创新领域的延伸或拓展，我们预期，创造性人格也会对创意自我效能感有促进作用。

最后，创意自我效能感预测创造力。许多研究证实具有高创意自我效能感者通常具有高创造力(Choi，2004；Gong，Huang & Farh，2009；杨付、张丽华、2012；张景焕、王亚男、初玉霞、徐希铮，2011)。有教育心理学研究显示，小学生科学和数学方面的创意自我效能感能显著解释教师评估的学生创造性表现(Beghetto，Kaufman & Baxter，2011)；与低创意自我效能感的学生相比，高创意自我效能感者对自己各科的学术能力有更积极的评价，会更多地参与到课内外的学术活动中，从而促进创造力的发展(Beghetto，2006)。组织行为学研究也发现员工的创意自我效能感正向预测上级评估的员工创造力(Tierney & Farmer，2002；Tierney & Farmer，2011)。因此我们预期，创意自我效能感会正向预测个体创造力水平。

基于以上分析，我们假设独立自我建构会通过创造性人格和创意自我效能感影响个体创造力；另外，独立自我建构也会通过创造性人格间接影响创意自我效能感。为了验证假设，以大学生为被试，采用量表法测量其独立自我建构、创造性人格、创意自我效能感和创造力水平，深入探讨四者之间的关系。

二、研究方法

(一)被试

选取北京师范大学励耘学院实验班和常规教学班的大学生共894名。其中励耘学院实验班280人，常规教学班614人；女生553人，男生341人；大一学生318人，大二学生337人，大三学生239人。平均年龄19.25岁($SD=1.22$)。励耘学院实验班(以下简称“实验班”)分为“基础理科拔尖学生培养实验班”和“人文学科拔尖学生培养实验班”，专业有数学与应用数学、物理学、化学、生物科学、汉语言文学、哲学和历史学，其中“基础理科拔尖学生培养实验班”隶属于教育部“基础学科拔尖学生培养试验计划”。常规教学班也从相应的专业里随机选取。

(二)研究工具

1. 自我建构量表

本研究采用辛格斯(1994)编制的自我建构量表(Self Construal Scale)，该量表由30个项目构成。其中独立自我建构分量表和依存自我建构分量表分别由15个项目构成。采用从“1——非常不同意”到“7——非常同意”7级计分的形式。本研究只采用了独立自我建构分量表，该量表的克隆巴赫α系数为0.76。

2. 创造性人格测验

创造性人格测验采用林幸台和王木荣(1997)修订的威廉姆斯创造性倾向测验量表。该量表由50个项目构成，包括冒险性(11个项目)、好奇心(14个项目)、想象力(13个项目)和挑战性(12个项目)4个维度。采用3点计分，“完全不符合”计1分，“部分符合”计2分，“完全符合”计3分。本研究中，总量表及分量表的克隆巴赫α系数分别为0.86、0.55、0.64、0.63、0.68。

3. 创意自我效能感量表

本研究采用台湾学者洪素萍和林姗如(2004)编制的创意自我效能感量表。该量表由创意策略信念(5题)、创意成品信念(6题)和抗负面评价信念(6题)3个分量表组成，共17个题目。采用7级计分法，从1(非常不同意)到7(非常同意)。研究证实该量表在大陆不同人群中也具有较高的心理测量学特性(李金德，2011；张景焕等，2011)。本研究中，总量表和各分量表的克隆巴赫α系数分别是0.87、0.75、0.75和0.73。

4. 创造力测验

在托兰斯创造性思维言语测验和图形测验的基础上，选出两道思维测试题。言语测验采用的是“一物多用”任务，将原有的“空罐子”修改为“空矿泉水瓶”，使之更契合中国大学生的日常生活，即要求学生在规定时间内列举尽可能多且新颖的空矿泉水瓶的用途。图形测验采用“平行线”任务，要求学生在规定时间内尽可能多地在平行线的基础上画出不同的图形。这两类任务在以往研究中得到广泛的应用(申继亮、师保国，2007；王福兴、沃建中、林崇德，2009)。根据大学生对测验问题的回答，从流畅性、灵活性和新颖性三个方面进行评分。流畅性依据被试在测验中做出回答的个数；灵活性依据被试回答的类别的个数；新颖性依据被试的回答在总人数中的百分比，如果比例在2%以下得2分，在2%～5%得1分，5%以上得0分。分别将言语测验和图形测验的流畅性、灵活性和新颖性分数转化为Z分数，然后累加求Z分数的平均数，即流畅性、灵活性和新颖性分数。

三、研究结果

(一)大学生创造力的特点

为考察创造力在人口统计学变量上的特点，以班级类型(实验班、常规教学班)、性别(男、女)、年级(大一、大二、大三)为自变量，以思维流畅性、灵活性和新颖性得分为因变量做多元方差分析(MANOVA)。结果表明，性别(Wilks'λ=0.99，$F=4.09$，$p<0.01$)、班级类型(Wilks'λ=0.91，$F=28.74$，$p<0.001$)，

年级(Wilks'λ=0.95，$F=8.00$，$p<0.001$)的主效应显著，性别和班级类型的交互作用(Wilks'λ=1.00，$F=0.73$，$p>0.05$)、性别和年级的交互作用(Wilks'λ=1.00，$F=0.43$，$p=0.86$)不显著，班级类型和年级的交互作用显著(Wilks'λ=0.94，$F=9.12$，$p<0.001$)，班级类型、性别和年级的三重交互作用(Wilks'λ=1.00，$F=0.61$，$p>0.05$)不显著。

进一步方差分析表明以下几点。(1)女生在流畅性[$F(1, 882)=9.74$，$p<0.01$]、灵活性[$F(1, 882)=8.38$，$p<0.01$]上显著优于男生，在新颖性[$F(1, 882)=2.86$，$p>0.05$]上无显著差异。(2)实验班学生在流畅性[$F(1, 882)=71.72$，$p<0.001$]、灵活性[$F(1, 882)=46.02$，$p<0.001$]和新颖性[$F(1, 882)=78.66$，$p<0.001$]上显著优于常规教学班学生。(3)不同年级学生在流畅性[$F(1, 882)=7.79$，$p<0.001$]、灵活性[$F(1, 882)=5.65$，$p<0.01$]和新颖性[$F(1, 882)=11.14$，$p<0.001$]上存在显著差异。事后检验结果表明，在流畅性和灵活性上，大二学生得分最高，显著优于大一和大三学生；在新颖性上，大二学生优于大三学生，大三学生优于大一学生。(4)班级类型和年级在流畅性[$F(2, 882)=24.52$，$p<0.001$]、灵活性[$F(2, 882)=18.93$，$p<0.001$]和新颖性[$F(2, 882)=18.61$，$p<0.001$]上交互作用显著：实验班和常规教学班的大一学生在流畅性、灵活性和新颖性上水平差不多，但大二和大三实验班学生在流畅性、灵活性和新颖性上显著优于常规教学班的大二和大三学生。

(二)独立自我建构、创意自我效能感、创造性人格与创造力的相关分析

对独立自我建构、创意自我效能感、创造性人格和创造力进行相关分析(见表1)。结果显示，创造力的三个维度(流畅性、灵活性和新颖性)都与独立自我建构、创意自我效能感和创造性人格相关显著；独立自我建构与创造性人格、创意自我效能感有显著正相关；创造性人格和创意自我效能感之间的相关也显著。

表1　各变量的描述性统计与相关分析表(N=894)

	1	2	3	4	5	6	7	8	9	10	11
1. 独立自我	1										
2. 创意策略	0.36***	1									
3. 创意成品	0.37***	0.58***	1								
4. 抗负面评价	0.39***	0.53***	0.54***	1							
5. 冒险性	0.37***	0.42***	0.41***	0.44***	1						
6. 好奇心	0.38***	0.42***	0.43***	0.41***	0.61***	1					
7. 想象力	0.27***	0.24***	0.35***	0.29***	0.48***	0.55***	1				
8. 挑战性	0.36***	0.51***	0.49***	0.52***	0.58***	0.61***	0.49***	1			
9. 流畅性	0.07*	0.18***	0.18***	0.09**	0.15***	0.14***	0.20***	0.16***	1		
10. 灵活性	0.08*	0.18***	0.19***	0.10**	0.16***	0.14***	0.23***	0.18***	0.89***	1	
11. 新颖性	0.08*	0.20***	0.21***	0.14***	0.13***	0.14***	0.22***	0.20***	0.84***	0.80***	1
M	71.17	24.57	27.31	29.63	24.59	32.87	28.22	29.08	−0.02	−0.01	−0.03
SD	8.17	4.21	5.53	4.91	2.91	3.87	3.88	3.25	0.72	0.74	0.72

注：思维的流畅性、灵活性和新颖性分数是在言语和图形测验相应维度的 Z 分数基础上累加求的平均数。

(三)独立自我建构影响创造力的中介机制分析

采用 Mplus 7.0 软件进行结构方程建模，探究独立自我建构影响创造力的中介机制。考虑到创造力测验成绩是偏态分布，利用 MLR 估计法做参数估计，并报告 Satorra-Bentler 校正的卡方(S－Bχ^2)。首先检验了假设模型，拟合指数如下：S－Bχ^2＝155.47，df＝39，RMSEA＝0.058，CFI＝0.98，TLI＝0.97。该模型中有两条路径不显著：独立自我建构到创造力、创意自我效能感到创造力。删除不显著路径后，备择模型的拟合指数如下：S－Bχ^2＝160.42，df＝41，RMSEA＝0.057，CFI＝0.98，TLI＝0.97。模型比较结果表明，模型间差异不显著(ΔS－Bχ^2＝4.91，Δdf＝2，p＞0.05)。这说明，删除不显著路径不会显著降低模型拟合指数，备择模型显著优于假设模型，因此将备择模型作为最终模型。最终模型的参数估计见

图1，所有标准化路径系数均达到极其显著性水平($p < 0.001$)。独立自我建构通过创造性人格作用于创意自我效能感的中介效应值为0.31，独立自我建构直接作用于创意自我效能感的值为0.19，中介效应占总效应的62%；独立自我建构通过创造性人格影响创造力的中介效应值为0.11，即创造性人格在独立自我和创造力关系中起完全中介作用。

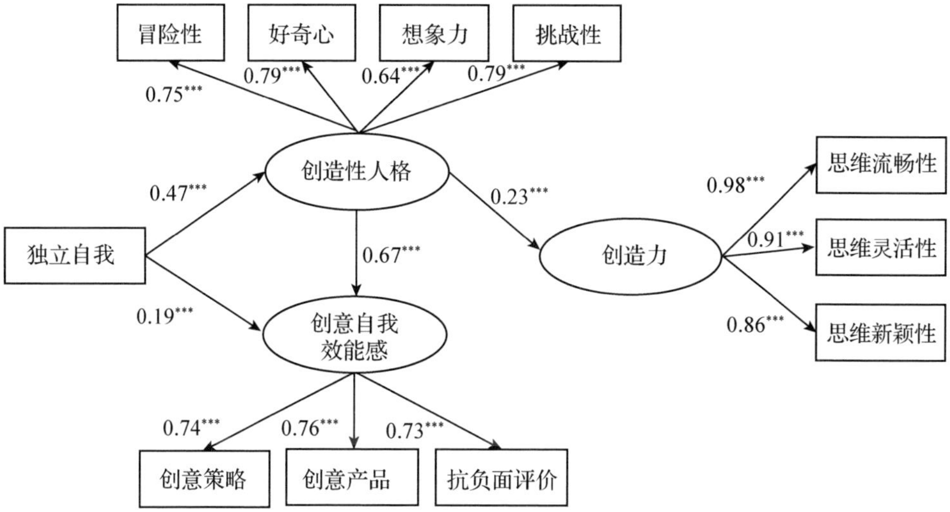

图1　研究最终模型

采用结构方程模型多组比较的方法考察该模型是否有性别、班级类型和年级的差异。我们比较了没有任何限制的模型(M1)、限定因子负荷等同模型(M2)、限定结构系数等同模型(M3)，并分别计算它们之间(M2－M1、M3－M2)的$\Delta S-B\chi^2$和Δdf，如果$\Delta S-B\chi^2$在相应的Δdf上显著，则说明该中介效应模型差异显著。结果表明，性别、班级类型和年级的中介效应模型的$\Delta S-B\chi^2$在相应的Δdf上均未达到显著水平($p>0.05$)，说明该中介效应模型比较稳定，不受性别、班级类型和年级的调节。

四、结果讨论

(一)大学生创造力的特点

创造力的性别差异，研究结果不完全一致(Baer & Kaufman，2008；Cheung & Lau，2010；胡卫平、林崇德、申继亮 & Adey，2003；王福兴、沃建中、林崇德，2009)。本研究发现，女生创造力在流畅性和灵活性上显著高于男生，但在新颖性上无显著差异，这说明大学生性别差异主要集中在相对容易的流畅性和灵活性维度，而在难度较大的新颖性上无性别差异，这与王福兴等人(2009)的结果一致，部分支持了创造力有性别差异的观点，这可能与女生在言语运用和图形绘画方面优于男生有关。同时，班级类型差异检验表明，实验班学生创造力显著优于常规教学班，而且班级类型和年级之间有交互作用，大一时创造力水平相差不大，但大二和大三时，实验班显著优于常规教学班。这一结果在一定程度上反映了优质教育的重要性。大一时，由于两类班级接触的教育环境时间都较短，因此差异不大。进入大二和大三后，不同教育环境对创造力的影响就逐渐开始凸显。

本研究还发现，创造力存在年级差异，大二学生创造力得分最高，这与罗晓路(2006)的研究结果一致。分析其原因，一方面是由于大学教育与中小学教育相比，更加开放，更注重对学生思维能力、实践能力和探索精神的培养；另一方面，从大学生整体特点看，大一时知识经验主要来源单一(主要是校园和家庭)，且需要时间适应大学生活；大二时已完全适应大学宽松、自由、知识多元化的氛围，也是最活跃、对各种课内外活动参与度最高的时期，丰富的经验会让他们思维更发散，表现出较高的创造力水平；大三时则开始聚焦于谋划未来、关注求职和研究生选拔等，一定程度上制约了知识多元化的获取和思维发散性。个人知识经验会影响创造力测验分数，已得到研究证实(Runco & Acar，2010)。

(二)创造力与独立自我建构、创造性人格和创意自我效能感的关系

在本研究中，创造力与独立自我建构相关显著，但结构方程模型中独立自我建

构预测创造力的直接路径系数不显著。这与有些研究者的结果不一致，他们认为独立自我建构对创造力具有促进作用。结果不一致的一个可能原因是采用的不同自我建构衡量指标：有研究采用不同国家的文化作为自我建构指标，而本研究以辛格斯(1994)的自我建构量表分数作为测量指标，测量的是同一文化下个体的自我建构水平。当然，有研究者(Ng，2003)认为，不同文化会通过对个体心理的塑造(如个体认为自己在多大程度上与群体是独立的)而间接影响创造力。我们的研究结果虽然没有发现独立自我建构对创造力的直接预测作用，但发现自我建构会通过影响其他变量间接影响创造力，从这一角度看，我们的结果与以上研究结果(Ng，2003)是一致的，都承认文化对心理发展的重要作用。

相关分析和结构方程建模的结果表明，创造性人格对创造力有显著的正向预测作用。这再次验证了人格特质会影响创造力观点(Sternberg，2006；Woodman et al.，1993)，也与国内外的研究结果一致(Feist，1998；李西营、刘小先、申继亮，2014；罗晓路、林崇德，2006)。费斯特(1998)曾指出，人格是通过降低行为阈限来影响创造力的，具有创造性人格的个体，会对新鲜事物更加敏感，能更敏锐地将看起来互不相关的事物联系起来，表现出较高的创造性水平。申继亮、王鑫、师保国(2005)则将人格的作用进一步拓展，认为创造性人格对个体的心理过程起调节作用，为个体创造力的发挥提供着心理状态和背景，通过引发、促进、调节和监控来对创造力发挥作用。

在本研究中，创意自我效能感并没有如我们预期的那样，对创造力有预测作用。这与其他研究结果不一致(Beghetto，Kaufman & Baxter，2011；Choi，2004；杨付、张丽华，2012)。以自我效能感的功能来思考与创造力的关系，似乎两者之间应该生来就存在相关性。然而，自我效能感有一般自我效能感和特殊自我效能感之分，而且很多研究表明，特殊自我效能感会对相应领域的活动任务预测效果更好(Multon，Brown & Lent，1991；Tierney & Farmer，2011)。在本研究中，创意自我效能感虽然是一般自我效能感概念在创新领域的拓展，但并没有与具体的任务或领域(如具体学科或实际工作)相结合，这可能会在一定程度上影响其预测效果。另外，本研究中采用的创造力测验(一物多用任务和平行线任务)具有较高的情境一般性、概括性，也没有与具体领域相结合，这也可能导致研究结果不显著。这一结果也提示我们，在后续研究中，需要结合具体情境，重视特殊自我效能感对特定领域创造力的预测作用。

(三)创造性人格的中介作用

中介机制分析的结果表明，独立自我建构通过影响创造性人格而间接影响创造力，这一结果支持了武德曼等人(1993)的创造力交互理论。创造力的发挥或培养是自我因素、人格因素共同作用的结果，不同自我建构是不同文化形态下的重要特征，独立自我建构者通常习惯于将自己视为独立自主的、独特的个体时，会更多地尝试和接纳新事物，迎接新挑战，这有助于创造性人格的形成，进而影响个体的创造力水平。

本研究还表明创造性人格在独立自我建构与创意自我效能感的关系中起部分中介作用。具有高独立自我建构的人，更关注自我的内部特征和独特性，追求对工作和生活的自主性(Markus & Kitayama，1991)，这些特征会在一定程度上影响个体的好奇心、冒险性、挑战性等人格特征，激发他们的想象力，从而增强他们创造的信心和克服困难的勇气。同时，独立自我建构还会对创意自我效能感有直接促进作用，这与盖卡斯(1989)的研究结果一致，他认为工作中个体体验到的自主性越高，员工越倾向于认为自己是自我定向的，认知越灵活，自我效能感越高。

(四)教育启示

培养创造性人才是高校教育教学改革的目标之一，结合本研究结果，我们认为在高等教育改革中可借鉴以下措施。(1)加强大学生的独立性教育。没有独立性的大学生，只会盲从、随大流、安于现状，创造力就无从谈起。要注意培养大学生的独立精神，引导他们正确看待自我与他人的关系；倡导自主学习，激发他们的学习主动性和自觉性；重视实践能力，在实践中锻炼独立性。(2)将创造性教育融入学科教学中，注意提升不同学科领域的自我效能感。例如，可结合不同学科的特点，让学生亲身感悟创新产品、领略创新人物的风采等，激发学生的创新热情；通过合理设置创新目标，让学生在学习和实践中获得丰富的成功经验，增强创新的信心等。(3)多方入手培养创造性人格。作为教师要创设各种情境性问题激发学生好奇心和求知欲，并设法帮助学生增加表象储备，注意灵感捕捉等，以发展学生的创造想象。但同时应意识到，家庭教育和中小学阶段的教育与大学教育同等重要，家庭教育和学校教育应互相配合沟通，中小学教育与高等教育要保持连贯性和一致性，共同为学生创造性人格的培养创设良好的环境。

五、研究结论

通过研究得到以下结论：

(1)女生在思维的流畅性和灵活性上高于男生，但新颖性无性别差异；实验班学生的创造力水平明显高于常规教学班学生；大二学生的创造力水平高于大一和大三学生；班级类型和年级在创造力水平上有交互作用。

(2)创造性人格在独立自我建构和创造力关系中起完全中介作用，在独立自我建构和创意自我效能感的关系中起部分中介作用。而且这些作用机制不受性别、班级类型和年级的影响。

参考文献

[1]胡卫平，林崇德，申继亮，Adey P. 英国青少年科学创造力的发展研究[J]. 心理科学，2003，26(5)：775-777.

[2]李西营，刘小先，申继亮．青少年创造性人格和创造性的关系：来自中美比较的证据[J]. 心理学探新，2014，34(2)：186-192.

[3]林崇德，胡卫平．创造性人才的成长规律和培养模式[J]. 北京师范大学学报(社会科学版)，2012，(1)：36-42.

[4]刘艳．自我建构研究的现状与展望[J]. 心理科学进展，2011，19(3)：427-439.

[5]Beghetto R A. Creative self-efficacy：correlates in middle and secondary students[J]. Creativity Research Journal，2006，18(4)：447-457.

[6] Feist G J. A meta-analysis of personality in scientific and artistic creativity [J]. Personality and Social Psychology Review, 1998, 2(4): 290-309.

[7]Gecas V. The social psychology of self-efficacy[J]. Annual review of Sociology, 1989, 15: 291-316.

Markus H R , Kitayama S. Culture and the self-implication for cognition, emotion, and motivation[J]. Psychological review, 1991, 98(2): 224-253.

[8]Singelis T M. The measurement of independent and interdependent self-construals [J]. Personality and Social Psychology Bulletin, 1994, 20(5): 580-591.

[9]Woodman R W , Sawyer J E, Griffin R W. Toward a theory of organizational creativity[J]. Academy of Management Review, 1993, 18(2): 293-321.

第十编

PART 10

社会性与人格发展研究

近20年来，在发展心理学的研究中，儿童青少年社会性与人格发展的研究要“热”于认知发展的研究，在我指导的博士生中，有一些是从事儿童青少年社会性与人格发展研究的。我从中挑出以我为通讯作者发表的5篇研究报告。

青少年价值取向发展趋势研究*

一、问题提出

价值取向是个体社会化的结果，价值观念的形成既依赖个体的认知结构发展水平，也依赖个体早期发展的道德倾向：功利主义或感情注入(Hoffman，1982)，以及社交环境。所以，不同年龄、气质、道德认知水平和成长背景的儿童应该表现出不同的价值取向。普拉特等人(Pratt & Arnold，1996)采用故事叙述法在家庭内部施以MJI测验和有关社会化及纪律要求的测验，发现父母和子女各自讲的故事都显现了育儿风格的效应，权威程度高的父母显著地与子女较高程度地对父母的"声音"内化和赞赏有关。霍夫曼(Hoffman，1982)的研究也发现，如果父母采取诱导的教育方式，引导儿童辨别是非，那么儿童就更倾向于表现人道主义的价值取向；相反，如果父母经常把爱的撤销作为管教方法，那么儿童就更倾向于表现功利主义的价值取向。

可见，在个体发展过程中，价值取向并不是立即形成的和固定不变的。当个体形成了一定水平的自我意识，与他人交往的时候，就会逐渐形成一整套具有普遍性的、有组织的观念系统，形成对自己在大自然中的位置的看法，形成对人与人之间关系的看法以及在处理人与人、人与环境关系时对值得做或不值得做的看法(杨宜音，1998)；以后随着个体认知水平、交往环境、自我需要的不断发展变化，这种看法也会随之而发生变化。因此，探讨这种变化规律，探讨外界环境对个体价值取向形成和发展变化的影响，以及这种影响产生的年龄阶段是很有意义的。

---

* 本文原载《心理发展与教育》1998年第4期。本文另一作者为寇彧。

本研究试图探讨个体价值取向发展的规律及其趋势，探讨我国青少年目前的价值取向状况及影响因素。

二、研究方法

(一)被试

我们随机抽取北京市一所小学、中学、大学的被试共208人，获得有效问卷176份，其中小学五年级学生44人(男21人，女23人，10～12岁)，初二学生48人(男25人，女23人，14～15岁)，高一学生36人(男14人，女22人，16～17岁)，大学生48人(男28人，女20人，20～23岁)。被试父母间职业及文化程度差异显著。

(二)研究工具

价值测验量表(Values Test Scale，VTS)。根据贝尔斯(Bales)和库奇(Couch)在1969年编制的价值观测表(Mar，1997)改编而成，共包括40个陈述句，分别代表四个价值维度：①接受权威；②基于需要的表达(与基于价值的克制相对)；③平等主义；④个人主义。被试在一个从非常不同意①到非常同意⑤的五点量表上做评定。

道德价值评定表(Moral Values Rating，MVR)。根据阿诺德(Arnold)(Mar，1997)编制的道德价值自我评定任务改编而成。评定表包括25个分别描述的个人品质，这些品质都是一般人较看重的和希望自己所具有的。我们要求被试从中选出三个自己最看重或最想具备的品质，并评定父母对自己这样选择的影响程度。

(3)道德权威影响源量表(MAS)(寇彧，1998)。

(三)研究程序

(1)编译量表。翻译VTS和MVR。编写指导语，并修改和审定量表，小样本试测。

(2)被试的选取如前所述。

(3)收集数据利用学生自习时间集体施测，每次用时20～30分钟，采用SPSS for Windows 6.0进行数据分析。

三、结果及分析

(一)青少年价值取向发展状况及趋势

1. 对四种价值取向评价的结果

用VTS测得的各年级被试对四种价值取向评价的平均数和标准差及One-Way ANOVA，结果见表1。

表1 各年级被试对四种价值取向评价的平均数和标准差及*F*值

变量	权威价值观		需要的表达价值观		平等价值观		个人主义价值观	
年级	*M*	*SD*	*M*	*SD*	*M*	*SD*	*M*	*SD*
小五	37.23	6.02	29.23	4.86	39.27	4.98	32.09	6.19
初二	32.17	5.98	29.94	3.52	38.29	4.87	33.50	5.72
高一	32.44	4.95	31.00	4.16	37.14	4.85	33.94	4.19
大三	28.00	4.36	28.60	4.38	36.46	4.65	33.81	5.17
总体	32.35	6.30	29.61	4.30	37.80	4.92	33.80	5.39
$F(3, 175)$	22.47		2.39		1.98		0.26	
Sig of *F*	0.0000		0.0704		0.0329		0.8521	

从表1看出，各年级被试对权威价值取向和平等价值取向的认知评价有很大差异。小学生对权威价值取向评价最高，大学生评价最低，并且有随年级增高而评价降低的趋势。在平等价值取向方面，随年级提高，评价呈微弱下降趋势。在个人主义价值取向和需要表达价值取向方面，没有明显的年级差异。各年级被试对四种价

值取向的重视程度不同，初二和高一被试有相同的趋势。他们都最重视平等价值取向，其次是个人主义价值取向，然后是权威价值取向，最不重视需要表达价值取向。但是，小学生和大学生则与之不同，他们虽然也都最重视平等的价值取向，但小学被试将权威价值取向放在第二位，个人主义价值取向放在第三位，最后是需要表达的价值取向；大学生却将个人主义价值取向放在第二位，需要表达价值取向放在第三位，权威价值取向最不受重视。

2. 对25种品质选择性结果的排序

用MVR量表测得的结果见表2(表中仅呈现了22种)。

表2　各年级被试对25种品质评价结果的平均数及其排序(括号中为序数)

	总体		小五		初二		高一		大三		男		女	
	M	*SD*	*M*	*SD*	*M*	*SD*	*M*	*SD*	*M*	*SD*	*M*	*SD*	*M*	*SD*
忠诚	0.89(1)	1.30	1.39(1)	1.37	1.02(1)	1.41	0.33(5)	0.96	0.71(2)	1.17	0.93(1)	1.32	0.84(1)	1.28
孝顺	0.77(2)	1.09	1.23(2)	1.16	0.67(2)	0.97	0.64(2)	1.02	0.56(5)	1.09	0.84(2)	1.12	0.70(2)	1.05
公正	0.49(3)	0.99	0.82(3)	1.23	0.46(3)	0.94	0.31(6)	0.82	0.38(7)	0.84	0.53(3)	1.03	0.45(5)	0.95
关爱	0.43(4)	0.92	0.30(5)	0.76	0.31(7)	0.85	0.36(4)	0.83	0.73(1)	1.12	0.30(7)	0.78	0.57(3)	1.04
工作努力	0.40(5)	0.93	0.14(9)	0.55	0.13(12)	0.61	0.75(1)	1.23	0.67(3)	1.08	0.26(9)	0.73	0.55(4)	1.08
独立	0.34(6)	0.87	0.16(8)	0.57	0.44(4)	0.99	0.28(7)	0.81	0.46(6)	0.99	0.34(4)	0.86	0.34(6)	0.88
宽容	0.33(7)	0.65	0.34(4)	0.61	0.33(6)	0.69	0.42(3)	0.69	0.25(10)	0.64	0.32(5)	0.67	0.34(6)	0.64
可信	0.31(8)	0.81	0.30(5)	0.76	0.33(6)	0.83	0.33(5)	0.86	0.29(9)	0.80	0.28(8)	0.80	0.34(6)	0.81
责任	0.31(8)	0.82	0.07(12)	0.33	0.25(8)	0.76	0.28(7)	0.85	0.62(4)	1.06	0.34(4)	0.90	0.28(7)	0.74
勇敢	0.22(9)	0.66	0.16(8)	0.48	0.37(5)	0.87	0.28(7)	0.78	0.08(14)	0.40	0.28(8)	0.76	0.16(10)	0.54
快乐	0.20(10)	0.55	0.05(13)	0.21	0.15(11)	0.41	0.25(8)	0.65	0.35(8)	0.73	0.22(10)	0.60	0.18(9)	0.49
珍惜生命	0.20(10)	0.66	0.30(5)	0.79	0.21(9)	0.71	0.03(15)	0.17	0.23(11)	0.69	0.31(6)	0.81	0.09(14)	0.45
幽默	0.18(11)	0.51	0.09(11)	0.36	0.19(10)	0.57	0.31(6)	0.67	0.17(12)	0.43	0.26(9)	0.60	0.10(13)	0.40

续表

	总体		小五		初二		高一		大三		男		女	
	M	*SD*	*M*	*SD*	*M*	*SD*	*M*	*SD*	*M*	*SD*	*M*	*SD*	*M*	*SD*
礼貌谦恭	0.18(11)	0.67	0.20(6)	0.70	0.15(11)	0.58	0.31(6)	0.89	0.10(13)	0.52	0.16(11)	0.62	0.20(8)	0.71
尊老爱幼	0.14(12)	0.52	0.14(9)	0.55	0.25(8)	0.64	0.08(13)	0.50	0.06(15)	0.32	0.16(11)	0.50	0.11(12)	0.53
自律	0.13(13)	0.57	0.11(10)	0.54	0.19(10)	0.67	0.14(11)	0.59	0.08(14)	0.45	0.10(12)	0.50	0.16(10)	0.62
集体感	0.10(14)	0.46	0.02(14)	0.15	0.19(10)	0.64	0.11(12)	0.46	0.06(15)	0.43	0.06(14)	0.32	0.14(11)	0.57
分享	0.08(15)	0.42	0.18(7)	0.62	0.06(15)	0.32	0.00(16)	0.00	0.06(15)	0.43	0.10(12)	0.46	0.06(17)	0.38
报答	0.07(16)	0.37	0.00(15)	0.00	0.10(14)	0.42	0.19(10)	0.62	0.02(17)	0.14	0.07(13)	0.40	0.08(15)	0.35
逻辑	0.06(17)	0.31	0.00(15)	0.00	0.12(13)	0.39	0.08(13)	0.37	0.06(16)	0.29	0.03(16)	0.24	0.09(14)	0.36
表现自我	0.05(18)	0.32	0.02(14)	0.15	0.04(16)	0.20	0.19(10)	0.62	0.00(18)	0.00	0.05(15)	0.26	0.07(16)	0.38
开放	0.05(19)	0.33	0.00(15)	0.00	0.00(17)	0.00	0.22(9)	0.68	0.02(17)	0.14	0.03(16)	0.24	0.07(16)	0.40

Friedman Two-Way ANOVA $F=6.8040$，$p=0.0784>0.05$；Spearman $r=0.8557$，$p=0.000$

Kendall $W=0.0961$，$F=7.2076$，$p=0.0656>0.05$；Pearson $r=0.7031$，$p=0.00$

表 2 显示，总的来说，四组被试对 25 项品质的评价没有显著差异，但是小学生和初中生都把忠诚、孝顺、公正选为最重要的三种品质，把服从、小心谨慎、开放等选为最不重要的品质，表现出很强的一致性。高一学生最强调工作努力、孝顺、宽容三种品质，最不强调服从、分享、珍惜生命；大三学生最强调关爱、忠诚、工作努力三种品质，最不强调服从、表现自我和报答。在 25 项品质中，只有服从未被人选中过。不被大学生重视的表现自我、报答却被高一学生所重视，而高一学生最不重视的分享和珍惜生命，却被小学生和初中生所重视。被小学生、初中生和高中生列为第二重要的孝顺，仅被大学生列为第五重要。小学生和初中生不太重视的工作努力，却被高中生列为第一重要，被大学生列为第三重要。

(二)青少年价值取向发展的影响因素

我们考察四种价值取向与MAS各分量表的关系，结果见表3。

表3　影响源与价值取向的关系

	权威取向	个人取向	平等取向	需要取向
教育者影响源	0.3506**	0.1212	0.2582**	0.0987
父母影响源	0.3265**	−0.0248	0.1810*	−0.0198
自我利益影响源	−0.0176	0.1226	0.1707*	0.0031
社会和谐影响源	0.1586*	0.0040	0.1592*	−0.1002
尊严、公正影响源	0.1404	0.0918	0.2909**	−0.0481

表3显示权威取向与教育者影响源、父母影响源和社会和谐影响源有非常显著或显著的相关；平等取向与五种影响源都有显著或非常显著的相关；而个人主义取向、需要取向与五种影响源没有明显相关。同时我们注意到，个人主义取向、需要取向与某些影响源呈负相关。

我们再通过MAS量表考察各年级被试对不同影响源的认同，见表4。

表4　不同年级被试对五种影响源的认同及差异检验

	教育者影响源		尊严、公正影响源		父母影响源		自我利益影响源		社会和谐影响源	
	M	*SD*	*M*	*SD*	*M*	*SD*	*M*	*SD*	*M*	*SD*
小学	19.41	3.67	20.77	3.38	17.05	4.91	15.66	4.68	19.70	3.07
初中	16.04	3.93	20.35	4.38	15.56	4.76	17.60	6.26	18.06	3.96
高中	17.36	4.62	18.31	3.82	16.78	4.57	18.44	4.40	17.94	4.50
大学	15.81	4.18	18.83	4.38	14.08	4.08	18.00	4.33	18.27	3.54
Sig of F	0.0001		0.0148		0.0097		0.0586		0.1108	

不同年级被试认同的影响源不同，小学生主要受尊严公正、社会和谐、教育者

等影响源的影响；初中生较受尊严公正、社会和谐影响源的影响；高中生受自我影响源和尊严公正影响源的影响；大学生主要受尊严公正、社会和谐和自我影响源的影响。父母影响源和教育者影响源的影响力随被试年级的升高而减弱，而自我影响源的影响力则随年级的升高而增强。结合表4，我们看到个体的价值取向的发展变化实际上是受其影响源所支配的，低幼年级的儿童多认同自己的父母、教育者，易接受他们的影响，所以表现接受权威价值取向。随着年级的升高，个体的独立性越来越强，生活范围和社交范围进一步增大，因此认同的影响源也发生了变化，他们主动地选择权威的意识及强调自身发展的意识更明显，所以权威性价值取向随之解体，同时自我价值取向逐渐占据主导地位。

(3)青少年价值取向发展的性别差异

青少年价值取向发展的性别差异见表5。

表5　男女被试对四种价值取向评价的平均数和标准差

变量	权威价值观		需要的表达价值观		平等价值观		个体主义价值观	
被试	*M*	*SD*	*M*	*SD*	*M*	*SD*	*M*	*SD*
男	32.35	6.11	29.86	3.88	37.49	5.05	33.51	5.68
女	32.35	6.53	29.36	4.70	38.11	4.79	34.08	5.10
总体	32.35	6.30	29.61	4.30	37.80	4.92	33.80	5.39

表5显示，从总体上看男女被试对四种价值取向表现出了一致性的认同。我们再对各年级被试分别进行性别差异的方差分析，结果见表6。

表6　各年级被试在四种价值取向上评价的平均数、标准差及 *F* 值

		小五		初二		高一		大三	
		男	女	男	女	男	女	男	女
权威	*M*	35.33	38.96	33.28	30.96	33.00	32.09	28.96	26.65
	SD	5.79	5.81	6.69	4.98	5.59	4.61	4.54	3.80
	F	4.28*		1.84		0.28		3.46	

续表

		小五		初二		高一		大三	
		男	女	男	女	男	女	男	女
需要	*M*	29.38	29.09	30.08	29.78	31.07	30.95	29.43	27.45
	SD	5.01	4.83	3.08	4.01	3.00	4.83	3.98	4.76
	F	0.04		0.08		0.01		2.45	
个体	*M*	32.10	35.91	32.88	35.22	35.71	32.82	34.04	32.05
	SD	6.49	5.43	6.11	5.12	4.75	3.45	4.92	5.42
	F	4.51*		2.04		4.50*		1.75	
平等	*M*	37.43	40.96	38.68	37.87	37.00	37.23	36.71	36.10
	SD	5.62	3.69	4.79	5.02	5.39	4.61	4.73	4.64
	F	6.17*		0.33		0.02		0.20	

我们看到，初中学生和大学生四种价值取向上未表现出性别差异，但小学生在权威取向、个人主义取向、平等取向方面都显示女生比男生更强的现象，说明女生比男生更看重这三个方面；男生比女生更强调需要取向，虽然差异不显著。高一学生在个人主义取向上表现出男生强于女生的现象，且差异显著。在需要取向上，各年级均表现出男生比女生更强的现象，说明男生比女生更强调需要满足。

四、讨论

(一)我国青少年价值取向的发展

本研究发现，青少年的权威价值取向随年龄的增长而减弱，大约在小学高年级解体。对于平等的价值取向，从小学到初中，再到高中和大学，个体都有极高的评价，也就是说，各年龄阶段的个体都非常重视平等的价值取向。对于个人主义价值取向，四个年龄段的被试，都评价为居中的情形，并不是像以往的研究(Hui & Triandis，1986)所表明的我国被试明显不重视个人价值取向。在需要表达方面，相对于其他价值取向，四个年级的被试都一致地表现出不重视的趋势。以上结果说明个体的权威价值取向和个人主义价值取向随年龄的增长表现出年龄特征；与国外同类研究相比，平等价值取向和需要表达价值取向表现出文化特征(Britewaite & Law，1990)(这项结果需要得到进一步研究的证实)。这证实了我们的假设：个体的价值取向是随年龄动态发展变化的；进行价值取向研究，不能仅从不同文化下个体价值取向的静态比较得出结论，而应该从深层分析个体价值取向形成的动态原因。

(二)价值取向与道德观念影响源

我们的研究结果表明，权威价值取向和平等价值取向与影响源的关系是正向的和显著的。而在个体价值取向和需要表达价值取向上，存在某些不显著但却是负向的关系。我们还发现，青少年个体比较认同其家庭影响和教育者的影响，尽管个体在成长以后所认同的影响源发生了较大的变化，但家庭和早期教育的影响是首要的和持续的。这一方面预示着我国的教育系统和家庭影响都较强调权威意识和平等的观念，而对个人主义价值取向和需要的表达价值取向不够重视；另一方面也说明个体价值取向发展变化的动因与个体在不同年龄阶段所认同的影响源有直接关系。由此看来，以往研究发现我国被试的价值取向与西方同类被试的价值取向有明显差异的结果，其真正的原因应该与个体所接受的影响源的影响有关。因此，我们认为深入分析研究影响源有助于从本质上探讨个体价值取向的特点和发展规律。

(三)价值取向的性别差异问题

已有研究强调社会化过程对男性和女性有不同的定向作用(Gilligan，1982)。女性通常表现出关怀、同情的价值取向，男性倾向于表现公正、平等的价值取向。我们发现，价值取向上的性别差异是受年龄制约的。分析其原因，我们认为虽然个体所认同的影响源在同一年龄段不存在性别差异。但影响源的影响内容却有较大的性别差异，这与有关研究结果也是相符的(Hoffman，1982)。这当然是一家之言，我们希望在以后的研究中进一步证实影响源对个体价值取向的直接深层的影响作用。

五、结论

第一，青少年价值取向随年龄的增长而发展变化，表现为从注重服从权威到注重平等、公正；从强调个人利益到关心他人与自己的关系，再到看重自我需要和自身发展。

第二，我国青少年的价值取向相对来说不重视个人需要的表达，而强调对外界要求的适应；不重视个人主义的取向，强调对权威的服从。

第三，权威取向的解体大概发生在小学毕业时；平等取向在小学生身上就有很强的反映。

第四，个体不同发展阶段中价值取向的不同，与其在各阶段所认同的影响源密切相关。

参考文献

[1]寇彧．青少年道德判断发展与其道德观念影响源的关系[J]．心理科学，1998，21(3)：268-269.

[2]杨宜音．社会心理领域的价值观研究述要[J]．中国社会科学，1998(2)：82-93.

[3]Hoffman M L. The development of pro-social behavior[M]. New York：Academic Press，1982.

儿童社会观点采择的发展及其与同伴互动关系的研究*

一、前言

皮亚杰指出，儿童同伴之间的社会互动能够促进其去自我中心或观点采择的发展(皮亚杰，1980)。霍洛斯(Hollos)等人(1973)考察了生活在挪威农场、村庄和城镇的三种不同生活环境中的儿童观点采择能力的发展水平，发现生活在农场的儿童(被认为具有最少量的同伴互动机会)的观点采择能力显著地低于生活在村庄(中等程度的同伴互动机会)和城市的儿童(具有最多的同伴互动机会)，而后两者之间不存在差异。研究者据此提出，观点采择需要一个最小量的互动经验作为前提条件。这个最小量的社会互动经验是儿童通向观点采择的"门槛"。这一观点被称为关于儿童观点采择能力与同伴互动关系的"门槛假设"(threshhold hypothesis)。随后的近二十年来，不少研究者继续对儿童的社会观点采择能力与同伴互动经验之间的关系问题进行了探讨。例如，韦斯特(West，1974)采用与霍洛斯等人相同的研究思路比较了生活在以色列的农庄、小城镇和大城市的三种被认为是具有不同社会互动经验的儿童的社会观点采择能力。其研究结果支持了霍洛斯的"门槛假设"。埃德尔斯坦(Edelstein)等人(1984)对冰岛城市和农村两类地区儿童的社会观点采择能力的研究也发现，生活在农村地区的儿童社会观点采择能力的发展落后于城市儿童。研究者认为，这种差异产生的原因在于农村儿童的社会互动经验少于城市儿童。内普(Gnepp)等人(1988)的研究进一步发现，在控制被试智商的条件下，受同伴欢迎的

* 本文原载《心理学报》1999年第4期。本文另一作者为张文新。

儿童在观点采择能力测验上的作业成绩高于受同伴拒绝的儿童。

上述研究虽然从一个侧面说明了儿童社会观点采择能力与其社会互动经验之间存在联系，但是由于研究者在确定儿童社会互动经验时采用的是儿童的生活环境(农场、农村、城市)这样一些假设性、笼统的指标，没有对儿童实际的、具体的互动行为进行测量，因而无法为两者之间的这种联系提供有力的证据。同时，从研究方法的角度来看，虽然总体上说，不同生活环境(农场、农村、城市)中儿童社会互动的频繁性可能存在差异，但即使在同一种生活环境中，儿童的社会互动经验也存在很大的个别差异。另外，造成不同生活环境中的儿童社会观点采择能力发展水平之间的差异的原因是多方面的，除社会互动经验的差异外，与生活环境相联系的教育和信息方面的差异对儿童社会观点采择能力的发展水平也会产生重要影响。因而，不能简单地把不同生活环境中儿童观点采择能力发展水平的差异归因于他们社会互动经验的差异。

儿童社会观点采择发展是儿童社会认知发展研究中的一个重要内容。国外发展心理学者对此问题已进行过大量研究。特别是弗拉维尔(Flavell，1993)提出的过程模式和塞尔曼(Selman，1990)的结构—发展分析(structural-developmental analysis)模式尤为引人注目。前者把观点采择看作一个认知过程并将其划分为存在、需要、推断和应用 4 个阶段；后者则把从 3 岁到青春期这一阶段儿童观点采择的发展划分为前后相继但具有质的差异的 5 种水平：自我中心的观点、社会信息的观点采择、自我反省的观点采择、相互的观点采择和社会或习俗的观点采择。除上述两种研究取向外，更多的研究者如鲁宾(Rubin，1978)、勒马尔(Lemare，1987)以及埃德尔斯坦等人(1984)，则把观点采择看作一种认知能力，考察其发生发展的趋势及其与相关因素的关系，而不是儿童观点采择所包含的信息加工步骤或不同年龄阶段儿童观点采择中所包含的认知结构的特点。方富熹等人(1990)曾采用类似的研究视角，以“东郭先生和狼”的寓言故事为研究材料对我国 4～5 岁至 7～8 岁儿童社会观点采择的发展进行过研究，但关于小学阶段的儿童社会观点采择发展问题尚缺少系统的研究。另外，社会观点采择根据其内容通常进一步分为认知的(cognitive)或观念的(conceptual)观点采择和情感的观点采择(affective perspective taking)(Rubin，

1978)。既往有关儿童社会观点采择发展以及儿童社会观点采择和社会互动关系的研究通常仅以儿童在其中一种类型社会观点采择作业任务上的成绩(认知的、情感的)作为指标，而不是同时采用两种类型的社会观点采择作业任务对儿童进行测查。这在一定程度上也会影响到儿童观点采择能力评定结果的有效性。

在本研究中，我们试图采用经过标准化处理的两种社会观点采择任务，对幼儿园大班与小学阶段儿童社会观点采择能力发展的一般趋势、年龄及性别差异进行考察。然后，通过录像观察技术和同伴评定法分别对幼儿园和小学儿童的同伴互动经验进行评定，探讨儿童社会观点采择能力与其同伴社会互动经验之间的关系。

二、方法

(一)被试

被试来自山东省济南市市区的一所幼儿园和一所小学，共425名儿童参与了研究。幼儿园大班39人，男24人，女15人，平均年龄6岁零7天；小学二年级132人，男73人，女59人，平均年龄7岁11个月；四年级118人，男65人，女53人，平均年龄9岁9个月；六年级136人，男78人，女58人，平均年龄11岁10个月。其中在39名幼儿园大班被试中，4名儿童中途退出。因此，幼儿园大班儿童同伴互动的录像观察中的有效被试为35名，男20名，女15名。

(二)数据收集方式

1. 儿童社会观点采择能力测验

(1)材料。本研究共使用4个故事(及相应图片)作为儿童社会观点采择的测验材料。其中两个为认知(或观念)的观点采择测验任务，另外两个为情感的观点采择测验任务。认知观点采择测验故事根据钱德勒(Chandler)等人(1972)的“局外人卡通故事”(Bystander Cartoon Story)改编而成：一个是“攻击故事”(aggression story)；另一个是“悲伤故事”(sad story)。这两个卡通故事是该领域研究中使用最广泛的认知观点采择测验工具。两个情感观点采择测验任务分别根据厄伯格(Urberg)等人

(1976)以及兰德里(Landry)等人(1980)的情感观点采择故事改编而成。本研究对测验任务的结构进行了标准化处理，在4个测验任务中，被试统一处于“观察者”的位置。每个观点采择测验故事后设计3～4个测验问题。现以“攻击故事”为例对本研究中使用的社会观点采择任务的结构及相应的测验问题予以说明。

故事(图片)内容：一个大男孩用沙子堆了座城堡，他为自己建的这个城堡感到很自豪。这时，一个女孩骑着自行车从城堡上驶过，把他的城堡压坏了。看到自己的城堡被压坏了，男孩感到很难过，气愤地走开了。不一会儿，他遇到了一个小男孩(局外人)，这个小男孩很自豪地把自己用纸板做成的一座大房子给他看。大男孩把小男孩的纸房子打落在地，小男孩看上去很惊讶。

该故事后的4个问题依次是：①那个大男孩感到怎么样？②那个大男孩为什么生气？③那个大男孩为什么把小男孩的纸房子打落在地？④小男孩知道大男孩为什么把他的纸房子打落在地吗？为什么小男孩知道/不知道？根据观点采择的定义，在上述4个问题中，只有最后一个问题是儿童社会观点采择能力的测验任务(理解他人的认知观点取决于其得到的特定信息)。其余各子任务是为引发儿童的观点采择而设计的前提条件问题，有关这些方面的研究结果将另文报告。

(2)施测方法与程序。主试均由发展心理学研究生担任。正式测验前进行预测。针对预测中出现的一些问题，对故事及测验问题所用的语言进行推敲和修订，统一施测要求。4个测验故事的呈现采用拉丁方设计平衡顺序效应。对幼儿园大班和小学二年级儿童采用个别施测的方式。测验开始后，主试按预定的顺序依次向被试呈现图片，同时按标准化的语言向被试讲述故事的内容(但在讲述认知观点采择故事时不直接涉及故事中主人公的情绪，如难过、气愤等)，然后要求被试复述故事内容(不看图)。在被试能完整复述故事内容后，主试按预定的顺序提问被试。被试的回答由另一主试按原话记录。两个测验任务之间间隔5分钟。四、六年级被试采用集体施测，每组20人左右，但不呈现图片。

(3)计分方法。按0、1、2计分，能正确说出故事中人物的观点计1分，同时能正确说出原因计2分，两个问题均不能正确回答计0分。

(4)评分者信度。被试的回答记录由两名评分者按照统一的评分标准各自独立进行评分。随机抽取两个班(共132人)，两名评分者在四个观点采择测验任务上的一致率为93.93%。对于评分不一致的答案由两名评分者讨论解决。

2. 儿童同伴互动测定

录像观察的环境条件。对儿童自由活动时同伴互动的录像观察在被试所在幼儿园的一间18 m×7.5 m的大型游戏室中进行。此房间为该幼儿园儿童平时游戏的场所，内有儿童平时游戏用的各种玩具和图书，可供儿童进行各种游戏活动。

录像观察程序及技术要求。在正式录像之前，采用习惯化技术消除儿童的好奇心和实验焦虑。正式录像时，目标儿童所在班的全体学生由教师带到现场，然后让儿童自由活动。录像过程中，一旦发现目标儿童对录像产生某种反应，如注视录像机或表现不自然，或无故停止正在进行的活动，则立即停止对该儿童的录像，所缺规定的观察时间改日补足。

观察时间。按照上述程序和要求，在为期40天的时间内，对参加本研究的35名有效被试每人共进行了6次录像观察，每次录像观察5分钟。对同一个儿童的两次录像观察之间至少间隔一天。

儿童行为的编码。对儿童行为的编码依照加拿大鲁宾(K. Rubin)编制的儿童游戏观察量表(1989)中规定的程序进行。该量表首先由研究者翻译成中文，然后通过回译法对中文版与原版的一致性进行了考察。儿童游戏观察量表是通过区分游戏与非游戏行为，并把认知游戏分类镶嵌于社会性游戏分类之中而建立起来的一套完整、详细的儿童行为观察评定系统。其中，社会性游戏范畴包括单独游戏、平行游戏和集体游戏；认知游戏范畴包括机能游戏、建筑游戏、表演游戏和规则游戏；非游戏行为包括探索、阅读、无所事事、旁观、过渡、谈话、攻击、粗暴游戏。

与本研究结果直接相关的儿童各类社会行为和非社会行为的具体编码方式如下。①单独游戏(solitary play)。目标儿童独自一人游戏，与他人的距离一般在90 cm以上，玩的玩具通常与其他儿童不一样。该儿童的注意力完全集中在自己活动上，对在场的其他任何儿童几乎或完全不予注意。②集体游戏(group play)。目标儿童跟其他儿童一起游戏，且他们的活动有共同的目标或目的。例如，他们一起“生产”某种“产品”，设法去达到某种竞争性的目标或表现成人或集体生活，等等。

但不管是什么活动，活动的目标一定要以集体为中心。③同伴对话(peer conversation)。对话是一个儿童向另一个儿童传递信息，但不包括平行言语和个人言语。如果当别的儿童跟目标儿童说话，且他在积极地听以便做出反应或遵从别人的指导时，其行为也编码为该范畴。④无所事事的行为(unoccupied behavior)。当儿童无所事事时，其明显的标志是缺少对事物的集中注意或活动意图。无所事事的行为通常包括两种类型：茫然地看着空中；无特定目的地走来走去。如果在机能性活动中对所做的事心不在焉，那么其行为也属于无所事事的行为。⑤旁观行为(onlooker behavior)。作为旁观者时，目标儿童观察他人的行为但不加入活动中，他会对别人的活动做评论或笑话别人，但不参与活动。

根据该量表规定的编码程序，对被试每 10 秒钟内发生的行为编码一次，但只对这段时间内儿童的一种行为(主导行为)进行编码。结果记录在观察编码表上。如果这一时期内被试的行为多于两种，则取持续时间最长的行为作为主导行为编码，如果几种行为持续同样长的时间，则主导行为编码的取舍次序为：①任何集体行为居于其他行为之前；②同伴对话；③平行游戏；④单独游戏；⑤旁观行为；⑥无所事事的行为；⑦过度行为。每个被试每一次被观察的时间(5 分钟)中包括 30 个编码单位，每个被试在 6 次观察中共获得 180 个编码记录。编码人员由经过培训的发展心理学研究生和幼儿园教师担任，每组 3 人。其中幼儿园教师的任务是负责介绍被试及其交往对象的姓名。

(1)评分者信度。利用评分者一致性对编码的信度进行估计，抽取两个被试各 180 个编码单位的行为，4 位编码者之间的评定一致率分别为 95%和 92.7%。对编码过程中意见不一致的行为，通过集体讨论确定。

(2)小学儿童的同伴互动测定。小学儿童的同伴社会互动经验的评定采用了马斯腾(Masten)等人编制、陈欣银等修订的班级戏剧(class play)量表。该量表因子结构包括“亲社会性”“攻击性—孤立性”和“羞怯—敏感性”。各分量表均具有较高信度(1992)。虽然原班级戏剧量表中的“社会性与领导能力”因子在中文版中被重新命名为“亲社会性”，但其项目的结构与原量表几乎完全一致。因此，它实际测量的仍是儿童在同伴中的“社会性”或“同伴接受性”。在本研究中，我们以“亲社会性”和

"攻击性—孤立性"两个维度的组合来确定儿童的同伴互动经验的类型。

三、结果

(一)幼儿园大班至小学六年级儿童社会观点采择发展的一般趋势及年龄差异

4个年龄组男女儿童在社会观点采择测验问题上的平均得分情况见图1。

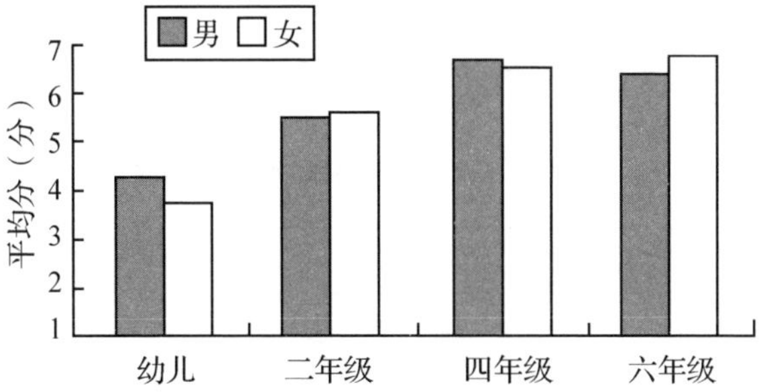

图1　4个年龄组男女儿童社会观点采择的平均得分

为了考察自幼儿园大班至小学阶段儿童社会观点采择能力的得分是否存在年级(年龄)、性别的主效应以及两者的交互作用，首先运用ANOVA进行了4(年级)×2(性别)的方差分析。结果显示，年级的主效应达到极显著水平[$F(3, 417)=22.68$，$p<0.001$]，表明4个年龄组的得分存在极显著的差异。但是没有发现性别的主效应[$F(1, 417)=0.05$，$p>0.05$]，同时也不存在年级与性别交互作用的主效应[$F(3, 417)=0.70$，$p>0.05$]。对4个年龄组的测验分数进行N-K检验。结果显示：幼儿园大班儿童的得分显著低于小学二年级、四年级、六年级儿童，小学二年级组和四年级、六年级组之间也存在显著差异，但是，小学四年级、六年级组之间差异不显著。

(二)儿童的社会观点采择能力与同伴互动经验的关系

由于本研究对幼儿园大班和小学儿童同伴互动经验的测量采用了不同的方法及评定工具，因此对研究结果按幼儿园和小学分别进行报告。

1. 幼儿园大班儿童社会观点采择能力与同伴互动经验的关系

被试各类行为的得分为该类行为发生次数的总和，每发生一次(一个编码单位)计 1 分。全部六轮观察中，幼儿园大班男女儿童在被观察的各类行为上的得分情况见表 1(由于儿童认知游戏分类与本研究无直接关系，此处从略)。在表 1 对行为分类的基础上，参照有关研究(Lernare，1987)，再分别计算出儿童游戏活动中发生的社会性行为(social behavior)和非社会性行为(nonsocial behavior)的得分。社会性行为的得分为儿童参与集体游戏的得分和同伴对话得分的总和，非社会性行为的得分为儿童的无所事事的行为、旁观行为和单独游戏 3 类行为得分的总和。

表 1　儿童各类行为的平均得分及标准差

行为类别	男孩			女孩		
	N	*M*	*SD*	*N*	*M*	*SD*
无所事事	20	27.60	16.02	15	33.47	6.45
旁观	20	9.45	6.35	15	16.20	9.59
同伴对话	20	39.15	12.50	15	42.00	22.70
单独游戏	20	34.75	18.12	15	28.87	21.31
集体游戏	20	40.30	23.51	15	29.00	19.09

注：在本研究的观察情景中儿童很少有跟教师谈话的机会，故在统计分析中没有包括“教师谈话”行为。

对儿童社会观点采择能力的得分与儿童社会性行为和非社会性行为得分分别进行积差相关分析，结果显示，观点采择能力的得分与儿童社会性行为的得分之间存在着显著的正相关($r=0.3683$，$n=35$，$p<0.05$)，与非社会性行为的得分之间存在着显著的负相关($r=-0.3609$，$n=35$，$p<0.05$)。

以被试两类行为的得分为预测变量，以观点采择得分为因变量，采用 Stepwise 程序进行回归分析。结果显示(见表 2)，社会性行为这一变量进入了回归方程，非社会性行为变量未能进入方程。回归方程经检验达到了显著水平。由于儿童社会性行为的得分代表着儿童同伴互动经验的多少，因而这一结果表明，儿童的同伴互动经验对其观点采择能力的发展有显著的积极影响或促进作用。

表 2　观点采择对同伴互动经验的逐步回归分析

变量	B	$SE\ B$	β	t
社会性行为	0.04	0.02	0.38	2.36**
复相关系数 R	0.38			
决定系数 R^2	0.15			
$F(2, 32)$	5.58			
p	0.02			

2. 小学儿童的社会观点采择能力与同伴互动经验的关系

根据陈欣银等人修订的班级戏剧(陈欣银等，1992)所确定的维度和计分方法，先以班为单位，计算出各年级被试在“亲社会性”“攻击性—孤立性”维度上的标准分数。以被试年级因素为协变量，对“亲社会性”“攻击性—孤立性”得分的标准分与社会观点采择能力得分分别进行偏相关分析。结果发现，儿童社会观点采择的得分与其亲社会性维度上的得分之间存在显著的正相关($r=0.12$，$N=386$，$p<0.05$)，但与攻击性—孤立性维度的相关没有达到显著水平($r=-0.07$，$N=386$，$p>0.05$)。

为了从整体上考察小学儿童的同伴互动经验与观点采择能力之间的关系，根据被试在“亲社会性”和“攻击性—孤立性”两个维度上得分的 Z 分数，筛选出儿童社会互动经验的两种极端类型：社交孤立组($n=23$)和高社会互动组($n=26$)。分组的标准是，社交孤立组：攻击性—孤立性维度的得分在平均数一个标准差以上，同时在亲社会性维度的得分在平均数上下一个标准差以内(中等水平)或者一个标准差以下；高社会互动组：亲社会性维度的得分在平均数的一个标准差以上，同时其在攻击性—孤立性维度的得分在平均数上下一个标准差以内(中等水平)或一个标准差以下。然后计算出两组被试社会观点采择的平均得分和标准差(社交孤立组：5.56 ± 1.50；高社会互动组：6.69 ± 1.57)。对两组被试社会观点采择得分进行独立 t 检验。结果显示，社交孤立组儿童在社会观点采择能力上的得分显著低于高社会互动组($t=-2.37$，$p<0.05$)，表明同伴社会互动经验过分欠缺儿童的社会观点采择能力的发展滞后于高社会互动组的儿童。

四、讨论

(一)儿童社会观点采择发展的一般趋势及年龄差异

本研究发现，幼儿园大班儿童的社会观点采择能力分别与小学二年级、四年级和六年级三个年龄组儿童之间存在显著差异；小学二年级与四年级、六年级儿童之间也存在显著差异，而四年级与六年级儿童之间差异不显著。上述结果表明，从幼儿园大班到小学四年级(6～10 岁)这一阶段是儿童社会观点采择能力迅速发展的一个阶段；到四年级以后，儿童的社会观点采择发展速度减慢，处于一个相对较稳定的阶段。

儿童社会观点采择能力的发展涉及两个基本条件：一是认识上的去自我中心，即能够认识到对于同一问题，不同的人可能有不同的看法或观点；二是在此基础上对他人观点的推断能力。从本研究结果可以看出，儿童观点采择能力从初步出现到相对稳定要经历一个较长时间的发展过程。幼儿园大班(平均年龄 6 岁)和小学二年级(平均年龄 7 岁 11 个月)儿童在社会观点采择作业任务上的平均得分率分别为60%和 70%左右，表明这一时期的儿童已初步具备区分自己“观点”与故事中认知对象的“观点”的能力，开始逐渐从认识上的“自我中心主义”中解脱出来。但是，总的来看，这一年龄阶段的儿童在根据环境线索准确推断他人的观点方面还存在较大困难。这与埃德尔斯坦等人(1984)、勒马尔等人(1987)运用钱德勒的认知观点采择测验任务对冰岛和加拿大儿童的研究结果是基本一致的。小学四年级、六年级，儿童在观点采择总分上的平均得分分别达到 6.42 和 6.26。在 95%的置信水平上对两组儿童平均得分进行区间估计，其平均得分分别在 6.15～6.70 和 6.03～6.54。由于被试在所有四个测验任务上的最高得分为 8 分，因此，可以认为这一年龄阶段的儿童已能够对他人的观点进行准确的推断，基本具备了观点采择能力。这也解释了为什么四年级和六年级两个组之间没有显著差异。至于儿童、青少年在初中阶段及其以后观点采择能力的发展，由于本研究取样的局限，还有待以后进一步的研究。

(二)关于儿童社会观点采择与同伴交往经验的关系

本研究结果发现，幼儿园大班和小学儿童的社会观点采择能力各与其在自然情境中表现出的社会性行为的次数和同伴关系中的“亲社会性”维度的得分之间存在着显著的正相关；幼儿园大班儿童同伴互动经验对观点采择能力有较好的预测作用。小学儿童中，高同伴互动经验组儿童的观点采择能力显著地高于社交孤立组或低同伴互动组。综合上述结果，可以看出，儿童的观点采择能力与其同伴之间的社会互动经验有着密切的联系，儿童同伴之间的社会互动能够促进儿童社会观点采择能力的发展，而同伴互动经验的过分欠缺则与儿童去自我中心或观点采择能力发展的滞后相联系。本研究结果支持了皮亚杰关于儿童的同伴互动促进观点采择或去自我中心发展的基本观点。

儿童同伴之间的社会性相互作用之所以能够促进儿童社会观点采择能力发展，是因为，一方面，这种相互作用可以为儿童提供大量的了解他人观点的机会；另一方面，在这种相互作用中，儿童为了彼此之间有效地进行互动，就必须去了解他人的观点，尤其当在互动中发生冲突时，他们还必须学会如何协调自己与别人的观点，以便使互动能够继续下去。同伴互动的这两个方面的功能都会有效地促进儿童去自我中心和观点采择能力的发展。

在本研究中，由于被试年龄的差异，我们对幼儿园儿童和小学儿童的同伴互动采用了不同的评定方法。虽然对小学儿童使用的班级戏剧量表是一种较好的儿童社会行为评定工具，但是从对儿童互动经验的实际评定效果来看，其可靠性和有效性可能没有录像观察法那样高。这种评定方法的差异可能会在一定程度上损害研究结果的一致性。

最后需要指出的是，关于儿童观点采择能力与儿童同伴互动之间的关系，本研究在研究思路上继承了皮亚杰的观点，即把儿童的社会互动经验看作影响儿童观点采择的一个因素来进行研究设计。但是，这并不是说在儿童的现实生活中，两者之间只是一种单向的影响与被影响的关系。我们认为，真实的情形可能是，儿童的社会观点采择与其同伴互动之间是一种相互影响、互为前提的关系。即一方面，儿童间有效的社会互动要以儿童具备一定的观点采择能力为前提;另一方面,儿童实际的互动经验反过来又进一步促进他们社会观点采择能力的发展。

五、结论

在本研究条件下,我们得出以下结论。

第一,在本研究采用的社会观点采择测验任务条件下,儿童6岁左右开始初步克服认识上的自我中心主义,但在准确采择他人的观点方面还存在较大困难;6~10岁这一阶段为儿童社会观点采择能力快速发展的时期;小学四年级儿童已能够根据故事信息准确推断他人的观点。

第二,儿童社会观点采择能力的发展不存在性别差异。

第三,儿童的社会观点采择能力与其同伴互动经验之间有着密切的关系,同伴互动经验对儿童社会观点采择能力有显著的积极影响,而同伴互动经验的过分缺乏则与儿童社会观点采择能力发展的滞后相联系。

参考文献

[1]皮亚杰. 儿童的道德判断[M]. 傅统先,陆有铨,译. 济南:山东教育出版社,1984.

[2] Flavell J H. Cognitive development [M]. Englewood Cliffs, NJ: Prentice Hall, 1993.

[3]Hollos A & Cowan P A. Social isolation and cognitive development: logical operations and role-taking abilities in three Norwegian social settings[J]. Child Development, 1973, 44: 630-641.

[4]Landry M & Lyonsruth K. Recursive structure in cognitive perspective taking[M]. Child Development, 1980, 51: 386-394.

[5]Selman R L. Making a friend in youth[M]. Chicago: The University of Chicago Press, 1990.

青少年的交往目标与同伴关系的研究*

一、问题提出

过去对同伴关系影响因素的研究主要集中于儿童青少年的社会行为，近年来研究者开始关注发生在儿童青少年头脑内部的过程变量——社会认知在同伴关系中的作用，研究变量主要包括儿童青少年在社交情境中的目标、为达到目标所具备的有关恰当或不恰当策略的知识、准确理解和监控社会事件的能力(Ladd，1985)、归因偏见和归因风格等(Dodge，1980；Goetz & Dweck，1980)。

关于交往目标，一般指个体在人际交往中所偏爱的社会结果，包括那些令个体满意或个体愿意回避的；也有人称之为社会价值，即个体所重视的结果(Miller & Read，1991；Jarvinen & Nicholls，1996)。贾维宁(1996)在前人研究的基础上，结合对青少年的访谈，编制出社交目标问卷。经探索性因素分析确认了支配性、亲密性、受欢迎性、提供支持、领导地位和回避性六个维度。

青少年的交往目标是有关同伴关系中的社会认知因素研究的薄弱环节。对小学儿童的交往目标通常是在假设情境中评价的，情境非常具体，但具体的交往目标恰恰有随情境而变化的特点，研究结论很难概化到一般交往情境中。本研究中涉及的交往目标是指在一般交往过程中个体所偏爱或重视的社会结果，反映的是青少年的交往需要和价值观。

同伴接纳水平不同、有无互选朋友的青少年在交往目标上是否存在差异，交往目标和同伴关系变量(同伴接纳水平、好朋友提名数、互选朋友数)是否能共同预测

* 本文原载《心理发展与教育》1999 年第 2 期。本文另一作者为邹泓。

其友谊质量，预测强度如何，这些都是本研究的焦点。研究还考察了交往目标的年龄与性别差异。

二、研究方法

(一)被试

从北京市一所普通中学以班为单位选取初一、初二、高一和高二年级的763名(男374，女389)中学生作为被试，平均年龄13～17岁。剔除未完成部分问卷的9人，实际被试为754人。少数被试仅漏答了个别题目，在按维度计算时作为缺失值被剔除。因此有些维度被试数略有差异。

(二)测量工具

1. 同伴评定量表

提供给每位被试一份同班同学名单(按性别排成两列)，请他在5点量表上标明自己对每个同性别同学喜欢的程度。从非常不喜欢到非常喜欢，分数是1～5分。为便于跨班级直接比较，每个被试的平均分数都在同班同性别同学范围内转换为Z分数。按同伴评定标准分数 $Z>1$、$-1\leqslant Z\leqslant 1$ 和 $Z<-1$ 将被试划分为高接纳、一般和低接纳三类同伴接纳水平不同的群体。

2. 最好朋友提名测验

请被试按照与自己关系的亲密程度依序写出3个以内最好朋友的名字，没有可以不写。然后将凡在3个之内互选的作为有互选朋友者。

3. 交往目标问卷

交往目标问卷参照贾维宁等人(1996)编制的社交目标问卷修订，问卷共36个项目。请被试在4点量表上作答，从完全不符合到完全符合，分别记作1～4分。

4. 友谊质量问卷

友谊质量问卷共38个项目，由信任与支持、陪伴与娱乐、肯定价值、亲密袒露与交流、冲突与背叛五个维度构成。请被试按照自己与最好朋友关系的真实情况，在4点量表上作答。从完全不符合到完全符合，分别记作1～4分(邹泓，1998)。

(三)程序

采用团体施测法，在各班施测。测试前先由主试按指导语训练被试学习正确使用5点量表和4点量表，在确认被试理解测验要求后，再开始施测。主试由心理学专业的硕士研究生和本科生担任，施测前均接受了培训。

三、结果分析

(一)交往目标问卷的因素分析与内部一致性

对交往目标问卷的36个项目进行主成分分析，提取出特征值大于1的6个因素。删去因素负荷低的第21题，再进行主成分分析，仍提取出特征值大于1的6个因素，解释率为44.7%。做最大正交旋转，将6个因素中因素负荷较高的项目按因素分为6个维度，依次命名为：帮助与支持、受欢迎性、亲密性、领导地位、回避性和支配性。由探索性因素分析得到的6个维度和归入各维度中的项目与构想维度基本吻合。

用克伦巴赫α系数作为问卷内部一致性指标，结果显示：交往目标中帮助与支持、受欢迎性、亲密性、领导地位、回避性、支配性6个维度的同质性信度依次为0.76、0.75、0.70、0.73、0.66和0.64。每个被试在各维度的分数是该维度所有项目分数之和的平均。

(二)交往目标的年龄和性别特征

以交往目标问卷的6个维度为因变量，做2(性别)×4(年级)的多元方差分析，结果表明，年级与性别的多元主效应都非常显著(见表1、表2)。年级的多元主效应$F(18, 2003)=4.16$，$p<0.001$，性别的多元主效应$F(6, 708)=15.86$，$p<$

0.001。年级与性别没有显著的交互作用。

表 1　不同年级青少年交往目标的比较

		帮助与支持	受欢迎性	亲密性	领导地位	回避性	支配性
初一	M	3.57	3.44^{4}	$3.05^{3,4}$	2.43	3.35	1.64
	S	0.45	0.53	0.52	0.70	0.57	0.51
	N	194	192	192	192	192	191
初二	M	3.59	$3.51^{4,3}$	$3.15^{3,4}$	$2.73^{1,3,4}$	$3.45^{3,4}$	1.70
	S	0.41	0.45	0.49	0.62	0.52	0.51
	N	174	174	173	171	173	174
高一	M	3.50	3.36	2.93	2.47	3.27	1.74
	S	0.46	0.51	0.51	0.59	0.51	0.51
	N	182	182	182	182	180	181
高二	M	3.55	3.31	2.93	2.51	3.29	1.781
	S	0.36	0.47	0.48	0.54	0.56	0.49
	N	191	189	189	191	190	191
	F	1.6943	5.9604^{***}	8.3299^{***}	8.2212^{***}	3.7437^{*}	2.7316^{*}

注：本文凡平均数表中上标数字均表示平均数差异显著组序号。

表 2　不同性别青少年交往目标的比较

		帮助与支持	受欢迎性	亲密性	领导地位	回避性	支配性
男生	M	3.49	3.35	2.93	2.67	3.33	1.80
	S	0.47	0.51	0.53	0.62	0.56	0.54
	N	363	360	359	360	362	360
女生	M	3.61	3.45	3.10	2.40	3.34	1.64
	S	0.36	0.48	0.48	0.60	0.54	0.47
	N	378	377	377	377	374	377
	t	-3.73^{***}	-2.85^{**}	-4.37^{***}	6.10^{***}	-0.30	4.32^{***}

事后平均数比较发现，初二年级在交往目标中受欢迎性、亲密性和回避性的分数均高于高中两个年级，在领导地位上的分数高于初一、高一和高二。初一年级的亲密性分数高于高一、高二，受欢迎性的分数高于高二，而支配性分数却低于高二(见表1)。性别差异的 t 检验显示，女生在交往目标中对帮助与支持、受欢迎性和亲密性的偏爱高于男生，而对领导地位和支配性的追求低于男生(见表2)。

(三)交往目标与同伴接纳、友谊地位的关系

交往目标是交往需要的反映。同伴接纳水平不同或有无互选朋友是否与被试的交往目标有关？他们在交往目标的哪些维度上存在差异呢？

1. 同伴接纳水平不同的青少年交往目标的比较

以交往目标的6个维度为因变量，做2(性别)×3(同伴接纳水平)的多元方差分析。结果表明，性别与同伴接纳水平的交互作用显著。$F(12, 1404)=1.81$，$p<0.05$；性别、同伴接纳水平的多元主效应也显著。性别的多元主效应 $F(6, 702)=11.72$，$p<0.001$，同伴接纳水平的多元主效应 $F(12, 1404)=1.76$，$p<0.05$。对性别与同伴接纳水平的交互作用做进一步的简单效应分析，结果发现，只在男生中存在同伴接纳水平的差异。男生的高接纳组与一般组比低接纳组更乐意为同学提供帮助与支持，低接纳组比一般组有更强的支配性，而与高接纳组没有显著差异(见表3)。

表3　男生不同接纳水平青少年交往目标的比较

		帮助与支持	受欢迎性	亲密性	领导地位	回避性	支配性
高接纳	M	3.58^3	3.39	3.01	2.66	3.34	1.82
	S	0.39	0.45	0.56	0.57	0.59	0.50
	N	53	53	52	52	53	53
	M	3.513	3.37	2.92	2.64	3.34	1.753

续表

		帮助与支持	受欢迎性	亲密性	领导地位	回避性	支配性
一般	*S*	0.46	0.51	0.50	0.63	0.56	0.52
	N	249	248	246	247	248	246
低接纳	*M*	3.33	3.22	2.87	2.76	3.30	1.96
	S	0.58	0.57	0.58	0.63	0.52	0.60
	N	57	55	57	57	57	57
	F	4.31*	2.29	1.12	0.78	0.09	3.95*

2. 有无互选朋友的青少年交往目标的比较

以交往目标的6个维度为因变量，做2(有无互选朋友)×3(同伴接纳水平)的多元方差分析。结果表明，有无互选朋友的多元主效应显著，$F(6, 702)=2.29$，$p<0.05$；同伴接纳水平的多元主效应不显著。$F(12, 1404)=1.56$，$p<0.10$；有无互选朋友与同伴接纳水平的交互作用不显著。对有无互选朋友的青少年的交往目标各维度平均数的t检验表明(见表4)，有互选朋友的比没有互选朋友的青少年更强烈地表达了喜欢受人欢迎，与同学有更多的亲密感的倾向，对不尊重自己和不公正地对待自己的行为表达了更多的不喜欢。

表4　有无互选朋友的青少年交往目标各维度的比较

		帮助与支持	受欢迎性	亲密性	领导地位	回避性	支配性
无	*M*	3.52	3.31	2.91	2.49	3.27	1.74
	S	0.47	0.54	0.54	0.64	0.59	0.55
	N	198	196	197	199	197	195
有	*M*	3.57	3.44	3.05	2.54	3.36	1.71
	S	0.40	0.47	0.49	0.62	0.53	0.50
	N	543	541	539	538	539	542
	t	−1.35	−2.88**	−3.24***	−1.04	−1.90*	0.85

以交往目标的6个维度为因变量，做2(性别)×2(有无互选朋友)的多元方差分析。结果发现，性别与有无互选朋友各自的多元主效应显著，分别为$F(6, 712)=$

13.48，$p<0.001$ 和 $F(6, 712)=2.9$，$p<0.01$；两个自变量的交互作用也显著，$F(6, 712)=2.42$，$p<0.05$。对性别与有无互选朋友的交互作用进一步做简单效应分析，从表5中可以看到，男生中有互选朋友的比没有互选朋友的更愿意为同学提供帮助与支持，也更喜欢与同学有更多的亲密感。而女生中有互选朋友的却比没有互选朋友的报告的帮助与支持分数略低，但对不尊重自己和不公正地对待自己的行为表达了更多的不喜欢。

表5 不同性别、有无互选朋友青少年交往目标各维度的比较

			帮助与支持	受欢迎性	亲密性	领导地位	回避性	支配性
男	无	*M*	3.43	3.28	2.83	2.60	3.29	1.81
		S	0.51	0.55	0.56	0.62	0.59	0.55
		N	129	127	128	130	129	127
	有	*M*	3.53	3.39	2.98	2.71	3.35	1.79
		S	0.45	0.49	0.50	0.61	0.54	0.53
		N	234	233	231	230	233	233
		T	−1.90*	−1.75	−2.50*	−1.52	−0.81	0.27
女	无	*M*	3.69	3.36	3.06	2.28	3.22	1.62
		S	0.33	0.53	0.47	0.63	0.60	0.54
		N	69	69	69	69	68	68
	有	*M*	3.59	3.48	3.10	2.42	3.37	1.64
		S	0.36	0.46	0.48	0.59	0.51	0.46
		N	309	308	308	308	306	309
		T	2.09*	1.66	−0.62	−1.78	−2.14*	−0.26

(四)交往目标与同伴关系变量对友谊质量的预测

交往目标是否会影响友谊质量，它能否与同伴关系变量(同伴接纳水平、好朋友提名数和互选朋友数)一起作为友谊质量的对不尊重自己和不公正地对待自己的行为预测源？其预测强度又如何呢？

以友谊质量的5个维度依次作为因变量，以同伴关系变量(同伴接纳水平、好朋友提名数和互选朋友数)和交往目标作为自变量，分别建立5个回归方程。多元线性回归分析表明，同时输入上述自变量，用逐步回归法求出的回归方程中，进入友谊质量不同维度的回归方程的变量和其预测强度都有一定差异。表6中进入方程的变量是按其对整个回归方程的贡献大小排列的，标准偏回归系数β是最终得到的回归方程中相应变量的系数。从表6可以看出，在交往目标中更强烈地表达了喜欢帮助和支持同学，喜欢与同学有更多的亲密感，同时又有较多的互选朋友的被试，其友谊质量中信任与支持、陪伴与娱乐、亲密袒露与交流的分数较高。喜欢与同学有更多的亲密感，喜欢更受欢迎、更愿意向同学提供帮助和支持，并有较多互选朋友的被试更倾向于在友谊中获得对自身价值的肯定并给予朋友赞扬和鼓励。而在交往目标中表达了较强烈的支配性意愿，更多地追求自己在同伴中的领导地位，不太在乎他人对自己尊重与否或公正与否的被试，不论其同伴接纳水平如何，也不论其是否真正有互选朋友都可能与朋友有较多的冲突。在同伴关系变量中，互选朋友数对友谊质量的正向维度均有积极的预测作用，而同伴接纳水平和好朋友提名数却没有进入回归方程。

表6　进入友谊质量各维度的回归方程的变量

	进入方程变量	R	R^2	F	β	t
信任与支持	帮助与支持	0.2652	0.0703	52.842***	0.187273	4.642***
	互选朋友数	0.3211	0.1031	40.124***	0.165708	4.607***
	亲密性	0.3435	0.1180	31.077***	0.139426	3.427***
陪伴与娱乐	亲密性	0.2907	0.0845	64.269***	0.191168	4.710***
	互选朋友数	0.3250	0.1056	41.038***	0.146437	4.077***
	帮助与支持	0.3554	0.1263	33.452***	0.163090	4.056***
肯定价值	亲密性	0.2839	0.0806	61.525***	0.137904	3.256**
	爱欢迎性	0.3273	0.1071	42.038***	0.132465	3.136**
	互选朋友数	0.3552	0.1262	33.687***	0.142058	3.990***
	帮助与支持	0.3716	0.1381	27.995***	0.130589	3.110**

续表

	进入方程变量	R	R^2	F	β	t
亲密感	亲密性	0.3783	0.1431	117.211***	0.317839	8.090***
	互选朋友数	0.4077	0.1662	69.885***	0.153733	4.416***
	帮助与支持	0.4137	0.1711	48.176***	0.079152	2.033*
冲突与背叛	支配性	0.2683	0.0720	54.133***	0.264984	6.874***
	回避性	0.2831	0.0801	30.357***	−0.104740	−2.792**
	领导地位	0.2930	0.0858	21.788***	0.080547	2.087*

尽管多元线性回归分析中对整个回归方程的 F 检验和对每个自变量的偏回归系数的 t 检验都是显著或非常显著的，但仍应看到代表回归平方和在总平方和中的比率的 R^2 并不算高，这说明交往目标和互选朋友数只是部分解释了友谊质量的影响因素。

四、讨论

本研究从同伴关系的两个方面——同伴接纳与友谊，分别比较了同伴接纳水平不同和有无互选朋友的青少年交往目标的差异。一般认为，同伴接纳和友谊为青少年提供了不同的学习和发展机会，有可能会促进不同的社交技能和品质的发展。

在大的群体背景下，青少年通过自身的特点，与同伴交往的行为方式等影响到同伴对待自己的态度和行为，从而确立了自己在群体中的社交地位。反过来群体的规范也会强化或约束个体的行为，群体的态度和行为反应同样会影响个体的社会认知、行为方式和人格发展。例如，本研究发现在交往目标中同伴接纳水平不同的青少年在受欢迎性、亲密性、领导地位和回避性维度上总体上没有显著差异，只在男生中高接纳组与一般组比低接纳组更乐意为同学提供帮助与支持，低接纳组比一般组有更强的支配性，而与高接纳组没有显著差异。这可能表明青少年无论其实际社交地位高低，他们都有爱和归属的需要、自尊的需要，都重视自己在群体中是否受欢迎，是否与同伴有亲密的关系和在团体中的领导地位，也都愿意回避那些伤害自己尊严的、令人不快的事情。但高接纳的青少年最初可能是以亲社会的行为赢得了同伴群体的接纳，并逐渐确立了自己的社交地位，群体的接纳又不断强化了个体的行为，最终成为其人格因素中的和谐性特质。而低接纳者虽有受人欢迎、与人亲密或支配性的愿望，却因以不当的行为方式与同伴交往而遭到了同伴群体的拒绝。这种拒绝或者会促使青少年改变自己的行为以换取同伴的接纳，或者会始终被排斥在群体之外，使个体感受到群体的敌意而远离群体，或因此增加了其反社会性特质。

同伴群体在青少年期还起到了传递社会主流文化的价值观和行为规范的重要作用。例如，本研究中大多数青少年所表达的交往目标，如愿意为他人提供帮助与支持、愿意受人欢迎、与他人有更多的亲密感，而不喜欢他人对自己不尊重、不公正地对待自己，正反映了主流社会趋善避恶的交往价值观。同伴以群体压力的方式塑造了青少年的社会认知、行为、人格和自我，也为青少年提供了社会比较的参照框架和有关自我的种种信息。

在一对一的互选朋友关系中，青少年将朋友作为安全基地，学习、实践着新的交往模式或技能。朋友的接纳、包容与赞赏增加了彼此的亲密感和安全感，对友谊的珍视和友谊在青少年期的脆弱性促进了一些特殊技能和品质的发展。例如，在交往目标中，有互选朋友的青少年在受欢迎性、亲密性、回避性三个维度上都高于无互选朋友的青少年，有无互选朋友的青少年在友谊质量各维度的差异也是交往目标差异的必然反映。以友谊质量各维度为因变量，以交往目标为自变量和同伴关系变量一起所做的多元回归分析同样证明，交往目标中帮助与支持、亲密性、受欢迎性和互选朋友数对友谊质量中的积极维度有正向的预测作用。而对支配性、领导地位的过分追求和低回避性，则可以预测友谊质量中较多的冲突与背叛。

青少年的交往目标还存在年龄与性别差异，这与以往的研究结论相似(Jarvinen & Nicholls，1996；Sharabarry，et al.，1981)。

参考文献

[1]邹泓，周晖，周燕．中学生友谊、友谊质量与同伴接纳的关系[J]．北京师范大学学报(社会科学版)，1998，24(1)：43-50.

[2]Dodge K A & Feldman E. Issues in social cognition and sociometric status[M]// Asher S R & Coie J D. Peer rejection in childhood. New York: Cambridge University Press, 1990.

[3]Jarvinen D W & Nicholls J G. Adolescents' social goals, beliefs about the causes of social success, and satisfaction in peer relations[J]. Developmental Psychology, 1996, 32: 435-441.

[4]Ladd G W. Documenting the effects of social skill training with children: process and out come assessment[M]// Schneider B H, Rubin K H & Lendingham J E, Children's peer relations: issues in assessment and intervention. New York: Springer Verlag, 1985.

[5]Miller L C & Read S J. On the coherence of mental models of person and relationships: a knowledge structure approach[M]//Fletcher G & Fincham F. Cognition in close relationships. Hillsdale, NJ: Erlbaum, 1991.

青少年社会适应行为的发展特点*

一、前言

埃文斯(Evans，1991)把适应行为描述为："个体适合给定位置的能力及为适应环境要求而改变自己行为的能力。"我国有的心理学家认为，适应行为是指"个人对其日常社会生活的适应效率。它是否受损，通常要从成熟、学习、社会适应三个方面来衡量"(Che，2002)。美国智力落后协会(American Association on Mental Retardation，AAMR)对适应行为的定义为"个体达到人们期望与其年龄和所处文化团体相适应的个人独立和社会责任标准的有效性和程度"(Mathoney & Bergman，2002)。

社会适应是个体人生历程的基本任务，是个体生存与发展的核心问题。个体的成长就是一个不断适应的历程，个体正是通过学习、交往、社会实践和社会生活等形式的活动来不断提高自己的社会适应能力，并逐渐成为有个性的、成熟的社会成员。而青少年时期是个体生理、心理发生急剧变化的特殊时期，是从不成熟过渡到成熟的重要转折期。社会适应是青少年社会化的重要目标，也是衡量个体发展的重要指标(Li，Lei & Zhou，2007)，对青少年未来的发展至关重要。

同时，社会适应也是个体健康的重要内容之一。社会适应是否良好还是评价一个人心理健康的重要指标。WHO(1989)明确指出，健康不仅是躯体健康，还包括心理健康、社会适应良好和道德健康。陈建文等人曾对社会适应与心理健康的关系进行讨论，认为两者具有密切的关系(Chen & Wang，2004)。而统计显示我国有心

---

* 本文原载《心理学报》2008年第9期。本文其他作者为聂衍刚、彭以松、丁莉、甘秀英。

理问题的儿童青少年越来越多，其中相当一部分心理问题就是出于社会适应不良的缘故。社会适应行为还与人格(Burt & Donnellan，2008；Helena & Slobodsk，2007)、智力落后(James，Gary & Emily，2000)、社会支持(Charles，Gerry，& Madeline，2000)、家庭机能(Family Functioning)(Shek，2002)等有密切关系。此外，青少年的社会适应行为不仅对其个人产生特殊的作用，也对社会的发展与稳定有重要的影响。

国外关于青少年社会适应性的评价与理论研究较多。但目前我国对社会适应的研究主要是针对儿童。原因之一就是国内有关社会适应的评价工具比较少，关于青少年社会适应性评价的量表也很少。文献分析发现国内为数极少的社会适应量表测试对象主要是儿童或小学生，关于青少年社会适应行为特点的研究很少。例如，周谦教授主持修订的儿童心理综合量表(PSSC2R)，主要适用于对4～9岁儿童进行综合测评。其中包括言语测验和操作测验两大类别，在测验过程中两者交叉进行。内容由智力、性格、社会性能力(包括社会适应性和社会生活能力)三个相互联系的分测验组成。韦小满于1996年编制的儿童社会适应行为量表，其测试对象也是小学生(Wei，2006)；该量表具有较好的信度和效度，由两部分构成，第一部分有6个分量表，第二部分有13个分量表，全量表共有条目79个。赵小菲等曾采用美国儿童适应行为量表(AAMD-ABS修订版)对600名6～12岁儿童的社会适应行为进行了调查(Zhao & Zhang，2002)。张琼、姚树桥等人编制的学龄期儿童适应技能评定量表是在1981年AAMR适应行为量表的基础上修订而成的，该量表包含了沟通技能、日常生活技能、社会化技能、劳动技能四大领域；其测试对象是3～12岁儿童(Zhang & Yao，2003)；王永丽、林崇德等人编制了符合我国实际的儿童社会适应量表，并初步考察了儿童社会适应的发展特征，该量表包含五个因素：亲社会行为、居家、生活自我管理、情绪监控和社会交往(Wang，Lin & Yu，2005)。而在涉及青少年社会适应的评估上，主要是陈建文在2001年就中学生社会适应的心理机制、理论建构和量表编制等进行了初步研究，以1809名初二至高二的中学生为研究对象，编制了国内的中学生社会适应量表(Chen & Huang，2004)。

简略回顾前人对适应行为的界定和研究发现，青少年社会适应行为是值得关注和研究的。首先，研究者对青少年社会适应行为的研究与青少年社会适应行为本身的重要性未成正比，前人关于社会适应行为的研究较多关注3～12岁儿童或者一些非正常群体。其次，个体的社会适应行为与其所处的社会文化背景有密切关系，国外相关的测查工具难以适应我国的现实情况，很难达到真实的测评效果。因此，需要采用适合我国特殊社会文化背景的测验工具来探讨社会适应行为特点。最后，在考察青少年社会适应行为特点的时候，内容主要涉及个体不良适应行为的特点。

我们认为，青少年社会适应行为结构包括良好适应行为和适应不良行为两大方面。良好适应(well-adaptive)行为指青少年在社会生活和社会适应过程中"必须学会的行为"和"必须选择的行为"。它可以表现为外在适应行为与内在适应行为；适应不良(maladjustment)行为也被称为问题行为(problem behavior)，指个体的行为与社会规范和环境要求不一致的状况。而且，探讨青少年社会适应行为的机制，不仅要研究其内在形成机制，还要关注其发展机制，即影响社会适应行为形成的各种内外因素及其作用(Nie, et al., 2006)。而青少年社会适应行为机制实际就是个体如何运用内部心理资源，适应自我发展与不断变化的外部社会环境的活动过程，是个体在外界环境的影响下，在自我的监控下，充分发挥智力(认知)、人格(非智力因素)、知识经验等多种因素的功能，以实现个体与社会环境协调的心理机制系统。

因此，本研究的目的就是采用自编的青少年社会适应行为问卷(Social Adaptive Behavior Scale, SABS)(Nie, 2005)，同时从良好适应行为与不良适应行为两个方面来了解青少年社会适应的发展状况及其影响因素，考察的内容比同类研究的内容更为全面，视角更广阔，也更符合中国青少年的实际。本研究可以为我国青少年社会适应能力的培养、心理辅导以及人格教育提供可鉴资料。

二、研究方法

(一)被试

从广州市区选取6所普通中学的学生为被试，初级中学、高中、完全中学各2所，共发放问卷1600份，回收1580份，有效问卷1566份，有效率达97.8%。其中，城市户口学生 1360 人，农村户口学生 206 人，农村户口学生为广州市郊区人；男生 854 人，女生 712 人；初一 342 人，初二 286 人，初三 175 人，高一 226 人，高二 404 人，高三 133 人。

(二)工具

选用自编的青少年社会适应行为量表，探索性因素分析和验证性因素分析的结果都表明量表具有较好的结构效度。该量表由两部分构成，第一部分良好适应行为分量表包括 7 个因子，分别为独立生活、自我定向、社会生活、学习适应、经济活动、社交适应、社会认知与性知识，总体信度 α 系数为 0.895；第二部分适应不良行为分量表包括 3 个因子，分别为品行不良行为、社会性不良行为、神经症行为，总体信度 α 系数为 0.958。良好社会适应行为商数(Adaptive Behavior Quality，ABQ)越高，说明适应性越好；不良社会适应行为商数(Maladaptive Behavior Quality，MABQ)越高，说明适应性越低。而在本研究中，良好适应行为分量表的总体信度 α 系数为 0.7810，适应不良行为分量表的总体信度 α 系数为 0.9623，两个分量表各因子的信度 α 系数在 0.6703～0.9360。

(三)程序

在心理学教师指导下，由班主任协助，以班为单位进行一次性集体施测，统一发放并当场回收问卷；数据全部采用 SPSS for Windows 13.0 统计软件包进行整理和统计分析。

三、统计分析和结果

(一)青少年社会适应行为的总体特征

1. 青少年社会适应行为各分数段的人数分布

根据青少年社会适应行为的常模(M)标准，把 ABQ 和 MABQ 两种商数(T)划分为优秀、良好、中等、中下和低下五个理论等级(见表 1)。然后把青少年的得分转化为两种商数，计算五个等级的实际人数，并与理论等级人数进行卡方检验来比较。

表 1 青少年社会适应行为理论等级的划分标准

分量表	$T<M-2SD$	$M-2SD\leqslant T<M-1SD$	$M-1SD\leqslant T<M+1SD$	$M+1SD\leqslant T<M+2SD$	$M+2SD<T$
ABQ	低下	中下	中等	良好	优秀
MABQ	优秀	良好	中等	中下	低下

结果显示(见表 2)：测得 ABQ 和 MABQ 中等以上的人数分别为 82.83%和 87.88%，可见总体上青少年适应行为较好。ABQ 和 MABQ 各分数段的实际人数分布，都与常模的理论分布存在显著的差异。其中，ABQ 的优秀和良好实际比例为 12.2%，比常模理论 15.86%低；而中下和低下的实际比例为 17.18%，比常模理论比例 15.86%高。MABQ 中的优秀和良好实际比例为 0.00%，低于常模理论比例的 15.86%；而低下的实际比例为 5.36%，高于常模理论的 2.27%。

表 2 青少年社会适应行为各分数段的实际人数与常模的理论人数比较

分量表	分布	优秀		良好		中等		中下		低下		X^2
		N	%	*N*	%	*N*	%	*N*	%	*N*	%	
ABQ	实际	13	0.83	178	11.37	1106	70.63	214	13.67	55	3.51	31.83***
	理论	36	2.27	213	13.59	1068	68.26	213	13.59	36	2.27	
MABQ	实际	1	0.00	1	0.00	1375	87.88	105	6.77	84	5.36	512.49***
	理论	36	2.27	213	13.59	1068	68.26	213	13.59	36	2.27	

2. 青少年良好社会适应行为的总体差异分析

以青少年良好适应行为总分($M=4.00$，$SD=0.72$)为因变量，以年级、性别和城乡来源为自变量进行多因素方差分析，结果显示(见表 3)年级、城乡来源主效应显著。事后多重比较(LSD 法，下同)发现：初一的分数显著高于其他任何一个年级，而高一的分数显著低于其他任何一个年级；城市来源的分数显著高于农村。

表 3　青少年良好适应行为总分的差异分析表

变异来源	*MS*	d*f*	*F*
年级	3.28	5	14.68***
性别	0.74	1	3.33
城乡来源	1.04	1	4.66*
年级×性别	1.84	5	8.23***
年级×城乡来源	2.50	5	11.18***
城乡来源×性别	2.21	1	9.92**

年级与性别的交互作用、年级与城乡来源的交互作用、城乡来源与性别的交互作用都显著。年级与性别交互作用主要表现为高一男生的分数显著低于女生，高二则相反；年级与城乡来源的交互作用主要体现在农村学生在初一和高一显著低于城市学生；城乡来源与性别的交互作用主要体现在城市男生的分数高于女生，而农村则相反。

3. 青少年不良社会适应行为的总体差异分析

以青少年不良适应行为总分($M=1.17$，$SD=1.42$)为因变量，以年级、性别和城乡来源为自变量进行多因素方差分析，结果显示(见表 4)年级、城乡来源的主效应都显著。事后多重比较发现：初一分数显著低于其他年级，而高三分数显著高于其他年级；城市学生的不良行为显著低于农村学生。

表 4　青少年不良适应行为总分的差异分析表

变异来源	*MS*	d*f*	*F*
年级	3.89	5	14.68***
性别	0.03	1	0.12
城乡来源	2.06	1	7.76**
年级×性别	1.00	5	3.77**
年级×城乡来源	3.24	5	12.22***
城乡来源×性别	0.10	1	0.37

年级与性别、年级与城乡来源的交互作用都显著。年级与性别的交互作用体现在初二男生分数显著高于女生，而高一则相反；年级与城乡来源的交互作用主要体现在高三农村青少年的分数显著高于城市。

(二)青少年社会适应行为各维度的特征

1. 青少年社会适应行为的年级特征

结果显示(见表5)：除社会认知与性维度之外，量表的其他维度都存在年级差异。事后多重比较发现，在良好适应行为各维度中，绝大多数初一学生的分数都显著高于其他年级，高一则显著低于其他年级；在不良适应行为各维度中，绝大多数初一学生的分数显著低于其他年级，高年级比低年级具有更高的分数。

表5 青少年社会适应行为的年级特征分析表

量表维度		初一		初二		初三		高一		高二		高三		F
		M	SD	M	SD	M	SD	M	SD	M	SD	M	SD	
良好适应行为	独立生活	5.46	0.69	5.40	0.61	5.47	0.64	5.16	0.84	5.41	0.59	5.34	0.67	6.56***
	自我定向	4.55	0.65	4.55	0.53	4.48	0.57	4.46	0.75	4.62	0.62	4.72	0.62	4.09**
	社会生活	3.03	0.49	2.95	0.52	2.88	0.60	2.85	0.65	2.99	0.47	2.94	0.53	3.94**
	学习适应	3.19	0.60	3.16	0.63	3.11	0.61	3.05	0.70	3.21	0.53	3.27	0.49	3.04*
	经济活动	4.63	0.96	4.43	0.96	4.38	1.18	3.86	1.24	4.31	1.01	4.35	1.00	15.44***
	社交适应	2.52	1.01	2.37	0.82	2.35	0.93	2.02	0.71	2.06	0.80	2.33	0.99	14.66***
	社会认知与性	5.36	0.59	5.32	0.54	5.32	0.69	5.30	0.92	5.40	0.58	5.40	0.54	1.10
不良适应行为	品行不良行为	0.41	0.83	0.53	0.88	0.73	1.57	0.68	1.23	0.44	0.70	1.00	1.97	7.65***
	社会性不良行为	1.26	1.34	1.45	1.32	1.53	1.65	1.67	1.44	1.42	1.13	1.99	2.08	6.03***
	神经症行为	0.93	1.35	1.31	1.34	1.28	1.83	1.49	1.49	1.29	1.19	1.71	2.23	6.96***

2. 青少年社会适应行为的性别特征

结果显示(见表6)：在良好适应行为各维度中，男生的自我定向、社会生活、学习适应和社交适应都显著高于女生，而在社会认知与性方面则相反；在不良社会适应行为各维度中，男生的品行不良行为显著高于女生。

表 6 青少年社会适应行为的性别特征分析表

	量表维度	女		男		t
		M	SD	M	SD	
良好适应行为	独立生活	5.41	0.60	5.34	0.76	1.97
	自我定向	4.53	0.59	4.60	0.68	-2.19^{*}
	社会生活	2.89	0.52	3.03	0.54	-4.78^{***}
	学习适应	3.14	0.57	3.20	0.63	-2.05^{*}
	经济活动	4.35	1.00	4.35	1.15	0.03
	社交适应	2.12	0.86	2.44	0.89	-7.07^{***}
	社会认知与性	5.48	0.57	5.21	0.70	8.19^{***}
不良适应行为	品行不良行为	0.51	1.02	0.63	1.24	-2.01^{*}
	社会性不良行为	1.43	1.30	1.56	1.56	−1.87
	神经症行为	1.31	1.42	1.25	1.58	0.74

3. 青少年社会适应行为的城乡来源特征

结果显示(见表 7)：在良好社会适应行为各维度中，农村青少年在独立生活、社会生活、学习适应、经济活动，以及社会认知与性方面，显著低于城市青少年；而在不良社会行为各维度中，农村学生的品行不良行为、神经症行为则显著高于城市青少年。

表 7 青少年社会适应行为的城乡来源特征分析表

	量表维度	城市		农村		t
		M	SD	M	SD	
良好适应行为	独立生活	5.44	0.59	4.98	0.98	6.66^{***}
	自我定向	4.57	0.62	4.51	0.70	1.06
	社会生活	2.98	0.51	2.78	0.67	4.03^{***}
	学习适应	3.19	0.58	3.01	0.70	3.44^{**}
	经济活动	4.38	1.04	4.15	1.25	2.47^{*}
	社交适应	2.28	0.88	2.20	0.95	1.02
	社会认知与性	5.38	0.59	5.17	0.91	3.28^{**}

续表

	量表维度	城市		农村		t
		M	SD	M	SD	
不良适应行为	品行不良行为	0.52	1.02	0.88	1.62	−3.10**
	社会性不良行为	1.46	1.34	1.70	1.91	−1.76
	神经症行为	1.22	1.37	1.68	2.13	−3.01**

四、讨论

(一)青少年社会适应行为发展的总体水平

本研究将青少年社会适应行为各分数段的实际分布情况与常模的理论分布做比较，以此为依据考察青少年社会适应行为的整体发展水平。结果显示，良好适应行为商数(ABQ)和适应不良行为商数(MABQ)实际中等以上的人数占大部分，可见总体上青少年适应行为较好。而 ABQ 和 MABQ 各分数段的实际人数分布，与常模理论分布的差异都显著，表现为 ABQ 的优秀和良好实际比例比常模理论的比例低，中下和低下的实际比例比常模理论的比例高。而 MABQ 为优秀和良好实际比例低于常模理论比例，并且低下的实际比例远高于常模理论的比例。我们认为，这可能与我们的被试取样有关，因为我们的常模主要是以城市中学生为样本，而本次研究中的农村户口学生占了 13.1%，导致了不良适应行为的比例较高。另一方面，我们没有选择重点中学的学生为被试，也可能导致社会适应行为良好及优秀的比例较低。近年来，由于广州市的重点中学扩招，特别是示范高中和名校办的“民办初中”把大部分优质生源吸纳了，导致普通中学的生源更差，虽然普通中学的学生社会适应大多正常，但是特别优秀及良好的相对减少了。这提醒我们，必须关注普通中学学生的社会适应能力的培养。因此，虽然总体上中学生社会适应行为较好，但是青少年社会适应行为的发展情况不容乐观，尤其是在普通中学就读的青少年，其社会适应良好和优秀的比例低于理论分布。

这也表明，青少年的良好适应行为与适应不良行为可能同时存在于个体身上。

一方面，个体有良好的社会适应能力，在独立生活、自我定向、社会生活、学习适应、经济活动、社交适应、社会认知与性知识等方面表现良好；另一方面，他也可能存在品行不良行为、社会性不良行为以及神经症行为。家长和教育工作者应在注重培养青少年的良好社会适应能力的同时，预防其社会适应不良行为的出现。

因此，非常有必要进一步了解青少年良好社会适应行为和不良社会适应的发展状况以及影响因素，为青少年社会适应能力的培养、心理辅导以及人格教育的开展提供科学的依据。

(二)青少年社会适应行为人口学变量的交互作用

在青少年良好适应行为总分上，年级与性别的交互作用、年级与城乡来源的交互作用、城乡来源与性别的交互作用都显著。年级与性别的交互作用主要表现为高一男生的分数显著低于女生，高二则相反。这表明在高一阶段，女生社会适应行为水平高于男生；但到了高二，男生良好社会适应行为的发展较快，并超过女生；对此还有待进一步验证。年级与城乡来源的交互作用主要体现在农村学生在初一和高一显著低于城市学生。这可能是因为初一或高一进入新校园环境的时候，农村学生比城市学生面临更多的新问题，需要更长一段时间来适应，所以出现良好适应行为水平低于城市学生的现象。但随着时间的推移，他们逐渐自我调节过来，到了初二、初三或高二、高三则与城市学生区别不大。城乡来源与性别的交互作用主要体现在城市男生的分数高于女生，而农村则相反。在城市学生中，可能是由于男生在社会活动、外在适应方面的能力强于女生。而在农村重男轻女的观念仍然比较重，家庭可能给予男生更多溺爱，女生可能需要做更多的诸如家务之类的事情，并且付出更多的努力才能获得认同。因此，在校读书的农村女青少年往往比农村男青少年具有更高的良好适应能力。

在不良适应行为的总分上，年级与性别的交互作用、年级与城乡来源的交互作用都显著。年级与性别的交互作用体现在初二男生分数显著高于女生，而高一则相反。这个结果在一定程度上说明了在初中阶段，男生正处于个性的反叛时期，表现出比女生更多的不良适应行为；而到了高中阶段，女生可能碰到更多适应的问题，不良行为多于男生。年级与城乡来源的交互作用主要体现在高三农村青少年的分数显著高于城市青少年，这可能跟农村的学生面临压力更大，而他们所能获得的社会支持却较少有关。

(三)青少年社会适应行为的年级特征

社会适应行为具有发展性的特点(Liu，Lei & Zhou，2007)，青少年的社会适应行为随着年龄的增长是可变的。本研究得出的青少年社会适应行为的年级特征验证了这一点。

在良好社会适应行为总分上，年级的主效应显著。事后多重比较发现：初一的分数显著高于其他任何一个年级，而高一学生的分数显著低于其他任何一个年级。在具体维度上，除社会认知与性这个维度之外，其他维度都存在年级差异，并且各维度的差异情况基本上与总分特征分析一致。这说明初一学生适应行为相对良好，而高一学生适应行为相对较差。在不良社会适应行为总分上，年级的主效应同样显著。事后多重比较发现：初一学生的分数显著低于其他年级，而高三学生的分数显著高于其他年级。在具体维度上，绝大多数初一学生的分数显著低于其他年级，高年级比低年级具有更高的分数，这说明初一学生具有更少的不良适应行为，但到了高年级，出现越来越多的不良适应行为。

我们认为这可能是因为初中是义务教育阶段，广州市初一学生一般是就近入学，家庭对学生的关心支持更多，有利于他们适应新环境，并形成良好的适应行为习惯。而高一学生往往要跨区上学，许多学生还是住读生，面对新环境、新学校和难度更大的学习任务，从而导致适应更困难，良好适应行为的水平相对降低。另一方面，高中阶段要面临高考和就业的压力，竞争更加激烈，加上青春期的心理困惑，高中生尤其是高三学生容易产生种种适应不良行为。而社会认知与性这个维度并没有出现年级差异，可能是因为现在的青少年普遍比以前早熟，在中学以前就接触到不少社会认知和性方面的知识，致使整个中学阶段这方面的能力没有显著改变。这要求我们必须重视高中尤其是高一和高三学生的良好社会适应行为的培养和不良社会适应行为的预防。

(四)青少年社会适应行为的性别特征

前人的许多研究结果表明，青少年在社会适应行为上存在性别差异(Cui & Zheng，2005；Meng，2000；Wang & Wu，2005)，在本研究中，社会适应行为的某些维度也存在性别差异。

在青少年良好适应行为总分上，性别的主效应不显著。但在具体维度上，男生自我定向、社会生活、学习适应和社交适应都显著高于女生，而社会认知与性方面则相反。表明男生在行为的目的性、主动性和自控能力，利用公共设施、打电话、使用各种不同的交通工具、银行存取款、购物和简单劳动技能等方面比女生更强，在学习动机、学习习惯、学习方法、学习的满意感，对学习资源的利用，以及与陌生人的交往、集体活动、网络交往和体育运动等方面有更多的优势。这可能是由于男生在社会活动、外在适应方面的能力更强。而在社会认知能力和性知识水平上女生表现比男生强，这种差异可能是因为女生在理解他人上比男生更敏感，而且女生由于身体成熟比男生早，她们对性知识的掌握、对与异性交往的技能比男生更高。

在不良社会适应行为总分上，性别的主效应同样不显著。但在具体维度上，男生的品行不良行为显著多于女生，这与前人一些研究得出女性不良行为少于男性的结果一致(Carpentieri，et al.，1996；Kinberly，2001)。这可能是由于中国传统文化的影响，我国社会传统的观念向来要求男生表现出坚强、男子汉的一面，而对女生则要求矜持、要有女孩子样。因此，男生的行为更为外向、激进和不受约束，容易出现一些品行不良行为。

(五)青少年社会适应行为的城乡来源特征

在良好适应行为总分上，城乡来源的主效应显著。事后多重比较发现城市学生高于农村学生。在具体维度上，则是城市青少年在独立生活、社会生活、学习适应、经济活动，以及社会认知与性方面，显著高于农村青少年。在不良适应行为总分上，城乡来源的主效应也显著，事后多重比较发现城市显著低于农村。在具体维度上，城市学生的品行不良行为、神经症行为方面显著低于农村青少年。

从总体上说，城市学生良好适应行为高于农村学生，不良行为低于农村学生，即城市学生适应行为水平高于农村学生。可能的原因有三个。首先，本研究所采用的量表是以城市学生为样本编制的，相比之下，测得城市学生的社会适应水平就可能高于农村学生。其次，涉及教育公平性的问题，相对于城市学生来说，农村的教育资源比较欠缺，农村学生在小学阶段没有机会学习一些城市学生所掌握的适应技能。最后，农村学生到城市学习，环境变化大，社会适应难度大，对他们来说比城市学生面临更多问题和困难，从而具有更多的不适应行为。这一结果也提醒我们，必须关心就读于城市中学的农村学生的社会适应问题。因为当前有大量的外来工子女进入城市学校学习，如果对他们的社会适应问题不重视和不关心，将会影响这些学生的正常发展，并可能导致许多社会问题。

综上所述，虽然总体上青少年社会适应水平较高，但是适应优秀和良好的比例偏少，而中下和低下的比例偏多。因此，需要了解其发展特征，从而有针对性地进行教育和培养。我们从年级、性别和城乡来源三个因素去考察青少年的良好适应行为和不良适应行为特点，结果表明年级、性别、城乡来源出现不同程度的差异和交互作用。由此提醒我们今后对于青少年的社会适应能力培养和不良行为的心理辅导及教育，需要有针对性地注意这些特征和影响因素。

五、结论

基于对以上研究结果的讨论分析，得到以下结论。

第一，在城市普通中学就读的青少年，总体上社会适应行为发展较好，但是发展情况也不太理想，ABQ和MABQ各分数段的人数分布，都与理论分布存在显著的差异，其社会适应良好和优秀的比例低于理论分布，而实际中下和低下的比例高于理论分布。

第二，在青少年良好社会适应行为的总分上，年级与性别、年级与城乡来源和城乡来源与性别三组交互作用都显著；在不良社会适应行为的总分上，年级与性别、年级与城乡来源两组交互作用都显著。

第三，青少年在良好适应行为上年级差异显著，表现为初一学生的社会适应水平最高，而高一学生的社会适应行为水平最低。在不良适应行为上年级差异显著，表现为初一学生不良适应行为最少。

第四，青少年社会适应行为在性别上总体差异不显著，但在具体维度上，男生自我定向、社会生活、学习适应和社交适应都显著高于女生，而在社会认知与性维度上则相反。

第五，城市青少年的良好社会适应行为总分显著高于在城市中学就读的农村户口学生，在不良社会适应行为方面则相反。

参考文献

[1]李冬梅，雷雳，邹泓．青少年社会适应行为的特征及影响因素[J]. 首都师范大学学报(社会科学版)，2007(2)：150-156.

[2]王永丽，林崇德，俞国良．儿童社会生活适应量表的编制与应用[J]. 心理发展与教育，2005，21(1)：109-114.

[3]韦小满．特殊儿童心理评估[M]. 北京：华夏出版社，2006.

小学儿童社交问题解决策略的发展研究*

一、问题提出

儿童解决社交问题的策略是儿童社会认知能力的一种综合反映，而儿童的社会认知能力与社交地位有密切的关系(Hartup，1989；Rubin & Krasnor，1992)。有些研究者试图以儿童社会认知能力的不同来解释社交地位的差异(Richard & Dodge，1982；Rubin & Krasnor，1992)。例如，有研究发现受欢迎儿童比不受欢迎儿童对社交问题提出了更好的解决办法(Richard & Dodge，1982)。

社交问题解决方法的训练对社会技能缺陷的干预有重要的作用(Elliott & Gresharn，1993)，弄清儿童解决社交问题的特点，将有助于从认知侧面探索对儿童社会适应不良的干预。

已有研究很少发现儿童社交策略在数量上有与年龄相关的变化(Cowan，Drinkded & MacGavin，1984)，而策略的类型则有明显的发展变化。例如，语言类策略、策略的认知复杂度、策略的他人定向都随年龄的增长而增长(Case，1987)。

本研究以访谈法考察不同年级和不同社交地位的小学儿童解决社交问题的策略，并结合社交问题的不同情境，了解问题情境与解决策略之间的关系。我们假设：受欢迎的儿童提出的社交策略较不受欢迎儿童所提出的社交策略更有效、更适当，其策略类型也会有所不同。并且，随着年龄的增长，儿童社交策略的恰当性和有效性也会有一定的提高。

---

* 本文原载《心理学报》1998 年第 3 期。本文另一作者为周宗奎。

有些研究已经涉及儿童对自己提出的策略进行评价、解释的能力(Downey & Walker, 1989),我们预测这种能力也会随年龄的增长而提高。这种能力实际上是社会技能中的一个元认知问题,也可以说是某种“元社会技能”。本研究将从儿童对其社交问题解决策略的原因解释来考察儿童的这种技能。

二、研究方法

(一)被试

随机选取一所城市普通小学二、四、六年级各一个班儿童共157人作为被试,其中男生77人,女生80人。

(二)步骤

1. 社交问题解决访谈

采用访谈法,主试由两名心理学教师担任,对每个被试的访谈均单独在室内进行。主试以表格记录被试的回答。随机安排不同性别的被试和问题出现的顺序,整个访谈约需18分钟。

访谈所依据的“社交问题解决访谈提纲”借鉴了阿舍和伦肖(Asher & Renshaw, 1981)的《社交知识访谈》的思路。社交问题包括三类情境,即发动交往、维持交往、解决冲突,每一类有三个具体的交往情境,共九个情境,由主试当场向每一名儿童讲述并提问。例如,“解决冲突”的情境之一为:“放学后,你与一位同学一起在你家里看电视,正在看你喜欢的节目,他没问你就换了一个频道看另一个节目,这时你怎么办?为什么?”

根据以下四项指标考察儿童对每个问题情境的反应。①策略类别:对儿童回答“怎么办”的策略进行分类。②有效性:成功地达到特定交往目标的可能性。③适当性:在特定情境中该反应对于社会交往的适当程度。有效性和适当性依据编码手册进行五点量表评分。④原因类别:将儿童对其策略所做的原因解释分为8类。以上分类和评分标准详见访谈预试后编制的编码手册。

选取来自2个班的被试共24人(每班12人，男女各半)在两周后接受重测，为考虑评分者之间的一致性，随机抽取30名被试分别由两位主试做了4项指标的评定。

2. 社会交往地位的测量

采用限定提名法测量儿童在同伴中的社交地位，集体施测，先让儿童看一遍全班同学的名单。然后请被试回答“你最愿意(或最不愿意)和谁一起学习(或一起玩)?”共提出4人次的同班同学。经累加得到每个学生的积极和消极提名次数，以班为单位标准化，求出Z分数。按以下标准确定每个学生的社交地位：①受欢迎型：积极提名Z分数$\geqslant 1$且消极提名Z分数$\leqslant 0$；②被拒绝型：积极提名Z分数$\leqslant 0$且消极提名Z分数$\geqslant 1$；③被忽视型：积极提名Z分数$\leqslant -0.5$且消极提名Z分数$\leqslant -0.5$；④一般型：除上述3类外的其他儿童。

三、结果

(一)评分者间一致性与重测信度

评分者间一致性用百分数[一致数/(一致数＋不一致数)]表示。其中有效性和适当性的一致数包含完全一致和差别不超过1分的评定。结果表明：分类一致性平均达91%，五点评分一致性平均达75%。用同一公式计算重测信度：9个问题各有4项指标共36个百分数均处于中高等范围，其中34个达70%以上。

(二)儿童社交问题解决策略的类型

对儿童在各种情境中提出的策略依其活动方式分为五类。然后对各情境中三个具体问题的各类策略次数进行累加，不同策略累计次数的平均值按年级分布见表1、表2、表3。

为了考察儿童在不同交往情境中使用的主要策略，分别对三种情境中的交往策略两两之间做了配对样本t检验(见表1、表2、表3)。在发动交往情境中，“言语沟通和请求”策略占有极显著的优势($p<0.001$)。解决冲突情境中“言语沟通和

解释”策略也极显著地高于其他策略。在维持交往情境中，有两类主要策略，即“言语沟通和解释道歉”与“提供利益或分享物品”，两者的平均次数均显著高于其他策略($p<0.001$)。而在二、四年级，这两种策略中“提供利益或分享物品”又明显高于“言语沟通和解释道歉”。

对不同情境的各种策略做3(年级)×2(性别)×4(社交地位)多元方差分析(MANOVA)，结果表明年级因素有显著的主教应，Wilks' Lambda(2，6，53)=0.68，$p<0.05$。社交地位因素也有显著的主效应，Wilks' Lambda(3，5 1/2，53)=0.79，$p<0.05$。

表1　儿童发动交往的策略

年级	策略类型				
	①言语沟通和请求	②提供利益或分享物品	③借助共同的活动	④借助第三方的帮助	⑤其他
二年级	1.87^{α}	0.32^{β}	0.41^{β}	0.27^{β}	0.05^{α}
四年级	1.58^{α}	0.25^{β}	0.45^{β}	0.11^{β}	0.60^{β}
六年级	1.81^{α}	0.23^{β}	0.44^{β}	0.00^{β}	0.59^{β}

注：表中英文上标记录同一列中SNK多重比较的结果。在同一列中如果两个数据的英文上标有一个相同，则两者差异不显著；如果两个数据的英文上标不同，则两者在0.05水平上差异显著。希腊文上标记录各策略两两之间的t检验结果，在同一行中如果两个数据的希腊文上标相同，则两者差异不显著；如果其希腊文上标不同，则两者至少在0.05水平上差异显著。

表2　儿童解决冲突的策略

年级	策略类型				
	①言语沟通和解释	②提供利益或分享物品	③借助共同的活动	④借助第三方的帮助	⑤其他
二年级	1.41^{α}	$0.30^{\beta a}$	0.63^{β}	$0.46^{\beta b}$	$0.13^{\beta a}$
四年级	1.21^{α}	$0.74^{\beta b}$	0.53^{β}	$0.19^{\beta a}$	$0.33^{\beta b}$
六年级	1.56^{α}	$0.53^{\alpha ab}$	0.40^{β}	$0.13^{\beta a}$	$0.24^{\beta ab}$

注：表中字母上标的含义同表1。

表 3　儿童维持交往的策略

年级	策略类型				
	①言语沟通和解释道歉	②提供利益或分享物品	③替代、变通回避冲突	④借助第三方的帮助	⑤其他
二年级	$1.02^{\beta a}$	1.70^{ac}	0.16^{γ}	0.02^{γ}	$0.04^{\gamma a}$
四年级	$1.34^{\beta b}$	1.45^{ab}	0.09^{γ}	0.04^{γ}	$0.08^{\gamma a}$
六年级	1.29^{ab}	$1.11^{a\alpha}$	0.09^{γ}	0.07^{γ}	$0.31^{\gamma b}$

注：表中字母上标的含义同表 1。

对不同年级的儿童各策略的平均值作 One-way 和 SNK 多重比较(见表 1、表 2、表 3)。在发动交往情境中，二年级提出“借助第三方的帮助”的策略显著高于四、六年级。而六年级根本就没有人提到这一策略。四年级和六年级提出“其他”策略的明显多于二年级。

在解决冲突情境中，四年级使用“直接攻击”策略显著高于二年级。而二年级选择“借助第三方的帮助”显著高于四、六年级，四年级选择“其他”策略者显著高于二年级。

在维持交往情境中，六年级和四年级选择“言语沟通和解释道歉”策略者显著高于二年级，选择“提供利益或分享物品”的儿童按二、四、六年级呈顺序递减，六年级选择“其他”策略显著高于二、四年级。

对不同社交地位的儿童在各策略上的平均得分做多重比较，结果发现在发动交往情境中，被拒绝儿童($M=0.36$，$SD=0.50$)选择“借助第三方的帮助”策略显著多于其他儿童；在解决冲突情境中，受欢迎儿童($M=1.56$，$SD=0.92$)和一般型儿童($M=1.41$，$SD=1.00$)在“言语沟通和解释”策略的得分显著高于被拒绝和被忽视儿童。

(三)儿童社交问题解决策略的有效性和适当性

对儿童在九个交往问题中提出的策略分别做有效性和适当性评定，然后按三类情境得到平均得分。依年级和社交地位的平均得分列于表 4 和表 5。

对不同年级儿童各策略的适当性和有效性得分的方差分析(One-way)结果表明，在解决冲突的有效性上年级因素有显著的效应，$F(2, 157)=1.63$，$p<0.02$。多重比较表明，六年级儿童解决冲突的有效性高于二年级，六年级儿童发动交往的适当性高于四年级。

表 4 策略适当性和有效性得分的年级分布

	发动交往		解决冲突		维持交往	
	适当性	有效性	适当性	有效性	适当性	有效性
二年级	$3.18^{\alpha ab}$	3.23^{α}	3.36^{α}	$3.38^{\alpha a}$	3.90^{β}	3.95^{β}
四年级	$2.89^{\alpha a}$	2.99^{α}	3.30^{α}	$3.60^{\alpha ab}$	4.05^{β}	4.11^{β}
六年级	3.42^{ab}	3.19^{α}	3.13^{α}	3.75^{ab}	4.19^{β}	4.21^{β}

注：表中字母上标的含义同表 1。

从表 4 还可看到，各年级儿童维持交往策略的有效性和适当性得分均高于其他情境中的策略，可见维持交往的问题是被试解决得最好的问题。

表 5 策略适当性和有效性得分的社交地位分布

	发动交往		解决冲突		维持交往	
	适当性	有效性	适当性	有效性	适当性	有效性
受欢迎	3.33	3.30^{b}	3.59^{b}	3.48	4.11	4.19
被拒绝	3.12	3.18^{b}	2.42^{a}	3.73	4.05	4.03
被忽视	3.12	2.43^{a}	2.93^{ab}	3.55	3.71	3.86
一般型	3.12	3.15^{b}	3.34^{b}	3.56	4.09	4.08

注：表中字母上标的含义同表 1。

对社交地位不同的儿童各策略的适当性和有效性得分做多重比较发现，被忽视儿童发动交往的有效性明显低于其他各类社交地位的儿童，在解决冲突的适当性上，受欢迎儿童和一般型儿童显著高于被拒绝儿童。

对各策略的适当性和有效性得分按儿童性别进行多重比较表明，解决冲突的适当性有显著的性别差异，男性($M=3.11$，$SD=0.99$)低于女性($M=3.45$，$SD=0.84$)。

(四)儿童对社交问题解决策略的原因解释

依据儿童对其策略所做的原因解释的内容和动机取向，将儿童提出的原因分为八类：①没有解释；②遵从规则；③服从权威；④维持关系；⑤自我中心；⑥物品所有权；⑦逃避惩罚；⑧其他。将各类原因出现的次数累计作为每个儿童所看重的原因类别指标。对八类原因做3(年级)×2(性别)×4(社交地位)的方差分析(MANOVA)，结果表明社交地位有显著的主效应，Wilks'Lambda(3.21/2、571/2)＝0.69，$p<0.03$。

经多重比较发现，以“自我中心”的原因来解释其策略的儿童在被忽视儿童中($M=0.43$，$SD=0.85$)明显高于受欢迎儿童和一般型儿童。受欢迎儿童中根本就没有人使用“自我中心”的原因。以“物品所有权”来解释其策略者在被忽视儿童中($M=0.43$，$SD=0.85$)明显高于其他类型的儿童。而值得注意的是，受欢迎儿童($M=0.67$，$SD=0.91$)比其他类型儿童更多地以“逃避惩罚”来解释其策略。

四、讨论

(一)社交情境与策略类型

“言语沟通”类策略显然是小学儿童解决社交问题的首选策略，在三类交往情境中都是最常用的。在维持交往情境中，“提供利益或分享物品”也成为主要策略，说明物质利益在小学生的交往中有着重要影响，应引起重视。

儿童对维持交往的问题提出了最有效和最适当的解决策略，原因可能在于维持交往的情境比其他情境对儿童认知能力的要求较少。例如，在冲突情境中，儿童常常由于采用攻击性策略而得到较低的评分。要控制攻击性需要儿童具备移情能力，放弃利益来寻求妥协。这对小学儿童来说可能比维持交往所需的技能更难。对维持交往的问题，儿童无须妥协和移情也能做出让双方都满意的反应，如“一起玩”。

(二)儿童社交问题解决策略的年级差异

随着年级的增高，儿童社交策略的独立性和多样性有了显著的提高。在发动交往和解决冲突情境中，二年级儿童比高年级儿童更多地采用借助第三方的帮助的策略，而六年级儿童在发动交往中根本不采用这种策略，完全依靠自己解决。归入“其他”类的策略是多种多样的，虽然难以命名，但它反映了高年级儿童社会交往策略的多样性。

在解决冲突情境中，四年级儿童选择直接攻击的策略最多。考虑到四年级儿童在教师行为评定上得分最低的研究结果(周宗奎，1997)，可以认为四年级儿童在校内交往中有更多的消极表现。

二年级儿童维持交往时选择言语沟通和解释道歉策略者明显不如四、六年级，而“遵从规则”的解释则多于四、六年级，提示低年级儿童对言语策略的作用尚缺乏认识，“规则定向”在低年级更为突出。

(三)社交地位与社交问题解决策略

本研究证实不同社交地位的儿童在人际问题解决策略上确有差异。被拒绝儿童更多地借助第三方帮助来发动交往，表现出更高的依赖性，被忽视儿童发动交往的有效性最低，这与实验室研究结果一致：不受欢迎儿童在发动交往时比受欢迎儿童有更多的困难(Brochin & Wasik，1992)。被拒绝儿童解决冲突的策略最不适当，表明高地位儿童比低地位儿童能更好地解决冲突(Erwin，1994)。

社交地位的组间差异在儿童对选择策略的原因解释上也有明显表现。被忽视儿童比受欢迎儿童和一般型儿童更多地以“自我中心”和“物品所有权”来解释策略，被忽视儿童在选择策略时对关系定向和共同活动的考虑较少，对自我和物品的考虑比其他儿童多，反映了自我定向的、封闭的特征。

有趣的是，受欢迎儿童比其他儿童更多地用“逃避惩罚”来解释其选择交往策略的原因。陈欣银等人的研究曾发现中国六七岁儿童的竞争和权威定向都高于加拿大儿童(Chen & Rubin，1992)。服从规则和权威、逃避惩罚的定向是否反映了儿童交往中的消极被动的动机状态呢?尤其是在受欢迎儿童中,逃避惩罚的倾向如此突出,更值得深究。

五、结论

在发动交往、维持交往和解决冲突三种假设的交往情境中,小学儿童对维持交往的问题提出了最有效而恰当的解决策略。

“言语沟通”类策略是小学儿童解决社交问题的首选策略,“提供利益和分享物品”也是小学儿童特别是低年级儿童维持交往的主要策略。

随着年级的增高,小学儿童社交策略的独立性和多样性有显著的提高。六年级儿童解决冲突的有效性和发动交往的适当性高于低年级儿童。

被拒绝儿童更倾向于借助他人帮助来发动交往,他们解决冲突的适当性低于正常儿童。被忽视和被拒绝儿童比一般儿童更少选择“言语沟通和解释”策略,小学男生解决冲突的适当性低于女生。

在对交往策略做的原因解释上,被忽视儿童比正常儿童更注重“自我中心”的理由,也比其他各类儿童更多地用“物品所有权”来解释其策略,而受欢迎儿童比其他儿童更多地考虑“逃避惩罚”。

参考文献

[1]周宗奎.“小学生社会技能教师评定表”的缩制与使用报告[J]. 心理发展与教育,1997,13(3):37-42.

[2]Asher S R & Renshaw P. Children without friends: social knowledge and social skill training[M]// Asher S R & Gouman J M. The development of children's friendships. New York: Cambridge University, 1981.

[3]Case. Intellectual development: birth to adulthood[M]. New York: Academic Press, 1987.

[4]Elliott S N & Gresham F M. Social skills interventions for children special issue:

social skills assessment and intervention with children and adolescents[J]. Behavior Modification, 1993, 71: 287-313.

[5]Richard B & Dodge, K. A. Social maladjustment and problem solving in school aged children [J]. Journal of Consulting and Clinical Psychology, 1982, 50: 226-233.

[6]Ruben K L & Krasnor I L. Interpersonal problem solving and social competence in children[M]// Van Hasselt V B & Hersen M. Handbook of social development, a lifespan perspective. New York and London: Plenum Press, 1992: 133-178.

第十一编

PART 11

灾后心理的研究

随着我国大、中、小学心理健康教育的开展，我与我的学生不仅在理论上做了一些探索，而且也积极投入相关的实验研究，并于2008年在我国四川汶川发生特大地震后深入灾区承担起教育部人文社科重大攻关项目“灾后中小学心理疏导”的课题，现从中挑选出5篇研究报告。

汶川地震30个月后中小学生的身心状况研究*

一、引言

2008年5月12日发生的汶川特大地震是新中国成立以来破坏程度最大、波及范围最广的自然灾害。这次灾害不仅给人民的生命财产造成巨大的损失，还通过各种途径直接或间接地导致受灾群众身心资源的丧失，进而影响着他们的身心健康。相关研究表明，重大灾难对于中小学生身心健康的影响更为严重，持续时间往往也更长。那么，随着时间的推移，灾后中小学生的身心状况究竟如何呢？为此，本研究选取汶川地震30个月后的中小学生作为研究对象，全面考察其身心健康状况，以便为后续的长期心理重建提供参考。

地震作为一种重大创伤性事件，相对于日常生活中的压力，它往往与创伤后应激障碍(posttraumatic stress disorder，PTSD)密切相关(Uemoto，Asakawa，Takamiya，Asakawa & Inui，2012)。PTSD是指由异常威胁性或灾难性心理创伤导致的长期和持续的精神障碍。在DSM-IV-R的诊断中，PTSD表现为侵入性症状、回避症状和警觉性增高三种具体的症状，并且这些症状持续至少一个月(American Psychiatric Association，2000)。已有研究发现，PTSD是重大地震后最常见的一种身心反应结果(Başoglu，Kvliç，ŞalcIoglu & Livanou，2004)。例如，赵丞智等人(2001)在张北地震后17个月对受灾青少年的调查发现其PTSD发生率为9.4%；有研究者(Bal，2008)在土耳其马尔马拉地震3年后的调查发现，3～8年级学生的PTSD发生率为56%；甚至有研究发现，地震6年后个体的PTSD也不会消失(Arnberg，Jo-

* 本文原载《心理发展与教育》2013年第6期。本文其他作者为伍新春、张宇迪、臧伟伟、周宵、戴艳。

hannesson & Michel，2013)。因此，本研究将PTSD作为灾后个体身心反应的核心指标，考察其在汶川地震30个月后的具体情况。

地震对身心产生的消极影响不仅体现在PTSD上，而且还表现在抑郁方面。有研究者认为，抑郁是PTSD不可分割的要素(Aslam & Tariq，2011)，甚至有研究发现抑郁是PTSD出现的预测因子(Ying，Wu & Lin，2012)。因此，在研究地震后PTSD现状的同时，有必要考察地震后抑郁的状况。有研究者对智利地震12个月后青少年的抑郁状况的调查发现，抑郁的发病率为13.5%(Diaz，Quintana & Vogel，2012)，还有研究者(2004)对土耳其马尔马拉地震3年半后的中学生研究发现，抑郁的发病率为30.8%。也就是说，在灾后很长的一段时间内，抑郁可能仍然是其消极身心反应的一个重要特征。

在汶川地震后，我国心理学家对受灾中小学生的PTSD和抑郁等消极身心反应也进行了调查，得出了有价值的结论。例如，在汶川地震10个月后，对陕西宁强县的2048名中学生PTSD和抑郁状况的调查发现，PTSD和抑郁的发病率分别为28.4%和19.5%，其中女生PTSD和抑郁的发病率分别是32.7%和24.0%，男生PTSD和抑郁的发病率分别是23.8%和14.7%(Wang，et al.，2012)。采用追踪研究的方法对汶川地震极重灾区的200名中学生PTSD和抑郁状况的研究发现，地震2年后中学生的PTSD和抑郁的发病率分别为16.5%和89.9%(Ying，et al.，2012)。

从以上研究中可以看出，灾难给中小学生的身心带来了巨大的伤害。其中，PTSD和抑郁由于在灾难后的普遍性和持久性，是研究者的共同关注点。但对于成长中的中小学生而言，学习活动占据了其生活的最大比重，关注其学习状况也具有重要的意义。调查发现，由于地震带来的心理创伤、学校外迁带来的适应问题以及震后家长对孩子学习方面管教的放松等原因，在灾后的学生中学习倦怠的情况明显出现(伍新春、侯志瑾、臧伟伟、张宇迪、常雪亮，2009)。因此，本研究采用学习倦怠作为学生身心状况的指标之一，希望了解学生这个特殊群体的真实状况，以便为更有针对性的灾后心理辅导提供参考。

此外，以往关于受灾者身心状况的研究几乎都是采用一些消极的指标，如PTSD、抑郁等(Kolltveit，et al.，2012；Lewis，Creamer & Failla，2009；Wang， et al. , 2012; Zhang, et al. , 2012; Zhang, Shi, Wang & Liu, 2011; 耿富磊、范方、张岚, 2012)。但是,随着积极心理的兴起,越来越多的研究者认识到创伤不仅会给个体带来消极的身心反应,而且还有助于个体从创伤事件中获益,以致发生积极的改变(Joseph & Linley, 2005; Tedeschi & Calhoun, 2004)。这种积极的改变,被称为创伤后成长(posttraumatic growth, PTG),它意味着个体在与创伤做斗争后所获得的自我觉知、人际体验和生命价值观的积极改变(Tedeschi & Calhoun, 1996)。PTG 并不一定伴随更多的幸福感以及更少的痛苦感,而是暗示了一种更加丰满、更加充盈、更有意义的生活(Tedeschi &Calhoun, 1996),它可以被看作创伤后个体自身的力量和资源。因此,国内外研究者在研究创伤后个体的身心反应时,常常把 PTG 纳入其研究的范围(Hafstad, Kilmer & Gil-Rivas, 2011; Joseph & Linley, 2006; Taku, Kilmer, Cann, Tedeschi & Calhoun, 2012; 安媛媛、臧伟伟、伍新春、林崇德、周佶, 2011; 张晨光、陈秋燕、程科、伍新春、林崇德, 2012; 张金凤、史占彪、赵品良、王力, 2012; 张倩、郑涌, 2009)。可以说,对创伤后个体 PTG 的研究不仅仅是创伤心理学研究的一个重要趋势,更是促进灾后个体从灾难中获得心灵的成长和进步的必然要求。

二、方法

(一)被试

由于本研究是教育部重大攻关课题的一部分,本课题的问卷分成了数个不同版本,故本研究中 3 份问卷的被试有所不同。接受 PTSD、抑郁、学习倦怠和 PTG 测查的有效被试量分别为 2737、2737、828 和 1658,其中,较小样本的被试完全包含于较大样本的被试之中(以下在分析变量间相关关系时,采用最小样本)。接受 PTSD 和抑郁测查的被试为小学 4~6 年级、初中 1~3 年级和高中 1~3 年级的学生,接受学习倦怠和 PTG 测查的被试为初中 1~3 年级和高中 1~3 年级的学生。

(二)研究工具

儿童创伤后应激障碍症状量表(The Child PTSD Symptom Scale，CPSS)。该量表根据DSM-IV中PTSD的诊断标准而编制，包括闯入性症状、回避性症状和警觉性增高症状，适用于诊断和评估8～18岁个体的PTSD症状及其病程(Foa，Johnson，Feeny & Treadwell，2001)。问卷共包括17题，4点计分。按照被试自觉症状的程度，“从未如此”到“几乎总是如此”分别计0～3分，总量表得分在0～51分。回避性症状有7个项目，得分范围在0～21分，闯入性症状和警觉性增高症状分别有5个项目，得分范围在0～15分。该问卷在本研究中的内部一致性信度和结构效度良好：总量表、闯入性症状分量表、回避性症状分量表和警觉性增高症状分量表的克隆巴赫α系数分别为0.86、0.76、0.68和0.71，其验证性因素分析的拟合指数为RMSEA=0.06，CFI=0.97。

儿童抑郁量表。该问卷用于测查6～23岁儿童青少年的抑郁状况，共有20题，采用likert 4点计分，涉及抑郁心境、感到内疚/没有价值感、无助感/绝望、精神活动迟滞、缺乏食欲和睡眠困扰6个主要症状。该问卷的内部一致性信度和实证效度良好：问卷总分在本研究中的克隆巴赫α系数为0.89；在该问卷编制者芬德里克等人的研究中，抑郁症患者的平均得分为21.2，非抑郁症患者的平均得分为13.9，前者得分显著高于后者(蔺秀云、方晓义、刘杨、兰菁，2009)。

中学生学习倦怠问卷。该问卷(胡俏、戴春林，2007)包含情绪耗竭、学习的低效能感、师生疏离、生理耗竭4个维度，由21个项目组成，采用likert 4点计分。其中，上述4个维度各自的项目数分别为8、5、4、4。在本研究中，问卷总分的克隆巴赫α系数为0.84，情绪耗竭分量表、学习的低效能感分量表、师生疏离分量表和生理耗竭分量表的克隆巴赫α系数分别为0.85、0.80、0.75、0.73，验证性因素分析拟合指数为RMSEA=0.07，CFI=0.94。

创伤后成长问卷。本研究修订了该领域应用最为广泛的创伤后成长问卷(Tedeschi & Calhoun，1996)。该问卷共22题，包括3个维度：自我觉知的改变、人际体验的改变以及生命价值的改变，对应项目数分别是9、7、6。采用6点计分，0代表

“没有变化”，5 代表“变化非常大”。中学生在各分问卷的得分越高，表示 PTG 越强，即越有成长。在本研究中，问卷总的内部一致性信度系数为 0.92，三个维度的内部一致性信度系数在 0.80～0.86。问卷修订后的结构效度良好，验证性因素分析的拟合指数：RMSEA＝0.07，CFI＝0.93。

(三)施测过程与数据处理

2011 年 10 月份，由心理学专业的研究生作为主试，对汶川地震极重灾区汶川县和茂县的中小学生进行团体施测。在学生全部填答完毕后，由主试带领学生进行小游戏，以消除问卷填答过程可能带来的不适，小游戏有“手指操”“我有一个梦”“进化论”和“我真的很不错”等。

采用 SPSS 17.0 进行数据处理。

三、结果

(一)震后中小学生的 PTSD 状况

本研究调查了中小学生的 PTSD 发生率以及不同性别、年级学生间的差异。某被试如果同时满足以下 3 项标准，则将被检出为“具有患 PTSD 的高风险”：第一，在闯入性症状维度的 5 个题目上，至少有 1 项计分大于或等于 2 分；第二，在回避症状维度的 7 个题目上，至少有 3 项计分大于或等于 2 分；第三，在警觉性增高维度的 5 个题目上，至少有 2 项计分大于或等于 2 分。表 1 所示为根据以上标准统计出的中小学生的 PTSD 状况。

表 1　震后中小学生的 PTSD 状况($M \pm SD$)

	发生率(%)	闯入性得分	回避得分	警觉性增高得分	PTSD 总分
总体	6.6	3.92±2.77	5.06±3.32	4.59±2.82	13.58±7.70
男生	5.7	3.72±2.72	4.89±3.29	4.33±2.72	12.94±7.52
女生	7.4	4.12±2.81	5.20±3.34	4.83±2.88	14.15±7.81

续表

	发生率(%)	闯入性得分	回避得分	警觉性增高得分	PTSD 总分
小四	6.9	4.35±2.78	5.05±2.91	4.36±2.60	13.77±6.85
小五	4.7	4.10±2.93	4.54±3.08	4.28±2.49	12.92±6.90
小六	3.9	3.27±2.65	4.32±3.25	4.00±2.85	11.59±7.68
初一	5.9	3.91±2.61	4.57±3.06	4.31±2.77	12.79±7.29
初二	5.2	3.92±2.66	5.09±3.22	4.51±2.65	13.52±7.40
初三	11.2	3.94±2.84	5.76±3.73	5.11±3.17	14.81±8.82
高一	6.8	4.23±2.95	6.06±3.74	5.49±2.85	15.78±8.43
高二	12.6	4.21±2.91	6.14±3.79	5.57±3.02	15.92±8.79
高三	4.8	3.66±2.61	6.15±3.01	5.78±2.72	15.59±6.97

如表 1 所示，地震 30 个月后中小学生的 PTSD 的总发生率为 6.6%。PTSD 发生率在性别方面不存在显著差异[$\chi^2(1)=2.77$，$p>0.05$]。PTSD 发生率的年级间差异显著[$\chi^2(8)=30.29$，$p<0.001$]，其中发生率由高到低依次为高二(12.6%)、初三(11.2%)、小四(6.9%)、高一(6.8%)、初一(5.9%)、初二(5.2%)、高三(4.8%)、小五(4.7%)和小六(3.9%)。统计发现，小四到小六 3 个年级的总体 PTSD 发生率为 5.2%，初一、初二和初三 3 个年级的总体 PTSD 发生率为 7.4%，高一、高二和高三 3 个年级的总体 PTSD 发生率为 8.1%。也就是说，地震 30 个月后，小学生的 PTSD 发生率依次低于初中生和高中生。

对 PTSD 量表得分的分析发现，震后 30 个月后中小学生的 PTSD 得分为 13.58。男女生得分差异显著，女生得分高于男生[$t(2735)=-4.14$，$p<0.001$]。方差分析显示，不同年级的得分无论是在总量表还是各维度上均差异显著[$F_{总分}(8, 2728)=9.68$，$p<0.001$；$F_{闯入性症状}(8, 2728)=4.60$，$p<0.001$；$F_{回避症状}(8, 2728)=12.31$，$p<0.001$；$F_{警觉性增高症状}(8, 2728)=12.22$，$p<0.001$]，其差异状况和发生率的差异状况相似。除以各维度的题目数量后，进行重复测量方差分析，发现维度间的得分差异显著[$F(2, 5472)=250.19$，$p<0.001$]，进一步进行配对样本 t 检验发现，各维度的得分两两差异显著[$t_{闯入性症状-回避症状}(2736)=7.16$，

p<0.001；$t_{回避症状-警觉性增高症状}$(2736)=−23.80，p<0.001；$t_{闯入性症状-警觉性增高症状}$(2736)=−13.77，p<0.001]，警觉性增高症状得分最高(0.92)，其次是闯入性症状得分(0.79)，回避症状得分最低(0.72)。

(二)震后中小学生的抑郁状况

根据抑郁量表的鉴别标准，得分达到15分或以上为抑郁障碍或心境恶劣(Fendrich et al.，1990)。参照此标准，得出中小学生的抑郁状况如表2。

表2 震后中小学生的抑郁状况($M\pm SD$)

	发生率(%)	抑郁得分
总体	69.5	20.41±10.29
男生	67.0	19.53±10.23
女生	71.8	21.19±10.29
小四	73.1	20.78±11.78
小五	62.7	19.13±10.03
小六	60.4	18.28±9.38
初一	67.2	19.09±9.63
初二	71.5	20.04±8.92
初三	76.1	22.35±10.76
高一	79.6	23.94±11.93
高二	77.0	22.60±10.27
高三	83.2	23.66±9.35

从表2可以看出，虽然地震已过30个月，但是中小学生的抑郁状况相当严重，其总体发生率高达69.5%。女生的抑郁发生率高于男生，差异显著[$\chi^2(1)=7.57$，p<0.01]。抑郁发生率的年级间差异也显著[$\chi^2(8)=55.37$，p<0.001]，由高到低依次为高三(83.2%)、高一(79.6%)、高二(77.0%)、初三(76.1%)、小四

(73.1%)、初二(71.5%)、初一(67.2%)、小五(62.7%)和小六(60.4%)。统计发现，小四到小六3个年级的总体抑郁发生率为65.4%，初一到初三3个年级的总体抑郁发生率为71.6%，高一、高二和高三3个年级的总体抑郁发生率为79.9%。也就是说，地震30个月后，小学生的抑郁发生率依次低于初中生和高中生。

t检验和方差分析分别显示，抑郁得分的性别和年级间差异显著[$t(2735)=-4.22$，$p<0.001$；$F(8, 2728)=10.16$，$p<0.001$]，其差异状况和发生率的差异状况相似。

(三)震后中学生的学习倦怠状况

震后中学生的学习倦怠状况，如表3所示。

表3　震后中学生的学习倦怠状况($M\pm SD$)

	情绪耗竭	学习的低效能感	师生疏离	生理耗竭	学习倦怠总分
总体	14.05±3.90	9.89±2.30	4.66±3.40	4.63±3.25	33.22±9.56
男生	14.10±4.14	10.04±2.48	4.63±3.30	4.37±3.18	33.14±9.81
女生	14.01±3.70	9.77±2.14	4.68±3.47	4.84±3.30	33.30±9.36
初一	12.17±3.62	9.78±2.55	3.36±2.95	3.71±2.97	29.01±8.49
初二	14.22±3.73	9.87±2.35	4.40±3.35	4.52±3.21	33.01±9.36
初三	14.48±4.10	10.07±2.22	5.18±3.54	4.76±3.40	34.49±10.20
高一	14.97±3.84	10.00±2.15	5.78±3.61	5.41±3.27	36.15±9.31
高二	15.66±3.00	9.72±2.09	5.88±3.04	5.66±3.16	36.92±7.9
高三	16.04±3.00	9.79±1.85	5.96±3.03	5.89±3.14	37.67±7.81

由表3可知，中学生在学习倦怠问卷上的平均得分为33.22，除以题目数后为1.58(得分范围为0～4分)。在情绪耗竭、学习的低效能感、师生疏离和生理耗竭4个维度上的得分分别为14.05、9.89、4.66和4.63，除以题目数后在这4个维度上的得分分别为1.76、1.98、1.16和1.16。重复测量方差分析结果显示，维度间的

得分差异显著[$F(3, 2481)=489.42$，$p<0.001$]，配对样本 t 检验显示，除师生疏离感得分与生理耗竭得分之间不存在显著差异外[$t_{师生疏离-生理耗竭}(827)=0.29$，$p>0.05$]，其余两两间差异均显著[$t_{情绪耗竭-学习的低效能感}(827)=-10.18$，$p<0.001$；$t_{学习的低效能感-师生疏离}(827)=25.38$，$p<0.001$；$t_{情绪耗竭-师生疏离}(827)=25.34$，$p<0.001$；$t_{学习的低效能感-生理耗竭}(827)=25.93$，$p<0.001$；$t_{情绪耗竭-生理耗竭}(827)=26.06$，$p<0.001$]，说明震后中学生的学习倦怠状况中，学习的低效能感最为严重，其次是情绪耗竭，生理耗竭和师生疏离状况最为轻微。

在性别差异方面，除了在生理耗竭方面，女生得分显著高于男生外[$t_{生理耗竭}(826)=-2.05$，$p<0.05$]，在学业倦怠总分及其余维度方面，男女之间没有显著的差异[$t_{总分}(768)=-0.24$，$p>0.05$；$t_{情绪耗竭}(753.80)=0.32$，$p>0.05$；$t_{低效能感}(738.68)=1.66$，$p>0.05$；$t_{师生疏离}(826)=-0.21$，$p>0.05$]。在年级差异方面，除学习的低效能感得分差异不显著[$F_{低效能感}(5, 822)=0.47$，$p>0.05$]外，不同年级在学习倦怠总分、情绪耗竭、师生疏离、生理耗竭等方面的得分差异显著[$F_{总分}(5, 822)=16.67$，$p<0.001$；$F_{情绪耗竭}(5, 822)=19.01$，$p<0.001$；$F_{师生疏离}(5, 822)=13.49$，$p<0.001$；$F_{生理耗竭}(5, 822)=7.95$，$p<0.001$]，总体状况是高年级的学习倦怠情况比低年级的更加严重，其中，高三学生在学习倦怠总体情况、情绪耗竭、师生疏离以及生理耗竭方面的得分最高，初三在学习的低效能感上得分最高。

(四)震后中学生的 PTG 状况

如表 4 所示，地震 30 个月后中学生的 PTG 得分平均为 60.19，除以题目数后为 2.74(得分范围为 0～5 分)。在自我觉知的改变、人际体验的改变以及生命价值观的改变等维度上的得分分别为 24.82、19.57 和 15.80。将各维度的得分除以题目数后，进行重复测量方差分析，发现其差异显著[$F(2, 3314)=60.15$，$p<0.001$]，配对样本 t 检验显示，PTG 三个维度两两之间差异显著[$t_{自我觉知的改变-人际体验的改变}(1657)=-2.93$，$p<0.05$；$t_{自我觉知的改变-生命价值观的改变}(1657)=7.98$，$p<0.001$；$t_{人际体验的改变-生命价值观的改变}(1657)=9.21$，$p<0.001$]，得分从高到低依次为人际体验的改

变(2.80)、自我觉知的改变(2.76)、生命价值观的改变(2.63)。

表 4　震后中学生的 PTG 状况(*M*±*SD*)

	自我觉知的改变	人际体验的改变	生命价值观的改变	PTG 总分
总体	24.82±9.64	19.57±7.77	15.80±6.34	60.19±23.16
男生	23.78±10.11	18.46±8.13	15.14±6.55	57.38±23.58
女生	25.69±9.14	20.49±7.34	16.35±6.10	62.53±21.17
初一	22.52±10.15	17.30±7.94	14.33±6.29	54.15±23.16
初二	24.60±9.64	19.25±7.84	15.58±6.14	59.43±22.01
初三	25.95±9.39	20.84±7.84	16.65±6.60	63.44±22.66
高一	25.68±9.00	20.76±7.32	16.53±6.46	62.96±21.34
高二	27.91±7.76	21.95±6.06	17.42±5.25	67.28±14.48
高三	25.83±9.50	20.74±7.17	16.44±6.32	63.01±21.94

男女生在 PTG 各个维度以及总分上的差异显著[$t_{自我觉知的改变}(1532.51)=-4.00$，$p<0.001$；$t_{人际体验的改变}(1531.70)=-5.28$，$p<0.001$；$t_{生命价值观的改变}(1556.17)=-3.90$，$p<0.001$；$t_{PTG}(1526.99)=-6.46$，$p<0.001$]，且女生在这些维度及总分上的得分均高于男生。不同年级的 PTG 总分及其各维度之间存在显著差异[$F_{PTG}(5, 1652)=12.11$，$p<0.001$；$F_{自我觉知的改变}(5, 1652)=9.71$，$p<0.001$；$F_{人际体验的改变}(5, 1652)=14.10$，$p<0.001$；$F_{生命价值观的改变}(5, 1652)=8.91$，$p<0.001$]。在总分及其各维度上，得分最高的年级为高二，得分最低的年级为初一。

(五)震后中学生 PTSD、抑郁、学习倦怠和 PTG 间的关系

不同的灾后身心状况指标并非是完全独立的，分析它们之间的关系，有助于增加灾后不良身心状况的筛查效率，推测创伤后成长等积极心理状态出现的可能性，并为探明灾后身心变化的影响机制提供参考。本研究采用的震后中学生身心状况指标之间的相关，如表 5。

表 5　震后中学生 PTSD、抑郁、学习倦怠和 PTG 间的相关($M \pm SD$)

	PTSD	抑郁	学习倦怠	PTG
PTSD	1.00			
抑郁	0.75***	1.00		
学习倦怠	0.53***	0.62***	1.00	
PTG	0.16***	0.02	0.03	1.00

由表 5 可知，PTSD、抑郁和学习倦怠 3 个代表消极心理状态的变量之间两两达到中等及以上程度的相关，且相关系数都达到了 $p<0.001$ 的水平。PTG 和 3 个消极变量之间的关系则较为复杂，其和 PTSD 呈显著正相关($p<0.001$)，但相关系数较低；其和抑郁及学业倦怠的相关不显著($p>0.05$)，且接近零相关。

四、讨论

(一)震后中小学生的 PTSD 状况

PTSD 在受灾人群中的高发生率在本研究中得到了印证。本研究发现地震 30 个月后中小学生的 PTSD 发生率为 6.6%，与在希腊帕尼萨地震 32 个月后测得的青少年 PTSD 有 8.8%的发病率相近，低于土耳其马尔马拉地震 36 个月后测得的 19.2%的发病率(Goenjian，2011)和国内对汶川地震 2 年后测得的 16.5%的发病率(Ying，et al.，2012)。在 PTSD 的不同维度上，警觉性增高症状得分最高，其次是闯入性症状得分，回避症状得分最低。究其原因，中小学生的高警觉性可能和地震引起的持久性次生灾害有关。例如，地震造成的山体松动，以致每年雨季来临时常导致山体滑坡和泥石流，这些次生灾害都会强化其高警觉性。针对这种情况，教育者需要对中小学生阐明地震后持续的次生灾害发生的原因，帮助他们适当防范这些次生灾害带来的危害，而非将其视作重大危险即将来临的信号。

和以往研究的结论相同，女性的 PTSD 发生率高于男性(Ayub，et al.，2012；Goenjian，et al.，2011；Naeem，et al.，2011；Wang，et al.，2012；耿富磊等，2012；刘娅等，2011)，这提示教育者要重点关注女生的 PTSD 状况。不同年级学

生的 PTSD 状况也不尽相同，地震时是中学生的受灾者比地震时是小学生的受灾者要承受更大的风险，这和其他相关研究的结论相似(Roussos，et al.，2005；范方、柳武妹、郑裕鸿、崔苗苗，2010)，即地震后年龄较大的青少年更可能患 PTSD。但也有研究认为，PTSD 的发病率与年龄的大小并无关系(Bal & Jensen，2007)。这提示我们，在年龄和 PTSD 的关系中很可能存在调节变量，或者两者的关系并非线性。所以，一方面，汶川地震极重灾区的教育者应重点关注地震时是中学生的受灾者，给他们提供更多的支持和心理疏导；另一方面，灾难研究者应该尝试在年龄和 PTSD 之间引入调节变量，或在测查 PTSD 时增大年龄范围和检查点，以进一步明确两者的关系。

(二)震后中小学生的抑郁状况

除 PTSD 外，抑郁也是受灾人群的常见心理障碍。在本研究中，PTSD 和抑郁之间的相关高达 0.75。有研究发现，创伤经历和 PTSD 症状对抑郁的发生有着极为重要的影响作用(Cavalcanti-Ribeiro，et al.，2012；Quarantini，et al.，2010)，PTSD 与抑郁两者常常同时发生(Campbell，et al.，2007)。因此，抑郁常和 PTSD 一起作为灾后身心状况的结果变量。

本研究得出震后 30 个月中小学生在抑郁量表上的平均得分为 20.41(得分范围 0～60)，其抑郁发生率高达 69.5%，显著高于希腊帕尼萨地震 32 个月后测得的青少年抑郁的 13.6%的发病率(Goenjian，et al.，2011)。这可能和使用不同的测量工具有关，但也揭示了震后中小学生的抑郁状况不容乐观，必须有专业的心理学和医学工作者介入，以对其进行改善，防止抑郁症状严重干扰中小学生的学习和生活。同时，需要重点关注抑郁状况严重的学生(如本研究中抑郁得分超过 30 的学生，占全体学生的 17.2%)，由专业人员对其提供心理咨询与治疗或精神类药物的专门帮助，并在必要时对其提供心理危机干预，严防其自伤或自杀。

中小学生抑郁状况的性别和年级间差异和 PTSD 相似，教育者和心理健康工作者需要对女生以及地震时是中学生的受灾者提供更多的支持和帮助。

(三)震后中学生的学习倦怠状况

本研究得出中学生在学习倦怠问卷上的平均得分为33.22，在情绪耗竭、学习的低效能感、师生疏离和生理耗竭4个维度上的得分分别为14.05、9.89、4.66和4.63，低于另一项针对926名中学生使用相同调查工具得出的51.69的总平均分以及在情绪耗竭、学习的低效能感、师生疏离和生理耗竭维度上分别为17.90、14.71、8.93和10.16的得分(胡俏，2009)。这提示我们，震后中学生的学习倦怠总体情况并不严重，个别教师反映的学生学习倦怠很可能是特殊情况，而大多数学生的学习状态还是积极、良好的。在以上4个维度中，学习的低效能感最为严重，其次是情绪耗竭，生理耗竭和师生疏离状况最为轻微。这很可能是因为汶川地震极重灾区学生的整体学业成绩不高，导致其在学习上自信心偏弱。教师应该多为学生创造一些获取学习成功的情境，以增强其效能感。此外，基于师生疏离状况最为轻微的情况，教师应珍视师生之间和谐、融洽的关系，善用“亲其师信其道”的教育契机，以身作则，对学生学习和生活的各方面发挥积极影响。

考虑到男生学习的效能感相对较低，女生则更容易出现师生疏离和生理耗竭的情况，教师可以考虑更多地为男生创造学习上的成功情境，并和女生建立相互更加信任的关系；此外，还要重点关注女生的身体健康状况，教导其劳逸结合，防止过度疲劳而影响学习效率。

(四)震后中学生的PTG状况

震后中学生在创伤后成长问卷上的得分平均为60.19，除以题目数后为2.74，超过得分范围(0～5分)的中数，说明其创伤后成长的程度较高，可能和汶川地震极强的破坏性使得受灾者更倾向于重构对世界的基本信念有关。震后中学生在创伤后成长问卷上得分最高的维度是“人际体验的改变”，这与以往关于东亚地区青少年的PTG研究结果一致(Taku，et al.，2012；Tang，2007)。一个可能的原因是，灾后社会各界对灾区的中学生给予了大量的支持，使其感受到更多的人文关怀，增加了他们与施助者之间的积极联系，扩大了他们的交往面，从而使其体验到积极的变化。

总体来说，男生的PTG得分比女生更低，说明男生从灾难中发现机遇并获得成长的能力比女生差。教育者可以通过问卷、访谈、观察等方式发现创伤后成长程度较低的男生，帮助其认识到灾难的两面性，发现灾难带来的各种机遇和新的可能性，建立更加积极、稳定的对于世界的信念。PTG的年级差异总体上是高年级得分高，这和PTSD的年级差异类似。

(五)震后中学生PTSD、抑郁、学习倦怠和PTG间的关系

PTSD、抑郁和学习倦怠3个消极变量之间两两具有中等及以上程度的显著正相关，说明这些消极心理状态之间具有较高的共发性，其中尤以PTSD和抑郁之间的相关为高。实际上，相当多的创伤心理学研究会同时涉及PTSD和抑郁或研究二者之间的关系(Chan, et al., 2011; Fan, Zhang, Yang, Mo & Liu, 2011; Hukkelberg & Jensen, 2011; Papadatou, et al., 2012; 范方等, 2010; 李松蔚等, 2011)，表明不同消极心理状态之间的共发性可能是常态。心理学工作者和教师可以根据观察到的某学生的某种消极心理状态，推测其可能存在其他消极心理状态，借此提升筛查需要心理帮助的学生的效率。

PTG和上述3个消极变量之间的关系则相对复杂。第一，PTG和PTSD呈显著的正相关。这支持了PTG是PTSD的反应结果的观点(Dekel, Ein-Dor & Solomon, 2012; Yonemoto, Kamibeppu, Ishii, Iwata & Tatezaki, 2012)，这意味着PTG并不抵消灾难所带来的负面影响，消极和积极是并存的(Tedeschi, Calhoun & Cann, 2007)，也提示教育者不能忽视创伤后成长程度较高的学生，而应继续为他们提供缓解PTSD的帮助。第二，PTG和抑郁的相关不显著。这可能说明导致PTG和抑郁的原因是相互独立的，也可能和测量的时间点有关。这和一些研究中发现的创伤后6个月PTG和抑郁不存在显著相关的结论相似(Kleim & Ehlers, 2009)，但和李松蔚等人(2010)发现的PTG与抑郁呈中等程度的负相关的结论存在矛盾，这种矛盾可能是因为使用了不同的测量工具或测量的时间点不同。两者的具体关系还需采用纵向的追踪研究来进行详细探查。第三，PTG和学习倦怠不存在显著相关。这可能是因为影响学习倦怠的因素表现在多个方面，PTG仅仅是个体创伤

后所体验到的一种积极心理变化，它与学习倦怠并没有必然的联系。这意味着 PTG 水平高的学生，其学习倦怠水平不一定低。这也提示教育者不能忽视 PTG 水平较高学生的学习心理和行为问题，应根据不同个体的具体情况，发现改善灾后学生学习倦怠的方法，促进其全面发展。

五、结论

本研究得出在震后 30 个月，汶川地震极重灾区学生的身心状况具有以下特点。

(1)PTSD 和抑郁的情况较为严重，女生、高年级学生是高危人群。

(2)学习倦怠总体情况比较轻微，学习的低效能感相对较严重。

(3)PTG 的程度较高，且性别和年级间的差异与 PTSD 相似。

(4)PTSD、抑郁及学习倦怠 3 个变量和 PTG 之间分别为正相关、零相关和零相关。

参考文献

[1]Fan F, Zhang Y, Yang Y, Mo L & Liu X. Symptoms of posttraumatic stress disorder, depression, and anxiety among adolescents following the 2008 Wenchuan earthquake in China[J]. Journal of Traumatic Stress, 2011, 24(1): 44-53.

[2]Goenjian A. K, Roussos A, Steinberg A M, Sotiropoulou C, Walling D, Kakaki M & Karagianni S. Longitudinal study of PTSD, depression, and quality of life among adolescents after the Parnitha earthquake[J]. Journal of Affective Disorders, 2011, 133(3): 509-515.

[3]Tedeschi R G, Calhoun L G & Cann A. Evaluating resource gain: understanding and misunderstanding posttraumatic growth[J]. Applied Psychology, 2007, 56(3): 396-406.

[4]安媛媛，臧伟伟，伍新春，林崇德，周佶．创伤暴露程度对中学生创伤后成长的影响——复原力的调节作用[J]. 心理科学，2011，(3)：727-732.

特质复原力调节青少年创伤后应激症状与创伤后成长之间的纵向关系*

一、问题提出

2008年汶川地震是我国历史上发生过的最严重的自然灾害之一。地震导致大约69277人死亡，374643人受伤，17923人失踪，有将近480万居民的住房遭受破坏。地震后，面对满目疮痍的家园、亲人的逝去，以及社会支持系统的破坏，灾区青少年更有可能产生严重的心理问题。创伤后应激障碍(Posttraumatic Stress Disorder，PTSD)是灾后个体最常出现的一种心理症状。典型症状包括闪回、麻木/逃避、高唤醒三个方面(Ben-Zur & Almog，2013；Bulut，Bulut，& Tayli，2005；Goenjian et al.，1995；Groome & Soureti，2004；Kessler，Chiu，Demler，& Walters，2005；Ying，Wu，Lin，& Chen，2013)。例如，范方等人(2011)在汶川地震后六个月对青少年幸存者的调查结果显示，灾区青少年PTSD发生率为15.8%。类似的，国外有研究者调查了2037名经历过雅典地震的儿童(年龄为9～17岁)，结果显示，在那些直接或间接暴露于地震的儿童中，PTSD的发生率分别为35.7%和20.1%(Giannopoulou et al.，2006)。

虽然如此，个体创伤后所获得的积极结果近些年也得到了研究者越来越多的关注。从概念上，PTG(Posttraumatic Growth，PTG)通常被看成是面对高度挑战性的生活环境个体心理挣扎后出现的积极变化或获得的个人成长，主要表现在个人力量的提升、变得更亲近家庭和朋友、对生活更多的理解、对新的可能的认识，以及灵

---

* 本文原载《国际学校心理学》(*School Psychology International*)2016年第3期。选入时由英文译为中文。本文其他作者为应柳华、王艳丽、陈传生。

性改变(Callhoun & Tedeschi，2006；Tedeschi & Callhoun，1996)。已有研究已经证实在不同类型创伤事件经历者身上都可能出现这种创伤后的积极变化，如自然灾害(Cryder，Kilmer，Tedeschi & Calhoun，2006；Kilmer & Gil-Rivas，2010)、交通肇事(Salter & Stallard，2004)、恐怖袭击(Laufer，Hamama-Raz，Levine & Solomon，2009；Little，Akin-Little & Somerville，2011)等。

PTSD和PTG作为个体创伤事件后可能出现的两种心理后果，对二者之间的关系尚缺乏深入认识。迄今为止，已有文献对两者之间的关系有四种可能的观点：(1)PTSD和PTG两者呈正向关系(Alisic，van der Schoot，van Ginkel & Kleber，2008；Hafstad，Kilmer & Gil-Rivas，2011；Kilmer & Gil-Rivas，2010；Laufer & Solomon，2006)；也就是说，个体创伤后心理症状越强烈，越可能体验一种积极的改变。(2)PTSD和PTG是同一个连续体的两端；创伤后个体体验到的成长越多，其心理症状越轻微(Frazier，Conlon & Glaser，2001；Ickovics，et al.，2006)。例如，伊科维奇等人(2006)的一项纵向研究显示，创伤事件12个月时报告的PTG与之后个体报告的心理悲痛水平呈负相关。(3)PTSD和PTG是两个独立的不同概念。因此，二者无显著关系(Zoellner & Maercker，2006)。(4)PTSD和PTG呈倒U形的曲线关系，也就是说，中等程度的PTSD症状水平往往报告更多的PTG。在此基础上，有研究者采用元分析技术考察了PTSD和PTG之间的关系，结果显示，PTSD和PTG二者呈微弱但显著的关系，并进一步认为因此可能有其他因素影响二者关系。

复原力是影响个体创伤后心理适应的另一个重要因素。从概念上，已有研究对复原力是一种特质还是一个过程，尚有争议(Fletcher & Sarkar，2013；Windle，2011)。过程观认为，个体面对困境仍能在心理和行为上实现积极适应的动态过程(Luthar，Cicchetti & Becker，2000)。而特质观则更倾向于将复原力看成是能促进个体实现心理发展目标的各种因素的集合，如乐观、坚毅、高自尊和积极情绪(Connor & Davidson，2003)。在本研究中，我们把复原力看成是一种人格特质，主要包括乐观、个人力量和韧性三个方面(Connor & Davidson，2003)。

这些人格特质被认为有助于个体应激后的复原，促使个体表现出更多的主动和有意义的行为(Westphal & Bonanno, 2007)。例如，有研究显示，特质复原力有助于减轻脊髓损伤患者自身的抑郁症状(Catalano, Chan, Wilson, Chiu & Muller, 2011)。对有不同创伤暴露水平的大学生样本研究也显示，特质复原与 PTG 有正向关系(Bensimon, 2012)。另外，特质复原可能在 PTSD 和 PTG 之间起着调节作用，虽然已有研究结果并不一致。例如，一些研究认为，高复原力的个体更有可能以一种积极的方式评价创伤事件，进而促进个体创伤后的成长(Pietrzak, Johnson, Goldstein, Malley & Southwick, 2009; Prati & Pietrantoni, 2009)。相反，博纳诺等人(2004)的研究显示，高复原力的个体更有可能从创伤中恢复而体验到更少的心理症状。正因为如此，高复原力的个体也缺少面对创伤事件的那种心理挣扎，降低了个体进行与个体成长有关的意义寻求的可能性(Levine, Laufer, Stein, Hamama-Raz & Solomon, 2009; Westphal & Bonanno, 2007)。

因此，基于已有文献，本研究通过建立潜变量交叉滞后结构方程模型考察 PTSD、复原力和 PTG 三者之间的纵向关系。研究主要目的包括两个方面：(1)考察 PTSD 症状和 PTG 之间的纵向关系；(2)考察复原力在 PTSD 症状和 PTG 纵向关系间可能起的调节作用。

二、方法

(一)被试与程序

研究为汶川地震后对儿童青少年幸存者大样本追踪研究的一部分。研究对象为从受灾情况最严重地区中学选取的 788 名青少年幸存者。这部分被试平均年龄为 15.03 岁($SD=1.65$)，女性 426 人，男性 362 人。所有被试在地震后 12 个月完成了第一次测量，在参与测量的被试中，有 566 人在地震后 18 个月完成了第二次测量，329 人在地震后 18 个月完成了第三次测量。在之后的追踪调查中，有一部分被试因学校的合并或迁移导致无法完成第二、三次测量。为了加强模型估计的可靠性，最终选取在研究变量上至少有两个时间点有效测量数据的被试组成最终分析样本。因此，本研究最终分析样本为 650 人。Attrition 分析显示，参与最终分析的样本(650 人)与未参与分析的样本(138 人)在主要研究变量上并无显著差异。

(二)测量工具

儿童创伤后应激障碍评定量表(CPSS, Foa, Johnson, Feeny & Treadwell, 2001)。该量表包括 17 个项目，采用自我报告的方式评定以 DSM-IV 定义的与重大创伤事件相关的 PTSD 症状出现的频率。儿童在四级量表上做出评定(0=“从未如此”，1=“偶尔如此”，2=“一半时间如此”，3=“几乎总是如此”)。全量表的总分为 0～51 分，“闯入”分量表得分为 0～15 分，“逃避”分量表为 0～21 分，“高度唤醒”分量表的得分为 0～15 分。在本研究中三次测量的克隆巴赫 α 系数分别为 0.90、0.89、0.89。

PTG 问卷。该问卷包括五个维度：个人力量、新的可能、与他人的关系、生命理解和灵性改变。量表采用六级评分，用于评估个体在创伤之后经历的变化。该问卷具有良好的信效度(Tedeschi & Calhoun, 1996)。相对于英文版的问卷，中文版问卷做了两个方面的改变：一是更改了一些项目的表述以加强可理解性；二是由于国内的中学生信教的比例较低。因此，在最终分析中删除了“灵性改变”分量表。修订后的问卷在汶川地震儿童幸存者中具有良好的信、效度。在本研究中，该问卷在三个测量点的信度分别为 0.93、0.95、0.95。

特质复原力量表。采用张建新等人修订的复原力量表(Conner-Davidson Resilience Scale, CD-RISC)，该量表共包含 24 个项目，三个维度：坚韧性(Tenacity)、力量(Strength)和乐观(Optimistic)。量表采用五级计分，用于测量个体应对应激和困境的能力。分数越高意味着个体有着更高的特质复原力水平。该量表具有良好的信效度。中文版的 CD-RISC 在调查实施前根据灾后中小学生的特点做了相应的修订。本研究中该量表在时间点 1 的内部一致性系数为 0.94。

(三)数据分析

首先，对主要变量进行描述性统计分析，计算不同时间点 PTSD 症状、PTG 和特质复原力的平均数、标准差以及相关系数。其次，采用 AMOS 7.0 进行潜变量结构方程模型分析，以考察 PTSD 症状和 PTG 之间的关系。模型拟合程度的评价指标有：拟合优度 χ^2 检验(χ^2/df；Joreskog，1969)，非范拟合指数(TLI；Tucker & Lewis，1973)，相对拟合指标(CFI；Bentler，1990)，近似误差均方根(RMSEA；Steiger，1980)。一般认为，良好拟合标准为拟合优度 χ^2 检验值小于 2(Carmines & McIver，1981)，TLI 和 CFI 大于 0.95(Hu & Bentler，1999)，RMSEA 小于 0.06(Hu & Bentler，1999)。采用卡方差异检验考察嵌套模型的拟合指数。最后，采用模型比较的方法，考察特质复原力在 PTSD 症状和 PTG 纵向关系间可能起的调节作用。

另外，我们采用全息似然估计(FIML)来处理缺失值，这一估计方法可以在 AMOS 7.0 中实现。相对于传统处理缺失值方法，采用全息似然估计法可以生成更可靠、更无偏的估计值(Muthen，Kaplan & Hollis，1987)。

(四)结果

1. 描述性统计

各变量的平均数、标准差以及变量间的相关系数见表 1。如表 1 所示，三个测量时间点的 PTSD 症状与测量时间点 1 的 PTG 有显著的正向关系，但只有测量时间点 2 的 PTSD 症状与 PTG 有显著的关系。测量时间点 1 特质复原力与测量时间点 1、2 和 3 的 PTSD 症状有显著的负向关系，与三个测量时间点的 PTG 有显著的正向关系。

表 1　三个测量点的 PTSD 和抑郁的平均数和标准差以及相关系数

变量	*N*	*M*	*SD*	1	2	3	4	5	6	7
1. PTSD T1	650	0.92	0.50	—						
2. PTSD T2	566	0.88	0.48	0.70**	—					
3. PTSD T3	329	0.90	0.47	0.68**	0.71**	—				
4. PTG T1	650	2.88	0.99	0.11*	0.09*	0.12**	—			
5. PTG T2	566	2.64	1.08	0.06	0.08*	0.01	0.49**	—		

续表

变量	N	M	SD	1	2	3	4	5	6	7
6. PTG T3	329	2.91	1.01	0.03	0.07	0.06	0.38**	0.43**	—	
7. 特质复原力 T1	650	2.20	0.90	−0.10*	−0.09*	−0.13*	0.54**	0.35**	0.31**	—

注：T1＝测量时间点 1；T2＝测量时间点 2；T3＝测量时间点 3。

2. 交叉滞后分析

(1)测量模型分析

根据结构方程分析要求，首先建构两个测量模型，分别包括六个潜变量：测量时间点 1、2、3 上的 PTSD 潜变量以及时间点 1、2、3 上的 PTG 潜变量。在每个时间点上，CPSS 问卷的闯入、逃避和高唤醒三个显变量指标构成 PTSD 潜变量，PTG 问卷的个人力量、新的可能、生命理解和与他人的关系四个显变量指标构成 PTG 潜变量。

在第一个测量模型(模型 1)中，显变量在各自潜变量上的载荷可以自由估计。所有的潜变量彼此相关，不同测量时间点的显变量的误差项彼此相关(Cole, Ciesla & Steiger, 2007)。例如，测量时间点 1 的“逃避”显变量指标的误差项与测量时间点 2 和 3 的“逃避”显变量指标的误差项相关，测量时间点 2 和 3 的“逃避”显变量指标的误差项彼此相关。分析结果显示，该模型与数据拟合良好[$\chi^2(153)=274.33$，$p<0.001$，$\chi^2/df=1.793$，CFI $=0.986$，IFI $=0.987$；TLI $=0.979$，RMSEA $=0.035$]。在模型 1 基础上，第二个测量模型(模型 2)进一步将不同测量时间点相类似的显变量指标在潜变量上的载荷设置为相等，以确保测量跨时间的一致性(Hoyle & Smith, 1994)。模型 2 仍然很好地拟合了数据[$\chi^2(163)=292.68$，$p<0.001$，$\chi^2/df=1.450$，CFI$=0.985$，IFI$=0.986$，TLI$=0.979$，RMSEA$=0.035$]。进一步的卡方差异检验显示，模型 2 与模型 1 在拟合程度上边缘显著。因此，我们保留更简约的测量模型 2，在之后的结构模型分析中保留对显变量指标在潜变量上跨时间的一致性。

(2)结构模型分析

在第二个测量模型的基础上，我们构建两个结构模型。在第一结构模型(模型 3)中，所有的结构系数可以自由估计。模型对数据的拟合良好[$\chi^2(167)=333.38$，$p<0.001$，$\chi^2/df=1.996$，CFI$=0.981$，IFI$=0.981$，TLI$=0.973$，RMSEA$=0.039$]。在第二个结构模型中(模型 4)，我们将两个时间间隔的结构系数设为相等，以确保结构系数跨时间的一致性。再次分析表明，模型对数据的拟合良好[$\chi^2(171)=336.58$，$p<0.001$，$\chi^2/df=1.968$，CFI$=0.981$，IFI$=0.981$，TLI$=0.974$，RMSEA$=0.039$]。卡方差异检验结果显示，模型 3 和模型 4 之间的拟合差异并不显著的[$\Delta\chi^2(4)=3.2$，$p>0.05$]。因此，我们保留更简约的模型 4。在模型 4 中，PTSD 症状对 PTG 的交叉滞后效应不显著，PTG 对 PTSD 症状的交叉滞后效应也不显著。

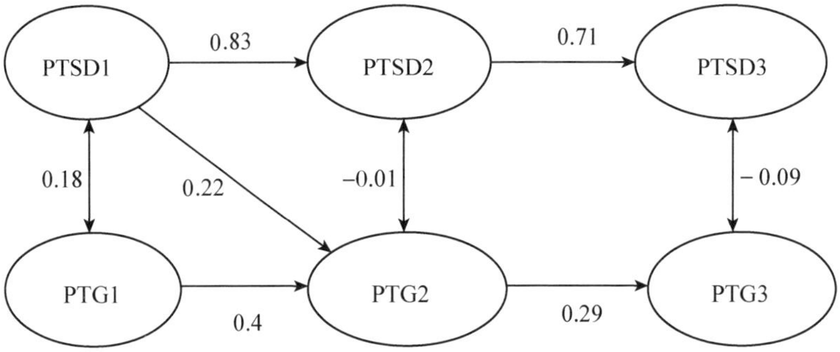

图 1　低特质复原力青少年 PTSD 和 PTG 纵向结构关系图

(3)特质复原力在 PTSD 症状和 PTG 关系间的调节效应检验

为了进一步考察特质复原力在 PTSD 症状和 PTG 纵向关系间可能起的调节作用，我们首先采用嵌套模型比较的方法考察不同特质复原水平在模型 2 上的测量不变性。具体的，在非限制模型中，允许因子载荷随高、中、低水平的特质复原力变化；在限制模型中，不同组间因子载荷被设定为相等。卡方差异检验显示，非限制模型的拟合程度显著优于限制模型[$\Delta\chi^2(12)=26.42$，$p<0.001$]。因此，在之后的分析中允许因子载荷自由估计。然后，采用多组结构方程模型的方法进一步考察模型 4 的结构系数是否随不同水平的特质复原力而变化。结果显示，非限制模型的拟

合指标显著优于限制模型[$\Delta\chi^2(20)=37.52$，$p<0.05$]。如图1和图2所示，在非限制模型中，低复原力组在控制测量时间点1的PTG得分后，测量时间点1的PTSD症状得分可以显著预测测量时间点2的PTG($\beta=0.22$，$p<0.01$)，但在高和中等水平复原力组中这一预测作用并不显著。另外，中等水平复原力组在控制测量时间点1的PTSD症状得分后，测量时间点1的PTG得分可以显著预测测量时间点2的PTSD症状得分($\beta=0.12$，$p<0.05$)，但在高和低等水平复原力组中这一预测作用并不显著。

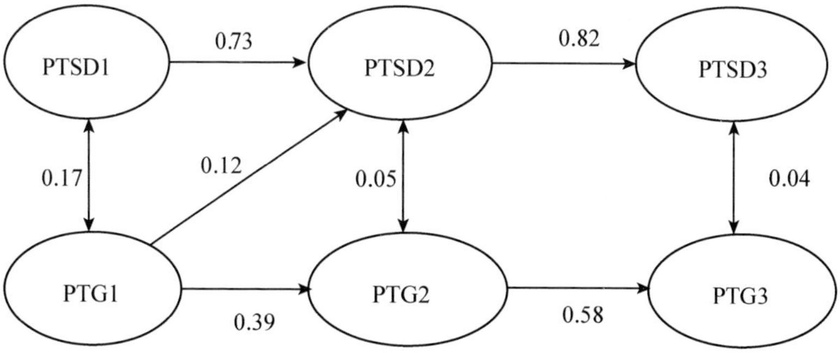

图2　中等特质复原力青少年PTSD和PTG纵向结构关系图

三、讨论

本研究采用潜变量交叉滞后结构方程模型考察了汶川地震后青少年幸存者群体中PTSD症状和PTG的纵向关系，以及特质复原力在二者间的可能作用。有以下几个方面的研究结果。首先，与先前研究一致(Alisic, et al., 2008; Hafstad, et al., 2011; Kilmer & Gil-Rivas, 2010; Saccinto, Prati, Pietrantoni & Perez-Testor, 2013)，本研究发现，在汶川地震后12个月和18个月进行的第一次和第二次测量时，PTSD与PTG的横向关系显著，但在地震后24个月二者之间横向关系并不显著。可能的解释是PTSD症状和PTG作为个体创伤后两种可能的结果，可能具有类似的影响因子，如创伤经历导致对核心信念的挑战(Janoff-Bulman, 2010)。例如，先前研究表明，反刍作为PTSD一个重要的预测因子(Murray, Ehlers & Mayou，2002)，同时也是促进个体PTG的重要认知过程(Taku，Cann，Tedeschi & Calhoun，2009)。然而，PTSD与PTG在地震后24个月的非显著性关系表明，随着时间的推移，影响PTSD和PTG发展的共同的预测因子作用降低，甚至不再起作用(Triplett，Tedeschi，Cann，Calhoun & Reeve，2012)。

其次，研究结果表明，中等水平特质复原力组在控制测量时间点1的PTSD症状后，测量时间点1的PTG可以显著且正向预测时间点2的PTSD症状。尽管PTG被认为是一种应对策略，但有研究者也主张PTG有现实建构和自我欺骗的一面。就现实建构来说，PTG反映了个体在经历创伤事件后进行功能性调节或认知重构过程，并且借助这些过程，PTG能起到缓解灾难后痛苦的作用。然而，本研究并不支持PTG现实建构的假设。相反，本研究表明，受创伤的青少年所感知的个人成长实际上可能是一种虚幻的(可能是自我保护或自我提升)过程；事实上可能是个体过去自我的减损的反映，而不是从事件发生后到现在的实际改善(McFarland & Alvaro，2000)。从长期来看，这种虚幻的自我增强策略甚至会恶化具有中等程度特质复原力青少年幸存者的PTSD症状。因此，个体创伤后经历的积极变化并不一定能消除创伤所带来的痛苦。

最后，本研究表明，当早期控制PTG后，PTSD并不能显著预测随后的PTG。这一结果表明，尽管PTSD与PTG可能存在共变关系，但PTSD症状并不一定意味着个体心理成长的发展或缺失。我们进一步研究发现，个体特质复原力在PTSD与PTG之间起调节作用。也就是说，相比于高特质复原力的青少年，低特质复原力青少年的PTSD症状与PTG变化有着更显著的正向关系。研究结果进一步支持PTG理论，即只有当创伤足够痛苦到驱使幸存者参与到意义寻求的行为中时，成长才会发生。因此，低特质复原力的个体更有可能有着更高水平的PTSD症状，进而导致这部分个体有着更强烈的需要或机会去获得创伤后成长(Westphal & Bonanno，2007)。另外，如果PTG是指个体非现实乐观来面对困境的话，低特质复原力的青少年同样也会体验到这种虚幻的“错觉”(Johnson，et al.，2007)。相反，高特质复原力青少年幸存者可以借由灵活改变他们的情感和生理反应来保持机体平衡，以成功适应不断改变的外部环境(Waugh，Thompson & Gotlib，2011)。从这个角度来说，这部分个体可能会经历更少的成长，因为他们体验的心理压力不足以促使自身采取各种策略来恢复心理平衡(Schuettler & Boals，2011)。

本研究的局限性有以下几个方面。首先，我们收集的数据均为创伤性事件后一年的数据，缺乏在事件发生后和第一次测量之间个体压力和成长相关的信息(Meyerson，Grant，Carter & Kilmer，2011)。其次，主要研究变量(如PTSD症状、PTG、特质复原力)的测量都源于个体的自我报告，共同方法偏差有可能夸大了三者之间的关系(Podsakoff，Mackenzie，Lee & Podsakoff，2003)。最后，研究被试都源于严重地震后的青少年幸存者。因此，将本研究结果泛化到其他创伤事件(如严重的车祸事件、性虐待)经历者时需更为谨慎。

虽然存在上述局限性，本研究的发现可以为心理服务工作者对创伤后青少年心理状态的评估和干预提供一些有价值的信息。例如，研究结果显示，PTSD症状与PTG变化之间具有正向关系。这一结果意味着，心理上的痛苦对于低特质复原力青少年的创伤后成长是必需的。他们可以将PTG作为可能的应对方法来重构自身的目标、信念和世界观。另外，学校是创伤后为个体提供心理干预的重要场所(Heath & Cole，2011)。学校心理工作者，应当意识到遭受创伤青少年具有实现个体自身成长的可能性。例如，学校心理工作者应当认识到青少年面对创伤的痛苦与挣扎不仅是个体正常的一种创伤后应激反应，同时也将是获得个人成长的一个契机。然而，中等特质复原力的青少年中PTG和PTSD症状变化的一种正向关系，也意味着对于心理服务提供者或学校心理工作者来说，从长远看，PTG并非是一个有效的干预目标(Sawyer，Ayers & Field，2010)。而且，心理服务工作者需要避免对个体创伤后获得的成长抱有一种不切实际的预期。正如先前研究中所提及的那样(Calhoun & Tedeschi，2006；Joseph，2004)，“对于心理服务工作者而言，成长需要与来访者步调一致。成长可以加以识别，但不能强迫”。

参考文献

[1]Fan F，Zhang Y，Yang Y，Mo L & Liu X. Symptoms of posttraumatic stressdisorder，depression，and anxiety among adolescents following the 2008 Wenchuan

earthquakein China[J]. Journal of Traumatic Stress, 2011, 24: 44-53.

[2]Meyerson D A, Grant K E, Carter J S & Kilmer R P. Posttraumatic growth among children and adolescents: a systematic review[J]. Clinical Psychology Review, 2011, 31: 949-964.

[3]Little S G, Akin-Little A & Somerville M P. Response to trauma in children: an examination of effective intervention and post-traumatic growth[J]. School Psychology International, 2011, 32: 448-463.

[4]Saccinto E, Prati G, Pietrantoni L & Perez-Testor C. Posttraumatic stress symptoms and posttraumatic growth among Italian survivors of emergency situations[J]. Journal of Loss and Trauma, 2013, 18: 210-226.

专家—教练—教师相结合的创伤干预模式的建构

——基于汶川地震后心理援助的经验*

虽然汶川地震已经过去将近10年了，但总结汶川震后心理重建的成功经验仍然具有重要意义，尤其是对于如何应对今后类似的心理危机具有重要的借鉴作用。众所周知，“5·12”汶川特大地震不仅导致个体生命财产的损失，也给个体带来了严重的心理创伤。中小学生由于处在身心发展的关键时期，面对地震这一严重的创伤事件，更容易体验到内心的冲突和不适。虽然震后大量的心理工作者和各方志愿者为灾区群众提供了一些心理上的帮助，但是这种干预具有暂时性和应急性。随着灾后重建的开展、灾后生活秩序的恢复，当外部的心理援助队伍撤离后，如何为当地中小学生提供长期有效的心理辅导是我们需要思考的问题。基于灾后学校工作的现实情况，我们将教师作为开展学生心理辅导工作的主要力量，以促进教师心理疏导能力为核心目标，建立了一套完整的灾后心理疏导的教师培训体系，力求通过培训教师，使教师获得成长，以此来带动和促进学生创伤后的积极变化。本文将就这一构想提出的背景、实施过程及其效果等进行回顾，以期为今后的灾后心理重建提供借鉴。

一、专家—教练—教师相结合的创伤干预模式的提出

在建构专家—教练—教师相结合的创伤干预模式之前，我们首先对灾后中小学生心理干预的现状进行了客观的分析；然后，基于现实需求并整合国际上比较成熟的理论，才创造性地提出我们自己的干预模式。

---

* 本文原载《北京师范大学学报（社会科学版）》2018年第2期。本文其他作者为伍新春、陈秋燕、田雨馨。

(一)灾后中小学生心理干预的现状分析

客观分析汶川震后初期的心理援助工作，可以发现虽然各种不同性质和种类的灾后心理援助工作为学生的心理康复起到了一定的支持和帮助作用，但缺乏统一的领导、各组织部门之间彼此独立、援助单位和个人杂乱无序等因素，也导致了心理援助过程中出现了若干问题(陈秋燕，2008)。

1. 资源分配不均、浪费严重

由于受灾情况、地理位置、交通条件及媒体宣传等因素的影响，一些交通比较方便、媒体关注比较多的学校接收到的物资捐助和心理教育援助相对较多，而交通恢复较晚(如汶川)、得到媒体关注较少(如茂县)的学校得到的援助较少。另外，由于心理援助队伍分属的机构和部门各不相同，相互之间缺乏一定的沟通协调，结果出现了比较明显的援助工作混乱、资源浪费的现象。

2. 外部资源的持续性及长效性不足

众所周知，心理创伤的恢复是一个漫长而又复杂的过程，因此心理援助也应当是一项长期持续的工作(付芳、伍新春、臧伟伟、林崇德，2009)。反观灾后的心理疏导工作，在灾后不到2周的时间内，共有50多支心理援助队伍，以惊人的速度和规模奔赴灾区进行救援(李辉、舒姝、李红，2009)。然而，还不到1个月的时间，这50多支队伍中有30多支队伍撤出了灾区。这些短时的心理安抚，不仅无法使灾后中小学生感受到长期关系的建立，甚至会使得灾后中小学生再次经历情感分离，产生无助感和丧失感。

3. 未能充分利用当地资源

在心理援助的初期，心理援助者没有意识到本土力量的重要性，习惯性地把身边所有受灾的个体都看作有问题的人，都需要心理疏导。事实上，并非所有的受灾师生都需要通过心理疏导的方式来摆脱创伤；而且即使本身受到了心理创伤的个体，也不代表其不能成为一个助人者。尤其是在中国这样一个注重家庭关系和人情的社会文化背景下，身边的父母、教师、同学等都可能成为非常优越的心理援助资源，而这些力量是不可或缺的。

4. 心理援助队伍水平参差不齐

据相关统计，震后一个月内有大量的心理援助组织共计千余人进入灾区(陈丽，2009)，但水平却参差不齐。灾难发生后，受灾人群确实需要心理援助，但他们真正需要的是有经验、有技能的专业心理疏导。不具备专业能力的心理干预，不但起不到心理疏导的效果，反而会“雪上加霜”，造成二次心理伤害，加剧受灾中小学生的心理创伤程度。

同时，通过回顾已有的研究文献和分析心理援助的现状，我们可以将汶川震后的心理干预归纳为以下三种类型：第一种，以志愿者为主的心理援助，大多直接针对中小学生进行，有较大的覆盖范围，且具有一定影响力；第二种，国家各部委组织的心理援助，援助者多为专业人员，他们的主要工作是培训当地人员，对当地相关人员专业知识的增长、解燃眉之急发挥了一定作用；第三种，以基金会为依托，借助专业机构或者相关单位的专业人员，对灾区进行长期的干预。这种形式持续时间长，覆盖面大，有资金支持，也有后续计划。

客观地说，以上三种干预方式各有利弊，但它们都有两个共同的特点。一是提供援助的都是外来人员。虽然“外来的和尚会念经”，但是他们终究是“飞鸽牌”，不是“永久牌”。一旦他们离开，其结果是“拔出萝卜留个坑”，当地学校今后如果遇到类似或相关的问题，仍然没有解决能力。二是关注点主要落在中小学生身上，干预都是直接面对中小学生，针对教师进行的干预很少。这意味着与中小学生朝夕相处的教师群体，在这些心理干预体系中几乎被忽视。而实际上，教师本身承担的社会责任很容易使其处于各种压力的包围之中，从而产生各种心理行为问题；另外，教师的心理行为问题会以显性或隐性的方式，对学生的心理行为造成巨大的影响。为此，教师的心理健康状况应该引起全社会的高度关注。尤其是特大地震后，教师不仅要承担重建家庭的责任，而且还是重建校园、安抚学生、恢复学校正常教学秩序的主要力量。可以说，教师是灾后学校重建和学生心理健康维护的重要力量，提升教师的心理健康水平和心理健康教育能力，促进灾区教师的自我成长，使他们自身的素质得到提高，有助于带动一批又一批的中小学生健康成长。

因此，我们结合灾后实际情况及相关理论基础，建立了一种以教师为中心的培训体系。这一培训体系不仅可以对教师心理进行干预，以促进教师的身心发展，而且还能通过教师影响学生，并最终促进学生的心理健康发展。

(二)专家—教练—教师相结合的创伤干预模式的理论基础

根据相关文献和实地调查的结果(伍新春、侯志瑾、臧伟伟、张宇迪、常雪亮，2009)，本课题组以学生帮助计划、教练技术、教师作为治疗师的干预理论作为理论基础，将三者有机融合，并结合当地实际情况，逐步形成了以教师为中心的综合培训和干预理念(林崇德、伍新春、侯志瑾、付芳、臧伟伟，2009)。

1. SAP 干预理念

学生帮助计划(Student Assistance Plan，SAP)最初是由学校为有物质滥用、酗酒等行为问题的学生提供咨询与帮助，随着计划的进一步实施与完善，逐渐发展成为学校用于减少学生心理行为健康的风险因素、促进保护因素的支持性项目，从而帮助学生增强内外部的资源，避免心理行为方面的问题及其对学业表现产生消极的影响。SAP 重视利用外部专家的力量从宏观上对学生心理服务进行规划，其中包括对学校领导、学校心理咨询师等内部力量的整合，并强调对社区和家长力量或某些有实力的公司等外部资源的利用，以协助学校一起做好学生的心理健康工作。

2. 教练技术

教练技术一般被认为是一种问题解决取向、结果导向、结构化的助人技术，面对的是一般性而非临床群体，它主要是通过具体的目标设置及实现来帮助人们提升自我，促进个人成长和生活的积极变化(Grant，2003；Grant & Greene，2001；Spence & Grant，2007)。教练与受教者之间是一种合作关系，其焦点在于根据受教者的实际情况积极地构建解决方案，帮助其进行学习，发展成长的技能，并最终可以达到自我教练的程度(Stober & Grant，2010；王青，2017)。为此，本课题组以教练技术为理念建立教练组，通过教练对灾区教师(受教者)提供指导和支持，使灾后的心理援助工作能够长期和稳定地进行下去。

3. TAT 干预理念

以教师作为治疗师(Teacher As Therapist，TAT)的干预理论强调通过干预教师来间接地干预学生，其核心理念是将教师培养成一个提供支持的资源，以帮助部分有特殊需要的学生。首先，对学生而言，教师是家长之外的重要他人。尤其在中国文化中，“一日为师，终身为父”，这种强烈的情感联系和强大的影响力，可以显著地提高教师帮助学生的效果。其次，教师是学生观察学习的榜样，因此教师作为治疗师，可以在教学过程中通过自身的行为表现，对学生起到良好的示范作用。再次，教师与学生的相处时间较长，他们彼此十分熟悉，因此可以减少干预过程中大量的试探了解、建立关系的时间。最后，教师与学生同处一个生态系统，教师更容易了解学生问题产生的背景以及可能发生改变的条件。因此，通过培训教师，使教师成为促进学生成长的咨询师，对灾后心理重建的作用往往会大于外来咨询师对学生进行直接干预的效果。

总之，本课题组从 SAP 中抽取其重视专家力量和资源整合的理念，从教练技术中吸取其解决取向和同辈合作的理念，尤其是以 TAT 为核心，借鉴其重视教师的榜样示范和直接影响的理念，并最终将其有机整合成专家—教练—教师相结合的创伤干预模式。

二、专家—教练—教师相结合的创伤干预模式的基本内容

本课题组提出的专家—教练—教师相结合的创伤干预模式，其实质是以教师作为治疗师的理念为核心，以培育学校内部力量、完善学校心理健康教育体系为根本落脚点，以家长为辅助的整合性的创新干预模式。

(一)干预模式的主要结构

由于教师是学生重要的影响力量，也是学生最为熟悉的资源之一，如果能把教师培育成介于普通任课教师和专业咨询师之间的“准专业心理咨询师”，那么他们将在学生的心理健康成长方面扮演一个不可替代的重要角色。同时，由于灾区教师自身的心理健康问题得不到应有的重视，在进行教师培训体系的设计时，必须充分考虑到教师自身的需要，舒缓教师自身的压力。因此，为教师量身定做专门课程，首

先需要帮助教师成为自己的咨询师，学习自助和求助的技巧；然后需要为教师提供系统专业的连续培训，帮助教师成为学生的咨询师。

基于前期调研的结果(伍新春等，2009)，鉴于灾区支持性资源缺乏的状况，考虑到课题组成员所担负的任务，我们创造性地设计了专家组与教练组相结合的方式，希望能够最大限度地从专业上对教师给予支持，使培训体系有助于教师提升自我心理健康水平和实施心理健康教育的能力，从而直接影响学生，使学生成为最终获益者。我们将这一专家组和教练组相结合、把教师作为培训的主要对象的培训体系，称为专家—教练—教师相结合的创伤干预模式(林崇德等，2014)，具体结构见图1。

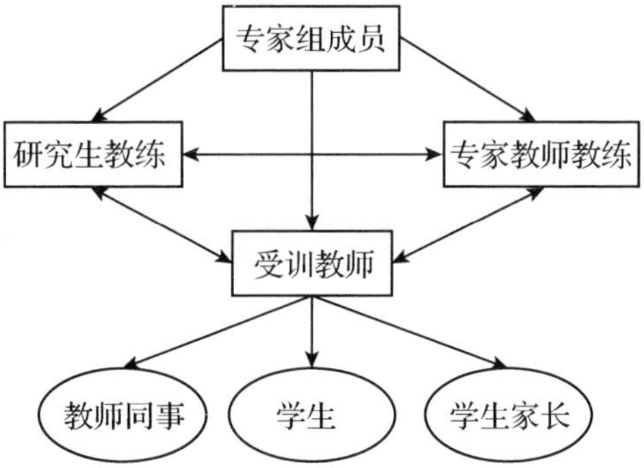

图1　专家—教练—教师干预模式的结构

(二)干预模式的内涵分析

专家—教练—教师相结合的创伤干预模式的具体工作，可分成以下几个层面。(1)专家培训：由专家组成员对一线教师和教练组成员定期进行培训，同时教练组成员和结对的教师进行经验分享。(2)教练支持：由教练组成员对教师的工作进行督导，并为其提供工作和情感的支持。(3)教师工作：教师将所学的知识和技能运用于所在学校的教育教学和心理辅导过程中。教师的工作对象包括学生、同事、学生家长或监护人三部分人群。同时，为了推动整个学校系统的改变，可将校长作为后备支援力量纳入培训体系，目的是让学校领导认识和理解培训的理念，从而给予学校心理健康工作足够的重视。

为此，课题组聘请了相关领域的学者成立专家组，其授课内容包括心理健康教育、教师职业发展、教师教学改进、心理疏导态度与技术、心理危机干预方法等内容。专家组成员的任务是亲赴现场对一线教师和教练组成员进行专业培训，给他们以全面和系统的教育和指导。

教练项目是该干预模式的主要组成部分之一，教练组成员主要包括两部分：一部分是心理学专业的博士研究生和高年级的硕士研究生；另一部分是在四川成都具有实际经验的心理教师。这两类教练各有所长，研究生具有较为扎实的理论基础，成都教师具有丰富的实践经验，两类教练密切配合、共同工作。教练组的主要工作是通过电话或者网络等远程方式给接受培训的教师提供指导和支持，如解决心理健康活动开展过程中的困难和困惑、教育教学中遇到的问题、教师自身的情绪问题等。教练本人不亲临其境，但是他们保持与教师的实时交流，在专业方面可以给教师出谋划策；更为重要的是，教练可以从情感和个人成长方面为教师提供长期而稳定的支持，其作用甚至不亚于专家组所提供的专业培训。

除了教练组与受训教师建立“一对一”的联系外，专家组与教练组之间也有着固定的互动模式。专家组定期给教练组提供督导，帮助他们解决无法处理的问题；教练组成员如果发现受训教师存在某些共有的问题，也会及时反馈给专家组，从而为持续培训提供第一手的宝贵资料。通过这种方式，最终的培训体系就形成了以专家的“一点”带动教练的“一线”，继而带动教师的“一面”的联动模式，并能最终在这一以点带面的层层协助下，切实提升学生“一体”的心理健康水平。

(三)干预模式的目标定位

这一干预模式的关键和核心是将教师培养成为“准心理专业人员”，通过次数有限的培训和督导，让他们在某些方面发挥心理专业人员的作用，从而使学生发生积极的改变。考虑到灾后教师与学生存在的心理问题，课题组将目标确定为：用三年时间，为汶川县中小学校培养一批较为专业的心理教师，使他们能够独立完成学校心理健康教育工作，全面提高汶川中小学的心理健康教育水平。与此同时，也要为汶川的中小学培养一批懂得心理健康知识的班主任教师。在这一总体目标下，课题组制定了两个具体的目标，即(1)促进教师的自身发展和心理健康，让教师成为学生身心健康的榜样；(2)促进学生的身心发展和心理健康，使教师成为学生身心健康的促进者，家长成为学生身心健康的支持者。

(四)干预模式的主要特点

1. TAT与支架式教学相结合

支架式教学指的是外来的专家首先为当地教师提供必要的支持和指导，也就是所谓的提供“支架”，使他们在自主探索的基础上，能初步了解和学会心理健康方面的知识和技能。进而，随着教师们对这些知识和技能的逐渐熟悉，专家们会逐步地减少对教师的直接帮助，改为间接地指导教师去运用所学的知识解决具体的问题，直到教师们能够完全学会并很好地运用这些知识和技能为止，此时教师们可以完全脱离专家们的支架而自行行动。这一过程对应着支架式教学的三个环节：一是判断教师现有的发展水平，为其搭建合适的支架；二是专家和教师共同解决问题，即实施支架式教学的过程；三是教师独立学习的过程，也就是撤出支架的过程。在这一过程中，随着教师能力的不断提高，专家组和教练组逐步地将控制权交回给教师，让他们自主、独立地开展心理辅导工作，从而达到“授人以渔”的最终目标，实现长期助人的可能性。

2. TAT与朋辈咨询相结合

教师在对学生进行心理援助的过程中，可能随时会遇到各种难以预料的问题。此时，作为新手的教师治疗师(TAT)就需要即时、现场的支持与帮助。由于专家力量毕竟是外援，要想干预有持久的效果，朋辈力量就成为教师处理日常问题的一个重要支柱。这里的朋辈力量既包括教师自己的同事、培训团队中的同人，更包括同为中小学一线教师的教练。朋辈支持可以让教师们在遇到困难时相互倾诉、安慰和关怀等，有助于帮助他们舒缓情绪，减轻压力。此外，朋辈也可以让同龄教师们相互提供积极的相关信息和行为示范，解决共同存在的问题并加以改进，从而实现互相学习、共同进步。

总之，把教师当成学生心理干预的重要资源，这比求助于“够不着”的专家具有更大的现实性。同时，本课题组也整合了专家、学校、家庭、地方政府、国内外民间组织的力量，使这几个方面的力量协作配合，各司其职，从而保证了教师培训计划的顺利实施。

三、专家—教练—教师相结合的创伤干预模式的有效实施

(一)前期准备

我们的前期准备工作主要包括参培教师选拔、教练选拔及培训两个部分。首先在教师选拔部分，基于前期调研的情况，我们需要重点考虑的是当专家组队伍离开之后，如何使学校的心理健康工作持续下去。为了使培训的教师能够有一定的影响和辐射作用，我们决定重点培养，持续进行，要求参与培训的教师相对固定，连续参加3年培训。为此，我们与汶川县教育局合作，由汶川县教师进修学校负责组织，汶川县所有中小学参与，每所中小学选派2～4名教师，并希望在选派时能考虑教师的未来发展定位，同时要求教师对心理健康教育有足够的热情。我们本着自愿参与、学校推荐的原则进行筛选，并与每位教师签订了同意参与的知情同意书。

其次在教练选拔与培训部分，我们不仅在北京师范大学心理学院、四川师范大学心理系、西南民族大学心理系招募博士生和高年级硕士生参与教练项目，同时与成都市教育局合作，在成都市招募有丰富工作经验的骨干心理健康教师作为教练组成员。在整个培训的过程中，我们强调教练—教师关系中的目标一致性、任务一致性及彼此之间的情感联结，内容涉及向教练介绍课题内容与实施过程、教练的角色、教练与教师的关系、教练过程中可能涉及的主题、教练进行过程中的挑战、教练技术等。之后，我们采用姓氏笔画随机分配的方式形成了教练—教师“一对一”配对组合，同一个学校的教师形成一个教师小组，鼓励教师小组定期活动，以获得彼此的支持，同时探讨工作中遇到的问题。同时，与同一个学校教师对应的教练构成一个教练小组，每周进行同辈督导，并且专家组成员每周会对朋辈督导过程中遇到的问题进行讨论与解答。另外，专家组会根据每个教练小组提供的教师情况，对教

师所在学校环境进行分析，为专家组后续培训教师提供素材，也为培训内容的调整提供依据。为了保证教练项目有序、有效地进行，同时让教练们的利益得到保障，课题组与所有参与教练项目的教练签订了督导协议。

(二)课程设计

按照课题组与汶川教育局拟定的培训计划，我们对所选拔的心理骨干教师进行了9期的心理健康教育能力培训，并采取专家经验介绍、外部参观学习、内部说课讨论、教练持续指导等多种方式进行培训，培训共持续了近3年的时间。

根据培训方案，专家组对培训内容进行解析，把培训的内容进行了归类，并将所有主题的内容分成3个大的模块：学校心理教育工作能力、心理咨询实务能力、教师自我成长。“学校心理教育工作能力”是当前心理骨干教师的主要工作，为“心理咨询实务”与“教师自我成长”提供必要的平台；“咨询实务”能力一方面是教师开展心理教育工作能力的体现，另一方面可以提升教师自身的心理健康水平；而“教师自我成长”则是开展学校心理健康与心理辅导工作的保障。因此，3个方面相辅相成、互相促进，3条主线贯穿于每次培训之中，如图2所示(林崇德等，2014)。

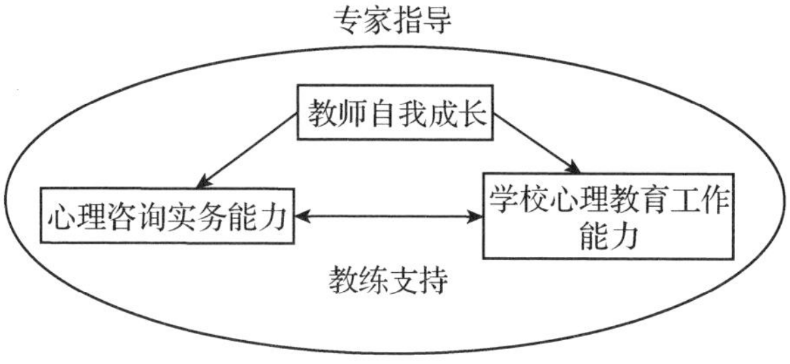

图2　培训体系的三条主线

在这三大模块的内容中，专家组认为最核心的部分应当是心理骨干教师自身的专业能力即心理辅导的理论与实务水平的提升；而对于心理健康教育领域的“新手”，培训需要稳扎稳打、循序渐进，才能真正有效地提升其专业技能。因此，课题组以学校心理咨询人员专业胜任特征的研究成果为基础，结合灾后中小学师生的心理特点，对培训课程中的“心理咨询实务”部分进行了精心的设计，主要涵盖了以下几个方面的内容。(1)自我康复。我们前期的调查结果(伍新春等，2009)显示，中小学教师在经历灾难后有较高的PTSD水平，且由于工作中缺乏个人成就感而存在职业倦怠的情况，说明他们对教师工作的自我评价相对消极。因此自我康复能力的获得，既是解决自身问题的必要条件，也是成为一名合格的心理教师的必经之路。(2)自我觉察训练。咨询师自己过去的经验、价值观等，很容易给心理咨询带来负面的影响，而咨询师对自己情绪的觉察与了解，可以在一定程度上减少这一影响。因此，提高对自身情绪和感受的觉察，是咨询师专业发展的重要内容。(3)一般咨询技术与过程。这一部分包含心理咨询的设置、心理咨询进入与定向阶段、问题的个人探索阶段、目标与方案讨论阶段、行动或转变阶段以及评估结束阶段等方面。在咨询过程中，穿插讲授咨询的一般会谈技术、创伤治疗技术、关系建立等方面的内容。(4)灾后行之有效的咨询技术培训。在对基本咨询过程与技术有所了解与掌握的基础上，适当地引入一些针对创伤后儿童青少年行之有效的心理咨询技术，如焦点解决短程心理咨询、箱庭(沙盘游戏)疗法等，这对汶川心理教师的心理辅导能力提升有着“画龙点睛”的作用。(5)学业心理辅导。在当前学校体制下，学业成绩仍然是学校教师与家长关注的重点，这一部分主要涵盖学习动机与学习策略两个方面的内容，教师如何引导学生的学习动机、如何协助学生完善学习策略成为摆在灾后教师面前的重要任务，而这也正是这一主题培训的重要内容。(6)家庭治疗。调查发现教师与家长之间的矛盾是教师的重要压力源之一，家长对教师的不理解以及家长在震后的价值观变化都对孩子的学习与成长产生巨大的影响。因此，本课题的干预模式需要纳入家长这支重要力量，而家庭治疗中系统观念的引入，正可以为当地教师利用家长资源开展心理健康教育提供必要的支持。

(三)实施过程

1. 教师培训的实施过程

如前所述，教师培训共分为9期。在第1期培训中，我们通过团队建设培养教师对其所在团队的认同、接纳和归属感；通过问题解决技能培训，帮助灾区教师建立问题解决信念，即问题是可以解决的，不要回避问题，而要积极地寻求方法解决问题；通过学校心理健康教育方法培训使教师们明确自身的职责和工作范围，进而了解学校心理健康测评系统的使用、心理咨询室的建设等内容。在进行第 2 期培训前，我们将担任教练的成都心理教师引荐给参培教师，帮助其为以后建立“一对一”的辅导奠定基础。接下来我们主要对教师的自我觉察和自我调适能力进行了培训，同时也介绍了多种激发学生学习动机、管理课堂问题行为的方法。第 3 期培训主要介绍焦点解决短程咨询理论，培养参培教师的体验、表达和管理情绪的能力，以达到预防职业倦怠的目的。另外，由于此次培训是在汶川震后一周年前夕进行的，因此还加入了“周年仪式，学会纪念”这一主题活动，帮助大家了解“仪式”背后的意义，有助于人们表达情绪，对于创伤具有很大的缓解作用。第 4 期培训开始时，全体参培教师前往教练所在的中小学进行参观，之后开始进行专家组对于教学心理与学业辅导方面的培训，帮助教师们了解到要在具体的情境中去培养和评价学生，并且从不同的学习动机理论去理解学生的学业倦怠。第 5 期培训的主题是心理创伤干预技术，培训首先从危机的概念入手，对应激反应做了详细的阐释，帮助参培教师全面掌握危机和应激反应的概念和内容，同时还从实务操作方面重点介绍了危机管理简报会(CMB)、突发事件应激会谈(CISD)、心理康复技术、艺术减压团体等，帮助教师了解应对危机的具体方法。第 6 期培训开始，首先让参培教师展示心理示范课，达到在“做”中学的目的。之后，系统开展情绪管理和心理咨询技巧两个方面的培训，通过理论及实操技术的讲授和现场练习，帮助教师们有效地管理自己和学生的情绪，学会有效表达积极情绪，建设性释放消极情绪，增强对情绪的控制感；通过角色扮演和分享总结，让受训教师基本掌握主动倾听、同感回应、非言语表达、具体化、尊重、真诚、分享、对质等基本的个体咨询技巧。第 7 期培训的主要内容是介绍家庭治疗的相关概念和技能，帮助教师们从家庭的视角去理解青少年存在的问题，学习再定义和积极化的技巧，改变家庭成员看待问题的方法，学会寻找家庭成员的优点和长处。另外，此次培训还通过现场心理咨询模拟，帮助参培教师更加深刻地理解了心理咨询的过程。第 8 期培训的主题为团体咨询技巧培训，通过理论讲授及现场随机组成团体的方式，帮助参培教师学习和体验团体咨询，最后结合实际，为大家讲解如何去策划和准备一个完整的团体活动。第 9 期培训的重点是箱庭疗法的理论和应用，培训首先介绍了箱庭治疗的定义及基本理念，之后邀请参培教师先后体验个体箱庭制作和团体箱庭制作，并对这个过程中所产生的各种疑问予以解答。

整个培训基本采用的是专家讲授分享、教师参与教学的方式。在这一过程中，让参培教师亲身体验和感受新的培训方法，以便他们可以更好地学以致用。另外，我们也特别注重教师和教练的反馈，从而使我们能够对培训内容及方法及时进行调整。此外，我们还利用了成都中小学教练的资源以及国外援助者的资源，让参培教师更好地树立有效利用资源的意识。在整个培训中，我们注意发挥教师的主动性和能动性，贯彻教师既是培训的参与者也是培训的设计者的理念，同时也希望能通过专家组成员的榜样作用，让教师切实感受到灵活性在应对危机事件和应对不确定性方面的作用。

2. 教练计划的实施过程

教练项目在具体实施过程中，分为两个阶段，第一阶段是尝试阶段，第二阶段是完善阶段。在第一阶段中，教练主要对整个过程进行监控和评估，所使用的方法包括问卷调查、教练日志、教练同辈督导及专家督导等，其工作内容是教练通过电话和网络为灾区教师提供“一对一”的远程支持。通过这一阶段的工作，收集了教练项目开展所需的大量第一手资料，包括教练—教师交流记录、教练个人反思、同辈督导小组讨论记录等。在第二阶段，教练通过第一阶段的试误，对之前的工作进行总结，并将一对一的远程支持计划修改完善为既有一对一的远程支持，也有面对面的团体支持的方案。

教练计划的实施一方面可促进教师对专家上课内容的理解，有助于帮助他们熟练并应用所学到的知识和技能；另一方面教师通过教练计划获得了多种支持，既包括情感疏导，如减轻教师的心理压力，同时也包括实际的问题解决，如提供某些教学中具体问题的解决方法、提供专业书籍等。

四、专家—教练—教师相结合的创伤干预模式的效果检验

为了科学、有效地评估专家—教练—教师相结合的创伤干预模式的效果，本课题组采用了过程评估与成果评估相结合的方法，综合运用了质性评估和量化评估、直接评估与间接评估、汶川教师评估与成都教练评估相结合的多元化、多角度的评估策略，以对这一创伤干预模式的效果进行全面的考察。

(一)过程评估

1. 量化过程评估

为了从不同角度对专家—教练—教师结合的创伤干预模式的效果进行评估，课题组首先选择了受训的汶川教师作为评估对象，对培训过程的初期(第 1 期)、中期(第 4 期)和后期(第 8 期)三个时间段的培训过程进行量化分析。评估工具是自编的灾后中小学生心理疏导汶川教师培训评估表，该问卷主要测量参培教师对培训项目的满意度，具体包括课程内容、自我感受与投入、讲师方面三个维度。同时，还有对培训课程、教练、工作有效性等的总体满意度的评估。通过对教师培训三个时间段评估的纵向比较分析，无论是培训的初期、中期还是后期，汶川教师对培训过程的满意度都较高，并具有前期较高、中期较低和后期最高的变化趋势(林崇德等，2014)。也就是说，专家—教练—教师相结合的创伤干预模式的总体效果是优良的，培训内容比较符合教师工作和个人发展需要。

除了对汶川的受训教师进行过程评估外，我们还在教练培训过程的初期(第 1 期)、中期(第 3 期)和后期(第 5 期)，对教练进行了三次问卷施测，施测内容与对参培教师的施测内容相似。通过对三次评估的对比发现，成都教练对于培训的课程内容、自我感受与投入和讲师方面都给予了很高的评价，另外，成都教练对三次培训的总体培训效果也有较高的满意度(林崇德等，2014)。换言之，成都教练对这一创伤干预模式的总体效果是肯定的，他们对培训过程的评估及满意度都是比较高的。

此外，我们还对其他相关人员进行了过程评估。这些相关人员由培训的组织

者、培训的受益单位和支持单位构成，具体包括汶川县教育局成员和合作单位成员。我们的评估发现，汶川县教育局充分肯定了专家—教练—教师相结合的创伤干预模式的整体效果，他们认为课题组在时间和物力上都有很好的投入，很认可连续性的培训体系，课题组对参培教师的投入也起到了促进作用。另外，合作支持单位也肯定了培训的整体效果，同时也认同课题组与受训教师的投入程度(林崇德等，2014)。

2. 质性过程评估

在每次培训结束时，受训教师都需要填写一份该项目的反馈表。我们选择了17位全部参与9次培训的教师，按照时间顺序先后选取了他们在第1期、第4期、第8期的反馈表进行质性分析。分析结果发现，这一模式有效地丰富了参培教师们在心理健康教育方面的知识，提高了他们的专业技能；另外，培训在调动教师参与的积极性和兴趣方面效果显著，有效地保证了培训的持续开展；最后，此次培训在一定程度上改变了教师工作和生活的态度及心态，增加了他们对未来的信心，有效地促进了教师的个人成长(林崇德等，2014)。此外，我们通过对汶川县教育局的访谈发现，此次培训提高了汶川教师心理教育的意识和技能，调动了汶川教师从事心理教育工作的积极性，提升了汶川教师的精神面貌，帮助他们从灾后的心理创伤中恢复，提升了他们对工作和生活的信心(林崇德等，2014)。

(二)成果评估

对专家—教练—教师相结合的创伤干预模式的有效检验不仅体现在教师和教练对培训过程的评价上，更为重要的是经过培训后的汶川教师和成都教练在工作和生活中的改变，因此我们运用量化研究和质性研究相结合的方式，对培训的影响、成效、可迁移性和可持续性四个方面进行了考察(林崇德等，2014)。

1. 量化成果评估

首先，我们对汶川中小学生、汶川教师开展心理疏导活动、参培教师心理健康状况和学校心理健康教育工作发展情况进行了调查分析，并有如下发现：第一，在影响的成果评估中，在学生的“自杀意向”上，参培教师的学生显著低于非参培教师的学生，说明参培教师对中小学生的消极行为有积极的影响作用；第二，在成效的成果评估中，参培教师的焦虑水平、职业倦怠水平要显著低于非参培教师，表明近3年的培训对于参培教师维护心理健康、缓解和释放压力，提高工作热情和职业效能感等方面起到了促进作用；第三，在可迁移性的成果评估中，校领导、教师和学生均肯定了“专/兼职心理教师”和“心理咨询室”两个方面，说明培训体系有助于促进中小学校建立心理健康教育师资队伍和工作设施；第四，在可持续性的成果评估中，培训提高了心理教师的专业教育能力，加强了心理健康教师的教研活动，促进了教师在工作中的交流和学习。

另外，对成都教练的调查结果显示，教练项目的成效主要体现在以下三个方面：第一，成都教练对汶川教师产生的影响随着时间的推移而越来越大，成都教练的督导作用也是逐渐起效的；第二，成都教练的沟通技巧、专业能力等方面在与汶川教师的互动中产生了积极效果；第三，随着成都教练与汶川教师的互动加强，成都教练的专业效能感有所提升。

2. 质性成果评估

在此次培训的全部工作结束后，每一位参培教师都通过个人成长报告的方式对自己近3年的培训心得进行了总结，课题组从全程参加培训的50名汶川教师50人中随机抽取10份个人成长报告进行了质性分析。质性分析的结果发现，汶川教师主要在以下三个方面获得了成长与收获：第一，汶川教师通过培训对心理健康教育的认知水平有所提高，主要体现在理论知识和教育理念的改进；第二，汶川教师把心理知识应用到实践工作的能力迈进了一大步，体现在个人成长、心理健康教育实践、教学实践、师生沟通、生活实践等方面；第三，汶川教师在人生态度上有所改善，对待学生更加自信，对待他人更加宽容。

在成都教练项目培训结束后，课题组也要求每位教练提供个人成长报告，最后通过个案分析的方法也对成都教练的个人成长报告进行了分析。我们发现，成都教练对汶川教师的指导工作取得了良好的效果，成都教练为汶川教师提供稳定的情感支持和专业资源，达到了提高汶川教师心理健康水平、促进汶川教师自我成长和提高其开展心理健康教育能力的成效。

总之，当灾后心理援助从应急救援阶段逐步过渡到灾后重建阶段，学校教育教学秩序将逐步回归到常态，灾后心理干预和援助工作也要逐步过渡到常态的学校心理健康教育工作。此时，实施心理援助的主体也应该由外来志愿者逐步过渡到当地的教师。本课题所创立的专家—教练—教师相结合的创伤干预模式，有力地促进了灾后心理疏导的长久开展，同时我们的过程与成果评估也表明这一模式是有效的，它达到了心理专家、教练教师、灾区教师有效合作与共同成长的目的，是汶川震后心理援助模式的一种创新。另外，这一创伤干预模式也在此后的玉树地震、雅安地震、鲁甸地震等的灾后干预与援助工作中得到了较好的应用与推广，它贴合我国灾后学校的实际情况，能更好地集结各方资源，使灾后心理疏导工作可以持续有效地开展，对灾后教师及学生的心理健康发展具有重要的意义。

参考文献

[1]陈秋燕．对地震灾区中小学生心理援助工作的思考和建议[J]．中小学心理健康教育，2008(17)：13-15.

[2]付芳，伍新春，臧伟伟，林崇德．自然灾难后不同阶段的心理干预[J]．华南师范大学学报(社会科学版)，2009(3)：115-120.

[3]李辉，舒姝，李红．灾后心理援助应处理好的几个关系[J]．云南师范大学学报(哲学社会科学版)，2009，41(3)：118-122.

[4]林崇德，伍新春，侯志瑾，付芳，臧伟伟．灾后中小学生的长期心理援助模式——基于 TAT 和 SAP 的比较[J]．华南师范大学学报(社会科学版)，2009(4)：48-53.

[5]林崇德等．灾后中小学生心理疏导研究[M]．北京：经济科学出版社，2014.

[6]王青．教练心理学——促进成长的艺术[M]．上海：华东师范大学出版社，2017.

[7]伍新春，侯志瑾，臧伟伟，张宇迪，常雪亮．汶川地震极重灾区中小学校的心理援助现状与需求——以茂县、汶川县和都江堰市为例[J]．华南师范大学学报(社会科学版)，2009(3)：110-114.

[8]张莹，张舟．灾后心理援助研究述评与展望[J]．中国应急救援，2010(4)：26-28.

[9]Grant A M & Greene J. Coach yourself：make real change in your life[M]. London：Momentum，2001.

[10]Spence G B & Grant A M. Professional and peer life coaching and the enhancement of goal striving and well-being：an exploratory study[J]. The Journal of Positive Psychology，2007，2(3)：185-194.

[11]Stober D R & Grant A. Evidence based coaching handbook ：putting best practices to work for your clients[M]. New Jersey：Wiley and Sons，2010.

外向性、社会支持对震后青少年创伤后应激障碍和创伤后成长的影响*

一、前言

2008年汶川大地震对中国的经济和社会发展造成了重大损失。据官方统计，地震导致大约68712人死亡，17921人失踪，直接经济损失8451亿元人民币。同时，地震也导致灾后幸存者产生很多积极和消极的心理结果。创伤后应激障碍(Posttraumatic Stress Disorder，PTSD)是震后人群最常报告的消极心理结果；而创伤后成长(Posttraumatic Growth，PTG)，作为一种灾后的积极心理结果，也逐渐得到研究者的认可。PTG最开始的研究认为包括三个维度，分别是自我觉知的改变、与他人的关系感和生活哲学，后来又拓展到五个维度：与他人建立关系的能力、新的可能性、个人力量、精神变化和对生活的欣赏。有研究显示，PTG广泛出现于不同类型的创伤后生活事件(如生理疾病、车祸、爱人丧失、自然灾难)之后。但是，目前少有研究考察汶川震后幸存者的PTSD和PTG的状况。

PTG和PTSD的关系一直是研究者关注的重要议题之一。目前有三种可能的关系：正相关、负相关和零相关(Linley & Joseph，2004；Joseph，Williams & Yule，1993；Zoellner & Maercker，2006)。最近一篇综述显示，以成人为研究对象的PTG和PTSD关系的研究基本都以正相关为主，二者有共同的前因变量和作用过程(Helgeson，Reynolds & Tomich，2006)。对儿童和青少年的几项纵向研究也报告了二者之间的正相关(Dekel，Ein-Dor & Solomon，2012)。本研究目的在于探讨震后幸存者中，PTG和PTSD是否也存在显著的相关关系。

---

* 本文原载*Plos One*2015年。选入时由英文译为中文。本文其他作者为贾绪计、应柳华、周宵、伍新春。

鉴于PTG的重要价值，许多学者提出自己的理论模型以解释PTG的产生和发展。谢弗等人(1998)提出了一个全面的创伤后成长的模型。该模型认为，在生活危机或生活转换阶段，个体系统因素(如人格特质和先前危机经验)和环境资源因素(如家庭和朋友的支持)共同影响个体的认知评价过程和应对反应，并进一步影响创伤后的结果。

人格特质作为重要的个体系统因素之一，在PTG和PTSD的产生和发展中起到重要作用。人格特质，尤其是大五人格模型中的神经质和外向性，可能部分解释个体面对创伤事件时反应的差异。一些实证研究证实，神经质与PTG负相关，与PTSD正相关。然而，外向性与PTSD、PTG关系的研究结果并不一致。例如，有些研究显示外向性是PTG和PTSD最好的预测因素，而有些研究者则认为它们之间没有关系。因此，外向性在PTG和PTSD中的作用还没有在不同的领域中得到广泛的认可。本研究以汶川震后青少年为研究对象，考察人格特质中的外向性对PTG和PTSD的影响。

社会支持作为重要的环境因素，常被用于作为解释PTG和PTSD产生和发展的最重要的前置因素之一。社会支持本身是一个包括结构性社会支持(structural social support)和功能性社会支持(functional social support)的多维概念(Guay，Billette & Marchand，2006；Schnurr，Lunney & Sengupta，2004)。结构性社会支持是指个体可利用的关系或社会角色的数量和质量，如个体与社会网络成员互动的频率、网络成员内部关系的强度和复杂性等。功能性社会支持是指个体认为自己的陪伴、亲密和自尊等需求能在多大程度上得到满足。多数研究者认为这两种社会支持是不同的，应该分开研究。有研究者认为结构性社会支持和PTG存在不同强度的关系，这些差异在一定程度上与社会支持的来源不同有关(如家庭支持、教师支持、同伴支持)。两项元分析研究也显示结构性社会支持是PTSD最强的预测因素，效应值分别为0.40和0.28(Brewin，Andrews & Valentine，2000；Ozer，Best，Lipsey & Weiss，2003)。另外，功能性社会支持也能在癌症、暴力犯和性侵等人群中预测PTG和PTSD。但是，据我们所知，很少有研究关注震后PTSD和PTG与功能性社会支持的关系。本研究以汶川震后青少年为研究对象考察它们之间的关系。

同时有研究者也考察了外向性与社会支持的关系。前人对结构性社会支持与外向性关系的研究显示，个体外向性水平越高，越有可能拥有更大的社会支持网络、更频繁地与他人互动，并更有可能积极寻求社会支持。类似地，外向性与功能性社会支持的关系研究也证实了两者存在显著相关。

另外，有研究者也识别了一些在外向性与 PTSD、PTG 关系中的中介变量(如应对策略、社会支持)。例如，个体外向性水平越高，越可能更好地参与到灾后的社会支持中，这进一步降低了 PTSD 症状(Swickert，Rosentreter，Hittner & Mushrush，2002)；外向性能显著预测社会支持，这进一步中介了外向性对意义寻求的影响(Boyraz ，Horne & Sayger，2012)。

基于上述文献分析，以往大量研究已经建立四个变量之间的两两相关关系，但是外向性和社会支持通过何种机制共同影响 PTSD 和 PTG 还不清楚。本研究基于谢弗等人(1998)的理论框架，同时考察外向性(个体系统因素)和社会支持(环境因素)对 PTSD 和 PTG 的影响。具体模型如图 1。

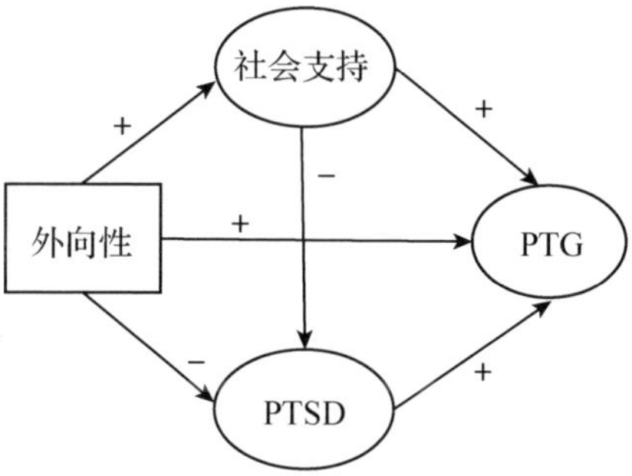

图 1　假设的模型图

二、研究方法

(一)研究对象和程序

研究是汶川震后幸存者大规模调查研究的一部分。本研究中样本由 638 名中学生构成。7 人由于没有完成调查问卷而被删除。因此，实际有效样本是 631 人。其中 241(38.19%)名男生，390(61.81%)名女生；196(31.06%)名七年级学生，211(33.44%)名八年级学生，84(13.31%)名十年级学生(高一)，140(22.19%)名十一年级学生(高二)。平均年龄 15.13 岁(SD=1.75)。民族方面，142(22.50%)人为汉族，139(22.03%)人为藏族，319(50.56%)人为羌族，31(4.91%)人为其他少数民族。

该项目得到当地教育部门和北师大研究伦理委员会的批准。书面知情同意书由学校管理者和教师签署，而学生则采取口头同意的方式。调查中，被试被告知，本次调查是完全自愿的，他们有权利随时退出研究，并且本次调查保证研究的匿名性。

(二)测量工具

人格测量。采用大五人格量表测量个体的外向性。该量表在科斯塔等人的人格五因素模型基础上修订后适合中国中学生。量表采用 5 点计分，11 个项目测量外向性。得分越高说明外向性程度越高。本研究中克隆巴赫一致性系数为 0.87。

社会支持测量。采用修订的弗曼和布尔梅斯特的关系网络量表测量个体的社会支持程度。该量表包括五种社会支持的形式：情感支持、工具支持、陪伴、亲密和价值感提升。该量表有 20 个项目，采用 5 点计分法评估个体自汶川地震到现在，体验到社会支持的程度。在本研究中，总量表和分量表的克隆巴赫一致性系数为 0.88～0.95。

PTG 测量。采用修订的创伤后成长问卷(Posttraumatic Growth Inventory，PTGI)测量个体的创伤后成长程度。原始的 PTGI 有 21 个项目，覆盖 5 个分维度。修订后的量表有 22 个项目，采用 6 点计分法，0＝没有改变，5＝很大改变。验证性因素分析结果支持了三因素模型，模型拟合指数如下：$\chi^2/df=2.35$，CFI＝0.93，RMSEA＝0.07。修订后的量表包括三个分量表，分别是：自我觉知的改变(9 个项目)、人际体验的改变(7 个项目)、生命价值的改变(6 个项目)。在本研究中，总量表和分量表的克隆巴赫一致性系数分别为 0.93、0.88、0.86、0.72。

PTSD 测量。采用儿童创伤后应激障碍症状量表(Child PTSD Symptom Scale，CPSS)测量儿童的创伤后应激状况。该量表有 17 个项目，分为 3 个分量表，分别是：闯入(5 个项目)、逃避(7 个项目)和高度唤醒(5 个项目)。量表采用 4 级计分法，0＝一点都没有，1＝有一点，2＝有一些，3＝许多。本研究中，总量表和分量表的克隆巴赫一致性系数分别为 0.89、0.82、0.73 和 0.77。

三、研究结果

(一)描述性统计

根据DSM-IV的诊断标准，本研究中，创伤后应激障碍的流行率为28.37%；根据唐(2006)的研究划定的创伤后成长的分界点，每个项目的均分大于3表明有中等水平的创伤后成长。本研究中62.76%的被试报告了中等程度的创伤后成长。

主要变量的相关分析结果见表1。外向性与社会支持显著正相关；外向性、社会支持与创伤后应激障碍显著负相关，与创伤后成长显著正相关。创伤后成长和创伤后应激障碍显著正相关。性别(0=女，1=男)与社会支持、PTSD和PTG显著正相关，与外向性无显著相关。年级、年龄与其他变量相关显著(PTG除外)。民族与其他变量相关不显著。因此，在后面的分析中，把性别、年级和年龄作为控制变量。

表1　主要变量相关分析表

变量	相关								$M \pm SD$
	1	2	3	4	5	6	7	8	
1. 性别	—								—
2. 年级	−0.15***	—							—
3. 民族	−0.10*	0.14***	—						—
4. 年龄	−0.10*	0.89***	0.10*	—					15.13±1.75
5. 外向性	0.01	−0.12**	−0.02	−0.12**	—				25.92±8.47
6. 社会支持	−0.12**	−0.13**	0.07	−0.15***	0.27***	—			49.87±18.37
7. PTSD	−0.20***	0.15***	0.01	−0.18***	−0.10*	−0.14***	—		15.84±8.49
8. PTG	−0.10**	0.01	0.02	−0.01	0.32***	0.35***	0.10*	—	68.29±20.06

(二)结构方程模型

采用结构方程模型检验本研究中的模型假设。在假设模型中，PTG由三个维度构成(自我觉知的改变、人际体验的改变以及生命价值的改变)，PTSD由三个维度构成(闯入、逃避和高度唤醒)；社会支持由五个维度构成(情感支持、工具支持、陪伴、亲密和价值感的提升)；外向性只有一个维度。

在Mplus中，采用极大似然估计法(maximum likelihood，ML)估计模型参数。模型整体拟合指数的评价标准如下：χ^2、RMSEA(小于0.10)、CFI(大于0.9)、SRMR(小于0.10)。采用偏差校正的bootstrap法检验中介效应的统计效力。

我们首先检验假设模型。先前的分析显示，数据满足正态性要求可以用于结构方程模型分析。结果表明，除外向性影响PTSD的路径不显著外($\beta=0.017$，$p=0.165$)，假设模型中直接和间接路径都显著。

然后，我们比较了假设模型和三个备择模型，以考察外向性和因变量(PTSD和PTG)的关系是部分中介还是完全中介。备择模型1限定外向性到PTSD的路径为0；备择模型2限定外向性到PTG的路径为0；备择模型3同时限定以上两条路径都为0。模型整体拟合结果见表2。假设模型和备择模型1的χ^2差异检验结果不显著，$\Delta\chi^2(1)=2.180$，$p>0.05$，这说明有必要限定外向性到PTSD的路径，备择模型1优于假设模型。假设模型和备择模型2、备择模型3的χ^2差异检验结果显著，分别是：$\Delta\chi^2(1)=38.228$，$p<0.001$；$\Delta\chi^2(2)=43.806$，$p<0.001$。这说明限制这些路径会显著降低模型整体拟合指数，假设模型优于备择模型2和3。因此，我们将备择模型1作为我们的最终模型(见图2)。

表2　假设模型和备择模型的整体拟合指数

模型	χ^2	df	RMSEA [90% Confidence Interval]	CFI	SRMR
假设模型	210.642***	76	0.053[0.045，0.062]	0.975	0.041
备择模型1	212.822***	77	0.053 [0.044，0.061]	0.974	0.041
备择模型2	248.870***	77	0.059 [0.051，0.068]	0.967	0.051
备择模型3	254.448***	78	0.060[0.052，0.068]	0.967	0.051

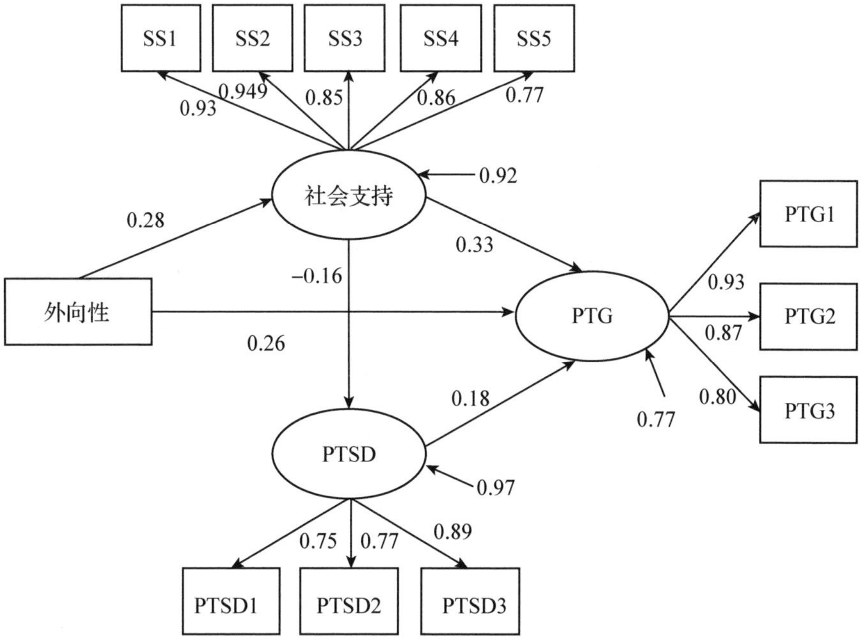

图 2　备择模型 1

Bootstrap 的结果(见表 3)显示，外向性通过社会支持对 PTG 的间接效应显著($\beta=0.077$，$p<0.001$)，对 PTSD 的间接效应也显著($\beta=0.037$，$p<0.01$)。另外，外向性对 PTG 的直接效应也显著($\beta=0.256$，$p<0.001$)。

表 3　最终模型的 bootstrap 结果

自变量	中介变量	因变量	标准化解 β	标准误 SE	95%置信区间
外向性		社会支持	0.262***	0.040	[0.198，0.325]
外向性		PTG	0.256***	0.042	[0.191，0.325]
社会支持		PTG	0.292***	0.043	[0.225，0.365]
社会支持		PTSD	−0.160***	0.045	[−0.238，−0.078]
外向性	社会支持	PTG	0.077***	0.016	[0.051，0.103]
外向性	社会支持	PTSD	−0.037**	0.014	[−0.060，−0.015]

四、讨论

本研究的目的是以汶川震后青少年为研究对象检验社会支持作为外向性和PTSD、PTG关系的中介变量程度模型。尽管以前有研究单独考察了外向性、社会支持和PTSD、PTG的关系(Dekel，Ein-Dor & Solomon，2012；Val & Linley，2006；Swickert，Rosentreter，Hittner & Mushrush，2003)，但没有研究者将这四个变量整合在一起提出更加完整的中介效应模型。我们通过模型比较的方法建立了一个与数据更加契合的模型，结果支持了谢弗等人(1998)的理论模型。

本研究结果表明社会支持与PTSD负相关，与PTG正相关。本研究中社会支持是指功能性社会支持而不是结构性社会支持。以往研究发现结构性社会支持与PTSD负相关、与PTG正相关。本研究进一步证实了功能性社会支持也存在类似的效应。认知过程理论对社会支持在PTSD和PTG发展中的作用提供了一种解释的视角(Schroevers，Ranchor & Sanderman，2004)。该理论认为，通过提供自我暴露的机会、提供建议或新的看问题视角等方式，社会支持有助于促进个体认知加工和采取积极的应对策略，从而有助于减少PTSD症状和发现个人成长的积极含义(Schroevers，Helgeson，Sanderman & Ranchor，2010)。

本研究结果显示，外向性与社会支持正相关，这与以往研究结果一致。高外向性的人有更强的社交意愿，更愿意与别人交朋友并获得情感支持，更愿意与人分享自己的经验或秘密(亲密支持)，面对压力时能主动寻求帮助(工具支持)。而且，外向者更愿意在娱乐活动中有更多的同伴，并通过与他人比较获得自我价值感。

更重要的是，外向性通过社会支持间接影响PTSD和PTG，这与以往研究结果一致(Boyraz，Horne & Sayger，2012；Swickert，Rosentreter & Hittner，Mushrush，2002)。这表明，社会支持能部分中介外向性和PTG的关系，完全中介外向性和PTSD的关系。这预示着高外向者面对困境时不仅能积极利用不同的支持资源，还能提升营造支持性环境的能力，这不仅能减少PTSD症状，而且有助于个体发现困境的积极意义(Boyraz，Horne & Sayger，2012)。需要指出的是，本研究的中介效应值并不是很大，后续研究需要进一步验证该结论。

本研究还发现外向性直接影响 PTG。这说明外向性本身可能就对个体成长有帮助。一个可能的解释是高外向者更有可能向他人表达自己的情绪，提升人际互动中的 PTG。另一个可能的解释是高外向者通常有更多的乐观特质，而乐观对 PTG 有独立贡献作用(Ying，Wu，Lin & Jiang，2014)，乐观者更愿意关注最重要的事情，而拒绝与现实不一致的难以实现的目标，这会促进 PTG 的发展。但是，乐观也许在外向性和 PTG 关系中起到混淆因素的作用，这需要我们在后面的研究中进一步验证。另外，本研究结果支持了 PTSD 和 PTG 正相关的观点(Bensimon，2012；Tedeschi & Calhoun，2004)，支持了二者可以共存于同一个体身上的观点。

本研究的局限性主要表现在以下几点。首先，这是一项横断研究，很难得出确切的因果关系，后续需要采用纵向设计或实验法以更好地明确变量之间的因果性。其次，样本为经历过汶川地震的中学生，数据收集时间为震后 12 个月。研究结果推广到其他被试群体和时间阶段(如震后 3 个月、6 个月)时需要谨慎。最后，外向性、社会支持、PTSD 和 PTG 都是采用单一测量法，容易产生共同方法偏差，后续可以采用多方法测量以提供更多、更全面的变量信息。

参考文献

[1]Boyraz，Güler，Horne S G & Sayger T V. Finding meaning in loss：the mediating role of social support between personality and two construals of meaning[J]. Death Studies，2012，36(6)：519-540.

[2]Dekel S，Ein-Dor T & Solomon Z. Posttraumatic growth and posttraumatic distress：a longitudinal study [J]. Psychological Trauma：Theory，Research，Practice，and Policy，2012，4(1)：94-101.

[3]Guay S，Billette V & Marchand A. Exploring the links between posttraumatic stress disorder and social support：processes and potential research avenues[J]. Journal of Traumatic Stress，2010，19(3)：327-338.

[4]Helgeson V S，Reynolds K A & Tomich P L. A meta-analytic review of benefit

finding and growth[J]. Journal of Consulting and Clinical Psychology, 2006, 74(5): 797-816.

[5]Linley P A & Joseph S. Positive change following trauma and adversity: a review [J]. Journal of Trauma Stress, 2010, 17(1): 11-21.

[6]Tedeschi R G & Calhoun L G. The posttraumatic growth inventory: measuring the positive legacy of trauma[J]. Journal of Trauma Stress, 1996, 9(3): 455-471.

[7]Tedeschi R G & Calhoun L G Posttraumatic growth: conceptual foundations and empirical evidence[J]. Psychological Inquiry, 2004, 15(1): 1-18.

汶川地震后青少年幸存者创伤后应激症状与抑郁的纵向关系：三阶段交叉滞后研究*

一、引言

作为一次严重的自然灾害，2008 年汶川地震导致了大量的人员伤亡和财产损失。那些在地震中幸存下来的青少年也体验到了明显的心理反应。创伤后应激障碍(PTSD)就是一种灾后最常见的心理反应(Zeng & Silerstein，2011)。大量的研究显示，PTSD 在儿童或成人幸存者中的发生率在 4.5%到 95%(Bulut，Buleu & Tayli，2005；Eksi & Yen，2002；Lai，Chang，Conner，Lee & Davidson，2004；Roussos，et al.，2005；Zang，Zhang & Wu，2009)。而且更重要的是，PTSD 通常与抑郁并发。例如，先前的研究显示，在成人地震幸存者中，PTSD 与抑郁的并发率在 8%到 67.5%(Basoglu，Kilic，Salcioglu & Livanou，2004；Salcioglu，Basoglu & Livanou，2007)，在儿童地震幸存者中两者的并发率为 75%。

虽然在临床治疗中 PTSD 和抑郁的并发率较高，但是二者关系的实质尚不清楚。概括起来说，主要有四种可能的假设。

第一种假设是两种症状的并发源于两种症状在诊断标准上的某种重叠。例如，一些研究显示，有 PTSD 症状史的个体满足抑郁症状标准的在 48%到 55%(Elhai，Grubaugh，Kashdan & Frueh，2008；Kessler，Sonnega，Bromet，Hughes & Nelson，1995)。而且，一些研究显示，那些只有 PTSD 症状或抑郁症状的个体并不比同时具有两种症状的个体体验到更严重的症状程度(Blanchard，Buckley，Hickling &

---

* 本文原载 School Psychology International(《国际学校心理学》)2012 年第 4 期。选入时由英文译为中文。本文其他作者为应柳华、伍新春。

Taylor, 1998; Franklin & Zimmerman, 2001),或者更严重的社会功能损伤,或者更差的治疗应答率(Labbate, Sonne, Randal, Anton & Brady, 2004)。

第二种假设是PTSD症状作为风险因素增加了抑郁症状的严重性。例如,有研究(1997)发现,PTSD增加了初次罹患抑郁症状的风险。一个可能的原因是,抑郁症状的产生源于伴随着创伤事件后无力控制情绪悲痛或悲伤所带来的无力感或无助感(Cohen & Mannarino, 2011; Goenjian, et al., 1995; Mangelli, et al., 2005)。另一个可能的原因是,有PTSD症状的个体所采取的那种社会退缩的应对方式,这反过来进一步影响其人际关系,加重了抑郁症状的严重性。

第三种假设是PTSD症状本身是抑郁的一个可能后果而非原因。那些与抑郁相关的因素在PTSD发展过程中具有重要的地位,如增强的负性情感(Merriman, Norman & Barton, 2007)以及降低的自我概念(Shahar, 2001)。最近对以色列单一创伤受害者的研究支持这一观点。

第四种假设则认为PTSD和抑郁的并发源于某个或某些与这两种症状存在因果关系的第三方因素的影响,如抑郁史(Bromet, Sonnega & Kessler, 1998; Kessler, et al., 1995; Zaidi & Foy, 1994),创伤暴露严重程度(LaGreca, Silverman, Vernberg & Prinstein, 1996; Schumm, Briggs & Hobfoll, 2006),创伤暴露史(Vinck, et al., 2007),神经质和低自我价值感之类的人格特质(Andrew, Hawton, Fagg & Westbrook, 1993; Barnett & Gotlib, 1988)和情绪加工缺陷(Litz, Orsillo, Kaloupek & Weathers, 2000; Miller & Litz, 2004)。

这些假设为我们提供了考察抑郁以及PTSD症状发展变化的重要观点,但是有一些问题仍然需要做进一步的澄清。第一,之前的结果主要是通过横断研究获得的,虽然这些研究为我们提供了一些重要的结论,但是他们在对变量之间因果关系的推断上存在局限性。第二,先前的研究(Ginzburg, Ein-Dor & Solomon, 2010; Schindel-Allon, et al., 2010)并没有考察创伤暴露前变量(如创伤暴露前PTSD及抑郁的诊断或先前的创伤暴露经历)。第三,相对于成人来说,儿童青少年更容易受到地震的影响。例如,他们可能会表现一些发展性的认知和情绪反应(Bulut, et al., 2005; Margolin, Ramos & Guran, 2010)。因此,PTSD和抑郁症状的识别对于为儿童地震幸存者制定有效的干预方案有重要的作用。第四，这种 PTSD 与抑郁的并发状况也需要在不同的文化下的人群中加以验证。

因此，本研究采用潜变量交叉滞后结构方程模型的方法，以汶川地震青少年幸存者为对象，考察 PTSD 和抑郁症状之间的相互关系。研究目标如下：考察 PTSD、抑郁的发生率以及两者的共病率；抑郁症状是否可以预测 PTSD 症状；PTSD 症状是否可以预测抑郁症状，以及两者是否可以互相预测。

二、研究方法

(一)被试与程序

研究为汶川地震后对儿童青少年幸存者大样本追踪研究的一部分。本研究研究对象为从受灾情况最严重地区中学随机选取的 200 名青少年幸存者，平均年龄为 15 岁，年龄范围在 13.6 到 16.4 岁。其中，女性 124 人，男性 76 人；汉族 8 人(4%)，藏族 4 人(2%)，羌族 175 人(87.5%)，其他民族 13 人(6.5%)。对这些被试共进行了三次测量；有 200 人在地震后 12 个月完成了第一次测量，194 人(97%)在地震后 18 个月完成了第二次测量，109 人在地震后 18 个月完成了第三次测量。Attrition 分析显示，流失组和数据完整组在人口统计学变量和第一次测量的 PTSD 及抑郁症状上并没有显著的差异。

(二)测量工具

(1)流调中心的儿童抑郁问卷(CES-DC，Fendrich，Weissman & Warner，1990)。该问卷共 20 个项目，用于测量儿童认知、情感和行为等方面的抑郁症状。施测时要求被试根据每个项目的发生频率在四级量表上做出评定(0＝“一点也没有”，1＝“有一点”，2＝“有一些”，3＝“许多”)。问卷总分在 0 到 60 分，分值越高意味着抑郁症状越严重。在本研究中，三次测量的克隆巴赫 α 系数分别为 0.87、0.88、0.90。

(2)儿童创伤后应激障碍评定量表(CPSS，Foa，Johnson，Feeny & Treadwell，2001)。该量表包括17个项目，采用自我报告的方式评定以DSM-IV定义的与重大创伤事件相关的PTSD症状出现的频率。儿童在四级量表上做出评定(0＝“从未如此”，1＝“偶尔如此”，2＝“一半时间如此”，3＝“几乎总是如此”)。全量表的总分为0～51分，“闯入”分量表得分为0～15分，“逃避”分量表得分为0～21分，“高度唤醒”分量表的得分为0～15分。在本研究中三次测量的克隆巴赫α系数分别为0.84、0.88、0.85。

(三)数据分析

首先，对主要变量进行描述性统计分析，计算PTSD与抑郁的发生率，计算不同测量点抑郁与PTSD症状的平均数、标准差以及相关系数。其次，采用AMOS 7.0进行潜变量结构方程模型分析。评价模型拟合程度的指标有：拟合优度χ^2检验(χ^2/df；Joreskog，1969)，非范拟合指数(TLI；Tucker & Lewis，1973)，相对拟合指标(CFI；Bentler，1990)，近似误差均方根(RMSEA；Steiger，1980)。一般认为，良好拟合标准为拟合优度χ^2检验值小于2(Carmines & McIver，1981)，TLI和CFI大于0.95(Hu & Bentler，1999)，RMSEA小于0.06(Hu & Bentler，1999)。

另外，我们采用全息似然估计(FIML)来处理缺失值，这一估计方法可以在AMOS 7.0中实现。相对于传统处理缺失值方法，采用全息似然估计法可以生成更可靠、更无偏的估计值(Muthen，Kaplan & Hollis，1987)。

最后，我们采用最小拟合差异检验(MacCallum，Browne & Cai，2006)的方法来考察模型之间的拟合差异。相对于通常使用的卡方差异检验，最小拟合差异的零假设是模型之间的差异是小的，而不为零。这一假设更符合研究实际。如果经检验差异不显著，则意味着两个模型之间的差异是小的。根据麦卡勒姆等人(2006)的方法，本研究设定$\alpha=0.05$，$RMSEA_A=0.05$，$RMSEA_B=0.06$($RMSEA_A$和$RMSEA_B$代表预先设定的模型拟合差异)。

三、结果

(一)样本特征

出于描述的目的，我们报告了 PTSD 和抑郁的发生率。基于 DSM-IV(APA，2000)，PTSD 在测量点 1 的发生率为 17.5%，测量点 2 的发生率为 19.0%，测量点 3 的发生率 16.5%。魏斯曼(1980)提出以 15 分作为判断是否有抑郁症状的标准。按照这一标准，三个测量点抑郁的发生率分别为 82.5%、85.6%和 89.9%。抑郁和 PTSD 共病率分别为 17.5%、19.0%和 16.5%。为了进一步描述样本特征，我们计算了三个测量点的 PTSD 总分和抑郁总分，以及它们之间的平均数和标准差以及相关系数，见表 1。

表 1　三个测量点的 PTSD 和抑郁的平均数和标准差以及相关系数

变量	*N*	*M*	*SD*	PTSD1	PTSD2	PTSD3	DEPR1	DEPR2	DEPR3
PTSD1	200	18.14	7.98	—					
PTSD2	195	17.47	8.40	0.621**	—				
PTSD3	109	17.50	7.19	0.545**	0.735**	—			
DEPR1	200	24.52	9.80	0.715**	0.568**	0.509**	—		
DEPR2	195	25.14	10.11	0.552**	0.761**	0.608**	0.704**	—	
DEPR3	109	26.46	9.83	0.417**	0.609**	0.694**	0.639**	0.754**	—

(二)交叉滞后研究

阶段一：测量模型(见表 2)

根据结构方程分析要求，我们完成两个测量模型的建构。这两个测量模型都包括六个潜变量，分别是测量点 1、2、3 的 PTSD，以及测量点 1、2、3 的抑郁。在每个测量点，CPSS 问卷的闯入、逃避和高度唤醒显变量指标构成 PTSD 潜变量，CES-DC 问卷的躯体化、抑郁、人际关系以及积极因素显变量指标构成抑郁潜变量。

在第一个测量模型(模型 1)中，所有的潜变量彼此相关，不同测量点的显变量的误差项彼此相关(Cole，Ciesla & Steiger，2007)。例如，测量点 1 的“闯入”显变量指标的误差项与测量点 2 和测量点 3 的“闯入”显变量指标的误差项相关，测量点 2 和测量点 3 的“闯入”显变量指标的误差项彼此相关。显变量在各自潜变量上的载荷可以自由估计。分析显示，该模型与数据拟合良好[$\chi^2(153)=217.98$，$p<0.001$，$\chi^2/df=1.450$，CFI=0.972，TLI=0.957，RMSEA=0.046]。

第二个测量模型(模型 2)与第一个测量模型(模型 1)基本一致，除了将不同时间点相类似的显变量指标在潜变量上的载荷设置为相等，以确保测量跨时间的一致性(Hoyle & Smith，1994)。模型 2 仍然很好地拟合了数据[$\chi^2(167)=242.16$，$p<0.001$，$\chi^2/df=1.450$，TLI=0.955，CFI=0.967，RMSEA=0.048]。最小拟合差异检验显示，测量模型 2 与测量模型 1 在拟合程度上并没有显著的差异。因此，我们保留更简约的测量模型 2。在测量模型 2 中，显变量在各自潜变量上的载荷在统计上都是显著的(为 0.37～0.92)。所有潜变量之间的相关在统计上也是显著的(为 0.53～0.90)。

表 2　模型拟合指标

模型	χ^2	df	Normedχ^2	CFI	TLI	RMSEA	90% CI of RMSEA
测量模型							
模型 1	217.98**	153	1.425	0.972	0.957	0.046	0.031
模型 2	242.15**	167	1.450	0.967	0.955	0.048	0.034
结构模型							
模型 3	241.34**	167	1.445	0.968	0.955	0.047	0.033
模型 4	244.16**	171	1.428	0.968	0.957	0.046	0.032
模型 5	244.81**	172	1.423	0.968	0.958	0.047	0.032

同时，我们也考察了 PTSD 与抑郁的一因素模型(见图 1)，也就是 PTSD 与抑郁各个测量点的显变量指标都负载在同一个因素上。这一模型与数据的拟合不佳[$\chi^2(186)=623.74$，$p<0.001$，$\chi^2/df=3.353$，TLI=0.747，CFI=0.810，RMSEA=0.109]。虽然由于一因素模型与测量模型 1 和 2 并不是嵌套的，我们并没有

进行模型拟合差异检验，但是从拟合指标上看，还是倾向于支持二因素模型。

阶段二：结构模型

在第二个测量模型的基础上，我们构建两个结构模型。在第一结构模型(模型3)中，所有的结构系数可以自由估计。模型对数据的拟合良好[$\chi^2(167)=241.34$, $p<0.001$，$\chi^2/df=1.445$，TLI=0.955，CFI=0.968，RMSEA=0.047]。在第二个结构模型(模型4)中，我们将两个时间间隔的结构系数设为相等，以确保结构系数跨时间的一致性。再次分析表明，模型对数据的拟合良好[$\chi^2(171)=244.45$, $p<0.001$，$\chi^2/df=1.428$，TLI=0.957，CFI=0.968，RMSEA=0.046]。最小拟合差异检验显示，模型3和模型4之间的拟合差异并不显著。因此我们保留更简约的模型4。最后，为了获得更简约的结构模型(模型5)，我们在模型4的基础上删除不显著的结构系数后再次进行分析；结果显示，模型对数据的拟合良好[$\chi^2(172)=244.45$，$p<0.001$，$\chi^2/df=1.423$，TLI=0.958，CFI=0.968，RMSEA=0.047]。

另外，考虑到CPSS和CES-DC在内容上的重叠(如“注意力集中困难”“失眠”“兴趣减退”；Elhai，et al.，2011)，我们删除这些在概念上与抑郁症状重叠的PTSD条目后再次进行分析；结果显示，模型的拟合指标几乎没有变化[$\chi^2(171)=237.46$，$p<0.001$，$\chi^2/df=1.389$，TLI=0.959，CFI=0.970，RMSEA=0.044]。

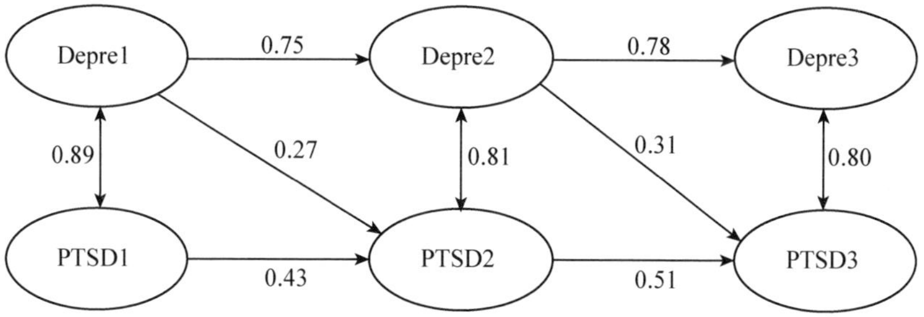

图1 PTSD症状与抑郁的结构关系图

注：图中数值为标准化回归系数。

四、讨论

(一)本研究的成果

本研究采用潜变量交叉滞后结构方程模型的方法，以汶川地震青少年幸存者为对象，考察 PTSD 和抑郁症状之间的纵向关系。主要有以下几个方面的发现。

首先，和先前的研究相一致(Blanchard, et al., 1998; Grant, Beck, Marques, Palyo & Clapp, 2008)，我们的研究结果显示，虽然 PTSD 和抑郁症状之间存在高相关，但是两种症状最好还是被概括为两种不同的结构。并且，在排除两种症状诊断标准上重叠的项目之后，这两种症状在不同测量点上仍然密切相关。因此，PTSD 和抑郁之间的高相关更有可能来自那些与两种症状都存在密切联系的因素(如地震发生前的抑郁症状、人格特点)，而不是源于两种症状诊断内容上的重叠。

其次，我们的研究结果显示，在排除前一个测量点抑郁症状的影响后，前一个测量点的 PTSD 症状并不能显著预测后一个测量点的抑郁症状。这一研究结果与申德尔等人(2010)的研究(以以色列单一创伤事件受害者为研究对象)一致。申德尔等人认为，PTSD 对抑郁的影响可能发生在创伤事件后的晚期，12 周的研究时间跨度不足以发现 PTSD 症状对抑郁的影响。然而，当在一个更长的时间跨度中考察这种关系时，我们仍然没有发现 PTSD 症状预测抑郁症状的证据。因此，PTSD 对抑郁的效应并不如先前所设想的那么普遍。

相反，我们的研究结果显示，抑郁症状可以预测随后的 PTSD 症状，即使在控制了前一个测量点 PTSD 症状影响之后。可能的原因在于，诸如负性自我评价之类的抑郁症状可能使得个体不愿意暴露于那些与创伤相关的场景(Schindel-Allon, et al., 2010)；这种低自我效能又进一步阻碍个体应对那些与创伤有关的刺激，而这一过程对自我调节是至关重要的。另一个可能的解释在于，有抑郁症状个体的情绪反应缺乏灵活性，从而使得个体无法根据环境和条件的变化来及时调整自身的情绪。因此，先前的抑郁症状在 PTSD 症状发展过程中起着至关重要的作用。也就是说，相对于抑郁症状较轻的个体，抑郁症状水平比较高的个体更有可能体验到严重的创伤后痛苦。

(二)本研究的局限

本研究有以下几个方面的局限性。一是研究没有收集创伤前变量(如先前的创伤经历、创伤发生前有关的心理诊断)，并且研究第一次测量的数据收集于地震发生后一年；这些影响个体对创伤事件反应的变量需要在今后的研究中加以重视。二是采用自我报告的问卷法来评定 PTSD 和抑郁症状。相对于临床访谈的评定方法，自我报告测量有可能过高估计 PTSD 和抑郁的发生率。另外，由于共同方法偏差的存在，也有可能放大 PTSD 症状和抑郁之间的可能关系。三是本研究以青少年地震幸存者为对象考察 PTSD 症状和抑郁之间的关系。在某种程度上，PTSD 症状和抑郁之间关系受创伤类型的影响，因此需要今后的研究在其他创伤类型样本中对这种关系做进一步验证。四是本研究的样本数相对来说较少，需要在更大的一个样本中加以验证。

(三)本研究的意义

研究结果具有重要的实践意义。首先，研究发现三个测量点 PTSD 和抑郁的发生率都在 10%以上，这些结果意味着心理学工作者有必要为灾后青少年提供一种长期的、有计划的、系统的发展性干预。在这一过程中，学校心理学工作者可以而且应当发挥重要的作用。学校心理学工作者可以在学校这一体系中，通过他们的工作创设条件以影响青少年的发展变化。然而，就全世界范围来说，学校心理服务的分布并不均衡。2007 年的一项调查显示，在所调查的 40 个国家里，大概有 76100 名学校心理学家；学校心理学家与学龄儿童比大概是 1∶20000(Jimerson，Stewart，Skokut，Cardenas & Malone，2009)。在亚洲，尤其在中国，学校心理学工作者的具体人数仍不清楚(Jimerson，et al.，2009)。虽然如此，发展性干预正成为心理学工作者为青少年提供心理服务的有效模式，即使在那些资源条件不够好的地区(Rees & Seaton，2011)。

就汶川地震心理危机干预来说，虽然青少年幸存者可以从当地教育工作者或心理学志愿者那里获得一些心理咨询和干预，但是这种帮助通常是短期的、不系统的，具有偶然性和情境性。基于此，林崇德等人(2009)提出一个综合性的以学校为基础的心理援助方案，比如针对教师进行系统的培训，完善当地教育部门心理健康教育服务体系，整合学校、家庭和非政府组织等各个方面的力量。应该说学校在灾后青少年心理干预中起着主导性的作用(Heath & Cole，2011)。具体地说，以学校为基础的干预包括治疗矫治、重新暴露于那些可能引起痛苦情绪的刺激物、压力管理策略的教育(Cohen & Mannarino，2011)以及那些专门针对青少年的发展性辅导(Balk，Zaengle & Corr，2011)。学校心理学家、咨询专家、教师和同伴可以为青少年幸存者提供情绪上的支持，减轻他们的苦痛(Cohen & Mannarino，2011；Heath & Hudnall，2011；James，Logan & Davis，2011；Jerome，2011；Nastasi，Jayasena，Summerville & Borja，2011；Openshaw，2011)。有研究者(2011)列举了一系列可以用于减轻青少年幸存者痛苦的方法、策略，如相关的课程计划、课堂讨论、由学校心理学家参与的剧本以及相应的一些儿童读物。

其次，创伤后的抑郁可能导致 PTSD 这一结论对临床实践也有重要的意义。它意味着学校心理学家可以把抑郁症状的评估作为整个 PTSD 症状评估的一部分。同时也意味着，那些关注抑郁症状减少的干预方法也可以用来减轻 PTSD 症状，以及作为今后的预防。因此，作为一种初步的治疗 PTSD 症状的方法，学校心理学家也可以鼓励青少年幸存者多参与一些奖赏性的有意义的活动，以改变他们退缩逃避的行为方式。

最后，学校是社会支持的一个重要来源。学校心理学家、教师、父母和其他教育专家需要共同努力，为青少年幸存者提供更多的社会支持，改进他们的人际关系；这反过来有助于减轻灾害对他们的不利影响，提高应对能力，减少或避免 PTSD 症状的产生。

参考文献

[1]Foa E B，Johnson K M，Feeny N C & Treadwell K R H. The child PTSD symp-

tom scale: a preliminary examination of its psychometric properties[J]. Journal of Clinical Child Psychology, 2001, 30: 376-384.

[2]Fendrich M, Weissman M M & Warner V. Screening for depressive disorder in children and adolescents: validating the center for epidemiologic studies depression scale for children[J]. American Journal of Epidemiology, 1990, 131: 538-551.

第十二编

PART 12

教师心理的研究

自20世纪80年代初起，我和我的学生不仅对教师进行理论研究，而且也开展实证的研究。我的几位博士生的博士论文围绕教师素质结构、教师的反思监控能力和教师绩效开展研究，在社会上产生了较大影响，其中蔡永红的论文还被评为全国百篇优秀博士论文之一。这里，我挑选了以自己为通讯作者的5篇研究报告。

教师教学监控能力与其教育观念的关系研究*

一、问题提出

教学监控能力是指教师为了保证教学的成功、完成预期的教学目标，在教学的全过程中，将教学活动本身作为意识的对象，不断地对其进行积极、主动的计划、检查、评价、反馈、控制和调节的能力。这种能力主要可分为三大方面：一是教师对自己教学活动的事先计划和安排；二是对自己实际教学活动进行有意识的检查、评价和反馈；三是对自己的教学活动进行调节、校正和有意识的自我控制。它不仅对教师的教学活动有着重要的影响，而且通过其教学活动影响学生的能力发展和学业的提高。这个概念是我们（申继亮、辛涛，1995）根据长期的理论和实证研究提出的，旨在为我国基础教育与师资培训体制的改革提供新的理论依据。

要建构教师教学监控理论，一个重要的方面就是要回答教师的教学监控能力与其他心理因素之间的关系。在教师的各种心理因素中，教师的教育观念（educational beliefs）引起了研究者的高度注意。有人认为，要更好地理解教师行为，就必须研究教师的观念（Clark，1988；Cole，1989；Fenstermacher，1979；Nespor，1987；Pinttrich，1990）。这种观点假设：观念是个体一生中做出决定的最好指标。很少有人怀疑下述观点：教师的观念影响他们的知觉、判断，而这些又影响他们的课堂行为。或者说，理解教师的观念结构对改进职业准备和教师实践来说是非常有必要的（Ashton，1990；Ashton & Webb，1986；Broodhart & Freeman，1992；Buchmann，1984；Clark，1988；Dinham & Stritter，1986；Feiman-Neemser & Floden，

* 本文原载《心理发展与教育》1997 年第 2 期。本文其他作者为辛涛、申继亮。

1986；Fenstermacher，1979；Goodman，1988；Wilson，1990)。平特里奇(Pintrich，1990)提出观念对师范教育来说最终是有价值的心理学构成。作为教师的核心素质，其教学监控能力也必然受到他自己的教育观念的影响。在之前的理论研究中，我们曾定性地分析了教师监控能力与其教育观念特别是其教学效能感以及教学态度之间的关系，但还未进行实证性的研究，本研究的目的就在于对教师教学监控能力与其教育观念之间的关系进行实证性的研究。在此，我们所采用的教育观念是一种广义的概念，它包括教师对教学的态度、对教学成败的归因以及其自我知觉和教学效能感等。

二、研究方法

(一)被试选择

综合考虑各种因素，本研究在北京市和浙江省瑞安市小学教师中选取语文、数学教师450名为被试。其中有效被试436人，各项人口学特征见表1。

表1　被试的人口学特征

教龄分组(年)	1～5	6～15	16～25	25以上	总人数
地区					
北京	49	54	26	27	156
瑞安	75	58	90	57	280
性别					
男	28	26	26	25	105
女	96	85	91	59	331
学历					
初、高中	12	11	6	15	44
中师(专)	96	69	97	56	318
大学(学)	7	23	6	4	40
平均年龄(岁)	22.1(3.5)	28.8(3.3)	41.0(4.6)	49.9(3.6)	
平均教龄(年)	2.8(1.5)	9.1(2.9)	21.4(2.9)	30.7(3.9)	

(二)研究工具

本研究主要使用以下量表。

1. 教师教学监控能力量表

本量表是我们自己编订并经过严格标准化处理而形成的。该量表共由41个项目组成，包含四个维度，分别是计划与准备性、评价与反馈性、调节与控制性以及课后反省性，这四个维度及总量表的克隆巴赫(Cronbach)α同质系数分别为0.78、0.76、0.75、0.71和0.89。

2. 自我知觉量表

本量表借鉴克里福特(Clifford，1988)编制的学生学业失败承受力量表(School Failure Tolerane Scole)的有关维度编制而成，共14个项目，包括成败归因(success-failure attribution)、能力知觉(perceived ability)、努力知觉(perceived effort)等维度，采用五级评定。本量表的克隆巴赫α同质性系数为0.77。

3. 教师教学效能感量表(简表型)

根据我们(1995)编制的教师教学效能量表，考虑被试因素，精简而成，共10个项目，包括个人教学效能感和一般教学效能感两个维度。个人教学效能感分量表的克隆巴赫α同质性系数为0.84，一般教学效能感分量表的克隆巴赫α同质性系数为0.74，总量表的克隆巴赫α同质性系数为0.77。

(三)研究程序

第一，确定研究变量，收集相关问卷。

第二，选择被试。

第三，数据收集与审核：①培训主试；②施测；③录入和审核数据。

第四，统计分析：采用视窗版SPSS与利斯瑞尔(LISREL，v8.10)软件进行统计分析。

三、结果与分析

(一)教学监控能力与其态度和自我知觉的关系

态度和自我知觉作为重要的心理变量对个体的行为方式和取向有显著的影响，而教学监控能力本质上说是对自己教学行为的一种自我意识、一种自我指向的能力。那么这两者之间是不是存在一定的内在联系呢？为此，我们考察了教师的教学态度、自我知觉与其教学监控能力的相关情况，结果见表2。

表2　教师态度、自我知觉与其教学监控能力的相关关系

	计划性	反馈性	控制性	反省性	监控得分
挑战性的任务	0.0365	0.1604*	0.1518*	0.1212*	0.1490*
容易的任务	0.0388	−0.0514	−0.0292	0.0380	−0.0110
对学校的态度	0.2222**	0.2205**	0.1950**	0.1193*	0.2270**
对班级的态度	0.1615*	0.2177**	0.1783**	0.1581*	0.2168**
能力归因	0.0643	0.0493	−0.0049	0.0154	0.0358
努力归因	0.1541*	0.1448*	0.1361*	0.1227*	0.1646*
任务归因	−0.0354	−0.0137	−0.0584	−0.0524	−0.0449
学生归因	0.0337	−0.0411	−0.0125	−0.0199	−0.0174
能力知觉	0.2011**	0.2289**	0.1901**	0.2226**	0.2449**
努力知觉	0.2133**	0.2841**	0.2009**	0.2328**	0.2801**

由表2可知，在教师对任务的选择倾向方面，教师对挑战性的教学任务的选择倾向与其教学监控能力各方面(除计划性)存在着显著的正相关关系，即偏于选择挑战性任务的教师，其教学监控能力相对较高；而对容易的教学任务的选择则与其教学监控能力不相关；教师对学校、对班级的态度，与其教学监控能力诸方面存在显著的正相关关系。这表明，一个教师对其所在学校和所教班的积极接纳的态度对其教学监控能力有积极的促进作用。

从表中我们发现，教师对其教学成败进行的四类归因中，努力归因与其态度监控能力的诸方面存在显著的正相关，一个把自己教学成败归因于自己努力程度的教师，其教学监控能力水平相对较高；能力归因与教师教学监控能力的诸方面不存在显著的相关关系；而任务归因和学生归因与其教学监控能力诸方面表现出某种负相关，当然这种负相关不存在统计的显著性。这个结果表明要提高教师的教学监控能力，一种可能的方法便是促使教师对自己的教学成败进行努力归因，这种可控的归因方式会促进教师进一步改进自己的教学，从而提高其教学监控能力。

我们进一步考察了教师对于自己的教学能力和努力程度的自我知觉与其监控能力的关系。结果表明，教师的能力知觉和努力知觉与其教学监控能力诸方面存在着非常显著的正相关关系，即一个认为自己教学能力强，或教学非常努力的教师的教学监控能力，明显地高于那些认为自己教学能力差，或教学不努力的教师。这个结果启发我们在改善教师的监控能力时，方法之一便是提高教师对自己能力的知觉水平，充分相信自己有能力更好地完成教学任务。

(二)教师的教学效能感与其教学监控能力的关系

教师的教学效能感是教师对自己影响学生学习行为和学习成绩的能力的主观判断(Gibson & Dambor，1984)，是教师教育观念中的一个核心成分，包括一般教育效能感和个人教学效能感两种成分。所谓一般教育效能感是教师对教与学的关系、对教育在学生发展中的作用的一般看法和判断，而个人教学效能感是指教师对自己教学效果的认识和评价。教学效能感是反映教师职业特性的一个敏感指标。在本研究中，我们考察了教师教学监控能力与其教学效能感的关系，结果见表3。

表3 教师的教学效能感与其教学监控能力的关系

	一般教学效能感	个人教学效能感	教学效能总水平
计划性	0.2328**	0.4603**	0.4157**
反馈性	0.4064**	0.4860**	0.5491**
控制性	0.3276**	0.4371**	0.4678**
反省性	0.2998**	0.4600**	0.4615**
监控总分	0.3977**	0.5583**	0.583**

结果表明：教师教学效能感的诸维度与其教学监控能力的各方面均存在非常显著的正相关关系，其显著性水平达到0.001。即那些越是相信教育对学生发展起决定作用的教师，越是对自己的教学效果抱有充分信心的教师，他所表现出来的教学监控能力也就越高。

之所以如此，其原因在于教学效能感水平越高的教师对自己的教学充满信心，因此，经常能确定既适合自己的能力水平，又富有挑战性的教学目标，并坚信只要坚持不懈地去努力，就一定能够实现既定目标；在实际教学过程中，坚信自己是教学成败的直接决定者，因而精神饱满、积极主动地进行教学活动；在教学中遇到问题和困难时，敢于正视，并通过自己的努力克服它们，采用各种办法以保持教学的成功。而教学水平低的教师则不然，由于他们对自己的教学能力缺乏自信，进而对教学活动和教学效果产生一种不可控感，因此在确定教学目标时容易选择简单的任务，给自己提出非常低的要求；在实际教学过程中，往往采取消极、被动、应付的方式，过多地注意自己在教学上的无能，觉得自己无力改变现状，不愿也不去努力，一遇到问题或困难就回避，表现出教学监控意识和能力的缺乏。

(三)教师的教育观念与其教学监控能力之间的线性关系

在前面，我们采用多重相关分析法，探讨了教师教学监控能力与其心理因素之间的相关关系。我们注意到，尽管相关分析有助于探明教师教育观念因素与其教学监控能力之间的关系，但相关分析自身的弱点，使得其结果可能掩盖了教师教学监控能力与其教育观念因素之间的真实关系，教师教育观念因素与其教学监控能力之间的相关可能是它与其他变量之间关系的一种表面结果。心理和教育研究者所面临的任务之一是在非实验条件下，揭示某一变量独立于其他变量的影响。而当前新的统计思想和统计技术，如结构方程分析等，为我们完成这一任务提供了有力的手段。在本研究中，我们立足路径分析思想，采用利斯瑞尔(v8.10)软件考察了教师的教育观念因素对其教学监控能力的独立影响，结果见图1。

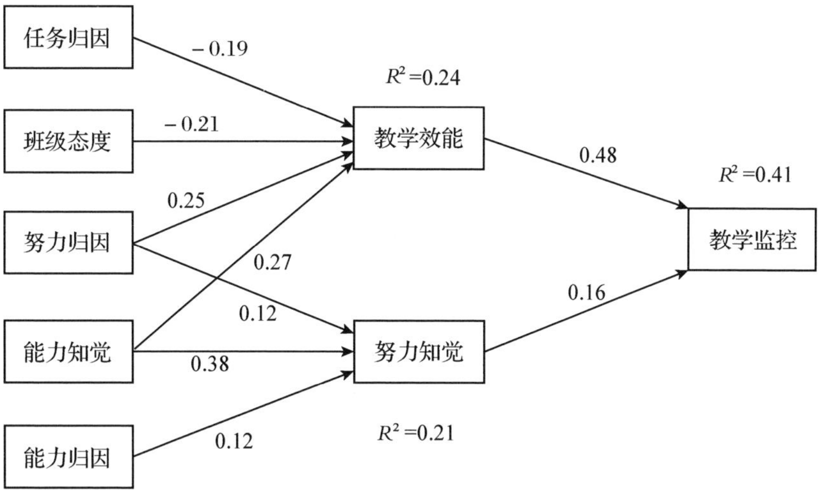

图 1　教师教学监控能力与其教育观念线性关系模型

结果表明，在众多与教师教学监控能力存在显著相关的教师观念因素中，只有教师的教学效能感和教师对自己教学的努力程度的知觉与其教学监控能力之间存在显著的线性关系，其决定系数为 0.41，即这两个因素可以解释教师教学监控能力的 41％。在这两个因素中，教师的教学效能感对其教学监控能力的影响更为突出，其路径系数为 0.48；教师的努力知觉对其教学监控能力的影响相对较弱，但也达到了显著水平，其路径系数为 0.16。而其他的教育观念因素则是通过这两个因素影响教师的教学监控能力的。在这些因素中，教师对班级的态度、对自己教学能力的知觉及其对教学成败的努力与任务归因四个因素是通过教师的教学效能感影响到其教学监控能力的；而教师对教学成败的努力与能力归因以及其能力知觉是通过教师的努力知觉影响到其教学监控能力的。这个路径分析结果表明，要通过改变教师的教学观念来提高教师的教学监控能力，改变教师的教学效能感和他们的努力知觉是一条更为合理的干预思路。

四、研究结论

通过研究，本论文得到以下结论。

——教师教学监控能力与其对学校和班级的态度之间存在显著的相关关系。

——教师教学监控能力与其对自己教学成败的努力归因之间存在显著的相关关系，与其他类型的归因不存在显著的相关关系。

——教师教学监控能力与其对自己的能力和努力程度的知觉之间存在显著的相关关系。

——教师教学监控能力与其个人教学效能感和一般教学效能感之间存在显著的相关关系。

——路径分析表明，教师的教学效能感和其努力知觉对其教学监控能力有直接的影响，其他教师观念因素是通过它们影响其教学监控能力的。

参考文献

[1]申继亮，辛涛．论教师教学监控能力[J]．北京师范大学学报(社会科学版)，1995，31(1)：67-75.

[2]俞国良，辛涛，申继亮．教师教学效能感：结构及其影响因素的研究[J]．心理学报，1995，27(2)：159-166.

[3] Anderson L W & Burns R B. Research in classrooms: the study of teachers, teaching and instruction[M]. London: Pargamon Press, 1989.

[4] Elliott J. Reconstructing teacher education: teacher development [M]. London: The Falmer Press, 1993.

[5]Kagan D L. Professional growth among preservice and beginning teachers[J]. Review of Educational Research, 1992, 62(2): 129-169.

[6]Pajares M F. Teachers' beliefs and educational research: cleaning up a messy construct[J]. Review of Educational Research, 1992, 62(3): 307-332.

教师自我效能感与学校因素关系的研究*

一、问题提出

教师的自我效能感(sense of self-efficacy)是“他们对自己是否有能力对学生学习产生积极影响的信念”，一般包括教师的个人教学效能感(personal teaching efficacy)和一般教育效能感(general teaching efficacy)两个方面。其中，个人教学效能感是指教师对自己能够给予学生以积极改变的能力评价，即相信自己具有教好学生的技能技巧的信念；一般教育效能感简单地说就是教师对教育价值的认识，是教师关于教育对儿童发展影响的看法。它与学生的成绩、学生的动机、教师教改的欲望、校长对教师能力的评价以及教师的课堂管理等之间存在显著的相关，是影响教师教学效果的一个重要变量。

国外的研究表明，学校的结构和气氛对教师的自我效能信念，特别是他们的个人教学效能感有显著的影响，良好的人际关系、强有力的学校管理、高的学习期望是区分教师效能感的重要预测变量。我国的研究者对教师自我效能感的研究才刚起步，到目前为止，还未见实证性的研究。学校因素与教师的自我效能感的关系如何？教师的自我效能感如何通过教学行为进而影响到学生的学习表现？这些问题都有待研究。本研究旨在探讨教师的自我效能感及其与学校因素的关系。另外，本研究还将考察教师的个人特征与其自我效能感的关系，以期有助于这方面研究的深入。

---

* 本文原载《教育研究》1994年第10期。本文其他作者为辛涛、申继亮。

二、研究方法

(一)被试选择

在北京市各类中小学(市重点、区重点、一般)中随机选取教师为被试，测试后得到有效被试190人。被试的主要统计特征见表1。

表1　被试的主要特征

被试特征		人数	百分数/%	累积百分数/%
性别				
	女	162	85.3	85.3
	男	28	14.7	100.0
学历				
	中师(高中)	108	56.8	56.8
	大学(含专科)	82	43.2	100.0
教龄(年)				
	1～5	43	22.6	22.6
	6～15	39	20.5	43.2
	16～25	70	36.8	80.0
	26～30	38	20.0	100.0
学校类别				
	小学	115	60.5	60.5
	中学	75	39.5	100.0

(二)工具与材料

本研究主要采用问卷法进行，结合个别访谈。主要研究工具为教师效能量表和学校因素问卷。

教师自我效能的测量采用吉布森和登博(Gibson & Dembo，1984)编制、伍尔福克和霍伊(Woolfolk & Hoy，1990)修订的教师效能量表(Teacher Efficacy Scale，TES)(短表型)，共10道题，分为个人教学效能、一般教育效能两个分量表，采用五级评定计分。

伍尔福克和霍伊(1991)曾把学校因素分为制度的完整性(institutional integrity)、校长的影响(principal influence)、关心与体恤(consideration)、学校的支持系统(resource support)、学校的风气(moral)和学术的强调(academic emphasis)六个方面。我们参考这种分类方法，结合我国的实际情况，自编了学校因素问卷，将学校因素分为制度的完整性、工作提供的发展条件、学校风气、学校的支持系统、教师关系和师生关系六个维度。其中，制度的完整性是指一个学校有无一套完整的管理制度和规则，这些规章制度是否合理；工作提供的发展条件是指在一个学校中教学是否有利于教师的发展，是否有利于教师实现其自身价值；学校风气包括一所学校的学风和教风两个方面，指该学校学生的精神面貌是否积极向上，学生的学习风气是否浓厚，教师教学是否认真，是否积极主动地从事教育科学研究，改进教学方法；学校的支持系统是指一个学校为教师教学所提供的客观条件，如教师的教学用具、福利待遇等。本问卷共30题，采用五级评定计分。

(三)程序

第一，问卷编制：参考并分析国内外有关文献，确定研究变量，整理、编制教师效能量表和学校因素问卷。

第二，被试取样与数据收集：选择研究被试，培训主试，对被试进行施测，收集数据。

第三，数据审核与统计分析：对数据质量进行审核，并用福克斯贝斯(Foxbase，V2.0)软件进行数据管理；用SPSS/pc+(V4.0)软件进行数据分析。

三、研究结果

(一)教师效能量表和学校因素问卷的信度与效度

我们计算了教师效能量表和学校因素问卷的克隆巴赫 α 系数，即项目的同质性程度，作为量表的信度指标，结果见表2。从表2可以看出，两个问卷的克隆巴赫 α 系数都较高，表明这两个量表的项目同质性程度较高，即信度良好。

表 2 教师效能量表和学校环境问卷的克隆巴赫 α 系数

维度	Cronbach α 系数
教师效能量表	0.72
个人教学效能	0.77
一般教育效能	0.64
学校因素问卷	0.83
制度的完整性	0.80
工作提供的发展条件	0.74
学校风气	0.87
学校的支持系统	0.79
教师关系	0.65
师生关系	0.81

为了检验教师效能量表的效度，我们在半个月后对同一组被试进行教师控制点的测量，并加入了测量教师自我效能的项目，统计出它与该量表的相关系数为0.92，$p<0.01$。这说明，教师效能量表的效标关联效度是很高的。

(二)不同特征的教师在自我效能感方面的差异

本研究首先对不同特征的教师效能感进行了比较。考虑到本研究中男教师只有28人，不满足统计条件，因此本研究对教师自我效能感在教龄、学历、学校类别三个因素上的差异进行方差分析(ANOVA)(见表3)，结果表明这三个变量的主效应对教师自我效能感的影响显著($F=7.635$，$p<0.000$)。其中学历因素对教师自我效能感的影响最大，达到显著水平($F=10.435$，$p<0.001$)。教龄及学校类别因素对教师自我效能感的影响不显著。另外，各特征变量之间的交互作用对教师自我效能感不存在显著的影响。

表 3 不同教师自我效能感的方差分析

变异来源	平方和	自由度	方差	*F* 值	显著性
主效应	8.723	5	1.745	7.635	0.000
学历(DEG)	2.384	1	2.384	10.435	0.001
教龄(TY)	1.108	3	0.369	1.616	0.187
学校类别(SL)	0.000	1	0.000	0.001	0.972
二因素交互作用	3.053	7	0.438	1.909	0.071
DEGXTY	1.882	3	0.627	2.734	0.054
DEGXSI	0.254	1	0.254	1.113	0.293
TYXSI	0.572	3	0.191	0.834	0.477
三因素交互作用(DEG×TY×SL)	0.441	1	0.441	1.930	0.166
总和	52.431	189	0.277		

(三)学校因素与教师自我效能感之间的关系

我们从制度的完整性、工作提供的发展条件、学校的支持系统、学校风气、教师关系、师生关系六个方面考察了学校因素与教师自我效能感之间的关系(见表 4)。结果表明：上述六项学校因素与教师的个人教学效能感之间均有显著的正相关；而工作提供的发展条件、学校的支持系统和制度的完整性与教师的一般教育效能感之间也存在显著的正相关。总体来说，除教师关系外，其他各学校因素与教师的自我效能感之间均存在显著的正相关。这表明：学校的客观条件越好，风气越正，学校的制度越完整合理，师生之间的关系越融洽，工作提供的发展条件越好，教师的自我效能信念就越强。

表 4 学校因素与教师自我效能感之间的关系

	一般教育效能感	个人教学效能感	自我效能总分
工作提供的发展条件	0.2228*	0.3766**	0.3835**
学校风气	0.1630	0.3045**	0.3005**
师生关系	0.1227	0.4698	0.3912**
学校的支持系统	0.3022**	0.3111**	0.3802**
制度的完整性	0.2689**	0.3397	0.3842**

（四）各预测变量对教师自我效能感的影响

尽管相关分析有助于探明学校因素与教师自我效能感之间的关系，但相关分析自身的弱点，使得其结果可能掩盖学校因素与教师自我效能感之间存在的真实关系。心理与教育研究者所面临的任务之一，是在非实验条件下，揭示某一变量独立于其他变量的影响，学校条件与教师的个人教学效能感之间的相关可能是它与其他变量之间关系的一种表面结果。因此，我们采用多元回归分析来考察教师的个人特征以及学校因素对教师的个人教学效能感和一般教育效能感的独立影响。

我们以两组预测变量进行多因素回归分析，考察这些变量对教师个人教学效能感和一般教育效能感的影响。这两组预测变量分别为：①教师特征变量——学历、性别、教龄、学校类别；②学校因素——工作提供的发展条件、制度的完整性、学校的支持系统、学校风气、教师关系、师生关系（见表 5）。

表 5　各预测变量对教师教学效能感的回归分析（$N=190$）

学校因素与教师特征变量	个人教学效能感		一般教育效能感	
	γ	β	γ	β
教师关系	0.17*	−0.01	0.06	−0.06
师生关系	0.47	0.42***	0.12	0.04
学校风气	0.31**	0.25***	0.16	−0.17
学校的支持系统	0.31**	0.04	0.30**	0.21*
制度的完整性	0.34**	0.10	0.27**	−0.06
工作提供的发展条件	0.38**	0.24***	0.22**	0.18*
学历	0.30**	0.16*	0.31**	0.23*
学校类别	0.25**	0.04	0.17*	0.17
性别	0.15	0.10	0.22**	0.12
教龄	−0.03	−0.11	−0.04	−0.05
R	0.64***		0.41***	

注：γ 代表相关系数；β 代表标准回归系数。

从表 5 中看出，教师的个人特征和学校因素与其个人教学效能感有非常显著的多重相关关系($R=0.64$，$p<0.0001$)，可解释其个人教学效能感变化的 42%。其中，学历、学校风气、师生关系和工作提供的发展条件四个因素对教师的个人教学效能感具有独立的、显著的影响。这表明，那些学历相对较高的教师，那些感觉学校的风气健康、学生的学风浓厚、教师的教学科研积极性很高的教师，那些自认与学生关系良好、善于控制学生的课堂行为、受学生尊重的教师，那些认为目前的教学工作有利于自己发展、有利于自身价值实现的教师，有更强的个人教学效能信念，他们更相信自己有能力激发学生的学习动机，教好任何学生。

从表 5 中看出，教师的个人特征和学校因素与其一般教育效能感也存在显著的多重相关关系($R=0.41$，$p<0.0001$)，可解释其一般教育效能感变化的 17%，但是只有学校的支持系统、学历和工作提供的发展条件三个因素对教师的一般教育效能感具有独立的、显著的影响，即那些认为目前学校的工作条件不错、各方面的福利待遇还可以的教师，那些认为目前的教学工作有利于自己发展、有利于自己价值实现的教师，那些学历相对较高的教师，有更高的一般教育效能感，他们对教育价值的认识更准确。

四、讨论

从本研究结果来看，教师教学效能量表和学校因素问卷用于研究中小学教师自我效能感是可靠的、有效的。由问卷的项目同质性分析可知，两个测量工具的项目同质性系数区间为 0.64～0.89，表明其信度较高；教师教学效能量表的效标关联效度达到 0.92，表明该量表的效度较高。所有这些都表明，这两个测量工具用于教师自我效能感的研究是可行的。

研究表明，学历因素是独立影响教师教学效能的唯一教师特征变量，它不但显著地影响教师的个人教育效能感，而且显著地影响其一般教育效能感。我们认为，学历作为教师的一个特征变量，其实质在于不同学历的教师所受的职业训练程度不同，这种职业训练不仅给教师以从事教师工作所必需的学科知识、教育技能，而且也给他们以教育观念上的熏陶，这些是教师自我效能感形成的基础。在我国的师范教育中，中师教育无论是在广度上还是在深度上都低于大学教育，这是造成具有大学学历的教师比具有中师学历的教师个人教学效能感和一般教育效能感都高的根本原因。因为小学教师的学历一般为中师学历，而中学教师的学历一般为大学学历，这也从一个方面说明本研究的另一个结论，即教师所教学校的类别与其自我效能感之间存在显著的相关关系，但在回归分析中其作用并不显著。也就是说，学校类别与教师自我效能感之间的相关，在很大程度上是学历因素对教师自我效能感影响的反映。

我们假设，教师的自我效能感与学校因素之间存在交互作用，即学校环境因素影响其自我效能感，而教师的自我效能感反过来又影响其对学校环境的知觉。本研究发现，尽管各学校因素与教师的个人教学效能感之间都存在显著的正相关关系，但只有师生关系、学校风气和工作提供的发展条件三个因素对教师的个人教学效能感具有独立的、显著的影响，这与霍伊和伍尔福克(1990)的研究结论一致。霍伊和伍尔福克的研究发现，当一个教师认为其他教师有高成就目标，感觉学校环境严肃有序，而且他很重视自己的教学效果时，其个人教学效能水平就高；他们的研究还发现，教师对学生的控制信念与其个人教学效能感之间存在密切关系。本研究中，师生关系的一个重要方面是教师是否善于控制学生的行为，受学生的尊重。阿什顿(Ashton，1985)、利特尔(Little，1982)、纽曼(Newmann，1989)等人也得到了相似的结论。

本研究的回归分析表明，教师的特征变量和学校因素可解释其个人教学效能变异的42%。显然，还有其他许多因素影响到教师的个人教学效能感的建立和变化，其中最可能的因素是学生的表现。在本研究中，我们没有考察学生的行为或学习成绩，纽曼(1989)证明，学生的表现是教师个人教学效能感的一个重要预测变量。另外，校长的影响(Hoy & Woolfolk，1993)、学校对教师的考评(Full，et al.，1982)等都对教师的个人教学效能感产生重要影响。在本研究中，教师的一般教育效能感可由学历、学校的支持系统和工作提供的发展条件得到最佳预测，这三个变量可解释教师一般教育效能感变异的17%。同样，还有其他许多因素影响到教师的一般教育效能感的建立和变化。例如，一种社会的文化观念对教师的一般教育效能感的影响就非常大，有一种观念认为，学生总是有好有坏，教师不可能使他们都变成好学生，这为大多数教师所接受。此种观念对教师的一般教育效能感的确立就是不利的，它降低了教师为改变差生所做的努力。也正因为如此，有人建议，对教师效能感的研究应采用生态化的研究思路(Ashton，1985)。

在本研究中，有一个因素对教师自我效能感的影响值得注意，即工作对教师发展所提供的条件，它显著地影响教师的个人教学效能感和一般教育效能感，是这两种效能信念的重要预测变量。也就是说，一个教师如果认为目前的教学工作有利于自己的发展、有利于自己价值的实现，那么，我们可以在一定程度上预测这个教师有较高的个人教学效能感和一般教育效能信念。这似乎暗示我们，在教师自我效能感的概念构成上，不但包括教师关于自己教学能力及其对学生施加积极影响的能力的信念，包括其关于教育对儿童发展的价值的看法，还包括其关于教育工作对自己发展的价值的认识。当然这只是一种推测，还有待进一步证实。

五、结论

第一，教师教学效能量表和学校因素问卷用于本研究是可靠的、有效的。

第二，教师自我效能感在学历上存在显著差异。

第三，制度的完整性、工作提供的发展条件、学校的支持系统、学校风气、教师关系、师生关系六类学校因素与教师的个人教学效能感之间存在显著的正相关关系。其中，学历、学校风气、师生关系和工作提供的发展条件四个因素对教师的个人教学效能感具有独立的、显著的影响。

第四，工作提供的发展条件、学校的支持系统和制度的完整性三类学校因素与教师的一般教育效能感之间存在显著的正相关关系。其中，学校的支持系统、学历和工作提供的发展条件三个因素对教师的一般教育效能感具有独立的、显著的影响。

参考文献

[1]黄巍．教师的教育有效感述论[J]．西南师范大学学报(哲学社会科学版)，1992(4)：54-58.

[2]Ashton P T. Motivation and the teacher's sense of efficacy[M]// Ames C & Ames R. Research on motivation in education：the classroom milieu，141-174. Orlando，FL：Academic Press，1985.

[3]Newmann F M，et al. Organizational factors that affect school sense of efficacy and expectations[J]. Sociology of Education，1989，62：221-233.

[4]Woolfolk A E & Hoy W K. Prospective teachers' sense of efficacy and beliefs about control[J]. Journal of Educational Psychology，1990，82：81-91.

[5]Woolfolk A E & Hoy W K. Teachers' senses of efficacy and organizational health of schools[J]. The Elementary School Journal，1993，93：355-372.

基于工作情境下的教师胜任力影响因素*

一、引言

随着教师专业化的发展，教师胜任力的培养与开发在教师教育的改革与发展中越来越重要，教师个体与组织间的关系日趋一体化。如何有效地通过建立和协调个体与组织之间的关系，促使教师最大限度地发挥个体潜在特质，获得最佳工作绩效，这是研究者与学校管理者共同关注的课题。本研究为解决这一问题将从教师个体因素和学校组织因素入手，并基于教师胜任力必须与工作情境相联系的理论观点(Mcclelland，1998)，考察工作情境下的教师人格特征、学校领导方式和教师胜任力之间的关系，探讨影响教师胜任力的因素，从而为当前中学教师专业发展和学校管理提供理论参考。

本研究使用修订的中学教师工作人格特质问卷、校领导方式问卷、自编的中学教师胜任力测评问卷，通过建立中学教师工作人格特质、校领导方式与胜任力水平的回归预测模型，探讨预测教师胜任力水平的个体因素和情境性因素。中学教师工作人格特质问卷是根据许志超、甘怡群、郑庆章开发的华人工作相关人格量表修订而成的(许志超、甘怡群、郑华章，2000)。问卷由19个项目构成，划分为四个维度，即寻求支持、计划性、条理性、自主性。修订的问卷信度系数为0.793。校领导方式问卷是依据黄乃荧编制的中学学校领导方式调查问卷修订而成的(黄乃荧，2000)。问卷由28个项目组成，划分为学习型和非学习型两种领导类型。学习型和

* 本文原载《中国教育学刊》2010年第2期。本文另一作者为罗小兰。

非学习型的内部一致性系数分别为0.621、0.891。中学教师胜任力测评问卷内部一致性系数在0.706～0.900，各维度与问卷总分的相关都在0.826以上，且在0.01水平上显著，表明三个问卷都具有良好的信度和效度。问卷测验均采用利克特(likert)5点计分法，其中1为“完全不符合”，5为“非常符合”。

研究对象选取山西、陕西两省11个县市城市和农村共22所中学916名教师，其中男教师392人，女教师524人；20～25岁的教师有75人，26～40岁的教师有718人，41岁以上教师有123人；教龄5年以下的有129人，6～10年的有224人，11～15年的有362人，15年以上201人。研究组共发放问卷916份，回收有效问卷763份，有效问卷回收率为83.3%，最后使用SPSS 15.0软件对数据进行统计分析。

二、研究结果与分析

(一)建构预测模型

基于胜任力必须与工作情境相联系，研究以教师在特定工作情境中所表现出的人格特质和工作环境中与教师密切相关的学校行政领导的领导行为为变量，建构教师工作人格特质、校领导方式与教师胜任力水平关系的模型结构(见图1)。

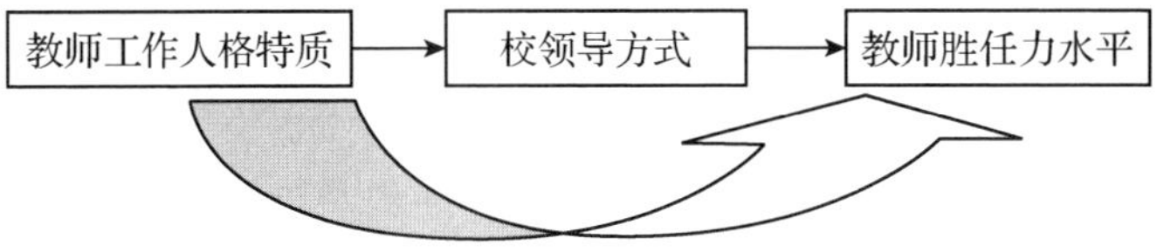

图1　本研究的理论结构图

图1表明：教师工作人格特质作为个性因素，与教师胜任力水平和校领导方式存在关系；校领导方式作为一种工作情境性因素，与教师胜任力水平之间存在相关关系；校领导方式在教师工作人格特质和胜任力水平之间起到了中介作用。教师工作人格特质和校领导方式能够综合起来预测教师的胜任力水平。

(二)教师工作人格特质、校领导方式和教师胜任力水平之间的相关分析

对教师工作人格特质、校领导方式和教师胜任力水平之间的相关分析结果(见表1)表明，教师工作人格特质和教师胜任力之水平间存在显著的正相关($r=0.506$)，教师工作人格特质得分越高，其胜任力水平也越高，说明教师的工作人格特质对教师胜任力水平有着较强的预测作用。校领导方式和教师胜任力水平之间存在显著的正相关($r=0.251$)，这说明学校的行政领导方式能够在一定程度上预测教师的胜任力水平，进而证实了行政领导管理科学的重要性。校领导方式和教师工作人格特质之间也存在显著的正相关($r=0.289$)，这一结果证实了教师对学校的管理政策实施感知得越多，越有利于其人格中积极特征的发挥。

表1　教师工作人格特质、校领导方式和教师胜任力水平之间的相关系数

	教师胜任力水平	教师工作人格特质	校领导方式
教师胜任力水平	1		
教师工作人格特质	0.506*	1	
校领导方式	0.251**	0.289**	1

(三)教师工作人格特质、校领导方式各个维度与胜任力总分间的相关分析

教师工作人格特质、校领导方式中的各个维度都与教师胜任力水平之间呈正相关(见表2)，而且教师工作人格特质中的条理性与胜任力水平相关程度最高。而校领导方式中无论是学习型还是非学习型都与教师胜任力水平呈正相关，但是学习型的得分要高于非学习型。教师工作人格特质的各个维度与学习型领导之间存在相关，但并不完全与非学习型领导之间有相关关系，而且其相关程度在总体上低于与学习型领导之间的相关程度。这说明，学习型的领导方式更有利于教师发挥人格特质中的积极性因素，进而间接地提高教师的胜任力水平。

表 2　胜任力总分与教师工作人格特质、校领导方式各个维度之间的相关系数

	胜任力总分	寻求支持	条理性	计划性	自主性	学习型	非学习型
胜任力总分	1						
寻求支持	0.385**	1					
条理性	0 493**	0.361**	1				
计划性	0 346**	0.266**	0.401**	1			
自主性	0 372**	0.250**	0.356**	0.419**	1		
学习型	0.260**	0.116**	0.216**	0.234**	0.110*	1	
非学习型	0.178**	0.129**	0.068**	0.091*	0.146**	0.178**	1

(四)校领导方式中介作用的回归分析

为验证校领导方式在教师工作人格特质和教师胜任力水平之间的中介效应，本研究对校领导方式变量进行了中介作用的回归分析。

第一个回归方程以校领导方式为因变量，以工作人格特质总分为自变量进入回归方程，结果显示(见表 3)，教师工作人格特质对校领导方式的回归显著($\Delta R^2=0.063$，$p<0.001$)。在第二个回归方程中，教师工作人格特质对胜任力水平的回归效果显著($\Delta R^2=0.254$，$p<0.001$)，在第三个回归方程中，回归依然显著。但是，在存在校领导方式的情况下，教师工作人格特质的回归效应减弱了，标准回归系数由 0.506 降到 0.471，工作人格特质对胜任力水平的变动解释率也由 31.1%降到 30.1%。由此可以验证理论构想成立，校领导方式在教师工作人格特质和胜任力水平之间发挥了中介效应。这一结果说明教师胜任力的有效发挥不仅受到教师个体因素人格特质的影响，还受到内部环境因素校领导方式的影响。可见，今后对教师的评价、教学的考核以及学校管理、制度的制定等应从教师和学校领导两个方面考虑。

表 3　校领导方式中介作用的回归分析

因变量→	领导方式(中介变量)				胜任力(结果变量)			
自变量↓	(β)	t	ΔR^2	F	(β)	t	ΔR^2	F
工作人格特质	0.251	14.1**	0.063	32.302				
工作人格特质					0.506	12.09**	0.254	145.523
工作人格特质					0.471	10.78**		
校领导方式					0.153	3.150**	0.279	77.445

(五)教师工作人格特质、校领导方式和教师胜任力的结构方程模型分析

为进一步证实本研究的理论结构模型，我们采用结构方程模型对此进行研究。首先，采用强迫进入的方法，对教师胜任力总分进行分层回归分析。其次，为考察工作人格特质和校领导方式之间的效应，我们又进行了第二次分层回归，结果见图2，教师胜任力＝0.506(工作人格特质)＋ 0.251(校领导方式)。

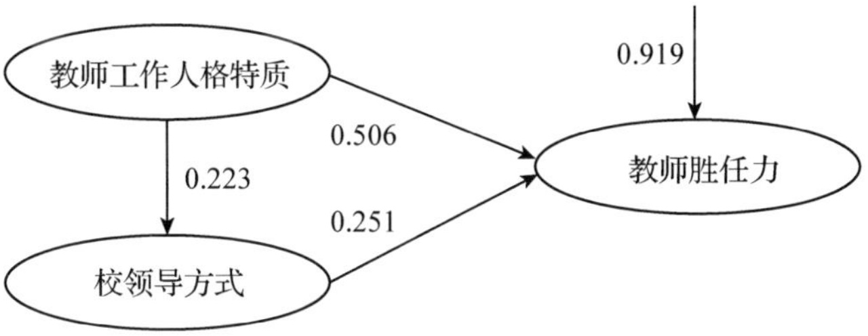

图 2　教师胜任力的路径分析

图 2 充分证实了研究假设，并显示影响教师胜任力有三条途径：一是工作人格特质直接影响胜任力；二是校领导方式直接影响胜任力；三是工作人格特质通过领导方式来影响胜任力。由此可以看出，校领导方式这一心理变量在教师工作人格特质和胜任力之间起着中介作用，中介效应为 0.223×0.251。

最后，将校领导方式中的学习型、非学习型和教师工作人格特质中的寻求支持、自主性、计划性和条理性各个分维度作为自变量进入回归方程，进行分层回归分析，进而探讨各个变量对教师胜任力的预测程度(见图 3)。

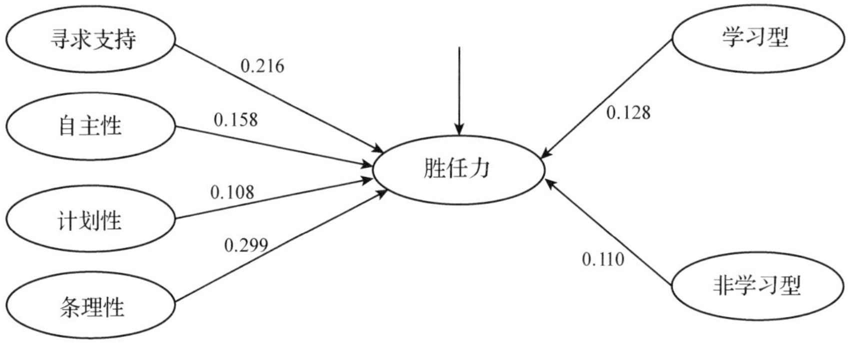

图3　各个分维度与胜任力的回归分析

由图3可以看出，各个分维度都能够直接影响教师的胜任力水平，在各个分维度中，条理性维度对胜任力的预测力最大，回归系数为0.299；学习型领导方式的回归系数为0.128，而非学习型领导方式的回归系数为0.110。由此得出，学习型的领导方式对胜任力的预测程度要高于非学习型的领导方式。

三、研究结论与讨论

(一)校领导方式是影响教师胜任力的重要因素

影响教师胜任力的因素很多，但是关于教师胜任力影响因素的研究很少。有人从校领导方式方面考虑，这实际上忽略了组织环境因素对教师胜任力的影响。有学者认为工作环境对胜任力的影响在某种程度上比个人和工作本身更重要(Mei, et al., 2005)。我们通过对许多中学的实际调查与研究发现，领导方式正是教师工作中一个很重要的情境因素，而且在很大程度上决定了组织环境，能够控制教师胜任力的发挥。本研究结果充分证实了这一点，通过构建校领导方式、教师工作人格特质与教师胜任力的预测模型，并且运用结构方程模型及其回归分析验证了研究假设，证明校领导方式这一因素不仅可以直接影响教师胜任力水平的发挥，而且在一定程度上能够中介教师工作人格特质与胜任力水平之间的关系。校领导行为是指校领导在教育教学活动中，行使领导职能而具有积极内在动机和领导意义的激励、组织、决策、沟通的行为外在表现(冯明、纪晓丽、付茂华，2007)。教师职业生涯阶段理论认为，组织环境的各种影响决定着稳定期教师对教学和工作的态度，还可能决定他们对专业发展需求的态度，组织环境的主要影响因素来自学校的政策、规章制度和行政人员等。在这些因素中，校长的领导方式对稳定期教师是至关重要的。对于成长期的教师来说，他们会有效利用组织环境提供的支持和帮助，学会适应，学会改变那些与他们职业生涯目标相抵触的影响，而这些支持中最重要的是学校领导的管理风格(张明选，2005)。可见，领导方式直接影响教师行为，教师所表现出来的胜任力程度很大一部分要取决于工作情境对教师胜任力因素的支持程度。

本研究将校领导方式分为学习型和非学习型两种，进一步考察两者对胜任力的预测作用。由于文化背景、职业性质、岗位职责和个性不同，学校领导者用来行使权力和发挥领导力的方式也不同，会使群体产生不同的气氛，从而影响群体成员的行为和整个群体的工作效率(俞文钊，1996)。相对于非学习型领导来说，学习型领导方式更有利于教师发挥人格特质中的积极性因素，进而间接地提高教师胜任力水平。其原因是学习型领导方式的权利定位于群体，教师在很大程度上能够参与决策，有着一定的自主权(Waynesj，1990)。这有利于教师在教学中充分地发挥自己的主动性、创造性和自主性，并进而增强教师对学校、班级以及学生的责任感。由此说明，教师更愿意接受具有系统思维能力、团队合作精神、善于学习、勇于自我超越的领导的影响。所以在现行的学校管理工作中，校领导要了解自己的领导方式，提倡学习型领导方式，充分考虑教师的主体性需求和组织氛围，其有效行为应随着教师的特点和环境变化而变化，与教师特点和具体工作情境相协调，并适当采用非学习型领导方式，两种领导方式适时交叉使用，为教师胜任力水平的充分发挥提供保障，从而促进学校管理和提高办学水平。

(二)培养教师工作人格特质是提高教师胜任力的有效途径

教师人格特质是影响教师职业生涯发展的个体因素之一，在一定情境下，可根据教师人格特质预测其教学行为表现。本研究表明，教师的工作人格特质能够显著地预测教师的教学胜任力，而且在工作人格特质上得分越高，其教师胜任力也越高。由此可见，单纯探讨教师的潜在人格特质显然不足以充分反映教师胜任力，表现在教师工作情境中的人格特质可能对教师胜任力有更为直接和主要的影响。

在本研究中，对教师工作人格特质与胜任力的相关分析表明：教师工作人格特质各维度与胜任力具有显著相关，而且条理性与教师胜任力的相关程度最大。由于教师工作性质本身具有计划性、条理性、自主性特点，在教师工作胜任力方面自然要求具备这些特征，而且这些特征越明显，就越有利于教师工作积极性的发挥，创造出更大的教学价值。条理性是与教师教学相关并影响教学效果的重要特征(Ryans，1953)。在整个教学环节的实施过程中，科学的排序和条理的操作是至关重要的，否则就会降低教学效果。但是教师教学并不是简单的机械重复，而是一种具有极大自主性的创造性活动，当前的新课改对教师这种自主教学能力提出了更高要求，因为具有较高自主感的教师更容易引导学生自主学习。寻求支持是教师特有的一种职业心理，由于教师受社会角色期望效应的影响，有着强烈的职业自尊，自然要寻求与社会角色和期望相对应的认同和支持。事实上，教师工作人格特质可以看作在特定教学情境下一组个体特征的组合与运用，在相似的教学情境下这种特质可能会反复出现，进而影响教师胜任力，因为教师自身已构成了一个重要的教育源。正如心理学研究所表明的，人格与成就的关系大于智力与成就的关系。因此，注重和培养教师的工作人格特质，可能是提高教师胜任力、促进教师专业发展的一条新途径。教师应当随着自身职业生涯的发展，不断塑造和完善自主性、计划性和条理性等职业性格，努力提高整体胜任力水平；学校领导应关怀教师的职业成长，提倡学习型领导方式，以促进教师个体潜能最大限度的发挥。

参考文献

[1]许志超，甘怡群，郑庆章．“华人工作相关人格量表”的编制、意义与效度[J]．心理学报，2000，32(4)：56-59.

[2]俞文钊．领导心理学导论[M]．北京：人民教育出版社，1996.

[3]Ralph Fessler & Judith Christensen. 教师职业生涯周期[M]．董丽敏，高耀明，

等，译．北京：中国轻工业出版社，2005.

[4]Mccleland D C. Dentifying competencies with behavioral event interviews[J]. Psychological Science，1998，9(5)：331-339.

[5]Wayne S J. Influence tactics，affect，and exchange quality in supervisor-subordinate interactions[J]. Journal of Applied Psychology，1990，75(5)：487-499.

中学教师的工作满意度状况及其相关因素*

一、引言

工作满意度是指组织成员根据其对工作特征的认知评价，比较实际获得的价值与期望获得的价值之间的差距之后，对工作各个方面是否满意的态度和情感体验(陈敏、时勘，2001)。国外有关工作满意度的研究都证明工作满意度与组织绩效有很高的正相关关系(冯伯麟，1996)。自20世纪90年代中期以来，我国对组织员工工作满意度的研究成果逐年增多(段丽华，2007)。

但是，我国专门针对教师的工作满意度研究还处于起步阶段，对中学教师工作满意度的研究仅有十多年的时间。例如，冯伯麟于20世纪90年代中期曾对北京的中学教师工作满意度进行过研究(冯伯麟，1996)；同期还有陈卫旗(1998)对广州中学教师的工作满意度的研究。上述两个研究关于工作满意感的具体指标不尽相同，前者主要关注自我实现、工作强度和工资收入等方面，而后者主要关注同事关系、社会认可、工作成就、工作条件等方面。进入21世纪，也有一些关于教师工作满意度的研究。例如，诸葛伟民(2001)关于浙江、上海、江苏高校体育教师工作满意度的研究，王祖莉(2003)关于中学教师工作满意度的研究。上述研究主要探讨的是人口统计学变量之间工作满意度的差异，而对工作满意度本身并没有做更深入的探讨。

鉴于上述情况，本研究将聚焦于以下几个方面的问题：第一，中学教师工作满意度应由哪些指标来体现？第二，中学教师工作满意度的总体现状如何？第三，就

---

* 本文原载《心理与行为研究》2008年第4期。本文其他作者为孙汉银、李虹。

中学教师而言，哪些人口统计学变量对其工作满意度的影响较大?

二、研究方法

(一)研究对象

按照城市与农村中学、重点与普通中学、公立与改制学校的标准分别从城区选取一所重点中学、一所普通中学；从郊区选取一所重点中学、一所普通中学、一所体制改革学校，共5所中学的教师，被试为557人。

(二)测量工具

测量工具采用蔡秋月(2001)修订的明尼苏达满意度问卷(Minnesota Satisfaction Questionaire，MSQ)。该测量工具的计分方式采用利克特(Likert)4点计分法，非常同意计4分，同意计3分，不同意计2分，非常不同意计1分；MSQ的内部一致性检验为克隆巴赫(Cronbach)$\alpha=0.79$，效度可靠(Weiss，Davis & England，1967)。

三、研究结果

(一)中学教师工作满意度现状

依照利克特4点计分法，每个测量条目的理论中值为2.5分，工作满意度的各个因素及总体工作满意度得分按所含条目的不同，其理论中值见表1。

表1　工作满意度的总体描述($n=556$)

量表名称	题目数量	均值	标准差	观察区间	理论中值	理论区间
外在满意度	10	26.24	4.86	10～40	25	10～40
内在满意度	5	15.29	2.21	7～20	12.5	5～20
总体工作满意度	10	46.86	7.38	21～60	37.5	15～60

从工作满意度的测量结果看，中学教师在总体工作满意度上的平均值为46.86，高于理论中值37.5；外在满意度的均值26.24，高于理论中值25，内在满意度的均值15.29，高于理论中值12.5。这表明中学教师的总体工作满意度观察值高于理论值。

在对工作满意度总体状况分析的基础上，本研究进一步就工作满意度的具体内容进行了描述性分析，结果见表2。

表2　工作满意度具体内容的描述($n=520$)

题目内容	均值	标准差
尽力做好自己的工作，无须违心做事，对于这一点，我感到	3.22	0.73
对于现任工作中能帮助人做事，我感到	3.18	0.58
对于目前的工作环境(设施、照明、设备等)，我感到	3.09	0.66
对于现任工作中能有替别人服务的机会，我感到	3.07	0.60
对于目前的工作，亲朋好友所给予的评价，我感到	2.94	0.69
对于目前工作的稳定性，我感到	2.88	0.67
对于我在工作中的表现所受到的舆论评价，我感到	2.80	0.62
对于我们单位领导对待我的方式，我感到	2.72	0.77
对于领导做决定的能力，我感到	2.71	0.70
对于目前这个工作能给我施展才华的机会，我感到	2.65	0.74
对于目前工作中可以尝试用自己的方法来处理事情的机会，我感到	2.64	0.66
对于目前单位执行政策的方法，我感到	2.55	0.73
目前的工作对于我未来发展的帮助，我感到	2.50	0.78
对于目前工作忙碌的程度，我感到	2.40	0.76
就我目前的工作量而言，单位给我的报酬，我感到	2.18	0.77

表2是按照工作满意度的每个题目均值大小进行排序的结果，排在前面的是教师对于工作本身的满意状况，排在中间的是教师对于工作稳定性和舆论评价的满意状况，排在后面的是有关分配的满意程度。这说明大部分教师对于工作本身还是比较满意的，但是对于所得到的报酬不大满意。

若将表2中属于外在满意度的每个题目均值按大小进行排序，则排在前面的是教师对于工作环境的满意状况，排在后面的是对于工作状况的满意程度。这说明了教师在外在满意度方面，对于工作环境是比较满意的，但是对于工作强度和所得到的报酬是不满意的。按照内在满意度每个题目均值的大小进行排序，排在前面的是教师对于工作本身道德价值的满意状况，排在后面的是对于工作所带来的荣誉和稳定性的满意程度。这说明教师对于职业的道德价值是比较满意的，但是对于所受到的舆论评价和工作稳定性是不满意的。

(二)人口统计学变量对工作满意度影响的差异检验

1. 工作满意度影响的性别差异检验

对不同性别教师的总体工作满意度及外在满意度、内在满意度进行差异检验，结果见表3。

表3 工作满意度的性别差异检验

内容	性别	平均数	标准差	F
总体工作满意度	男	41.52	7.03	0.00
	女	41.49	6.21	
外在满意度	男	26.35	5.37	0.19
	女	26.16	4.55	
内在满意度	男	15.19	2.24	0.49
	女	15.33	2.20	

从表3可以看出，男女教师对于总体工作满意度、外在满意度和内在满意度都不具有显著的差异。

2. 年龄对于工作满意度影响的差异检验

将教师按年龄分成5个年龄组，对各年龄组的总体工作满意度及外在满意度、内在满意度进行单因素方差分析，结果见表4。

表 4　工作满意度的年龄差异检验

内容	年龄	平均数	标准差	F
	25 岁以下	41.24	6.44	
	26～35 岁	39.87	6.22	
工作满意度	36～45 岁	42.42	6.78	7.62***
	46～55 岁	44.17	5.61	
	56 岁以上	44.18	6.60	
	25 岁以下	26.11	4.67	
	26～35 岁	25.01	4.68	
外在满意度	36～45 岁	26.94	5.12	7.27***
	46～55 岁	28.13	4.20	
	56 岁以上	27.82	5.15	
	25 岁以下	15.13	2.21	
	26～35 岁	14.87	2.25	
内在满意度	36～45 岁	15.42	2.15	5.69***
	46～55 岁	16.11	1.91	
	56 岁以上	16.36	2.06	

从表 4 可见，5 个年龄组总体工作满意度、外在满意度和内在满意度都具有显著的差异。其中 26～35 岁的教师的总体工作满意度、外在满意度和内在满意度都很低；46 岁以上的教师的总体工作满意度、外在满意度和内在满意度都很高。

3. 工作满意度的学历差异检验

将教师按学历分成 4 个组，对不同学历教师的总体工作满意度及外在满意度、内在满意度进行单因素方差分析，结果见表 5。

从表 5 可以看出，在总体工作满意度、外在满意度和内在满意度上，不同学历之间有显著差异。学历越高，不满意的程度越大。中专及其以下学历教师的总体工作满意度、外在满意度和内在满意度都比较高。

表 5 工作满意度的学历差异检验

内容	学历	平均数	标准差	F
总体工作满意度	中专及以下	46.56	4.76	3.57**
	大专	40.62	6.00	
	本科	41.57	6.63	
	硕士及以上	42.14	8.32	
外在满意度	中专及以下	30.00	3.20	3.60**
	大专	25.54	4.40	
	本科	26.30	4.96	
	硕士及以上	26.67	6.45	
内在满意度	中专及以下	16.68	1.97	2.38*
	大专	15.11	2.19	
	本科	15.27	2.23	
	硕士及以上	15.29	2.13	

4. 工作满意度的职称差异检验

对不同职称教师的总体工作满意度及外在满意度、内在满意度进行单因素方差分析，结果见表 6。

表 6 职称对工作满意度影响的差异检验

内容	职称	平均数	标准差	F
工作满意度	中教三级	39.76	6.61	5.20***
	中教二级	40.68	6.25	
	中教一级	41.31	6.35	
	中教高级	43.84	6.47	
外在满意度	中教三级	24.97	4.97	4.76***
	中教二级	25.59	4.56	
	中教一级	26.23	4.81	
	中教高级	27.83	4.97	
	中教三级	14.79	2.29	

续表

内容	职称	平均数	标准差	F
内在满意度	中教二级	15.68	2.28	3.86**
	中教一级	15.13	2.10	
	中教高级	15.90	2.02	

从表6可以看出，不同职称的教师的总体工作满意度、外在满意度和内在满意度都具有显著差异。随着职称的升高，工作满意度也随之提高；中教高级教师对于工作满意度的均值最高，其次为中教一级和中教二级，中教三级的工作满意度最低。

5. 职务对于工作满意度影响的差异检验

将教师的职务分成校级干部、主任级干部、年级组长、教研组长和普通教师五级，对不同级别职务教师的总体工作满意度及外在满意度、内在满意度进行单因素方差分析，结果见表7。

表7　职务对工作满意度影响的差异检验

内容	职称	平均数	标准差	F
总体工作满意度	校级干部	46.15	5.26	4.77***
	主任级干部	45.48	6.37	
	年级组长	43.80	7.96	
	教研组长	40.48	6.05	
	普通教师	41.11	6.43	
外在满意度	校级干部	30.38	4.29	6.13***
	主任级干部	29.24	4.71	
	年级组长	28.53	5.78	
	教研组长	25.45	4.24	
	普通教师	25.90	4.79	

续表

内容	职称	平均数	标准差	F
内在满意度	校级干部	15.77	1.36	1.67
	主任级干部	16.35	2.06	
	年级组长	15.27	2.37	
	教研组长	15.09	2.14	
	普通教师	15.21	2.23	

从表7可以看出，不同职务教师的总体工作满意度和外在满意度差异非常显著，其中校级干部的总体工作满意度和外在满意度最高；教研组长的总体工作满意度和外在满意度最低。但是在内在满意度方面，不同职务之间差异不显著。

四、讨论

(一)关于工作满意度的结构

工作满意度的研究首先必须明确其基本结构，一切关于工作满意度的测量都基于此。对于工作满意度的结构，不同的研究者从不同的角度出发，根据不同的研究目的，得出不同的结论，但涉及的项目内容基本上都是相似的。一般都会涉及以下因素：社会及技术环境因素(包括上司、人际关系、工作条件等方面)、自我实现因素(个人能力得到发挥)、被他人承认因素(工作的挑战性、责任、工资、晋升)等。陈云英和孙绍邦(1994)将教师的工作满意度划分为领导管理、人际关系、进修提升、薪水、物理条件、工作性质六个维度。冯伯麟(1996)认为教师工作满意度由五个维度构成：自我实现、工作强度、工资收入、领导关系和同事关系。陈卫旗(1998)将中学教师的工作满意度划分为领导与管理、工作成就、学生品质、教育体制与社会环境、社会地位、收入与福利、同事关系、社会认可、工作压力、工作环境和条件十个维度。胡咏梅(2007)则将教师的工作满意度划分为七个维度：对领导与管理的满意度、对发展环境的满意度、对付出—回报合理性的满意度、对自我实现的满意度、对同事关系的满意度、对师生关系的满意度和对学校声誉的满意度。

本研究采用因素分析中的主成分分析方法，得出中学教师工作满意度的二维结构：内在满意度和外在满意度。内在满意度衡量个人对于工作本身的感受，如工作的成就感、自尊、自主、回馈性、掌握控制感等。外在满意度衡量对于工作本身并无直接关系的方面的感受，包括主管肯定与赞许、同事间和谐关系、良好的工作环境、福利、高薪及升迁等。

以前研究者所归纳的工作满意度的不同维度，就其内容来看，其实都可以归并到内在或外在满意度之中。本研究这样划分最明显的好处是更容易对不同研究进行横向比较。

(二)中学教师的工作满意度现状

本研究结果显示，中学教师总体上对工作是比较满意的，他们对教书育人这个工作所能获得的成就感非常满意，对学校的物理环境和舆论评价比较满意，但是对报酬不满意。这一结果与我国已有教师工作满意度的研究结果基本一致(陈云英、孙绍邦，1994)，说明近年来政府对教育的投入虽然取得了一些成效，但是仍然需要继续加大对教育的投入，鼓励社会各界对教育的关心和支持，以进一步提高教师的经济待遇和社会地位，为教师创造更好的工作环境。教师的工作性质是比较稳定的，但是本研究发现教师对工作稳定性的满意程度不高，这样的结果与以前的研究不一致。究其原因，一方面可能与近年来国家实施新课程改革有一定关系。一系列新的课程内容和教学要求导致对教师知识更新的要求提高，而教育评价体系变化不大，从而加大了教师的工作压力。另一方面可能与近期北京市启动了教师人事制度改革有关。这提醒人们要加大对教师的培训力度，保证教师获得及时的知识更新；同时在进行人事制度改革的过程中，要做好教师的思想工作，稳步推进。

(三)人口统计学变量对中学教师工作满意度的影响

我国传统文化对不同性别在社会中扮演的角色赋予了不同的期望，这可能导致男女对职业的要求和期望存在差异，进而导致不同性别教师对工作满意度的差异。

我国已有研究(王祖莉，2003；朱从书、李小光，2005；魏文选，2007)没有发现教师的工作满意度存在性别上的差异。本研究结果与已有的研究基本一致。这可能由于我国所实行的男女平等政策得到长期有效的执行，深入人心，传统的女性角色定位已经被淡化。在学校里，男女教师承担着同样的工作任务，扮演着同样的工作和社会角色，面临着同样的职业要求和社会压力。他们同样重视职业发展和理想追求，从而表现为男女教师的工作满意度没有显著差异。

关于年龄与工作满意度的关系，海兹伯格(Herzberg)研究发现，工作满意度在开始时比较高，然后下降，接着又随年龄的增长而提高。国内对教师工作满意度与年龄关系的研究，大多发现相关性水平显著。朱继荣通过年龄分组后进行统计检验，发现年龄与满意度呈"U"形关系(张忠山，2000)。本研究结果表明，年龄对于工作满意度的影响达到非常显著的水平。其中26～35岁教师的总体工作满意度及内、外在满意度都最低；46岁以上的教师工作满意度都非常高，并且有随着年龄的增长而逐步增加的趋势，基本上呈现"J"形关系。这一结果可能与我国近年来执行的教师管理政策有关。我国现行的中学教师职称系列只有中教三、二、一和高级，而教师的学历越来越高，但是单位里高级职称名额有限，由中级职称晋升为高级职称难度很大。这些因素导致这个年龄段的老师不论是在学术上还是在行政上出现了天花板效应，进而导致工作满意度低下。可是26～35岁的教师年富力强，对于教育教学工作已经驾轻就熟，是学校各项工作的中坚力量。他们的工作满意度低下，必然会影响到整个学校的工作，这需要引起有关部门的高度重视。

关于学历与工作满意度的关系，王祖莉(2003)的研究结果是学历对工作满意度的影响不显著，只是在报酬一项上，学历的影响具有显著性。但是本研究结果表明，学历的差异对工作满意度的影响达到显著水平，呈现随着学历的提高满意度下降的趋势。本研究认为，由于北京地区长期实行结构工资制度，学历的差异只在基本的国拨工资中有所体现，而国拨工资占教师收入的比例较小，有绝大部分收入来自岗位工资和福利，而这些收入与教师的学历关系不大。这可能是导致拥有高学历的教师工作满意度很低的重要原因。

对于教师这个职业来说，职称是他们学术地位的象征。本研究结果表明，职称的差异达到非常显著的水平。中教高级教师对工作满意度均值最高，其次为中教一级、中教二级，中教三级的工作满意度最低，与王祖莉(2003)的研究结果基本一致。

学校工作不仅包括教育教学工作，管理工作也是学校工作的重要组成部分。职务的高低对工作的满意度是否有差异，是本研究需要验证的另一个问题。本研究结果证实了职务的差异导致工作满意度、外在满意度都具有非常显著的差异，其中校级干部对工作满意度和外在满意度最高；教研组长对工作满意度和外在满意度最低。但是职务的差别没有带来内在满意的差异。对于这一结果，可能是由于相对于其他的行政职务，教研组长更多地侧重于业务指导，他们拥有的行政资源极其有限，而业务指导的要求又很高。目前的中、高考都受到各方面的高度重视，学生的考试成绩是检验教研组长业务能力的非常重要的指标，他们面临着巨大的压力。可是师生素质，教学的时间、空间和信息资源等又是他们的权力难以企及的，这有可能导致他们的工作满意度降低。

五、结论

本研究对北京地区有代表性的5所中学557位老师的工作满意度进行调查，结果表明：中学教师对工作基本上是满意的，但是高学历、高职称教师，26～35岁的教师和教研组长对工作的满意度很低。

参考文献

[1]陈卫旗．中学教师工作满意感的结构及其与离职倾向、工作积极性的关系[J]．心理发展与教育，1998，14(1)：38-44.

[2]陈云英，孙绍邦．教师工作满意度的测量研究[J]．心理科学，1994，17(3)：146-149.

[3]胡咏梅．中学教师工作满意度及其影响因素的实证研究[J]．教育学报，2007，3

(5)：46-52.

[4]王祖莉．初中教师工作满意度的调查研究[J]. 当代教育科学，2003，11：37-39.

[5]徐富明，申继亮．中小学教师工作满意度的研究及其提高对策[J]. 教育科学研究，2001，9：23-26.

学生评价教师绩效的结构验证性因素分析*

一、引言

教师评价研究是建立教师管理制度的首要环节。从收集信息的方式来看，主要有三种不同类型的教师评价(Cai，2001)：①教师胜任力评价(teacher competence evaluation)，评估教师所需要的素质或胜任力；②教师绩效评价(teacher performance evaluation)，是对教师在工作中的表现，也就是教师的行为进行评定，以了解教师工作的质量；③教师有效性评价(teacher effectiveness evaluation)或教师效能评价，是对教师施加给学生的影响进行评价，也就是对在教师的影响下学生在重要的教育目标上进步的情况做出评价。教师绩效评价是教师聘任制有效执行的基础，是教育系统人事决策，如提职、晋级、奖惩、留用或解聘的重要依据，也是教师资格考试以及培训效果检验的重要效标。

在人事心理学中，个体的绩效可以从两个方面来评估，即行为或行为的结果。多数学者认为(Cai，2001)绩效评估应主要关注行为或技能，许多研究发现了绩效的多维性结构。博尔曼等人(Borman & Motowidlo，1993)则进一步区分了任务绩效(task performance)和关系绩效(contextual performance)：前者指组织所规定的，与特定工作中核心的技术活动有关的所有行为；后者则指自发的角色行为，即个体自愿做出的对组织的奉献或与特定任务无关的绩效行为，它为核心的技术活动保持广泛的组织的、社会的和心理的环境，并促进其中的任务绩效和提高整个组织的有效性。

---

* 本文原载《心理学报》2003年第3期。本文另一作者为蔡永红。

在过去的大多数研究中，教师绩效评价通常采用教师效能(teacher effectiveness)评价，多数研究探讨了大学生评价教师教学效能的问题，并证实了教师教学效果评价的多维性(Feldman，1989；Marsh & Roche，2002)。但有关研究主要存在以下问题(Cai，2001)：①对不同类型的评价没有严格区分开，不同类型及功能的教师评价经常被混用；②只关注教学行为，即只注意到了任务绩效，但忽视了关系绩效；③有些教师绩效评价常常以学生的学习结果为指标；④很少有关于中学及小学教师的绩效评价研究。

基于对以上研究的分析与介绍，本研究拟以任务绩效和关系绩效的划分为基础，通过开放式调查、关键事件访谈、理论分析等方法建构教师绩效的结构，并通过验证性因素分析来验证学生评价结果的结构。

二、研究方法

(一)工具

1. 教师绩效评定量表的形成

教师绩效评定量表的形成采用以下四种方法。

方法一：对国内外相关文献进行全面检索，分析现有教师评价工具的项目及结构，参考任务绩效和关系绩效的内涵及结构研究的结果，初步确定教师绩效的结构。

方法二：在某中学对在职教师、学生及学生家长进行开放式调查，了解合格教师及优秀教师的评价标准，对结果进行主题词分析，形成教师行为描述条目，并进行适当概括和综合。将形成的条目再次由学生、教师按重要性程度由高到低依次以5～1进行评价，并要求他们写出认为重要，但没有包含在问卷里的项目。保留重要性程度几乎相同的条目。

方法三：对310名教师(来自全国各地)进行关键事件调查。了解他们的主要工作以及工作中最成功的两件事情的经过和做法、最不成功的一件事情的经过和做法。对结果进行主题分析，收集教师行为条目，并与前两种方法的结果核对。

方法四：采用关键事件技术(critical incident technique，CIT)，访谈了30名教师。对访谈结果进行主题分析，并与前行研究中的所得行为条目进行对照。

关键事件技术是弗拉纳根(Flanagan)首创的一种识别人力绩效关键性因素的手段，它通过从熟悉某项工作的人那里收集一些关键性的事件，来形成绩效评估的内容条目。这些事件通常以描绘成功和不成功的工作行为的故事和逸事的形式被收集起来，然后再被浓缩成一个单一的能抓住故事本质的行为陈述。

采用以上4种方法，我们形成了一个包括29个行为描述语句的教师绩效评定量表，通过在某中学2年多的试用与修改，最后形成了包括29个项目和1个总体评价项目的正式问卷。

2. 项目样题及记分方法

本量表采用5点计分，要求被试从代表“总是如此”到“总是不如此”的“5”到“1”中挑选一个回答。其中选“5”得5分，选“1”得1分。具体情况如样题。

4. 注意在工作中总结经验，反思教育教学工作

总是如此	大多如此	偶尔如此	大多不如此	总是不如此
[5]	[4]	[3]	[2]	[1]

30. 你对该教师总体的评价是

非常好	比较好	一般	不太好	非常不好
[5]	[4]	[3]	[2]	[1]

3. 教师绩效评定量表维度的确定

教师绩效评定的维度通常来自三种研究(Marsh & Dunkin，1992)：①对实证数据进行因素分析或多特质多方法分析；②对有效教学的内容和评估的目的进行逻辑分析，并借助对过去研究的回顾和获得来自学生与教师的反馈来得到；③有关教与学的理论。

我们采用了后两种方法来建构教师绩效的结构。首先对有关任务绩效与关系绩效结构的研究，以及有关有效教学的研究和教师研究的理论成果进行分析。然后，再采用开放式调查、关键事件访谈等方法，建构了教师绩效的结构。其理论依据来

自以下三个方面。

第一，20 世纪 90 年代以来，有大量研究探讨了任务绩效与关系绩效的结构问题，其中坎贝尔(Campbell)等人(1990)把绩效划分为 8 个独立的成分，而博尔曼(Borman)等人把关系绩效概括为以下 5 个方面：①为成功完成工作而保持高度热情和付出额外努力；②自愿做一些本不属于自己职责范围内的工作；③助人与合作；④遵守组织的规定和程序；⑤赞同、支持和维护组织的目标。这些对关系绩效结构的研究，是我们建构教师绩效中关系绩效成分的基础。

第二，教育心理学中有关有效教学的研究探讨了教师的人格特征、教学行为、教学技能及专长等对学生学习的影响(Cai，2002)。研究表明，有效教学与教师对教学的反思与探索、教师专长的获得以及持续的职业发展密不可分，有效教学有赖于教师对教学的承诺和工作中的主动精神，教师的专业地位和自主性应该受到足够的尊重。这些基本结论对我们建构教师绩效的结构具有重要的启示。我们认为，教师工作主动性、责任感、创造性、反思性等是重要的关系绩效内容，而教师的教学技能与专长则是任务绩效的内容。

第三，林崇德等人(1999)在长期的教师研究中，提出的教师素质结构理论，把教师的素质概括为 5 个方面，即职业理想、知识水平、教育观念、教学监控能力以及教育教学行为与策略。其中教育教学行为是职业理想、教育观念、教学监控能力及知识水平的外化形式。教师在教育教学过程中所表现出来的与教育教学目标相一致的行为就是绩效，教师的职业理想的外显行为表现是关系绩效，而教师对教育教学过程的监控与调节则是任务绩效。

在以上 3 个方面的理论分析和开放式调查及关键事件访谈的基础上，我们提出了教师的绩效包含 6 个维度：职业道德、职务奉献、助人合作、教学效能、教学价值及师生互动。

(二)被试选择

在北京和浙江两地分别挑选两所学校，对其教师进行正式施测。教师被试共 368 名，有完整学生评价的教师 312 名，其中男教师 129 人，占总人数的 41.3%，女教师 183 人，占总人数的 58.7%。每名教师随机由 5～20 个学生评价，参加评价的学生总人数为 3405。

(三)程序

本研究按照以下程序进行：①确定量表题目及结构；②施测：每个教师分别被随机挑选的 5～20 个学生评价，学生按学号固定间距来挑选；③全部数据的收集与管理均采用 Visual FoxPro 6.0，统计处理采用 SPSS 10.0，验证性因素分析则采用 Amos 4.0。

三、结果与分析

(一)学生评价教师绩效的描述统计结果

对教师绩效学生评价结果的平均数和标准差的分析结果见表 1。表中数据显示，学生评价最高的项目是 A1(教师以身作则，表里如一)(M=4.61)，评价最低的项目是 A11(与家长联系，建立良好合作关系)(M=3.96)。从总体上看，学生对教师的绩效评价均高于 3.96。

表 1　各项目的平均数与标准差

项目数	评价结果平均分	标准差	项目数	评价结果平均分	标准差
A1	4.6062	0.7102	A16	4.3698	0.8958
A2	4.6012	0.7013	A17	4.4047	0.8847
A3	4.5242	0.7868	A18	4.3935	0.8901
A4	4.4846	0.8163	A19	4.4358	0.8718
A5	4.5492	0.7785	A20	4.2907	0.9444
A6	4.5175	0.7933	A21	4.3562	0.9161
A7	4.3797	0.8972	A22	4.3172	0.9365

续表

项目数	评价结果平均分	标准差	项目数	评价结果平均分	标准差
A8	4.3794	0.8743	A23	4.3653	0.9390
A9	4.2890	0.9143	A24	4.3618	0.9253
A10	4.3888	0.8479	A25	4.3515	0.9463
A11	3.9565	1.2066	A26	4.3195	0.9363
A12	4.3580	0.9237	A27	4.3794	0.8846
A13	4.4626	0.8214	A28	4.3280	0.9212
A14	4.3195	0.9125	A29	4.3207	0.9450
A15	4.4769	0.8371	A30	4.3001	0.8745

(二)学生评价教师绩效的验证性因素分析结果

1. 模型的建立

通过理论分析和实证调查与访谈，我们建构了教师绩效学生评价结果的初始模型。该模型为二阶因子结构，29 个项目组成了 6 个一阶因子，分别是：职业道德、职务奉献、助人合作、教学效能、教学价值与师生互动。前 3 个因子是关系绩效，后 3 个因子是任务绩效。

2. 模型的验证性因素分析

采用 Amos 4.0 程序，对 3405 份学生评价教师绩效的结果进行验证性因素分析。采用极大似然估计(maximum likelihood estimation)检验 6 个因子的拟合程度。

在实际运用协方差模型进行分析时，常用的指数通常是 CFI、TLI 以及 RSMEA。其中，CFI 和 TLI 的值在 0.95 以上表示模型拟合较好。此外，在考虑模型适合度时，还要看解答是否适当，各参数的值是否在合理范围之内。例如，相关系数应该在—1 到 1，误差的值是零或正数，标准差的值是否合理等。基于上述考虑，本研究选择了 χ^2/df、CFI、TLI 以及 RMSEA 几个指数来对模型的适合度进行检验。

对初始模型的验证性因素分析结果表明，除第 15 题以外(根据修正指数的提示，我们删除了 A15 题)，其余项目的指标均较好，且在一阶因子上的载荷也为

0.59～0.88(见表 2)，各观测指标的信度范围在 0.35～0.77，说明该模型结构效度良好。所得因子载荷矩阵如表 2，一阶因子在二阶因子上的载荷见表 3。

表 2　二阶二因子一阶六因子模型的一阶因子标准化因素载荷

项目	职业道德	职务奉献	助人合作	教学效能	师生互动	教学价值
A1	0.78					
A2	0.80					
A5	0.84					
A6	0.85					
A3		0.78				
A4		0.79				
A7		0.82				
A8		0.79				
A10			0.76			
A11			0.59			
A12			0.81			
A9				0.76		
A13				0.77		
A14				0.80		
A16				0.78		
A17				0.82		
A18				0.82		
A19				0.78		
A20				0.77		
A21				0.78		
A22				0.77		
A23					0.81	
A24					0.82	
A25					0.88	
A26						0.85
A27						0.86
A28						0.87
A29						0.84

表 3 6 个一阶因子在 2 个二阶因子上的载荷

	关系绩效	任务绩效
职业道德	0.94	
职务奉献	0.99	
助人合作	0.96	
教学效能		0.97
师生互动		0.95
教学价值		0.96

6 个一阶因子在 2 个二阶因子上的载荷在 0.94～0.99，由此可知，这 6 个因子分别可以解释任务绩效和关系绩效总变异的 88%～98%。两个二阶因子，即关系绩效与任务绩效的相关为 0.94。可见任务绩效与关系绩效并不独立，二者有较高的相关。该模型的验证性分析指数如表 4。表中所有指数，除 χ^2/df 较大以外，其余均在合理范围。由于该模型样本较大，可以不考虑 χ^2/df 的大小，认为初始模型对数据拟合较好，接受该模型假设，认为教师绩效学生评价结果的维度为 6 个，6 个维度组成两个二阶因子。

表 4 一阶六因子二阶二因子模型拟合指数(N=3405)

χ^2/df	CFI	TLI	RMSEA
11.78	0.99	0.99	0.056

这一结构模型验证性因素分析的标准化解的路径图如图 1 所示。

(三)学生评价教师绩效的结构模型比较

上面的结果表明，2 个二阶因子，即任务绩效与关系绩效的相关很高，有可能被合并成 1 个二阶因子。此外，一阶因子也可能被合并为更少的数目。为了更好地分析教师绩效学生评价结果的结构，我们又提出了其他一些可能的模型。

一阶六因子相关模型：6 个因子两两都有相关。

一阶五因子相关模型：助人合作与师生互动合并，5 个因子两两都有相关。

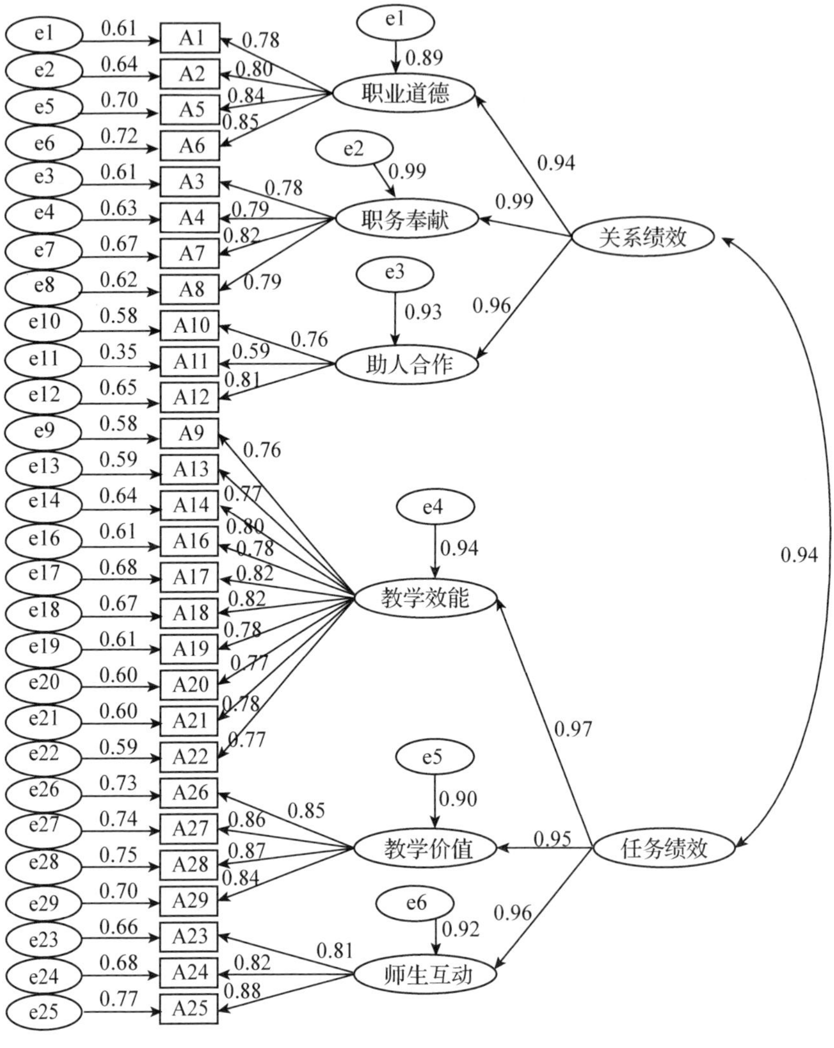

图 1　学生评价教师绩效二阶因子标准化解路径图(这是一个单一因子模型)

一阶四因子模型 1：职业道德与职务奉献合并，四个因子两两都有相关。

一阶四因子模型 2：教学价值与教学效能、助人合作与师生互动分别合并，四个因子两两都有相关。

一阶三因子模型：职业道德与职务奉献、教学效能与教学价值、助人合作与师生互动合并。三个因子两两都有相关。

一阶二因子模型：职业道德与职务奉献，教学效能、教学价值、助人合作与师生互动分别合并。两个因子有相关。

一阶单因子模型：所有的因子合并为一个维度，这是一个单一因子模型。

二阶一因子一阶五因子模型：五因子同质测量模型，助人合作与师生互动合并。

二阶一因子一阶四因子模型 1：四因子同质测量模型，职业道德与职务奉献、教学效能与教学价值分别合并。

二阶一因子一阶四因子模型 2：四因子同质测量模型的变式。助人合作与师生互动、教学效能与教学价值分别合并。

二阶一因子一阶三因子模型：三因子同质测量模型，职业道德与职务奉献、教学效能与教学价值、助人合作与师生互动分别合并。

二阶二因子一阶四因子模型 1：一阶有 4 个因子，教学效能与教学价值、助人合作与师生互动分别合并。职业道德和职务奉献属于关系绩效，教学效能与人际互动属于任务绩效。

二阶二因子一阶四因子模型 2：一阶有 4 个因子，教学效能与教学价值、职业道德和职务奉献分别合并。职务奉献与助人合作属于关系绩效，教学效能与师生互动属于任务绩效。

二阶二因子一阶五因子模型：一阶有 5 个因子，助人合作与师生互动合并。职业道德和职务奉献属于关系绩效，教学效能、教学价值及人际互动属于任务绩效。

对以上模型的拟合指数的比较结果见表 5。从表 5 中可以看出，所有二阶一因子模型拟合指数较原有一阶相同数目因子相关模型有较大的下降。这一结果不支持二阶存在单一因子的假说。而二阶二因子模型与同数目一阶因子相关模型相比，其拟合指数稍差，但差异很小，而自由度却提高较多；也就是说，二阶二因子模型是一阶同数目因子相关模型的放宽模型。其中，二阶二因子一阶五因子模型拟合指数为最佳。但该模型中，一阶因子在二阶因子上的载荷，有一个值大于 1(职务奉献与关系绩效的相关为 1.09)，这个解是不可接受的。因此，对学生评价结果来说，二阶二因子一阶六因子模型是一种最佳拟合模型。

表 5　学生评价教师绩效各种模型拟合指数比较

模型	χ^2	df	χ^2/df	CFI	TLI	RMSEA
一阶：						
单因子	7828.53	350	22.37	0.91	0.90	0.079
二因子	5235.9	351	14.92	0.99	0.99	0.064
三因子	4844.69	347	13.47	0.99	0.99	0.062
四因子 1	4633.88	344	13.47	0.99	0.99	0.061
四因子 2	4663.18	344	13.56	0.95	0.94	0.061
五因子	3668.86	340	10.79	0.99	0.99	0.054
六因子	3398.75	335	10.15	0.96	0.96	0.052
二阶一因子：						
一阶三因子	4844.69	347	13.96	0.94	0.94	0.062
一阶四因子 1	4664.11	346	13.48	0.99	0.99	0.061
一阶四因子 2	5472.72	346	15.82	0.94	0.93	0.066
一阶五因子	4646.42	345	13.47	0.99	0.99	0.061
一阶六因子	1283.97	344	3.732	0.93	0.92	0.094
二阶二因子：						
一阶四因子 1	4636.6	345	13.44	0.99	0.99	0.060
一阶四因子 2	4664.05	345	13.52	0.95	0.95	0.061
一阶五因子	3775.95	344	10.98	0.99	0.99	0.054
一阶六因子	4039.98	343	11.78	0.99	0.99	0.056

从总体来看，上述比较支持本研究提出的假设模型。即学生评价结果包含 6 个维度，这 6 个维度分别是：职业道德、职务奉献、助人合作、教学效能、师生互动和教学价值。这 6 个因子相关较高，又可以继续抽取出 2 个二阶因子，即关系绩效和任务绩效。

四、讨论

(一)关于本研究的意义

在以往有关教师效能评价的研究中，研究者并未吸收人事心理学中有关绩效结构研究的成果；在获得教师评价维度时，主要采用了开放式调查、文献查阅、理论分析等方法，但却未采用关键事件法这种在建构绩效评估系统时非常有用的方法。此外，有关有效教学的大量研究均在中小学进行，而以此为基础的教师效能评价则主要在大学开展，这两者之间的矛盾极其明显，这种矛盾也妨碍了现实中基础教育改革的有效进行。

本研究以任务绩效和关系绩效的划分为基础，通过关键事件访谈等多种方法，对教师的工作进行了系统分析，得出了前人研究中没有概括进去的一些教师绩效行为变量，如职业道德、职务奉献及助人合作等，这些将有助于我们对教师工作有更全面的了解。

(二)关于教师绩效结构的初始结构

一种结构维度的建立通常可以采用两种途径，一种是通过对已有研究的总结和理论分析，另一种是通过探索性因素分析(EFA)。本研究采用了前一种方法。这样做的理由有以下几个方面：(1)对任务绩效与关系绩效的区分，是以理论分析为基础得到的；(2)采用 EFA 得到初始结构有很多限制，如不能同时获得一阶因子载荷和二阶因子载荷；(3)EFA 与验证性因素分析(CFA)两种方法并不具有完全的可比性。用 EFA 得到的结构在很多情况下并不能被 CFA 证实(van Prooijen & van Der Kloot，2002)。这种不一致可能是真实的，也可能是方法错用造成的。CFA 和 EFA 的真实差异来自两个方面。一方面，EFA 需要做出大量的主观判断，如因子的数量和转轴的方式等，这种判断可能产生错误。另一方面，这两种技术不能完全相比。EFA 主要是数据驱动，其因素数目的选择具有很大的随意性，并且所有观测值与所有因素都相关；而 CFA 是理论驱动的，其因素的确定是事先规定的，并且观测变量也不能自由与因素相关。此外，CFA 不能同时对一阶及二阶因子载荷做出分析。因此，本研究采用了前一种方法。

(三)关于教师绩效的验证性分析结果

本研究采用验证性因素分析对初始结构进行了检验，结果表明，学生评价教师绩效包含了 6 个一阶因子和 2 个二阶因子。这一研究结果进一步证实了绩效多维性假设，也证实了任务绩效与关系绩效的划分。许多研究都证实了教师绩效的多维性。马什等人(Marsh & Dunkin，1992)认为，多维观点的理由主要来自 4 个方面：一是衡量教学效果的标准是多样的，有效教学的研究表明，好的教学涉及多个方面的行为表现；二是文献回顾和元分析表明，学生进行的多维评价与整体性评价相比，其与具体效标间的相关更高；三是整体评价更易受个人偏见等误差因素的影响；四是当评价结果有诊断目的时，多维性评价将更有价值。

然而，在具体维度上，长期以来，不同研究者所提出的数目有很大差异。在美国大学教师效能评价中，山特拉(Centra，1979)提出教学效能评价的 3 个维度：教学的组织、结构或清晰度，教师与学生交流，教学技巧、表达或授课能力。弗雷等人(Frey，Leonard & Beatty，1975)提出了学生评价教师教学效果的 7 个维度：表达清晰性、学习负担、个人注意力、课堂讨论、组织/计划性、考试/评分和学生成就。沃林顿等人(Warrington & Wong，1979)提出了学生评价教师有效的 5 个维度：教师的投入、学生的兴趣和成就、师生互动、课程要求和课程组织。

从以上这些结构维度的构成可以看出，这些评价内容均指向教师的教学行为，研究者们对教师的教育行为，包括职业理想、敬业精神(如对教育事业的责任心、主动性、奉献精神，对教学的反思与改进)及合作与助人等并未给予关注。教学有效性的研究，我们的开放式调查、关键事件访谈的结果表明，这些行为是重要的。进一步的验证性因素分析结果表明，这些行为分别属于教师绩效的两个更为概括的方面，即任务绩效(包括教学效能、教学价值及师生互动)和关系绩效(包括职业理想、敬业精神和助人合作)。这说明，教师促进绩效的方式可能是不同的，至少存在两种方式：一类是良好的教学；另一类是工作中的主动性与敬业精神。在本研究中，这两类绩效的相关为 0.94，这表明，两类行为具有很高的相关。这一结果与国外研究结果是一致的(Borman & Motowidlo，1993)。

五、结论

本研究得出以下结论。

第一，学生评价教师绩效的结构包含职业道德、职务奉献、助人合作、教学效能、教学价值及师生互动 6 个一阶因子，前 3 个因子是关系绩效，后 3 个因子是任务绩效。

第二，任务绩效与关系绩效并不独立，两者存在较高的相关。

参考文献

[1]林崇德．教育的智慧——写给中小学教师[M]．北京：开明出版社，1999.

[2]Borman W C. & Motowidlo S J. Expanding the criterion domain to include elements of contextual performance[M]//Schmitt N & Bormaned W C. Personnel selection in organizations. San Francisco：Jossey-Bass，1993：71-98.

[3] Centra J A. Determining faculty effectiveness [M]. San Francisco：Jossey-Bass，1979.

[4]Warrington A G & Wong P T P. Effects of earned and assigned grades on student evaluations of an instructor[J]. Journal of Educational Psychology，1979，71：764-775.

图书在版编目(CIP)数据

林崇德文集：全十二卷／林崇德著. —北京：北京师范大学出版社，2020.10

ISBN 978-7-303-26290-8

Ⅰ. ①林… Ⅱ. ①林… Ⅲ. ①教育学—文集 Ⅳ. ①G40-53

中国版本图书馆 CIP 数据核字(2020)第 154509 号

营销中心电话 010－58807651

北师大出版社高等教育分社微信公众号 新外大街拾玖号

林崇德文集(全十二卷)第二卷：林崇德心理学文选(下)

LIN CHONGDE WENJI：QUAN SHI'ER JUAN

出版发行：北京师范大学出版社 www.bnup.com

北京市西城区新街口外大街 12－3 号

邮政编码：100088

印　　刷：北京盛通印刷股份有限公司

经　　销：全国新华书店

开　　本：787 mm×1092 mm 1/16

印　　张：50(本卷)

字　　数：776 千字(本卷)

版　　次：2020 年 10 月第 1 版

印　　次：2020 年 10 月第 1 次印刷

定　　价：2300.00 元(全十二卷)

策划编辑：关雪菁 周雪梅　　责任编辑：宋　星

美术编辑：王齐云　　装帧设计：王齐云

责任校对：段立超　　责任印制：马　洁